변리사 2차
디자인보호법

한권으로 끝내기

끝까지 책임진다! 시대에듀!
QR코드를 통해 도서 출간 이후 발견된 오류나 개정법령, 변경된 시험 정보, 최신기출문제, 도서 업데이트 자료 등이 있는지 확인해 보세요!
시대에듀 합격 스마트 앱을 통해서도 알려 드리고 있으니 구글 플레이나 앱 스토어에서 다운받아 사용하세요.
또한, 파본 도서인 경우에는 구입하신 곳에서 교환해 드립니다.

편집진행 심정은 | **표지디자인** 박종우 | **본문디자인** 윤준하·임창규

2026 시대에듀 변리사 2차 디자인보호법 한권으로 끝내기

머리말

변리사는 특허청 또는 법원에 대하여 특허, 실용신안, 디자인 또는 상표에 관한 사항을 대리하고 그 사항에 관한 감정(鑑定)과 그 밖의 사무를 수행하는 것을 업(業)으로 하는 지식재산전문가입니다. 변리사 2차 시험은 전문 분야뿐 아니라 인접 기술에 대한 지식, 국내외 관련 법령 및 판례에 대한 지식을 상세히 물어보는 시험으로 그 난이도가 높습니다.

제55회 시험부터 선택과목이 P/F제도로 변경되면서 상대적으로 안정적인 득점이 가능한 디자인보호법을 선택하는 응시자들이 증가하고 있습니다. 공부해야할 양이 적다는 이유인 것으로 보이나, 최근 50점 미만을 획득하여 Fail을 받는 비율이 상당히 높아졌습니다. 따라서 더 이상 단순 암기로는 Pass를 기대하기에 부족한 면이 있습니다. 디자인보호법은 선택과목이지만, 다른 과목과 마찬가지로 채점에 있어서 상대평가가 적용되기 때문에 치열한 경쟁을 염두에 두고 공부해야 합니다. 2025년 제62회 시험의 경우 평년보다 난도가 높은 편이었으나, 디자인보호법을 열심히 숙지했다면 Pass에는 무리 없었을 것이라 생각됩니다. 따라서 암기의 정밀도는 높아야 하며, 출제경향에 따른 판례와 심사기준의 세부적인 내용에 대한 높은 이해가 필요합니다.

디자인보호법 과목의 판례와 관련된 문제는 실제 사실관계가 거의 동일하게 주어지기 때문에 시험장에서 문제를 보고 어떠한 논점에 대하여 어떻게 판결을 내렸는지를 바로 떠올릴 수 있도록 공부를 할 필요가 있습니다. 또한, 디자인보호법의 고득점을 위해서는 구체적이고 치밀한 사안포섭 과정을 통하여 답안지를 차별화하는 것이 필요합니다. 중요도가 낮은 소위 C급 단문들은 출제 빈도는 낮지만, 불의타 문제로 나왔을 때를 대비하여 최소한의 공부를 할 필요는 있습니다.

저자 약력
PROFILE

오윤정 변리사
▶ 제58회 변리사 시험 합격
▶ 現) k 특허법인 변리사

유시훈 변리사
▶ 제55회 변리사 시험 합격
▶ 現) 인텔렉추얼 디스커버리
▶ 前) 특허법인 세림
▶ KAIST 지식재산대학원(MIP) 경영학 석사
▶ 연세대학교 건설환경공학 학사

Always with you

사람의 인연은 길에서 우연하게 만나거나 함께 살아가는 것만을 의미하지는 않습니다.
책을 펴내는 출판사와 그 책을 읽는 독자의 만남도 소중한 인연입니다.
시대에듀는 항상 독자의 마음을 헤아리기 위해 노력하고 있습니다. 늘 독자와 함께하겠습니다.

"변리사 2차 디자인보호법 한권으로 끝내기"의 특징은 다음과 같습니다.

제1편 이론편	❶ 내용 이해와 답안지 작성을 위해 암기해야 할 필수적인 내용 기재, 디자인보호법 내용 중 의미 있는 내용을 모아 집대성하여 단권화 ❷ 목차를 최대한 간결하고 통일성 있게 정리하여 실제 답안지에 바로 활용할 수 있도록 편집 ❸ 이론편 마지막에 출제가 자주 되지는 않지만 수험계에서 논의되는 범위 내에 있는 응용단문들을 선별 및 정리하여 불의타에 대비 ❹ 주제별로 각 기출문제의 연도를 표시하여 출제경향 파악 용이 ❺ 관련 판례를 빠르게 찾을 수 있도록 각주에 제2편 판례편의 번호를 표시
제2편 판례편	❶ 대법원 및 특허법원 판례를 수록 ❷ 학계의 중요한 평석이나 학설을 간단하게 소개하여 답안 작성 후 잔여 시간에 추가득점 강화 ❸ 판결의 요지와 사실관계 및 그 구체적인 판단과정까지 서술하여 심층 학습 강화
제3편 문제편	❶ 25년 포함 최근 출제된 기출문제 엄선 수록 및 현직 변리사 저자가 직접 출제한 예상문제와 해설 기재 ❷ 예상문제의 경우 최근 기출된 내용이 다시 바로 출제될 확률이 낮기 때문에 미기출된 주제 및 실무와 학계에서 중요하게 다뤄지고 있는 주제들에 대하여 제작 ❸ 해설의 경우 실제 16장짜리 답안지의 분량을 고려, 모범답안의 형태로 제공 ❹ 저자의 예시답안을 통해 이론편과 판례편의 실제 시험 적용례를 확인하고 답안 작성 방법 학습 ❺ 실제 시험과 유사한 환경에서의 답안 작성 연습 및 모범답안과의 비교를 통해 비약적인 실력 향상 도모

본서가 수험생들에게 합격의 지름길을 제시하는 안내서가 될 것을 확신하며, 본서로 공부하는 모든 수험생 들이 합격의 기쁨을 누리시길 바랍니다.

편저자 일동

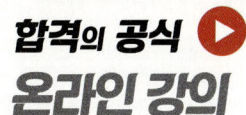

보다 깊이 있는 학습을 원하는 수험생들을 위한
시대에듀의 동영상 강의가 준비되어 있습니다.

www.sdedu.co.kr ➔ 회원가입(로그인) ➔ 강의살펴보기

이 책의 구성과 특징

최신 개정법령 완벽반영
핵심이론

현직 변리사 저자가 디자인보호법(시행령, 시행규칙 포함)의 최신 개정법령을 반영하여 핵심이론을 구성하였습니다.
학습 주제별 도입부에 법령을 수록하여 해당 이론의 주요 근거를 미리 파악하고, 정확한 내용을 토대로 학습할 수 있습니다. 또한 추가적으로 해설이 필요한 내용에는 각주를 달아 내용 이해를 도왔습니다.

보다 쉽게 암기할 수 있는
줄임말

학습 범위가 방대한 법령 과목의 특성을 고려하여 쉽게 암기할 수 있도록 특징을 추출하여 줄임말을 제작 및 기재하였습니다. 답안 작성 시 본서의 줄임말을 이용하여 시간을 효율적으로 활용할 수 있습니다.

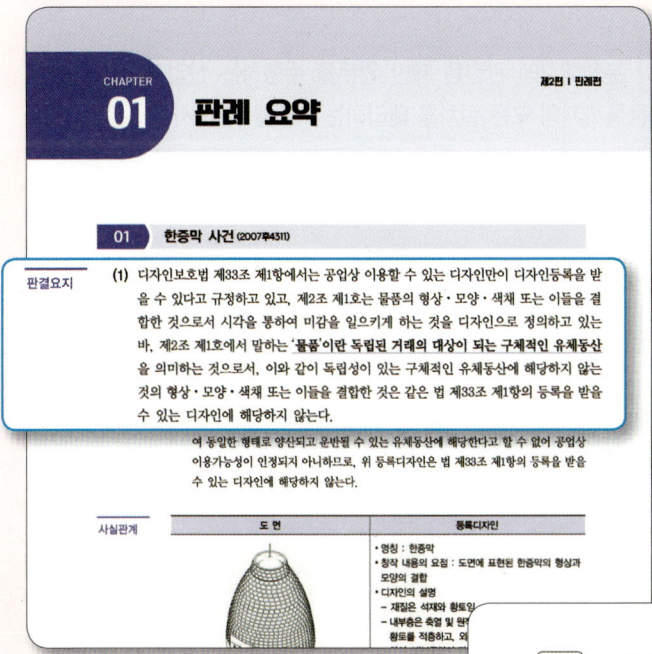

사실관계를 정리해주는
판례 요약

핵심이론에 알맞은 주요 판례만을 모아 구성하였습니다. 판결요지·사실관계·논점의 정리 등을 요약하고, 상세한 설명을 통해 주요 전개를 파악할 수 있습니다.

이론편에 해당판례를 표시하여 핵심이론과 연계할 수 있도록 하였고, 사건번호를 함께 기재하여 내용을 활용할 수 있도록 구성하였습니다.

실전감각을 연습하는
기출문제 + 예상문제

2025년 최신기출을 포함한 기출문제 + 기출변형문제 + 예상문제를 주제별로 분류하였고, 저자의 모범답안을 수록하였습니다. 기출문제와 다양한 유형의 문제, 그리고 해설을 통해 이론학습을 마무리하며 최종 실력 점검 및 실전 연습을 할 수 있습니다.

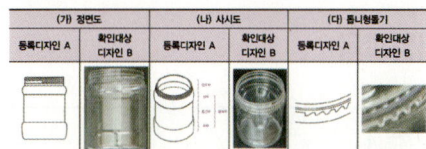

유료 동영상 강의 교재

본 도서를 교재로 사용하는 시대에듀 유료 동영상 강의가 진행되고 있습니다. 충분히 독학할 수 있도록 기획·제작되었으나, 내용 이해가 어려운 수험생들은 유료 동영상 강의를 이용해 주시기 바랍니다.

시험안내

📁 변리사란?
산업재산권에 관한 상담 및 권리취득이나 분쟁해결에 관련된 제반 업무를 수행하는 산업재산권에 관한 전문자격사로서, 산업재산권의 출원에서 등록까지의 모든 절차를 대리하는 역할을 하는 사람

📁 수행직무
- 산업재산권 분쟁사건 대리[무효심판 · 취소심판 · 권리범위확인심판 · 정정심판 · 통상실시권허여심판 · 거절(취소)결정불복심판 등]
- 심판의 심결에 대해 특허법원 및 대법원에 소를 제기하는 경우 그 대리
- 권리의 이전 · 명의변경 · 실시권 · 사용권 설정 대리
- 기업 등에 대한 산업재산권 자문 또는 관리업무 등 담당

📁 시험일정
변리사 시험은 1차와 2차 각각 연 1회 실시됩니다. 1차 시험은 그 해의 상반기(2월)에 실시하고, 2차 시험은 그 해의 하반기(7월)에 실시합니다. 매해 시험일정이 상이하므로 상세한 시험일정은 한국산업인력공단 홈페이지(www.q-net.or.kr)를 통하여 확인하시기 바랍니다.

📁 시험과목

*조약을 포함한다.

구 분		교시		시험과목			시험시간	문항수
2차 시험 (주관식 논술 시험)	1일차	1교시	필수	❶ 특허법*			09:30~11:30(120분)	과목별 4문항
		2교시	필수	❷ 상표법*			13:30~15:30(120분)	
	2일차	1교시	필수	❸ 민사소송법			09:30~11:30(120분)	
		2교시	선택 (택1)	❶ 디자인보호법*	❷ 저작권법*	❸ 산업디자인	13:30~15:30(120분)	
				❹ 기계설계	❺ 열역학	❻ 금속재료		
				❼ 유기화학	❽ 화학반응공학	❾ 전기자기학		
				❿ 회로이론	⓫ 반도체공학	⓬ 제어공학		
				⓭ 데이터구조론	⓮ 발효공학	⓯ 분자생물학		
				⓰ 약제학	⓱ 약품제조화학	⓲ 섬유재료학		
				⓳ 콘크리트 및 철근콘크리트공학				

※ 기활용된 문제, 기출문제 등도 변형·활용되어 출제될 수 있음
※ 시험시간은 변동될 수 있으니 자세한 사항은 큐넷 홈페이지(www.q-net.co.kr)에서 확인하시길 바랍니다.

📁 합격기준

구 분	합격기준
1차 시험	영어능력검정시험의 해당 기준점수 이상 취득자로서, 영어과목을 제외한 나머지 과목에 대하여 매 과목 100점을 만점으로 하여 매 과목 40점 이상, 전 과목 평균 60점 이상을 득점한 자 중에서 전 과목 총 득점자에 의한 고득점자 순으로 결정

2차 시험	• 일반응시자 : 과목당 100점을 만점으로 하여 선택과목에서 50점 이상을 받고, 필수과목의 각 과목 40점 이상, 필수과목 평균 60점 이상을 받은 사람을 합격자로 결정
	
	• 특허청경력자
	  – 특허법을 포함하여 필수과목 2과목을 응시하는 경우 : 과목당 100점을 만점으로 하여 각 과목 40점 이상을 받은 사람으로서 응시과목 평균점수가 60점(변리사법 시행령 제4조 제2항 단서에 따라 합격자를 결정하는 경우에는 합격자 중 최종 순위 합격자의 필수과목 평균점수) 이상인 사람을 합격자로 결정
	  – 특허법과 선택과목 1과목을 응시하는 경우 : 과목당 100점을 만점으로 하여 선택과목에서 50점 이상을 받은 사람으로서 특허법 점수가 60점(변리사법 시행령 제4조 제2항 단서에 따라 합격자를 결정하는 경우에는 합격자 중 최종 순위 합격자의 필수과목 평균점수) 이상인 사람을 합격자로 결정

📁 공인어학성적 기준점수

시험명	TOEFL		TOEIC	TEPS	G-TELP	FLEX	IELTS
	PBT	IBT					
일반 응시자	560	83	775	385	77(level-2)	700	5
청각 장애인	373	41	387	245	51(level-2)	350	-

📁 2차 시험 응시현황

구 분	대상(명)	응시(명)	합격(명)	합격률(%)
2024년	1,219	1,149	200	17.40
2023년	1,184	1,116	209	18.72
2022년	1,160	1,093	210	19.21
2021년	1,193	1,111	201	18.09
2020년	1,209	1,157	210	18.15

이 책의 차례

제1편 이론편

CHAPTER 01 디자인보호법의 목적 · 002
CHAPTER 02 디자인의 정의 · 013
CHAPTER 03 특유디자인 · 028
CHAPTER 04 디자인등록출원 · 088
CHAPTER 05 디자인등록요건 · 099
CHAPTER 06 절차 및 조치 · 148
CHAPTER 07 등록 후 법률관계 · 172
CHAPTER 08 헤이그 국제출원 · 198
CHAPTER 09 C급 단문의 정리 · 210

제2편 판례편

CHAPTER 01 특허법 개요 · 222

제3편 문제편

CHAPTER 01 주제별 기출·예상문제 – 디자인의 정의 · 278
CHAPTER 02 주제별 기출·예상문제 – 특유디자인 · 297
CHAPTER 03 주제별 기출·예상문제 – 디자인등록출원 · 344
CHAPTER 04 주제별 기출·예상문제 – 디자인등록요건 · 347
CHAPTER 05 주제별 기출·예상문제 – 절차 및 조치 · 439
CHAPTER 06 주제별 기출·예상문제 – 등록 후 법률관계 · 471
CHAPTER 07 주제별 기출·예상문제 – 헤이그 국제출원 · 515

제1편
이론편

2026 시대에듀 변리사 2차 디자인보호법 한권으로 끝내기

CHAPTER 01 디자인보호법의 목적
CHAPTER 02 디자인의 정의
CHAPTER 03 특유디자인
CHAPTER 04 디자인등록출원
CHAPTER 05 디자인등록요건
CHAPTER 06 절차 및 조치
CHAPTER 07 등록 후 법률관계
CHAPTER 08 헤이그 국제출원
CHAPTER 09 C급 단문의 정리

CHAPTER 01 디자인보호법의 목적

01 목적

> **제1조(목적)**
> 이 법은 디자인의 보호와 이용을 도모함으로써 디자인의 창작을 장려하여 산업발전에 이바지함을 목적으로 한다.

1 서설

(1) 디자인보호법은 디자인의 **보호**와 **이용**을 도모함으로써 디자인의 **창작**을 장려하여 **산업**발전에 이바지하는 것을 목적으로 한다(제1조). **– 보이창산**

(2) 즉, 창작자에게는 디자인에 대한 독점배타적 권리를 부여하고, 공중에게는 디자인을 적절하게 이용하여 물품의 수요증대에 이바지하게 하여, 궁극적으로는 산업발전에 이바지하고자 한다.

2 디자인의 보호

(1) 실체적 보호

① 디자인등록을 받을 수 있는 권리(제3조 제1항)
  ㉠ 디자인을 창작한 자 또는 그 승계인은 디자인등록을 받을 수 있는 권리를 가진다. 디자인권의 발생 전이라도 창작에 대한 권리를 인정하는 것이다.
  ㉡ 디자인등록을 받을 수 있는 권리를 가진 자는 정당권리자로서 적법한 출원이 가능하고, 디자인등록을 받을 수 있는 권리는 양도가 가능한 사유재산이다.

② 보상금 청구권(제53조 제2항)
  ㉠ 신청에 의해 출원**공개**가 있은 후, **경고**를 받거나 출원공개된 디자인임을 **알고**, **정당**한 권원 없이, 출원디자인과 동일, 유사한 디자인을 **업**으로서 실시하는 자에게 일정한 보상금을 청구할 수 있다.
    – 공경알정업
  ㉡ 보상금을 청구할 수 있는 범위는 경고를 받거나 알게 된 때부터 설정등록 시까지의 기간 동안 동일, 유사한 디자인의 실시에 대하여 합리적으로 받을 수 있는 금액이다.
  ㉢ 보상금 청구권은 디자인의 설정등록 후에만 행사할 수 있다(제53조 제3항). 이는 등록 전 권리로서 부당한 권리행사에 의한 제3자의 불측의 피해를 방지하기 위함이다.
  ㉣ 또한 디자인권의 행사에 영향을 받지 않는 독립적 권리이다(제53조 제4항).

③ 디자인권
  ⊙ 설정등록을 하면 디자인권이 발생한다(제90조 제1항).
  ⓒ 디자인권자는 업으로서 등록디자인 또는 이와 유사한 디자인을 실시할 권리를 독점한다(제92조).
  ⓒ 따라서, 제3자가 정당권원 없이 디자인권의 보호범위 내에서 디자인을 업으로서 실시하면 침해를 구성하고, 디자인권자는 그 실시자에게 디자인권에 기한 민·형사상 조치가 가능하다.
④ 선출원 및 확대된 선출원의 지위
  ⊙ 2 이상의 동일, 유사 디자인의 출원이 경합되는 경우, 최선 출원만 등록이 가능한 선출원의 지위를 갖는다(제46조 제1항). 또한, 선출원의 일부와 동일, 유사한 후출원도 등록이 불가하게 하는 확대된 선출원의 지위를 갖는다(제33조 제3항).
  ⓒ 이는 독점권인 디자인권의 중복을 실질적으로 방지하기 위함이다.

(2) 절차적 보호

① 신규성 상실 예외(제36조)
  ⊙ 디자인을 받을 권리를 가진 자의 디자인이 공지 등이 된 경우, 소정의 요건 하에 그 자가 출원한 디자인에 대하여 신규성, 창작성을 적용할 때에는 공지 등이 되지 않은 것으로 본다(제36조).
  ⓒ 자기 공지에 의해 등록이 불허되는 것은 가혹하므로 형평의 원칙상 이를 방지하여 출원인을 보호하고 산업발전에 이바지하기 위함이다.
② 비밀디자인 청구(제43조)
  ⊙ 출원인은 일정 기간을 정하여, 그 디자인을 비밀로 할 것을 청구할 수 있다(제43조).
  ⓒ 디자인은 타인의 모방 및 도용이 용이하고, 유행성이 강하기 때문에 제품의 사업화에 대한 준비기간 동안 디자인을 비밀로 하여 타인의 침해를 방지하고, 공개시점을 디자인권자가 선택하도록 하여 사업의 성공에 기여하기 위함이다.
③ 보정(제47조, 제48조)
  ⊙ 출원에 절차적, 실체적 하자가 있는 경우, 최초 출원의 동일성을 유지하는 범위 내에서 보충, 정정하는 제도이다(제47조, 제48조).
  ⓒ 선출원주의 보완으로 출원인을 보호하기 위함이다. 다만, 과도하게 인정하면 제3자에게 불측의 피해 염려가 있으므로 시기 및 범위에 일정한 제한을 두고 있다.
④ 분할출원(제50조)
  ⊙ 1출원에 2 이상의 디자인이 포함된 경우, 그 일부를 분할하여 새로운 출원을 할 수 있는 제도로 소급효가 인정된다.
  ⓒ 제40조 제1항 위반을 극복하거나, 디자인의 효율적인 관리와 보호를 위해 인정된다.
⑤ 조약우선권주장(제51조)
  ⊙ 파리협약의 3대원칙 중 하나로서, 조약당사국 국민이 제1국에 정규의 출원을 한 후 동일한 디자인을 국내에 출원하여 우선권주장을 하는 경우, 제33조와 제46조를 적용함에 있어서 판단시점을 소급하여 인정하는 제도이다(제51조).
  ⓒ 속지주의 원칙에 의한 시간, 절차 등 많은 제약을 극복하고, 선출원자를 국제적으로 보호하기 위함이다.

⑥ **우선심사 신청**(제61조)
　㉠ 일정 요건에 해당하는 출원에 대하여, 출원 순위와 관계없이 우선하여 심사하는 제도를 말한다(제61조).
　㉡ 특허법과 달리 심사청구제도가 없기 때문에, 심사의 지연을 방지하고, 출원인의 권익과 공익을 보호하기 위함이다.

⑦ **한정된 거절이유**(제62조)
　심사관의 자의적 판단을 배제하고 행정처분의 명확성을 위하여 거절이유를 한정적으로 열거하여 법으로 정하고 있다.

⑧ **의견서 제출기회의 부여**(제63조)
　거절결정 전에 보정할 수 있는 기회를 부여하기 위하여 거절이유를 통지하고 기간을 정하여 의견서를 제출할 수 있도록 하고 있다.

⑨ **심판, 재심, 소송**(제64조)
　행정처분의 하자를 시정할 수 있는 기회를 부여하기 위함이다.

(3) 특유제도에 의한 보호

① **의의 및 취지**
　공지 및 모방이 용이하고, 수명이 짧고, 도면에 의해 권리가 특정되어 권리범위가 협소하다는 특징이 있어 특유디자인을 도입하여 실효적인 보호를 꾀한다.

② **부분디자인**
　㉠ 부분디자인이란, 물품의 부분의 형상·모양·색채 또는 이들의 결합에 관한 디자인을 말하며, 2001년 7월 1일 시행법은 디자인등록이 가능한 것으로 인정하였다(제2조 제1호 괄호).
　㉡ 원칙적으로 '독립성' 흠결로 물품으로 인정될 수 없으나, 물품의 부분에 디자인의 창작적 요지가 있는 경우, 제3자의 모방을 방지하기 위해 인정된다.

③ **관련디자인**
　㉠ 자기의 기본디자인(출원디자인, 등록디자인)과만 유사한 디자인에 대하여 소정의 요건 하에 신규성 및 선출원주의 규정에도 불구하고 관련디자인으로 등록받을 수 있는 제도이다(제35조).
　㉡ 출원이 완료된 디자인의 변형디자인까지 보호하여 강력한 디자인권 창출에 기여한다.

④ **한 벌 물품의 디자인**
　㉠ 2 이상의 물품이 한 벌의 물품으로 동시에 사용되는 경우 한 벌 전체로서 통일성이 있으면 1디자인으로 등록받게 하는 제도이다.
　㉡ 산업 사회의 다양화에 따라 다수 물품의 통합적 미감을 보호하고자 함이다.

⑤ **비밀디자인**
　㉠ 출원인은 일정 기간을 정하여, 그 디자인을 비밀로 할 것을 청구할 수 있다(제43조).
　㉡ 디자인은 타인의 모방 및 도용이 용이하고, 유행성이 강하기 때문에 제품의 사업화에 대한 준비기간 동안 디자인을 비밀로 하여 타인의 침해를 방지하고, 공개시점을 디자인권자가 선택하도록 하여 사업의 성공에 기여하기 위함이다.

⑥ **동적디자인**
　㉠ 동적디자인이란 물품의 형태의 특이한 변화 상태에 창작적 요점이 있는 디자인을 말하고, 변화의 유형에 따라 형상동적디자인, 모양동적디자인, 색채동적디자인, 결합동적디자인이 있다.
　㉡ 형태의 변화도 보호가치가 인정되고, 동적과정의 각각 정지상태마다 출원해야 하는 부담을 덜기 위해 디자인으로 인정하고 있다.

⑦ 화상디자인
  ㉠ 화상이란 디지털 기술 또는 전자적 방식으로 표현되는 도형・기호 등(기기의 조작에 이용되거나 기능이 발휘되는 것에 한정하고, 화상의 부분을 포함)을 말한다(제2조 제2호의2).
  ㉡ 종래에는 화상이 물품의 표시부에 표현된 상태를 전제로 '모양'으로서 보호하는 것이 심사기준의 태도였으나, 디지털 경제의 확산에 따라 신기술을 활용한 제품 출시가 점차 증가하면서 2021년 개정법은 화상의 정의규정을 신설하여 화상디자인 자체를 보호하고, 화상디자인의 온라인 전송을 실시행위로 규정하였다.
⑧ 일부심사등록제도
  ㉠ 디자인등록은 심사등록과 일부심사등록이 있으며(제2조 제4호), 심사등록은 출원이 등록요건을 모두 갖추었는지를 심사하고(제2조 제5호), 일부심사등록은 등록요건 중 일부만을 갖추었는지를 심사한다(제2조 제6호).
  ㉡ 일부심사등록제도를 병행 운영하는 이유는, 유행성이 강한 물품에 대해서는 신속한 권리화를 도모하기 위해서이다. 종래 무심사라는 용어를 변경했다.

3 디자인의 이용

(1) 디자인 이용의 특징
수단적 가치인 기술은 문헌적, 연구적인 이용도 중요한 비중을 차지하나, 디자인은 그 자체가 목적가치이기 때문에 실시에 의한 이용이 일반적이다.

(2) 디자인권자의 이용
① 디자인권자는 업으로서 등록디자인 또는 이와 유사한 디자인을 실시할 권리를 독점한다(제92조).
② 실시란 그 물품의 생산・사용・양도 등의 행위를 말하고, 디자인의 대상이 화상인 경우 그 화상을 생산・사용 또는 전기통신회선을 통한 방법으로 제공하거나 그 화상을 저장한 매체를 양도하는 등의 행위를 말한다(제2조 제7호). 법상 실시의무는 강제되어 있지 않다.

(3) 제3자의 이용
① 실시권자의 실시
  실시권자는 실시권이 설정된 범위 내에서 등록디자인과 동일・유사한 디자인을 실시할 수 있는 정당한 권원을 가진다.
② 기타 제3자의 실시
  디자인권이 존속 중이더라도 디자인권의 효력이 제한되는 범위 내의 실시(제94조), 공지 영역에서의 실시는 디자인권의 침해가 아니다. 디자인권의 존속기간 만료, 등록료 불납, 디자인권의 포기, 디자인권의 무효 등으로 인하여 디자인권이 소멸된 이후에는 누구든지 디자인을 자유롭게 이용할 수 있다.

4 디자인 창작의 장려

디자인권에 독점적인 권리를 부여함으로써 소비자의 수요를 유도하고, 창작자의 창작의욕을 고취시킴으로써 경쟁력 있는 디자인의 창작을 유발한다. 또한, 특정 요건을 만족하는 창작자에게 등록료와 수수료를 감면하는 규정을 두고 있다(제86조).

5 산업발전에 이바지

디자인권이라는 독점적인 권리를 부여하여 경쟁 우위를 보장하고 물품의 수요를 증대하는 등 창작자의 사익을 꾀하는 한편, 이러한 경제적 가치를 지닌 디자인이 사회로 공급되도록 하여 궁극적으로는 시장과 산업을 발전시키고자 하는 공익적 목적을 함께 갖는다.

6 디자인보호법의 목적에 대한 해석론

(1) 문제의 소재

디자인의 '본질'을 어떻게 파악하느냐에 따라 여러 견해가 갈린다. 이러한 해석론은 디자인보호법상 각종 제도를 이해하는 데 가장 상위의 기준이 된다.

(2) 학 설

① 창작설
   ㉠ 본질은 미적 창작이고, 목적은 창작적 가치를 보호하는 것으로 본다.
   ㉡ 창작의 보호에는 충실하지만, 저작권과의 혼동 우려, 보호범위 판단의 모호성, 산업발전과의 관계 설명에는 미흡하다는 단점이 있다.

② 경업설
   ㉠ 본질은 물품식별기능이고, 목적은 부정경쟁방지라고 본다.
   ㉡ 수요자의 보호에는 충실하지만, 상표법과의 구별이 모호하고 창작의 보호가 미흡하다는 단점이 있다.

③ 수요설
   ㉠ 본질은 물품의 판매 촉진기능이고, 목적은 수요의 증대라고 본다.
   ㉡ 산업발전과의 관계는 명확히 설명되나, 권리범위의 판단 기준이 모호하다는 단점이 있다.

(3) 검 토

디자인의 본질은 다양하게 파악할 수 있으므로, 디자인보호법상의 각종 제도들은 이를 종합적으로 고려하여 합목적적으로 그 취지를 판단해야 한다.

7 결 어

제1조는 디자인보호법의 이해를 용이하게 하고, 전반 규정에 대한 해석 지침을 제공하는 중요한 의의를 갖는다.

8 관련문제 - 디자인보호법에 없는 제도

(1) 심사청구, 출원공개의 강제, 출원공고
(2) 정정제도
(3) 취소신청

(4) 재정, 국방상 필요한 디자인
(5) 변경출원
(6) 국내우선권주장
(7) 존속기간 연장 및 갱신

9 총 칙 기출 20

제1조(목적)
이 법은 디자인의 보호와 이용을 도모함으로써 디자인의 창작을 장려하여 산업발전에 이바지함을 목적으로 한다.

제2조(정의)
이 법에서 사용하는 용어의 뜻은 다음과 같다.
1. "디자인"이란 물품[물품의 부분, 글자체 및 화상(畫像)을 포함한다. 이하 같다]의 형상·모양·색채 또는 이들을 결합한 것으로서 시각을 통하여 미감(美感)을 일으키게 하는 것을 말한다.
2. "글자체"란 기록이나 표시 또는 인쇄 등에 사용하기 위하여 공통적인 특징을 가진 형태로 만들어진 한 벌의 글자꼴(숫자, 문장부호 및 기호 등의 형태를 포함한다)을 말한다.
2의2. "화상"이란 디지털 기술 또는 전자적 방식으로 표현되는 도형·기호 등[기기(器機)의 조작에 이용되거나 기능이 발휘되는 것에 한정하고, 화상의 부분을 포함한다]을 말한다.
3. "등록디자인"이란 디자인등록을 받은 디자인을 말한다.
4. "디자인등록"이란 디자인심사등록 및 디자인일부심사등록을 말한다.
5. "디자인심사등록"이란 디자인등록출원이 디자인등록요건을 모두 갖추고 있는지를 심사하여 등록하는 것을 말한다.
6. "디자인일부심사등록"이란 디자인등록출원이 디자인등록요건 중 일부만을 갖추고 있는지를 심사하여 등록하는 것을 말한다.
7. "실시"란 다음 각 목의 구분에 따른 행위를 말한다.
  가. 디자인의 대상이 물품(화상은 제외한다)인 경우 그 물품을 생산·사용·양도·대여·수출 또는 수입하거나 그 물품을 양도 또는 대여하기 위하여 청약(양도나 대여를 위한 전시를 포함한다. 이하 같다)하는 행위
  나. 디자인의 대상이 화상인 경우 그 화상을 생산·사용 또는 전기통신회선을 통한 방법으로 제공하거나 그 화상을 전기통신회선을 통한 방법으로 제공하기 위하여 청약(전기통신회선을 통한 방법으로 제공하기 위한 전시를 포함한다. 이하 같다)하는 행위 또는 그 화상을 저장한 매체를 양도·대여·수출·수입하거나 그 화상을 저장한 매체를 양도·대여하기 위하여 청약(양도나 대여를 위한 전시를 포함한다. 이하 같다)하는 행위

제3조(디자인등록을 받을 수 있는 자)
① 디자인을 창작한 사람 또는 그 승계인은 이 법에서 정하는 바에 따라 디자인등록을 받을 수 있는 권리를 가진다. 다만, 특허청 또는 특허심판원 직원은 상속 또는 유증(遺贈)의 경우를 제외하고는 재직 중 디자인등록을 받을 수 없다.
② 2명 이상이 공동으로 디자인을 창작한 경우에는 디자인등록을 받을 수 있는 권리를 공유(共有)한다.

제4조(미성년자 등의 행위능력)
① 미성년자·피한정후견인 또는 피성년후견인은 법정대리인에 의하지 아니하면 디자인등록에 관한 출원·청구, 그 밖의 절차(이하 "디자인에 관한 절차"라 한다)를 밟을 수 없다. 다만, 미성년자와 피한정후견인이 독립하여 법률행위를 할 수 있는 경우에는 그러하지 아니하다.
② 제1항의 법정대리인은 후견감독인의 동의 없이 상대방이 청구한 디자인일부심사등록 이의신청, 심판 또는 재심에 대한 절차를 밟을 수 있다.

제5조(법인이 아닌 사단 등)
법인이 아닌 사단 또는 재단으로서 대표자 또는 관리인이 정하여져 있는 경우에는 그 사단 또는 재단의 이름으로 디자인일부심사등록 이의신청인, 심판의 청구인·피청구인 또는 재심의 청구인·피청구인이 될 수 있다.

제6조(재외자의 디자인관리인)
① 국내에 주소 또는 영업소가 없는 자(이하 "재외자"라 한다)는 재외자(법인인 경우에는 그 대표자)가 국내에 체류하는 경우를 제외하고는 그 재외자의 디자인에 관한 대리인으로서 국내에 주소 또는 영업소가 있는 자(이하 "디자인관리인"이라 한다)에 의하지 아니하면 디자인에 관한 절차를 밟거나 이 법 또는 이 법에 따른 명령에 따라 행정청이 한 처분에 대하여 소(訴)를 제기할 수 없다.
② 디자인관리인은 위임된 권한의 범위에서 디자인에 관한 절차 및 이 법 또는 이 법에 따른 명령에 따라 행정청이 한 처분에 관한 소송에서 본인을 대리한다.

제7조(대리권의 범위)
국내에 주소 또는 영업소가 있는 자로부터 디자인에 관한 절차를 밟을 것을 위임받은 대리인(디자인관리인을 포함한다. 이하 같다)은 특별히 권한을 위임받지 아니하면 다음 각 호의 행위를 할 수 없다.
 1. 디자인등록출원의 포기·취하, 디자인권의 포기
 2. 신청의 취하
 3. 청구의 취하
 4. 제119조 또는 제120조에 따른 심판청구
 5. 복대리인의 선임

제8조(대리권의 증명)
디자인에 관한 절차를 밟는 자의 대리인의 대리권은 서면으로 증명하여야 한다.

제9조(행위능력 등의 흠결에 대한 추인)
행위능력 또는 법정대리권이 없거나 디자인에 관한 절차를 밟는 데에 필요한 권한의 위임에 흠이 있는 자가 밟은 절차는 보정(補正)된 당사자나 법정대리인이 추인하면 행위를 한 때로 소급하여 그 효력이 발생한다.

제10조(대리권의 불소멸)
디자인에 관한 절차를 밟는 자의 위임을 받은 대리인의 대리권은 다음 각 호의 사유가 있어도 소멸하지 아니한다.
 1. 본인의 사망이나 행위능력의 상실
 2. 본인인 법인의 합병에 의한 소멸
 3. 본인인 수탁자의 신탁임무 종료
 4. 법정대리인의 사망이나 행위능력의 상실
 5. 법정대리인의 대리권 소멸이나 변경

제11조(개별대리)
디자인에 관한 절차를 밟는 자의 대리인이 2인 이상이면 특허청장 또는 특허심판원장에 대하여 각각의 대리인이 본인을 대리한다.

제12조(대리인의 선임 또는 교체 명령 등)
① 특허청장 또는 제132조에 따라 지정된 심판장(이하 "심판장"이라 한다)은 디자인에 관한 절차를 밟는 자가 그 절차를 원활히 수행할 수 없거나 구술심리에서 진술할 능력이 없다고 인정되는 등 그 절차를 밟는 데에 적당하지 아니하다고 인정하면 대리인이 그 절차를 밟을 것을 명할 수 있다.
② 특허청장 또는 심판장은 디자인에 관한 절차를 밟는 자의 대리인이 그 절차를 원활히 수행할 수 없거나 구술심리에서 진술할 능력이 없다고 인정되는 등 그 절차를 밟는 데에 적당하지 아니하다고 인정하면 그 대리인을 바꿀 것을 명할 수 있다.
③ 특허청장 또는 심판장은 제1항 및 제2항의 경우에 변리사로 하여금 대리하게 할 것을 명할 수 있다.
④ 특허청장 또는 심판장은 제1항 또는 제2항에 따라 대리인의 선임 또는 교체명령을 한 경우에는 제1항에 따른 디자인에 관한 절차를 밟는 자 또는 제2항에 따른 대리인이 그전에 특허청장 또는 특허심판원장에 대하여 한 디자인에 관한 절차의 전부 또는 일부를 디자인에 관한 절차를 밟는 자의 신청에 따라 무효로 할 수 있다.

제13조(복수당사자의 대표)
① 2인 이상이 공동으로 디자인에 관한 절차를 밟을 때에는 다음 각 호의 어느 하나에 해당하는 사항을 제외하고는 각자가 모두를 대표한다. 다만, 대표자를 선정하여 특허청장 또는 특허심판원장에게 신고하면 그 대표자가 모두를 대표한다.
 1. 디자인등록출원의 포기·취하
 2. 신청의 취하
 3. 청구의 취하

4. 제52조에 따른 출원공개의 신청
5. 제119조 또는 제120조에 따른 심판청구

② 제1항 단서에 따라 신고하는 경우에는 대표자로 선임된 사실을 서면으로 증명하여야 한다.

제14조(「민사소송법」의 준용)
이 법에서 대리인에 관하여 특별히 규정한 것을 제외하고는「민사소송법」제1편 제2장 제4절을 준용한다.

제15조(재외자의 재판관할)
재외자의 디자인권 또는 디자인에 관한 권리에 관하여 디자인관리인이 있으면 그 디자인관리인의 주소 또는 영업소를, 디자인관리인이 없으면 특허청 소재지를「민사소송법」제11조에 따른 재산이 있는 곳으로 본다.

제16조(기간의 계산)
이 법 또는 이 법에 따른 명령에서 정한 기간의 계산은 다음 각 호에 따른다.
1. 기간의 첫날은 계산에 넣지 아니한다. 다만, 그 기간이 오전 0시부터 시작하는 경우에는 그러하지 아니하다.
2. 기간을 월 또는 연으로 정한 경우에는 역(曆)에 따라 계산한다.
3. 월 또는 연의 처음부터 기간을 기산(起算)하지 아니하는 경우에는 마지막 월 또는 연에서 그 기산일에 해당하는 날의 전날로 기간이 만료한다. 다만, 월 또는 연으로 정한 경우에 마지막 월에 해당하는 날이 없으면 그 월의 마지막 날로 기간이 만료한다.
4. 디자인에 관한 절차에서 기간의 마지막 날이 토요일이나 공휴일(「勤勞者의 날 制定에 관한 法律」에 따른 근로자의 날을 포함한다)에 해당하면 기간은 그 다음 날로 만료한다.

제17조(기간의 연장 등)
① 특허청장은 청구에 따라 또는 직권으로 제69조에 따른 디자인일부심사등록 이의신청 이유 등의 보정기간, 제119조 또는 제120조에 따른 심판의 청구기간을 30일 이내에서 한 차례만 연장할 수 있다. 다만, 교통이 불편한 지역에 있는 자의 경우에는 산업통상자원부령으로 정하는 바에 따라 그 횟수 및 기간을 추가로 연장할 수 있다.
② 특허청장·특허심판원장·심판장 또는 제58조에 따른 심사관(이하 "심사관"이라 한다)은 이 법에 따라 디자인에 관한 절차를 밟을 기간을 정한 경우에는 청구에 따라 그 기간을 단축 또는 연장하거나 직권으로 그 기간을 연장할 수 있다. 이 경우 특허청장 등은 그 절차의 이해관계인의 이익이 부당하게 침해되지 아니하도록 단축 또는 연장 여부를 결정하여야 한다.
③ 심판장 또는 심사관은 이 법에 따라 디자인에 관한 절차를 밟을 기일을 정한 경우에는 청구에 따라 또는 직권으로 그 기일을 변경할 수 있다.

제18조(절차의 무효)
① 특허청장 또는 특허심판원장은 제47조에 따른 보정명령을 받은 자가 지정된 기간 내에 그 보정을 하지 아니하면 디자인에 관한 절차를 무효로 할 수 있다.
② 특허청장 또는 특허심판원장은 제1항에 따라 디자인에 관한 절차가 무효로 된 경우에 지정된 기간을 지키지 못한 것이 정당한 사유에 의한 것으로 인정될 때에는 그 사유가 소멸한 날부터 2개월 이내에 보정명령을 받은 자의 청구에 따라 그 무효처분을 취소할 수 있다. 다만, 지정된 기간의 만료일부터 1년이 지났을 때에는 그러하지 아니하다.
③ 특허청장 또는 특허심판원장은 제1항에 따른 무효처분 또는 제2항 본문에 따른 무효처분의 취소처분을 할 때에는 그 보정명령을 받은 자에게 처분통지서를 송달하여야 한다.

제19조(절차의 추후 보완)
디자인에 관한 절차를 밟은 자가 책임질 수 없는 사유로 다음 각 호에 따른 기간을 지키지 못한 경우에는 그 사유가 소멸한 날부터 2개월 이내에 지키지 못한 절차를 추후 보완할 수 있다. 다만, 그 기간의 만료일부터 1년이 지났을 때에는 그러하지 아니하다.
1. 제119조 또는 제120조에 따른 심판의 청구기간
2. 제160조에 따른 재심청구의 기간

제20조(절차의 효력 승계)
디자인권 또는 디자인에 관한 권리에 관하여 밟은 절차의 효력은 그 디자인권 또는 디자인에 관한 권리의 승계인에게 미친다.

제21조(절차의 속행)
특허청장 또는 심판장은 디자인에 관한 절차가 특허청 또는 특허심판원에 계속(係屬) 중일 때 디자인권 또는 디자인에 관한 권리가 이전되면 그 디자인권 또는 디자인에 관한 권리의 승계인에 대하여 그 절차를 속행(續行)하게 할 수 있다.

제22조(절차의 중단)
디자인에 관한 절차가 다음 각 호의 어느 하나에 해당하는 경우에는 특허청 또는 특허심판원에 계속 중인 절차는 중단된다. 다만, 절차를 밟을 것을 위임받은 대리인이 있는 경우에는 그러하지 아니하다.
 1. 당사자가 사망한 경우
 2. 당사자인 법인이 합병에 따라 소멸한 경우
 3. 당사자가 절차를 밟을 능력을 상실한 경우
 4. 당사자의 법정대리인이 사망하거나 그 대리권을 상실한 경우
 5. 당사자의 신탁에 의한 수탁자의 임무가 끝난 경우
 6. 제13조 제1항 각 호 외의 부분 단서에 따른 대표자가 사망하거나 그 자격을 상실한 경우
 7. 파산관재인 등 일정한 자격에 따라 자기 이름으로 다른 사람을 위하여 당사자가 된 자가 그 자격을 상실하거나 사망한 경우

제23조(중단된 절차의 수계)
제22조에 따라 특허청 또는 특허심판원에 계속 중인 절차가 중단된 경우에는 다음 각 호의 구분에 따른 자가 그 절차를 수계(受繼)하여야 한다.
 1. 제22조 제1호의 경우 : 그 상속인·상속재산관리인 또는 법률에 따라 절차를 계속할 자. 다만, 상속인은 상속을 포기할 수 있는 동안에는 그 절차를 수계하지 못한다.
 2. 제22조 제2호의 경우 : 합병에 따라 설립되거나 합병 후 존속하는 법인
 3. 제22조 제3호 및 제4호의 경우 : 절차를 밟을 능력을 회복한 당사자 또는 법정대리인이 된 자
 4. 제22조 제5호의 경우 : 새로운 수탁자
 5. 제22조 제6호의 경우 : 새로운 대표자 또는 각 당사자
 6. 제22조 제7호의 경우 : 같은 자격을 가진 자

제24조(수계신청)
① 제22조에 따라 중단된 절차에 관한 수계신청은 제23조 각 호에 규정된 자가 할 수 있다. 이 경우 그 상대방은 특허청장 또는 제130조에 따른 심판관(이하 "심판관"이라 한다)에게 제23조 각 호에 규정된 자에 대하여 수계신청할 것을 명하도록 요청할 수 있다.
② 특허청장 또는 심판장은 제22조에 따라 중단된 절차에 관한 수계신청이 있을 때에는 그 사실을 상대방에게 알려야 한다.
③ 특허청장 또는 심판관은 제22조에 따라 중단된 절차에 관한 수계신청에 대하여 직권으로 조사하여 이유 없다고 인정하면 결정으로 기각하여야 한다.
④ 특허청장 또는 심판관은 제23조 각 호에 규정된 자가 중단된 절차를 수계하지 아니하면 직권으로 기간을 정하여 수계를 명하여야 한다.
⑤ 제4항에 따라 수계명령을 받은 자가 같은 항에 따른 기간에 수계하지 아니하면 그 기간이 끝나는 날의 다음 날에 수계한 것으로 본다.
⑥ 특허청장 또는 심판장은 제5항에 따라 수계가 있는 것으로 본 경우에는 그 사실을 당사자에게 알려야 한다.

제25조(절차의 중지)
① 특허청장 또는 심판관이 천재지변이나 그 밖의 불가피한 사유로 그 직무를 수행할 수 없을 때에는 특허청 또는 특허심판원에 계속 중인 절차는 그 사유가 없어질 때까지 중지된다.
② 당사자에게 특허청 또는 특허심판원에 계속 중인 절차를 속행할 수 없는 장애사유가 생긴 경우에는 특허청장 또는 심판관은 결정으로 장애사유가 해소될 때까지 그 절차의 중지를 명할 수 있다.
③ 특허청장 또는 심판관은 제2항에 따른 결정을 취소할 수 있다.
④ 제1항 및 제2항에 따른 중지 또는 제3항에 따른 취소를 하였을 때에는 특허청장 또는 심판장은 그 사실을 각각 당사자에게 알려야 한다.

제26조(중단 또는 중지의 효과)
디자인에 관한 절차가 중단되거나 중지된 경우에는 그 기간의 진행은 정지되고 그 절차의 수계통지를 하거나 그 절차를 속행한 때부터 전체기간이 새로 진행된다.

제27조(외국인의 권리능력)
재외자인 외국인은 다음 각 호의 어느 하나에 해당하는 경우를 제외하고 디자인권 또는 디자인에 관한 권리를 누릴 수 없다.
1. 그 외국인이 속하는 국가에서 대한민국 국민에 대하여 그 국민과 같은 조건으로 디자인권 또는 디자인에 관한 권리를 인정하는 경우
2. 대한민국이 그 외국인에 대하여 디자인권 또는 디자인에 관한 권리를 인정하는 경우에는 그 외국인이 속하는 국가에서 대한민국 국민에 대하여 그 국민과 같은 조건으로 디자인권 또는 디자인에 관한 권리를 인정하는 경우
3. 조약 및 이에 준하는 것(이하 "조약"이라 한다)에 따라 디자인권 또는 디자인에 관한 권리가 인정되는 경우

제28조(서류제출의 효력 발생 시기)
① 이 법 또는 이 법에 따른 명령에 따라 특허청장 또는 특허심판원장에게 제출하는 출원서·청구서, 그 밖의 서류(물건을 포함한다. 이하 이 조에서 같다)는 특허청장 또는 특허심판원장에게 도달한 날부터 그 효력이 발생한다.
② 제1항의 출원서·청구서, 그 밖의 서류를 우편으로 특허청장 또는 특허심판원장에게 제출하는 경우에는 다음 각 호의 구분에 따른 날에 특허청장 또는 특허심판원장에게 도달한 것으로 본다. 다만, 디자인권 및 디자인에 관한 권리의 등록신청서류를 우편으로 제출하는 경우에는 그 서류가 특허청장 또는 특허심판원장에게 도달한 날부터 효력이 발생한다.
  1. 우편법령에 따른 통신날짜도장에 표시된 날이 분명한 경우 : 표시된 날
  2. 우편법령에 따른 통신날짜도장에 표시된 날이 분명하지 아니한 경우 : 우체국에 제출한 날(우편물 수령증으로 증명한 날을 말한다)
③ 제1항 및 제2항에서 규정한 사항 외에 우편물의 지연, 우편물의 망실(亡失) 및 우편업무의 중단으로 인한 서류제출에 필요한 사항은 산업통상자원부령으로 정한다.

제29조(고유번호의 기재)
① 디자인에 관한 절차를 밟는 자는 산업통상자원부령으로 정하는 바에 따라 특허청장 또는 특허심판원장에게 자신의 고유번호의 부여를 신청하여야 한다.
② 특허청장 또는 특허심판원장은 제1항에 따른 신청을 받으면 신청인에게 고유번호를 부여하고 그 사실을 알려야 한다.
③ 특허청장 또는 특허심판원장은 제1항에 따라 고유번호를 신청하지 아니하는 자에게는 직권으로 고유번호를 부여하고 그 사실을 알려야 한다.
④ 제2항 또는 제3항에 따라 고유번호를 부여받은 자가 디자인에 관한 절차를 밟는 경우에는 산업통상자원부령으로 정하는 서류에 자신의 고유번호를 적어야 한다. 이 경우 이 법 또는 이 법에 따른 명령에도 불구하고 그 서류에 주소(법인인 경우에는 영업소의 소재지를 말한다)를 적지 아니할 수 있다.
⑤ 디자인에 관한 절차를 밟는 자의 대리인에 관하여는 제1항부터 제4항까지의 규정을 준용한다.
⑥ 고유번호의 부여 신청, 고유번호의 부여 및 통지, 그 밖에 고유번호에 관하여 필요한 사항은 산업통상자원부령으로 정한다.

제30조(전자문서에 의한 디자인에 관한 절차의 수행)
① 디자인에 관한 절차를 밟는 자는 이 법에 따라 특허청장 또는 특허심판원장에게 제출하는 디자인등록출원서, 그 밖의 서류를 산업통상자원부령으로 정하는 방식에 따라 전자문서화하고 이를 정보통신망을 이용하여 제출하거나 이동식 저장장치 또는 광디스크 등 전자적 기록매체에 수록하여 제출할 수 있다.
② 제1항에 따라 제출된 전자문서는 이 법에 따라 제출된 서류와 같은 효력을 가진다.
③ 제1항에 따라 정보통신망을 이용하여 제출된 전자문서는 그 문서의 제출인이 정보통신망을 통하여 접수번호를 확인할 수 있는 때에 특허청 또는 특허심판원에서 사용하는 접수용 전산정보처리조직의 파일에 기록된 내용으로 접수된 것으로 본다.
④ 제1항에 따라 전자문서로 제출할 수 있는 서류의 종류·제출방법, 그 밖에 전자문서에 의한 서류의 제출에 필요한 사항은 산업통상자원부령으로 정한다.

제31조(전자문서 이용신고 및 전자서명)
① 전자문서로 디자인에 관한 절차를 밟으려는 자는 미리 특허청장 또는 특허심판원장에게 전자문서 이용신고를 하여야 하며, 특허청장 또는 특허심판원장에게 제출하는 전자문서에 제출인을 알아볼 수 있도록 전자서명을 하여야 한다.

② 제30조에 따라 제출된 전자문서는 제1항에 따른 전자서명을 한 자가 제출한 것으로 본다.
③ 제1항에 따른 전자문서 이용신고 절차, 전자서명 방법 등에 관하여 필요한 사항은 산업통상자원부령으로 정한다.

제32조(정보통신망을 이용한 통지 등의 수행)
① 특허청장, 특허심판원장, 심판장, 심판관, 제70조 제3항에 따라 지정된 심사장(이하 "심사장"이라 한다) 또는 심사관은 제31조 제1항에 따라 전자문서 이용신고를 한 자에게 서류의 통지 및 송달(이하 "통지등"이라 한다)을 하려는 경우에는 정보통신망을 이용하여 할 수 있다.
② 제1항에 따라 정보통신망을 이용하여 한 서류의 통지등은 서면으로 한 것과 같은 효력을 가진다.
③ 제1항에 따른 서류의 통지등은 그 통지등을 받을 자가 자신이 사용하는 전산정보처리조직을 통하여 그 서류를 확인한 때에 특허청 또는 특허심판원에서 사용하는 발송용 전산정보처리조직의 파일에 기록된 내용으로 도달한 것으로 본다.
④ 제1항에 따라 정보통신망을 이용하여 행하는 통지등의 종류·방법 등에 관하여 필요한 사항은 산업통상자원부령으로 정한다.

CHAPTER 02 디자인의 정의

제1편 | 이론편

01 물품성 기출 21·17·13

> **제2조(정의)**
> 이 법에서 사용하는 용어의 뜻은 다음과 같다.
> 1. "디자인"이란 물품[물품의 부분, 글자체 및 화상(畵像)을 포함한다. 이하 같다]의 형상·모양·색채 또는 이들을 결합한 것으로서 시각을 통하여 미감(美感)을 일으키게 하는 것을 말한다.
>
> **제33조(디자인등록의 요건)**
> ① 공업상 이용할 수 있는 디자인으로서 다음 각 호의 어느 하나에 해당하는 것을 제외하고는 그 디자인에 대하여 디자인등록을 받을 수 있다.

1 서 설

(1) 의의 및 취지

① 의 의
  ㉠ "디자인"이란 **물품**의 **형상**·**모양**·**색채** 또는 이들의 결합으로서, **시각**을 통하여, 미감을 일으키게 하는 것(**심미성**)이다(제2조 제1호). **– 물형시심**
  ㉡ "물품"은 명문 규정은 없으나, 대법원과 심사기준은 **독립성**이 있는 **구체적인 유체동산**이라 정의한다. **– 독구유동**

② 취 지
  디자인에 의한 물품의 수요 증대를 통해 산업발전에 이바지하는 것이 법의 목적이기 때문에 필요하다.

(2) 법적 지위 – 불특유심일

① 물품에 화체된 디자인을 보호하는 것인 바, 물품과 디자인은 **불가분적**이다. 따라서 추상적 모티브나 2차원 이미지 그 자체는 보호의 대상이 아니다.
② 물품을 **특정**할 수 있도록 출원서 및 도면에는 '디자인에 관한 물품명'을 정확하게 기재해야 한다.
③ 디자인의 동일·**유**사 판단은 물품의 동일·유사를 전제로 판단한다.
④ 물품의 종류에 따라, 로카르노 협정에 따른 물품류 구분 중 1·2·3·5·9·11·19류는 일부**심**사의 대상이다.
⑤ 1물품에 표현된 1형태를 1디자인으로 인정함이 원칙이다.

2 요건

(1) 독립성

① 원 칙

물품은 독립 거래의 대상이 되어야 하므로, 물품의 부분[1]이나 합성물의 구성각편[2](완성형태가 다양한 경우는 예외)은 물품으로 인정할 수 없다.

② 예 외

부분디자인[3]으로 보호가 가능하다.

(2) 구체성

① 원 칙 – 분일자

물품은 외형이 구체적으로 특정될 수 있어야 하므로, **분**상물 또는 입상물의 집합[4], 기체·액체·전기·광·열 등과 같이 **일정한 형체가 없거나**, 서비스디자인과 같이 물품 **자체의 형태**[5]로 볼 수 없는 것은 물품으로 인정할 수 없다.

② 예 외

분상물 또는 입상물의 집합이 정형화, 고형화되어 그 형태를 구체적으로 갖춘 경우[6]에는 물품으로 인정될 수 있다.

(3) 유체성

① 원 칙

물품은 구체적인 형상이 특정된 유체물이어야 하므로, 기체 등과 같이 일정한 형체가 없는 것은 물품으로 인정될 수 없다.

② 예 외

㉠ 글자체는 무체물이지만, 창의적인 글자체의 보호를 위해 법상 물품으로 간주한다(제2조 제1호 괄호).

㉡ 화상은 무체물이지만, 디지털 기술 또는 전자적 방식으로 표현되는 이미지를 보호하기 위해 물품으로 간주한다(제2조 제1호 괄호).

(4) 동산성

① 원 칙

대법원은 현장시공을 통해 건축되는 부동산은 물품으로 인정하지 않는다고 판시했다(2007후4311).[7]

② 예 외

반복생산성과 운반가능성이 인정되는 경우, 물품으로 인정될 수 있다.[8]

---

1) 예 양말의 뒷굽, 병의 주둥이 등
2) 예 화투의 낱장, 장기의 낱알 등
3) 상거래나 지배의 객체는 물품 전체이므로 물품의 독립성은 부분을 포함하는 물품의 전체를 기준으로 판단하기 때문이다.
4) 예 설탕, 시멘트 등
5) 예 손수건이나 타월 등을 접어서 만든 꽃모양 등. 이러한 2차적 형상은 형태성 위반이기도 하다.
6) 예 각설탕, 고형시멘트 등
7) 판례편 – [1] 한증막 사건
8) 예 방갈로, 공중전화박스, 방범초소, 이동식화장실, 조립가옥 등

3 흠결 시 취급

(1) 법적 취급

정의규정(제2조 제1호) 위반이므로, 제33조 제1항 본문 위반의 거절이유(제62조), 정보제공사유(제55조), 이의신청이유(제68조 제1항), 무효사유(제121조 제1항)에 해당한다.[9]

(2) 보정 가부

물품성이 있도록 보정하는 것은 요지변경에 해당하여 불가하다.

4 결어 - 완화론

(1) 2001년에는 '물품의 부분'을, 2005년에는 '글자체'를 각각 물품으로 간주했다. 화상디자인에 대해서는 종래 표시부 구비를 전제로 보호하였으나, 2021년 10월 21일 시행법은 '화상'의 정의규정을 신설하여 표시부가 없더라도 물품으로 간주하고 있다.

(2) 나아가, 최근 디자인 산업의 환경 변화에 대응하여 보호대상을 신축적으로 확대하고자 하는 개정 논의가 있다. 이는 2차원 시각디자인의 일종인 '그래픽 디자인', '부동산', '인테리어' 등을 디자인의 정의에 포함하고자 함이다. 그러나 타법과의 부정합, 보호범위 해석 논란, 디자인의 부당한 이용 제한 등의 문제가 있어 폐기되었다.

(3) 그렇다고 해도, 디자인 업계의 경향이 변화하고 있고, 유럽이나 미국 등 디자인의 선진국은 이미 아이콘, 캐릭터, 부동산, 인테리어 등을 디자인에 포함시키고 있는 실정이므로 본 논의는 여전히 필요하다.

5 관련문제 - 물품성 인정여부가 문제되는 경우

(1) 부품 - [제3장 03 완성품과 부품]에서 후술

(2) 조립완구의 구성각편

① 완성형태가 단일한 경우

각 구성물이 개성을 상실하여 모아진 전체 형태를 1디자인으로 취급하므로, 각 구성물은 물품으로 인정될 수는 없지만, 부분디자인으로 보호가 가능할 것이다.

② 완성형태가 다양한 경우

각 구성물이 '독립성'을 구비하여 물품으로 인정될 것이다.

(3) 물품의 서비스적 구현에 의한 2차적 형상

① 원 칙

그 물품 자체의 형태가 아닌 상업적으로 만들어지는 것으로, 외관을 구체적으로 특정할 수 없어 '구체성' 흠결에 해당하여 물품으로 인정할 수 없다.

② 예 외

그 형태가 별개의 물품으로 인정될 수 있다면 가능하다.

---

9) 양산이 가능하다면 디자인의 물품성을 인정하는 방향으로 판단 기준을 정립하는 것이 옳다는 견해가 있다.

(4) 액상 물질
① 원 칙

일정한 형상이 없는 경우로 '구체성' 흠결에 해당하여 물품으로 인정될 수 없다.

② 예 외

포장용기는 그 외관이 구체적으로 특정되므로 인정될 수 있다.

(5) 자연물
① 문제의 소재

자연물을 법상 보호대상에서 제외하는 데에는 이론이 없으나, 그 근거에 대한 논의가 있다.

② 학설의 대립
  ⊙ 성립요건 부정설

  이 법은 '인간의 정신적 활동의 결과물'을 보호하는 것이므로, '천연자연력'에 의해 생성된 자연물은 당연히 디자인의 대상이 되는 물품이 될 수 없다.

  ⓒ 공업성 결여설(심사기준)

  자연물도 유체동산이므로 디자인의 대상이 되는 물품이 될 수 있다고는 보되, 공업적 생산방법에 의해 양산될 수 없는 것으로 보아 보호를 부정한다.

  ⓒ 신규성·창작성 결여설

  자연물은 공지된 것으로 보아 이를 디자인의 구성주체로 이용한 것은 신규성 및 창작성이 부정되므로 보호대상에서 제외된다.

③ 검 토
  ⊙ 어느 견해에 의하든 자연물은 등록받을 수 없지만, 자연물도 독립거래가 가능한 유체동산임에는 틀림이 없으므로 물품성 자체를 부정할 필요는 없을 것이고, 자연물이 디자인의 구성주체로 이용되었다는 것만으로는 신규성 및 창작성이 부정된다고 할 수도 없으므로, 공업성 결여설이 타당하다.
  ⓒ 가공비율이 높아 더 이상 자연물이라고 볼 수 없는 '가공품'은 디자인의 대상이 되는 물품으로 인정할 수 있다고 보는 것도 이와 같은 입장인 것으로 볼 수 있다.

(6) 건축물(부동산)
① '동산성'에 대한 논의

대법원은 현장시공을 통해 건축되는 부동산은 물품으로 인정하지 않는다고 판시했다. 다만, 반복생산성과 운반가능성이 인정되는 경우, 물품으로 인정될 수 있다.

② 입법론
  ⊙ 최근 개정안 논의 시, 건축물도 '로카르노 분류 체계'에 속하므로, 그 외관의 보호도 필요하다는 논의도 있었다.
  ⓒ 다만, 보호범위의 특정 문제, 패소자는 철거의 문제가 있는 등 산업발전에 역행할 우려가 있어 보호대상에서 제외되었다.

③ 보호방법

건축물의 개별 자재에 대한 보호를 통하여 간접적으로 보호할 수 있다.

(7) 인테리어

① **의 의 - 공조이구**
특정 **공**간에 배치되는 2 이상의 물품들의 **조**합으로부터 발휘되는 **이**미지 또는 **구**도를 의미하며, 그 외관의 개념과 대상이 불명확하므로, 물품으로 인정되지 않는다.

② 입법론
인테리어도 '로카르노 분류 체계'에 속하므로, 그 외관의 보호도 필요하다는 논의도 있었지만, 보호범위 특정 문제, 3차원 물품디자인과의 형평성이 문제될 수 있어 보호대상에서 제외되었다.

③ 보호방법
인테리어의 외관을 이루는 핵심 물품들을 보호하는 방법이 있고, 동시 사용성이 인정되어 한 벌 물품의 디자인으로서 보호될 가능성이 있다.

(8) 응용미술저작물[10]

① 종전 대법원은 '미적 요소'와 '실용 요소'를 분리하여, 전자의 경우만 저작물로 인정했다.
② 2000년 개정 저작권법과 그에 따른 판례의 태도는 후자도 물품과 구분되어 독자성이 인정되는 경우에는 저작권의 보호대상이고, 디자인보호법의 중첩적 보호도 가능하다고 보고 있다.

(9) 전사지, 형틀

논란이 있었으나, 물품류 구분에 포함되어 법상 물품으로 취급되고 있다.

(10) 반제품

여러 주체에 의한 제조과정에 비추어 그 경제적 행위에 착안하면 독자의 경제적 가치가 있다고 볼 수 있으나, 그 자체로 용도와 기능을 갖고 있다고 보기는 어려운 바, 법상 물품으로 볼 수는 없을 것이다.

6 캐릭터(2차원 디자인[11] 포함)의 보호방안

(1) 서 설

캐릭터란 소설, 만화 등의 등장인물의 모습을 디자인에 도입한 것이다. 통상 이는 저작권으로 보호되고 있는데, 디자인보호법상 보호대상이 될 수 있을지 논한다.

(2) 문제되는 등록요건의 검토

① 2차원 디자인 자체의 출원
㉠ 캐릭터는 관념적 창작에 불과하여 독립 거래의 대상이 된다고 볼 수 없어 물품성이 부정되고, 공간을 점유하는 윤곽인 형상을 특정할 수도 없어 형태성이 부정된다.
㉡ 이에 따라 공업적 생산방법에 의하여 동일한 물품을 양산할 수도 없으므로 공업상 이용가능성도 부정된다.

---

10) 미적 감상만을 위한 순수미술저작물은 공업상 이용가능성이 없다.
11) 예 GUI, 아이콘, 그래픽 디자인 등

② 구체적인 물품에 표현하여 출원한 경우
  ㉠ 물품의 외관에 표현한 경우 디자인의 성립요건 및 공업상 이용가능성은 인정된다.
  ㉡ 캐릭터 자체가 공지되었다는 사실만으로 공지디자인이 존재하는 것은 아니므로 신규성이 부정되지는 않는다.
  ㉢ 캐릭터가 국내외에서 주지한 형상이나 모양에 해당된다면 이를 모티브로 한 디자인은 창작성이 부정될 수 있다.
  ㉣ 또한, 캐릭터가 타인의 저명한 출처표시로 기능하는 경우 제34조 제3호 위반이 될 수 있다.

(3) 보호방안

① 화체되는 물품으로 보호
캐릭터가 화체되는 물품의 형상 또는 모양으로 구성하여 보호하는 방법이 일반적이고, 전사지와 같은 1차적 구현물품에 등록받으면 전사지가 사용되는 여러 가지 물품에 대해서도 보호받는 효과를 가질 수 있다.

② 특유디자인으로 보호
  ㉠ 캐릭터에 관해 유사한 디자인이 있으면 관련디자인 제도를 이용할 수 있고, 캐릭터가 화체되는 부분에 대하여 부분디자인으로 등록받는 방법도 있다.
  ㉡ 캐릭터가 정보화기기에 사용되는 경우가 많으므로 화상디자인으로 보호받을 수 있고, 캐릭터의 움직임에도 창작적 요소가 있다면 동적디자인으로도 보호받을 수 있을 것이다.
  ㉢ 캐릭터가 화체된 물품이 일부심사등록의 대상이 되는 경우 조기등록을 유도할 수도 있다.

(4) 등록 후 권리관계

① 디자인권의 효력
디자인의 유사는 물품의 유사를 전제로 하므로 캐릭터가 동일·유사하더라도 물품이 비유사하면 디자인권의 효력이 미치지 않는다.

② 저작권법으로 중첩적 보호 가부
물품과 구분되어 독자성이 인정되는 경우에는 저작권의 보호대상이고, 디자인보호법의 중첩적 보호도 가능하다.

③ 저작권과의 이용·저촉
  ㉠ 타인의 캐릭터에 대한 선 저작권과 이용·저촉관계에 있는 경우, 디자인권자는 선 저작권자의 동의를 얻어야만 등록디자인을 실시할 수 있다.
  ㉡ 저작권에 대해서는 통상실시권 허락심판이 청구할 수 없으므로 저작권자에게 허락을 구하는 방법만 가능하다. 다만, 디자인권자가 캐릭터를 독자적으로 창작한 경우 실시하더라도 저작권에 저촉되지 않으므로 자유롭게 실시할 수 있다.

(5) 결어 - [제2장 01 물품성 **4**]에서 전술

02 형태성

1 서설

(1) 의의 및 취지

① 의 의
  ㉠ "디자인"이란 **물품**의 **형상**·모양·색채 또는 이들의 결합으로서, **시**각을 통하여, 미감을 일으키게 하는 것(**심**미성)이다(제2조 제1호). **- 물형시심**
  ㉡ "형태"란 물품에 화체된 형상·모양·색채 또는 이들을 결합한 것이다.

② 취 지
  물품의 외형으로서, 미감을 발휘하는 구성요소이므로 필요하다.

(2) 법적지위 - 가특유일

① 불가분성이 원칙이나, '글자체디자인' 및 '화상디자인'은 모양과 색채만으로 구성된 디자인이어서 예외적으로 **가**분적이다.
② 도면, 사진, 견본에 형태를 구체적으로 도시하여 디자인의 외관을 구체적으로 **특**정할 수 있도록 한다.
③ 디자인의 동일·**유**사 판단은 물품의 동일·유사를 전제로 형태의 동일·유사를 판단한다.
④ **1**물품에 표현된 1형태를 1디자인으로 인정함이 원칙이다.

2 요건 - 의종구성 12)

(1) 형 상

① 물품이 공간을 점유하고 있는 윤곽을 의미한다.
② 입체적 형상과 평면적 형상으로 구분되며, 도면 작성 방법에서 차이가 있다.
③ 물품은 글자체 및 화상을 제외하고는 형상을 구비하므로, 일반적으로 물품의 필수적 구성요소이다.
④ 한편, 물품 자체의 1차적 형상을 의미하는 것이지, 상업적 과정에서 형성된 2차적 형상을 의미하는 것이 아니다.

(2) 모 양

① 물품의 외관에 나타나는 선도, 색구분, 색흐림을 의미한다.
② 선도는 선으로 그린 도형, 색구분은 선이 아닌 색채로 구획되어 있는 것, 색흐림은 색의 경계를 흐리게 하여 자연스럽게 옮아가도록 표현한 것이다.
③ 모양은 형상에 선택적으로 부가되는 선택적 구성요소이다.
④ 한편, 일반적으로 형상의 표면에 표현되지만, 투명한 부분이 존재한다면 내부에 존재하는 모양도 외부에 보여질 수 있다.

---

12) **의**의, **종**류, **구**성요소별 판단, **성**질

(3) 색채

① 물체에 반사되는 빛에 의해 인간의 망막을 자극하는 물체의 성질을 의미한다.
② 무채색과 유채색으로 구분되나, 금속색과 투명색 또한 법상 색채로 인정된다.
③ 색채는 형상에 선택적으로 부가되는 선택적 구성요소이다.
④ 한편, 원칙적으로 하나의 색을 의미하고, 2 이상의 색채 조합은 모양으로 본다.

(4) 이들의 결합

결합디자인은 형상을 전제로 ① 형상＋모양, ② 형상＋색채, ③ 형상＋모양＋색채의 디자인을 상정할 수 있다.

(5) 변화

'동적디자인'은 형태의 변화에 미감적 가치가 인정된다.

3 흠결 시 취급

(1) 법적 취급

정의규정(제2조 제1호) 위반이므로, 제33조 제1항 본문 위반의 거절이유(제62조), 정보제공사유(제55조), 이의신청이유(제68조 제1항), 무효사유(제121조 제1항)에 해당한다.

(2) 보정 가부

형태성이 있도록 보정하는 것은 요지변경에 해당하여 불가하다.

4 결 어

형태는 수요자의 구매 의욕을 자극하는 구성요소로서, 디자인의 창작적 요소가 가장 잘 표현된다고 볼 수 있다. 따라서, 물품성과 함께 형태성은 디자인을 구체적으로 표현하는 물리적인 구성요소이다.

5 관련문제

(1) 색채무용론

우리나라는 색채를 형태의 1구성요소로 인정하고 있으나, 대다수의 국가는 2색 이상의 조합을 모양으로 포함하여 인정하고 있다.

(2) 2차원 디자인의 보호 - [제2장 01 물품성 6]에서 전술

(3) 물품과 형태의 관계

① 문제의 소재

형태는 물품의 외관을 구성하는 것이므로 불가분적으로 융합하여 존재한다. 따라서 물품과 분리된 추상적, 관념적 형태 등은 보호대상이 되는 형태가 아니다.

② 학설의 대립
　㉠ 일체, 구체적 물품개념설은 형태가 구체적으로 구현된 것이 물품이라는 견해이다.
　㉡ 일체, 추상적 물품개념설은 물품과 형태의 결합을 전제로 하면서도 물품은 별개의 개념으로 파악 가능하다는 견해이다.
　㉢ 가분설은 분리되어 관념될 수 있다는 견해이다.
③ 심사실무 및 판례의 태도
　불가분성을 원칙으로 하고, 물품의 유사 판단에 있어 용도와 기능이라는 추상화된 개념을 사용하고 있는 바, 일체, 추상적 물품개념설의 입장에 가깝다고 본다.

(4) 질감이나 광택 등이 디자인의 구성요소로 인정될 수 있는지 여부
① 문제의 소재
　질감은 주로 촉각에 의해 획득되고, 광택은 시각에 의해 획득되지만 도면에 표현하는 것이 어렵기 때문에 문제가 된다.
② 판례의 태도
　대법원은 ㉠ '재질'은 별개의 디자인의 대상이 되지 않는 것이 원칙이지만(95후2091), ㉡ '재질 또는 제조방법 등'은 외관에 드러나지 않는 이상 유사 판단의 자료가 될 수 없다고 판시하여, 외관에 나타나면 디자인의 구성으로 보는 입장이다.
③ 검 토
　㉠ 유럽공동체 디자인법은 디자인의 정의에 질감을 포함하여 규정하고, ㉡ 부경법 제2조 제1호 자목에서는 상품의 형태의 요소 중 광택을 포함하여 규정하는 점을 고려할 때, 재질이 시각적으로 인식13)되고 객관적으로 형태에 영향을 주는 경우에는 디자인의 구성요소로 인정함이 타당하다.

6 색채의 취급

(1) 서 설
① 의 의
　㉠ 디자인이란 **물품**의 **형상·모양·색채** 또는 이들의 결합으로서, **시**각을 통하여, 미감을 일으키게 하는 것(**심미성**)이다(제2조 제1호). **- 물형시심**
　㉡ 형태란 물품에 화체된 형상·모양·색채 또는 이들을 결합한 것이다. 그중 색채는 공지, 공용되어 독자적 가치가 없고, 열위적 구성요소이다.
② 지 위
　㉠ 물체에 반사되는 빛에 의해 인간의 망각을 자극하는 물체의 성질로 무채색과 유채색으로 구분되나, 금속색과 투명색 또한 법상 색채로 인정된다. 색채는 형상에 선택적으로 부가되는 선택적 구성요소이다.
　㉡ 한편, 원칙적으로 하나의 색을 의미하고, 2 이상의 색채 조합은 모양으로 본다.

---
13) 2015허8097

(2) 출원 시
① 도 면 – **채생투**
  ㉠ 도면상 **채**색으로 표현될 수 있으며, 흰색, 검은색, 회색 중 하나의 색을 **생**략하는 경우 이에 대한 설명은 디자인의 설명에 기재해야 한다.
  ㉡ **투**명색[14]은 설명이 필요한 경우 디자인의 설명에 기재하고, 내부도 디자인의 대상이 될 수 있어 보이는 대로 도시해야 한다.
② 물품명의 기재
  색채에 관한 기재는 정당한 물품명이 아니므로 삭제해야 한다.
③ 특유디자인에서의 취급
  ㉠ 색채만이 변하는 동적디자인도 성립할 수 있다.
  ㉡ 모양·색채 또는 이들의 결합은 물품으로 인정될 수 없다.
  ㉢ 형상만의 디자인의 내부 여백을 어떻게 해석할지에 대해 재질설, 용지설, 무색설, 무모양일색설이 대립하고 있다.
  ㉣ 한 벌 물품의 디자인에서 각 구성물품들이 동일한 색채로 표현된 것만으로는 한 벌 전체로서의 통일성을 인정받기는 어렵다.
④ 색채에 관한 보정 시 요지변경의 판단
  색채의 변경 등으로 외관에 영향을 미친 경우, 형상만의 디자인에 색채를 부여하는 경우 등은 요지변경으로 취급된다.

(3) 등록요건 판단 시
① 도면의 색채 표현에 관한 흠결이 존재하면 제33조 제1항 본문 위반일 수 있다.
② 제33조 제2항 판단 시 모양을 구성하지 않는 한 고려하지 않는다.
③ 제34조 제3호 판단 시 색채상표와의 저촉이 문제될 수 있으며, 동조 제4호 판단 시 색채는 고려대상이 아니다.
④ 또한 색채만이 다른 2 이상의 디자인은 유사한 것으로 보는 것이 일반적이다. 판례는, 두 디자인의 형상과 모양이 동일하고 기본적인 채색 구도도 동일한 경우, 구체적으로 채색된 색채가 서로 다르다고 하여 심미감에 차이가 생기지는 않는다고 판시한 바 있다(2005후3307).[15]

(4) 등록 후 권리관계
① 등록디자인의 색채만 변경하여 실시하는 경우에는 유사 범위에 해당하여 침해에 해당할 가능성이 높다.
② 공지디자인의 색채만 변경하여 실시하면 자유실시디자인에 해당할 가능성이 높을 것이다.
③ 색채만 부가되어서 선후 양 디자인이 유사하면 이용관계는 성립하지 않고, 무효사유가 문제될 뿐이다.

---

14) 도면에 표현되고 설명이 있어야 디자인의 구성요소로 인정된다.
15) 판례편 – [2] 족구공 사건

03 시각성 기출 15

1 서설

(1) 의의 및 취지

① 의 의
㉠ "디자인"이란 **물품**의 **형상·모양·색채** 또는 이들의 결합으로서, **시각**을 통하여, 미감을 일으키게 하는 것(**심미성**)이다(제2조 제1호). **- 물형시심**
㉡ "시각을 통하여"란 육안으로 식별가능한 것을 의미한다.

② 취 지
디자인은 물품의 미적 외관이므로 수요자의 시각적 자극을 통해 구매의욕을 자극하면 물품의 수요 증대를 통해 산업발전에 이바지할 수 있기 때문에 필요하다.

(2) 법적 지위 - 감권유

① 심미성과 함께 관찰자의 **감**각적 요소이다.
② 디자인은 도면에 의해 특정되고, 등록 여부는 시각에 의해서 판단되므로, 그 특성상 **권**리범위가 협소하여 제3자의 모방이 용이하기 때문에 유사 범위까지 권리범위를 인정하고 있다(제92조).
③ 디자인의 **유**사 여부는 '시각'을 통한 심미감에 의해 판단해야 한다는 것이 판례의 입장이다(88후417).

2 요 건 - 시육외

(1) 시각으로 파악 가능할 것

다른 감각에 의한 인지는 인정하지 않는다.

(2) 육안으로 식별 가능할 것

① 원 칙
확대경과 같은 도구를 사용해야만 관찰 가능한 경우16)에는 시각성을 인정할 수 없다.

② 예 외
㉠ 통상적인 거래 시, 확대경 등을 통해 확대 관찰하는 것이 일반적인 경우 시각성을 예외적으로 인정할 수 있다. 최근 심사기준은 '발광다이오드 소자'와 같은 소형 물품에 대해 확대 관찰이 통상적인 경우 시각성을 인정한다고 규정했다. 이는 물품의 소형화 추세에 따라 거래현실상 미소한 물품들의 보호의 필요성이 대두되었기 때문이다.
㉡ 특수한 표시부를 통해 관찰되는 것이 통상적인 화상디자인도 예외적으로 시각성을 인정하고 있다.

---

16) 예 분상물, 입상물의 1단위와 같은 것 등

(3) 외부에서 관찰 가능할 것

① 원 칙
대법원은 통상적인 물품의 거래 시에는 외부에서 볼 수 없고, 오로지 분해나 파괴 등에 의해서만 볼 수 있는 것은 시각성이 없다고 판시하였다(98후2689).[17]

② 예 외 – 부뚜투
㉠ 내부에 조립되는 '**부품**'은 '독립 거래 및 호환의 가능성'을 구비하면 거래 시 외부에서 관찰 가능할 것이다.
㉡ **뚜**껑을 여는 것과 같은 구조로 된 물품은 열었을 때 외부에서 내부가 보이므로, 내부도 디자인의 대상이 될 수 있다. 다만, 연 상태의 내부를 도면에 명확하게 표현해야 할 것이다.[18]
㉢ **투**명한 부분을 포함한 물품은 외부에서 내부가 보이므로, 내부도 디자인의 대상이 될 수 있다. 다만, 보이는 대로 도면을 작성하여 내부를 도면에 명확하게 표현해야 할 것이다.

3 흠결 시 취급

(1) 법적 취급
정의규정(제2조 제1호) 위반이므로, 제33조 제1항 본문 위반의 거절이유(제62조), 정보제공사유(제55조), 이의신청이유(제68조 제1항), 무효사유(제121조 제1항)에 해당한다.

(2) 보정 가부
시각성이 있도록 보정하는 것은 요지변경에 해당하여 불가하다.

4 결 어

시각성은 물품 자체로 표현되는 물품성, 형태성과는 달리, 관찰자 입장에서 요구되는 요건으로, 당해 물품의 거래현실과 사회통념을 충분히 고려하여 판단해야 할 것이다.

---

17) 판례편 – [3] 조명기구용 지지틀 사건
18) 절개 단면도 등으로

04 심미성 기출 06

1 서설

(1) 의의 및 취지
　① 의 의
　　㉠ "디자인"이란 **물품**의 **형상**·모양·색채 또는 이들의 결합으로서, **시**각을 통하여, 미감을 일으키게 하는 것(**심미성**)이다(제2조 제1호). **- 물형시심**
　　㉡ "미감을 일으키게 하는 것"이란 그러한 특성을 의미한다.
　② 취 지
　　미적 가치가 전혀 없는 경우, 산업발전에 기여하지 못하므로 그러한 디자인에 독점적인 권리를 부여할 수 없기 때문에 심미성이 필요하다.

(2) 법적 지위 **- 감주**
　① 시각성과 함께 관찰자의 **감**각적 요소이며, 시각성을 전제로 한다고 봄이 다수의 견해이다.[19]
　② 미감은 물품에 따라 다양하게 발휘되고, 관찰자의 **주**관적 의사에 지배되는 요소이므로 신중히 판단해야 한다.

(3) 국제 조약(WTO/TRIPs)의 태도
　심미성의 적용여부를 각국에 유보하고 있다.

2 요건

(1) '미감'의 정의
　① 문제의 소재
　　미감이란 해당 물품으로 수요자가 느끼는 심미적 가치이다. 법의 목적에 부합하는 미감의 정의는 디자인의 본질에 따라 견해가 대립된다.
　② 학설의 대립
　　㉠ 장식주의
　　　• 미감은 물품의 기능을 해치지 않는 범위에서 하는 단순한 장식으로서 아름답게 또는 돋보이게 하기 위해서 그 외관에 임의의 형태를 표현하는 장식미로부터 찾아야 한다는 견해이다.
　　　• 기능적 요소들은 디자인보호법에서 보호할 실익이 없고, 유사 판단 시 그 중요도를 낮게 보아야 한다고 본다.
　　㉡ 기능주의
　　　• 미감은 물품의 용도나 기능에 부합되도록 외형을 변화시킨 기능미로부터 찾아야 한다는 견해이다.
　　　• 기능적 요소라도, 대체성이 있다면 보호할 실익이 있고, 공지의 형상, 모양이 아닌 한 유사 판단 시 중요도를 낮게 볼 수는 없다고 본다.

---

[19] 다만, 형태성 요건에 '질감'을 추가해야 한다고 주장하며, 촉각에 의한 미감도 포함해야 한다는 견해가 있다.

③ 판례의 태도 – **고장창 주특**
  ㉠ 대법원은 디자인은 신규성과 창작성이 있는 **고**안으로 보아야 하는 것이지만, 이와 달리 새로운 **장**식적 심미감을 불러일으키지 않거나 기술적 **창**작으로서의 가치도 없을 때에는 디자인등록의 대상이 될 수 없다고 판시하였다(83후59, 85후27 등).
  ㉡ 이렇듯, "장식적 심미감"이라는 표현을 **주**로 사용하고 있기는 하나, 이를 두고 기능미를 배제하고 장식미만 추구하는 것으로 보긴 어렵다. 나아가 대법원이 **특**별한 수식어 없이 "심미감"이라는 용어를 사용하여 설시하고 있는 유사 판단의 여러 판단 기준을 살펴보아도 장식미와 기능미 모두를 고려하고 있는 것이라고 본다.
④ 현행법의 태도
  2001년 7월 1일 시행법은 현행 제34조 제4호를 도입하였고, 이에 따라서 2001년 12월 5일 시행심사기준은 "외관상 변화가 그 물품의 기능을 좋게 할 경우, 변화에 따른 미감도 좋게 일으키는 것으로 본다."는 규정을 삭제하였다. 이렇듯, 기능미를 추구하는 견해에 일정한 제한을 두고 있다.
⑤ 검토
  ㉠ 디자인의 본질은 장식미로부터 시작되었으나, 장식미는 객관적 판단이 어렵고, 본 법은 산업발전을 목적으로 하는 점, 특허법 등으로 보호할 수 없는 기능미를 갖춘 디자인이 다수 존재하는 점 등을 고려하면 기능미를 완전히 배제할 수도 없다.
  ㉡ 따라서, 장식미를 원칙으로 하되, 기능미를 충분히 합목적적으로 감안하여 해석할 것이다.

(2) '미감'을 일으키는 수준
  ① 문제의 소재
    미감은 관찰자의 감각적 요소이므로, 어느 수준에서 미감을 일으키는지가 문제가 된다.
  ② 학설의 대립 – **주취심미**
    ㉠ 시각을 통하여 사람의 주의를 환기시키는 정도라는 **주**의환기성설
    ㉡ 시각을 통하여 형태를 인지하여 취미감이 생기는 정도라는 **취**미성설
    ㉢ 사람이 물품으로부터 독특한 미감을 느끼는 정도라는 **심**미성설
    ㉣ 객관적 판단을 위해, 아름다움을 느낄 수 있도록 일정한 형태적 처리가 있는 정도라는 **미**적처리설
  ③ 검토
    주의환기성설, 취미성설, 심미성설은 그 판단 기준이 지나치게 주관적이고, 미적처리설은 관찰자의 입장이 전혀 고려되지 않았으므로, 법의 목적에 부합하도록 심미성설을 원칙으로 객관성의 도모를 위해 미적처리설을 가미하는 것이 타당하다.

(3) 심사실무상 심미성의 판단
  ① 미감의 '유무'로 판단할 뿐, '고저'로 판단하지 않는다. 따라서 미적 처리가 되어 있는 것을 의미한다고 보는 입장이다.
  ② 다음은 심미성이 없는 것으로 규정한다. – **기작효주미 짜조미**
    ㉠ **기**능, **작**용, **효**과를 **주**목적으로 한 것으로서 **미**감을 거의 일으키게 하지 않는 것
    ㉡ 디자인으로서 **짜**임새가 없고 **조**잡감만 주는 것으로서 **미**감을 거의 일으키게 하지 않는 것

3 흠결 시 취급

(1) 법적 취급

정의규정(제2조 제1호) 위반이므로, 제33조 제1항 본문 위반의 거절이유(제62조), 정보제공사유(제55조), 이의신청이유(제68조 제1항), 무효사유(제121조 제1항)에 해당한다.

(2) 보정 가부

심미성이 있도록 보정하는 것은 요지변경에 해당하여 불가하다.

4 결 어

본 법의 목적상, 심미성의 판단에 있어서는 단순한 미적 가치가 아닌 수요자의 구매 의욕을 자극하여 물품의 수요 증대에 기여하여 산업발전에 이바지할 수 있는지를 판단해야 할 것이다.

CHAPTER 03 특유디자인

01 부분디자인 기출 21·18·14

1 서 설

(1) 의 의
부분디자인이란 물품의 부분의 형상·모양·색채 또는 이들의 결합에 관한 디자인을 말하며, 2001년 7월 1일 시행법은 디자인등록이 가능한 것으로 인정하였다(제2조 제1호 괄호).

(2) 취 지
원칙적으로 '독립성' 흠결로 물품으로 인정될 수 없으나, 물품의 부분에 디자인의 창작적 요지가 있는 경우, 제3자의 모방을 방지하기 위해 인정된다.

2 성립요건

(1) 부분디자인의 대상이 되는 물품이 통상의 물품에 해당되어야 하고, 물품의 부분의 형태로 인정되어야 하므로, 다음과 같은 것이 아니어야 한다.
　① 물품의 형상을 수반하지 않은 것
　② 물품 형태의 실루엣만을 표현한 것
(2) 다른 디자인과 대비 가능한 부분으로서, 하나의 창작단위로 인정되는 부분이어야 한다.(제2조 제1호 괄호의 괄호).
(3) 성립요건 흠결 시, 정의규정(제2조 제1호) 위반이므로, 제33조 제1항 본문 위반의 거절이유(제62조), 정보제공사유(제55조), 이의신청이유(제68조 제1항), 무효사유(제121조 제1항)에 해당한다.

3 출원

(1) 출원서(제37조 제1항) **- 취명**
① 부분디자인의 '**취지**'를 기재해야 한다. 그렇지 않으면, 등록받고자 하는 디자인의 범위가 명확하지 않은 것으로 제33조 제1항 본문 위반으로 거절될 수 있다.
② 디자인의 대상이 되는 물품**명**에는 물품의 부분이 아닌, 독립 거래의 대상이 되는 물품명을 기재해야 한다.[20]

(2) 도면 등(제37조 제2항)
① 원 칙
부분디자인으로 등록받고자 하는 부분을 명확하게 특정하고, 그 부분의 형태를 명확하게 표현해야 한다.
② 구체적 적용
㉠ 도 면
등록받고자 하는 부분은 실선, 그 이외 부분은 파선, 경계가 불명확한 경우에는 그 경계를 일점쇄선으로 도시하거나 또는 이에 준하는 방법으로 등록받고자 하는 부분과 그 이외의 부분을 명확하게 도시해야 하고, '디자인의 설명'에 관련된 설명을 기재해야 한다.
㉡ 사진 또는 견본
등록받고자 하는 부분과 그 이외의 부분을 무채색과 유채색 등을 적절히 사용하여 명확하게 도시해야 하고, '디자인의 설명'에 관련된 설명을 기재해야 한다.

4 등록요건

(1) 공업상 이용가능성(제33조 제1항 본문)
도면의 작성방법을 위반한 경우 구체성 흠결[21]에 해당한다.

(2) 유사 판단
① 원 칙 **- 물기용형 위크범**
부분디자인의 유사 여부는 디자인의 대상이 되는 **물품**, 등록받고자 하는 부분의 **기능**, **용도**, **형태** 및 차지하는 **위치**, **크**기, **범**위를 종합적으로 고려하여 판단한다.[22]
② 구체적 판단
㉠ 상기 요건들이 모두 동일해야 동일하다고 보고, 하나라도 유사하면 유사로 본다.
㉡ 다만, 등록받고자 하는 부분 이외의 형상 또는 이에 포함된 모양에 차이가 있는 경우에는 이러한 차이가 극히 미세하여 전체적으로 심미감이 동일한 경우에만 양 디자인은 동일한 디자인으로 본다.

---

20) [예] 컵의 손잡이(×), 컵(○)
21) 분량에 따라 부분디자인의 도면 표현방법에 대해서 기재할 수 있다.
22) 따라서 물품 전체로서는 비유사하지만 부분적으로는 극히 유사한 경우에도 비유사로 보는 경우가 있다.

(3) 신규성(제33조 제1항 각 호)

① 전체디자인 공지 후 부분디자인의 출원(포함관계) : 신규성 위반이다.
② 부분디자인 공지 후 전체디자인의 출원
  원칙적으로 신규성 위반이라고 할 수 없으나, 부분디자인의 도면에 파선으로 표현된 부분을 포함한 전체디자인에 관한 도면이 공개된 경우에는 전체디자인의 출원은 신규성 위반이 될 여지가 있다.

(4) 창작성(제33조 제2항) - 전기용위크범

전체디자인의 창작성 판단 기준에 따르며, 등록받고자 하는 부분의 **기능**, **용**도 및 차지하는 **위치**, **크기**, **범**위 등을 종합적으로 고려하여 판단한다.

(5) 확대된 선출원(제33조 제3항)

① 범 위
  선출원인 부분디자인이 도면상 파선으로 표현된 부분 등을 포함한 전체디자인 중에 후출원 디자인에 상당하는 부분이 대비가능한 정도로 충분히 표현되어 있는 경우, 전체디자인을 표현하는 필수도면 및 부가도면은 확대된 선출원의 지위가 있다.
② '일부'와의 동일, 유사 - 기용형대비
  선출원 중 후출원에 상당하는 부분과 후출원 디자인이 ㉠ **기능** 및 **용도**에 공통성이 있고, ㉡ **형태**가 동일, 유사하며, ㉢ **대비**가능한 정도로 표현되어 있다면 위반이다.

(6) 부등록사유(제34조)

① 제1호 내지 제3호의 경우, 등록받고자 하는 부분과 그 이외의 부분을 포함하여 전체의 형태를 판단 대상으로 한다.
② 제4호의 경우, 등록받고자 하는 부분의 형상만을 고려하여 판단한다.
③ 참고도면도 판단대상이다.

(7) 관련디자인(제35조), 선출원주의(제46조)

물품이 동일한 경우라도, 등록받고자 하는 대상 및 방법이 상이하므로 본 규정이 적용될 수 없다.

(8) 1디자인 1출원(제40조 제1항)[23]

① 원 칙
  1물품에 물리적으로 분리된 2 이상의 부분디자인이 표현된 경우, 1디자인 1출원 위반으로 단정할 수 없고 출원서 및 도면, 디자인의 설명, 창작내용의 요점에 기재된 출원인의 창작의도를 고려한다.
② 1디자인으로 인정되는 경우
  ㉠ 전체 또는 각 부분으로서 형태적 또는 기능적 일체성이 인정되어 창작상의 일체성이 인정되어야 한다. 판례는 그 전체가 일체로서 시각적 심미감이 있어야 함을 요한다.[24]
  ㉡ 형태적 일체성은 **대칭** 또는 한 **쌍**이 되거나, **하나**의 대상을 **인**식하게 하거나, **물**리적으로 분리된 부분으로서 **하나**의 **창**작단위로 **인**식하게 하는 등 관련성을 가지고 있는 것이다.[25] - **대쌍하인물하창인**
  ㉢ 기능적 일체성은 물리적으로 분리된 부분들이 전체 또는 각 부분으로서 하나의 기능을 수행하는 등 관련성을 가지고 있는 것이다.[26]

---

[23] 등록요건 판단에 있어, 부분디자인만의 특수성이 존재한다.
[24] 판례편 - [4] 라비또 사건
[25] 예 기저귀, 토끼모양 폰케이스(라비또 사건, 2012후3343), 프라이팬 등

심사기준 – 물리적으로 분리된 2 이상의 부분이지만 1디자인으로 보는 경우			
구 분	대칭이 되거나 한 쌍이 되는 경우	하나의 대상을 인식하게 하는 경우	하나의 창작단위로 인식되는 경우
형태적 일체성이 인정되는 경우	[기저귀]	[토끼모양 폰케이스]	[프라이팬]
기능적 일체성이 인정되는 경우	[잉크젯프린터용 잉크스틱] 디자인의 설명에 "정면에 있는 2개의 홈과 배면에 있는 한 개의 홈이 전체로서 프린터에 카트리지 위치를 알 수 있도록 하는 기능을 수행하는 것임"	[신 발] 디자인의 설명에 "신발의 발등 부분과 발목 부분의 겉창이 각 부분으로서 발을 고정하도록 하는 기능을 수행하는 것임"	[자동차]

(9) 정당한 물품명(제40조 제2항)

물품의 부분에 관한 명칭[27]을 사용한 경우 정당한 물품명이 아니다.

---

26) 예 프린터의 잉크스틱, 신발의 발등부분과 발목부분, 자동차, 가위의 2개의 손잡이 부분, 전화기의 버튼들 부분 등
27) ○○○의 부분

5　절차 및 조치

(1) 신규성 상실의 예외(제36조)

전체디자인의 공지 후 12개월 내에 부분디자인 출원 시, 주장 가능하다.

(2) 보정(제48조)

① 내용의 보정

최초 출원된 디자인과 보정된 디자인 간의 동일성을 판단하여 요지변경 여부를 판단한다.

② 형식의 보정

㉠ 원 칙

전체디자인을 부분디자인으로, 또는 그 반대로 출원의 형식을 보정하는 것은 등록받고자 하는 대상 및 방법이 상이해지므로 요지변경에 해당한다.[28]

㉡ 예 외

단순한 착오나 오기의 정정이거나, 실질적으로 출원의 내용이 변경되는 것이 아니라면 요지변경으로 볼 수는 없다.

(3) 분할출원(제50조)

전체디자인에서 그 일부를 부분디자인으로 분할하여 출원하는 것은 분할출원의 취지와 소급효에 비추어 인정할 수 없다.

(4) 조약우선권주장(제51조)

① 원 칙

제1국의 전체디자인을 기초로 우선권을 수반하여 제2국에 부분디자인을 출원하는 것은 디자인의 동일성을 인정할 수 없어 불가능하다.

② 예 외

다만, 제1국이 부분디자인을 인정하지 않는 제도를 채택하고 있는 경우[29], 우선권증명서류와 그 제도를 종합적으로 고려하여 동일성을 인정할 수 있다면 가능하다.

---

[28] 요지변경에 해당하는 예 : 최초 출원서 및 도면 등을 종합적으로 고려한다.
　① 부분디자인으로 인정되는 경우 : 부분디자인의 표시 삭제, 등록받고자 하는 부분을 특정하는 기재 삭제
　② 전체디자인으로 인정되는 경우 : 부분디자인의 표시 추가, 등록받고자 하는 부분을 특정하는 기재 추가
　③ 불명확한 경우 : 부분디자인의 표시를 추가 또는 삭제, 등록받고자 하는 부분을 특정하는 기재 추가
[29] 예 중국, 대만 등

6 등록 후 법률관계

(1) 권리범위(제92조)

① 전 제
동일, 유사한 물품 간에 권리범위가 미치는 것이지, 비유사한 물품 간에는 등록받고자 하는 부분이 동일, 유사하더라도 권리범위가 미친다고 할 수 없다.

② 중첩적 보호
㉠ 디자인의 부분에 대한 모방을 방지하고, 권리의 안정적인 유지를 위해 전체디자인과 부분디자인을 모두 등록받는 것이 바람직하다.
㉡ 종래에는 동일인 간에도 적용되는 제33조 제3항 때문에 부분디자인 출원이 늦는 경우 거절되는 제한이 있었으나, 2014년 7월 1일 시행법은 동일인 간의 적용을 배제하여 전체디자인 출원 후에도 공지 전까지는 부분디자인으로 보호를 도모할 수 있게 되었다.

③ 전체디자인 출원의 실익 – **외안감유**
이는 가장 안정적인 권리의 확보로서 ㉠ 실시 물품의 **외**형 전체를 보호할 수 있고, ㉡ 거절 또는 무효의 가능성이 낮아 권리의 **안**정성이 확보되며, ㉢ 손해액 산정 시, **감**액 사유를 최소화할 수 있고, ㉣ 유사 판단 시, 요부 판단하면 부분디자인과 **유**사한 권리가 된다는 장점을 지닌다.

④ 절충적인 출원 유형
경우에 따라, 중간 형태의 디자인을 등록받는 방안을 고려할 수 있다.

(2) 이용 관계(제95조)
선출원 부분디자인과 후출원 전체디자인은 전체로서 비유사하여 후출원 전체디자인이 등록되는 경우가 있으므로, 후출원 전체디자인의 실시가 선출원 부분디자인을 그대로 포함한다면 이용 관계가 성립할 수 있다.

7 결 어

(1) 부분디자인 제도는 전체디자인보다 더 넓은 범위의 디자인권의 획득을 가능하게 하고, 전체디자인 등과의 중첩적인 보호를 통해서 강한 디자인권의 창출에 기여한다.

(2) 최근 삼성전자와 애플 간의 분쟁에서 애플의 디자인특허 전략이 주목받았는데, 디자인권의 양적·질적 확보를 위해서 부분디자인 전략을 세밀하게 진행하여 강력한 디자인권을 확보하는 것이었다.

8 관련문제

(1) 등록 부분 이외의 부분의 취급

① 파선 부분의 취급
  ㉠ 문제의 소재
    실선 부분을 해석함에 있어 파선 부분과의 관계를 고려해야 하는지, 무시해야 하는지의 문제이다.
  ㉡ 학설의 대립
    - 요부설은 물품의 부분만의 디자인 성립은 인정할 수 없다는 전제하에 실선부는 요부로, 파선부는 비요부로 취급한다는 견해이다.
    - 독립설은 실선부만이 디자인의 본질이므로 실선부만을 비교 대상으로 하여 유사 판단을 해야 하고, 파선부는 무시하거나 이해 용도로 보는 입장이다.
  ㉢ 각국의 실무의 태도
    - 우리나라의 경우 실선부 이외 요소도 고려하는 것으로 보아 요부설의 입장인 것으로 해석된다.
    - 미국의 경우 독립설의 입장을 견지한다.
    - 일본의 경우 요부설의 입장이다.
  ㉣ 검토
    부분디자인은 전체 물품을 전제로 성립되는 것이므로 부분디자인의 해석에 있어 파선부와의 관계를 고려함이 옳다.

② 출원공개, 등록공고 등으로 공지된 경우
  파선으로 표현된 부분도 신규성, 창작성의 인용참증이 될 수 있다.

③ 확대된 선출원의 지위
  파선으로 표현된 부분도 공개가 되므로 확대된 선출원의 지위를 갖는다.

④ 도면에서의 표현
  등록받는 부분은 실선으로, 그 외의 부분은 파선으로 표현한다.

⑤ 부등록사유 판단 시
  전체로서 판단하기 위해, 파선으로 표현된 부분도 고려하여 판단한다.

⑥ 유사 판단
  요부설에 의하면 고려해야 하고, 심사실무도 전체디자인의 대상이 되는 물품을 고려하여 판단한다.

(2) 제40조 제1항의 판단에 있어 주체적 기준에 대한 논의

① 학설의 대립
  각 일반수요자, 통상의 디자이너, 창작자의 주관적 창작동기, 관련 디자인의 분야의 특징을 어느 정도 파악하고 있는 수요자[30]를 기준으로 판단해야 한다는 견해가 있다.

② 판례의 태도
  대법원은 물리적으로 분리된 2 이상의 부분디자인이더라도 그들 사이에 형태적으로나 기능적으로 일체성이 있어서 보는 사람으로 하여금 그 전체가 일체로서 시각을 통한 미감을 일으키게 한다면 1디자인에 해당한다고 판시하여(2012후3343), 일반수요자 기준이라는 취지로 보인다.

③ 검토
  부분디자인의 1단위란 수요자의 구매심이 1회적으로 작용하는 것인지 여부에 의해 판단해야 하므로 유사 판단과 마찬가지로 일반 수요자를 기준으로 판단해야 한다.

---

30) 유럽공동체디자인에서는 이를 informed user라 한다.

02 글자체디자인 기출 18·05

> **제2조(정의)**
> 이 법에서 사용하는 용어의 뜻은 다음과 같다.
> 2. "글자체"란 기록이나 표시 또는 인쇄 등에 사용하기 위하여 공통적인 특징을 가진 형태로 만들어진 한 벌의 글자꼴(숫자, 문장부호 및 기호 등의 형태를 포함한다)을 말한다.

1 서 설

(1) 의 의

글자체란 기록이나 표시 또는 인쇄 등에 사용하기 위해, 공통적인 특징을 가진 형태로 만들어진 한 벌의 글자꼴을 말한다(제2조 제2호). 법상 물품에 글자체를 포함하여 독자적으로 보호하고 있다(제2조 제1호 괄호).

(2) 취 지

① 원칙적으로 '유체성' 흠결로 물품으로 인정될 수 없고, 형상을 수반하지 않으므로 '형태성' 흠결에 해당하여 등록받을 수 없어, 물품과는 구분되는 독자적 예술적 가치가 인정됨을 전제로 저작권법에서 보호하는 것이 종래의 태도였다.
② 창의적인 글자체 보호와 지속적인 글자체의 개발을 촉진하기 위하여 2005년 7월 1일 시행법부터 보호되고 있다.

(3) 국제적 추세

빈 협정, 미국, EU에서는 다음과 같은 방법으로 글자체를 보호해왔다.
① **빈 협정** : 저작권법 또는 디자인보호법
② **미국** : 특허법
③ **EU** : 디자인보호지침 및 규정

2 성립요건 – 일기공한흠

(1) 일반적 성립요건

물품성과 형태성은 의제되며, 시각을 통해 미감을 일으키는 것이어야 한다.

(2) 기록이나 표시 또는 인쇄 등에 사용하기 위한 것[31] – 실미인딩

① 글자체는 **실**용적 목적으로 창작된 것이어야 하고, 단순한 **미**적 감상만을 위한 서예, 특이한 글씨체나 로고타입 등은 인정될 수 없다.

② 또한 **인**쇄기술적 방법인지 여부를 가리지 않고 활자, 지면, 화상 등의 컴퓨터 자판, 사진식 자판 등 유체물의 표면에 나타난 한 벌 글자의 형상을 의미하는 것으로 본다.

③ 한편, 정보 전달력이 없어도 글자체디자인으로 인정할 수 있는지 논란이 있었으나, 2019년 개정 심사기준은 문자로서의 정보 전달력이 없는 그림문자만을 서체 형식으로 구성한 것인 '그림글자체(**딩**벳)'를 인정하였다.

심사기준 – 딩벳(Dingbat) 글자체의 예시

- 디자인의 설명 : 본원 디자인은 한글 개별글자에 각각의 그림을 배정하여 만든 그림글자체이며, 한글 글자체 도면을 기본으로 로 작성하였음
- 보기문장 도면 :

---

31) 개정 심사기준 내용이 완화되었다.

(3) 공통적인 특징을 가진 형태로 만들어진 것 – 독통공비
① 한 벌의 문자, 서체 등에 대하여 **독**특한 형태의 디자인을 한 것으로서, 글자들 간에 **통**일과 조화를 이루도록 만들어진 한 벌의 글자들이어야 한다.
② 여기서 **공**통적인 특징을 가진 형태란 개개 글자꼴이 지니는 모양, 규모, 색채, 질감 등이 서로 **비**슷하여 시각적으로 서로 닮았거나 같은 그룹으로 보이는 형태를 의미한다.32)

(4) 한 벌의 글자꼴
① 글자 하나하나를 의미하는 것이 아니라, 전체로서의 조합인 한 벌의 글자꼴을 의미하기 때문에 글자체의 부분에 대한 부분디자인은 허용되지 않는다.
② 종류로는 한글, 영문자, 한자, 외국문자, 숫자, 특수기호, 딩벳이 있고, 이들 각각은 별개의 디자인으로 본다.

(5) 흠결 시 취급
성립요건 흠결 시, 정의규정(제2조 제1호) 위반이므로, 제33조 제1항 본문 위반의 거절이유(제62조), 정보제공사유(제55조), 무효사유(제121조 제1항)에 해당한다.33)

3 출 원

(1) 출원서(제37조 제1항)
디자인의 대상이 되는 물품은 로카르노 협정에 따른 물품류 구분 중 '제18류 제3군' 중 하나의 글자체를 선택하여 기재한다.

(2) 도면 등(제37조 제2항)
① 시행규칙 [별표 1]의 별지서식 제5호에 따른 지정글자34), 보기문장, 대표글자 도면을 도시35)해야 한다.
② '디자인의 설명'에는 글자체의 종류 및 사용목적 등에 관한 설명을 기재한다.
③ '창작내용의 요점'에는 공지된 글자체와 비교하여 독창적인 내용을 중점적으로 기재한다.

---

32) 따라서 글자체의 일부는 신명조체로, 나머지는 궁서체로 구성한 것과 같이 서로 다른 2 이상의 특징을 가지는 것은 법상 글자체에 해당하지 않는다.
33) 일부심사의 대상은 아니므로 이의신청의 대상은 아니다.
34) 한글 500자, 영문 26개씩 대/소문자, 숫자 10자, 특수기호 16자
특수기호의 지정글자도면 16자는 보기문장 도면 16자와 동일한 것이며(2019.10.1. 개정 시행규칙), 이를 '지정글자도면 1'로 하고 그 이외 추가할 글자체는 순차적으로 지정글자도면 2, 3 순으로 기재하여 제출한다.
35) ① 한글 : 지정글자 500자, 보기문장 30자, 대표글자 12자, 선택에 따라 잔여글자(501~11,172자)
② 영문자 : 지정글자 대/소문자 26자씩 전체, 보기문장 70자, 대표글자 대/소문자 3자씩
③ 외국어 : 영문자에 준하여 작성
④ 숫자 : 지정글자 10자, 보기문장 10자, 대표글자 6자
⑤ 한자 : 지정글자 900자, 보기문장 26자, 대표글자 12자
⑥ 그림(딩벳) : 해당 그림문자를 구성하기 위하여 기준으로 작성된 언어(영문자 자판, 숫자 자판 등)의 도면에 따라 제출함. 이때, 작성기준이 된 언어와 그 작성방법을 디자인의 설명란에 기재해야 함. 딩벳 글자체인지 여부의 판단은 보기문장을 해당 언어의 글자로 읽을 수 없을 때 딩벳으로 판단함

4 등록요건

(1) 공업상 이용가능성(제33조 제1항 본문)

특유의 도면 작성방법을 위반한 경우, 지정글자·보기문장·대표글자 도면 중 일부가 없는 경우, 구체성 흠결에 해당한다.

(2) 유사 판단

① 심사기준

㉠ 한글, 영문자 등 종류가 다른 글자체 상호간은 비유사한 물품으로 본다. 다만, 라틴어 확장체를 포함한 라틴어 계열의 글자체36)는 상호 유사한 것으로 본다.

㉡ 글자체디자인이 다음에 해당하는 경우 동일, 유사하다고 판단한다. **- 복기부자**
- 기존 글자체의 **복**사나 굵기의 변화 정도
- **기**계적 복제37)
- **부**분적 변경
- **자**족(패밀리 글자체)

② 대법원 판례

㉠ 유사 판단의 원칙(디자인의 동일, 유사 판단에서 후술)은 글자체디자인의 경우에도 마찬가지로 적용된다고 판시했다.

㉡ 한편, 글자체디자인은 물품성을 요하지 않고, 인류가 문자생활을 영위한 아래 **다**수의 글자체가 개발되어 왔고, 문자의 **기**본 형태와 **가**독성을 필수적인 요소로 하여 디자인해야 하므로 **구**조적으로 디자인을 크게 변화시키기 어렵다는 **고**유의 특성을 참작하여 유사여부를 판단해야 한다고 판시했다(2012후603, 2012후597). 38)39) **- 다기가구고**

③ 정적 글자체디자인과 동적 글자체디자인의 유사 판단40)

㉠ 정적 글자체디자인과의 동적 글자체디자인의 유사 판단
- 정지상태의 모양이 전체에서 차지하는 미감이 지배적이고 동 변화에 특이성이 없으면 유사한 디자인으로 본다.
- 다만, 동적 글자체디자인의 모양 변화가 특이한 경우에는 정적 글자체디자인과 비유사한 디자인으로 본다.

㉡ 동적 글자체디자인 상호간 판단
- 양 디자인의 정지상태의 모양과 동적 변화를 전체로서 비교하여 유사 여부를 판단한다.
- 동적 글자체디자인에서 동적 변화를 구성하는 속도, 간격의 차이는 유사 판단에서 고려하지 않는다.

(3) 창작성(제33조 제2항)

출원 전 공지된 글자체 또는 주지형태에 의하여 당업자가 쉽게 창작할 수 있는 글자체는 창작성 위반이다.

---

36) 예 영문자, 덴마크어, 독일어 글자체 등
37) ① 기존 글자체의 장체, 평체인 정도
② 기존 글자체를 그대로 기울인 정도에 해당하는 경우
38) 판례편 - [5] 글자체디자인의 유사 판단
39) 심사기준이 딩뱃을 도입하면서 이러한 판례의 기조가 유지될지는 다소 의문이다(사견).
40) 심사기준상 동적화상디자인과 동일한 내용이다. 이는 동적 글자체디자인이 화상디자인의 한 종류이기 때문인 것으로 보인다.

(4) 확대된 선출원(제33조 제3항)

제출된 지정글자, 보기문장, 대표글자 도면은 선출원디자인을 특정하기 위한 판단의 기초가 된다.

(5) 1디자인 1출원(제40조 제1항)

① 한글 글자체, 영문자 글자체 등은 각각 1개의 출원이기 때문에, 2개 이상 함께 출원하는 경우 위반이다. 같은 이유로 자족을 1개의 출원에 함께 도시해도 위반이다.

② 또한, 모든 낱자의 변화의 전후 상태를 변화 전후의 도면 또는 디자인의 설명 등으로 파악할 수 있는 '동적 글자체디자인'의 경우에도 1디자인으로 인정될 수 있다.

심사기준 – 동적 글자체디자인의 1디자인 여부 판단

- 인정되는 예
  - 디자인의 설명 : 각조의 도면은 해당 알파벳의 변화과정을 나타낸 것으로, 도면 A부터 도면 Z는 각 알파벳의 변화과정을 도시하였음
  - 도면 :

- 인정되지 않는 예
  - 낱자의 일부 또는 전부를 2개 이상으로 도시하는 경우

- 한글 글자체와 영문자 글자체, 한글 글자체와 특수기호 글자체, 영문자 글자체와 숫자 글자체 등을 함께 도시한 경우

- 자족을 1개의 출원에 함께 도시한 경우

ABCDEFG ABCDEFG
HIJKLMN HIJKLMN
OPQRSTU OPQRSTU
VWXYZ VWXYZ

(6) 정당한 물품명(제40조 제2항)

① '글자체'와 같은 총괄명칭을 사용한 경우, ② 출원인의 이름이나 거래명을 기재한 경우[41], ③ 명칭에 글자체임이 기재되지 않은 경우[42], ④ 도면의 표현과 물품명이 일치하지 않는 경우[43] 위반이다.

5 절차 및 조치

(1) 보정(제48조)

① 판단원칙

최초 출원된 글자체디자인과 보정된 글자체 간의 동일성을 판단하여 요지변경 여부를 판단한다.

② 요지변경(심사기준)

㉠ 해당하는 경우

보기문장 및 대표글자 도면을 기준으로 지정글자 도면을 보정함으로써, 최초 제출된 도면으로부터 상기되는 것과 다른 디자인이 되는 경우

㉡ 해당하지 않는 경우

- 지정글자, 보기문장, 대표글자 도면 중 일부가 부족한 경우에 보충하기 위해 제출한 도면이 이미 제출된 도면으로부터 상기되는 것과 동일성이 인정되는 디자인인 경우
- 지정글자 도면을 기준으로 거래관념상 동일성이 인정되는 범위에서 보기문장, 대표글자 도면을 보정하는 경우

심사기준 – 요지변경이 아닌 보정의 예시

영문자 글자체의 도면에서 대문자와 소문자 중 대문자의 도면만을 제출했다가 소문자는 대문자 대비 크기만 차이가 있고 동일한 형태로 구현된 소문자의 도면을 추가로 제출한 경우

- 디자인의 설명 : 본 영문자 글자체는 대문자와 소문자로 구성되며, 소문자는 대문자 대비 크기에만 차이가 있으며 동일한 형태로 구현된 것임

– 지정글자 도면 중 대문자의 도면 :

ABCDEFG
HIJKLMN
OPQRSTU
VWXYZ

– 지정글자 도면 중 소문자의 도면 :

ABCDEFGHIJ
KLMNOPQR
STUVWXYZ

---

41) 예 '안상수체', '해움체'로 기재한 경우
42) 예 '한글 글자체'를 '한글'로 기재한 경우
43) 예 도면은 영문 글자체를 도시하면서 물품명은 '한글 글자체'로 기재한 경우

③ 관련문제 - 대문자만 기재된 도면인데, 소문자를 추가 제출한 경우
　　기본적 형태, 구조에서 차이가 있고, 대문자로부터 소문자가 연상되는 특별한 사정도 없다면, 동일성이 인정되지 않는다고 봄이 타당하다.

(2) 분할출원(제50조)

1디자인 1출원 위반을 극복하기 위해 분할출원을 이용할 수 있다.

6 등록 후 법률관계

(1) 권리범위(제92조)

① 글자체디자인의 동일·유사 판단방법 - 전술
② 효력 제한
　　㉠ 다음에 해당하는 경우에는 글자체디자인권의 효력은 미치지 않는다(제94조 제2항).
　　　　• 제3자가 타자, 조판, 인쇄 등의 통상적인 과정에서 글자체를 사용하는 경우
　　　　• 상기 글자체의 사용으로 생산된 결과물을 실시하는 경우
　　㉡ 이는, 일반사용자의 통상적인 정보 교환 과정에 미치는 영향이 크기 때문에 산업발전을 저해할 우려가 있기 때문이다.
　　㉢ 다만, 글자체디자인권자는 글자체디자인을 독자적으로 제작하여 무단 생산, 유통한 자에게 그 침해를 주장할 수 있을 것이다.

(2) 이의신청 불가[44]

7 결 어

글자체디자인을 보호함으로써 불법 복제를 방지하고, 정당한 경쟁을 유도하여 창의적인 글자체의 개발에 기여하고 있다.

---

[44] 물품류가 제18류 제3군이므로 일부심사의 대상이 아니기 때문이다.

03 완성품과 부품 기출 21·17·12

1 서설

(1) 의의

① 완성품과 부품[45]

㉠ 완성품은 독립 거래의 대상이 되고, 단독 실시 가능한 물품이다.

㉡ 부품은 완성품의 일부를 구성하는 물품으로, 독립 거래의 대상이 되고 분리 가능한 물품이다.

② 부속품[46]

그 자체만으로는 독립된 용도를 달성할 수 없고, 완성품에 부가되어 그 용도를 확장하거나 기능을 보조, 보충하는 역할을 하는 것으로 그 자체가 독립거래의 대상이 될 수 있는 것을 말한다.[47]

(2) 논의의 실익

① 심사기준은 완성품은 부품의 중합체라고 정의하고, 판례는 완성품과의 관계에서 부품이 독립 거래 및 호환의 가능성을 구비하면 물품으로 인정하고 있다.

② 부품은 완성품에 포함된 상태로 그 외관이 노출되고, 전체 또는 부분의 관계에서 서로 영향을 미칠 수 있으므로 양자의 법적 관계가 문제가 된다.

2 성립요건 - 물품성 중 '독립성' 문제

(1) 문제의 소재

물품을 구성하는 다수의 구성부재의 어느 범위까지가 독립된 교환가치가 있는 부품인지, 어디부터가 물품의 부분인지의 구별이 곤란하여, 부품의 물품성[48]에 관한 판단 기준이 문제가 된다.

(2) 학설의 대립

① 호환의 현실성설

동종류의 부품이 그 업계에서 통상적이고 독립적인 상품으로 거래되고 있어야 하며, 특정 부품이 하나의 모회사와 자회사 사이에서 독립 거래된 사정만으로는 부족하다.

② 호환의 가능성설

부품의 독립성은 단정적으로 판단하기 어렵기 때문에, 물품의 성격과 거래실정에 비추어 유동적으로 해석할 수 있어야 한다.

---

45) 예 자전거 - 자전거 핸들
46) 예 자전거의 반사경
47) 다만, 부속품이 부품과 개념상 구분이 되기는 하나, 독립거래의 대상성과 호환성 여부를 따져 물품성 여부의 결론을 내리는 것이 타당하다는 견해가 지배적이다.
48) 특히 독립성이 문제되는 것이다.

(3) 판례의 태도

대법원은 부품의 물품성 요건으로 '호환성'을 명시적으로 제시하면서, 이는 반드시 실제 거래계에서 현실적으로 독립 거래되고 다른 물품들과 호환될 것을 요구하는 것이 아니라, 독립 거래 및 호환의 '가능성'만 있으면 디자인등록의 대상이 될 수 있다고 판시하여, '호환의 가능성설'의 입장으로 평가된다(98후2900). [49]

(4) 검 토

독립성은 거래관념상 1단위로서 거래되는지로 판단되는데, 이는 자의적으로 판단할 수 없다는 점, 신규한 물품의 창작으로 독립성은 언제든지 발생할 가능성이 있으므로 심사 단계에서는 단정할 수 없다는 점을 고려하면 최근 대법원의 견해가 타당하다.

3 출 원

(1) 출원서

디자인의 대상이 되는 물품은 로카르노 협정에 따른 물품류 구분에 고시된 물품명을 적되, 용도를 명확하게 표시해야 한다.

(2) 도 면

통상의 작성방법으로 도면을 작성한다.

4 등록요건

(1) 디자인의 동일, 유사 판단

원칙적으로 완성품과 부품은 용도가 달라 비유사한 물품으로 본다. [50] 다만, 부품의 구성이 완성품에 가까운 경우, 유사한 물품으로 볼 수 있으므로 이를 전제로 디자인의 동일, 유사를 판단할 수 있다. [51]

(2) 신규성

① 완성품이 공지된 후, 부품이 출원 : 신규성 위반에 해당한다.
② 부품이 공지된 후, 완성품이 출원 : 원칙적으로 신규성 위반은 아니나, 부품의 구성이 완성품에 가까운 경우, 신규성이 위반될 여지가 있다.

(3) 창작성

① 원칙 : 공지 또는 주지의 부품이 결합하여 완성품을 구성하는 경우, 창작성이 위반될 여지가 있다.
② 예외 : 그 결합이 당업계의 상식으로 이루어질 수 없는 경우에는 위반이 아니다.

---

49) 판례편 - [6] 스위치 사건
50) 예 자동차 - 바퀴
51) 예 안경 - 안경테

(4) 확대된 선출원
  ① 원칙 : 완성품이 선출원된 경우, 그 일부를 구성하는 부품의 후출원은 선출원이 출원공개 또는 등록 공고된 경우 확대된 선출원 위반이다.
  ② 예외 : 부품의 구성이 완성품에 가까운 경우에는, 선출원주의가 먼저 문제될 것이다.
(5) 관련디자인, 선출원주의
  ① 원칙 : 양자는 물품이 비유사하므로 본 규정의 적용이 없다.
  ② 예외 : 부품의 구성이 완성품에 가까운 경우, 적용의 여지가 있다.

5 절차 및 조치[52]

(1) 신규성 상실의 예외(제36조)
전체디자인의 공지 후 12개월 내에 부품디자인 출원 시, 주장 가능하다.

(2) 보정(제48조)
최초 출원된 디자인과 보정된 디자인 간의 동일성을 판단하여 요지변경 여부를 판단한다. 부품디자인에서 그 부품이 적용되는 전체디자인으로 보정하는 것은 요지변경에 해당한다.

(3) 분할출원(제50조)
전체디자인에서 그 일부를 부품디자인으로 분할하여 출원하는 것은 분할출원의 취지와 소급효에 비추어 인정할 수 없다.

(4) 조약우선권주장(제51조)
제1국의 전체디자인을 기초로 우선권을 수반하여 제2국에 부품디자인을 출원하는 것은 디자인의 동일성을 인정할 수 없어 불가능하다.

6 등록 후 법률관계[53]

(1) 권리범위
  ① 완성품의 디자인권, 부품의 실시
    ㉠ 직접침해
      • 원칙적으로, 비유사물품이므로 직접침해는 아니다.
      • 그러나 부품의 구성이 완성품에 가까운 경우, 유사물품으로 취급되므로 직접침해가 성립될 여지가 있다.
    ㉡ 간접침해
      부품이 완성품의 생산 이외의 타용도가 존재하지 않는다면 간접침해를 구성할 수 있다.

---

52) 부분디자인과 유사한 내용이지만, 그 제도의 취지상 약간의 차이가 존재하므로 구별하여 학습하도록 한다.
53) 부분디자인의 내용과 구별하여 학습하도록 한다.

② 부품의 디자인권, 완성품의 실시
  ㉠ 직접침해
    완성품의 실시는 부품의 실시를 수반하기 때문에 침해를 구성한다.
  ㉡ 이용관계
    양자 등록 가능한 경우가 있는데, 이 경우 후원 완성품의 실시는 선원 부품에 대해 이용관계가 성립될 수 있다.

7 결 어

(1) 완성품디자인의 등록 시, 후출원 부품디자인에 대해 등록배제효는 있으나 사용금지효는 없는 것이 일반적이므로 부품디자인도 등록받아 중첩적인 보호를 도모함이 타당하다.
(2) 또한, 2014년 7월 1일 시행법에 의해 동일인 간 확대된 선출원의 적용이 배제되어, 부품디자인을 실효적으로 보호할 수 있게 되었다.

8 관련문제 - 부분디자인과의 관계

(1) 선출원주의와 확대된 선출원의 적용
  ① 부분디자인이 선출원인 경우
    등록받고자 하는 취지와 대상이 다르므로 비유사하여 선출원주의 위반은 아니나, 확대된 선출원 위반에는 해당한다.
  ② 부품디자인이 선출원인 경우
    ㉠ 위와 마찬가지의 이유로 선출원주의 위반은 아니고, 선출원의 '일부'라고 볼 수 없어 확대된 선출원 위반도 아니다.
    ㉡ 이 경우, 사실상 동일·유사한 객체에 대하여 디자인권이 중복 부여된 경우에 해당하므로 선출원 규정을 적용하거나 '일부'의 의미를 확대해석하여 후출원의 디자인등록을 저지하는 것이 타당하다.

(2) 부품디자인의 실시가 부분디자인권의 침해인지 여부
  ① 등록받고자 하는 취지와 대상이 다르므로 비유사하여 직접침해라고 보기는 어렵다.
  ② 그러나 부품이 부분디자인의 물품의 생산에만 사용하는 것으로 보아 간접침해를 인정하자는 견해가 있다.

04 형상만의 디자인 기출 04

1 서설

(1) 의의
① "디자인"이란 물품의 **형상**·모양·색채 또는 이들의 결합으로서, **시**각을 통하여, 미감을 일으키게 하는 것(**심**미성)이다(제2조 제1호). – **물형시심**
② '형상'이란 물품이 공간을 점유하고 있는 윤곽을 말하며, '형상만의 디자인'이란 도면에 형상만을 도시하고, 형상의 내부여백에 어떠한 표시도 없고, 이에 대해 디자인의 설명에 어떠한 설명도 없는 디자인을 의미한다.

(2) 논의의 실익 – 필우노분
① 형상만이 존재하는 물품은 현실적으로 존재하지는 않지만 다음과 같은 이유로 보호 가능한 것으로 해석한다.
　㉠ 형상은 형태의 **필**수적인 구성요소이다.
　㉡ 일반적으로 형상의 창작은 모양의 창작에 **우**선하고 더 많은 **노**력이 요구된다.
　㉢ 형상과 모양은 관념적으로 **분**리가 가능하여 도면 등에 형상만을 표현할 수 있다.
② 다만, 형상만의 디자인과, 모양 또는 색채가 부가된 디자인과의 관계에서 상호 법적 취급이 문제가 된다.

2 형상만의 디자인의 내부 여백에 대한 해석

(1) 학설의 대립
① 무색설(다수설)
　형상을 추상적으로 상정한 것이어서, 남겨진 여백은 아무것도 정하지 않는 것으로 보는 견해이다. 이에 따르면 형상만의 디자인의 존재를 인정하게 된다.
② 무모양일색설
　그 내부 여백을 무모양 일색으로 정의하는 견해이다. 이에 따르면 결국 형상과 불특정한 일색의 결합 디자인으로 해석하게 되는 바 형상만의 디자인의 존재를 부정하게 된다.
③ 기타
　일본의 학설상 견해로, 재질설과 용지설이 있다.

(2) 비판과 검토
① 비판
　용지설은 용지의 색이 변할 수 있다는 점, 재질설은 통상의 재질을 특정하기 어렵다는 점, 무색설은 어떠한 모양 또는 색채가 부가되어도 권리범위를 주장할 수 있어 보호범위가 과도하게 넓다는 점, 무모양일색설은 출원인의 의사를 무시하고 여백에 대해 임의적으로 해석한다는 점에서 각 비판이 있다.

② 검 토

디자인의 정의규정, 형상의 창작에 창작적 노력이 집중되고 그 자체의 참신한 창작적 가치를 보호할 필요가 있다는 점, 보호범위 판단에 있어 도면 등은 객관적으로 판단되어야 함에도 법적 근거 없이 불특정한 일색으로 해석하는 불합리성으로 고려하면 무색설이 타당하다.

3 출 원

도면은 착색이 요구되지 않고, 디자인의 설명에 여백에 대한 설명이 요구되지 않는다. 만약, 디자인의 설명에 생략의 취지 또는 투명색에 관한 설명을 적으면 결합디자인에 해당한다.

4 등록요건

(1) 디자인의 동일, 유사 판단

① 형태의 동일, 유사 판단
  ㉠ 물품의 동일, 유사를 전제로, 형상이나 모양 중 어느 하나가 유사하지 않으면 원칙적으로 비유사로 보되, 형상이나 모양이 디자인의 미감에 미친 영향의 정도 등을 종합적으로 고려하여 디자인 전체로서 판단한다.
  ㉡ 모양의 유사여부는 주제의 표현방법과 배열, 무늬의 크기와 색채 등을 종합적으로 판단하며, 색채는 모양을 구성하지 않는 한, 고려대상이 되지 않는다(2005후3307).

② 색채를 부가한 디자인과의 비교
  색채는 유사 판단의 요소로 고려되지 않으므로, 색채만 상이하다면 유사로 취급한다.

③ 모양을 부가한 디자인과의 비교
  원칙적으로는 모양이 상이하여 비유사로 취급하겠으나, 예외적으로 형상이 매우 참신하여 전체적인 디자인의 미감에 큰 영향을 미치는 경우, 모양이 달라도 양 디자인은 유사한 것으로 취급될 수 있다.

(2) 확대된 선출원주의

① '일부'의 의미
  선출원 디자인의 외관에 포함된 하나의 폐쇄된 영역을 의미하며, 디자인의 구성요소인 형상·모양·색채를 관념적으로 분리한 것을 디자인의 일부로 볼 수는 없다.

② 소 결
  결합디자인과 형상만의 디자인 간에 제33조 제3항을 상정할 수 없고, 디자인의 유사여부에 따라 제46조가 문제가 된다.

(3) 부등록사유

모양, 색채가 없더라도 제34조 제4호는 형상만으로도 적용될 수 있다.

5 절차 및 조치

(1) 보 정
형상만의 디자인에 모양, 색채를 부가하는 것은 요지변경으로 취급된다.

6 등록 후 법률관계

(1) 이용관계의 인정여부

① 문제의 소재

형상만의 디자인이 적법하게 등록된 후, 제3자가 그 형상을 그대로 포함하는 전체로서 비유사한 디자인을 실시하는 경우에 이용관계가 성립하는지가 문제가 된다(제95조).

② 학설의 대립

㉠ 긍정설

형상을 그대로 포함하는 결합디자인(이하 '결합디자인')의 실시는 형상만의 디자인의 전부 실시에 해당하므로, 이용관계가 성립한다고 본다.

㉡ 부정설

디자인은 형상·모양·색채가 융합한 일체가 되어 성립되는 것으로서, 양 디자인은 비유사한 별개의 디자인으로 해석해야 하므로 이용관계는 성립하지 않는다고 본다.

㉢ 절충설

결합디자인에 관한 물품의 생산 시, 형상을 먼저 만들고 모양을 부가하는 경우에 한정하여 이용관계를 인정할 수 있다고 본다.

③ 판례의 태도

대법원은 이용관계라 함은 후디자인이 전체로서는 타인의 선등록디자인과 **비**유사하지만, 선등록디자인의 **요**지를 전부 포함하고, **본**질적 특징을 손상시키지 않은 채 **그**대로 자신의 디자인에 도입하고 있어, 후디자인을 실시하면 **필**연적으로 선등록디자인을 실시하게 되는 관계에 있는 경우를 말한다고 판시했다(2009후2968).[54] - 비요본그필

④ 검토

㉠ 부정설은 내부 여백에 대해 임의적인 해석을 전제로 하는 무모양일색설을 일관한 견해인 점, 형상만의 디자인이 적법하게 선등록되었다면 그 창작적 가치의 보호가 우선되어야 한다는 점, 제95조는 양 디자인이 비유사하여 적법 등록된 이후 선원 우위의 원칙을 전제로 인정되는 제도인 점을 고려하면 타당하지 않다.

㉡ 절충설은 물품의 제조 방법의 차이에 따라 달리 취급되는 것이므로 타당하지 않다.

㉢ 따라서, 형상만의 본질적 특성이 손상되지 않는 점, 형상과 모양을 관념적으로 분리하여 구별할 수 있는 점, 형상만의 디자인의 창작 의도 등을 고려하면 결합디자인을 그대로 실시하면 필연적으로 그 형상을 실시하는 관계에 해당한다고 볼 수 있어, 긍정설이 타당하다.

---

[54] 동 직물지 사건에서, 선등록디자인이 부가된 모양에 의해 본질적 특징이 상당 부분 손상되었음을 이유로 이용관계를 부정하였다.

(2) 보론 - 영국 대법원의 Trunki 사건

① 1심 법원의 견해 - 침해 긍정

원고의 등록디자인과, 피고의 실시디자인 간의 차이에도 불구하고 실시디자인에서 발휘되는 전체적인 인상은 등록디자인과 공통되는 부분에 의해 발휘되는 것이므로, 등록디자인의 참신한 특징 등을 포함하고 있는 점을 강조하며 침해를 인정하였다.

② 2심 및 대법원의 견해 - 침해 부정

원고의 등록디자인의 도면이 단순히 실선으로 표현된 것이 아니라, 표면에서 광 효과가 발휘되는 3차원 입체 도면이고, 흑백으로 표현되어 특정한 색채로 한정되지 않는 점을 전제로 양 디자인이 가지는 여러 가지 차이(전체적으로 연상되는 동물이 다른 점, 표면상 장식적 요소, 색채의 차이 등)를 들어 전체적인 인상이 전혀 달라 침해를 부정하였다.

③ 검 토

디자인권은 해당 물품의 외형에 관한 권리이고, 이를 표현하는 수단인 도면은 권리해석의 기준이 된다. 따라서 도면 작성에 신중을 기해야 할 필요가 있다. 특허권의 청구범위 작성 시 권리범위를 최대한 확보하기 위해 발명의 구성요소를 최소화하고 간결하게 작성하는 것처럼, 강력한 디자인권을 확보하기 위해 가장 중요한 것은 권리범위를 제한할 수 있는 요소를 최대한 배제한 도면 작성 방법이라고 할 수 있겠다.

7 결 어

(1) 형상만의 디자인은 관념과 현실이 충돌하는 문제이다.
(2) 디자인의 창작에 있어 형상에 가장 비중을 많이 두는 것이 현실이므로 신규성, 선출원주의, 이용관계 성립 여부 등을 판단함에 있어 일률적으로 할 것이 아니라 개별적, 구체적으로 해석하는 것이 바람직하다.

05 문 자 기출 11

1 서 설

(1) 의 의

'문자'란 시각적으로 그 의미가 전달될 수 있는 기호를 말하는 것으로, 특정관념을 일으키는 시각적 언어인 '표지'를 포함하는 개념이다.

(2) 취 지

① 종래에는 문자가 갖는 정보성과 공지성 때문에 의미 독점의 우려가 있어 문자를 디자인의 구성요소로 인정하지 않았다.
② 그러나 문자를 응용한 디자인의 창작을 보호하기 위해서 2003년 7월 1일 시행 심사기준은 장식성이 있는 문자를 '모양'으로 인정하였다.

2 모양으로 인정 여부 - 현행 심사기준의 태도(2003년 개정)[55]

(1) 원 칙

장식성만 있는 경우, 정보성이 있으나 장식성도 함께 있는 경우에는 모양으로 보아 디자인의 구성요소로 인정한다. 이는 문자에 대해 배제하는 규정이 없고 다른 도형과의 형평상 부당하기 때문에 개정된 것이다.

심사기준 - 장식성이 있는 문자의 예시

- 장식성만 있는 경우

- 장식성과 정보성이 동시에 있는 경우
  - 도안화된 문자가 포함된 경우

 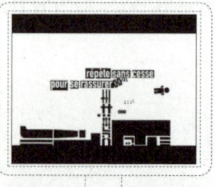

  - 정보성도 가진 표지

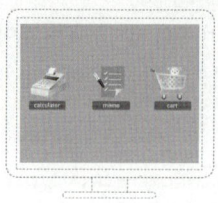

---

55) 종래 심사기준의 태도
   ① 모양을 구성하지 않는 것으로 취급되어 삭제보정의 대상이 되었다.
   ② 다만, 디자인의 미감에 영향을 미치지 않는 문자는 삭제보정의 대상은 아니고 디자인의 설명에 등록대상에서 제외됨을 기재해야 했다.
   ③ 장식성만을 지닌 문자는 정보성이 없어 모양으로 인정하였다.

- 정보를 가진 심벌(표지)의 원형을 변형하여 장식성도 지닌 경우

[유에스비 심벌에 모양·색채를 결합한 화상디자인이 표시된 디스플레이 패널]

[와이파이 심벌에 모양·색채를 결합한 화상디자인이 표시된 디스플레이 패널]

(2) 예 외

정보성만 있는 문자[56]는 모양으로 보지 않아 디자인의 구성요소로 취급하지 않고, 삭제를 요하지도 않으며 디자인의 설명에 등록대상에서 제외됨을 기재할 필요도 없다.

심사기준 - 정보성만 있는 문자의 예시

• 표시된 문자가 정보만 제공하는 경우

[문자가 표시된 휴대전화기]   [인증마크가 표시된 포장지]   [화상디자인이 표시된 컴퓨터모니터]

• 정보를 가진 심벌(표지)의 원형
  와이파이( ), 블루투스( ), 유에스비( )

---

56) ① 신문·서적의 문장부분
    ② 성분표시, 사용설명, 인증표지 등의 보통의 형태로 나타낸 문자·표지

3 등록요건

(1) 공업상 이용가능성

① 원 칙

내용설명을 위한 문자, 그 밖에 디자인을 구성하지 않는 점, 선, 부호, 문자를 표시한 것은 도면 기재불비에 해당하며, 삭제보정의 대상이다.

② 예 외

합리적으로 해석하여 디자인의 요지파악이 가능하고, 모양과 혼동[57])되지 않는 범위에서 제한적으로 사용하고 있는 경우에는 도면 기재불비도 아니고, 삭제보정의 대상도 아니다.

심사기준 - 도면의 기재불비가 아닌 예

- 도면 내에 음영을 표현하고 디자인의 설명란에 "도면 내에 표현된 세선은 곡면 및 평면임을 나타내기 위해 음영선임"이라 적은 것

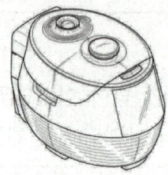

- 도면 내 도형 안에 확대 부분을 표시한 것으로서 요지파악이 가능한 경우

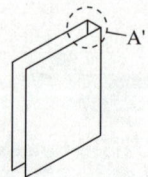

- 도면 내 (복합)단면부를 표시하기 위한 것으로서 요지파악이 가능한 경우

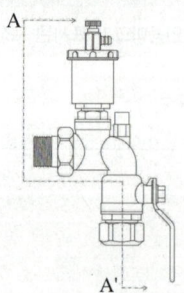

(2) 디자인의 동일, 유사 판단 – 모양의 동일, 유사 판단

모양의 유사여부는 **주**제의 **표**현방법과 **배**열, **무**늬의 **크**기, **색**채 등을 종합하여 판단한다(2003후762). – **주표배무크색**

---

57) 혼동될 가능성이 있으면 디자인의 설명에 그 취지를 기재한다.

(3) 창작성

① 문제의 소재

문자를 그대로 형상 또는 모양으로 표현한 출원디자인은 '주지형태로부터 쉽게 창작 가능한 디자인'에 해당할 수 있다.

② 심사기준 및 판례의 태도

심사기준은 물품의 형상, 문자로 구성된 디자인이 결합된 전체로서 창작성이 부정되는지를 판단한다고 규정하고, 판례는 영문자를 그대로 표현한 경우 창작성을 부정한 바 있다(88후1021).

(4) 부등록사유

제34조 제4호는 형상에 대한 것이므로 적용이 없다.

4 절차 및 조치

(1) 보 정

내용설명을 위한 문자, 그 밖에 디자인을 구성하지 않는 점, 선, 부호, 문자를 표시한 것은 도면 기재불비에 해당하여 삭제보정의 대상이 되는 경우, 요지변경에 해당하지 않는다.

5 등록 후 법률관계

(1) 권리범위

모양으로서 디자인을 구성하는 요소로 인정되는 문자는 권리범위를 제한하는 요소가 된다. 그 범위는 모양의 유사 판단 방법에 따른다.

(2) 이용관계

저명하지 않은 선출원 등록상표가 존재하는 경우 제34조 제3호 위반이 아닐 여지가 있으므로 등록은 가능하겠으나, 그 등록상표와 혼동가능성이 있는 문자를 포함하는 경우에는 이용 또는 저촉관계가 문제될 수 있다.

06 동적디자인 기출 17

1 서설

(1) 의의

① "디자인"이란, **물품**의 **형**상·모양·색채 또는 이들의 결합으로서, **시**각을 통하여, 미감을 일으키게 하는 것(**심**미성)이다(제2조 제1호). - **물형시심**

② "동적디자인"이란 물품의 형태의 특이한 변화 상태에 창작적 요점이 있는 디자인을 말하고, 변화의 유형에 따라 형상동적디자인, 모양동적디자인, 색채동적디자인, 결합동적디자인이 있다.

(2) 취지

형태의 변화도 보호가치가 인정되고, 동적과정의 각각 정지상태마다 출원해야 하는 부담을 덜기 위해 디자인으로 인정하고 있다.

2 성립요건 - 기시예일흠

(1) 물품의 형태가 기능에 의해 변화할 것

① 원칙 - **구발특**

해당 물품의 **구**조적 변화에 의해 **발**휘되는 **특**성을 기초로 그 형태가 변해야 한다.

② 예외 - **부교연속**

다른 물리적 요소에 **부**가 또는 **교**체에 불과한 경우, 재질의 **연**성과 같이 해당 물품의 **속**성에 의해 그 형태가 변화하는 디자인은 동적디자인이라고 할 수 없다.

(2) 그 변화가 시각에 의해 감지될 것

그래야 물품의 수요 증대에 기여할 수 있기 때문이다.

(3) 변화 후의 상태를 용이하게 예측할 수 없을 것(변화과정의 특이성, 동적내용)

변화과정에 특이성이 없는 경우, 통상의 디자인으로 보호하면 족하기 때문이다.[58]

(4) 보호범위 특정을 위해 변화에 일정성이 있을 것(변화과정의 일정성, 궤적)

(5) 흠결 시 취급

성립요건 흠결 시, 1디자인 1출원 위반이다.

---

[58] 현행 디자인보호법 시행규칙 및 심사기준에서 언급되는 '움직이는 것, 열리는 것 등의 형태가 변화하는 디자인'이라는 범주는 실질적인 동적디자인의 정의보다 넓은 개념을 의미한다. 특히 심사기준에서는 변화과정의 일정성, 통일성이 없는 디자인에 대해서는 제40조 제1항 위반임을 규정하고 있으나, 변화과정의 특이성에 대해서는 특별히 규정하고 있지 않다. 이를 볼 때 정책적으로 법률상 동적디자인의 범위를 한정하지 않고 제출이 허용되는 범위를 넓게 인정해주고 있는 것으로 보인다. 한편, 변화과정의 특이성이 인정되는 디자인을 적극적 동적디자인, 부정되는 디자인을 소극적 동적디자인으로 구분하자는 견해가 있다.

3 출원

(1) 도면 – 4전후 설확접

① 시행규칙 별지서식 제4호에 움직이는 디자인에 대한 도면 작성 방법을 규정하고 있다.
② 변화의 **전후** 상태에 관한 도면을 각각 도시해야 한다. 즉, **정**지상태의 도면, 동작 상태를 알 수 있는 도면(**동**작 중의 **기본**적 **자**세, 동작**내**용을 나타내는 궤적 등)이 있어야 한다. – 정동기자내
③ 디자인의 **설**명에 변화 전후에 걸친 물품의 형태에 관한 설명을 기재한다.
④ 변화하는 부분에 대한 부분**확**대도 등을 부가도면으로 제출할 수 있다.
⑤ 펼쳐지고 **접**히는 움직임을 가진 디자인의 경우[59], 전환하는 과정 중 움직이는 상태에 관한 도면이 별도로 필요할 것이다.

심사기준 – 동작내용 및 변화 전후 상태를 나타낸 예시	
동작내용을 나타낸 "변신 로봇"의 도면	"탁자가 부설된 의자"의 펼쳐진 상태의 도면 및 접힘 상태의 도면
덮개가 열리고 닫히는 "장난감 노트북컴퓨터"	접어서 보관하고 펼쳐서 사용하는 "의자"
방향전환에 따라 직접등과 간접등으로 쓰이는 "벽등"	디자인의 일부에 물리적인 변화를 가하여 해당 부분의 모양, 색채가 변화하는 "청첩장"

---

59) 예 소파 겸용 침대 등

4 등록요건

(1) 공업상 이용가능성

도면의 작성방법 위반의 경우, 구체성 흠결에 해당한다.

(2) 디자인의 동일, 유사 판단

① 동적디자인과 정적디자인과의 비교 – 정동기자내

동적디자인의 **정**지상태 및 **동**작 중 **기**본적 주체를 이루는 **자**태가 정적디자인과 유사하면 유사한 디자인으로 본다. 다만, 동작의 **내**용이 특이하면 비유사한 디자인으로 본다.

② 동적디자인 상호간의 비교

심사기준과 대법원은 형태가 변화하는 디자인 간에는 형태 변화의 전후 또는 일련의 변화 과정을 기준으로 서로 같은 상태에서 각각 대비한 다음 전체적으로 판단한다는 입장이다(2010다23739).[60]

③ 참고 판례

대법원은 물품의 기능 내지 속성상 사용에 의하여 당연히 형태의 변화가 일어나는 경우, 그러한 형태의 변화도 참작하여 유사여부를 판단해야 한다고 판시하였다(2009후4148).[61]

(3) 창작성

정지상태와 동작의 내용의 독창성이 인정되는지 여부를 고려해야 한다.

(4) 확대된 선출원

① 적용될 수 없다는 견해(다수설)

디자인의 일부란 선출원디자인의 외관에 포함된 하나의 폐쇄된 영역이므로, 동적디자인을 관념적으로 분리한 개개의 정지상태에 대해서 디자인의 일부로 볼 수 없다는 견해이다.

② 심사기준

2016년에 정적화상디자인과 동적화상디자인 간에 적용된다고 규정하였으나, 2019년 개정 심사기준에서는 상기 규정을 삭제하였다.

③ 검 토

생각건대, 현행법상으로는 적용이 불가능하다고 보아야 한다. 다만, 제33조 제3항이 실질적으로 신규성이 없는 후출원의 등록을 배제하고자 하는 취지를 가지므로 '일부'의 개념을 확대 해석하여 본 규정을 적용하는 것이 타당하다.

---

60) 판례편 – [7] 휴대폰 포장용 상자 사건
61) 다만, 이러한 디자인을 동적디자인으로 보지는 않았다(검토). 이러한 당연한 변화를 디자인의 보호범위에 포함한다고 하여 법 제93조 소정의 보호범위 해석기준에 어긋나는 것은 아니므로 타당한 판시이다.

(5) 1디자인 1출원 – 요과일통설

① 동적디자인의 성립요건을 만족하지 못하여 2 이상의 정적디자인을 포함하는 경우에는 위반이다.
② 따라서 변화 **과**정이 없거나 **일**정성 및 **통**일성이 없는 경우 또는 동적디자인의 **설**명이 없는데 2 이상의 도면을 제출한 경우에는 본 규정 위반에 해당한다.

> **심사기준 – 변화과정이 없거나 일정성 및 통일성이 없는 경우**
>
> 로봇의 변신과정이 없는 디자인의 형태가 변화하는 "로봇완구"
>
>
>
> [변화 전]   [변화 후]

5 절차 및 조치

(1) 보 정
동작상태를 보충하기 위해 추가도면을 제출한 경우, 최초의 동작상태와 동일성이 유지되지 않는 경우 요지변경으로 취급된다.

(2) 분할출원

① 원칙 – 불가
각각의 정적디자인으로 분할출원할 수 없다.

② 예 외
제40조 제1항 위반에 해당하는 경우, 분할출원으로 이를 극복할 수 있다.

6 등록 후 법률관계

(1) 권리범위
① 동일, 유사한 범위에 미치는 것이나, 동작의 내용을 포함한 전체로서 하나의 디자인권이 인정되는 것이므로 각각의 정지상태마다 디자인권이 발생하는 것은 아니다.
② 따라서, 각각의 정적디자인에도 참신한 미감이 존재하는 경우라면, 정적디자인별로 보호할 필요가 있다.

(2) 이용관계
① 선출원 정적디자인에 비해 동작에 특이성이 있어 비유사하면 신규성, 선출원주의 위반을 극복하고 등록될 수 있고, 후출원 동적디자인의 실시가 정적디자인을 그대로 포함하는 경우라면 이용관계가 성립될 수 있다.
② 이에 보호하는 미적 가치가 다름을 이유로 부정하는 견해가 있다.

7 관련문제

(1) 적극적 동적디자인과 소극적 동적디자인의 구분

① 의 의

변화과정의 특이성이 실질적인 동적디자인의 보호 목적이기 때문에 이를 기준으로 특이성이 있으면 적극적 동적디자인, 없으면 소극적 동적디자인으로 분류한다.

② 유사 판단에서의 구분

㉠ 소극적 동적디자인
- 정적디자인이나 소극적 동적디자인과는 동작의 내용이 요부가 될 수 없기 때문에 정지상태들의 대비결과에 따라 전체적으로 유사 여부를 판단한다.
- 적극적 동적디자인들과는 동작의 내용이 비유사하므로 원칙적으로는 비유사하지만, 정지상태가 요부인 경우 전체적으로 유사할 수 있다.

㉡ 적극적 동적디자인
- 정적디자인과는 동작의 내용이 비유사하므로 항상 비유사하다고 판단한다.
- 소극적 동적디자인과는 동작의 내용이 비유사하므로 원칙적으로는 비유사하지만, 정지상태가 요부인 경우 전체적으로 유사할 수 있다.
- 적극적 동적디자인과는 동작의 내용이 비유사하면 항상 비유사한 것으로 보고, 동작의 내용이 유사하면, 정지상태들의 대비결과에 따라 전체적으로 유사 여부를 판단한다.

③ 창작성 판단에서의 구분

㉠ 소극적 동적디자인

동작의 내용은 독창성이 없으므로 정지상태들의 독창성이 인정되는지 여부를 기준으로 판단한다.

㉡ 적극적 동적디자인

동작의 내용에 독창성이 있다면 창작성이 인정될 것이고, 없다면 정지상태들의 독창성이 인정되는지 여부를 기준으로 판단한다.

07 화상디자인

> **제2조(정의)**
> 이 법에서 사용하는 용어의 뜻은 다음과 같다.
>   2의2. "화상"이란 디지털 기술 또는 전자적 방식으로 표현되는 도형·기호 등[기기(器機)의 조작에 이용되거나 기능이 발휘되는 것에 한정하고, 화상의 부분을 포함한다]을 말한다.
>   7. "실시"란 다음 각 목의 구분에 따른 행위를 말한다.
>   나. 디자인의 대상이 화상인 경우 그 화상을 생산·사용 또는 전기통신회선을 통한 방법으로 제공하거나 그 화상을 전기통신회선을 통한 방법으로 제공하기 위하여 청약(전기통신회선을 통한 방법으로 제공하기 위한 전시를 포함한다. 이하 같다)하는 행위 또는 그 화상을 저장한 매체를 양도·대여·수출·수입하거나 그 화상을 저장한 매체를 양도·대여하기 위하여 청약(양도나 대여를 위한 전시를 포함한다. 이하 같다)하는 행위

1 서 설

(1) 개 요
① '화상디자인'으로 보호를 받는 방법
  디스플레이 패널 등 표현의 매개가 되는 물품의 존재여부와 관계없이 디자인으로 성립할 수 있으나, 디지털기술 또는 전자적 방식으로 표현되는 도형·기호 등으로서 기기의 조작에 이용되거나 기능이 발휘되는 것이어야만 한다.
② '물품의 부분에 표현된 화면디자인'으로 보호를 받는 방법
  디스플레이 패널 등 물품의 표시부를 통해 표현되는 것으로서 법적으로는 물품의 모양, 즉 표면 장식이며 부분디자인의 형태로 보호되고 성립요건은 일반적인 물품의 부분디자인과 동일하다.

(2) 의 의
① 화상디자인
  ㉠ "디자인"이란 **물품**의 **형상**·**모양**·**색채** 또는 이들의 결합으로서, **시각**을 통하여, 미감을 일으키게 하는 것(**심**미성)이다(제2조 제1호). - **물형시심**
  ㉡ "화상"이란 디지털 기술 또는 전자적 방식으로 표현되는 도형·기호 등(기기의 조작에 이용되거나 기능이 발휘되는 것에 한정하고, 화상의 부분을 포함)을 말한다(제2조 제2호의2[62]).
② 동적화상디자인
  형태적 **관련**성과 **변**화의 **일**정성을 가지는 화상디자인을 말한다(심사기준). - **형관변일**

(3) 취 지
① 종래에는 화상이 물품의 표시부에 표현된 상태를 전제로 '모양'으로서 보호하는 것이 심사기준의 태도였다.
② 그러나 디지털 경제의 확산에 따라 신기술을 활용한 제품 출시가 점차 증가하면서 2021년 개정법은 화상의 정의규정을 신설하여 화상디자인 자체를 보호하고, 화상디자인의 온라인 전송을 실시행위로 규정하였다.

2 성립요건

(1) '기기의 조작에 이용되는 화상'은 기기를 제어하기 위해 지시, 명령 등을 입력하는데 사용하는 도형, 기호 등을 의미하며, 조작의 대상인 기기가 반드시 물품일 필요는 없다.[63]
(2) '기기의 기능이 발휘되는 화상'은 기기가 발휘하는 기능을 표현하는 도형·기호 등을 의미한다.[64]
(3) 기기의 조작과 기능 발휘를 겸하는 '화상 디자인'의 경우도 있을 수 있으므로 출원서 및 출원서에 첨부된 도면의 기재사항 등에 이러한 특징이 충분히 기재 또는 표현된 경우 화상디자인으로 인정할 수 있다.
(4) '화상의 부분디자인'이란 화상의 전체 중에 일정한 범위를 점유하는 부분으로서 해당 화상에 있어서 다른 디자인과 대비대상이 될 수 있는 부분을 말한다.

---

[62] 2021년 10월 21일 개정법, 앞으로는 가상 키보드, 팔목에 표현되는 스마트 팔찌, 도로에 표시되는 지능형 헤드라이트 등도 등록되어 보호받을 수 있게 된다.
[63] 예 조작용 입력 버튼, 바(bar), 다이얼 등
[64] 예 각종 그래프, 상태표시등, 경고등, 인디케이터(indicator) 등

심사기준 - 화상디자인의 예시

- 아래는 "게임조작용 그래픽 유저 인터페이스" 화상으로서 도면에 표현된 모양으로 볼 때 운전과 관련된 게임의 조작(control) 인터페이스를 표현한 것이므로 "기기의 조작에 이용되는 화상"으로 인정할 수 있다.

[명칭 : 게임조작용 그래픽 유저 인터페이스]

- 아래는 "정보통신기기용 아이콘" 화상으로서 정보통신기기에서 구동되는 아이콘이므로 디지털 기술 또는 전자적 방식으로 표현되는 것이며 외견상 홈(home)버튼 기능을 수행하는 것으로 파악되어 "기기의 조작에 이용되는 화상"으로 인정할 수 있다.

[명칭 : 정보통신기기용 아이콘]

- 아래는 "VR조작용 GUI"로서 사시도, 정면도, 우측면도 등을 갖추고 있으므로 VR환경 안에서 입체적으로 표현되는 것임을 알 수 있다. 또한 명칭을 통해 VR환경 안에서 특정한 조작기능을 수행하기 위한 것임을 인식할 수 있으므로 "기기의 조작에 이용되는 화상"으로 인정할 수 있다.

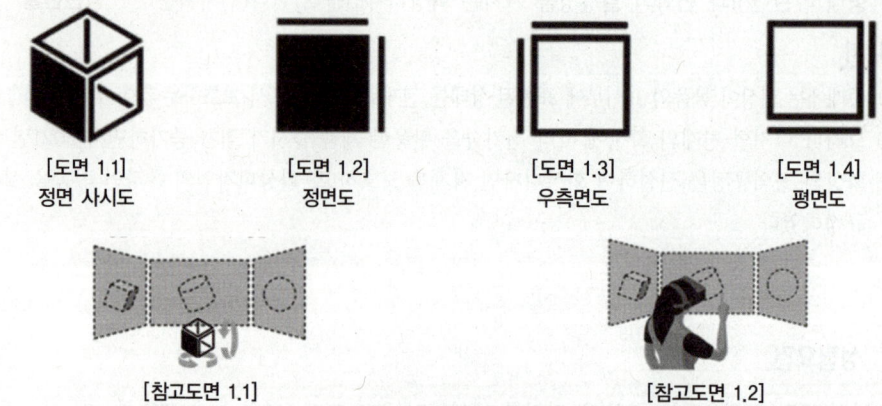

[명칭 : VR조작용 그래픽 GUI]

- 아래는 "차량정보 표시용 아이콘" 화상으로서 차량의 특정 상태(예 : 고장상태)를 시각적으로 표현하고 있으므로 "표시기능이 발휘되는 화상"으로 인정할 수 있다.

[명칭 : 차량정보 표시용 아이콘]

- 아래는 "정보표시용 GUI" 화상으로서 사용자의 건강상태를 스마트폰 애플리케이션을 통해 전자적 방식으로 표현하고 있으므로 "기능이 발휘되는 화상"으로 인정할 수 있다.

[명칭 : 정보표시용 GUI]

- 아래는 "정보통신기기용 화상" 디자인으로서 막대의 길이가 정보통신기기의 현재 상태 값을 표시하며, 동시에 손가락 등으로 터치하여 이 상태 값을 사용자가 원하는 값으로 조정·제어할 수 있다. 만약 이러한 내용이 출원서 및 출원서에 첨부된 도면의 기재사항 등에 이러한 특징이 충분히 표현되어 있으면 조작과 기능발휘를 겸하는 화상디자인으로 인정한다.

[도면 1.1]　　　　　　　　　　　　　　　　　　　[참고도면 1.1]

[명칭 : 정보통신기기용 화상]

- 아래는 "차량정보 표시용 GUI" 화상으로서 차량의 상태를 사용자가 다양한 각도에서 살펴볼 수 있도록 3차원으로 구현하여 표현하고 있으므로 '기능이 발휘되는 화상'으로 인정할 수 있다.

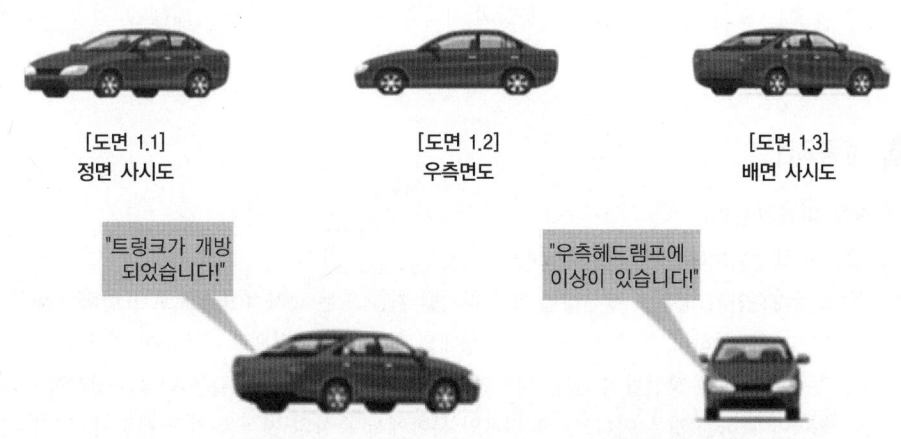

[명칭 : 차량정보 표시용 GUI]

※ 다음의 "화면디자인이 표시된 디스플레이 패널" 디자인의 경우, 디스플레이 패널 표면 위에 모양으로 표현된 디자인으로서 도면의 표현방식으로 볼 때 턴테이블처럼 회전하는 차량의 동적(動的) 상태를 표현한 디자인이다.

[도면 A 1.1]　　　　　　[도면 B 1.1]　　　　　　[도면 C 1.1]

[명칭 : 화면디자인이 표시된 디스플레이 패널]

- 아래 "정보표시용 화상" 디자인의 경우 시계의 형상을 띄고 있는데, 부분디자인으로 보호하고자 하는 부분은 자판부의 형태이며 시계의 바늘부분은 권리범위에서 제외하도록 표현하였다. 따라서 화상의 부분디자인으로 인정할 수 있다.

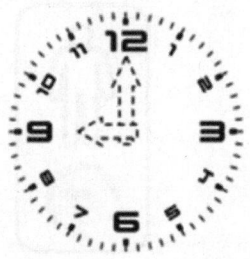

[명칭 : 정보표시용 화상]

(5) 흠결 시 취급

성립요건 흠결 시, 정의규정(제2조) 위반이므로, 제33조 제1항 본문 위반의 거절이유(제62조), 정보제공사유(제55조), 무효사유(제121조 제1항)에 해당한다.

3 출 원

'화상'은 기기의 조작에 이용되거나 기능이 발휘되는 것에 한정된다. 따라서 출원서 및 출원서에 첨부된 도면에 이를 기재 또는 표현하되 해당 분야의 통상의 지식을 가진 자가 충분히 이해할 수 있을 정도여야 한다.

4 등록요건

(1) 공업상 이용가능성

① 공업적 생산방법에 의한 양산가능성
  ㉠ 화상디자인의 '공업적 생산방법'이란 디지털 기술 또는 전자적 방식으로 표현되는 화상을 구현하는 것을 포함하며, '양산'이란 동일한 형태의 화상을 반복적으로 계속하여 생산하는 것을 뜻한다.
  ㉡ '동일한 화상을 양산할 수 있는 디자인'이란 물리적으로 완전히 같은 화상을 양산할 수 있는 디자인이어야 하는 것은 아니고, 그 디자인 분야에서 통상의 지식을 가진 사람이 그 지식을 기초로 합리적으로 해석하였을 때 같은 화상으로 보여질 수 있는 수준의 동일성을 가진 화상을 양산할 수 있는 디자인을 의미한다.

② 디자인보호법상의 화상디자인으로 인정될 것
  ㉠ 디자인보호법상 화상은 물품과 관계없이 화상 자체로 보호된다. 즉, 출원서의 기재사항 및 출원서에 첨부한 도면 등을 토대로 종합적으로 고려하였을 때, 물품 또는 물품의 부분으로 인정되는 것(물품의 부분인 화면디자인)은 화상디자인으로 인정할 수 없다.
  ㉡ 화상은 물품으로 의제한 것일 뿐 실제로 물리적인 형상을 가지지 않으므로 물리적인 견본 또는 모형으로 제출되거나 재질에 대하여 설명이 기재되어 있는 경우는 공업상 이용할 수 있는 화상디자인으로 인정할 수 없다.

ⓒ 제2조 제2호의2에서는 보호대상을 '기기(器機)의 조작에 이용되거나(조작용 화상)' 또는 '기능이 발휘되는 것(기능발휘용 화상)'으로 한정하고 있다. 따라서 화상디자인은 적어도 이 중 하나에 해당하여야 하며, 이 중 어느 하나에도 해당하지 않는 단순히 시각저작물에 불과한 것은 화상디자인으로 성립할 수 없다.

③ 디자인의 표현에 구체성이 있을 것

ⓐ 해당분야에서 통상의 지식을 갖춘 창작자가 출원서 및 출원서에 첨부된 도면의 기재사항 등을 통해 출원된 디자인의 구체적인 내용을 파악할 수 있으면 디자인 표현의 구체성을 인정할 수 있다.

ⓑ 출원서의 기재사항 및 출원서에 첨부한 도면 등을 종합적으로 판단하여 디자인의 구체성을 인정할 수 없는 경우는 다음과 같다.
- 화상의 용도 또는 기능을 파악하기 어려운 경우
- 화상 전체가 구체적으로 표현되어 있지 않은 경우
- 도면이 선명하지 않아 디자인의 요지 파악이 불가한 경우
- 출원서의 기재사항 및 출원서에 첨부한 도면 간에 정합성이 결여된 경우
- 형태가 변화하는 동적 화상인 경우에 변화의 순서, 변화의 형태가 분명하지 않은 경우

(2) 디자인의 동일, 유사 판단

① 화상디자인의 유사여부 판단기준

ⓐ 화상의 형태, 용도 또는 기능의 동일·유사, 혼용가능성을 기준으로 판단하며, 화상의 형태의 유사성은 일반적인 디자인의 유사 판단 기준에 따른다.

ⓑ '물품의 부분에 표현된 화면디자인'의 화면 표시부가 '화상디자인'의 형태와 설령 동일·유사하더라도 화면 표시부는 물품의 부분디자인이고 화상은 그 자체로 독자적인 물품이므로 물품이 서로 달라 비유사한 것으로 본다.

> **심사기준 – 디자인의 동일, 유사 판단**
>
> • 아래와 같이 "화면디자인이 표시된 정보통신기기"의 디자인이 선출원 되고 "정보표시용 화상"의 디자인이 후출원된 후에 선출원 디자인이 공보에 게재된 경우, 화면표시부의 모양과 정보표시용 화상의 형태가 설령 동일·유사하더라도 해당 화상이 정보통신기기의 일부분과 반드시 유사한 디자인이라고는 볼 수 없으므로, 확대된 선출원 규정을 적용할 수 없다.

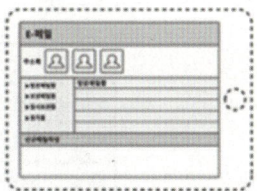

〈선출원디자인〉
[명칭 : 화면디자인이 표시된 정보통신기기]

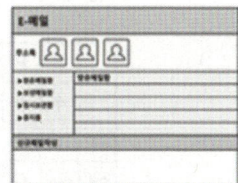

〈후출원디자인〉
[명칭 : 정보표시용 화상]

ⓒ 그러나 물품과 화상 간에 용도, 기능, 사용실태 등을 고려하여 서로 유사하거나 혼용가능성이 있다면, 둘 중 하나가 공지된 경우 창작비용이성에 관한 판단은 가능하다.

② 화상디자인간의 유사여부 판단

두 화상디자인의 형태가 동일하거나 유사한 경우 및 두 화상디자인의 용도 또는 기능이 동일하거나 유사한 경우 또는 두 화상디자인의 혼용 가능성이 있는 경우, 두 디자인은 동일 또는 유사한 것으로 판단한다.

③ 변화하지 않는 '화상디자인'과 변화하는 '화상디자인'의 유사여부 판단
  ㉠ 변화하지 않는 '화상디자인'과 변화하는 '화상디자인'은 원칙적으로 비유사하다.
  ㉡ 다만, 변화하는 '화상디자인'의 일부 정지상태의 모양이 변화하지 않는 '화상디자인'과 동일 또는 유사하고, 그 정지상태의 해당 부분이 전체에서 차지하는 미감이 지배적이며 전체적인 변화의 특이성이 미미하다면 양 디자인은 유사한 디자인으로 인정할 수 있다.
④ 변화하는 화상디자인 상호간의 유사여부 판단
  ㉠ 변화하는 '화상디자인' 상호 간에는 그 정지상태와 변화상태를 전체 대(對) 전체로 비교하여 유사여부를 판단한다.
  ㉡ 변화하는 '화상디자인'에서 변화를 구성하는 속도, 간격의 차이는 유사 판단에서 고려하지 않는다.

심사기준 - 디자인의 동일, 유사 판단

- 두 디자인은 가로로 긴 장방형의 복수의 개체들이 종으로 배열되어 있어 형태면에서는 유사하나 명칭이 "재고관리용 화상"과 "회의실관리용 화상"으로 세부용도는 상이하다. 그러나 복수의 선택지에서 하나를 선택하고, 그 정보를 표시하는 것으로서 기능면에서 유사하므로 유사한 디자인으로 인정할 수 있다.

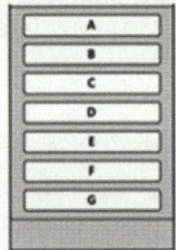   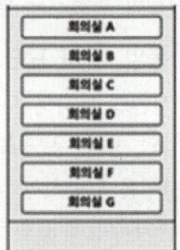

〈선행 디자인〉　　　　　　　　〈출원 디자인〉
[재고관리용 화상]　　　　　　　[회의실관리용 화상]
[디자인의 설명]　　　　　　　　[디자인의 설명]
세로로 배치된 복수의 긴 직사각형은 각 상품의　세로로 배치된 복수의 긴 직사각형은 각각의
종류를 나타내며 이것을 클릭하면 해당 상품의　회의실을 나타내며 이것을 클릭하면 예약한 회의실이
재고수가 화상으로 표시됨　　　　　　　화상으로 표시됨

- 두 디자인은 형태면에서 유사하나 "디지털 도어록용 화상"과 "스마트폰용 화상"으로 화상의 세부용도는 다르다. 그러나 양자 모두 수치를 입력하는 기능을 수행한다는 면에서 극히 유사하므로 유사한 디자인으로 인정할 수 있다.

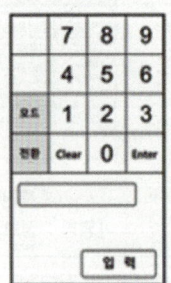   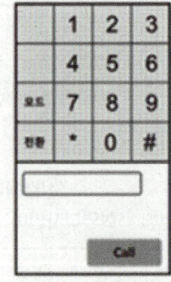

〈선행디자인〉　　　　　　　　　〈출원디자인〉
[디지털 도어록용 화상]　　　　　　[스마트폰용 화상]

(3) 창작비용이성

① 화상디자인의 구성요소의 일부분을 다른 부분으로 치환하거나 복수의 공지된 화상디자인을 조합하여 하나의 화상디자인을 구성하거나 화상디자인의 구성요소를 배치변경하거나 화상디자인의 구성요소의 비율을 변경하거나 구성단위 수를 증감하는 것은 공지디자인 등에 의하여 그 디자인이 속하는 분야에서 통상의 지식을 가진 자가 쉽게 창작할 수 있는 디자인에 해당한다.

② 공지의 물품디자인에 표현된 형태를 화상디자인으로 전용(轉用)하는 것이 해당분야의 통상의 지식을 가진 디자이너에게 용이한 수준이라면 창작이 용이한 디자인으로 본다.

심사기준 - 화상디자인의 창작성 판단

- 화상디자인의 구성요소의 일부분을 다른 디자인으로 치환
  공지된 "영상편집용 화상"의 일부를 다른 공지디자인의 일부로 치환하여 구성한 "영상편집용 화상"은 창작성을 인정할 수 없다.

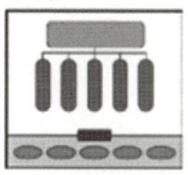 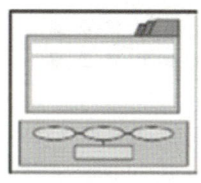 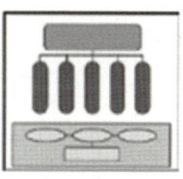

〈공지디자인1〉　　　〈공지디자인2〉　　　〈출원디자인〉

- 복수의 공지된 화상디자인을 조합하여 하나의 화상디자인을 구성
  공지된 각각의 아이콘들을 단순하게 결합하여 구성한 화상디자인의 경우 창작성을 인정할 수 없다.

  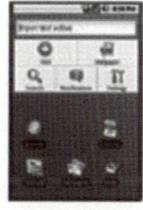

〈공지디자인1〉　　　〈공지디자인2〉　　　〈출원디자인〉

- 화상디자인의 구성요소의 배치변경
  공지된 화상의 일부 구성요소의 위치를 단순하게 변경한 것에 불과한 "영상편집용 화상"은 창작성을 인정할 수 없다.

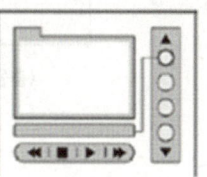 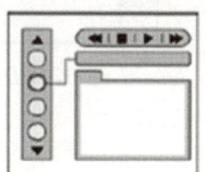

〈공지디자인〉　　　〈출원디자인〉

- 화상디자인의 구성요소의 비율을 변경하거나 구성단위(연속단위) 수의 증감
  - 공지된 화상디자인의 가로세로간의 비례감을 변경하여 하나의 화상을 구성한 것에 불과한 "영상편집용 화상"은 창작성을 인정할 수 없다.

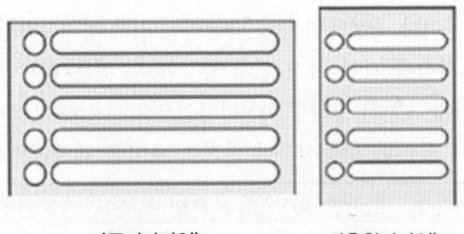

〈공지디자인〉 〈출원디자인〉

  - 공지된 화상디자인의 일부 구성요소의 수를 증가시켜 세로로 배열한 "정보표시용 화상"은 창작성을 인정할 수 없다.

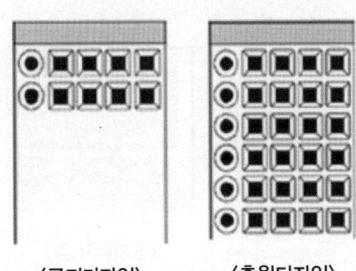

〈공지디자인〉 〈출원디자인〉

- 프레임 분할 방식의 단순한 변경에 의한 용이창작
  공지된 화상디자인의 세로형 프레임 분할방식을 단순히 가로형으로 변경한 것에 불과한 것은 창작성을 인정할 수 없다.

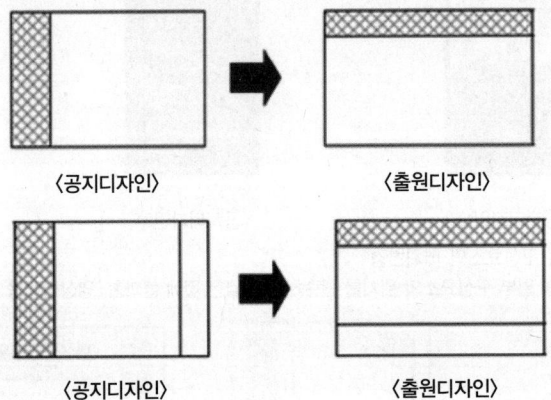

〈공지디자인〉 〈출원디자인〉

〈공지디자인〉 〈출원디자인〉

- 공지의 물품디자인에 표현된 형태를 화상디자인으로 전용
  - 공지된 "자동차의 디자인"을 거의 그대로 "정보표시용 화상디자인"으로 전용한 것이 해당분야에서 용이한 것이라면 창작성을 인정할 수 없다.

〈공지디자인〉

〈출원디자인〉
[명칭 : 정보표시용 화상]

※ 공지된 자동차 디자인이 자기의 디자인이라면 공지일로부터 12개월 이내에 정보표시용 화상디자인을 출원하면서 신규성상실의 예외를 주장할 경우 등록받을 수 있다.
  - 공지된 "화면디자인이 표시된 정보통신기기 디자인"의 화면 표시부를 거의 그대로 "정보표시용 화상디자인"으로 전용하는 것이 해당분야에서 용이한 것이라면 창작성을 인정할 수 없다.

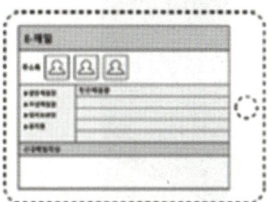
〈공지디자인〉
[명칭 : 화면디자인이 표시된 정보통신기기]

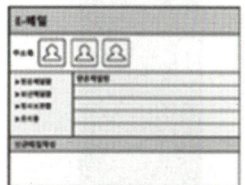
〈출원디자인〉
[명칭 : 정보표시용 화상]

(4) 1디자인 1디자인등록출원

① 둘 이상의 화상의 용도를 디자인의 대상이 되는 물품란에 기재한 경우, 도면에 둘 이상의 화상이 표현된 경우, 하나의 화상에 물리적으로 분리된 2 이상의 형태가 표현되어 있는 경우에는 1디자인 1디자인등록출원 위반이다.

② 도면 등에 복수의 화상이 표현된 경우라도, 출원서 및 출원서에 첨부된 도면의 기재사항 등을 참고하여 화상들 간에 상호 연관성이 있다면 또는 사용행태 등을 고려할 때 복수의 화상이 하나로서 일체로 실시되는 경우 하나의 화상디자인으로 판단할 수 있다.

③ 하나의 화상에 물리적으로 분리된 둘 이상의 디자인이 표현되어 있을 경우 원칙적으로는 1디자인 1디자인등록출원으로 인정되지 않는다. 다만, 출원서 및 출원서에 첨부된 도면의 기재사항, 사용행태 등을 고려하여 디자인 창작의 일체성이 인정되는 경우에는 1디자인 1디자인 등록출원으로 인정할 수 있다.

심사기준 – 화상디자인의 1디자인 여부 판단

- 아래는 "차량정보 표시용 화상"으로서 3개의 화상이 서로 분리되어 있으나 일반적으로 속도계, 엔진회전수계, 연료잔량계 등은 차량에 일체로서 탑재되어 사용되므로 하나의 디자인으로 인정할 수 있다.

[명칭 : 차량정보 표시용 화상]

- 아래 화상디자인의 경우, 계기판 부분과 지시바늘 등 개별 구성요소들이 각각 물리적으로 분리되어 있으나, 정보를 표현하기 위하여 일체로서 기능하고 인식되므로 1디자인으로 인정할 수 있다.

[명칭 : 정보표시용 화상]

- 형태가 변화하는 동적(動的) 화상디자인의 경우 "디자인의 설명"을 포함한 출원서 및 출원서에 첨부된 도면 등에 동적 화상디자인을 표현한 것임이 명확하게 설명되어 있다면 하나의 화상디자인으로 인정할 수 있다.
  - 동일한 기능을 위한 화상디자인일 것
    아래는 만보기 기능의 화상디자인으로서 동적 변화 상태를 표현한 것이며 각각의 화상이 하나로서 동일한 기능을 수행하므로 하나의 디자인으로 인정할 수 있다.

[도면 1] [도면 2] [도면 3] [도면 4]
[명칭 : 정보표시용 화상]

  - 변화 전후의 화상디자인에 대하여 도형들 간의 공통점으로 인하여 형태의 관련성이 있을 것
    아래는 "정보표시용 화상"의 변화 전·후의 상태를 표현한 것인데, 원호 형상의 눈금자부분의 형상, 도형과 문자의 배치상태 등이 일관되게 유지되고 있어 하나의 디자인으로 인정할 수 있다.

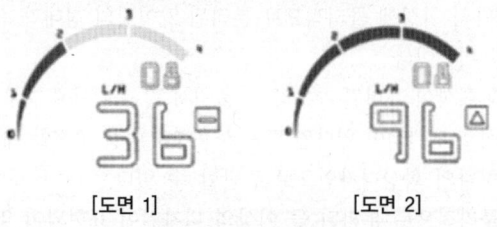

[도면 1] [도면 2]
[명칭 : 정보표시용 화상]

(5) 물품류 구분 및 명칭

① 화상디자인의 물품류 구분은 로카르노 협정에 따른 물품류에 근거하여 특허청장이 정하여 고시한 디자인 물품류별 물품목록에 따라 물품류(제14류)를 기재하여야 한다.

② 화상디자인을 출원하는 경우에는 디자인의 대상이 되는 물품란에 디자인을 인식하는 데 적합한 명칭을 적되, 용도가 명확하게 이해되고 해당 분야에서 일반적으로 사용되는 명칭은 인정할 수 있다(정보통신용 화상, 정보통신용 GUI, 아이콘용 화상, 차량정보 표시용 그래픽 유저 인터페이스).

5 절차 및 조치

(1) 조약우선권주장

① 우선권을 주장하는 제1국의 출원디자인이 기기의 조작에 이용되거나 기능이 발휘되는 화상디자인으로 볼 수 있고 그와 실질적으로 동일한 디자인을 우선권 주장하여 우리나라에 화상디자인으로 출원했다면 그 우선권 주장을 인정할 수 있다.

② 우선권 주장 인정에 관한 구체적인 판단

	제1국 출원디자인(예)	우리나라 출원디자인(예)	우선권 주장 인정여부
물품의 명칭	'GUI design for display screen'	'정보표시용 화상디자인'	원칙적으로 불인정되나 출원서 및 첨부된 도면 등을 참고하여 결정
	① 'Icons for OO', 'GUI(Graphical user interface)'	'OO용 화상'	용도·기능이 실질적으로 동일한 경우 인정 가능
	② 'Icons for OO', 'GUI(Graphical user interface)'	'GUI, 아이콘(Icons)'	

심사기준 - 화상디자인의 조약우선권주장에서의 동일성 판단

- 다음과 같이 제1국에서 "물품의 부분에 표현된 화면디자인"을 출원하고 이를 우선권 주장하여 우리나라에서 "화상디자인"으로 출원한 경우, 설령 물품의 표시부 모양과 화상의 형태가 동일하더라도 동일성을 인정할 수 없다.

〈제1국 출원디자인〉

〈우리나라 출원디자인〉

- 다음과 같이 제1국의 출원디자인 물품의 명칭이 "Icons for OO", "GUI(Graphical user interface)"로 기재되어 있고, 동일한 형태의 디자인(단, 물품의 부분디자인으로 표현하지 않음)을 우리나라에 출원하면서 물품의 명칭을 'OO용 화상' 등으로 기재했다면 출원서 및 출원서에 첨부된 도면의 기재사항을 참고하여 우선권 주장을 인정할 수 있다.

〈제1국 출원디자인(EU)〉
[명칭 : "Graphical user interfaces"]

〈우리나라 출원디자인〉
[명칭 : "OO용 화상"]

- 다음과 같이 제1국의 출원디자인 물품의 명칭이 "Icons for OO", "GUI(Graphical user interface)" 등으로 기재되어 있고, 동일한 형태의 디자인을 우리나라에 출원하면서 물품의 명칭을 "OO용 GUI", "아이콘(Icons)"으로 기재했다면, 출원서 및 출원서에 첨부된 도면의 기재사항을 참고하여 우선권 주장을 인정할 수 있다.

〈제1국 출원디자인(EU)〉
[명칭 : "Icons for OO"]
구체적인 설명 없음

〈우리나라 출원디자인〉
[명칭 : "OO용 아이콘"]
[디자인의 설명]
소프트웨어 조작용 버튼임

08 화면디자인 기출 22 · 16 · 12

1 서설

(1) 의의

① 화면디자인

화면디자인이란 물품의 액정화면 등 표시부에 일시적인 발광현상에 의해 시각을 통해 인식되는 모양 및 색채 또는 이들의 결합을 말한다.

② 동적화면디자인

형태적 **관**련성과 **변**화의 **일**정성을 가지고 물품의 표시부에 구현되는 화면디자인을 말한다(심사기준).

- 형관변일

2 성립요건

(1) 물품성
종래에는 물리적인 표시부를 구비함을 전제로 물품성을 인정하였다. 이에 따라 물리적인 표시부가 특정되지 않는 경우[65], 화면이 표시되는 물품이 함께 도시되지 않은 경우[66]에는 물품성 흠결에 해당하였다.

(2) 시각성
① 원 칙

표시부를 통해 육안으로 식별할 수 있어야 하므로, 확대해야만 화면이 파악되는 경우에는 시각성이 인정되지 않는다.

② 예 외

특수한 표시부를 통해 화면을 관찰하는 것이 통상적인 경우에는 시각성을 인정한다.

심사기준 – 특수한 표시부를 통한 화면디자인으로서 시각성이 인정되는 예
신체착용을 통해 표시부가 육안에 밀착되어 표시되는 "화면디자인이 표시된 신체착용형 멀티미디어단말기"

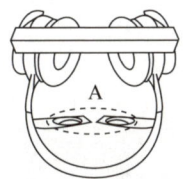 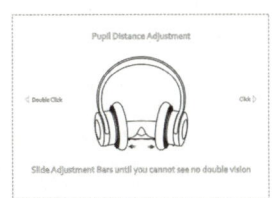

(3) 흠결 시 취급
성립요건 흠결 시, 정의규정(제2조 제1호) 위반이므로, 제33조 제1항 본문 위반의 거절이유(제62조), 정보제공사유(제55조), 이의신청이유(제68조 제1항), 무효사유(제121조 제1항)에 해당한다.

3 출 원[67]

(1) 출원서
부분디자인의 취지를 표시하고, 디자인의 대상이 되는 물품명은 표시부를 구비한 물품으로 기재하되, '화면디자인이 표시되는 부품 또는 물품과 같은 명칭'으로 기재할 수 있다.

(2) 도 면
① 원 칙 – **정부인설**

㉠ 표시부가 있는 **정**면도만을 제출할 수 있다.

㉡ 등록받고자 하는 화면디자인을 파악할 수 있도록 **부**분디자인과 마찬가지로 명확하게 도시해야 한다.

㉢ 표시부에 **인**쇄된 도형이 포함된 경우 기본도면으로는 해당 여부가 불명확하다면, 참고도면으로 비통전시 상태도나 인쇄된 도형만 표시된 참고도 등에 의해 명확히 한다.

㉣ 디자인의 **설**명에 특정방법이나, 도면에 관한 설명을 기재한다.

---

65) 예 회전바퀴 LED
66) 예 ICON만 있는 경우
67) 2021년 개정법에 의한 심사기준 이전의 내용이다.

② 동적화면디자인의 경우 – 전후 설동생
　㉠ 변화 전후의 연속상태에 관한 도면을 도시하고, 디자인의 설명에 그에 대한 설명을 기재한다. 참고도면으로 동영상 파일을 제출할 수 있다.
　㉡ 전형적인 변화에 해당하면 변화과정을 생략할 수 있다.[68]
　㉢ 여러 개의 도면이 필요한 경우에도, 영문자 대문자 없이 식별 항목명을 기재할 수 있다.[69]

심사기준 – 특수한 표시부를 통한 화면디자인으로서 시각성이 인정되는 예

- 동적화면디자인의 변화과정을 잘 알 수 있도록 제출한 도면

- 전형적인 변화에 해당하여 변화과정을 생략할 수 있는 동적화면디자인

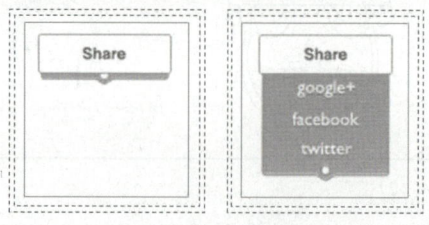

4 등록요건

(1) 공업상 이용가능성 – 부분디자인과 같은 취지

(2) 디자인의 동일, 유사 판단
　① 물품의 유사 판단
　　㉠ 화면이 표시되는 물품의 유사 여부를 따진다.
　　㉡ 비유사물품인 경우에도 화면디자인이 물품에 적용되는 특성상 용도가 혼용될 수 있는 것은 유사한 물품으로 볼 수 있다.[70]

---

68) 예 drop down
69) 예 '도 1.1', '도 1.2' … 등
70) 예 냉, 온수 조작을 위한 화면디자인이 표시된 냉장고와 화면디자인이 표시된 정수기, 날씨기능을 나타내는 화면디자인이 표시된 디스플레이 패널과 화면디자인이 표시된 휴대용 단말기

ⓒ 물품이 동일, 유사한 경우라도 필요에 따라 화면디자인의 구체적 기능을 추가적으로 고려하여 종합적으로 유사 여부를 판단할 수 있으며, 도면, 디자인의 설명 등을 참고하여 유사 판단의 대상이 되는 물품을 특정할 수 있다.[71]

ⓔ 화면디자인의 유사 판단 방법
- 디자인이 속하는 분야의 통상의 지식을 기초로 다음을 종합적으로 고려하여 판단한다.
  - 화면디자인이 적용되는 물품 및 표시부의 형상
  - 화면디자인등록을 받으려는 부분의 구체적 기능
  - 화면디자인등록을 받으려는 부분의 모양, 색채 또는 이들의 결합
  - 해당 물품의 표시부 내에서 해당 물품 중에서 부분디자인으로서 화면디자인등록을 받으려는 부분이 차지하는 위치, 크기, 범위
- 화면디자인등록을 받지 않고자 하는 부분은 전체 형태에서 등록받으려는 부분의 구체적 용도, 기능, 위치, 범위 등을 파악하는 데 고려될 수 있다.

ⓜ 유사의 폭
화면디자인에 있어서 관용적으로 쓰이는 디자인은 유사의 폭을 좁게 보고, 기존과 다른 방식의 표현이 많이 나오는 경우에는 유사의 폭을 넓게 본다.[72] 따라서 최초이거나 기존과 다른 참신한 방식의 표현과 구성이 나온 경우에는 유사의 폭을 넓게 본다.

② 화면디자인 상호간의 유사 판단
ⓐ 모양의 기초가 되는 도안과 색상, 배치 및 구성 등 그래픽표현을 종합하여 판단한다.
ⓑ 색상이나 부수적인 그래픽표현에 의해 미감에 영향을 미치는 경우에는 유사 판단 시 고려될 수 있다.
ⓒ 디자인의 위치, 크기, 범위에 의한 미감의 차이가 고려될 수 있으나, 등록받고자 하는 부분의 위치, 크기가 이동 또는 확대, 축소가 가능하여 미감에 현저한 영향을 미치지 않는 경우에는 고려하지 않는다.[73]
ⓓ 공지된 디자인의 전체 또는 일부 구성요소로 포함하고 있는 경우에도 전체적으로 느껴지는 심미감의 차이에 따라 판단한다.

③ 동적화면디자인의 유사 판단 방법[74]
ⓐ 정적화면디자인과의 동적화면디자인의 유사 판단
정지상태의 모양이 전체에서 차지하는 미감이 지배적이고 동 변화에 특이성이 없으면 유사한 디자인으로 본다. 다만, 동적화면디자인의 모양 변화가 특이한 경우에는 정적화면디자인과 비유사한 디자인으로 본다.
ⓑ 동적화면디자인 상호간 판단
양 디자인의 정지상태의 모양과 동적 변화를 전체로서 비교하여 유사 여부를 판단한다. 동적화면디자인에서 동적 변화를 구성하는 속도, 간격의 차이는 유사 판단에서 고려하지 않는다.

---

71) 예 화면디자인이 표시된 디스플레이 패널에서 지도검색을 위한 화면디자인과 문서편집을 위한 화면디자인으로의 구체적 기능이 상이한 경우
72) 예 전화기, 메일 모양의 아이콘
73) 예 아이콘의 크기 확대, 팝업창의 단순한 위치 이동
74) 개정 심사기준 내용

(3) 창작성

화면디자인 중 GUI나 아이콘의 경우 정보화기기의 특정 기능과 연계된 인터페이스 기능을 수행하는데, 이에 따라 작고 단순하며 직관적이므로 이러한 특징을 참작하여 판단한다.

심사기준 – 화면디자인의 창작성 판단

- 불인정되는 예
  - 공지디자인 또는 주지형태 등의 결합의 상업적, 기능적 변형에 불과한 것 : 불인정
    ⓐ 공지의 "손목시계" 중 "시계문자판"을 화면디자인으로 나타내는 등 일반적인 물품의 디자인의 구성요소의 일부 또는 전부를 그 물품과 같은 기능을 수행하기 위해 단지 화면디자인으로 나타내는 것

[손목시계(공지디자인)]　　[화면디자인이 표시된 컴퓨터모니터(출원디자인)]

ⓑ 공지의 형상·모양·색채의 결합에 기초하여 흔한 방법으로 변화 전후를 표현한 것

〈공지디자인 1〉　　　〈공지디자인 2〉

[화면디자인이 표시된 디스플레이패널(출원디자인)]

– 화면디자인으로 공지된 주지의 모양의 예시

– 일반적인 글자체를 사용하여 단어, 문장 등을 나열한 정도 : 불인정

– 일반적인 방법으로 프레임을 분할하는 정도에 지나지 않는 경우 : 불인정

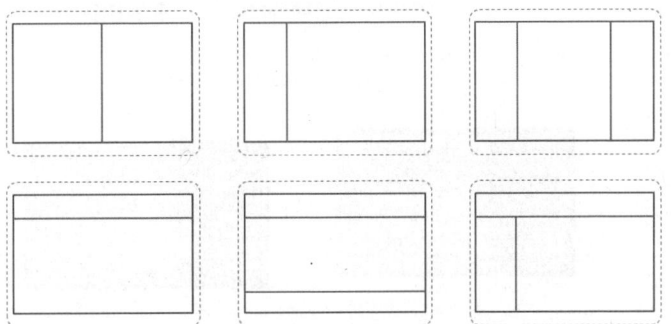

– 디자인의 구성요소의 배치변경에 의한 경우 : 불인정
아이콘 메뉴창의 구성일부의 위치를 단순하게 변경한 것에 지나지 않는 "화면디자인이 표시된 태블릿 PC"

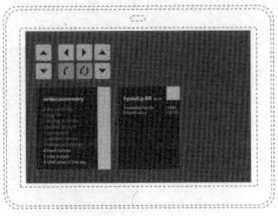 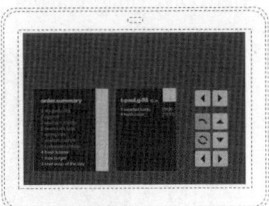

〈공지디자인〉　　　〈출원디자인〉

- 디자인의 구성요소 비율의 변경이나 구성단위 수의 증감에 의한 경우 : 불인정
  음악재생 목록일부를 단순히 연장한 리스트창이 포함된 "화면디자인이 표시된 태블릿 PC"

〈공지디자인〉　　〈출원디자인〉

- 복수의 공지디자인을 단순히 조합한 경우 : 불인정

〈공지디자인 1〉　〈공지디자인 2〉　〈출원디자인〉

- 공지디자인을 다른 물품에 거의 그대로 나타낸 경우 : 불인정
  공지된 TV의 화면을 게임기에 거의 그대로 나타낸 "화면디자인이 표시된 게임기"

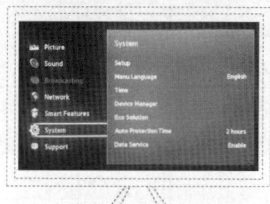 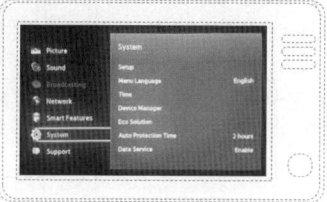
〈공지디자인〉　　　　〈출원디자인〉

- 공지디자인과 주지의 모양 등이 단순히 결합한 경우 : 불인정
  공지디자인과 주지의 사각형 모양을 결합하여 "화면디자인이 표시된 디스플레이패널"로 나타낸 경우

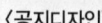 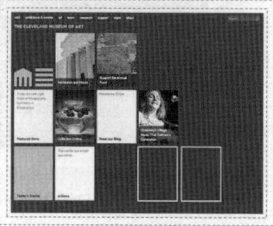
〈공지디자인〉　　　　〈출원디자인〉

- 인정되는 예
  주지의 사각형을 적용하였으나, 크기 변화 및 배치 등을 종합적으로 고려하였을 때 인정됨

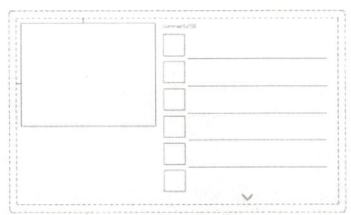

[화면디자인이 표시된 텔레비전 모니터]

(4) 확대된 선출원 – [제3장 06 동적디자인]에서 전술

(5) 부등록사유(제1, 2, 3호)[75] – 부분디자인과 같은 취지

(6) 1디자인 1출원

① 원 칙[76]

1개의 표시부 내에 도시된 것이라면, 각 구성요소의 분리 여부나 기능적 연관성 여부에 상관없이 1디자인이다.

② 동적화면디자인의 경우

㉠ 1디자인으로 인정되는 경우로는 다음의 경우가 있다. – **조단변 형관변일**
- **조**작에 의한 **단**순한 **변**화 전후를 1디자인으로 나타내는 경우[77][78]
- **형**태적 **관**련성 및 **변**화의 **일**정성을 가지고 형태가 변화하는 경우[79]

㉡ 1디자인으로 인정되지 않는 경우로는 다음의 경우가 있다.
- 형태적 관련성 및 변화의 일정성이 없는 경우
- 변화과정이 도시되지 않은 경우
- 일련의 연속된 과정을 수행하는 것이라도 구성, 모양 등이 화면마다 상이한 경우

③ 1물품 내에 물리적으로 분리된 2 이상의 화면이 표시되는 경우

㉠ 원칙적으로 1디자인이 아니다.

㉡ 다만, 물리적으로 분리된 각각의 화면이 연동[80]되어 있을 경우, 1디자인으로 인정될 수 있다. 이 경우, 디자인의 설명란에 기능적 일체성 여부에 관한 기재가 있으면 이를 근거로 판단할 수 있다.

---

75) 형태가 변화하는 화면디자인은 형태 변화 전후 전체로서 모양, 색채 또는 이들의 결합을, 동적화면디자인인 경우에는 일련의 변화과정을 전체로서 판단해야 한다. 형태변화에 특이점이 있거나 동작의 내용에 특이점이 있더라도 이 규정을 적용해야 한다.
76) 종래에는 2 이상의 화면은 2 이상의 분리된 부분디자인으로 보아 형태적, 기능적 일체성을 요했다.
77) 예 도형 등의 이동, 축소, 회전, 색채 변화 등
78) 예 음량조절 슬라이더 바
79) 예 정사각형 아이콘들이 순차적으로 회전하는 디자인
80) 예 조작부와 결과표시부가 화면 분리된 '화면디자인이 표시된 오븐'

심사기준 - 화면디자인의 1디자인 여부 판단

- 동적화면디자인이 1디자인으로 인정되는 예
  - 조작에 의한 단순한 변화의 경우
    음량조절 슬라이더가 좌우로 이동하는 변화를 나타낸 "화면디자인이 표시된 디스플레이패널"

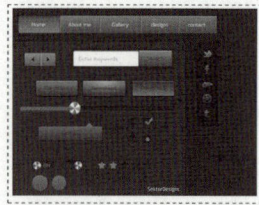 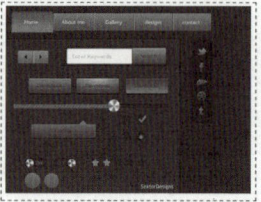

  - 형태적 관련성 및 변화의 일정을 갖는 경우
    사각창의 화면구성이 순차적으로 회전하는 형태 변화를 나타낸 "화면디자인이 표시된 컴퓨터 모니터"

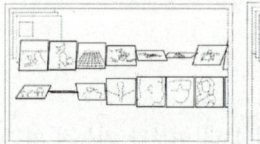 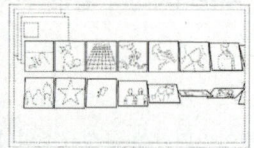 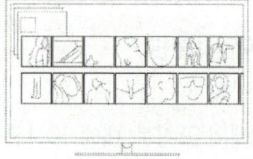

- 동적화면디자인으로 인정되지 않아 1디자인으로 인정되지 않는 예
  - 형태적 관련성 및 변화의 일정성이 없거나, 변화과정이 없는 경우

  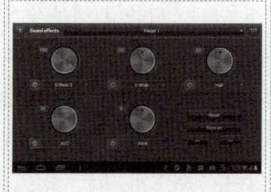 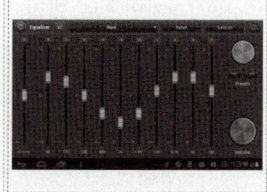

  - 일련의 연속된 과정을 수행하기 위한 것이지만 각 화면마다 구성요소가 상이한 경우

- 하나의 물품 내에 물리적으로 분리된 2 이상의 화면이 표시되는 예
  기능적 일체성이 인정됨 : 물리적으로 분리된 두 개의 표시부가 있고 하나는 조작부(아래쪽 표시부)에 해당되는 화면이 표시되고 나머지 하나의 화면에서 조작의 결과(위쪽 표시부)가 표시되는 "화면디자인이 표시된 오븐"

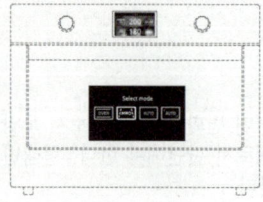

(7) 정당한 물품명

① 원 칙

형태에 관한 물품명은 원칙적으로 부적법하나, '화면디자인이 표시된 디스플레이 패널'과 같은 화면디자인을 구성요소로 하고 있는 물품명은 적법하다.[81]

② 부적법한 경우 – **표구특차**

㉠ **표**시부 자체를 명칭으로 나타내거나 **구**체적인 물품이 지정되지 않은 경우[82]

㉡ 물품이 **특**정되지 않은 경우[83]

㉢ 물품명과 도면에 **차**이가 있는 경우[84]

5 절차 및 조치

(1) 보 정

동적화면디자인의 경우, 동작상태를 보충하기 위해 추가도면을 제출한 경우, 최초의 동작상태와 동일성이 유지되지 않는 경우 요지변경으로 취급된다.

(2) 분할출원 – 동적디자인과 같은 취지

(3) 조약우선권주장

① 원 칙

화면디자인을 보호하는 방식이 국가마다 다르기 때문에 물품명칭, 증명서류의 내용, 제도 등을 종합적으로 고려하여 판단한다.

② 물품의 동일성

물품명칭이 다르더라도, 물품의 용도와 기능이 실질적으로 동일하면 동일성을 인정할 수 있다.

③ 디자인의 동일성

출원의 형식이나 디자인의 표현 방식과는 관계없이 증명서류에 표현된 디자인 가운데 출원디자인과 실질적으로 동일한 디자인이 포함되어 있으면 동일성을 인정할 수 있다.

---

81) 예 화면디자인이 표시된 휴대용단말기, 컴퓨터모니터, 공기청정기, 공작기계용정보표시기
82) 예 화면디자인이 표시된 디스플레이, 디스플레이스크린, 정보통신기기 등
83) 예 GUI, 애플리케이션 디자인 등
84) 예 도면은 휴대폰 형상에 화면디자인이 있는 것인데, 물품명은 '화면디자인이 표시된 디스플레이 패널'인 경우

심사기준 - 화면디자인의 조약우선권주장에서의 동일성 판단

- 물품의 동일성
  - 우선권증명서류에는 물품의 명칭이 "Icon for medical apparatus"라고 적혀 있으며, 도면에는 여러 개의 아이콘으로 구성된 조작부를 부분디자인으로 포함하고 있는 의료기기의 전체형태가 표현되어 있다. 우리나라에 부분디자인으로 출원하면서 물품의 명칭을 "화면디자인이 표시된 혈당측정기"로 하고 물품의 전체 형태를 도시화하면서, 등록을 받고자 하는 아이콘 부분을 부분디자인으로 등록받고자 하는 부분으로 특정하여 표현하였다.

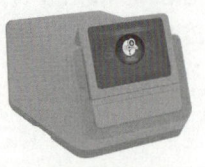 ≒

〈제1국 출원디자인〉　　　　　　　〈우리나라 출원디자인〉
[명칭 : Icon for medical apparatus]　[명칭 : 화면디자인이 표기된 혈당측정기]

  - 우선권증명서류에 물품의 명칭은 "Graphical user interfaces", 물품류는 '14류'라고 적혀있고 화면디자인이 모두 실선으로 도시되어 있다. 우리나라에 부분디자인으로 출원하면서 물품의 명칭을 "화면디자인이 표시된 디스플레이패널"로 출원하였다.

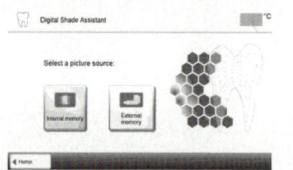 ≒

〈제1국 출원디자인〉　　　　　　　　〈우리나라 출원디자인〉
[명칭 : Graphical user interfaces(EU)]　[명칭 : 화면디자인이 표시된 디스플레이패널]

- 디자인의 동일성

  우선권증명서류에 물품의 명칭은 "휴대전화기의 화면디자인"이라고 적혀있고 휴대폰과 화면디자인이 모두 실선으로 도시되어 있다. 우리나라에 부분디자인으로 출원하면서 물품의 명칭을 "화면디자인이 표시된 휴대전화기"로 출원하였다.

〈제1국 출원디자인〉　　　　　　　〈우리나라 출원디자인〉
[명칭 : 휴대전화기의 화면디자인(중국)]　[명칭 : 화면디자인이 표시된 휴대전화기]

6 등록 후 법률관계

(1) 권리범위

① 동일, 유사 범위

② 물품의 고려

　㉠ 물품의 동일, 유사를 전제로 하므로, 동일한 화면디자인이라고 하더라도 비유사한 물품이면 권리범위가 미치지 않는다.

　㉡ 이를 고려하여 모든 정보화기기를 대상으로 권리범위를 행사할 수 있도록 '화면디자인이 표시된 디스플레이 패널'과 같은 부품의 명칭을 사용할 수 있게 되었다.

③ 화면디자인만을 제작 또는 유통하는 업자

　㉠ 디자인 전문회사의 경우 휴대폰이나 디스플레이 패널과 같은 물품을 제작하거나 유통하지 않으므로 문제가 된다.

　㉡ 생각건대, 디자인권자의 실효적인 보호를 위해서 화면디자인이 휴대폰에 구현되는 것이 명백하다면 사용한 것이라고 볼 수 있으므로 디자인권의 효력이 미친다고 봄이 타당하다.

09 식품디자인 기출 25·19

1 의의 및 취지

(1) 의 의

① "디자인"이란 **물품**의 **형상·모양·색채** 또는 이들의 결합으로서, **시**각을 통하여, 미감을 일으키게 하는 것(**심**미성)이다(제2조 제1호). - **물형시심**

② 식품디자인이란 음식물의 형상·모양·색채 또는 이들의 결합을 말한다.

(2) 취 지

음식물의 경우에도, 그 외관이 수요자의 구매의욕을 자극하여 식품의 수요증대를 유도할 수 있으므로 식품디자인을 보호할 필요가 있다.

2 성립요건

(1) 물품성
음식물의 형상과 모양이 일정 범위 내에서 정형으로 고정되고, 독립적인 단위로 판매 가능한 식품이어야 한다.

(2) 흠결 예
다음은 물품성 위반이다.
① 액상, 분상물의 집합[85] 등 일정한 형상이 없어서 용기에 담지 않고서는 정형적인 형상 또는 배열 상태를 유지할 수 없는 식품
② 단일한 식품의 형상이 아니라, 식품을 상업적으로 취급하는 과정에서 전시, 판매 등을 위해 일시적으로 형성하는 디자인(서비스디자인)[86]

심사기준 – 식품디자인의 물품성 판단

- 액상, 분상물의 집합 등 일정한 형상이 없어서 용기에 담지 않고서는 정형적인 형상 또는 배열 상태를 유지할 수 없는 식품 : 불인정

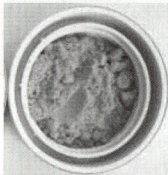 

[분상·입상 음식]   [액상 음식]

- 식품을 상업적으로 취급하는 과정에서 전시, 판매 등을 위해 일시적으로 형성하는 물품 : 불인정

[전시·판매를 위한 서비스디자인]

(3) 흠결 시 취급
정의규정(제2조 제1호) 위반이므로, 제33조 제1항 본문 위반의 거절이유(제62조), 정보제공사유(제55조), 이의신청이유(제68조 제1항), 무효사유(제121조 제1항)에 해당한다.

3 출원 시

(1) 출원서
디자인의 대상이 되는 물품명을 로카르노 협정에 따른 물품류 구분에 따라 기재할 수 있고, 물품류는 제1류이므로 일부심사등록출원의 대상이다.

(2) 도 면
양산가능성에 대한 설명이 필요한 경우 디자인의 설명에 기재해야 한다.

---

85) 예 카레 가루, 카레 라이스
86) 예 부채꼴 모양으로 이어 붙인 아이스크림 콘들

4 등록요건

(1) 공업상 이용가능성

① 공업성
  ㉠ 최종 판매 단계까지 동일한 형상을 유지할 수 있어야 한다. 따라서 가공식품[87](2차산업적 생산)은 인정되고, (수)공업적 가공 또는 제조가 아닌 주방 등에서 조리되는 식품(3차산업적 서비스)[88]은 불인정된다.
  ㉡ 다만, 조리되어 판매되는 것이라도 재생 가능한 공업적 생산방법으로 제조, 가공되어 독립적으로 거래되는 경우는 제외한다.

② 흠결 예
  ㉠ 자연물
    가공되지 않은 자연물을 원형 그대로 차용하였거나, 경미한 가공으로 원재료의 형상과 모양이 대부분 남아있어 동일성 범위 내의 식품형상을 반복 생산할 수 없는 경우[89]는 공업성 흠결이지만, 천연 자연물을 가공하여 자연물 고유의 형상과 모양이 변형되어, 통상적인 가공 과정에서 나오기 어려운 형상과 모양을 갖춘 경우는 공업성이 인정된다.
  ㉡ 액상, 분상물 등
    액상, 분상, 분절된 조각 등으로 구성되어 생산부터 판매까지 동일한 형상을 유지하지 못하는 경우[90]에는 공업성 흠결이지만, 다만, 냉동, 건조 등을 통하여 고정된 형태를 유지하면서 공업적 방법으로 반복 재생산 가능하여, 판매 시에 일반 수요자의 시점에서 일정한 형상을 가진 제품으로 인식되는 경우[91]는 공업성이 인정된다.
  ㉢ 우연히 형성된 형태
    발효, 가열 등의 가공 과정을 거치며 자연적, 우연적으로 형성된 형상, 모양이 식품의 주된 심미감을 구성하는 경우[92]에는 공업성 흠결이지만, 동일성 범위 내에서 반복 생산할 수 있는 경우는 공업성이 인정된다.

---

87) 예 아이스크림(마트에서 판매하는 것), 라면사리(조리되기 전), 햄, 베이컨, 치즈, 빵, 초밥 등
88) 예 즉석아이스크림(롯데리아에서 즉석으로 만들어주는 것), 스파게티(조리된 요리), 뜨겁게 제공되는 카푸치노, 조리 후 비빔밥의 배열, 새우튀김의 단순배열, 회, 전골 등
89) 예 육포, 상추로 고기 패티를 둘러싼 모양의 햄버거
90) 예 막대에 휘감은 솜사탕
91) 예 얼려 놓은 아이스크림, 꽃게다리 모양의 갈비, 떡(형틀을 통해), 특정 표면 디자인을 가진 마카롱
92) 예 단순한 자연물의 건조, 재현 불가능한 빵의 갈라짐, 불에 탄 흔적, 토핑, 핫도그 표면의 불균일한 감자조각, 우연적 형상의 피자 토핑 등

심사기준 – 식품디자인의 공업성 판단

- 가공식품 : 인정

[냉동되어 유통되는 가공 아이스크림]   [조리 전의 라면]

- 조리식품 : 불인정

[소프트 아이스크림] [조리된 스파게티] [조리되어 배열된 비빔밥] [단순 배열된 새우튀김]

- 자연물을 원형 그대로 차용하였거나, 경미한 가공으로 원재료의 형상과 모양이 대부분 남아 있는 경우 : 불인정

[육 포]   [상추 햄버거]

- 액상, 분상, 분절된 조각 등으로 구성되어 생산부터 판매까지 동일한 형상을 유지하지 못하는 경우 : 불인정

[막대에 휘감은 솜사탕]

- 냉동, 건조 등을 통하여 고정된 형태를 유지하면서 공업적 방법으로 반복 재생산 가능한 경우 : 인정

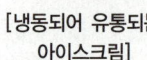
[냉동되어 유통되는 아이스크림] [갈비를 반가공한 "꽃게다리 모양"에 창작성이 인정되고 냉동을 통해 판매시점까지 형상이 유지됨] [형틀을 통해 동일한 형상이 재현 가능한 떡] [표면 디자인이 공업적 또는 수공업적 방법으로 반복 재생산 가능한 마카롱]

- 발효, 가열 등의 가공 과정을 거치며 자연적, 우연적으로 형성된 형상, 모양이 식품의 주된 심미감을 발휘하는 경우

[단순히 자연물을 건조시킨 스낵과자]   [우연적 형상의 토핑 배열/색상]

(2) 디자인의 동일, 유사 판단

① 식품 종류별로 특징이 상이하므로, 해당 식품 종류별 업계의 과거 디자인개발의 형태적 흐름과 출원 디자인의 창작적 특이점을 종합적으로 고려하여 유사를 판단한다.

② 자연물의 본래적인 특징 또는 조리 시에 나타나는 통상적인 변화로 인해 나타나는 차이는 유사 판단에 고려하지 않는다.

(3) 창작성

① 판단 기준

　㉠ 식품디자인에서의 주지의 형상, 모양 등을 판단할 때에는 널리 알려진 형상·모양, 당해 식품의 통상적인 형태를 고려한다.

　㉡ 식품디자인에서의 공지디자인을 판단할 때에는 국내외 공지, 공연 실시된 디자인 또는 이들의 결합 여부, 공지된 음식 모양의 단순변형, 결합, 배열변경, 중첩 등에 해당하는지 여부를 고려한다.

② 흠결 유형

다음의 경우에는 창작성 흠결이다.

　㉠ 일반적으로 널리 알려진 도면, 문양, 입체 등의 형상과 모양을 본뜬 경우[93]

　㉡ 해당 식품에서 통상적으로 볼 수 있는 일반적인 형태 또는 그와 유사한 형태로서 새로운 미감이 생성되지 않는 경우

　㉢ 공지디자인의 결합에 기초한 용이창작 – 단순결합[94], 구성요소의 배치 변경 또는 구성단위 수를 달리한 것[95], 공지디자인의 일부를 다른 통상의 식품으로 치환한 경우[96]

심사기준 – 식품디자인의 창작성 판단

- 일반적으로 널리 알려진 도면, 문양, 입체 등의 형상, 모양을 본뜬 경우 : 불인정

[원기둥, 사면체 등 주지의 기하 도형 모양의 하트모양 빵이나 초콜릿 등] ／ [주지의 모양을 그대로 이용하거나 전용한 무지개떡, 가래떡 등] ／ [국내에 널리 알려진 형상을 그대로 나타낸 초콜릿]

- 공지디자인의 결합에 기초한 용이창작 또는 단순결합 : 불인정

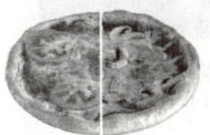 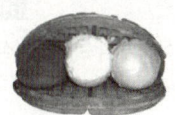

[반반피자] ／ [와플 아이스크림]

---

93) 예 하트모양의 빵, 다보탑 모양의 초콜릿, 원통형의 가래떡 등
94) 예 반반피자, 아이스크림 와플
95) 예 햄버거 패티 추가, 3쌍바
96) 예 도시락 반찬만 바뀐 경우

• 구성요소의 배치 변경 또는 구성단위 수를 달리한 것 : 불인정

[패티만 증가한 햄버거]

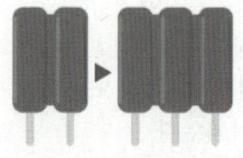
[나누어 먹는 개수만 증가한 아이스크림 삼쌍바]

• 공지디자인의 일부를 다른 통상의 식품으로 치환한 경우 : 불인정

[구성을 달리한 도시락]

(4) 1디자인 1출원

① 원 칙

식품과 식품을 구성하지 않는 타 물품이 하나의 도면 내에 표현되어 있는 경우 1디자인 1출원 위반이다.[97]

② 예 외

식품에 부가적인 물품이 결합되어 있더라도 거래관행상 실시 전 과정(생산, 유통, 판매)에서 일체화된 물품인 경우[98], 식품디자인의 형상, 모양을 완전히 보여주기 위해 보조적인 물품을 이용하는 것이 명백한 경우[99]에는 보조적인 물품의 적용 취지를 디자인의 설명란에 기재하면 등록이 가능하다.

심사기준 – 식품디자인의 1디자인 1출원 판단

• 식품과 식품을 구성하지 않는 타 물품이 하나의 도면 내에 표현되어 있는 경우 : 불인정

[물리적으로 분리된 식품이 다수 표현되어 있는 경우]

[식품디자인의 부속물로 볼 수 없는 포장과 함께 도시하는 경우]

[테이블웨어가 포함된 경우]

---

97) 예 테이블웨어가 포함된 경우, 식품디자인의 부속물로 볼 수 없는 포장과 함께 도시하는 경우, 물리적으로 분리된 식품이 다수 표현되어 있는 경우 등
98) 예 ① 음식부속물(과자용, 막대, 꼬치, 식품 장식 종이, 소시지 포장지 등)과 결합된 음식으로서 가공, 제조된 식품을 직접 지지하거나 장식 등에 사용되어 음식과 결합된 하나의 물품으로 볼 수 있는 경우, ② 장난감이 장식된 케이크, ③ 막대사탕, ④ 폐백육포 등
99) 예 찻잎을 물에 넣으면 물 안에서 퍼지는 동작형태를 가지는 디자인

- 식품에 부가적인 물품이 결합되어 있더라도 거래관행상 실시 전 과정에서 일체화된 물품인 경우 : 인정

[폐백육포]　　[막대사탕]　　[장난감이 장식된 케이크]

- 식품디자인의 형상, 모양을 완전히 보여주기 위해 보조적인 물품을 이용하는 것이 명백한 경우 : 인정
  변화전후의 디자인으로 나타낸 "찻잎"으로 디자인의 설명란에 "차의 형상과 모양을 완전하게 나타내기 위하여 컵에 물과 함께 도시한 것으로 컵은 디자인을 구성하지 않는 부분임"이라고 적은 것

[도면 A 1. 1]　　[도면 B 1.1]

(5) 정당한 물품명

로카르노 협정에 따른 물품류 구분에 따라 지정하여 적을 수 있고 식품디자인은 제1류에 해당하며, 물품이 명확히 한정되지 않아 특정할 수 없으면 잘못 기재한 것이다.[100]

---

[100] 예 디저트, 제빵류 등

CHAPTER 04 디자인등록출원

01 출원서 기출 14

1 서설

디자인등록을 받고자 하는 자는 소정의 사항을 기재하여 출원서를 특허청장에게 제출해야 한다(제37조 제1항). 출원서는 출원디자인에 관한 서지적 사항을 포함하고, 권리자와 창작자, 출원디자인의 성격을 특정하는 역할을 한다.

2 요건 – 기재사항(제37조 제1항 각 호)[101]

> **제37조(디자인등록출원)**
> ① 디자인등록을 받으려는 자는 다음 각 호의 사항을 적은 디자인등록출원서를 특허청장에게 제출하여야 한다.
> 1. 디자인등록출원인의 성명 및 주소(법인인 경우에는 그 명칭 및 영업소의 소재지)
> 2. 디자인등록출원인의 대리인이 있는 경우에는 그 대리인의 성명 및 주소나 영업소의 소재지[대리인이 특허법인·특허법인(유한)인 경우에는 그 명칭, 사무소의 소재지 및 지정된 변리사의 성명]
> 3. 디자인의 대상이 되는 물품 및 제40조 제2항에 따른 물품류(이하 "물품류"라 한다)
> 4. 단독의 디자인등록출원 또는 관련디자인의 디자인등록출원(이하 "관련디자인등록출원"이라 한다) 여부
> 5. 기본디자인의 디자인등록번호 또는 디자인등록출원번호(제35조 제1항에 따라 관련디자인으로 디자인등록을 받으려는 경우만 해당한다)
> 6. 디자인을 창작한 사람의 성명 및 주소
> 7. 제41조에 따른 복수디자인등록출원 여부
> 8. 디자인의 수 및 각 디자인의 일련번호(제41조에 따라 복수디자인등록출원을 하는 경우에만 해당한다)
> 9. 제51조 제3항에 규정된 사항(우선권 주장을 하는 경우만 해당한다)

---

[101] 추가적 기재사항 : 조약우선권 주장, 비밀디자인 청구 여부, 출원공개신청 여부, 부분디자인의 취지

3 흠결 시 취급

(1) 보완(제38조)

① 보완사유(제38조 제1항)[102]

> **제38조(디자인등록출원일의 인정 등)**
> ① 디자인등록출원일은 디자인등록출원서가 특허청장에게 도달한 날로 한다. 다만, 디자인등록출원이 다음 각 호의 어느 하나에 해당하는 경우에는 그러하지 아니하다.
>   1. 디자인등록을 받으려는 취지가 명확하게 표시되지 아니한 경우
>   2. 디자인등록출원인의 성명이나 명칭이 적혀 있지 아니하거나 명확하게 적혀있지 아니하여 디자인등록출원인을 특정할 수 없는 경우
>   3. 도면·사진 또는 견본이 제출되지 아니하거나 도면에 적힌 사항이 선명하지 아니하여 인식할 수 없는 경우
>   4. 한글로 적혀 있지 아니한 경우
> ② 특허청장은 디자인등록출원이 제1항 각 호의 어느 하나에 해당하는 경우에는 디자인등록을 받으려는 자에게 상당한 기간을 정하여 보완할 것을 명하여야 한다.
> ③ 제2항에 따른 보완명령을 받은 자가 디자인등록출원을 보완하는 경우에는 절차보완에 관한 서면(이하 이 조에서 "절차보완서"라 한다)을 제출하여야 한다.
> ④ 특허청장은 제2항에 따른 보완명령을 받은 자가 지정기간 내에 디자인등록출원을 보완한 경우에는 그 절차보완서가 특허청장에게 도달한 날을 출원일로 본다. 다만, 제41조에 따라 복수디자인등록출원된 디자인 중 일부 디자인에만 보완이 필요한 경우에는 그 일부 디자인에 대한 절차보완서가 특허청장에게 도달한 날을 복수디자인 전체의 출원일로 본다.
> ⑤ 특허청장은 제2항에 따른 보완명령을 받은 자가 지정기간 내에 보완을 하지 아니한 경우에는 그 디자인등록출원을 부적법한 출원으로 보아 반려할 수 있다. 제41조에 따라 복수디자인등록출원된 디자인 중 일부 디자인만 보완하지 아니한 경우에도 같다.

다음은 보완사유에 해당한다.

㉠ 디자인등록을 받으려는 취지가 불명확한 경우

㉡ 출원인을 특정할 수 없는 경우

㉢ 도면 등이 제출되지 않거나 도면에 적힌 사항이 불명확한 경우

㉣ 한글로 적혀 있지 않은 경우

② 보완절차

보완사유에 해당하면 보완명령을 해야 한다(제38조 제2항). 보완명령을 받은 자는 절차보완서를 제출해야 한다(제38조 제3항).

③ 보완의 효과

지정기간 내 보완한 경우에는 절차보완서가 특허청장에게 도달한 날을 출원일로 본다(제38조 제4항). 보완하지 않은 경우에는 반려된다(제38조 제5항).

④ 복수디자인등록출원의 경우

일부 디자인에만 보완이 필요한 경우에는 그 일부디자인에 대한 보완서가 특허청장에게 도달한 날을 출원일로 본다(제38조 제4항 단서). 일부 디자인만 보완되지 않은 경우에도 반려된다(제38조 제5항 후단).

---

102) 디자인보호법은 서류나 물건을 제출한 절차에 중대한 하자가 있는 경우를 반려사유로 규정하고 있으며, 그중 수정이 용이하여 보완이 가능한 경우를 보완사유로 규정하고 있다. 따라서 법상 보완사유와 규칙상 반려사유가 겹치는 경우에는 보완명령이 우선되고, 보완하지 않은 경우 반려사유로서 소명기회가 부여되는 것이다.

(2) 반려(시행규칙 제24조)
① 반려사유

> **디자인보호법 시행규칙 제24조(부적법한 출원서류 등의 반려)**
> ① 특허청장 또는 특허심판원장은 법 제37조, 제64조, 제68조, 제69조, 제126조 또는 제127조에 따른 디자인등록출원, 재심사의 청구, 디자인일부심사등록 이의신청 또는 심판 등에 관한 서류·견본이나 그 밖의 물건(이하 "출원서류 등"이라 한다)이 다음 각 호의 어느 하나에 해당하는 경우에는 법령에 특별한 규정이 있는 경우를 제외하고는 적법한 출원서류 등으로 보지 아니한다.
> 3. 법 제38조 제2항에 따라 디자인등록출원에 대한 보완명령을 받은 자가 지정기간 내에 보완하지 아니한 경우
> 9. 출원 또는 서류의 종류가 불명확한 경우
> 10. 한글로 적지 아니한 경우
> 11. 디자인등록에 관한 출원·청구나 그 밖의 절차를 밟은 자의 성명(법인인 경우에는 명칭을 말한다) 또는 특허고객번호(특허고객번호가 없는 경우에는 성명 또는 주소를 말하며, 법인인 경우에는 그 명칭 또는 영업소의 소재지를 말한다)를 적지 아니한 경우
> 14. 디자인의 대상이 되는 물품을 적지 아니한 경우
> 17. 정보통신망이나 전자적기록매체로 제출된 디자인등록출원서 또는 그 밖의 서류가 특허청에서 제공하는 소프트웨어 또는 특허청 홈페이지를 이용하여 작성되지 아니하였거나, 전자문서로 제출된 서류가 전산정보처리조직에서 처리가 불가능한 상태로 접수된 경우
> ② 특허청장 또는 특허심판원장은 제1항에 따라 부적법한 것으로 보는 출원서류 등을 반려하려는 경우에는 출원서류등을 제출한 출원인 등에게 출원서류 등을 반려하겠다는 취지, 반려이유 및 소명기간을 적은 서면을 송부하여야 한다. 다만, 제1항 제7호 또는 제19호에 해당하는 경우에는 반려이유를 고지하고 즉시 출원서류 등을 반려하여야 한다.

보완명령에 불응한 경우, 출원의 종류가 불명확한 경우 등은 반려의 대상이다.

② 소명 가능
  ㉠ 소명기간 내에 소명서(별지서식 제1호)를 제출해야 한다. 반려 받으려는 경우에는 반려요청서(별지서식 제8호[103])을 제출해야 한다. 반려요청을 받으면 즉시 반려해야 한다.
  ㉡ 소명서 또는 반려요청서가 제출되지 않거나, 소명이 이유 없으면 소명기간 종료 후 반려해야 한다.

(3) 절차의 무효처분(제18조)
① 방식위반에 대한 보정명령(제47조)[104]

> **제47조(절차의 보정)**
> 특허청장 또는 특허심판원장은 디자인에 관한 절차가 다음 각 호의 어느 하나에 해당하는 경우에는 기간을 정하여 디자인에 관한 절차를 밟는 자에게 보정을 명하여야 한다.
> 1. 제4조 제1항 또는 제7조에 위반된 경우
> 2. 이 법 또는 이 법에 따른 명령에서 정한 방식에 위반된 경우
> 3. 제85조에 따라 내야 할 수수료를 내지 아니한 경우

방식위반 등의 경우 보정명령의 대상이다. 이 경우에는 보정하더라도 출원일의 변동이 없다.

---

[103] 특허법 별지서식이다.
[104] 보완사유나 반려사유에 규정된 중대한 하자 이외에 출원일의 소급효를 인정해도 될 만한 비교적 경미한 사유가 이에 해당한다.

② 불응 시 무효처분(제18조)

> **제18조(절차의 무효)**
> ① 특허청장 또는 특허심판원장은 제47조에 따른 보정명령을 받은 자가 <u>지정된 기간 내</u>에 그 보정을 하지 아니하면 디자인에 관한 <u>절차를 무효로 할 수 있다.</u>
> ② 특허청장 또는 특허심판원장은 제1항에 따라 디자인에 관한 절차가 무효로 된 경우에 지정된 기간을 지키지 못한 것이 보정명령을 받은 자가 책임질 수 없는 사유에 의한 것으로 인정하면 <u>그 사유가 소멸한 날부터 2개월 이내에 보정명령을 받은 자의 청구에 따라 그 무효처분을 취소할 수 있다. 다만, 지정된 기간의 만료일부터 1년이 지났을 때</u>에는 그러하지 아니하다.
> ③ 특허청장 또는 특허심판원장은 제1항에 따른 무효처분 또는 제2항 본문에 따른 무효처분의 취소처분을 할 때에는 그 보정명령을 받은 자에게 처분통지서를 송달하여야 한다.

㉠ 절차의 보정명령에 대해 불응한 경우, 절차를 무효처분할 수 있다.
㉡ 지정기간을 지키지 못한 이유가 책임질 수 없는 사유에 의한 것이면 그 사유의 소멸일로부터 2개월 이내에 무효처분의 취소를 구할 수 있다. 다만, 지정기간 만료일로부터 1년 이내여야 한다.

02 도 면 기출 16·11·07

> **제37조(디자인등록출원)**
> ② 제1항에 따른 디자인등록출원서에는 각 디자인에 관한 다음 각 호의 사항을 적은 도면을 첨부하여야 한다. 〈개정 2025.5.27.〉
> 1. 디자인의 대상이 되는 물품 및 물품류
> 2. 디자인의 설명
> 3. 디자인의 일련번호(제41조에 따라 복수디자인등록출원을 하는 경우에만 해당한다)
> ③ 디자인등록출원인은 제2항의 도면을 갈음하여 디자인의 사진 또는 견본을 제출할 수 있다.
> ④ 디자인일부심사등록출원을 할 수 있는 디자인은 물품류 구분 중 산업통상자원부령으로 정하는 물품으로 한정한다. 이 경우 해당 물품에 대하여는 디자인일부심사등록출원으로만 출원할 수 있다.
> ⑤ 제1항부터 제4항까지 규정된 것 외에 디자인등록출원에 필요한 사항은 산업통상자원부령으로 정한다.

1 서 설

(1) 의 의
① 출원서에 등록받고자 하는 디자인에 관한 사항을 기재한 도면을 첨부해야 한다(제37조 제2항).
② 이 경우, 도면을 갈음하여 시행규칙 제36조 하에 사진이나 견본을 제출할 수 있다(제37조 제3항).

(2) 취 지
특허의 청구범위에 대응하여, 디자인은 물품의 외형으로서 도면에 의해 권리가 특정된다. 권리서류, 디자인에 관한 절차(출원, 심사, 심판, 소송)의 판단대상, 창작의 참고자료의 역할을 한다.

2 요건

(1) 물품과 물품류

① 디자인의 대상이 되는 물품[105] – 인적용일최
   ㉠ 로카르노 협정에 따른 물품류 구분을 기준으로 특허청장이 고시한 물품류별 물품명칭 중 하나의 물품으로 지정하여 기재할 수 있다.
   ㉡ 없다면 디자인을 **인식**하는데 **적**합한 명칭을 적되, **용도**가 명확하게 이해되고 **일반화**된 명칭이어야 한다. 일반화된 명칭이 없으면, 물품의 용도를 **최소**의 단위로 표현한 명칭을 사용할 수 있다.

② 물품류 구분
   ㉠ 물품이 물품류 구분 중 어디에 속하는지 확인하여 기재한다. 로카르노 협정에 따른 것으로, 출원서 작성의 일관성 및 물품명칭 사용의 통일성을 위한 것이다.
   ㉡ 한편, 물품 상호간의 유사범위를 정한 것은 아니다(시행규칙 제38조 제1항·제2항).

(2) 디자인의 설명(시행규칙 [별표 2]) – 물도길색 투부화 열움토쌍패

도면을 통해 디자인을 이해하는 데 필요하다고 인정되는 내용을 기재한다.

시행규칙 [별표 2] 〈개정 2023.12.21.〉

- **물품에 대한 설명** : 물품의 사용목적·사용방법·재질 또는 크기 등의 설명이 필요하다고 인정될 경우에는 그에 관한 설명
  예문 이 디자인은 전기스탠드로 뒷면에 음이온 발생장치를 갖추고 있음. 재질은 갓 부분은 표면이 매끈한 유리 재질이고, 몸체 부분은 구형(球形) 돌기가 형성된 철재이며, 전체 크기는 50cm임
  불명확한 기재의 예 디자인의 사용 목적이나 용도를 기재하면서 해당 물품의 혼용 가능한 범위를 벗어나 기재하는 경우 : "자동차"로 출원하면서 디자인의 설명란에 "본원 디자인은 자동차 모형으로 제작 가능함"으로 기재한 경우
- **도면에 대한 설명** : 도면(사진 또는 견본을 포함한다. 이하 이 호에서 같다)에 대한 설명이 필요한 경우에는 각 도면별 설명
  예문 도면 1은 이 디자인의 전체적인 형태를 표현하는 도면이고, 도면 2는 이 디자인의 앞면을 표현하는 도면이며, 뒷면은 앞면과 같고, 도면 3은 이 디자인의 윗면을 표현하는 도면이며, 도면 4는 이 디자인의 아래쪽에서 바라본 전체적인 형태를 표현하는 도면이고, 도면 9는 도면 5의 A부터 A'까지 부분의 절단면을 표현하는 도면임
- **도면에서 길이 표시 생략에 대한 설명** : 도면에서 길이 표시를 생략하여 그 디자인의 전체적인 형상이 명확하지 않아 생략한 길이의 표시가 필요하다고 인정될 경우에는 도면상 몇 mm, 몇 cm 또는 몇 m가 생략되었음을 표시
  예문 도면 1에서 표현된 디자인의 도면상 생략된 길이는 5cm임
- **도면의 색채에 대한 설명** : 도면 또는 사진에 색채를 입히는 경우에 흰색·회색 또는 검은색 중 하나를 생략한 경우에는 그에 관한 설명
  예문 도면 1에서 윗부분은 회색이고, 아랫부분은 검은색이며, 기둥 부분의 흰색은 생략하였음
- **투명한 물품의 전부 또는 일부에 대한 설명** : 물품의 전부 또는 일부가 투명하여 설명이 필요하다고 인정될 경우에는 그에 관한 설명
  예문 이 디자인은 용기 내부의 상태를 파악할 수 있도록 윗면의 덮개 부분이 투명 재질로 되어 있음
- **부분디자인에 대한 설명** : 물품의 부분에 관한 디자인으로서 물품의 부분을 도면이나 견본에서 특정하고 있는 방법에 대한 설명이 필요하다고 인정될 경우에는 그에 관한 설명
  예문 실선으로 표시된 부분이 주전자의 손잡이를 나타내는 부분디자인으로서 등록받으려는 부분임
- **화상디자인에 대한 설명** : 화상디자인이 기기(器機)의 조작에 이용되거나 기능이 발휘되는 것에 관한 설명을 명확하게 기재
  예문 1 이 화상디자인은 스마트 팔찌에서 투영되어 손목에 표시된 아이콘을 조작하기 위한 것이며 스마트폰에 연동되어 전화, 날씨, 카메라, 전자계산기의 기능을 수행할 수 있음
  예문 2 이 화상디자인은 벽면에 빛을 투사하여 시간, 날짜, 날씨, 온도 등의 정보를 표시하는 것임

---

105) 분량과 논점에 따라, 화상디자인, 부분디자인, 한 벌 물품의 디자인에 대한 내용을 추가적으로 기재할 수 있다.

- **물품의 부분에 표현된 화면디자인에 대한 설명** : 액정화면 등 표시부에 일시적으로 도형 등이 표시되는 물품의 부분에 표현된 화면디자인으로서 화면이 도시되는 부분만을 제출하는 경우 그에 관한 설명
  > 예문 실선으로 표시된 부분이 디스플레이 패널에 나타나는 물품의 부분에 표현된 화면디자인으로서 부분디자인으로 등록받으려는 부분이며, 화면이 도시되는 부분 이외의 도면은 생략하였음
- **열리고 닫히는 디자인 또는 펼쳐지고 접히는 등 형태가 변화하는 디자인에 대한 설명** : 물품이 가지는 기능에 의하여 변화하는 디자인으로서 그 변화 전후의 상태에 대한 설명이 필요하다고 인정될 경우에는 그에 관한 설명
  > 예문 이 디자인은 자동차 뒤쪽의 스포일러 부분이 변화하는 디자인으로서 도면A 1부터 도면A 7까지는 펼쳐진 상태를 보여주는 도면이며, 도면B 1부터 도면B 7까지는 접힌 상태를 보여주는 도면임
- **연속적인 일련의 과정으로 형태가 변화하는 (동적)디자인에 대한 설명** : 연속적인 일련의 과정으로 형태가 변화하는 디자인으로서 그 움직이는 상태를 설명할 필요가 있는 경우에는 정지 상태, 동작 상태(동작 중의 기본적 자세, 동작 내용을 나타내는 궤적 등)에 관한 설명
  > 예문 이 디자인은 움직이는 "로봇완구"의 디자인으로서 도면A 1부터 도면A 7까지는 정지 상태를 나타내는 도면이며, 도면B 1부터 도면B 7까지는 움직이는 연속 동작을 나타내는 일련의 도면임
- **토목건축용품의 디자인에 대한 설명** : 토목건축용품에 관한 디자인으로서 반복 생산성, 운반 가능성에 대한 설명이 필요하다고 인정될 경우에는 그에 관한 설명
  > 예문 1 이 디자인은 가옥에 관한 디자인으로서 건축설계도에 따라 부품을 미리 생산·조립하여 시공하는 공법으로 이루어짐
  > 예문 2 이 디자인은 교량에 관한 디자인으로서 철근콘크리트 또는 철제로 제작·조립하여 시공하는 공법으로 이루어짐
- **한 쌍으로 이루어진 물품의 디자인에 대한 설명** : 한 쌍으로 이루어진 물품에 관한 디자인으로서 한 짝의 형태만을 도면으로 제출하고 나머지 한 짝을 생략하여 그에 관한 설명이 필요하다고 인정되는 경우
  > 예문 이 디자인은 좌·우측 이어폰이 한 세트로 구성된 블루투스 이어폰의 한 쪽 이어폰을 나타낸 것으로, 다른 한 쪽 이어폰의 디자인은 이 디자인과 대칭임
- **의류 및 패션잡화용품의 디자인에 대한 설명** : 의류 및 패션잡화용품에 관한 디자인으로서 형태를 완전하게 보여주기 위하여 마네킹 등의 보조적인 물품을 사용하는 경우 그에 관한 설명
  > 예문 이 디자인은 덧신에 관한 디자인으로서 발에 씌운 형태를 완전하게 나타내기 위해 마네킹을 사용한 것으로 마네킹은 디자인을 구성하지 않는 것임

(3) 창작내용의 요점(시행규칙 [별표 3])

① 기재 방법

쉽고 간결하고 명확하게 적어야 한다. 가능한 공지디자인, 주지형태와 비교하여 독창적으로 창작한 내용을 중심으로 기재한다.

② 권리범위의 판단 대상인지 여부

㉠ 원 칙

권리범위에 영향을 미치지 않는다. 따라서 보정해도 요지변경이 아니다.

㉡ 특허법원의 태도

다만, 특허법원은 등록디자인의 창작내용의 요점에 '도시락의 형상, 모양의 결합'이라고 기재하고 있으므로 '모양'도 당연히 그 요지로 하고 있는 것이다. 따라서 등록디자인이 형상만의 디자인임을 전제로 하는 원고의 주장은 이유 없다고 판시했다(98허10413).

㉢ 검 토

생각건대, 권리범위 해석의 기준으로 완전히 배제되는 것은 아니고, 참고 내지는 간접적으로 영향을 미치는 것으로 볼 수 있을 것이다.

(4) 도면 작성

① 기본도면(필수도면)
  ㉠ 등록받고자 하는 디자인의 전체적인 형태와 창작내용을 가장 잘 표현하는 도면을 우선순위로 하여 1 이상의 도면으로 명확하게 표현해야 한다. 종전의 부가도면[106]을 포함하는 개념이다.[107]
  ㉡ 입체디자인 및 평면디자인은 별지 제4호[108], 글자체디자인은 별지 제5호[109]의 도면을 작성한다. 3차원 모델링 도면은 디자인의 창작내용을 가장 잘 표현하는 화면을 정지화면으로 하여 제출한다.
  ㉢ 보정 시, 요지변경에 해당할 수 있고, 선원, 확선 지위의 판단대상이 된다.

② 참고도면[110]
  ㉠ 디자인의 용도 등에 대한 이해를 위해 필요한 경우, 형식 불문하여 작성한다.
  ㉡ 권리범위를 해석하는 기준은 아니다. 따라서 보정 시, 요지변경에 해당하지 않고, 선원, 확선 지위의 판단대상이 아니다.

③ 특유디자인의 경우
  각 특유디자인의 특성을 고려하여, 등록받고자 하는 대상 및 범위를 명확하게 표현하기 위한 도면 작성 방안을 별도로 고려해야 한다.

④ 도면의 생략
  다음의 어느 하나에 해당하는 경우에 있어서 일부의 도면만 제출하는 경우에는 그 생략의 취지를 기재해야 한다.
  ㉠ 앞면, 뒷면 부분이 대칭이거나 같은 경우
  ㉡ 좌면, 우면 부분이 대칭이거나 같은 경우
  ㉢ 상면, 하면 부분이 대칭이거나 같은 경우
  ㉣ 그 외 같은 부분이 여러 개인 경우
  ㉤ 항상 설치 또는 고정되어 있어서 볼 수 없는 특정 부분
  ㉥ 화상디자인의 경우

⑤ 평면적인 물품
  ㉠ 전사지, 직물지, 스티커 등과 같은 물품을 말하며, 외형상 두께를 무시할 수 있어 표면과 이면만을 도시하면 족하다.
  ㉡ 이 경우 뒷면의 모양이 없는 경우 디자인의 설명에 '모양없음'이라고 기재할 수 있다.
  ㉢ 다만, 크기와 면적 등이 다양할 수 있고, 연속, 반복하는 모양이 있다면 그 단위를 명확하게 표현해야 한다.

⑥ 조립완구 등과 같은 합성물
  ㉠ 구성하는 각 편의 도면만으로 사용 상태를 충분히 표현할 수 없는 경우에는 만들어지는 상태 또는 보관되는 상태를 표시하는 도면이 필요하다.
  ㉡ 조립된 상태의 도면만으로는 분해된 상태를 충분히 표현할 수 없는 것에 대해서는 구성하는 각 편의 도면이 필요하다.

---

106) 예 단면도, 확대도, 전개도, 분해사시도(사용상태를 나타내기 위한 것은 제외)
107) 2019년 10월 1일 개정 시행규칙
108) 사시도, 정투상도에 의한 6면도
109) 지정글자, 보기문장, 대표글자 도면
110) 예 사용상태도 등

⑦ 형태가 변화하는 물품
  ㉠ 열리고 닫히거나 펼쳐지고 접히는 물품
    변화하기 전후 상태를 도시하지 않으면 그 디자인을 충분히 표현할 수 없는 경우, 변화하기 전후 상태를 알 수 있는 각각의 도면이 필요하다.
  ㉡ 연속하는 일련의 과정을 통해 형태가 변화하는 경우
    움직이는 상태를 표현하지 않으면 그 디자인을 충분히 파악할 수 없는 경우 정지상태의 도면과 그 동작 상태를 알 수 있는 도면(동작 중의 기본적 자세, 동작내용을 나타내는 궤적 등)이 필요하다.
⑧ 연속무늬가 있는 경우
  입체적 또는 평면적인 물품으로서 그 형상 또는 모양이 연속, 반복하는 경우, 그 도면에서 연속상태를 알 수 있도록 단위모양을 1.5회 이상 도시하고, 디자인의 설명에는 1방향, 상하좌우 등 연속, 반복하는 상태에 대한 설명을 기재한다. 만약 단위모양이 1회만 도시되었더라도 디자인의 설명란에 반복상태를 기재하였고 도면과 일치하여 반복상태를 명확히 알 수 있는 경우에는 적법하다. 또한 필요에 따라 절단하여 사용되는 물품은 이에 대한 설명을 기재할 수 있다.

심사기준 - 직물지 디자인의 모양이 상하좌우로 연속, 반복되는 상태를 나타내는 도시		
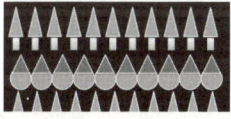	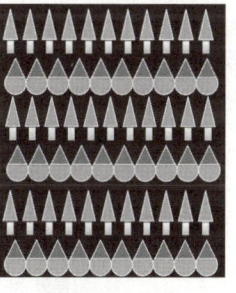	
[올바르지 않은 도시]	[올바른 도시 1]	[올바른 도시 2]
		(물품) 직물지 (디자인의 설명) 출원된 도면을 단위모양으로 하여 상하좌우 방향으로 반복되는 것

⑨ 무모양인 이면의 취급
  표면뿐만 아니라 이면도 권리범위에 속할 수 있으므로, 표면에 단위모양을 도시하되 이면부를 파선으로 도시하여 부분디자인으로 등록함이 타당하다.
⑩ 길이가 한정된 물품의 중간을 생략하는 경우[111]
  ㉠ 이중 곡선, 2점쇄선, 지그재그선 등으로 절단하여 표현한다.
  ㉡ 디자인의 전체적인 형상이 명확하지 않아 생략한 길이의 표시가 필요하다고 인정될 경우 그 취지를 디자인의 설명란에 적어야 한다. 다만, 전선, 끈, 줄 등과 같이 물품의 구성주체가 아닌 부수적인 구성물의 길이를 도면상 생략하는 경우에는 도면상 생략한 길이를 적지 않아도 된다.

---

111) 예 건축용 '빔'

⑪ 투명한 물품의 경우

심사기준 – 투명한 물품의 도면 기재 방법

- 투명하다는 취지의 기재가 없더라도 당연히 투명인 것으로 파악되어 공업상 이용가능성이 있는 경우

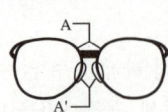  

[안 경]   [발광다이오드 전구]   [손목시계 본체]

- 외주의 외면·내면·두께 속의 어느 한 곳에 형상, 모양 또는 색채가 표현되어 있는 경우, 투명으로 보이는 부분과 형상, 모양 또는 색채를 명확히 알 수 있는 도면을 각각 첨부하고, 그 취지를 디자인의 설명에 기재해야 한다. 다만, 도면만으로도 충분히 표현된 경우에는 설명을 생략할 수 있다.

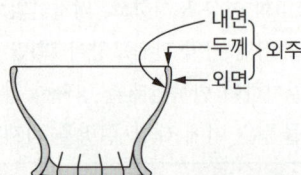

[모양이 들어있는 컵이나 병 등]

- 투명입체로서 그 일면에만 모양 또는 색채가 있는 경우에는 그 면에만 모양 또는 색채를 표현하고, 그 취지를 디자인의 설명에 기재해야 한다. 다만, 도면만으로도 충분히 표현된 경우에는 설명을 생략할 수 있다.

[투명 문진]

- 투명한 부분의 두께를 표현하지 않으면 디자인의 내용을 명확하게 알 수 없는 경우, 투명 부분의 두께의 형상을 알 수 있는 단면도를 첨부해야 하고, 절단된 부분은 해칭(연속 빗금)을 사용해야 한다.

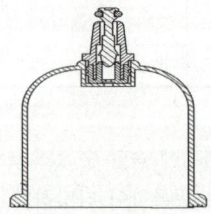

[두께를 표현한 단면도]

(5) 일련번호

복수디자인의 경우, 일련번호를 기재한다.

3 흠결 시 취급

(1) 보완명령

도면, 사진, 또는 견본이 제출되지 않거나, 도면에 적힌 사항이 선명하지 않아 인식할 수 없는 경우 보완명령의 대상이 된다.

(2) 반 려

도면을 첨부하지 않은 경우(복수디자인의 경우 도면이 부족한 경우), 도면의 지정 기재방법 위반, 디자인의 대상이 되는 물품 미기재, 보완명령에 보완하지 않은 경우 반려사유에 해당한다.

(3) 절차의 보정명령 및 무효처분

창작내용의 요점을 미기재한 경우, 절차보정의 대상이다.

(4) 공업상 이용가능성 위반 – 구체성 흠결

도면 또는 디자인의 설명 등이 불명확하여 물품의 전체적인 형태의 파악이 불가능한 경우, 공업상 이용가능성 위반이다.

(5) 1디자인 1출원 위반

2 이상의 물품을 도면에 표시한 경우, 2 이상의 물품명을 병렬적으로 기재한 경우, 제40조 제1항 위반이다.

(6) 정당한 물품명 위반

물품명을 잘못 기재한 경우, 제40조 제2항 위반이다.

4 극복 방안

(1) 소명 또는 재출원

출원이 반려된 경우, 이에 대해 소명하거나 재출원을 도모할 수 있다.

(2) 보 완

보완명령을 받은 경우, 절차보완서를 제출하여 절차를 보완할 수 있다.

(3) 절차 보정

절차에 대한 보정명령을 받은 경우, 보정서를 제출하여 절차를 보정할 수 있다. 보정하지 않는 경우, 절차는 무효처분된다.

(4) 실체 보정

① 도면 등의 기재방법 위반인 경우

도면 등의 기재방법 위반인 경우, 요지변경이 아닌 범위 내에서 도면을 보정할 수 있다.

② 1디자인 1출원 위반인 경우

1출원에 2 이상의 디자인이 포함된 경우, 1디자인만 포함하도록 삭제보정함으로써 극복할 수 있다.

(5) 분할출원

1출원에 2 이상의 디자인이 포함된 경우, 1디자인만 포함하도록 삭제보정하고, 동시에 나머지 디자인들은 분할출원할 수 있다.

5 국제디자인등록출원의 특례

(1) 출원서, 도면 간주(제181조 제2항)

국제등록부에 등재된 사항과 도면은 제37조 제1항 및 제2항에 따른 출원서의 기재사항과 도면으로 본다.

(2) 창작내용의 요점(제181조 제3항)

선택적 기재사항이다.

(3) 견본 배제(제181조 제3항)

도면을 갈음하여 사진 또는 견본을 제출할 수 없다. 다만, 평면디자인이면서 공개연기를 신청한 경우에는 견본 제출이 가능하나, 디자인의 공개를 위해서는 사전에 도면 제출이 반드시 필요하다.

6 결 어

(1) 종래에는 권리의 안정성 및 심사의 신속성을 고려하여 엄격한 도면 작성 요건을 요구했으나, 최근에는 완화되고 있는 실정이다.

(2) 다만, 도면 작성 요건의 간소화 내지 자율화는 자칫 권리범위의 모호화, 빈번한 요지변경의 사례 등의 문제를 야기하여 오히려 권리자의 이익을 해하고 제3자의 정당한 실시 또한 방해할 우려가 있으므로 적절한 제한은 필요하다.

(3) 한편, 강력한 디자인권을 확보하기 위한 가장 중요한 것은 권리범위를 제한할 수 있는 요소들을 최대한 배제하여 올바르게 도면을 작성하는 방법을 고안하는 것이다. 특히 최근 영국 대법원의 Trunki 판결은 도면 작성과 색채 표현과 권리범위의 관계에 관한 여러 시사점을 주고 있다.

CHAPTER 05 디자인등록요건

01 공업상 이용가능성 기출 24 · 21 · 13 · 10

1 서설

(1) 의의

디자인은 공업상 이용할 수 있는 경우에 한하여 등록가능하다(제33조 제1항 본문). 이는 **공업적 생산방법**에 의해 **동일**한 물품을 **양**산할 수 있는 것을 의미한다. **– 공생동양**

(2) 취지

물품의 수요 증대를 통한 산업발전을 위해서는 디자인은 물품과 함께 공업적으로 반복 생산이 가능해야 하기 때문이다.

2 요건

(1) 공업적 생산방법 – 원물유물제 상농기수

① 대법원은 **원**자재에 **물**리적, 화학적 변화를 가하여 **유**용한 **물**품을 **제**조하는 것을 말한다고 판시하였다 (93후1247).

② **상**업적, **농**업적 생산방법은 제외되지만, **기**계적, **수**공업적 생산은 포함한다.

(2) 동일한 물품의 양산 가능성

① 동일 물품

물리적으로 완전히 동일한 물품을 요하는 것은 아니고, 통상의 디자이너가 합리적으로 해석했을 때 동일한 물품으로 인식 가능한 수준의 동일성을 의미한다.[112]

② 양산 가능성

대법원은 양산이란 동일한 형태의 물품을 반복적으로 계속하여 생산하는 것을 의미한다고 판시하였다 (93후1247).

---

[112] 예 꽃게 다리 형상의 갈비 : 갈비원육을 수작업으로 절단하여 꽃게 형상으로 냉동, 유통하는 경우, 동일성 인식가능한 수준이고, 냉동하여 판매 단계까지 형상 유지가 가능하다(2013허242).

(3) 흠결 유형

① **공업성 흠결 – 자순서부**

공업적 생산방법에 의하여 양산할 수 없는 경우를 의미한다.

㉠ **자연물**
- 자연물을 디자인의 구성주체로 사용한 것으로서 다량 생산 불가능한 것은 공업성이 없다.
- 그러나 그 가공 정도가 높아서 동일한 형태로 양산될 수 있는 것[113]은 공업성이 있다.

㉡ **순수미술 저작물**
- 일품제작을 위한 저작물은 반복생산 불가하므로 공업성이 없다.
- 그러나 거래통념상 회화 또는 조각으로 관념되는 것이 아니라, 물품에 화체되어 반복생산성을 갖출 수 있는 저작물은 공업성이 있다.

㉢ **서비스디자인**
- 상업적 과정에서의 변형으로 만들어진 경우 물품 자체의 형태[114]가 아니어서 반복생산이 불가하므로 공업성이 없다.
- 그러나 물품의 변형이 독자적인 물품으로 창작되는 경우에는 공업성이 인정될 수 있다.

㉣ **부동산**
- 원칙적으로 현장시공에 의한 경우, 대량생산이 불가하므로 공업성이 없다.
- 그러나 반복생산성과 운반가능성을 구비한 경우 공업성이 인정될 수 있다. 이러한 사항을 디자인의 설명에 기재하여 명확하게 특정될 수 있도록 해야 한다.

② **구체성 흠결 – 도면 기재불비**

디자인의 전체적인 형태가 도면에 **명확**하게 **표현**되지 않아 일부가 **추측**상태로 남아 있는 경우로, 권리내용의 특정이 어렵고, 심사지연이 우려되기 때문이다. **– 명표추**

㉠ **판단 방법**

대법원은 출원서에 첨부된 도면에 서로 불일치한 부분이 있다고 하더라도 그 정도가 경미하여 통상의 디자이너가 경험칙에 의하여 디자인의 요지를 충분히 특정할 수 있는 경우에는 구체성이 있는 디자인이라고 판시하였다(2004후2123).[115]

㉡ **흠결 유형**
- 디자인의 설명이 명확하게 기재되지 않은 경우
- 도면 중 불필요한 기재사항이 표시된 경우
- 도면 상호간 불일치가 중대하고 명백한 경우
- 부분디자인을 특정하는 부분을 도시하지 않은 경우
- 형태의 연속상태의 표현이 불충분한 경우

③ **디자인의 정의(성립요건) 위반**

정의규정이 거절, 무효사유 등으로 규정되어 있지 않아, 해석상 본 규정 위반으로 본다.

---

113) 예 천연가죽지갑, 원목가구 등
114) 물품성, 형태성 위반이기도 하다.
115) 권리범위 해석 시 다소 불일치가 있는 경우에도 마찬가지로 적용될 수 있다.

3 흠결 시 취급

제33조 제1항 본문 위반의 거절이유(제62조), 정보제공사유(제55조), 이의신청이유(제68조 제1항), 무효사유(제121조 제1항)에 해당한다.

4 극복 방안 – 보정

공업성 흠결을 극복하기 위한 보정 요지변경일 가능성이 높아서 극복이 어렵겠으나, 구체성 흠결의 경우 요지변경이 아닌 범위 내에서는 극복이 가능할 것이다.

5 결 어

(1) 일 반
성립요건을 구비할 것을 전제로 판단하며, 구체성 흠결을 방지하기 위해서는 도면을 완전하게 작성하는 것이 중요할 것이다.

(2) 도면 기재불비 무효사유의 문제점과 정정제도의 입법론
① 문제의 소재
구체성 흠결의 경우, 경미한 도면 등의 하자에 의해서 디자인권이 소멸될 수 있게 되면 디자인권자에게 가혹하므로 문제가 된다.
② 학설의 대립
무효사유 제외설, 권리범위를 특정할 수 없는 경우에 한하여 무효사유로 하자는 한정적 무효사유 인정설, 디자인권자의 방어권을 고려하는 정정제도 도입설이 대립한다.
③ 검 토
㉠ 전적으로 무효사유를 배제하는 것은 디자인권의 보호범위의 불명확성을 야기하므로 부당하다.
㉡ 또한 권리범위를 특정할 수 없는 기준이 모호하다.
㉢ 따라서 소모적인 분쟁을 방지하기 위해 정정제도를 도입함이 타당하나, 제3자의 불측의 피해를 방지하기 위해서 엄격하게 제한된 범위 내에서 인정해야 할 것이다.

02 디자인의 유사 판단 기출 25·23·22·21·20·17·16·14·10

1 서설

(1) 의의

양 디자인이 동일하지는 않지만, 지배적인 특징으로 인해 전체로서 유사한 미감을 발휘하는 경우를 의미한다. 각종 등록요건과 권리범위 판단 시에 문제가 된다.

(2) 취지

디자인의 특성상 타인의 모방이 용이하고, 물품과의 불가분성으로 인해 권리범위가 협소하여, 동일성 범위만으로는 효율적인 보호가 곤란하기 때문에 유사범위까지 권리범위를 인정하고 있다.

(3) 판단의 전제 – 물자시거일대

① **물품**의 동일, 유사를 전제로서 판단한다(98후492).
② **자**연법칙을 이용한 기술적 사상은 포함되지 않고, **시**각을 통한 심미감에 바탕을 두어야 한다(88후417).
③ 따라서 그 외관이 드러나는 한, 사용 시는 물론 **거**래 시도 고려해야 한다(2010후265).
④ **일**반수요자를 기준으로 판단116)하며, 제93조에 따라 **대**비대상은 출원서의 기재사항, 도면 등과 도면에 적힌 디자인의 설명에 따라 표현된 디자인이다.

2 물품의 유사 판단117)

(1) 대법원 – 용기통시

① 물품의 **용**도, **기**능 등에 비추어, 거래 **통**념상 동종류의 물품으로 인정할 수 있는지 여부에 따라 결정해야 한다(98후492).
② 또한, **시**행규칙상 물품류 구분은 동종류의 물품을 법정한 것이 아니라고 판시했다.

(2) 심사기준

동일물품이란 용도와 기능이 동일한 것, 유사물품이란 용도가 동일하고 기능은 다른 것으로 정하며, 비유사물품이더라도, 용도상으로 혼용 가능한 것은 유사로 볼 수 있다. 혼용은 용도가 다르고 기능이 동일한 것을 의미한다.

---

116) 학설의 대립이 있다.
117) 판례편 – [8] 물품의 유사 판단

3 형태의 유사 판단

(1) 원칙

① 대법원
  ㉠ 물품의 동일, 유사를 전제로, 디자인을 구성하는 각 요소를 분리하여 **개별적**으로 대비할 것이 **아니라**, 외관을 **전체적**으로 **대비 관찰**하여 관찰자로 하여금 **상**이한 **심**미감을 느끼게 하는지를 판단한다. 따라서 그 **지**배적인 **특**징이 **유**사하다면 **세**부적인 **차**이[118]가 있더라도 **유**사하다고 보아야 한다(2000후3388). **– 품개아 전대관상심 지특유세차유**
  ㉡ 물품의 **성**질, **용**도, **사**용형태에 비추어 관찰자의 **주**의를 끌기 쉬운 부분을 **요**부로서 파악하고, 이를 중심으로 **심**미감에 **차**이가 생기는지 관점에서 유사 여부를 판단한다(95후1135, 2013다202939). **– 성용사 주요심차**

② 심사기준
  ㉠ 일반수요자를 기준으로 다른 물품과 **혼**동할 **우**려가 있는 경우에는 유사한 디자인으로 보며, 혼동까지는 아니더라도, 그 디자인의 분야의 **형**태적 **흐**름을 **기**초로 **창**작상의 **공**통성이 인정되는 경우 유사하다. **– 혼우 형흐기창공**
  ㉡ **전**체적으로 관찰하되, **육**안으로 비교하는 것을 원칙으로, **확**대관찰이 **통**상적인 경우에는 확대경 등을 사용할 수 있다. **– 전육확통**

(2) 디자인의 구성요소별 판단방법

① 형상과 모양
  ㉠ 형상, 모양 중 어느 **하**나가 유사하지 않은 경우 원칙적으로 **비**유사로 보되, 디자인의 **미**감에 미친 영향의 **정**도를 종합적으로 고려하여 디자인 **전**체로서 판단한다. **– 하비미정전**
  ㉡ 모양의 유사여부는 **주**제의 **표**현방법과 **배**열, **무**늬의 **크**기, **색**채 등을 종합하여 판단한다(2003후762). **– 주표배무크색**

② 색채
  색채는 모양을 구성하지 않는 한 유사여부의 판단요소로 고려하지 않는다. 따라서 대법원은 기본적인 채색구도가 동일하다면, 다른 색으로 채색되었다는 점만으로는 심미감에 차이가 없다고 본다(2005후3307). 심사기준도 같은 태도이다.

(3) 사안별 참고사항 – 폭비대재기

① 유사의 폭
  ㉠ 참신한 디자인일수록 유사의 폭이 넓고, 동종류의 디자인이 많을수록 유사의 폭이 좁다(96후2418, 2010도12633).
  ㉡ 유사의 폭이 넓은 것에는 **새**로운 물품, **동종**류의 물품이라도 새로운 부분을 포함하는 것, **특**이한 형상 또는 모양이 있다. **– 새종특**
  ㉢ 유사의 폭이 좁은 것에는, **옛**날부터 흔히 사용되고 많이 창작되었던 것, **단**순한 형태로서 옛날부터 사용되었던 것, **구**조적으로 크게 변화시킬 수 없는 것, **유**행의 변화에 한도가 있는 것이 있다.
  – 옛단구유

---

[118] 세부적인 차이는 단순한 상업적, 기능적 변형에 불과하기 때문이다(판례).

② 유사 판단의 비중
  ㉠ 잘 보이는 면의 중요도를 높게 본다.
  ㉡ 당연히 있어야 할 부분은 중요도를 낮게 보고, 다양한 변화가 가능한 부분을 주로 평가한다(2003후1666).
③ 기 타
  ㉠ 상식적인 대소의 차이는 고려하지 않는다.
  ㉡ 재질은 모양이나 색채로서 표현되는 경우에만 고려한다.
  ㉢ 기능, 구조, 내구도 등은 외관으로 표현되지 않는 한 고려하지 않는다.

(4) 구체적 판단 기준
① 디자인이 공지된 부분을 포함하는 경우
  ㉠ 등록요건 판단 시[119]
    • 대법원은 그 부분이 특별한 심미감을 불러일으키지 못하는 것이 아닌 한 그것까지 포함한 전체로서 관찰하여 느껴지는 장식적 심미감에 따라 판단해야 한다고 판시하였다(2007후4830).
    • 이는 기존에 이미 있던 디자인을 모방한 부분에 대한 적절한 평가 없이 쉽게 신규성을 인정하게 되는 불합리가 있기 때문이다.
  ㉡ 권리범위 판단 시[120]
    • 공지 부분의 중요도를 낮게 평가해야 한다. 따라서 공지 부분에서 동일, 유사하더라도, 이를 제외한 나머지 특징적인 부분에서 유사하지 않다면 비유사하다고 보아야 한다(2003후762 - 산업용 안경).
    • 이는 공지 부분까지 독점 배타적 권리를 인정하면 형평에 반하기 때문이다.[121]
  ㉢ 공지된 것들의 결합인 경우(공통)
    디자인의 각 구성요소가 공지된 것들이라도 결합하여 새로운 심미감을 불러일으키는 경우 유사판단의 대상으로 삼을 수 있다(2005후2922 - 트럭용 적재함 지지구, 2011후3469 - 작업복 등).
② 디자인이 기능과 관련된 형태를 포함하는 경우
  ㉠ 물품의 기본적, 기능적 형태인 경우[122]
    • 판례의 태도
      물품으로서 당연히 있어야 할 부분으로 그 중요도를 낮게 평가해야 한다. 따라서 이러한 부분들이 동일, 유사하다는 사정만으로는 디자인이 동일, 유사하다고 할 수는 없다(2003후1666, 2012후3794 - 계란판).[123]
    • 검 토
      이러한 물품의 형태는 그 물품의 기능 등 본질적인 속성에 의해 저절로 형성되어 그 물품임을 인식하기 위해 갖추어야 하는 것이고, 장기간 다수인의 노동과 경험이 축적된 결과물로 특정인이 독점할 수 없는 공공의 자산이므로 요부가 될 수 없다.[124]

---

119) 판례편 - [9] 유형 1. 등록요건 판단 시, 공지된 일부 형상의 유사 판단 시 취급
120) 판례편 - [10] 유형 2. 권리범위 판단 시, 공지된 일부 형상의 유사 판단 시 취급
121) 이렇게 권리부여의 범위와 보호범위가 다른 판례에 대해 양자는 본질적으로 동격, 동질의 것이므로 달리 볼 것이 아니라는 견해가 존재한다.
122) 판례편 - [11] 유형 3. 기본적 또는 기능적 형상의 유사 판단 시 취급
123) 참고 특허법원 판례 : 정수기(2014허4821), 옷걸이(2014허6902)
124) 유사의 폭 부분에 관한 판시도 비슷한 취지고, 권리부여든 권리침해든 동일하게 요부로 보지 않는 것이다.

- 유 형
  - 물품의 기능을 확보하는 데 불가결한 경우(대체성 ×)
  - 종래부터 흔히 사용되어 오던 것들이어서 기본적, 기능적 형태로 인정할 수 있는 경우
  ⓒ 물품의 기능을 확보하는 데 필요한 부분(대체성 ○)[125]
  - 대법원은, 그 기능을 확보할 수 있는 선택가능한 대체적인 형상이 존재하는 경우에는 불가결한 형상이라고 할 수 없으므로, 특별한 사정이 없는 한 유사 판단에 있어 그 중요도가 낮다고 단정할 수 없다고 판시하였다(2005후2922, 2005후2274, 2010후2209).[126]
  - 따라서 등록요건 및 권리범위 판단 시의 요부가 될 수 있다. 다만 특별한 사정이 있는 경우[127]에는 요부가 아니다.
③ 무모양인 이면의 취급[128]
  ⓐ 특허법원
    이면은 무모양이며, 직물지는 표면이 주로 수요자의 주의를 끄는 부분인 점을 들어 표면만이 요부이고 따라서 유사하다고 판시했다.
  ⓑ 대법원
    표면뿐만 아니라 이면도 관찰자의 주의를 끌 것이며, 사용 시는 물론 거래 시까지 고려하면 표면만 요부에 해당한다고 보기는 어렵다고 판시하여, 이면에서 상이한 심미감을 나타내므로 비유사라고 보았다(2010후265).
④ 형태가 변화하는 경우 – [제3장 06 동적디자인 **4** (2) 유사 판단]에서 전술
⑤ 보는 방향에 따라 미감이 다른 경우[129]
  같게 느껴지는 방향으로 두고 대비하여 판단한다(2007후4830, 2010후722).
⑥ 사진과 선도의 표현방식에 차이가 있는 경우[130]
  ⓐ 사진도면이 카메라 각도에 따른 음영만 나타낼 뿐, 선도면과 표현이 동일한 경우 양 디자인은 동일로 본다.
  ⓑ 무채색을 색구분으로써 나타낸 경우, 양 디자인은 유사로 본다.

4 결 어

(1) 디자인의 유사 판단은 디자인보호법 전반에 있어서 가장 중요한 쟁점이다.
(2) 이는 선행 공지디자인의 영역, 해당 분야의 최근 디자인 트렌드, 거래통념 등에 따라 달리 판단될 수 있으므로 종합적으로 고려하여 결론을 도출하는 것이 필요하다.

---

125) 판례편 – [12] 유형 4. 물품의 기능을 확보하는 데 필요한 형상의 유사 판단 시 취급
126) 판례의 공통적인 포섭 문구 : 기능을 다하기 위하여 반드시 형상을 필요로 하는 것은 아니고, 동일한 기능을 수행하면서도 전체적인 미감을 고려해 형상을 얼마든지 다르게 구성할 수 있으므로 이러한 부분은 요부가 될 수 있다.
127) ① 등록요건 판단 시, 특별히 심미감을 일으키는 요소가 되지 못하는 경우(2007후4830)
  ② 권리범위 판단 시, 공지된 경우
128) 판례편 – [13] 직물지
129) 판례편 – [14] 건축 배관용 슬리브관
130) 개정 심사기준의 내용

5 관련문제

(1) 유사 판단의 기준에 관한 논의

① 학설의 대립

㉠ 창작설은 창작적 가치의 공통성에 따라 판단한다.
㉡ 심미감설(주의환기설)은 디자인의 정의에 따라 미적 인상을 주는 부분에 따라 판단한다.
㉢ 물품혼동설은 일반수요자의 입장에서 혼동가능성에 따라 판단한다.
㉣ 종합고려설은 상기 견해들을 종합적으로 고려한다.

② 판례의 태도

대법원은 보는 사람으로 하여금 상이한 심미감을 느끼게 하는지 여부에 따라 판단해야 한다고 일관되게 설시하고 있는 바, 이는 심미감설을 취하고 있는 것으로 평가된다.

③ 검 토

창작설과 심미감설은 객관성이 부족하고, 물품혼동설은 창작적 가치를 고려하지 않는다는 비판이 있으므로, 원칙적으로 객관성을 위해 물품혼동설에 의하되, 창작설과 심미감설을 가미[131]하는 것이 타당할 것이다.

(2) 유사 판단의 주체에 관한 논의

① 문제의 소재

상기 유사 판단의 기준에 관한 논의의 연장선상에서, 판단의 주체에 관하여 규정된 바가 없는 바 논한다.

② 학설의 대립

㉠ 통상의 디자이너 기준설

창작설의 입장에서, 통상의 지식을 가진 자가 용이하게 창작할 수 없다고 인정되는 것이면 족하다는 입장이다.

㉡ 일반수요자 기준설(통설)

혼동설의 입장에서, 이 법의 부정경쟁방지적인 측면을 강조하여 일반소유자의 혼동 여부를 기준으로 해야 한다는 입장이다.

㉢ 보편적 주체설

유사 판단은 가치적 판단으로서 일반적으로 타당한 것으로 행해지므로 그 판단의 주체에 한정을 둘 필요가 없고, 상기 두 주체를 초월한 보편적 주체라고 해야 한다는 입장이다.

③ 판례의 태도

대법원은 보는 사람의 주의를 가장 끌기 쉬운 부분을 요부로서 파악하고 이것을 관찰하여 일반수요자의 심미감에 차이가 생기게 하는지 여부의 관점에서 판단한다고 판시하여, 일반수요자 기준설의 입장으로 보인다(95후1135).

④ 검 토

생각건대, 통상의 디자이너 기준설은 미세한 차이도 인식 가능한 뛰어난 판단능력을 가진 자가 판단하게 되므로 디자인의 권리범위가 지나치게 좁아지는 문제점이 있고, 보편적 주체설은 반대의 이유로 지나치게 넓어지는 문제가 있다. 따라서 물품과의 불가분성에 따라 일반수요자를 기준으로 하는 것이 타당하며 이는 현실의 수요자보다는 객관적으로 상정된 평균적인 수요자라고 봄이 타당하다.

---

131) 심사기준의 태도가 이러한 태도를 반영한 것과 유사하다. 혼동할 우려, 창작의 공통성을 고려한다.

(3) 관찰방법에 대한 논의

① 전체관찰 및 육안관찰

전체적으로 관찰하되, **육**안으로 비교하는 것을 원칙으로, **확**대관찰이 **통**상적인 경우에는 확대경 등을 사용할 수 있다. **– 전육확통**

② 간접적 대비관찰

㉠ 디자인은 물품을 직접 늘어놓고 비교해보는 대비관찰이 원칙이다. 이격적 관찰은 지나치게 관념적이기 때문이다.

㉡ 나아가 도면상의 디자인에 기초하여 미감의 일치, 생략 또는 작도상의 차이 등을 감안하여 실체의 디자인을 상상해서 대비하는 간접적 대비관찰이 원칙이다. 물품의 외관을 직접 서로 대비하는 직접적 대비관찰은 지나치게 세밀한 부분까지 판단하게 되는 불합리가 있기 때문이다.

③ 요부관찰[132]

㉠ 대법원은 물**품**의 동일, 유사를 전제로, 디자인을 구성하는 각 요소를 분리하여 **개**별적으로 **대**비할 것이 **아**니라, 외관을 **전**체적으로 **대**비 **관**찰하여 관찰자로 하여금 **상**이한 **심**미감을 느끼게 하는지를 판단한다. 따라서 그 **지**배적인 **특**징이 **유**사하다면 **세**부적인 **차**이가 있더라도 **유**사하다고 보아야 한다(2000후3388)고 판시하였다. **– 품개아 전대관상심 지특유세차유**

㉡ 또한, 물품의 **성**질, **용**도, **사**용형태에 비추어 관찰자의 **주**의를 끌기 쉬운 부분을 **요**부로서 파악하고, 이를 중심으로 **심**미감에 **차**이가 생기는지 관점에서 유사 여부를 판단한다(95후1135, 2013다202939). **– 성용사 주요심차**

㉢ 이는 요부를 따로 추출하여 비교한다는 의미보다는, 전체 속에서 요부를 비교한다는 의미로 전체관찰과 요부관찰은 서로 조화될 수 있다. 요부는 물품의 속성과 역사적 배경 속에서 도출되는 것이므로 이와 같은 점을 고려하여 요부를 파악해야 할 것이다.

㉣ 대법원이 요부에서 제외하여 전체적 심미감에 영향을 주지 않는다고 보는 예로는 전체에서 차지하는 비중이 매우 작은 부분(2005후2274), 등록디자인이 표현된 물품의 특성 등에 비추어 볼 때 눈에 잘 띄지 않는 부분(95후1449), 그 물품으로 당연히 있어야 할 부분이나 디자인의 기본적 또는 기능적 형태에 해당하는 부분(2003후1666) 등이 있다.

(4) 상업적, 기능적 변형

과거 대법원은 이러한 부분은 전체적 심미감에 영향을 주지 못한다고 하면서 유사 판단에서 고려한 판시가 있기는 하나, 이는 창작성에 관한 문제에 가깝기 때문에 최근 대법원은 고려하고 있지 않다.

6 디자인의 동일성

(1) 개념

① 의의 및 취지

디자인이 동일한 심미감을 일으키는 것을 말하며, 물리적 동일이 아니라, 거래통념상 양 디자인이 동일성이 있다고 할 수 있는지는 법적 평가의 문제이다. 절차상 소급효가 문제되는 경우 유사와 구별될 실익이 있다.

② 판단 방법 – 유사와 같음

---

132) 판례편 – [15] 암홀바이어스 테이프

(2) 동일성만 문제되는 경우 – 요분우정신

① **보**정에서의 **요**지변경
② **분**할출원
③ 조약**우**선권주장
④ **정**당권리자 출원
⑤ **신**규성 상실의 예외(판례)
⑥ 사진과 선도면의 표현이 음영의 차이만 있는 경우(심사기준)

심사기준 – 사진과 선도면의 표현방식이 다른 경우 동일성 판단
사진 도면이 카메라 각도에 따른 음영만 나타낼 뿐 선도면과 표현이 동일한 경우 양 디자인은 동일로 판단하며[예1], 무채색을 색구분으로써 나타낸 경우는 상호간 유사로 판단한다[예2].

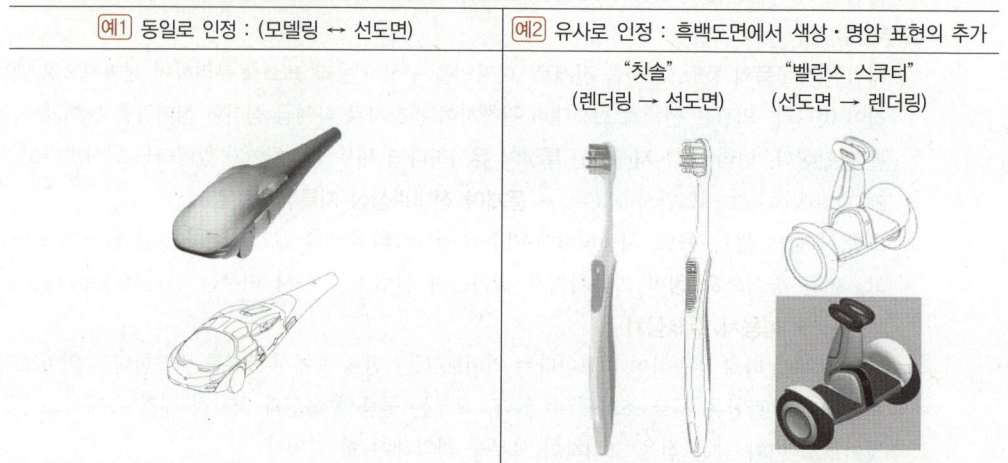

[예1] 동일로 인정 : (모델링 ↔ 선도면)

[예2] 유사로 인정 : 흑백도면에서 색상·명암 표현의 추가

"칫솔" (렌더링 → 선도면)   "벨런스 스쿠터" (선도면 → 렌더링)

03 신규성 기출 25·22·21·19·12·11·09

> **제33조(디자인등록의 요건)**
> ① 공업상 이용할 수 있는 디자인으로서 다음 각 호의 어느 하나에 해당하는 것을 제외하고는 그 디자인에 대하여 디자인등록을 받을 수 있다.
>   1. 디자인등록출원 전에 국내 또는 국외에서 공지(公知)되었거나 공연(公然)히 실시된 디자인
>   2. 디자인등록출원 전에 국내 또는 국외에서 반포된 간행물에 게재되었거나 전기통신회선을 통하여 공중(公衆)이 이용할 수 있게 된 디자인
>   3. 제1호 또는 제2호에 해당하는 디자인과 유사한 디자인

1 의의 및 취지

(1) 의 의
출원 전 국내외 공지디자인과 동일, 유사한 디자인은 신규성 흠결로 등록받을 수 없다(제33조 제1항 각 호).

(2) 취 지
공지디자인에 대해 독점배타권을 부여하는 것이 법의 목적에 반하기 때문이다.

2 요 건

(1) 주체적 요건
공지 주체는 불문이며, 일반 수요자를 기준으로 판단한다.

(2) 객체적 요건
① 신규성 상실 사유[133]

㉠ 공지된 경우
- 비밀유지의무가 없는 불특정다수인이 알 수 있는 상태에 놓인 것을 말한다.
- 설정등록이 되면 설정등록일부터 등록공고일 전까지 공개된 것으로 보며[134], 출원공개신청이나 등록공고에 의해 공개되는 것도 이에 해당한다.[135]

㉡ 공연 실시된 경우

㉢ 반포된 간행물에 게재된 경우
- 반포 : 불특정 다수가 열람 가능한 상태에 놓인 것을 의미한다.
- 간행물 : 정보성, 공개성을 가진 반포 목적으로 복제된 정보전달 매체이다.
- 게재 : 반드시 형태 전체를 모두 명확히 한 디자인뿐만 아니라, 그 자료의 표현부족을 경험칙에 의하여 보충하여 그 디자인의 요지파악이 가능한 정도를 의미한다(93후114 등).
- 즉, 통상의 디자이너가 그것을 보고 용이하게 디자인 창작이 가능할 정도이면 충분하고, 반드시 6면도, 사시도 등으로 모든 것이 기재되어야 하는 것은 아니다(94후1206). 다만, 인용디자인만으로 디자인의 전체적 심미감에 영향을 미치는 부분의 파악이 불가능하면 대비 판단할 수 없다 (2006후2646, 2006후3182, 2007후425).[136]

㉣ 전기통신회선을 통한 공중의 이용 가능하게 된 경우

② 판단대상 및 판단방법
국내외 공지디자인과 비교하여 동일, 유사한지 판단한다.

(3) 시기적 요건
출원 시 기준이며, 예외적으로 소급효나 늦춤효 등에 따라 다른 경우가 있다.[137]

---

133) 판례편 - [16] 신규성 상실 관련 판단
134) 심사기준의 내용인데, 그전에 대법원은 설정등록 이후에는 서류의 열람 또는 복사의 신청이 가능하기 때문에 불특정 다수인이 당해 디자인의 내용을 인식할 수 있는 상태에 놓여지게 되어 공지되었다고 봄이 상당하다고 판시하였다(99후2020).
135) 등록된 비밀디자인은 비밀지정 기간 만료일 다음 날부터 공지된 것으로 보며(개정 심사기준에서 명확히 함), 국제등록디자인은 국제등록된 디자인이 공고된 날 공지된 것으로 본다.
136) 판례편 - [17] 대림 스쿠터 사건

3 흠결 시 취급

(1) 심사등록출원
거절이유, 정보제공사유, 무효사유에 해당하여 등록받을 수 없다(제62조 제1항).

(2) 일부심사등록출원
① 원 칙
거절이유에 해당하지 않고(제62조 제2항), 정보제공사유, 이의신청사유, 무효사유에 해당한다.
② 예 외
다만, 정보제공이 있는 때에는 그 정보에 근거하여 거절이유에 해당할 수 있다(제62조 제4항).

4 극복 방안 – [제6장 01 신규성 상실의 예외]

04 창작성 기출 18 · 13 · 11 · 05

> **제33조(디자인등록의 요건)**
> ② 디자인등록출원 전에 그 디자인이 속하는 분야에서 통상의 지식을 가진 사람이 다음 각 호의 어느 하나에 따라 쉽게 창작할 수 있는 디자인(제1항 각 호의 어느 하나에 해당하는 디자인은 제외한다)은 제1항에도 불구하고 디자인등록을 받을 수 없다.
> 1. 제1항 제1호·제2호에 해당하는 디자인 또는 이들의 결합
> 2. 국내 또는 국외에서 널리 알려진 형상·모양·색채 또는 이들의 결합

1 서 설

(1) 의의 및 취지
① 의 의
출원 전 통상의 디자이너가 국내외 공지디자인 또는 주지형태에 따라 쉽게 창작할 수 있는 디자인은 등록을 받을 수 없다(제33조 제2항).
② 취 지
출원디자인이 신규성이 있더라도, 그 형태적 차이가 당 업계에서 인정할 수 있는 창작적 가치를 가진 경우에만 보호의 필요성이 있기 때문이다.

---

137) **분조정보보국**
① 소급효 : **분**할출원, **조**약우선권주장출원, **정**당권리자출원
② 늦춤효 : 실체**보**정이 요지변경으로 설정등록 후에 인정된 경우, 출원을 **보**완한 경우
③ **국**제등록일 : **국**제디자인등록출원

(2) 판단의 전제

신규성을 구비한 출원디자인을 전제로 판단한다(제33조 제2항 괄호).

2 요 건

(1) 주체적 요건
① 공지 주체는 불문이며, 통상의 디자이너를 기준으로 판단한다.
② 통상의 디자이너는 그 디자인이 속하는 분야에서 통상의 지식을 가진 자로서, 당업계에서 당해 디자인에 관한 보편적 지식을 가진 자이다.

(2) 객체적 요건
① 판단대상 및 판단방법
  ㉠ 국내외 공지디자인 또는 주지형태를 기초로 쉽게 창작할 수 있는지 여부를 판단한다.
  ㉡ 주지형태란 국내외에서 일반인이 알 수 있을 정도로 널리 알려진 형태를 말한다.
② 쉽게 창작할 수 있는지 여부
  ㉠ 원칙 – **모단상기변 혼창표 변조전모**
      공지디자인 또는 주지형태 각각 또는 이들의 결합을 거의 그대로 **모**방 또는 전용하거나, 가하여진 변화가 **단**순한 **상**업적, **기**능적 **변**형138)에 불과하거나, 그 디자인의 분야에서 **혼**한 **창**작수법이나 **표**현방법에 의해 이를 **변**경, **조**합, **전**용하였음에 불과한 창작수준이 낮은 경우를 의미하며, **모**든 물품을 대상으로 판단할 수 있다(2014후614, 2013후2613 – 계란판 등).

심사기준 – 상업적·기능적 변형의 예시
• 주지의 사각형 천정판 측면에 경사면을 표현한 정도의 것 • 주지의 난형을 뚜껑과 몸체로 분리하여 과자용기를 만드는 것 • 유명캐릭터에 손과 발, 몸통을 약간 변형하여 인형으로 만드는 것

[주지의 캐릭터(디자인이 아님)]

[인형(출원디자인)]

[걸이용 인형(출원디자인)]

  ㉡ 부분디자인 – **전기용위크범**
      전체디자인의 창작성 판단 기준에 따르며, 등록받고자 하는 부분의 **기**능, **용**도 및 차지하는 **위**치, **크**기, **범**위 등을 종합적으로 고려하여 판단한다.
  ㉢ 창작성이 인정되는 경우 – **당표주과**
      공지디자인 또는 주지형태를 결합한 것으로서 전체적으로 관찰하여 새로운 미감을 일으키는 경우에는 창작성이 인정될 수 있다.
      • 그 결합이 **당**업계의 상식으로 이루어질 수 없다고 판단되는 경우

---
138) 단순한 상업적, 기능적 변형이란 당업계에서 통상의 지식을 가진 자라면 누구나 디자인이 물품, 기능에 맞도록 가할 수 있는 정도의 변화를 의미한다(심사기준).

- **표**현방법이 특이하거나 보는 각도에 의해 특징을 지니도록 표현한 경우
- **주**지형상 등에 의한 것이라도 쉽게 창작할 수 있는 것이 아닌 경우139)
- 그 디자인이 속한 분야에서 기본적 형상, 모양 등에 의해 물품디자인의 형태를 구성하는 것이 **과거**에 전혀 없었던 경우140)

심사기준 – 창작성이 인정된 경우
손거울이 속한 분야에서 기본적 형상·모양인 직육면체에 의해 디자인의 형태를 구성하는 것이 과거에는 전혀 없었던 경우에 해당하여 용이하게 창작할 수 있다고 보아 등록됨

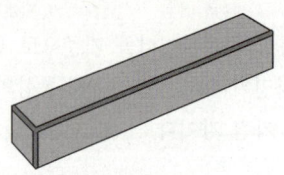

③ 구체적인 흠결 유형
   ㉠ 공지디자인을 기초로 하는 경우141)142) – **치조변비하**
- 일부 구성요소를 다른 디자인으로 **치환**한 디자인
- 복수의 디자인을 **조**합한 디자인
- 구성요소의 배치**변**경에 의한 디자인
- 구성요소의 **비**율의 변경이나 구성단위 수의 증감에 의한 디자인
- **하**나의 공지디자인으로부터 쉽게 창작할 수 있는 디자인

심사기준 – 공지디자인에 기초한 용이창작	
• 일부 구성요소를 다른 디자인으로 치환한 디자인 예 공지의 시계가 부착된 라디오의 시계부분을 단순히 다른 시계의 형상 등으로 치환한 "시계가 부착된 라디오" **출원 디자인** : 시계가 부착된 라디오	• 복수의 디자인을 조합한 디자인 예 공지의 책상과 공지의 책꽂이를 단순히 조합한 "책꽂이가 부착된 책상" **출원 디자인** : 책꽂이가 부착된 책상
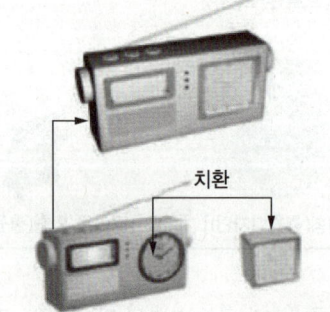	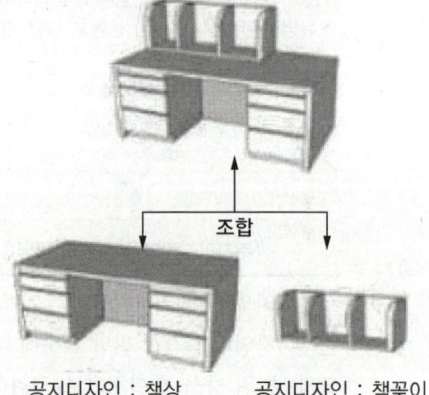

---

139) 예 3M 귀마개(2015허5265), 각종 정사각형이 모인 화상디자인(2013원5618) : 창작성 인정
140) 예 직육면체 손거울(2015원3958) : 창작성 인정
141) 판례편 – [18] 유형 5. 하나의 공지디자인으로부터 창작성이 문제된 경우
142) 판례편 – [19] 유형 6. 공지디자인들의 결합으로부터 창작성이 문제된 경우

- 구성요소의 배치변경에 의한 디자인
  예 공지디자인의 구성요소 배치를 변경한 것에 지나지 않는 "전화기"

- 구성단위 수의 증감에 의한 디자인
  예 공지디자인의 구성단위 수를 달리한 것에 지나지 않는 "벤치"

ⓒ 주지형태를 기초로 하는 경우[143] — 캐단전흔하유 주이전관상
- 유명 **캐**릭터와 모티브가 유사한 디자인
- **단**순한 입체적 형상을 그대로 채용한 디자인
- **전**형적인 물품의 형상을 채용한 디자인[144]
- **흔**한 모양을 채용한 디자인[145]
- **하**나의 색채
- **유**명한 자연물, 저작물, 건조물, 경치 등을 그대로 채용한 디자인
- **주**지디자인을 **이**종 물품 간에 **전**용하는 것이 업계의 **관**행 또는 **상**식인 경우

심사기준 - 주지형태에 기초한 용이창작

- 단순한 평면적 형상의 예

[삼각형] [사각형] [육각형] [원 형] [매화형] [누에고치형] [반지형] [별 형]

- 단순한 입체적 형상의 예

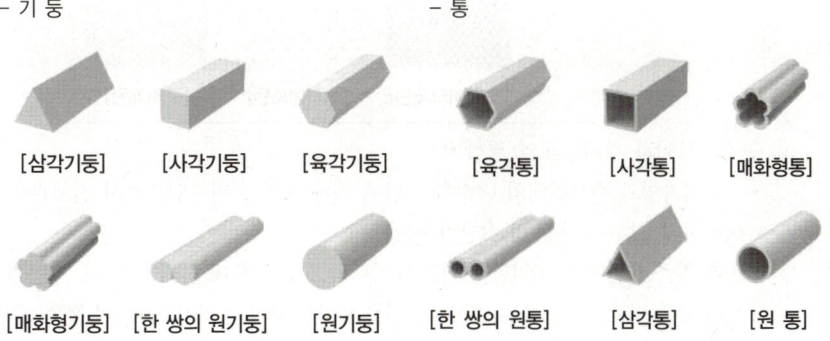

---

143) 판례편 - [20] 유형 7. 주지형태로부터 창작성이 문제된 경우
144) 예 비행기, 자동차 등
145) 예 봉황 무늬, 바둑판 무늬 등

- 홈

[육각통 홈] [칸막이형의 사각형 홈]

[삼각통 홈] [원통 홈] [사각통 홈]

- 뿔

[삼각뿔] [사각뿔] [원 뿔] [육각뿔]

- 뿔 대

[삼각뿔대] [사각뿔대] [육각뿔대] [원뿔대]

- 뿔대통

[삼각뿔대통] [사각뿔대통] [육각뿔대통] [원뿔대통]

- 정다면체

[삼각형 정다면체]

- 기 타

[원 구] [반원기둥]

• 주지의 형상

[모눈패턴(Grid)] [도트패턴] [스트라이프(세로)] [스트라이프(가로)] [스트라이프(사선)]

[모자이크패턴] [삼각형패턴] [도비패턴]

ⓒ 공지디자인과 주지형태의 결합[146]
- 공지디자인과 주지형태의 단순한 결합에 의해 창작된 디자인으로서 전체적으로 새로운 미감을 발휘하지 않는 경우를 의미한다(2008후491).
- 또한 최근 대법원은, 이러한 결합뿐만 아니라 결합된 형태를 변형, 변경, 전용한 경우에도 창작수준이 낮은 디자인이 있을 수 있으며, 이를 판단할 때에는 공지디자인의 **물품**, 주지된 **분야**, **외**관적 특징의 관련성, 디자인 분야의 일반적 **경향** 등에 비추어 통상의 디자이너가 쉽게 그와 같은 결합에 이를 수 있는지를 살펴보아야 한다고 판시했다(2013후2613 – 계란판). **– 물분외경**

---

146) 판례편 – [21] 유형 8. 공지디자인과 주지형태의 결합으로부터 창작성이 문제된 경우

ⓔ 상기 3개의 유형에 공지 또는 주지되지 않은 부분의 결합
디자인의 구성요소에 이러한 부분이 포함되어 있더라도, 그 부분이 부수적이거나 창작성이 낮아 전체적인 미감에 미치는 영향이 적은 경우를 의미한다.

(3) 시기적 요건 – 신규성과 동일
출원 시 기준이며, 예외적으로 소급효나 늦춤효 등에 따라 다른 경우가 있다.

3 흠결 시 취급

(1) 심사등록출원 – 신규성과 동일
거절이유, 정보제공사유, 무효사유에 해당하여 등록받을 수 없다(제62조 제1항).

(2) 일부심사등록출원
① 공지디자인으로부터 쉽게 창작할 수 있는 경우
  ㉠ 원 칙
    거절이유에 해당하지 않고(제62조 제2항), 정보제공사유, 이의신청사유, 무효사유에 해당한다.
  ㉡ 예 외
    다만, 정보제공이 있는 때에는 그 정보에 근거하여 거절이유에 해당할 수 있다(제62조 제4항).
② 주지형태로부터 쉽게 창작할 수 있는 경우
  거절이유, 정보제공사유, 이의신청이유, 무효사유에 해당하여 등록받을 수 없다(제62조 제2항).

(3) 심사관의 증거의 제시 여부
① 제33조 제1항 제2호의 공지디자인을 창작성 판단의 기초로 하는 경우
  게재된 간행물의 서지사항, 디자인 또는 게재된 웹사이트의 주소 및 화면 등을 의견제출통지서에 첨부하여 증거를 제시해야 한다.
② 명백한 주지형태 또는 주지디자인을 기초로 하는 경우
  증거를 제시할 필요가 없다.
③ 흔한 창작수법이나 표현방법
  구체적인 증거를 제시할 필요가 있으나, 그러한 방법이 그 디자인이 속한 **분**야에서 **통상** **행**해지거나, 심사관에게 **현**저한 **사**실로 인정되는 경우에는 증거를 제시할 필요가 없다. **– 분통행현사**

4 극복방안 – [제6장 01 신규성 상실의 예외]

5 결 어

(1) 신규성과 함께 구비하여야 등록이 되는 적극적 등록요건에 해당한다.

(2) 국외 주지형태의 DB화 필요성

한편, 2014년 개정법은 주지형태의 지역적 범위를 국외로 확대하였는데 국외의 주지형태는 실무적으로 접근이 어려워, 여전히 해외의 유명디자인들이 등록되고 있는 실정이다. 따라서 강력한 데이터베이스를 적극적으로 구축할 필요가 있다.

(3) 창작성의 엄격한 적용에 대한 고찰 – 엄창미완

① 최근 개정법과 심사 실무는 강한 디자인권을 위해 창작성의 요건을 **엄**격하게 적용하고 있는 추세이다. 다만, 과도한 엄격성은 다양한 디자인의 **창**작 시도와 의지를 저해할 우려가 있다.

② 특히 최근 디자인의 성향 중 하나인 **미**니멀 디자인의 경우, 디자인의 구성요소를 단순하게 구현하는 것을 목적으로 한다.

③ 이러한 창작을 배척하게 되면 디자인의 최근 성향과 배치되어 법의 목적에 부합하지 않게 되므로, 합리적으로 **완**화하여 판단할 필요가 있다.

6 관련문제

(1) 유사와 용이창작의 관계

① 문제의 소재

제33조 제2항 괄호는 신규성 위반에 해당하는 디자인은 제외한다고 규정하고 있다.

② 학설의 대립

㉠ 통합설은 실질적으로 동일한 개념으로 이해하므로 유사하면 용이창작한 것으로 인정할 수 있다고 보며, 용이창작을 판단할 때에는 물품을 전제하지 않은 것으로 본다. 따라서 신규성이 적용된다면 창작성의 적용을 배제하는 것으로 본다.

㉡ 구분설(다수설)은 판단주체와 방법이 상이한 별개의 개념으로 이해하고, 둘 다 적용되는 상황에서는 신규성을 적용하면 된다고 본다.

③ 검 토

심사기준은 모두 적용되는 경우면 신규성을 적용하는 것으로 규정하고 있고, 양자의 법익이 일응 공통되는 부분이 있더라도 판단주체와 방법이 다르므로, 별개의 개념으로 보는 것이 타당하다.

05 확대된 선출원[147] 기출 22·20·14·08

> **제33조(디자인등록의 요건)**
> ③ 디자인등록출원한 디자인이 그 출원을 한 후에 제52조, 제56조 또는 제90조 제3항에 따라 디자인공보에 게재된 다른 디자인등록출원(그 디자인등록출원일 전에 출원된 것으로 한정한다)의 출원서의 기재사항 및 출원서에 첨부된 도면·사진 또는 견본에 표현된 디자인의 일부와 동일하거나 유사한 경우에 그 디자인은 제1항에도 불구하고 디자인등록을 받을 수 없다. 다만, 그 디자인등록출원의 출원인과 다른 디자인등록출원의 출원인이 같은 경우에는 그러하지 아니하다.

1 의의 및 취지

(1) 의 의

출원디자인의 출원일 전에 출원된 타 출원이 당해 출원 후 출원공개, 등록공고된 경우, 출원디자인이 디자인 공보에 게재된 타 출원디자인의 일부와 동일, 유사하면, 등록받을 수 없다(제33조 제3항).

(2) 취 지

디자인의 일부에 대한 보호를 확대하고 실질적으로 선 창작된 디자인을 보호하기 위함이다.

2 요 건

(1) 주체적 요건

출원인이 다른 경우에만 적용된다(제33호 제3항 단서).[148] 다만, 특허법과는 달리 전체와 부분의 관계에 있는 디자인의 권리 관계가 복잡해지는 것을 방지하기 위해 창작자가 동일하더라도 적용된다.

(2) 객체적 요건

① 확대된 선출원의 지위 – **필부글**
  ㉠ **필**수도면 및 부가도면을 기초로 한다.
  ㉡ 선출원이 **부**분디자인인 경우, 도면에 파선으로 표현된 부분 등을 포함한 전체디자인이 확대된 선출원의 지위를 갖는다.
  ㉢ **글**자체디자인은 지정글자, 보기문장, 대표글자도면을 기초로 한다.

---

147) 판례편 – [22] 난간 사건
148) 이는 동일인의 경우에도 적용되어 부분적인 디자인이 거절되는 문제를 해결하고자 2014년 개정법에서 규정하였다.

② 일부와 동일, 유사 – **기용형대비 선외포하폐영**
　　㉠ 후출원디자인이 선출원디자인 중 후출원디자인에 상당하는 일부 부분과 **기능** 및 **용도**에 공통성이 있고(2007허67)[149], **형**태가 동일·유사하며, **대비**가능한 정도로 충분히 표현되어 있으면 적용한다.
　　㉡ 여기서 '일부'란, **선**출원디자인의 **외**관 중에 **포**함된 **하**나의 **폐**쇄된 **영**역을 의미한다.
③ 흠결 유형(심사기준)
　　㉠ 완성품(A) – 부품(a)
　　㉡ 완성품(A) – 부분디자인(a)
　　㉢ 부품(A) – 부분디자인(a)
　　㉣ 한 벌의 물품(A) – 구성물품(a)
　　㉤ 부분(a를 포함하는 A) – 부분(a)

(3) 시기적 요건

등록여부결정 시 판단하며, 출원디자인의 출원일 전에 타 출원이 있고[150], 출원 후에 타 출원의 출원공개 또는 등록공고 또는 제56조에 따른 공보 게재[151]가 있는 경우여야 한다.

3 흠결 시 취급

(1) 심사등록출원

거절이유, 정보제공사유, 무효사유에 해당하여 등록받을 수 없다(제62조 제1항).

(2) 일부심사등록출원

① 원 칙
거절이유에 해당하지 않고(제62조 제2항), 정보제공사유, 이의신청사유, 무효사유에 해당한다.

② 예 외
다만, 정보제공이 있는 때에는 그 정보에 근거하여 거절이유에 해당할 수 있다(제62조 제4항).

(3) 심사 보류 통지

① 원 칙
선출원디자인 공보의 발행일[152] 이전에는 후출원에 대하여 심사보류 통지를 하되, 필요하면 열람가능하다는 취지를 함께 기재한다.[153]

② 국제디자인등록출원
먼저 거절이유를 통지한 후 심사를 보류한다.

---

149) 선출원디자인 그릇(전사지 문양 새겨져 있음), 후출원디자인 전사지의 사안에서 심결은 유사하다고 보았으나, 특허법원은 양자는 기능, 용도를 달리한다고 판시하였다. 이를 보면 법원은 물품의 일부의 기능, 용도라기보다는 전체 물품을 판단 기준으로 하고 있다.
150) 따라서 동일자 출원인 경우에는 적용이 없다.
151) ① 비밀디자인의 경우에는 비밀기간이 끝나고 실질적 사항이 게재된 공보 발행 시
　　② 국제디자인등록출원의 경우에는 국제등록공보에 게재된 때
152) 비밀디자인은 실질적 사항이 게재된 공보의 발행일
153) 후속 조치 : 열람청구를 통해 내용을 확인하고, 심사관과의 면담을 통해 심사재개를 요청한다.

4 결 어

부분디자인 제도의 도입과 함께 물품의 부분에 대한 등록배제효를 규정하여 부분에 대한 적절한 보호가 이루어진 것이라고 볼 수 있다.

5 관련문제 - 부분디자인(a of A) - 전체디자인(A)

'일부'라고 볼 수 없어 적용 불가하다.

06 부등록사유

제34조(디자인등록을 받을 수 없는 디자인)
다음 각 호의 어느 하나에 해당하는 디자인에 대하여는 제33조에도 불구하고 디자인등록을 받을 수 없다.
1. 국기, 국장(國章), 군기(軍旗), 훈장, 포장, 기장(記章), 그 밖의 공공기관 등의 표장과 외국의 국기, 국장 또는 국제기관 등의 문자나 표지와 동일하거나 유사한 디자인
2. 디자인이 주는 의미나 내용 등이 일반인의 통상적인 도덕관념이나 선량한 풍속에 어긋나거나 공공질서를 해칠 우려가 있는 디자인
3. 타인의 업무와 관련된 물품과 혼동을 가져올 우려가 있는 디자인
4. 물품의 기능을 확보하는 데에 불가결한 형상만으로 된 디자인

1 제34조 제1호

(1) 의의 및 취지

① 의 의

국기, 국장 등의 표장과 외국의 국기, 국장 또는 국제기관 등의 문자나 표지와 동일, 유사한 디자인은 등록받을 수 없다.

② 취 지

국가와 공공기관의 존엄을 유지하고, 공익적 취지이다.

(2) 요 건

① 표장, 문자, 표지 - **마명공**

㉠ 표장 : 공공기관 등의 주된 **마크**(심벌)

㉡ 문자나 표지 : 국제기관 등의 **명칭**(로고타입 포함), 그 밖의 공공기관 등의 **공익**표장을 포함

② 적용 범위
  ㉠ 적용하는 경우
    • 이들과 동일, 유사한 디자인
    • 이를 일부 구성요소로 포함하고 있는 디자인
  ㉡ 적용하지 않는 경우 - **자포변존명**
    • 공공기관 등 그 **자**신의 것인 경우
    • 물품에 국기 등이 **포**함되어 있으나 가하여진 **변**화로 인해 국가의 **존**엄을 해할 우려가 없다고 보이는 경우[154]
    • 국가의 **명**칭
③ 판단시기 - 등록여부결정 시 기준

2   제34조 제2호

(1) 의의 및 취지
① 의 의
  디자인이 주는 의미나 내용이 공서양속에 반하는 경우 등록받을 수 없다.
② 취 지
  법의 기본적 이념에 반하고, 공익적 취지이다.

(2) 요 건
① 적용되는 경우(심사기준) - **인사감 모저원 저명포**
  ㉠ **인**륜, **사**회정의, 국민**감**정에 반하는 것
  ㉡ 특정국가 또는 국민을 **모**욕하는 것
  ㉢ **저**속, 혐오, 외설스러운 것
  ㉣ 국가**원**수의 초상 및 이에 준하는 것[155]
  ㉤ **저명**한 타인의 초상을 전부 또는 일부 포함하는 것(다만, 그 타인의 승낙을 얻은 경우 제외)
  ㉥ 이러한 것들을 일부로 **포**함하고 있는 경우
② 적용되지 않는 경우
  물품 또는 물품의 규격이나 품질 등에 대한 인증표지를 포함하는 경우
③ 판단시기 - 등록여부결정 시 기준

---

154) 예 태극기를 모티브로 창작한 물품
155) 판례편 - [23] 바티칸 시국의 교황

3 제34조 제3호 기출 16·08

(1) 의의 및 취지
① 의 의
타인의 업무에 관계되는 물품과 혼동을 가져올 염려가 있는 디자인은 등록받을 수 없다.
② 취 지
디자인은 물품의 미적 외관으로서 그 출처를 상상케 하는 성질도 갖고 있으므로 디자인에 관한 부정경쟁행위를 방지하고 경업질서를 유지하기 위함이다.

(2) 요 건
① 주체적 요건
타인과의 관계에서 문제가 된다. 자기 것이면 혼동의 우려가 없어 적용되지 않는다.
② 객체적 요건
㉠ 업무는, 계속적으로 영위하는 사업으로 비영리업무를 포함한다.
㉡ 물품은 구체적으로 특정된 물품뿐만 아니라, 추상적이고 관념적인 모든 물품을 포함한다.
㉢ 혼동은 출처의 혼동이므로 일반수요자를 기준으로 판단하며, 타인의 표장을 **그**대로 표현하거나, 일부 **변**형하거나, 물품 **전**체에 **관**념화하여 **상**표적으로 표현된 경우를 말한다. 따라서 디자인에 완전히 융합되어 상표적 기능을 상실한 경우에는 혼동의 우려가 없다. 또한, 혼동의 우려이므로 실제 혼동을 요건으로 하고 있지는 않다. - **그변전관상**
③ 시기적 요건
혼동의 주체가 되는 타인의 업무를 보호하기 위한 사익적 규정이므로, 출원 시를 기준으로 판단한다.
④ 주지, 저명성 요부
법문상 명시적으로 규정된 바 없으나 같은 취지를 갖는 상표법과 부경법의 규정을 살펴 보면 요구된다고 봄이 타당하다. 심사기준과 특허법원(2003허1710, 2012허3916 등)[156]도 같은 태도이다.
⑤ 흠결 유형 - **상비성인**
㉠ 타인의 저명한 **상**표 등을 디자인의 전부, 일부로 표현한 것[157]
㉡ **비**영리법인의 표장을 디자인으로 표현한 것
㉢ 타인의 저명한 상표적 **성**격을 가진 디자인을 표현한 것
㉣ **인**증표지[158]의 경우, 출처표시가 아니라 정보 전달기능을 수행하므로 흠결 유형에 해당하지 않음

---

[156] 타인의 저명한 상표 또는 상표적 성격을 가지는 디자인과 동일, 유사한 디자인은 물론, 모티브를 그대로 이용함으로써 일반수요자들로 하여금 그 디자인을 사용한 물품이 타인이나 그와 특수한 관계에 있는 자에 의하여 생산, 판매하는 상품으로 오인하게 할 염려가 있는 디자인도 본 호에 해당하는 디자인이다.
[157] 판례편 - [24] 루이비통
[158] 물품 또는 물품의 규격 또는 품질 등에 대한 인증을 나타내는 표지

4 제34조 제4호 기출 03

(1) 의의 및 취지
① 의 의
물품의 기능을 확보하는 데 불가결한 형상만으로 된 디자인은 등록받을 수 없다.
② 취 지
장식성이 없고 기능성만 있는 디자인을 보호하는 것은 미감을 보호한다는 법의 목적에 반하고, 특허, 실용신안법에 의해 보호받는 것이 타당하며, WTO/TRIPs 협정도 기능성 디자인의 등록 배제 가능함을 규정하고 있다.
③ 법적 지위 – **선유심**
  ㉠ **선**행디자인의 조사 불요
  법문상 제33조가 선이나, 먼저 판단할 수 있다.
  ㉡ **유**사 판단 시 취급
  물품으로서 당연히 있어야 할 부분으로 그 중요도를 낮게 평가해야 한다. 따라서 이러한 부분들이 동일, 유사하다는 사정만으로는 디자인이 동일, 유사하다고 할 수는 없다.
  ㉢ **심**미성과의 관계
  기능, 작용, 효과를 주목적으로 한 것으로서 미감을 거의 일으키게 하지 않는 것은 심미성이 없는데, 기능성 디자인은 이에 해당할 가능성이 높다. 본 호는 형상이므로 해당하는 경우, 이에 독특한 색채, 모양이 부가되어 있지 않으면 심미성도 흠결될 것이다.

(2) 요 건
① 주체적 요건
해당 물품에 관한 통상의 지식을 가진 자를 기준으로 판단해야 한다.
② 객체적 요건
  ㉠ 물품의 기능
  물품이 발휘하는 기술적인 작용 및 효과를 의미하고, 형태에서 발휘되는 심리적, 시각적 기능은 아니다.
  ㉡ 불가결한 형상[159] – **대외고포**
   • 필연적 형상[160]
   물품의 기술적 기능을 확보하기 위해 필연적으로 정해진 형상으로, 이는 **대**체가능한 형상이 존재하는지, 필연적인 형상 **외**에 **고**려해야 할 형상을 **포**함하는지 여부로 판단한다.
   • 준필연적 형상 – **호표주**
    – 물품의 **호**환성을 확보하기 위해 **표**준화된 규격에 의하여 정해진 형상을 말한다.
    – 표준화된 규격이란, KS, ISO와 같은 '공적 표준'과, 당해 물품분야에서 업계 표준으로 인지되어 그 시장을 사실상 지배하고 있는 것으로 규격을 특정할 수 있는 '사실상의 표준'이 있다.
    – 다만, 규격을 정한 **주**목적이 기능의 발휘에 있지 않은 물품의 형상은 포함하지 않는다(예 규격봉투, USB 규격포트 등).

---

[159] 판례편 – [25] 현대자동차 사건
[160] 예 파라볼라 안테나용 반사경, 전자회로용 코일, 다삽착 소켓의 형상

ⓒ 형상만으로 된 디자인

　　　　기술적 기능은 형상에 의해 발휘되는 것이므로, 독특한 모양, 색채가 부가되더라도 본 호가 적용된다. 또한 일부에 불과하면 적용이 없다.

　③ 시기적 요건 - 등록여부결정 시

(3) 이용, 저촉

　디자인에 기능적 형상 이외에 다른 형상이 포함되어 디자인등록이 가능한 경우, 선출원 등록된 타인의 특허발명, 실용신안과의 관계에서 이용·저촉관계가 될 수 있다.

5 흠결 시 취급

(1) 출원디자인의 전부 또는 일부(제4호는 전부만)가 등록여부결정 시(제3호는 출원 시)에 본 호에 해당하면, 거절이유, 정보제공사유, 무효사유에 해당하여 등록받을 수 없다.

(2) 따라서 제1호 내지 제3호는 한 벌 물품의 디자인의 경우의 일부 물품에도 적용이 가능하며, 일부심사등록출원 여부는 무관하다.

6 결 어

　소극적 등록요건이므로, 공익적 취지를 고려하여 합리적으로 적용 여부를 결정해야 할 것이다.

7 관련문제 - 기능성 단문

(1) 제34조 제4호

(2) 심미성과의 관계

(3) 유사 판단 시 취급

07 관련디자인 기출 24 · 22 · 14 · 10 · 08 · 04

제35조(관련디자인)
① 디자인권자 또는 디자인등록출원인은 자기의 등록디자인 또는 디자인등록출원한 디자인(이하 "기본디자인"이라 한다)과만 유사한 디자인(이하 "관련디자인"이라 한다)에 대하여는 그 기본디자인의 디자인등록출원일부터 3년 이내에 디자인등록출원된 경우에 한하여 제33조 제1항 각 호 및 제46조 제1항 · 제2항에도 불구하고 관련디자인으로 디자인등록을 받을 수 있다. 다만, 해당 관련디자인의 디자인권을 설정등록할 때에 기본디자인의 디자인권이 설정등록되어 있지 아니하거나 기본디자인의 디자인권이 취소, 포기 또는 무효심결 등으로 소멸한 경우에는 그러하지 아니하다.
② 제1항에 따라 디자인등록을 받은 관련디자인 또는 디자인등록출원된 관련디자인과만 유사한 디자인은 디자인등록을 받을 수 없다.
③ 기본디자인의 디자인권에 제97조에 따른 전용실시권(이하 "전용실시권"이라 한다)이 설정되어 있는 경우에는 그 기본디자인에 관한 관련디자인에 대하여는 제1항에도 불구하고 디자인등록을 받을 수 없다.
④ 제1항에 따라 기본디자인과만 유사한 둘 이상의 관련디자인등록출원이 있는 경우에 이들 디자인 사이에는 제33조 제1항 각 호 및 제46조 제1항 · 제2항은 적용하지 아니한다.

제62조(디자인등록거절결정)
③ 심사관은 디자인일부심사등록출원으로서 제35조에 따른 관련디자인등록출원이 제2항 각 호의 어느 하나 또는 다음 각 호의 어느 하나에 해당하는 경우에는 디자인등록거절결정을 하여야 한다.
  1. 디자인등록을 받은 관련디자인 또는 디자인등록출원된 관련디자인을 기본디자인으로 표시한 경우
  2. 기본디자인의 디자인권이 소멸된 경우
  3. 기본디자인의 디자인등록출원이 무효 · 취하 · 포기되거나 디자인등록거절결정이 확정된 경우
  4. 관련디자인의 디자인등록출원인이 기본디자인의 디자인권자 또는 기본디자인의 디자인등록출원인과 다른 경우
  5. 기본디자인과 유사하지 아니한 경우
  6. 기본디자인의 디자인등록출원일부터 3년이 지난 후에 디자인등록출원된 경우
  7. 제35조 제3항에 따라 디자인등록을 받을 수 없는 경우

1 서 설

(1) 의 의
자기의 기본디자인(출원디자인, 등록디자인)과만 유사한 디자인에 대하여 소정의 요건 하에 신규성 및 선출원주의 규정에도 불구하고 관련디자인으로 등록받을 수 있는 제도이다(제35조).

(2) 취 지
출원이 완료된 디자인의 변형디자인까지 보호하여 강력한 디자인권 창출에 기여한다.

(3) 유사디자인제도의 폐지
종래 유사디자인제도는 독자적인 권리범위를 인정받지 못하는 한계가 있었다. 2014년 7월 1일 시행법은 이를 폐지하고 본조를 신설하였다.

2 출원 시

(1) 출원서 – 명여번
- ① 일반적인 기재사항 – 물품명칭
  기본디자인과 물품명칭이 다른 경우, 기본디자인의 물품명칭이 정당하면 그에 맞추고, 관련디자인의 물품명칭이 더 정당하거나 적합할 경우에는 맞출 필요가 없다.
- ② 관련디자인출원 여부 표시
- ③ 기본디자인의 등록번호 및 출원번호
  복수로 존재하는 경우, 기본디자인으로 하나를 지정한다.[161]

(2) 도면 – 통상의 방법

3 등록요건

(1) 심사등록요건(제35조)
- ① 주체적 요건
  기본디자인의 출원인 또는 디자인권자여야 하며, 기본디자인이 공동출원인 경우, 공유자 전원이 출원해야 한다(제39조).
- ② 객체적 요건 – 자관전
  - ㉠ **자**기의 기본디자인과만 유사한 디자인(제35조 제1항)
    출원시 기본디자인은 소멸하지 않고 유효하게 존속하며, 관련디자인의 설정등록할 때에 기본디자인의 디자인권이 설정등록되어 있지 않거나 기본디자인의 디자인권이 취소, 포기 또는 무효심결 등으로 소멸한 경우는 불가하고, 타인의 선행디자인과 유사하지 않아야 한다.
  - ㉡ 이미 출원, 등록된 **관**련디자인과만 유사한 디자인은 불가(제35조 제2항)
    디자인권의 무한한 연쇄확장을 방지하기 위함이다.
  - ㉢ 기본디자인권에 **전**용실시권이 설정되어 있는 경우는 불가(제35조 제3항)
    전용실시권은 등록디자인의 유사 범위의 독점적 실시를 예정한다. 그런데 관련디자인을 등록받게 되면 그런 자가 동시에 존재하여 권리관계가 복잡해지기 때문이다.
- ③ 시기적 요건
  관련디자인은 기본디자인 출원일의 3년 이내에 출원해야 한다.
- ④ 일반적인 등록요건(제62조 제1항)

(2) 일부심사등록요건(제62조 제2항 내지 제4항)
제35조 대신 제62조 제2항 및 관련디자인 특유의 등록요건(동조 제3항)을 모두 만족해야 하고, 제35조와 비교했을 때, 타인의 선행디자인과의 유사 여부는 판단하지 않고 기본디자인과 유사하기만 하면[162] 등록가능한 차이가 있다.

---

161) 복수디자인등록출원된 경우에는 일련번호도 추가적으로 기재해야 한다.
162) 물론 다른 요건들은 만족해야 한다[주체적, 객체적(관전), 시기적].

(3) 흠결 시 취급

① 관련디자인 등록요건 위반 시
　㉠ 심사등록출원의 경우
　　거절이유, 정보제공사유, 무효사유에 해당한다.
　㉡ 일부심사등록출원의 경우
　　제62조 제2항과 제3항은 거절이유, 정보제공사유이며, 제35조는 정보제공사유, 이의신청사유, 무효사유이다. 정보제공이 있는 경우 제35조도 거절이유가 될 수 있다.

② 심사보류
　㉠ 기본디자인의 거절결정이 확정되지 않은 경우 또는 무효심판이나 이의신청이 계류 중인 경우에는 보류한다.
　㉡ 국제디자인등록출원의 경우, 먼저 가거절통지 후 심사보류의 통지를 한다.

4 절차 및 조치

(1) 신규성 상실 예외

기본디자인의 출원 전 자기의 공지디자인이 존재하는 경우, 기본디자인의 출원 후 기본디자인과 비유사한 자기의 공지디자인이 존재하는 경우, 관련디자인은 그 공지일부터 12개월 이내에 출원되어야 한다.

(2) 보 정

단독을 관련으로, 관련을 단독으로 변경하는 보정이 가능하다(제48조 제2항).

(3) 출원공개신청, 비밀디자인청구

기본디자인과 관련디자인은 별개이므로 각각 청구가능하다.

5 등록 후 법률관계

(1) 디자인권

① 독자적 권리범위(제92조)

유사디자인제도[163])의 폐지로 합체규정은 삭제되어 논의의 실익이 없고, 현행법상 관련디자인의 권리범위는 기본디자인과 동일하게 제92조가 적용되어 동일, 유사범위에 미친다.

---

163) ① 종래 학설의 대립 : 확인설은 유사디자인은 기본디자인의 유사 범위에 속하는 디자인을 구체화하여 기본디자인의 보호범위를 확인하기 위한 것이므로 기본디자인의 보호범위를 초과할 수 없다고 보았고, 확장설은 유사디자인은 개량디자인을 통해 더 넓은 보호범위를 확보하기 위한 것으로 보아 기본디자인의 보호범위가 확장된다고 보았으며, 결과확장설은 개량디자인은 별개의 디자인으로 독자적인 보호범위가 인정되고, 결과적으로 기본디자인의 권리범위가 넓어지는 셈이라고 보았다.
② 종래 판례의 태도 : 대법원은 유사디자인이 등록되면 기본디자인권과 합체하고 유사디자인의 권리범위는 기본디자인을 초과할 수 없어, 유사디자인과 유사하다는 사정만으로 기본디자인의 권리범위에 속한다고 할 수는 없다고 판시하여, 확인설의 입장이었다.

② 종속적 존속기간
기본디자인의 존속기간 만료일과 같다(제91조 제1항 단서). 이는 기본디자인의 존속기간이 실질적으로 연장되는 것을 방지하기 위함이다.
③ 독립적 지위
기본디자인이 존속기간 만료 이외 사유로 소멸되어도 관련디자인은 유효하게 존속한다.

(2) 권리 주체의 동일성
① 이전 제한
㉠ 기본디자인권(디받권 포함)과 관련디자인권(디받권 포함)은 함께 이전해야 한다(제54조 제1항 단서 및 제96조 제1항 단서). 기본디자인권이 소멸하고 복수의 관련디자인권을 이전하는 경우에도 같다(제96조 제6항).
㉡ 주체의 분리를 방지하여 권리관계가 복잡해지는 것을 막기 위함이다.
② 질권 설정
마찬가지로 기본디자인과 관련디자인을 함께 설정해야 한다.

(3) 전용실시권의 설정
① 기본디자인권과 관련디자인권의 전용실시권은 같은 자에게 동시에 설정해야 한다(제97조 제1항 단서). 기본디자인권이 소멸하고 복수의 관련디자인권이 존재하는 경우에도 같다(제97조 제6항).
② 실시주체의 분리를 방지하여 혼동을 방지하기 위함이다.

6 결 어

종래 유사디자인제도 하에서는 제한적인 용도로만 활용되었으나, 관련디자인제도의 신설로 독자적인 권리범위를 인정할 수 있게 되어 타인의 모방을 실효적으로 예방하고, 디자인의 중첩적인 보호가 가능하게 되었다.

7 관련문제

(1) 기본디자인과 관련디자인 사이의 선행 공지디자인
기본디자인(A) 출원일 이후의 그와 동일, 유사한 자기의 선행 공지디자인(A, A')이 관련디자인(A , A")과 유사할지라도, 신규성에 의해 거절되지 않는다.[164][165]

(2) 제35조 제1항에 대해
① 기본디자인과 비유사한 관련디자인의 등록
등록되더라도 제3자에게 불이익이 없으나, 출원인에게는 존속기간, 이전 및 실시권 제한 등의 불리함이 따르므로 형식 보정이 가능하다고 본다.

---

[164] 심사기준, 별다른 신규성 상실의 예외 주장이 불요
[165] 기본(A) - 공지(A") - 관련(A')인 경우(A"와 A가 비유사)에는 A"에 대한 제36조 주장이 필요하다. 그러나 A'가 타인의 선행디자인(공지, 출원, 등록)인 경우에는 관련디자인으로 출원된 A'가 기본디자인 A와만 유사한 경우가 아니기 때문에 기본디자인과의 관계에서 신규성, 선출원주의를 적용하지 않는 제35조 제1항 후단의 효과를 누리지 못하여 기본디자인 A와의 관계에서 상기 2개의 규정이 거절이유로 문제될 수 있다.

② 기본디자인의 출원일로부터 3년 도과한 관련디자인 등록
신규성 또는 선출원주의에 반한다.
③ 기본디자인과 유사한 디자인이 단독디자인으로 등록
선출원주의에 반한다. 다만, 형식 보정으로 극복 가능하다.

(3) 유사 여부가 불분명한 경우의 실익

① 출원 단계
단독디자인이든 관련디자인이든 출원하여 유사 여부를 심사받고 결과에 따라 보정이 가능하다(제48조 제2항).

② 등록 단계
유사한데 단독디자인으로 착오 등록되면 제46조 제1항 등의 무효사유가 존재하고, 비유사한데 관련디자인으로 착오 등록되면 제35조의 무효사유가 존재한다.

③ 조 치
따라서 유사 여부가 불분명한 경우에는 관련디자인으로 출원하는 것이 유리하다.

08 선출원주의 기출 23·22·20·14·11

> **제46조(선출원)**
> ① 동일하거나 유사한 디자인에 대하여 다른 날에 2 이상의 디자인등록출원이 있는 경우에는 먼저 디자인등록출원한 자만이 그 디자인에 관하여 디자인등록을 받을 수 있다.
> ② 동일하거나 유사한 디자인에 대하여 같은 날에 2 이상의 디자인등록출원이 있는 경우에는 디자인등록출원인이 협의하여 정한 하나의 디자인등록출원인만이 그 디자인에 대하여 디자인등록을 받을 수 있다. 협의가 성립하지 아니하거나 협의를 할 수 없는 경우에는 어느 디자인등록출원인도 그 디자인에 대하여 디자인등록을 받을 수 없다.
> ③ 디자인등록출원이 무효·취하·포기되거나 제62조에 따른 디자인등록거절결정 또는 거절한다는 취지의 심결이 확정된 경우 그 디자인등록출원은 제1항 및 제2항을 적용할 때에는 처음부터 없었던 것으로 본다. 다만, 제2항 후단에 해당하여 제62조에 따른 디자인등록거절결정이나 거절한다는 취지의 심결이 확정된 경우에는 그러하지 아니하다.
> ④ 무권리자가 한 디자인등록출원은 제1항 및 제2항을 적용할 때에는 처음부터 없었던 것으로 본다.
> ⑤ 특허청장은 제2항의 경우에 디자인등록출원인에게 기간을 정하여 협의의 결과를 신고할 것을 명하고 그 기간 내에 신고가 없으면 제2항에 따른 협의는 성립되지 아니한 것으로 본다.

1 의의 및 취지

(1) 의 의
동일, 유사한 디자인에 대하여, 먼저 출원한 자만이 등록받을 수 있고, 동일자인 경우 협의제에 의한다(제46조).

(2) 취 지
중복 등록을 배제하고, 권리의 안정성을 도모하기 위함이다.

2 요건

(1) 주체적 요건

① 타인 간 출원이 경합된 경우
  ㉠ 다른 날이면, 선출원한 자만 등록가능하다(제1항).
  ㉡ 같은 날이면, 협의에 의해 정해진 1인만 등록받을 수 있으며, 협의불성립 또는 불능인 경우에는 누구도 등록받을 수 없다(제2항).
  ㉢ 협의 명령에 신고가 없으면 불성립으로 본다(제5항).

② 동일인의 출원이 경합된 경우 – 2014년 7월 1일 개정법[166][167]
  현행 개정 심사기준(2017.1.1.)에 따르면 다음과 같다.
  ㉠ 다른 날 경합이면 후출원만 제46조 제1항 위반이다.
  ㉡ 같은 날 경합이면 하나의 출원을 선택하도록 하고, 제46조 제2항의 거절이유를 통지하며, 선택의 결과를 신고하도록 요구한다. 다만, 유사한 디자인이면 제35조 제1항의 요건에 해당하면 등록가능하다는 취지를 함께 통지한다.[168]

(2) 객체적 요건

① 판단방법
  ㉠ 선, 후출원디자인 간 동일, 유사 여부를 판단한다.
  ㉡ 후출원디자인은 원칙적으로 동일한 범위만 심사한다. 후출원의 유사 범위를 모두 상정하여 판단하는 것은 심사절차상 불가능하기 때문이다. 따라서 등록 후에, 후출원의 유사 범위 디자인과 선출원의 유사 범위 디자인 간 저촉 문제가 발생할 수 있다.

② 선출원의 지위(제46조 제3항·제4항)
  ㉠ 인정되는 경우
    설정등록, 협의불성립을 이유로 한 거절 취지의 결정 또는 심결확정
  ㉡ 소멸하는 경우
    반려, 무효, 취하, 포기, 협의불성립 이외의 거절 취지의 결정 또는 심결확정, 무권리자의 출원

---

[166] 2014년 7월 1일 이전
  ① 문제점
    유사디자인 규정 때문에 본조를 적용하는 데 있어 해석상 문제가 있었다.
  ② 판 례
    특허법과 달리, 디자인권의 특성상 선출원의 기준을 '출원'이 아닌 '사람'을 기준으로 한다고 하여, 본조는 타인 간에만 적용해야 하고, 동일인 간에는 유사디자인에 의한다고 판시하였다(98허447).
  ③ 심사기준
    동일한 디자인이 경합하는 경우에는, 선출원은 등록결정하고, 후출원은 디자인보호법의 기본정신에 반한다는 이유로 거절이유를 통지하였다. 유사한 디자인이 경합하는 경우에는, 유사한 디자인등록출원으로 변경하도록 하며, 만약 선출원이 등록불가이면 후출원은 제46조는 적용하지 않고, 통상의 출원으로 심사하였다. 이렇게 거절이유는 한정적 열거사유임에도, 불명확한 법적 근거가 문제되었다.
[167] 관련디자인의 도입 – 제35조 제1항은 동일인 간 유사한 디자인이 관련디자인으로 출원되면 선출원주의를 배제하도록 규정했고, 제2항은 선출원주의의 적용이 연쇄적으로 배제되지 않도록 제한을 둔 것으로, 이는 선출원주의가 동일인 간 적용됨을 전제 하에 규정한 것이다.
[168] 2017년 1월 1일 이전 심사기준 : 다른 날 경합이면 후출원만 제46조 제1항 위반, 같은 날 경합이면 동일한 경우에는 협의제에 의하고, 유사한 디자인은 하나는 통상의 출원으로 심사하고 나머지 하나는 제35조 제1항 위반의 거절이유를 통지했다. 이는 법리적으로 선출원주의를 적용해야 하는 문제가 존재했다.

(3) 시기적 요건 – 신규성과 동일

출원 시 기준이며, 예외적으로 소급효나 늦춤효 등에 따라 다른 경우가 있다.

3 흠결 시 효과

(1) 심사등록출원

거절이유, 정보제공사유, 무효사유에 해당하여 등록받을 수 없다(제62조 제1항).

(2) 일부심사등록출원

① 원 칙

거절이유에 해당하지 않고(제62조 제2항), 정보제공사유, 이의신청사유, 무효사유에 해당한다. 다만, 심사기준상 심사관이 별도의 선행디자인의 조사 없이 동일한 디자인을 인지한 경우에는 거절할 수 있다.

② 예 외

다만, 정보제공이 있는 때에는 그 정보에 근거하여 거절이유에 해당할 수 있다(제62조 제4항).

(3) 거절결정된 출원의 디자인 공보 게재(제56조)

협의제 위반으로 거절 취지의 결정 또는 심결확정된 경우, 출원내용을 디자인 공보에 게재해야 한다.

(4) 심사보류

① 선출원의 지위가 확정되기 전[169]

후출원에 대하여, 필요 시 선출원 열람 가능하다는 취지를 함께 기재하여 심사보류통지를 한다. 다만, 국제디자인등록출원은 먼저 거절이유통지를 한 후 심사보류통지를 한다.

② 선출원 등록디자인이 무효심판 계류 중인 경우

후출원에 대하여, 거절이유통지와 함께 심사보류통지를 하고, 무효여부가 확정된 이후에 등록여부를 결정한다.

4 극복방안

(1) 타인 간 출원

① 동일자 출원

협의하여 정해진 1인만 등록이 가능하므로 지정기간까지 협의하여 신고한다.

② 이일자 출원

선출원한 자가 출원을 취하하지 않는 한, 극복이 불가하다.

---

[169] 선출원이 비밀디자인으로 등록된 후 실질적 사항이 게재된 공보가 발행되기 전에도 마찬가지이다.

(2) 동일인 간 출원

① 동일한 경우

하나의 디자인을 제외하고는 취하하여 하나의 디자인에 대하여만 등록이 가능하다.

② 유사한 경우

하나의 디자인을 기본디자인으로 하여, 나머지 디자인을 관련디자인으로 보정하면 등록이 가능하다.

5 결 어

디자인보호법은 출원을 유도하고, 법적안정성을 위해 선출원주의를 채택하고 있으나, 창작자의 보호를 위해 선창작주의적 요소를 가미하여 선출원주의를 보완[170]하고 있다.

09 1디자인 1출원 기출 18·16·14·13·08·06

> **제40조(1디자인 1디자인등록출원)**
> ① 디자인등록출원은 1디자인마다 1디자인등록출원으로 한다.

1 의의 및 취지

(1) 의 의

① 1디자인마다 1출원으로 한다(제40조 제1항).

② 1디자인이란, 1물품 1형태를 말하고, 다물품 또는 다형태의 경우에는 제41조 또는 제42조에 의해 등록받아야 한다.

(2) 취 지

절차의 편의성과 권리의 명확성을 도모하기 위함이다.

2 요 건

(1) 1물품(물품의 단일성)

① 의 의

물리적으로 분리되지 않은 하나의 개념이 아닌, 거래관행상 독립하여 하나로 거래될 수 있는 물품을 의미한다.

---

170) 무권리자 출원의 선출원의 지위 부정, 정당권리자 출원의 보호, 선사용권, 선출원에 의한 통상실시권, 중용권, 출원 시 국내에 있던 물건에 대한 효력 제한, 보정, 분할출원 등

심사기준 – 물리적으로 분리되어 있지만 거래관행상 하나로 거래되는 예시

구성요소가 분리되어 있는 "옥외용 조형물"

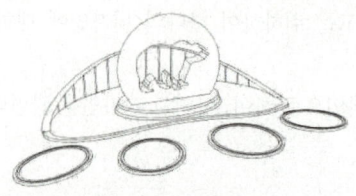

② 판단방법
　㉠ 대법원 판례 – **용구거**
　　　물품의 **용**도, **구**성, **거**래실정 등에 따라 1물품으로 취급되는 물품인지 여부로 판단한다(93후1247).
　㉡ 심사기준 – **결각상새하인**
　　　2 이상의 물품을 **결**합하여 출원한 경우, **결**합상태로 보아 **각** 물품의 기능, 용도가 **상**실되고 **새**로운 **하**나의 기능, 용도로 **인**식될 수 있는지 여부를 판단한다.

(2) 1형태(형태의 단일성)

① 의 의
　　1물품에 표현된 하나의 형상·모양·색채 또는 이들의 결합을 의미한다. 즉, 하나의 형태적 단위영역을 말한다.

② 판단방법
　　물품과의 관계를 무시할 수 없고, 물품의 용도, 기능을 고려하여 전체적, 통일적 형태성으로부터 판단해야 한다.

(3) 구체적 유형 – **명표분보가하**

① 2 이상의 물품**명** 기재
　　병렬하여 적은 것은 위반이지만, 다른 물품이 덧붙여진 경우에는 예외로 한다.(예) 부설, 부가, 부착)
　　덧붙여진 물품이 2 이상이면 "○○ '등'이 부설된 라이터"로 적는다.

② 2 이상의 디자인 **표**현
　　1물품에 2 이상의 디자인 또는 다수의 물품에 관한 각 디자인을 하나의 도면에 도시한 것은 위반이다. 다만, 분리된 구성요소를 외곽선으로 한정하면 극복할 수 있다.

심사기준 – 하나의 물품에 관하여 2 이상의 디자인을 하나의 도면에 도시한 경우

"스티커", "전사지" 등의 디자인에 있어서 분리된 2 이상의 구성요소를 외곽선으로 한정하지 않고 하나의 도면에 각각 도시한 것

　　　　[올바르지 않은 도시]　　　[올바른 도시]

③ 물리적으로 분리되어 있으나 하나의 물품으로 인정되는 경우(1의제물품)

1물품으로 거래[171]되는 것이 당연하거나, 각 부분이 모여서 하나[172]의 형상, 모양을 이루는 경우가 있고, 이때 결합된 완성품의 도시[173]를 반드시 포함해야 한다.

심사기준 – 각 부분이 모여서 하나의 형상, 모양을 이루는 경우, 완성품의 도시

④ 보조적인 물품을 사용하는 경우[174]

의류 및 패션잡화용품의 형상, 모양을 완전히 보여주기 위해 보조적인 물품을 이용하는 것이 명백한 경우 1물품으로 인정할 수 있다. 이때, 디자인의 설명에 보조적인 물품에 대한 권리 불요구 기재가 필요하다.

심사기준 – 의류 및 패션잡화용품에서의 보조적인 물품이 적용된 경우

마네킹 발에 씌여진 "덧신"으로 디자인의 설명란에 "덧신 물품을 완전하게 나타내기 위하여 마네킹에 씌운 것이며 마네킹을 디자인을 구성하지 않는 부분임"이라 적은 것

⑤ 부가적인 물품이 결합된 경우[175] – 결생일사

물품의 형상·모양·색채를 나타내기 위하여 부가적인 물품이 **결**합되어 **생**산되고 **일**체화된 상태로 **사**용되는 경우 1물품으로 인정할 수 있다. 보조적인 물품과는 달리 디자인의 구성요소가 된다.

심사기준 – 부가적인 물품이 일체화된 경우

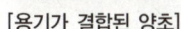

[용기가 결합된 양초]   [띠지가 결합된 "케이크"]

---

171) 예 신사복, 투피스, 너트와 볼트, 화투, 리미트 스위치 자웅, 뚜껑이 있는 화장품 용기 등
172) 예 조립완구, 조립의자, 모자이크 타일, 완성 형태가 단일한 조립완구 등
173) 개정 심사기준의 내용
174) 예 마네킹과 덧신, 옷걸이와 코트 등
175) 예 용기와 아이스크림, 용기와 양초, 띠지와 케이크 등

⑥ **하나의 물품으로 인정되지 않는 경우**
집합물로 취급되는 경우로 1물품으로 볼 수 없다.[176] 다만, '부설, 부가, 부착'의 형식으로 보정하면 1물품으로 해석되어 등록될 여지는 있다.
⑦ **동적디자인, 동적화상디자인, 부분디자인의 경우**[177]

3 흠결 시 취급
절차적 요건이므로, 거절이유, 정보제공사유에는 해당하지만, 이의신청사유, 무효사유에는 해당하지 않는다.

4 극복방안
1디자인으로 인정되는 부분을 분할출원하거나 삭제보정해야 한다.

5 결 어

(1) **본 요건의 해석**
1디자인 여부를 너무 엄격하게 해석하면, 자칫 다양한 창작시도를 억제하는 결과가 될 수 있으므로 합리적으로 적용해야 한다.

(2) **제42조와의 관계**
① **문제점**
2 이상의 물품에 관한 디자인이 1의제물품인지, 제42조에 해당하는 물품인지 애매한 경우, 출원의 형식에 따라 등록 여부가 결정될 수 있고 이러한 판단도 불분명하다.
② **입법론**
따라서 명확하게 구별할 법적 근거와 기준을 두거나 아예 제42조를 폐지하여 2 이상의 물품에 대해 보다 광범위하게 보호해야 한다는 견해가 있다.

6 관련문제

(1) **책상과 책걸이를 출원, 제40조 제1항 위반의 거절이유에 대한 조치**
① 도면에 표현된 디자인으로 보아 책상에 책걸이가 부착된 물품인 경우
물품명을 '책걸이가 부착된 책상'으로 보정한다.
② 도면에 표현된 디자인으로 보아 별도의 2가지 물품인 경우
삭제보정 또는 분할출원을 해야 한다.

---

176) 예 1조의 탁구용구, 1조의 배드민턴용구, 완성형태가 다양한 조립완구, 카메라와 카메라케이스, 화장품보관함과 화장품용기, 한글 글자체와 영문자 글자체 등
177) 각각의 챕터의 해당 부분에서 전술하였다.

(2) 복4수의 색채로 표현(예 백색 또는 투명의), 조치
　① 1개의 색채로 삭제보정하고, 분할출원한다.
　② 색채를 한정한 표현을 삭제하여 형상만의 디자인으로 등록을 도모한다.

(3) 형태의 단일성을 만족하는 유형에 대한 분석
　① 기능적, 형태적 일체성이 인정되는 물품은 구성부분들이 서로 고정된 것이 아니라 분리가 가능한 것을 의미한다.[178]
　② 형태적 일체성만 인정되는 물품은 형태상 단일한 일체를 이루는 것을 의미한다.[179]
　③ 기능적 일체성만 인정되는 물품은 구성부분들이 완전히 독립한 형태로 존재하지만 일체로서 일정한 용도를 만족시키고 전체로서 형태상의 통일성이 있으며 이들 물품 전체를 일체적으로 지배할 수 있는 것을 의미한다.[180]

10　정당한 물품명

> **제40조(1디자인 1디자인등록출원)**
> ② 디자인등록출원을 하려는 자는 산업통상자원부령으로 정하는 물품류 구분에 따라야 한다.

1　의의 및 취지

(1) 의 의
로카르노 협정에 따른 물품류 구분에 따라야 한다(제40조 제2항).

(2) 취 지
디자인의 대상이 되는 물품과 물품류를 명확히 하여 디자인을 명확하게 특정하기 위함이다.

2　요 건

(1) 물품명의 기재 – 인적용일최
　① 로카르노 협정에 따른 물품류 구분을 기준으로 특허청장이 고시한 물품류별 물품명칭 중 하나의 물품으로 지정하여 기재할 수 있다.
　② 없다면 디자인을 **인**식하는 데 **적**합한 명칭을 적되, **용**도가 명확하게 이해되고 **일**반화된 명칭이어야 한다.
　③ 일반화된 명칭이 없으면, 물품의 용도를 **최**소의 단위로 표현한 명칭[181]을 사용할 수 있다.

---

178) 예 볼트와 너트, 의복용 합단추, 뚜껑과 그릇
179) 예 막대가 달린 사탕 등
180) 예 양말, 장갑, 트럼프, 신사복(상/하), 투피스 등
181) '○○용 부재' 등, 예 건축용 부재(×), 창틀용 부재(○)

(2) 물품류의 기재

① 물품이 물품류 구분 중 어디에 속하는지 확인하여 기재한다. 로카르노 협정에 따른 것으로, 출원서 작성의 일관성 및 물품명칭 사용의 통일성을 위한 것이다.

② 한편, 물품 상호간의 유사범위를 정한 것은 아니다(시행규칙 제38조 제1항·제2항).

(3) 흠결 유형

① 물품의 용도가 명확하지 않은 경우[182]

○○장치는 용도를 한정할 경우[183]에 가능하고, 물품명과 도면이 합치하지 않거나 물품명을 지나치게 포괄적으로 기재하여 도면 등 출원서의 기재 사항을 종합하여도 디자인이 특정되지 않는 경우는 등록받을 수 없다.

② 상표명 또는 고유명사를 붙인 것[184]

다만, 보통명칭화된 것은 등록이 가능하다.[185]

③ 도면 등 출원서의 내용으로 파악되지 않는 효능 또는 작용 효과를 붙인 것[186]

④ 일부분이 생략된 경우[187]

⑤ 외국문자를 사용한 것

⑥ 다만, 다음은 예외로 한다. — 괄보고

  ㉠ 외국문자를 괄호 안에 기재한 경우
  ㉡ 보통명칭화된 경우[188]
  ㉢ 고시된 명칭

⑦ 단위를 기재한 것[189]

다만, 제42조에 해당하는 경우는 예외로 한다.

⑧ 형태에 관한 명칭을 붙인 것

다만, 형상·모양·색채가 도면 등 출원서의 기재사항과 합치하는 경우는 삭제를 요하지 않는다.

⑨ 재질명을 붙인 것[190]

다만, 재질이 도면 등 출원서의 기재사항과 합치하는 경우에는 삭제를 요하지 않는다.

⑩ 부분디자인에서 부분에 대한 명칭을 사용한 것[191]

---

182) 용도를 명확하게 기재하기 위해 적용물품, 사용주체, 사용방법 등에 따라 한정하여 기재할 수 있다.
   ① 적용물품에 따른 경우 : '안경용 경첩', '문짝용 경첩'
   ② 사용주체에 따른 경우 : '동물용 신발', '환자용 신발'
   ③ 사용방법에 따른 경우 : '케이블 고정용 브라켓', '프레임 연결용 브라켓'
183) 예 입력장치(×), 휴대용문자입력장치(○)
184) 예 ○○식 ○○
185) 예 자동식, 조립식, 이동식 등
186) 예 최첨단 전화기(×), 건강 안마기(×) 등
187) 예 16밀리(×), 16밀리 영화촬영기(○)
188) 예 LED 전구, LCD 모니터, smart watch, mp3 player, cellular phone 등
189) 예 한 벌, 한 세트, 한 짝 등
190) 예 ○○제 ○○
191) 예 전화기의 버튼부분(×), 전화기(○)

3 흠결 시 취급

절차적 요건이므로, 거절이유, 정보제공사유에는 해당하지만, 이의신청사유, 무효사유에는 해당하지 않는다.

4 극복방안

(1) 물품명의 보정
   ① 원 칙
      동일물품 이외의 물품으로 보정하는 경우 요지변경으로 본다.[192]
   ② 예외 - **오명하**
      ㉠ 단순한 착오 또는 **오**기로 인정되는 경우
      ㉡ 불명확한 것을 **명**확하게 보정하는 경우
      ㉢ 포괄명칭을 그 **하**위개념에 속하는 구체적인 명칭으로 보정하는 경우[193]

(2) 물품류의 보정

5 결 어

(1) 로카르노 협정에 따른 명칭으로 너무 엄격하게 제한할 필요는 없다.
(2) 특히 새로운 용도와 기능을 가진 물품의 경우 적절한 물품명을 선택하는 데 어려움이 있으므로, 물품을 명확하게 특정할 수 있는 한도에서 출원인이 자유롭게 선택할 수 있도록 할 필요가 있다.

6 관련문제

(1) 총괄명칭으로 기재된 경우, 하위개념에 속하는 2 이상의 물품으로 분할출원 가능한지 여부
   일반적으로는 도면과 디자인의 설명란에 기재된 바에 따라 추정되는 어느 하나의 물품으로 보정하는 것이 정상일 것이나, 출원인의 의도가 2 이상의 물품으로 출원하려는 것으로 명백하게 인정될 수 있는 경우에는 분할이 가능할 것이다.

(2) 1디자인 1출원의 예외 - 제41조, 제42조, 동적디자인

---

[192] 예 접시에서 재떨이로 변경
[193] 예 옥외조명등을 가로등으로 변경

11 복수디자인등록출원 기출 20·17·14

> **제41조(복수디자인등록출원)**
> 디자인등록출원을 하려는 자는 제40조 제1항에도 불구하고 산업통상자원부령으로 정하는 물품류 구분에서 같은 물품류에 속하는 물품에 대하여는 100 이내의 디자인을 1디자인등록출원(이하 "복수디자인등록출원"이라 한다)으로 할 수 있다. 이 경우 1디자인마다 분리하여 표현하여야 한다.

1 의의 및 취지

(1) 의 의

제40조 제1항에도 불구하고, 복수의 디자인을 1출원으로 할 수 있다(제41조).

(2) 취 지

헤이그협정과의 조화, 출원인의 선택에 따른 절차적 편의를 위함이다.

2 성립요건 – 동백분

(1) 동종류에 속하는 물품일 것

신속한 심사를 위함이다. 물품류가 다른 물품의 디자인은 분할출원이나 출원의 취하(삭제보정)를 할 수 있다.

(2) 100개 이내의 디자인일 것

(3) 1디자인마다 분리하여 표현할 것

각 디자인마다 독립적인 권리가 발생하기 때문이다. 1일련번호 디자인의 도면에 2 이상의 디자인이 표현된 경우 제41조 후단 위반이다.

(4) 흠결 시 취급

절차적 요건이므로, 거절이유, 정보제공사유에는 해당하지만, 이의신청사유, 무효사유에는 해당하지 않는다. 동시에 제40조 제1항 위반이기도 하다.

3 출원 시

(1) 출원서 – 여수일

복수디자인등록출원 **여**부, 디자인의 **수**, 각 디자인의 **일**련번호[194]를 기재해야 한다.

(2) 도면 – 분일통

① 원 칙

1디자인마다 **분**리하여 표현해야 하고 **일**련번호를 기재해야 한다.

---

[194] 예 M001, M002 등

② 형식의 통일

디자인마다 도면 또는 사진 중 1가지로 형식을 **통**일해야 하고, 3D 모델링 도면으로 제출하는 경우에도 마찬가지이다.

(3) 흠결 시 취급

① 도면이 디자인 수에 부족한 경우 – 반려
② 보완사유가 일부에만 존재하는 경우

보완명령을 하며, 그 일부에 대한 절차보완서가 특허청장에게 도달한 날을 복수디자인 전체의 출원으로 본다.

4 등록요건

(1) 전 제

각 디자인마다 판단한다.

(2) 등록여부결정

① 일부 디자인에 대한 거절이유가 있는 경우 : 일련번호, 물품, 거절이유를 통지해야 하고(제63조 제2항), 일부에 대해서만 거절결정이 가능하다(제62조 제6항).
② 일부 디자인에 대한 등록결정이 가능하다(제65조).

5 절차 및 조치

(1) 보 정

① 일부디자인에 대한 출원의 취하

일부취하는 삭제보정[195]으로 하되, 국제디자인등록출원은 불가하다.
② 일부디자인에 대한 보정각하가 가능하다(제49조).
③ 요지변경 여부 판단
  ㉠ 도면의 수와 디자인의 수가 불일치하는 경우
    • 도면을 추가로 제출하는 보정은 요지변경이다.
    • 도면의 수에 맞추어 디자인의 수를 보정하는 것은 요지변경이 아니다(국제디자인등록출원은 불가).
  ㉡ 국제디자인등록출원의 경우
    일부 디자인에 대해서만 전체적 형상을 구체적으로 도시하고, 나머지는 충분히 도시하지 않은 경우에, 보정이 최초 출원서에 포함된 도면으로부터 유추가능한 정도이면 가능하다.

---

195) 1출원이므로 출원의 취하는 불가하기 때문이다.

(2) 분할출원

① 법적 근거(제50조 제1항 제2호) - 제41조 출원한 경우
② 분할에 따른 디자인의 수의 변동이 있는 경우
   1개의 디자인이 되면, 원출원서의 복수디자인의 표시를 1디자인으로 보정해야 한다.
③ 1일련번호의 디자인에 2 이상의 디자인이 포함된 경우(제41조 후단 위반)
   분할하거나, 각 1일련번호의 디자인으로 보정할 수 있는데, 100개 초과가 되는 경우에는 분할해야 한다.

(3) 출원공개, 비밀디자인청구, 우선심사청구, 등록료 납부 시 포기 - 공비우포

일부 디자인에 대해서도 가능하다.

6 등록 후 법률관계

(1) 디자인권

각 디자인별로 디자인권이 발생하여 존속하기 때문에 각각 이전할 수 있고(제96조 제5항), 각각 포기할 수 있다(제105조).

(2) 이의신청, 심판청구

각 디자인마다 해야 한다(제68조 제1항 단서, 제121조 제1항 후단, 제122조 후단).

7 결 어

(1) 종래 복수디자인등록제도는 20 이내의 무심사등록디자인에 대하여 한정적으로 가능했고, 출원일체의 원칙이 적용되어 활용빈도가 높지 않았다.
(2) 2014년 7월 1일 시행법에서 이러한 문제를 해결하여 복수의 디자인 출원 시 효과적인 활용을 도모할 수 있게 되었다.

12 한 벌의 물품의 디자인 기출 17·13

> **제42조(한 벌의 물품의 디자인)**
> ① 2 이상의 물품이 한 벌의 물품으로 동시에 사용되는 경우 그 한 벌의 물품의 디자인이 한 벌 전체로서 통일성이 있을 때에는 1디자인으로 디자인등록을 받을 수 있다.
> ② 제1항에 따른 한 벌의 물품의 구분은 산업통상자원부령으로 정한다.

1 의의 및 취지

(1) 의 의

2 이상의 물품이 한 벌의 물품으로 동시에 사용되는 경우 한 벌 전체로서 통일성이 있으면 1디자인으로 등록받게 하는 제도이다.

(2) 취 지

산업 사회의 다양화에 따라 다수 물품의 통합적 미감을 보호하고자 함이다.

2 성립요건 – 2동통벌적

(1) 2 이상의 물품일 것

동종의 물품도 포함하되, 심사기준에서 정한 예시물품이어야 한다.

(2) 동시에 사용될 것 – 관다예

관념적으로 하나의 사용이 **다**른 것의 사용을 **예**상하게 하거나, 상거래 관행상 동시에 사용하는 것으로 인정되는 것을 의미한다.

(3) 한 벌 전체로서 통일성이 있을 것 – 표전관상집

① 각 구성물품의 형상, 모양 등이 동일한 **표**현방법으로 표현되거나, **전**설이나 관념적으로 **관**련이 있는 **인상**을 주는 경우
② 각 구성물품이 **상**호 **집**합되어 하나의 통일된 형상, 모양 등을 표현하는 경우

심사기준 – 한 벌 전체로서 통일성		
표현방법이 동일한 경우	관념적으로 관련된 인상을 주는 경우	상호 집합되어 통일성이 인정되는 경우
예 한 벌의 전기스탠드 및 테이블 세트	예 "토끼와 거북이"의 동화를 그림으로 통일되게 표현	예 한 벌의 샐러드 그릇 및 포크 세트

(4) 시행규칙 [별표 5]의 한 벌의 물품에 해당할 것

시행규칙 [별표 5]는 92개의 물품을 예시하고, 그 밖에 명시한 물품 이외에도 '2 이상의 물품이 한 벌의 물품으로 동시에 사용되는 것으로 인정되는 경우'를 포함한다.

(5) 그 구성물품이 적합할 것

원칙적으로는 심사기준에서 정하는 한 벌의 구성물품을 구비해야 하나, 그 이외의 물품이 포함되는 경우에는 동시에 사용되는 것이 상거래 관행상 당 업계에서 인정될 수 있는 경우[196]여야 한다.

(6) 흠결 시 취급

절차적 요건이므로, 거절이유, 정보제공사유에는 해당하지만, 이의신청사유, 무효사유에는 해당하지 않는다.

3 출원 시

(1) 출원서

① 디자인의 대상이 되는 물품

시행규칙 [별표 5]에서 정하는 한 벌의 물품명을 기재하되, 없으면 구성 물품의 명칭을 나열하여 기재한다.

② 물품류[197]

㉠ 심사와 일부심사대상이 함께 구성된 경우에는 심사대상의 물품류 구분을 기재한다. 심사대상의 물품류가 2 이상이면 다음과 같이 기재한다.
  - 구성 물품의 수가 많은 물품으로 기재한다.
  - 구성 물품의 수가 같은 경우에는 출원인의 의사에 따른다.

㉡ 심사 또는 일부심사대상으로만 구성된 경우 ㉠의 두 방법에 의한다.

(2) 도 면

① 각 구성물품의 도면만으로 한 벌의 물품의 디자인을 충분히 표현 가능한 경우에는 그 1조의 도면만 제출한다. 단, 각 구성물품의 디자인은 도면 또는 3D 모델링 도면으로 표현 가능한데 1가지로 통일되게 표현해야 한다.

② 구성물품들이 상호 **집합**되어 **하나**의 **통일**된 **형상**, **모양** 또는 **관념**을 **표현**하는 경우에는 조합된 상태의 1조의 도면이 더 필요하다. - **집하통 형모관표**

---

[196] 한 벌의 태권도복과 같은 전문 운동복 세트도 이에 해당할 수 있으나, 모자, 양말, 신발, 보호장비는 이에 포함되지 않는다(심사기준).
[197] 개정 심사기준의 내용이다.

4 등록요건

(1) 전 제
전체로서 판단하는 것을 원칙으로 한다.[198]

(2) 디자인의 동일, 유사 판단
한 벌의 물품의 디자인과 구성물품의 디자인은 다(多)물품과 일(一)물품의 관계로 비유사하다.

(3) 공업상 이용가능성
도면의 작성방법 위반인 경우, 구체성 흠결에 해당한다.

(4) 신규성
한 벌의 물품의 디자인이 공지된 경우, 그 구성물품의 디자인과 동일·유사한 디자인이 출원된 경우에는 신규성 위반이 될 수 있다.

(5) 창작성
구성물품 중 주지 또는 공지되지 않은 부분이 포함되어 있더라도, 부수적이거나 창작성이 낮아 전체적 미감에 미치는 영향이 적은 경우에는 쉽게 창작할 수 있는 것으로 볼 수 있다.

(6) 확대된 선출원
한 벌의 물품의 디자인이 선출원, 그 구성물품과 유사한 디자인이 후출원인 경우, 확대된 선출원 위반이 될 수 있다.

(7) 부등록사유
제1호 내지 제3호를 판단하는 경우에는 구성물품에 관한 디자인만이 이에 해당하더라도 위반이지만, 제4호는 한 벌 물품 전체로서 해당해야 한다.

(8) 선출원주의
한 벌 물품의 디자인과 그 구성물품의 디자인은 비유사한 디자인에 해당하므로 선출원주의 위반은 문제되지 않는다.

(9) 1디자인 1출원
2 이상의 물품이 제42조의 성립요건을 만족하지 못하는 경우 위반이다.

(10) 정당한 물품명
원칙적으로 '한 벌'이라는 용어를 사용하면 정당한 물품명이 아니지만, 한 벌 물품의 디자인에 관한 물품명이면 적법하다.

---

[198] 2001년 7월 1일 시행법 이전에는 일부 구성물품의 디자인에 대해서도 각 등록요건을 만족할 것을 요구했다.

5 절차 및 조치

(1) 보정

① 성립요건 만족 시
1디자인으로 취급되므로, 이를 다시 구성물품의 디자인으로 보정하는 것은 요지변경에 해당한다.

② 성립요건 불만족 시
2 이상의 디자인으로 취급되므로, 일부 구성 물품을 삭제하는 보정을 할 수 있다.

③ 조합된 상태의 도면만 제출한 경우
각 구성물품의 도면을 추가하는 경우, 종합적으로 고려하여 도출할 수 있는 정도라면 요지변경이 아니다.

(2) 분할출원

① 성립요건 만족 시
1디자인이므로, 구성 물품에 대해 분할출원을 할 수 없다.

② 성립요건 불만족 시
2 이상의 디자인으로 제40조 제1항 위반인 바, 분할출원이 가능하다.

(3) 신규성 상실의 예외

① 구성물품 디자인이 공지된 경우
한 벌 물품의 디자인과 그 구성물품은 물품이 비유사하므로 구성물품이 공지되더라도 한 벌 물품의 디자인은 등록이 가능하다.

② 한 벌 물품의 디자인이 공지된 경우
동일인 간 확대된 선출원의 적용이 배제되어, 이를 주장하여 부분에 해당하는 구성물품의 등록을 도모할 수 있다.

(4) 조약우선권주장
증명서류에 여러 개의 물품에 관한 디자인이 표현되어 있는데, 이들 전부 또는 일부를 대상으로 한 벌 물품의 디자인으로 출원하는 것은 가능하다.

6 등록 후 법률관계

(1) 디자인권

① 한 벌 물품의 디자인권
동일, 유사한 범위에 미치나, 한 벌 전체로서 디자인권이 발생하는 것이므로, 각 구성물품의 디자인은 비유사하여 권리범위가 미치지 않는다.

② 한 벌 물품의 디자인권 – 구성물품의 실시
비유사하기 때문에 직접침해에는 해당하지 않고, 보통 각 구성물품들은 그 자체로서 독자적인 용도와 기능을 갖는 물품에 해당하기 때문에 간접침해(제114조)도 성립하기 어렵다.

③ 구성물품의 디자인권 – 한 벌 물품의 실시
직접침해를 구성한다.

(2) 이용관계

선 구성물품 디자인, 후 한 벌 물품 디자인의 경우 이용관계가 성립할 수 있다.

7 결 어

한 벌 물품의 디자인은 전체로서 디자인권이 발생하는 것이므로, 별개의 구성물품에 대한 디자인권을 확보하여 중첩적으로 보호할 필요가 있다.

13 일부심사등록제도 기출 20·15

> **제2조(정의)**
> 이 법에서 사용하는 용어의 뜻은 다음과 같다.
> 3. "등록디자인"이란 디자인등록을 받은 디자인을 말한다.
> 4. "디자인등록"이란 디자인심사등록 및 디자인일부심사등록을 말한다.
> 5. "디자인심사등록"이란 디자인등록출원이 디자인등록요건을 모두 갖추고 있는지를 심사하여 등록하는 것을 말한다.
> 6. "디자인일부심사등록"이란 디자인등록출원이 디자인등록요건 중 일부만을 갖추고 있는지를 심사하여 등록하는 것을 말한다.
>
> **제37조(디자인등록출원)**
> ④ 디자인일부심사등록출원을 할 수 있는 디자인은 물품류 구분 중 산업통상자원부령으로 정하는 물품으로 한정한다. 이 경우 해당 물품에 대하여는 디자인일부심사등록출원으로만 출원할 수 있다.

1 의의 및 취지

(1) 의 의

① 디자인등록은 심사등록과 일부심사등록이 있다(제2조 제4호).
② 심사등록은 출원이 등록요건을 모두 갖추었는지를 심사한다(제2조 제5호).
③ 일부심사등록은 등록요건 중 일부만을 갖추었는지를 심사한다(제2조 제6호).

(2) 취 지

일부심사등록제도를 병행 운영하는 이유는, 유행성이 강한 물품에 대해서는 신속한 권리화를 도모하기 위해서이다. 종래 무심사라는 용어를 변경했다.

2 출원 시

(1) 출원서

디자인의 대상이 되는 물품이 로카르노 협정에 따른 물품류 구분 중 1, 2, 3, 5, 9, 11, 19류에 해당해야 한다.

(2) 도면 - 심사등록출원과 동일

3 등록요건

(1) 구별(제37조 제4항)

제1·2·3·5·9·11·19류[199])에 해당하면 일부심사등록출원으로만 가능하다.

(2) 위반 시 취급

거절이유[200], 정보제공사유에 해당하며, 절차적 요건으로 이의신청사유, 무효사유에 해당하지는 않는다.

(3) 법적 취급

① 원 칙
  ㉠ 선행디자인의 검색이 요구되지 않도록 신규성, 창작성(공지디자인에 의한 것만), 확대된 선출원, 선출원주의를 심사하지 않는다(제62조 제2항).
  ㉡ 관련디자인은 제35조 대신 제62조 제3항을 심사한다.

(4) 예 외

① 정보제공이 있는 경우, 모든 등록요건의 판단이 가능하다(제62조 제4항).
② 디자인일부심사등록출원이 제33조 제1항 각 호에 해당하거나 제46조 제1항·제2항에 따라 디자인등록을 받을 수 없음이 명백한 경우에는 디자인등록거절결정을 할 수 있다(제62조 제5항).

4 절차 및 조치

(1) 신규성 상실의 예외

① 원 칙
  신규성과 창작성(공지디자인에 의한 것만)은 심사하지 않으므로, 본조 적용 여부와는 무관하게 등록이 가능하다.

② 예 외
  ㉠ 정보제공이 있는 경우, 신규성과 창작성 위반을 극복하기 위해 고려할 필요가 있다.
  ㉡ 등록 후 이의신청사유나 무효사유에 해당하여 소급 소멸될 위험이 있으므로 고려하는 것이 좋다.

---

199) ① 1류 : 식품, ② 2류 : 의류/패션잡화용품, ③ 3류 : 다른 류에 명기되지 않은 여행용품/케이스/파라솔/신변용품, ④ 5류 : 섬유제품, 인조/천연 시트직물류, ⑤ 9류 : 물품 운송/처리용 포장 및 용기, ⑥ 11류 : 장식용품, ⑦ 19류 : 문방구, 사무용품, 미술재료/교재
200) 심사등록출원의 대상인데 일부심사등록출원을 한 경우에는 전단 위반, 그 반대의 경우에는 후단 위반이다(심사기준).

(2) 보 정
심사를 일부심사로, 일부심사를 심사로 변경하는 보정이 가능하다(제48조 제3항). 국제디자인등록출원은 제외한다.

5 등록 후

(1) 디자인권
심사등록디자인과 효력 측면에서 차이가 없다.

(2) 이의신청
부실권리의 양산을 방지하기 위해, 설정등록일로부터 등록공고일 후 3월이 되는 날까지 또는 디자인권 침해에 관한 통지를 받은 자는 그 통지를 받은 날부터 3개월이 되는 날까지 가능하다.

(3) 과실의 추정(제116조 제2항)
실체심사를 하지 않는 일부심사등록을 이용한 탈법을 금지하기 위함이다.

6 결 어

(1) 실 익
디자인의 특성상 선행디자인조사의 신뢰도가 높지 않고, 신속한 등록이 요구되는 경우가 많은 점을 고려하면 일부심사등록제도의 실익은 크다고 할 것이다.

(2) 형 평
다만, 출원인의 선택이 아닌 시행규칙에 의해 정해지는 바 심사대상과의 형평에 어긋나 불만을 가질 수 있다. 따라서 디자인의 경향을 파악하여 입법적으로 적절하게 조율할 필요가 있다.

(3) 권리범위에 대한 논의
① 문제점

일부심사등록제도를 악용하게 되면, 선 창작자가 정당하게 실시하는 디자인을 모방하여 일단 등록받아 부당한 권리행사를 할 수도 있다. 이에 대해 선 창작자는 무효심판, 정당권리자 출원 등을 도모할 수 있으나 그 동안 분쟁에 휘말려 상당한 손해가 발생할 수 있다.

② 입법론

일부심사로 등록된 디자인권에 기한 권리행사에 일정한 제한을 두자는 견해가 있다.

CHAPTER 06 절차 및 조치

01 신규성 상실의 예외 [기출] 22·19·11

> **제36조(신규성 상실의 예외)**
> ① 디자인등록을 받을 수 있는 권리를 가진 자의 디자인이 제33조 제1항 제1호 또는 제2호에 해당하게 된 경우 그 디자인은 그날부터 12개월 이내에 그 자가 디자인등록출원한 디자인에 대하여 같은 조 제1항 및 제2항을 적용할 때에는 같은 조 제1항 제1호 또는 제2호에 해당하지 아니한 것으로 본다. 다만, 그 디자인이 조약이나 법률에 따라 국내 또는 국외에서 출원공개 또는 등록공고된 경우에는 그러하지 아니하다.
> ② 삭제 〈2023.6.20.〉

1 서설

(1) 의의

디자인을 받을 권리를 가진 자의 디자인이 공지 등이 된 경우, 소정의 요건 하에 그 자가 출원한 디자인에 대하여 신규성, 창작성을 적용할 때에는 공지 등이 되지 않은 것으로 본다(제36조).

(2) 취지

① 자기 공지에 의해 등록이 불허되는 것은 가혹하므로 형평의 원칙상 이를 방지하여 출원인을 보호하고 산업발전에 이바지하기 위함이다(판례).[201]

② 판례가 설시한 취지

신규성에 관한 원칙을 너무 엄격하게 적용하면 디자인등록을 받을 수 있는 권리를 가진 자에게 지나치게 가혹하여 형평성을 잃게 되거나 산업의 발전을 도모하는 디자인보호법 취지에 맞지 않는 경우가 생길 수 있으므로, 제3자의 권익을 해치지 않는 범위 내에서 예외적으로 디자인등록을 받을 수 있는 권리를 가진 자가 일정한 요건과 절차를 갖춘 경우 디자인이 출원 전에 공개되었다고 하더라도 그 디자인은 신규성을 상실하지 않는 것으로 취급하기 위하여 신규성 상실 예외 규정을 둔 것이다.

(3) 연혁[202]

---

201) 2014후1341
202) 2023년 12월 21일 시행법은 시기 및 절차적 요건을 삭제하였다.

2 요건

(1) 주체적 요건

공지행위의 주체는 불문[203]이고, 디자인등록을 받을 수 있는 권리자(창작자 또는 정당한 승계인)의 출원 전에 공지 등이 되어야 한다.

(2) 객체적 요건

① 공지 등이 된 디자인이어야 한다. 다만, 국내외에서 출원공개 또는 등록공고된 경우에는 적용대상이 아니다(제36조 제1항 단서).
② 공지디자인과 출원디자인의 동일, 유사 여부는 고려대상이 아니다.

(3) 시기적 요건

① 공지 등이 된 날로부터 12개월 이내에 출원되어야 한다.[204]
② 복수의 공지행위가 있는 경우, 기산일은 최초의 공개일이다.
③ 심사뿐만아니라 모든 형태의 심판, 소송절차 중에도 가능하다. 다만 심사 절차에서는 출원 시뿐만 아니라 출원 중, 등록결정이전, 의견서 제출 시, 일부심사디자인의 경우 이의신청에 대한 답변 시에도 가능하다.

3 효과

(1) 요건 만족 시

① 원칙
자기 출원디자인의 신규성 또는 창작성 판단 시, 그 디자인은 공지 등이 되지 않은 것으로 본다.
② 효력이 미치는 범위
㉠ 판례의 태도
수 회의 공개행위를 하고, 그중 가장 먼저 공지된 디자인에 대해서만 제36조의 주장을 했더라도, 나머지 공지된 디자인이 동일성이 인정되는 범위 내에 있다면 그에 대해서도 효력이 미친다. 여기서 동일성이 인정되는 범위란, 형상·모양·색채 또는 이들의 결합이 동일하거나 극히 미세한 차이만 있어 전체적 심미감이 동일한 디자인을 말하고, 전체적 심미감이 유사한 정도에 불과한 경우는 포함되지 않는다고 판시하였다(2014후1341).[205]
㉡ 검토
동일성 범위에서 효력을 인정하는 판례의 태도는 공지는 성질상 어느 정도 계속되는 상태를 예정하는 점, 출원인의 통상의 의사와 부합한다는 점, 제3자에게 불측의 피해를 줄 염려가 없는 점에서 일응 타당하다.

---

203) 타인에 의한 공지더라도 주장이 가능하다. 공지 주체가 복수면 그중 1인은 출원인에 포함되어야 한다.
204) 의사에 반한 공지인 경우, 후출원의 거절참증으로 인용되어 선출원디자인이 거절이유통지를 통해 공지된 경우, 그와 동일, 유사한 디자인을 출원한다면 마찬가지로 12월 이내여야 한다.
205) 판례편 - [26] 냉장고 사건

(2) 요건 불만족 시

① 심사등록출원

자기의 공지디자인이 인용디자인이 되어 등록이 불허될 수 있다.

② 일부심사등록출원

㉠ 원 칙

신규성과 창작성(공지디자인에 의한 것만)은 심사하지 않으므로, 본조 적용 여부와는 무관하게 등록이 가능하다.

㉡ 예 외

정보제공이 있는 경우, 신규성과 진보성 위반이 될 수 있다. 등록 후 이의신청사유나 무효사유에 해당하여 소급 소멸될 위험이 있다.

③ 불인정 절차(심사기준)

㉠ 원 칙

불인정 예고통지를 하여 의견서 제출기회를 부여하며, 제출된 의견에도 불구하고 인정할 수 없다고 판단되면 불인정통지를 해야 한다.

㉡ 예 외

증명서류를 제출하지 않거나 신규성 상실 예외 주장을 위한 의견서 제출이 없는 경우 신규성 상실 예외 주장의 효력이 없으므로 별도의 절차를 밟을 필요가 없다.

4 결 어

(1) 개정법에 의해 시기 및 절차적 요건이 삭제되어 출원인의 편의가 개선되었다.

(2) 증명이 문제이므로 자기 공지자료를 미리 확보해두는 것이 중요하다고 할 것이다.

(3) 또한 제3자와의 관계에서는 거절될 위험이 있는 것을 항상 고려해야 하므로 되도록 조속히 출원하는 것이 바람직하다.

02 조약우선권주장 기출 25·22

> **제51조(조약에 따른 우선권 주장)**
> ① 조약에 따라 대한민국 국민에게 출원에 대한 우선권을 인정하는 당사국의 국민이 그 당사국 또는 다른 당사국에 출원한 후 동일한 디자인을 대한민국에 디자인등록출원하여 우선권을 주장하는 경우에는 제33조 및 제46조를 적용할 때 그 당사국 또는 다른 당사국에 출원한 날을 대한민국에 디자인등록출원한 날로 본다. 대한민국 국민이 조약에 따라 대한민국 국민에게 출원에 대한 우선권을 인정하는 당사국에 출원한 후 동일한 디자인을 대한민국에 디자인등록출원한 경우에도 또한 같다.
> ② 제1항에 따라 우선권을 주장하려는 자는 우선권 주장의 기초가 되는 최초의 출원일부터 6개월 이내에 디자인등록출원을 하지 아니하면 우선권을 주장할 수 없다.
> ③ 제1항에 따라 우선권을 주장하려는 자는 디자인등록출원 시 디자인등록출원서에 그 취지와 최초로 출원한 국명 및 출원연월일을 적어야 한다.
> ④ 제3항에 따라 우선권을 주장한 자는 제1호의 서류 또는 제2호의 서면을 디자인등록출원일부터 3개월 이내에 특허청장에게 제출하여야 한다. 다만, 제2호의 서면은 산업통상자원부령으로 정하는 국가의 경우만 해당한다.
>   1. 최초로 출원한 국가의 정부가 인증하는 서류로서 디자인등록출원의 연월일을 적은 서면 및 도면의 등본
>   2. 최초로 출원한 국가의 디자인등록출원의 출원번호 및 그 밖에 출원을 확인할 수 있는 정보 등 산업통상자원부령으로 정하는 사항을 적은 서면
> ⑤ 제3항에 따라 우선권을 주장한 자가 정당한 사유로 제4항의 기간 내에 같은 항에 규정된 서류 또는 서면을 제출할 수 없었던 경우에는 그 기간의 만료일부터 2개월 이내에 같은 항에 규정된 서류 또는 서면을 특허청장에게 제출할 수 있다.
> ⑥ 제3항에 따라 우선권을 주장한 자가 제4항 또는 제5항의 기간 내에 제4항에 규정된 서류 또는 서면을 제출하지 아니한 경우에는 그 우선권 주장은 효력을 상실한다.
>
> **제51조의2(우선권 주장의 보정 및 추가)**
> ① 제51조 제1항부터 제3항까지에 따라 우선권 주장을 한 자는 디자인등록출원일부터 3개월 이내에 해당 우선권 주장을 보정하거나 추가할 수 있다.
> ② 제1항에 따라 우선권 주장을 보정하거나 추가한 자에 대하여는 제51조 제4항부터 제6항까지를 적용한다.
>
> **제51조의3(우선권 주장 기간의 연장)**
> ① 제51조 제1항에 따라 우선권을 주장하려는 자가 정당한 사유로 같은 조 제2항의 기간을 지키지 못한 경우에 그 기간의 만료일부터 2개월 이내에 디자인등록출원을 한 때에는 그 디자인등록출원에 대하여 우선권을 주장할 수 있다.
> ② 제1항에 따라 우선권을 주장한 자에 대하여는 제51조 제3항부터 제6항까지를 준용한다.

1 서 설

(1) 의 의

파리협약의 3대원칙 중 하나로서, 조약당사국 국민이 제1국에 정규의 출원을 한 후 동일한 디자인을 국내에 출원하여 우선권주장을 하는 경우, 제33조와 제46조를 적용함에 있어서 판단시점을 소급하여 인정하는 제도이다(제51조).

(2) 취 지

속지주의 원칙에 의한 시간, 절차 등 많은 제약을 극복하고, 선출원자를 국제적으로 보호하기 위함이다.

2 요건

(1) 주체적 요건
① **대한민국 국민, 조약동맹국 국민, 준동맹국 국민**이어야 한다. **- 대동준**
② 제1국 출원인과 동일인 또는 정당승계인이어야 하며, 승계인은 우선권도 승계해야 한다.

(2) 객체적 요건
① 판단방법
  ㉠ 기초 출원은 최선성, 정규성이 있어야 한다.
  ㉡ 우선권주장 출원은 기초출원과 실질적 동일성이 있어야 한다. 출원 **형식**이나 디자인을 표현하는 방식과 관계없이 증명서류에 표현된 디자인 중에 국내 출원디자인과 **실질적**으로 동일한 디자인이 포함되어 있으면 된다. 이는 해당디자인의 분야에서 **통상**의 지식을 기초로 증명서류의 전체 기재내용과 제1국의 **제도**[206] 등을 종합적으로 고려하여 판단한다. **- 형실통제**

② 실질적 동일성의 구체적 판단(심사기준)
  ㉠ 물품의 동일성
   • 명칭이 다르더라도 실질적으로 용도, 기능이 동일한지 판단한다.
   • 포괄명칭에 속하는 하나의 명칭을 적으면 동일하다고 본다.[207]
  ㉡ 디자인의 동일성
   • 불인정되는 경우 **- 한결부참**
    - 등록받고자 하는 부분의 위치, 크기, 범위를 **한**정할 수 없는 경우[208]
    - 여러 개의 우선권주장에 기초한 디자인을 **결**합하여 구성하여 출원[209]
    - 완성품디자인을 **부품**디자인으로, 전체디자인을 **부분**디자인으로 출원
    - 증명서류 중 **참**고도면에 표현된 디자인을 출원
   • 인정되는 경우
    증명서류에 복수의 물품의 디자인이 표현되어 있는데, 이들 전부 또는 일부를 한 벌 물품의 디자인으로 출원

심사기준 - 실질적 동일성의 구체적 판단의 예

• 물품의 동일성이 인정되는 경우
  [예] 우선권증명서류에 물품의 명칭이 "Bottle"로 적혀 있고, 도면은 음료용 페트병에 관한 디자인이 표현되고, 우리나라의 출원서에는 물품의 명칭이 "포장용 병"이라고 적혀 있음

〈제1국 출원디자인〉
[명칭 : Bottle]

〈우리나라 출원디자인〉
[명칭 : 포장용 병]

---

206) 따라서 원칙적으로 제1국이 전체디자인이고 우선권 주장 출원이 부분디자인인 경우에는 동 요건을 만족하지 않지만, 제1국의 제도가 부분디자인을 인정하지 않는 경우에는 디자인의 실질적 내용을 따져보아야 한다.
207) [예] Bottle - 포장용 병
208) [예] 문양이 새겨진 평면의 포장용지 - 그 문양을 가진 포장용 상자
209) [예] 손목시계 본체, 시계줄 - 손목시계

- 디자인의 동일성이 인정되지 않는 경우

  [예] 제1국 출원에서 물품의 명칭에 "Package"로 적혀 있고 도면에는 평면적인 모양만이 도시되어 있고, 우리나라에는 부분디자인으로 출원하면서 물품의 명칭을 "포장용 상자"로 적고 포장용 상자에 관한 전체디자인의 일부분에 그 모양을 도시하였음

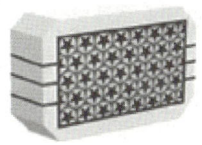

〈제1국 출원디자인〉　　　　〈우리나라 출원디자인〉
[명칭 : Package]　　　　　　[명칭 : 포장용 상자]

- 최초 출원한 국가의 제도적 특성(EU, 미국 등은 부분디자인 여부를 표시하지 않고 출원되며, 도면 요건도 우리나라와 상이함)상 우선권증명서류에 표현되어 있는 디자인이 도면의 일부만 표현되어 있을 때, 동일성이 인정되는 경우

(3) 시기적 요건

제1국 출원일로부터 6개월 이내에 해야 한다(제51조 제2항). 다만, 정당한 사유로 기간을 지키지 못한 경우에는 그 기간의 만료일로부터 2개월 이내에 디자인등록출원을 한 때에도 할 수 있다(제51조의3).

(4) 절차적 요건

① 원 칙
  ㉠ 출원 시 우선권주장(제51조 제3항)을 하면서 출원서에 그 취지, 최초 출원한 국가명, 출원연월일을 기재해야 한다.
  ㉡ 또한 출원일로부터 3개월 이내에 증명서류를 제출해야 한다(제51조 제4항).
  ㉢ 정당한 사유로 증명서류를 제출할 수 없었던 경우에는 기간의 만료일부터 2개월 이내에 제출할 수 있다(제51조 제5항).

② 번역문 제출의 요구(시행규칙 제47조 제4항)
  특허청장은 2개월의 기간을 정하여 증명서류에 대한 번역문 제출을 요구할 수 있고, 도면의 기재내용이 동일한 부분에 대해서는 번역을 생략할 수 있다.

③ 분할출원의 경우
출원일 소급효의 예외로, 분할출원 시를 기준으로 3개월 이내에 제출하면 된다(제50조 제2항 단서). 출원인의 절차적 보호를 위함이다.
④ 우선권주장의 보정 및 추가(제51조의2)
출원 당시 출원서에 기재된 우선권 주장의 기초가 되는 출원 중 적어도 하나가 우선권 주장기간의 요건을 충족하는 경우에 한하며, 보정 및 추가 가능 기간은 출원일로부터 3개월 이내이다. 다만, 명백한 오기의 정정은 그 이후에도 가능하다.

3 효 과

(1) 요건 만족 시
① 파리조약 4B
제1국과 제2국 출원일 사이에 행해진 제3자의 행위에 의하여 무효되지 않으며, 어떠한 권리도 제3자에게 허여하지 않는다.
② 국내법상 효과
제33조, 제46조의 적용에 있어 판단시점이 제1국 출원일로 소급된다.

(2) 요건 불만족 시
① 우선권주장의 효력 상실(제51조 제6항)
통상의 출원으로서 심사된다.
② 불인정 절차
㉠ 최초 출원국의 출원일과 국내출원의 출원일 사이에 공지디자인이 존재하는 경우 우선권 주장의 적법성 여부를 판단하고, 우선권주장을 불인정해야 할 경우에는 거절이유 통지와 함께 우선권불인정 이유를 통지한다.
㉡ 증명서류가 출원일로부터 3개월 이내에 제출되지 않은 경우 우선권 주장은 효력이 없으며, 우선권 주장 불인정의 절차를 밟을 필요가 없다.
㉢ 증명서류가 3개월 이내에 제출되지 않더라도 정당한 사유에 해당하여 그 기간의 만료일부터 2개월 이내에 제출될 수 있으므로 그때까지 심사를 보류한다.

4 결 어

속지주의의 예외적 성격의 제도로 운영에 있어 엄격한 적용이 요구된다. 한편, 2014년 7월 1일 시행법은 「산업디자인의 국제 등록에 관한 헤이그협정」에 의한 국제출원제도의 도입으로 디자인권의 보호를 강화하였다.

03 보 정

> **제48조(출원의 보정과 요지변경)**
> ① 디자인등록출원인은 최초의 디자인등록출원의 요지를 변경하지 아니하는 범위에서 디자인등록출원서의 기재사항, 디자인등록출원서에 첨부한 도면, 도면의 기재사항이나 사진 또는 견본을 보정할 수 있다.
> ② 디자인등록출원인은 관련디자인등록출원을 단독의 디자인등록출원으로, 단독의 디자인등록출원을 관련디자인등록출원으로 변경하는 보정을 할 수 있다.
> ③ 디자인등록출원인은 디자인일부심사등록출원을 디자인심사등록출원으로, 디자인심사등록출원을 디자인일부심사등록출원으로 변경하는 보정을 할 수 있다.
> ④ 제1항부터 제3항까지의 규정에 따른 보정은 다음 각 호에서 정한 시기에 할 수 있다.
>   1. 제62조에 따른 디자인등록거절결정 또는 제65조에 따른 디자인등록결정(이하 "디자인등록여부결정"이라 한다)의 통지서가 발송되기 전까지
>   2. 제64조에 따른 재심사 청구기간
>   3. 제120조에 따라 디자인등록거절결정에 대한 심판을 청구하는 경우에는 그 청구일부터 30일 이내
> ⑤ 제1항부터 제3항까지의 규정에 따른 보정이 최초의 디자인등록출원의 요지를 변경하는 것으로 디자인권의 설정등록 후에 인정된 경우에는 그 디자인등록출원은 그 보정서를 제출한 때에 디자인등록출원을 한 것으로 본다.
>
> **제49조(보정각하)**
> ① 심사관은 제48조에 따른 보정이 디자인등록출원의 요지를 변경하는 것일 때에는 결정으로 그 보정을 각하하여야 한다.
> ② 심사관은 제1항에 따른 각하결정을 한 경우에는 제119조에 따른 보정각하결정에 대한 심판청구기간이 지나기 전까지는 그 디자인등록출원(복수디자인등록출원된 일부 디자인에 대하여 각하결정을 한 경우에는 그 일부 디자인을 말한다)에 대한 디자인등록여부결정을 하여서는 아니 된다.
> ③ 심사관은 디자인등록출원인이 제1항에 따른 각하결정에 대하여 제119조에 따라 심판을 청구한 경우에는 그 심결이 확정될 때까지 그 디자인등록출원(복수디자인등록출원된 일부 디자인에 대한 각하결정에 대하여 심판을 청구한 경우에는 그 일부 디자인을 말한다)의 심사를 중지하여야 한다.
> ④ 제1항에 따른 각하결정은 서면으로 하여야 하며 그 이유를 붙여야 한다.

1 의의 및 취지

(1) 의 의

출원에 절차적, 실체적 하자가 있는 경우, 최초 출원의 동일성을 유지하는 범위 내에서 보충, 정정하는 제도이다(제47조, 제48조).

(2) 취 지

선출원주의 보완으로 출원인을 보호하기 위함이다. 다만, 과도하게 인정하면 제3자에게 불측의 피해 염려가 있으므로 시기 및 범위에 일정한 제한을 두고 있다.

2 요건

(1) 주체적 요건

출원인(공동출원의 경우, 각자가 가능하다)이어야 하고, 대리인의 경우, 특별수권을 요한다.

(2) 객체적 요건

① 내용의 보정(제48조 제1항)

㉠ 보정의 범위

최초 출원의 요지를 변경하지 않는 범위에서 출원서 또는 도면 등을 보정할 수 있다.

㉡ 요지변경

- 의 의
  - 요지변경이란 최초 출원의 동일성이 유지되지 않는 범위에서의 보정을 의미한다.
  - 요지란 디자인의 분야에서 통상의 지식에 기초하여 출원서 및 도면 등으로부터 직접적으로 도출되는 디자인의 구체적인 내용이다.

- 판단방법
  대법원은 최초 출원서의 기재내용, 첨부된 도면, 사진 또는 견본 및 디자인의 설명에 표현된 내용 등을 종합적으로 고려하여 판단해야 하며, 특별한 사정이 없는 한 모양의 변경은 요지변경이라고 판시하였다(94후1626).

심사기준 – 도면의 보정에 있어, 요지변경의 구체적 판단의 예

- 요지변경으로 되는 경우의 예
  - 최초의 도면 등에 표현된 형상·모양이나 색채상의 부가, 삭감, 변경 등으로 인하여 물품의 외관에 영향을 미치는 경우, 다만, 외관에 거의 영향을 미치지 않는 경미한 정도의 것은 예외임
  - 도면 중 불일치한 일면을 중심으로 하여 다른 도면을 정정함으로써 최초에 제출한 도면으로부터 상기되는 것과 다른 디자인이 되는 경우
  - 도면에는 형상만이 그려지고 디자인의 설명란에 색구분 또는 색흐림이 있다고 설명되어 있는 것을, 그 설명과 같이 도면을 보정한 것이 통상 그 물품으로서 실시되는 정도의 상식적인 표현이 아닌 경우
  - 복수디자인등록출원의 출원서에 적힌 디자인의 수에 맞춰 도면을 추가로 제출하는 경우
  - 도면을 보정하거나 추가로 제출하는 경우, 최초 출원 시 제출된 도면으로부터 당연히 도출될 수 있는 일반적인 형상을 나타내는 것이라고 판단되지 아니할 경우
  - 첨부도면으로 추측하여 상식적으로 판단되는 범위를 벗어날 정도로 디자인의 설명을 보정하는 경우

- 요지변경이 아닌 경우의 예
  - 도면으로 제출한 디자인을 사진 또는 견본으로 보정하거나, 또는 그 반대로 보정한 경우에 도면 또는 사진 등을 그대로 실시하면 그렇게 될 것이라고 추측될 수 있는 범위에서 보정하는 경우. 다만, 이 경우의 디자인은 참고도면을 제외하고는 도면 또는 사진 등 한 가지로 통일되게 작성되어야 함
  - 3D 모델링 도면으로 제출한 3차원 모델링 파일의 실행 시 도면의 일부가 깨지거나 터지는 현상이 발생된 경우에 디자인의 동일성이 인정되는 범위에서 같은 3D 모델링 도면으로 보정하는 경우 및 하나의 디자인을 도면과 3D 모델링 도면을 혼합하여 표현한 경우에 보정에 의하여 한 가지의 도면이나 3D 모델링 도면으로 통일되게 보정한 경우
  - 도면 등이 너무 작거나 불선명한 경우에 최초에 출원한 것과 동일성을 상실하지 않는 범위에서 적당한 크기 또는 선명한 것으로 보정하는 경우
  - 선명한 사진이더라도 배경 등 불필요한 것이 촬영되어 있어서 디자인을 정확히 알 수 없는 경우에 그 배경, 음영 등을 제거하기 위하여 보정하는 경우
  - 도형 안에 음영, 지시선, 그 밖에 디자인을 구성하지 않는 선·부호 또는 문자 등을 표현하고 있는 경우에 이들을 제거하기 위하여 보정하는 경우
  - 디자인의 설명이나 도면 등의 오기를 정정하거나 미세한 부분의 불명확한 것을 명확하게 하는 경우
  - 복수디자인등록출원된 디자인의 일부를 취하기 위하여 출원디자인의 일부를 삭제 보정하는 경우. 다만, 국제디자인등록출원은 제외

- 디자인의 창작내용의 요점은 권리범위에 영향을 미치지 않으므로 그 변경은 요지변경으로 취급하지 않음
- 국제디자인등록출원으로 복수디자인을 출원하는 경우 일부 디자인에서만 전체적인 형상을 구체적으로 도시하고, 그 외의 디자인에서는 충분히 도시되지 않았을 때, 도면을 추가하는 보정이 최초 출원서에 포함된 도면으로부터 유추할 수 있는 정도의 보정인 경우

구 분	최초출원
M001	1.1 1.2 1.3 1.4 1.5 1.6
M002	2.6

구 분	보 정
M002	2.1 2.2 2.3 2.4 2.5 2.6

② **방식의 보정**(제48조 제2항·제3항)

단독디자인과 관련디자인 간의 보정, 일부심사와 심사등록 간의 보정이 가능하나, 국제디자인등록출원은 물품류가 자동 구분되므로 적용이 배제된다(제186조 제2항).

(3) **시기적 요건**(제48조 제4항) **- 등재거의**

① **등록여부결정**의 통지서가 발송되기 전까지
② **재심사** 청구기간
③ **거절결정불복심판**의 심판청구일로부터 30일 이내
④ 거절결정불복심판의 **의견서** 제출기간 내(제124조 제2항)

(4) **절차적 요건**

보정서를 제출해야 한다.

3 효 과

(1) **요건 만족 시 - 소급효**

명문의 규정은 없으나, 보정된 내용으로 최초 출원된 것으로 본다.

(2) **요건 불만족 시 - 반무각불 결중늦심**

① **반 려**
시기적 요건을 만족하지 못한 경우(시행규칙 제24조)
② **무효처분**(제18조)
방식이 부적법한 경우(제47조)

③ **보정각하**(제49조 제1항·제4항) **및 불복**(제119조)

실체보정의 요지변경이 등록여부결정 전에 인정되는 경우 이유를 붙여 보정각하결정을 하고, 보정 전의 내용으로 심사를 진행한다. 이에 대해서는 불복심판을 청구할 수 있다.

④ **결정유보, 심사중지**(제49조 제2항·제3항)

보정각하결정을 한 경우에는 보정각하결정에 대한 심판청구기간이 지나기 전에는 등록여부 결정을 유보해야 한다. 또한, 보정각하결정에 대한 불복심판이 청구된 경우에는 그 심결이 확정될 때까지 심사를 중지해야 한다.

⑤ **출원일 늦춤효**(제48조 제5항)

요지변경을 간과하여 설정등록된 후 인정된 경우, 보정서를 제출할 때 출원한 것으로 본다. 이에 따라 무효사유가 생길 수 있다.

⑥ **심판단계의 보정이 요지변경인 경우**

보정을 각하하며(제124조), 이에 대해서는 심판으로 불복할 수 없고 취소소송에 의해 불복이 가능하다 (제166조).

4 결어 - 정정제도 도입론

보정은 동일성이 유지되는 범위에서만 인정되는데, 특허법과 달리 정정제도가 존재하지 않아 디자인이 등록된 이후 디자인의 형식적인 하자에 대해서도 전혀 수정할 기회가 없어 출원인에게 지나치게 가혹한 경우가 있을 수 있다는 비판이 있어 정정제도를 도입하자는 의견이 있다.

5 관련문제

(1) 우선권주장을 수반하는 출원인 경우

① 판례, 심사기준

특허법원은 우선권 증명서류로부터 도출될 수 있는 디자인을 국내에 출원했다가 우선권 증명서류와 일치시키는 보정을 한 경우, 제3자에게 불측의 손해가 발생하거나 심사관에게 과도한 심사부담을 주지 않는 한, 보정의 요지변경 판단 시 증명서류를 참작할 수 있다고 판시하였다(2014허2696[210]). 심사기준도 이러한 내용을 도입하여 규정하였다.

② 검 토

생각건대, 동일성은 우선권의 인정 요건이고, 우선권주장은 최초 출원서의 기재사항에 해당한다는 점, 우선권 제도의 취지가 창작자의 국제적 보호에 있는 점을 고려하면 판례의 태도가 타당하다고 본다.

---

[210] 판례편 - [27] 조명용 본체

(2) 재심사 청구(제64조)

> **제64조(재심사의 청구)**
> ① 디자인등록출원인은 그 디자인등록출원에 관하여 디자인등록거절결정(재심사에 따른 디자인등록거절결정은 제외한다) 등본을 송달받은 날부터 3개월(제17조 제1항에 따라 제120조에 따른 기간이 연장된 경우에는 그 연장된 기간을 말한다) 이내에 제48조 제1항부터 제3항까지의 규정에 따른 보정을 하여 디자인등록출원에 대하여 재심사를 청구할 수 있다. 다만, 제120조에 따른 심판청구가 있는 경우에는 그러하지 아니하다.
> ② 디자인등록출원인은 제1항에 따른 재심사의 청구와 함께 의견서를 제출할 수 있다.
> ③ 제1항 본문에 따른 요건을 갖추어 재심사가 청구된 경우 그 디자인등록출원에 대하여 종전에 이루어진 디자인등록거절결정은 취소된 것으로 본다.
> ④ 제1항에 따른 재심사의 청구는 취하할 수 없다.

(3) 직권보정(제66조)[211]

> **제66조(직권보정)**
> ① 심사관은 제65조에 따른 디자인등록결정을 할 때에 디자인등록출원서 또는 도면에 적힌 사항이 명백히 잘못된 경우에는 직권으로 보정(이하 "직권보정"이라 한다)을 할 수 있다. 이 경우 직권보정은 제48조 제1항에 따른 범위에서 하여야 한다.
> ② 제1항에 따라 심사관이 직권보정을 한 경우에는 제67조 제2항에 따른 디자인등록결정 등본의 송달과 함께 그 직권보정 사항을 디자인등록출원인에게 알려야 한다.
> ③ 디자인등록출원인은 직권보정 사항의 전부 또는 일부를 받아들일 수 없는 경우에는 제79조 제1항에 따라 디자인등록료를 낼 때까지 그 직권보정 사항에 대한 의견서를 특허청장에게 제출하여야 한다.
> ④ 디자인등록출원인이 제3항에 따라 의견서를 제출한 경우 해당 직권보정 사항의 전부 또는 일부는 처음부터 없었던 것으로 본다.
> ⑤ 제4항에 따라 직권보정의 전부 또는 일부가 처음부터 없었던 것으로 보는 경우 심사관은 그 디자인등록결정을 취소하고 처음부터 다시 심사하여야 한다.
> ⑥ 직권보정이 제48조 제1항에 따른 범위를 벗어나거나 명백히 잘못되지 아니한 사항을 직권보정한 경우 그 직권보정은 처음부터 없었던 것으로 본다.
>
> **제66조의2(디자인등록결정 이후의 직권 재심사)**
> ① 심사관은 디자인등록결정을 한 출원에 대하여 명백한 거절이유를 발견한 경우에는 직권으로 디자인등록결정을 취소하고 그 디자인등록출원을 다시 심사(이하 "직권 재심사"라 한다)할 수 있다. 다만, 다음 각 호의 어느 하나에 해당하는 경우에는 그러하지 아니하다.
>   1. 거절이유가 제35조 제1항, 제37조 제4항, 제40조부터 제42조까지에 해당하는 경우
>   2. 그 디자인등록결정에 따라 디자인권이 설정등록된 경우
>   3. 그 디자인등록출원이 취하되거나 포기된 경우
> ② 제1항에 따라 심사관이 직권 재심사를 하려면 디자인등록결정을 취소한다는 사실을 디자인등록출원인에게 통지하여야 한다.
> ③ 디자인등록출원인이 제2항에 따른 통지를 받기 전에 그 디자인등록출원이 제1항 제2호 또는 제3호에 해당하게 된 경우에는 디자인등록결정의 취소는 처음부터 없었던 것으로 본다.

(4) 보정각하결정에 대한 대응방안 검토

① 보정각하결정의 타당성 - 요지변경 여부 검토
② 요지변경인 경우 - 타당
　보정 전의 내용으로 심사가 진행되므로 결과를 기다릴 것이나, 아직 등록여부결정 전이라면 새로운 보정을 할 수도 있다. 거절될 것으로 예상되면 취하 후 재출원 등을 고려할 수 있다.
③ 요지변경이 아닌 경우 - 부당하므로 심판을 통해 다툼

---

211) 심사기준의 예시 : 니자인의 설명의 '고안'을 '창작'으로, '의장'을 '디자인'으로 직권보정

04 분할출원 기출 12·10·09·06

> **제50조(출원의 분할)**
> ① 다음 각 호의 어느 하나에 해당하는 자는 디자인등록출원의 일부를 1 이상의 새로운 디자인등록출원으로 분할하여 디자인등록출원을 할 수 있다.
>   1. 제40조를 위반하여 2 이상의 디자인을 1디자인등록출원으로 출원한 자
>   2. 복수디자인등록출원을 한 자
> ② 제1항에 따라 분할된 디자인등록출원(이하 "분할출원"이라 한다)이 있는 경우 그 분할출원은 최초에 디자인등록출원을 한 때에 출원한 것으로 본다. 다만, 제51조 제3항 및 제4항을 적용할 때에는 그러하지 아니하다.
> ③ 제1항에 따른 디자인등록출원의 분할은 제48조 제4항에 따른 보정을 할 수 있는 기간에 할 수 있다.
> ④ 분할의 기초가 된 디자인등록출원이 제51조, 제51조의2 또는 제51조의3에 따라 우선권을 주장한 디자인등록출원인 경우에는 제1항에 따라 분할출원을 한 때에 그 분할출원에 대해서도 우선권 주장을 한 것으로 보며, 분할의 기초가 된 디자인등록출원에 대하여 제51조, 제51조의2 또는 제51조의3에 따라 제출된 서류 또는 서면이 있는 경우에는 그 분할출원에 대해서도 해당 서류 또는 서면이 제출된 것으로 본다.
> ⑤ 제4항에 따라 제51조, 제51조의2 또는 제51조의3에 따른 우선권 주장을 한 것으로 보는 분할출원에 대해서는 분할출원을 한 날부터 30일 이내에 그 우선권 주장의 전부 또는 일부를 취하할 수 있다.

1 의의 및 취지

(1) 의 의

1출원에 2 이상의 디자인이 포함된 경우, 그 일부를 분할하여 새로운 출원을 할 수 있는 제도로 소급효가 인정된다.

(2) 취 지

제40조 제1항 위반을 극복하거나, 디자인의 효율적인 관리와 보호를 위해 인정된다.

2 요 건

(1) 주체적 요건

출원인 또는 정당한 승계인이 가능하다.

(2) 객체적 요건 – 계포동

① 원출원은 **계속** 중이어야 하며, 2 이상의 디자인을 **포함**해야 한다(제40조 제1항, 제41조, 제42조 위반한 경우212)213), 제41조 출원한 경우).

② 분할출원은 원출원의 디자인에 포함된 디자인과 **동**일해야 한다.

(3) 시기적 요건

원칙적으로 보정 가능한 기간에 할 수 있다(제50조 제3항).214)

---

212) 동 종류가 아니거나, 1일련번호에 2 이상의 디자인을 표시한 경우로 곧 제40조 제1항 위반이기도 하다.
213) 곧 제40조 제1항 위반이기도 하다.
214) 국제디자인등록출원의 경우에는 거절이유통지를 받은 때만 분할 가능하다(제187조 제1항). – 자진분할 금지

(4) 절차적 요건
① 출원서 등의 제출
- ㉠ 원출원과는 별개의 절차이므로 제36조 또는 제50조의 절차는 다시 밟아야 하며, 출원서 등 기타 서류 모두 제출함이 원칙이다.
- ㉡ 다만, 원출원 시 제출한 증명서류 등을 원용할 수 있다.

② 제40조 제1항 위반 시
- ㉠ 원출원은 하나의 디자인으로 보정한다.
- ㉡ 나머지 중 등록받고자 하는 각각의 디자인에 대해 분할하여 출원한다.

③ 제41조의 경우
- ㉠ 분할에 따른 디자인의 수의 변동이 있는 경우
  1개의 디자인이 되면, 원출원서의 복수디자인의 표시를 1디자인으로 보정해야 한다.
- ㉡ 1일련번호의 디자인에 2 이상의 디자인이 포함된 경우(제41조 후단 위반)
  분할하거나, 각 1일련번호의 디자인으로 보정할 수 있는데, 100개 초과가 되는 경우에는 분할해야 한다.

3 효과

(1) 요건 만족 시
① 원칙 – 소급효
최초 출원한 때 출원한 것으로 본다.

② 예 외
다만, 제51조 제3항, 제4항의 적용에 있어서는 분할출원일을 기준으로 한다.215)

(2) 요건 불만족 시 – 반무신불
① 반 려
시기적 요건을 만족하지 못한 경우(시행규칙 제24조)

② 무효처분(제18조)
방식이 부적법한 경우(제47조)

③ 신규출원으로 인정 – 분할출원일이 출원일
특허법과 달리 거절이유로 규정되어 있지 않기 때문이다.

④ 불인정 절차
불인정 예고통지를 하여 의견서 제출기회를 부여하며, 제출된 의견에도 불구하고 인정할 수 없다고 판단되면 불인정통지를 해야 한다.

---

215) 소급효로 인해 출원인에게 불리해지는 것을 방지하기 위한 규정이다.

4 결어 - 보정과 비교

보정과 같이 출원인이 등록받기 위한 조치로서 법적 효과가 유사하다. 보정과 달리 각각의 권리화를 도모할 수 있다는 점에 실익이 있다.

05 출원공개신청 기출 20·19·12

제52조(출원공개)
① 디자인등록출원인은 산업통상자원부령으로 정하는 바에 따라 자기의 디자인등록출원에 대한 공개를 신청할 수 있다. 이 경우 복수디자인등록출원에 대한 공개는 출원된 디자인의 전부 또는 일부에 대하여 신청할 수 있다.
② 특허청장은 제1항에 따른 공개신청이 있는 경우에는 그 디자인등록출원에 관하여 제212조에 따른 디자인공보(이하 "디자인공보"라 한다)에 게재하여 출원공개를 하여야 한다. 다만, 디자인등록출원된 디자인이 제34조 제2호에 해당하는 경우에는 출원공개를 하지 아니할 수 있다.
③ 제1항에 따른 공개신청은 그 디자인등록출원에 대한 최초의 디자인등록여부결정의 등본이 송달된 후에는 할 수 없다.

제53조(출원공개의 효과)
① 디자인등록출원인은 제52조에 따른 출원공개가 있은 후 그 디자인등록출원된 디자인 또는 이와 유사한 디자인을 업(業)으로서 실시한 자에게 디자인등록출원된 디자인임을 서면으로 경고할 수 있다.
② 디자인등록출원인은 제1항에 따라 경고를 받거나 제52조에 따라 출원공개된 디자인임을 알고 그 디자인등록출원된 디자인 또는 이와 유사한 디자인을 업으로서 실시한 자에게 그 경고를 받거나 제52조에 따라 출원공개된 디자인임을 안 때부터 디자인권의 설정등록 시까지의 기간 동안 그 등록디자인 또는 이와 유사한 디자인의 실시에 대하여 합리적으로 받을 수 있는 금액에 상당하는 보상금의 지급을 청구할 수 있다.
③ 제2항에 따른 청구권은 그 디자인등록출원된 디자인에 대한 디자인권이 설정등록된 후가 아니면 행사할 수 없다.
④ 제2항에 따른 청구권의 행사는 디자인권의 행사에 영향을 미치지 아니한다.
⑤ 제2항에 따른 청구권을 행사하는 경우에는 제114조, 제118조 또는 「민법」 제760조·제766조를 준용한다. 이 경우 「민법」 제766조 제1항 중 "피해자나 그 법정대리인이 그 손해 및 가해자를 안 날"은 "해당 디자인권의 설정등록일"로 본다.
⑥ 디자인등록출원이 제52조에 따라 출원공개된 후 다음 각 호의 어느 하나에 해당하는 경우에는 제2항에 따른 청구권은 처음부터 발생하지 아니한 것으로 본다.
  1. 디자인등록출원이 포기·무효 또는 취하된 경우
  2. 디자인등록출원에 대하여 제62조에 따른 디자인등록거절결정이 확정된 경우
  3. 제73조 제3항에 따른 디자인등록취소결정이 확정된 경우
  4. 제121조에 따른 디자인등록을 무효로 한다는 심결(제121조 제1항 제4호에 따른 경우는 제외한다)이 확정된 경우

1 의의 및 취지

(1) 의 의

출원디자인이 디자인공보에 게재되는 경우를 말하고, 특허법과 달리 신청에 의해 출원이 공개된다(제52조).

(2) 취 지

디자인의 내용을 조기에 공개하여 침해를 예방하고, 보상금청구권을 발생시키기 위해 활용된다.

2 요 건

(1) 주체적 요건

출원인이 가능하며, 공동출원인 경우 공동으로 해야 한다.[216]

(2) 객체적 요건 – 일복공

① 원 칙

심사등록출원은 물론 **일**부심사등록출원도 가능하고, **복**수디자인등록출원의 경우 디자인의 전부 또는 일부에 대하여 신청할 수 있다.

② 예 외

다만, 공서양속에 반할 우려가 있는 경우(제34조 제2호)에는 **공**개하지 않을 수 있다. 비공개 시, 그 취지와 이유를 출원인에게 통지한다.

(3) 시기적 요건

최초의 등록여부결정등본 송달 전까지 가능하다.

(4) 절차적 요건

① 출원공개신청서의 제출

신청서를 제출해야 하고, 만일 출원과 동시에 공개를 신청하고자 하는 경우에는 취지를 기재하여 신청에 갈음할 수 있다.

② 취하 가능

10일 이내 취하서를 제출해야 한다.

---

[216] 2014년 7월 1일 시행법에서는 특허법과는 달리 신청에 의한 공개를 채택하고 있고, 디자인의 특성상 공개에 의해 발생할 수 있는 불이익이 크다는 점에서 전원이 신청해야 함을 규정하였다(제13조 제1항 제4호). 이는 위반 시 절차무효의 사유에 해당한다.

3 효과 – 경보확신우공비

(1) 경고(제53조 제1항)

신청에 의해 출원공개가 있은 후, 출원디자인과 동일, 유사한 디자인을 업으로서 실시하는 자에게 서면으로 경고할 수 있다.

(2) 보상금청구권(제53조 제2항)

① 의의와 요건 – 공경알정업

신청에 의해 출원**공**개가 있은 후, **경**고를 받거나 출원공개된 디자인임을 **알**고, **정**당한 권원 없이, 출원디자인과 동일·유사한 디자인을 **업**으로서 실시하는 자에게 일정한 보상금을 청구할 수 있다.

② 발생 범위

경고를 받거나 알게 된 때부터 설정등록 시까지의 기간 동안 동일, 유사한 디자인의 실시에 대하여 합리적으로 받을 수 있는 금액으로 미등록임을 이유로 저평가되는 것을 방지하기 위함이다.

③ 행사

㉠ 디자인의 설정등록 후에만 행사할 수 있다(제53조 제3항). 이는 등록 전 권리로서 부당한 권리행사에 의한 제3자의 불측의 피해를 방지하기 위함이다.

㉡ 또한 디자인권의 행사에 영향을 받지 않는 독립적 권리이다(제53조 제4항).

④ 준용규정(제53조 제5항)

간접침해(제114조), 서류의 제출(제118조), 민법상 공동불법행위(민법 제760조), 민법상 소멸시효(민법 제766조)가 준용된다.

⑤ 소멸(제53조 제6항)

㉠ 디자인권이 등록되지 않거나 등록이 소멸되면 부수하여 소멸하는 해제조건부의 채권적 권리이다.

㉡ 민법상 소멸시효의 규정이 준용되어, 설정등록일로부터 3년 또는 불법행위일로부터 10년이 되는 경우 소멸한다.

(3) 확대된 선출원

출원공개에 따라 디자인공보에 게재된 디자인은 확대된 선출원의 지위를 갖는다. 따라서 그 일부와 유사한 타인의 디자인은 등록이 불가능할 수 있다.

(4) 신규성 상실의 예외

자기공지에 해당하지 않으므로 신규성 상실의 예외 주장의 대상이 아니다.

(5) 우선심사신청

출원공개 후 제3자가 업으로서 출원디자인을 실시하고 있다고 인정되는 경우 우선심사신청이 가능하다(제61조 제1호).

(6) 출원디자인의 공지

공지디자인으로서 타 출원의 인용디자인이 될 수 있고, 서류의 열람(제206조)이 가능하다.

(7) 비밀디자인의 취급

비밀디자인청구는 철회간주된다(제43조 제6항).

4 결 어

(1) 실 익
디자인의 모방이 수월한 점을 감안하여 출원인의 신청에 의해서 이루어진다. 특히 수명이 짧은 경우에는 등록까지 상당한 기간이 소요된다는 점에서 더욱 경고를 위한 실익이 있을 것이다.

(2) 국제디자인등록출원의 특례 - 국제등록공개(제189조, 제190조)
제52조는 적용하지 않고, 제53조에 규정된 출원공개의 효과들은 국제등록공개 시 적용된다.

(3) 출원 중 잠정적 침해행위와 관련한 조치
① 침해인 경우, 출원인의 조치
  ㉠ 출원공개신청
  ㉡ 경고, 보상금청구권
  ㉢ 우선심사신청
  ㉣ 등록 후 권리 행사
  ㉤ 신속한 조치의 필요성[217]

② 제3자가 침해를 주장하는 경우의 조치
  ㉠ 권리 내용의 파악(제206조), 잠정적 침해 판단
  ㉡ 침해인 경우
    • 실시의 중지
    • 디자인등록을 받을 수 있는 권리의 양수
    • 중재, 화해, 조정
    • 개량디자인의 실시
  ㉢ 침해가 아닌 경우
    • 항변 주장[218]
    • 정보제공
    • 우선심사신청
    • 등록 후 이의신청, 무효심판

5 거절결정에 의한 공보게재(제56조)

> **제56조(거절결정된 출원의 공보게재)**
> 특허청장은 제46조 제2항 후단에 따라 제62조에 따른 디자인등록거절결정이나 거절한다는 취지의 심결이 확정된 경우에는 그 디자인등록출원에 관한 사항을 디자인공보에 게재하여야 한다. 다만, 디자인등록출원된 디자인이 제34조 제2호에 해당하는 경우에는 게재하지 아니할 수 있다.

---

[217] 비록 설정등록 전이라도 출원디자인은 장차 디자인권으로 발전할 것이고, 설정등록 전이라도 무단 실시 중인 제3자에게 보상금청구권이 발생할 수 있으며, 실시에 관한 원만한 합의를 유도할 수도 있다는 점에서 신속한 법적 조치가 필요하다.
[218] 법정실시권의 예비적 지위, 효력제한사유, 기타 제항번들 등

06 정보제공

> **제55조(정보 제공)**
> 누구든지 디자인등록출원된 디자인이 제62조 제1항 각 호의 어느 하나에 해당되어 디자인등록될 수 없다는 취지의 정보를 증거와 함께 특허청장 또는 특허심판원장에게 제공할 수 있다.

1 서 설

(1) 의 의

누구든지 거절이유에 해당한다는 취지의 정보를 증거와 함께 특허청장 또는 특허심판원장에게 제공할 수 있다(제55조).

(2) 취 지

공중의 협력을 통해 심사의 촉진과 공정성을 확보하기 위함이다.

2 요 건

누구든지, 출원계속 중인 디자인의, 모든 거절이유에 대하여 정보를 제출할 수 있다.

3 절 차

(1) 정보제공서의 제출(별지서식 제23호)

(2) 정보제공자에 대한 정보의 활용여부 통보(심사기준)

① 통보 의무 여부

등록여부 결정 통지 시에 정보, 증거의 채택여부를 통보하지만 의무사항은 아니다.

② 통보 절차

㉠ 하나의 출원에 대하여 동일인이 동일한 정보 및 증거로 여러 번 정보를 제공한 경우에는 한 차례만 통보하면 된다.

㉡ 일부심사등록출원에 대해 등록결정을 하는 경우, 이의신청사유에 해당한다면 그 취지를 함께 통보할 수 있다.

4 결어(효과)

(1) 본 제도는 심사를 촉진하고 신뢰도가 높은 심사결과를 얻을 수 있으므로 심사의 미비점을 보완할 수 있다.

(2) 특히 일부심사등록출원의 경우에, 정보제공이 있으면 제외되었던 거절이유를 판단할 수 있기 때문에 중요하다.

07 우선심사신청

제61조(우선심사)
① 특허청장은 다음 각 호의 어느 하나에 해당하는 디자인등록출원에 대하여는 심사관에게 다른 디자인등록출원에 우선하여 심사하게 할 수 있다.
  1. 제52조에 따른 출원공개 후 디자인등록출원인이 아닌 자가 업으로서 디자인등록출원된 디자인을 실시하고 있다고 인정되는 경우
  2. 대통령령으로 정하는 디자인등록출원으로서 긴급하게 처리할 필요가 있다고 인정되는 경우

시행령 제6조(우선심사의 대상)
법 제61조 제1항 제2호에서 "대통령령으로 정하는 디자인등록출원"이란 다음 각 호의 어느 하나에 해당하는 것으로서 특허청장이 정하는 디자인등록출원을 말한다. 〈개정 2024.8.6.〉
  1. 방위산업 분야의 디자인등록출원
  2. 「기후위기 대응을 위한 탄소중립·녹색성장 기본법」에 따른 녹색기술과 직접 관련된 디자인등록출원
  3. 수출 촉진과 직접 관련된 디자인등록출원
  4. 국가나 지방자치단체의 직무에 관한 디자인등록출원(「고등교육법」에 따른 국립·공립학교의 직무에 관한 디자인등록출원으로서 「기술의 이전 및 사업화 촉진에 관한 법률」 제11조 제1항에 따라 국립·공립학교에 설치된 기술이전·사업화에 관한 업무를 전담하는 조직이 낸 디자인등록출원을 포함한다)
  5. 「벤처기업육성에 관한 특별법」 제25조에 따라 벤처기업 확인을 받은 기업의 디자인등록출원
  6. 「중소기업 기술혁신 촉진법」 제15조에 따라 기술혁신형 중소기업으로 선정된 기업의 디자인등록출원
  7. 「발명진흥법」 제11조의2에 따라 직무발명보상 우수기업으로 인증된 기업의 디자인등록출원
  7의2. 「발명진흥법」 제24조의2에 따라 지식재산 경영인증을 받은 중소기업의 디자인등록출원
  7의3. 「산업디자인진흥법」 제6조에 따라 디자인이 우수한 상품으로 선정된 상품에 관한 디자인등록출원
  8. 「국가연구개발혁신법」에 따른 국가연구개발사업의 결과물에 관한 디자인등록출원
  9. 조약에 따른 우선권주장의 기초가 되는 디자인등록출원(해당 디자인등록출원을 기초로 하는 우선권주장에 의하여 외국 특허청에서 디자인에 관한 절차가 진행 중인 것으로 한정한다)
  10. 디자인등록출원인이 디자인등록출원된 디자인을 실시하고 있거나 실시를 준비 중인 디자인등록출원
  11. 삭제 〈2023.12.19.〉
  12. 특허청장이 외국 특허청장과 우선심사하기로 합의한 디자인등록출원
  13. 삭제 〈2023.12.19.〉
  14. 인공지능, 사물인터넷 등 4차 산업혁명과 관련된 기술을 활용한 디자인등록출원

1 의의 및 취지

(1) 의 의

일정 요건에 해당하는 출원에 대하여, 출원 순위와 관계 없이 우선하여 심사하는 제도를 말한다(제61조).

(2) 취 지

특허법과 달리 심사청구제도가 없기 때문에, 심사의 지연을 방지하고, 출원인의 권익과 공익을 보호하기 위함이다.

2 요건

출원인은, 우선심사대상에 해당하는 경우(시행령 제6조), 우선심사 신청을 할 수 있다.

3 효과

(1) 신속한 심사 진행 – 45일 이내 심사에 착수

(2) 신속한 결정

신속한 결정을 통하여 신속한 권리행사를 통한 권리자 보호와 신속한 사업화 진행의 촉진을 도모한다.

4 결어

일부심사등록출원의 경우 신속한 심사가 이루어지므로, 사실상 심사등록출원에서 실익이 있는 제도라고 할 것이다.

08 비밀디자인청구 기출 21·20·19·12·09·07·02

> **제43조(비밀디자인)**
> ① 디자인등록출원인은 디자인권의 설정등록일부터 3년 이내의 기간을 정하여 그 디자인을 비밀로 할 것을 청구할 수 있다. 이 경우 복수디자인등록출원된 디자인에 대하여는 출원된 디자인의 전부 또는 일부에 대하여 청구할 수 있다.
> ② 디자인등록출원인은 디자인등록출원을 한 날부터 최초의 디자인등록료를 내는 날까지 제1항의 청구를 할 수 있다. 다만, 제86조 제1항 제1호 및 제2항에 따라 그 등록료가 면제된 경우에는 제90조 제2항 각 호의 어느 하나에 따라 특허청장이 디자인권을 설정등록할 때까지 할 수 있다.
> ③ 디자인등록출원인 또는 디자인권자는 제1항에 따라 지정한 기간을 청구에 의하여 단축하거나 연장할 수 있다. 이 경우 그 기간을 연장하는 경우에는 디자인권의 설정등록일부터 3년을 초과할 수 없다.
> ④ 특허청장은 다음 각 호의 어느 하나에 해당하는 경우에는 비밀디자인의 열람청구에 응하여야 한다.
>   1. 디자인권자의 동의를 받은 자가 열람청구한 경우
>   2. 그 비밀디자인과 동일하거나 유사한 디자인에 관한 심사, 디자인일부심사등록 이의신청, 심판, 재심 또는 소송의 당사자나 참가인이 열람청구한 경우
>   3. 디자인권 침해의 경고를 받은 사실을 소명한 자가 열람청구한 경우
>   4. 법원 또는 특허심판원이 열람청구한 경우
> ⑤ 제4항에 따라 비밀디자인을 열람한 자는 그 열람한 내용을 무단으로 촬영·복사 등의 방법으로 취득하거나 알게 된 내용을 누설하여서는 아니 된다.
> ⑥ 제52조에 따른 출원공개신청을 한 경우에는 제1항에 따른 청구는 철회된 것으로 본다.

> **제225조(비밀누설죄 등)**
> ① 특허청 또는 특허심판원 직원이나 그 직원으로 재직하였던 사람이 디자인등록출원 중인 디자인(헤이그협정 제11조에 따라 연기 신청된 국제디자인등록출원 중인 디자인을 포함한다)에 관하여 직무상 알게 된 비밀을 누설하거나 도용한 경우에는 5년 이하의 징역 또는 5천만원 이하의 벌금에 처한다.
> ② 특허청 또는 특허심판원 직원이나 그 직원으로 재직하였던 사람이 제43조 제1항에 따른 비밀디자인에 관하여 직무상 알게 된 비밀을 누설한 경우에는 5년 이하의 징역 또는 5천만원 이하의 벌금에 처한다.
> ③ 제43조 제4항에 따라 비밀디자인을 열람한 자(제43조 제4항 제4호에 해당하는 자는 제외한다)가 같은 조 제5항을 위반하여 열람한 내용을 무단으로 촬영·복사 등의 방법으로 취득하거나 알게 된 내용을 누설하는 경우에는 2년 이하의 징역 또는 2천만원 이하의 벌금에 처한다.
> ④ 제185조 제1항에 따라 비밀사본을 열람한 자가 같은 조 제2항을 위반하여 열람한 내용을 무단으로 촬영·복사 등의 방법으로 취득하거나 알게 된 내용을 누설·도용하는 경우에는 2년 이하의 징역 또는 2천만원 이하의 벌금에 처한다.

1 의의 및 취지

(1) 의 의

출원인은 일정 기간을 정하여, 그 디자인을 비밀로 할 것을 청구할 수 있다(제43조).

(2) 취 지

디자인은 타인의 모방 및 도용이 용이하고, 유행성이 강하기 때문에 제품의 사업화에 대한 준비기간 동안 디자인을 비밀로 하여 타인의 침해를 방지[219]하고, 공개시점을 디자인권자가 선택하도록 하여 사업의 성공에 기여하기 위함이다.

2 성립요건

(1) 주체적 요건

출원인은 비밀디자인을 청구할 수 있고, 출원인 또는 디자인권자는 비밀기간의 단축 또는 연장을 청구할 수 있다.

(2) 객체적 요건 – 일복

심사등록출원은 물론 **일**부심사등록출원도 가능하고, **복**수디자인등록출원의 경우 디자인의 전부 또는 일부에 대하여 신청할 수 있다.[220]

(3) 시기적 요건

① 비밀디자인 청구기간
  출원 시부터 최초의 등록료 납부 시까지 가능하다. 다만, 등록료가 면제되면 설정등록 시까지 가능하다.
② 비밀기간
  설정등록일로부터 3년 이내이고, 단축이나 연장이 가능하되 3년은 초과할 수 없다.

---

[219] 침해를 방지하기 위한 예비적 제도로는 관련디자인, 비밀디자인, 출원공개신청, 디자인권의 표시 등이 있다.

[220] 국제디자인등록출원의 경우 별도의 공개연기절차가 존재하므로 적용이 배제된다(제184조).

(3) 절차적 요건 - 청관철
   ① 청구서의 제출
      출원 시에 취지를 기재하거나, 출원 계속 중 청구하는 경우에는 비밀디자인청구서 또는 그 연장이나 단축의 청구서를 제출해야 한다.
   ② 관련디자인출원의 경우
      기본디자인과 별개로 가능하다.
   ③ 철회간주
      출원공개신청 시 비밀디자인 청구는 철회간주된다.

3 효과 - 비인열 이과침 누해

(1) 디자인의 실질적 내용의 비공개
   ① 등록공보에는 서지적 사항(시행령 제10조)만[221] 게재
   ② 실질적 사항은 비밀기간 경과 후 포함하여 공보 발행
      도면 또는 사진(견본), 창작내용의 요점, 디자인의 설명, 디자인의 대상이 되는 물품 및 물품류[222]가 포함된다.

(2) 인용디자인이 비밀디자인인 경우의 취급
   ① 신규성, 창작성 판단 시 인용디자인 아님
   ② 선출원주의, 확대된 선출원 판단 시(심사기준)
      ㉠ 선출원주의는 공개 여부가 문제가 아니므로, 비밀기간에도 선출원의 지위를 가진다.
      ㉡ 출원일 다음 날부터 실질적 사항이 게재된 공보 발행일까지의 후출원에 대해 인정된다.
      ㉢ 다만, 선출원이 설정등록되더라도 비밀디자인이므로 이를 인용디자인으로 첨부하지 않고, 필요 시 열람가능하다는 취지와 타인에게 누설 불가하다는 기재를 하여 심사보류를 통지한다.
      ㉣ 실질적 사항이 게재된 공보발행일 이후에 거절이유통지와 거절결정을 한다.

(3) 예외적 열람청구(제43조 제4항·제5항)
   예외적으로 열람이 가능한 경우를 한정적으로 정하고 있고, 이에 따라 열람한 자는 그 내용을 누설해서는 안 된다.

(4) 이의신청기간의 실질적 연장
   설정등록일부터 실질적 사항이 게재된 공보발행일 후 3개월이 되는 날까지 이의신청이 가능하다.

(5) 과실추정의 배제(제116조 제1항 단서)
   실질적 사항이 비공개되므로 제3자의 형평상 제한되는 것이다.

(6) 침해금지 또는 예방청구권의 행사의 제한(제113조 제2항)
   서면의 경고가 필수적이다[국제등록의 경우 배제(제204조)]. 이는 권리행사의 신뢰성을 확보하고, 제3자의 불측의 손해를 방지하기 위함이다.

---

221) ① 디자인권자 및 창작자의 인적사항, ② 심사 또는 일부심사 여부, ③ 출원번호 및 출원일, ④ 등록번호 및 등록일, ⑤ 부분디자인의 표시, ⑥ 기본디자인의 표시, ⑦ 복수디자인의 일련번호, ⑧ 우선권주장의 기초출원일, ⑨ 출원공개 및 공개연월일, ⑩ 기타 등
222) 2021년 4월 1일 개정 시행령

(7) 비밀누설죄(제225조 제2항·제3항)

특허청 또는 특허심판원 직원이나 그 직원으로 재직하였던 자가 비밀디자인에 관하여 직무상 알게 된 비밀을 누설하면 5년 이하의 징역 또는 5천만원 이하의 벌금에 처하고, 비밀디자인을 열람한 자가 알게 된 내용을 누설하면 2년 이하의 징역 또는 2천만원 이하의 벌금에 처한다.

(8) 비밀이 해제되는 경우

실질적 사항이 게재된 등록공보가 발행된다.

4 결 어

(1) 비밀디자인청구의 장단점

① 장 점 – 모유시열
  ㉠ 타인의 **모**방 및 도용을 방지하여 추후 **유**사디자인권의 확보에 용이하다.
  ㉡ 비밀기간의 연장, 단축이 가능하여 사업화 **시**기를 적절히 조절할 수 있다.
  ㉢ 예외적 **열**람이 가능하여 디자인권의 이용 및 처분에는 제한이 없다.

② 단 점 – 제이절비
  ㉠ 민사상 권리를 행사하는 데 일정한 **제**한이 따른다.
  ㉡ **이**의신청기간의 연장으로 권리소멸의 가능성이 증가한다.
  ㉢ 별도의 **절**차가 요구되고 추가**비**용이 든다.

③ 결 론
  따라서, 디자인의 성격을 면밀히 검토하여 비밀디자인청구의 여부를 결정해야 한다.

(2) 비밀기간 중 제3자의 동일, 유사디자인 실시가 있는 경우

비밀을 유지할 실익이 없으므로, 출원공개신청을 통해 철회하거나, 설정등록 후라면 기간의 단축을 청구함이 타당하다.

5 관련문제 – 비밀유지를 위한 제도

(1) 설정등록 전

① 신청에 의한 출원공개
② 국제출원의 국제공개연기신청(헤이그 11)
③ 비밀누설죄(제225조)
④ 디자인 전문기관, 문서 전자화기관에 대한 비밀유지의무(제226조)

(2) 설정등록 후

① 비밀디자인청구(제43조)
② 비밀누설죄(제225조)
③ 비밀유지명령(제217조, 제224조)

CHAPTER 07 등록 후 법률관계

01 디자인권

제90조(디자인권의 설정등록)
① 디자인권은 설정등록에 의하여 발생한다.
② 특허청장은 다음 각 호의 어느 하나에 해당하는 경우에는 디자인권을 설정하기 위한 등록을 하여야 한다.
  1. 제79조 제1항에 따라 등록료를 냈을 때
  2. 제82조 제1항에 따라 등록료를 추가납부하였을 때
  3. 제83조 제2항에 따라 등록료를 보전하였을 때
  4. 제84조 제1항에 따라 등록료를 내거나 보전하였을 때
  5. 제86조 제1항 제1호 또는 제2항에 따라 그 등록료가 면제되었을 때
③ 특허청장은 제2항에 따라 등록한 경우에는 디자인권자의 성명·주소 및 디자인등록번호 등 대통령령으로 정하는 사항을 디자인공보에 게재하여 등록공고를 하여야 한다.

제91조(디자인권의 존속기간)
① 디자인권은 제90조 제1항에 따라 설정등록한 날부터 발생하여 디자인등록출원일 후 20년이 되는 날까지 존속한다. 다만, 제35조에 따라 관련디자인으로 등록된 디자인권의 존속기간 만료일은 그 기본디자인의 디자인권 존속기간 만료일로 한다.
② 정당한 권리자의 디자인등록출원이 제44조 및 제45조에 따라 디자인권이 설정등록된 경우에는 제1항의 디자인권 존속기간은 무권리자의 디자인등록출원일 다음 날부터 기산한다.

제92조(디자인권의 효력)
디자인권자는 업으로서 등록디자인 또는 이와 유사한 디자인을 실시할 권리를 독점한다. 다만, 그 디자인권에 관하여 전용실시권을 설정하였을 때에는 제97조 제2항에 따라 전용실시권자가 그 등록디자인 또는 이와 유사한 디자인을 실시할 권리를 독점하는 범위에서는 그러하지 아니하다.

제93조(등록디자인의 보호범위)
등록디자인의 보호범위는 디자인등록출원서의 기재사항 및 그 출원서에 첨부된 도면·사진 또는 견본과 도면에 적힌 디자인의 설명에 따라 표현된 디자인에 의하여 정하여진다.

제94조(디자인권의 효력이 미치지 아니하는 범위)
① 디자인권의 효력은 다음 각 호의 어느 하나에 해당하는 사항에는 미치지 아니한다.
  1. 연구 또는 시험을 하기 위한 등록디자인 또는 이와 유사한 디자인의 실시
  2. 국내를 통과하는 데에 불과한 선박·항공기·차량 또는 이에 사용되는 기계·기구·장치, 그 밖의 물건
  3. 디자인등록출원 시부터 국내에 있던 물건
② 글자체가 디자인권으로 설정등록된 경우 그 디자인권의 효력은 다음 각 호의 어느 하나에 해당하는 경우에는 미치지 아니한다.
  1. 타자·조판 또는 인쇄 등의 통상적인 과정에서 글자체를 사용하는 경우
  2. 제1호에 따른 글자체의 사용으로 생산된 결과물인 경우

제95조(타인의 등록디자인 등과의 관계)
① 디자인권자·전용실시권자 또는 통상실시권자는 등록디자인이 그 디자인등록출원일 전에 출원된 타인의 등록디자인 또는 이와 유사한 디자인·특허발명·등록실용신안 또는 등록상표를 이용하거나 디자인권이 그 디자인권의 디자인등록출원일 전에 출원된 타인의 특허권·실용신안권 또는 상표권과 저촉되는 경우에는 그 디자인권자·특허권자·실용신안권자 또는 상표권자의 허락을 받지 아니하거나 제123조에 따르지 아니하고는 자기의 등록디자인을 업으로서 실시할 수 없다.
② 디자인권자·전용실시권자 또는 통상실시권자는 그 등록디자인과 유사한 디자인이 그 디자인등록출원일 전에 출원된 타인의 등록디자인 또는 이와 유사한 디자인·특허발명·등록실용신안 또는 등록상표를 이용하거나 그 디자인권의 등록디자인과 유사한 디자인이 디자인등록출원일 전에 출원된 타인의 디자인권·특허권·실용신안권 또는 상표권과 저촉되는 경우에는 그 디자인권자·특허권자·실용신안권자 또는 상표권자의 허락을 받지 아니하거나 제123조에 따르지 아니하고는 자기의 등록디자인과 유사한 디자인을 업으로서 실시할 수 없다.
③ 디자인권자·전용실시권자 또는 통상실시권자는 등록디자인 또는 이와 유사한 디자인이 그 디자인등록출원일 전에 발생한 타인의 저작물을 이용하거나 그 저작권에 저촉되는 경우에는 저작권자의 허락을 받지 아니하고는 자기의 등록디자인 또는 이와 유사한 디자인을 업으로서 실시할 수 없다.

제96조(디자인권의 이전 및 공유 등)
① 디자인권은 이전할 수 있다. 다만, 기본디자인의 디자인권과 관련디자인의 디자인권은 같은 자에게 함께 이전하여야 한다.
② 디자인권이 공유인 경우에 각 공유자는 다른 공유자의 동의를 받지 아니하면 그 지분을 이전하거나 그 지분을 목적으로 하는 질권을 설정할 수 없다.
③ 디자인권이 공유인 경우에는 각 공유자는 계약으로 특별히 약정한 경우를 제외하고는 다른 공유자의 동의를 받지 아니하고 그 등록디자인 또는 이와 유사한 디자인을 단독으로 실시할 수 있다.
④ 디자인권이 공유인 경우에는 각 공유자는 다른 공유자의 동의를 받지 아니하면 그 디자인권에 대하여 전용실시권을 설정하거나 통상실시권을 허락할 수 없다.
⑤ 복수디자인등록된 디자인권은 각 디자인권마다 분리하여 이전할 수 있다.
⑥ 기본디자인의 디자인권이 취소, 포기 또는 무효심결 등으로 소멸한 경우 그 기본디자인에 관한 2 이상의 관련디자인의 디자인권을 이전하려면 같은 자에게 함께 이전하여야 한다.

제96조의2(디자인권의 이전청구)
① 디자인등록이 제121조 제1항 제1호 본문에 해당하는 경우에 디자인등록을 받을 수 있는 권리를 가진 자는 법원에 디자인등록의 이전(디자인등록을 받을 수 있는 권리가 공유인 경우에는 그 지분의 이전을 말한다)을 청구할 수 있다.
② 제1항의 청구에 기초하여 디자인권이 이전등록된 경우에는 다음 각 호의 권리는 그 디자인권이 설정 등록된 날부터 이전등록을 받은 자에게 있는 것으로 본다.
 1. 해당 디자인권
 2. 제53조 제2항에 따른 보상금 지급 청구권
③ 제1항의 청구에 따라 공유인 디자인권의 지분을 이전하는 경우에는 제96조 제2항에도 불구하고 다른 공유자의 동의를 받지 아니하더라도 그 지분을 이전할 수 있다.
[본조신설 2025.5.27.]

제97조(전용실시권)
① 디자인권자는 그 디자인권에 대하여 타인에게 전용실시권을 설정할 수 있다. 다만, 기본디자인의 디자인권과 관련디자인의 디자인권에 대한 전용실시권은 같은 자에게 동시에 설정하여야 한다.
② 전용실시권을 설정받은 전용실시권자는 그 설정행위로 정한 범위에서 그 등록디자인 또는 이와 유사한 디자인을 업으로서 실시할 권리를 독점한다.
③ 전용실시권자는 실시사업(實施事業)과 같이 이전하는 경우 또는 상속이나 그 밖의 일반승계의 경우를 제외하고는 디자인권자의 동의를 받지 아니하면 그 전용실시권을 이전할 수 없다.
④ 전용실시권자는 디자인권자의 동의를 받지 아니하면 그 전용실시권을 목적으로 하는 질권을 설정하거나 통상실시권을 허락할 수 없다.
⑤ 전용실시권에 관하여는 제96조 제2항부터 제4항까지의 규정을 준용한다.

⑥ 기본디자인의 디자인권이 취소, 포기 또는 무효심결 등으로 소멸한 경우 그 기본디자인에 관한 2 이상의 관련디자인의 전용실시권을 설정하려면 같은 자에게 함께 설정하여야 한다.

제98조(디자인권 및 전용실시권 등록의 효력)
① 다음 각 호에 해당하는 사항은 등록하지 아니하면 효력이 발생하지 아니한다.
  1. 디자인권의 이전(상속이나 그 밖의 일반승계에 의한 경우는 제외한다), 포기에 의한 소멸 또는 처분의 제한
  2. 전용실시권의 설정·이전(상속이나 그 밖의 일반승계에 의한 경우는 제외한다)·변경·소멸(혼동에 의한 경우는 제외한다) 또는 처분의 제한
  3. 디자인권 또는 전용실시권을 목적으로 하는 질권의 설정·이전(상속이나 그 밖의 일반승계에 의한 경우는 제외한다)·변경·소멸(혼동에 의한 경우는 제외한다) 또는 처분의 제한
② 제1항 각 호에 따른 디자인권·전용실시권 및 질권의 상속이나 그 밖의 일반승계의 경우에는 지체 없이 그 취지를 특허청장에게 신고하여야 한다.

제99조(통상실시권)
① 디자인권자는 그 디자인권에 대하여 타인에게 통상실시권을 허락할 수 있다.
② 통상실시권자는 이 법에 따라 또는 설정행위로 정한 범위에서 그 등록디자인 또는 이와 유사한 디자인을 업으로서 실시할 수 있는 권리를 가진다.
③ 제123조에 따른 통상실시권은 그 통상실시권자의 해당 디자인권·전용실시권 또는 통상실시권과 함께 이전되고 해당 디자인권·전용실시권 또는 통상실시권이 소멸되면 함께 소멸된다.
④ 제3항 외의 통상실시권은 실시사업과 같이 이전하는 경우 또는 상속이나 그 밖의 일반승계의 경우를 제외하고는 디자인권자(전용실시권자로부터 통상실시권을 허락받은 경우에는 디자인권자 및 전용실시권자)의 동의를 받지 아니하면 이전할 수 없다.
⑤ 제3항 외의 통상실시권은 디자인권자(전용실시권자로부터 통상실시권을 허락받은 경우에는 디자인권자 및 전용실시권자)의 동의를 받지 아니하면 그 통상실시권을 목적으로 하는 질권을 설정할 수 없다.
⑥ 통상실시권에 관하여는 제96조 제2항·제3항을 준용한다.

제100조(선사용에 따른 통상실시권)
디자인등록출원 시에 그 디자인등록출원된 디자인의 내용을 알지 못하고 그 디자인을 창작하거나 그 디자인을 창작한 사람으로부터 알게 되어 국내에서 그 등록디자인 또는 이와 유사한 디자인의 실시사업을 하거나 그 사업의 준비를 하고 있는 자는 그 실시 또는 준비를 하고 있는 디자인 및 사업의 목적 범위에서 그 디자인등록출원된 디자인의 디자인권에 대하여 통상실시권을 가진다.

제100조의2(디자인권의 이전청구에 따른 이전등록 전의 실시에 의한 통상실시권)
① 다음 각 호의 어느 하나에 해당하는 자가 제96조의2 제2항에 따른 디자인권의 이전등록이 있기 전에 해당 디자인등록이 제121조 제1항 제1호 본문에 해당하는 것을 알지 못하고 국내에서 해당 디자인의 실시사업을 하거나 이를 준비하고 있는 경우에는 그 실시하거나 준비하고 있는 디자인 및 사업목적의 범위에서 그 디자인권에 대하여 통상실시권을 가진다.
  1. 이전등록된 디자인등록의 원(原)디자인권자
  2. 이전등록된 디자인등록에 대하여 이전등록 당시에 이미 전용실시권이나 통상실시권 또는 그 전용실시권에 대한 통상실시권을 취득하고 등록을 받은 자. 다만, 제104조 제2항에 따른 통상실시권을 취득한 자는 등록을 필요로 하지 아니한다.
② 제1항에 따라 통상실시권을 가진 자는 이전등록된 디자인권자에게 상당한 대가를 지급하여야 한다.
[본조신설 2025.5.27.]

제101조(선출원에 따른 통상실시권)
타인의 디자인권이 설정등록되는 때에 그 디자인등록출원된 디자인의 내용을 알지 못하고 그 디자인을 창작하거나 그 디자인을 창작한 사람으로부터 알게 되어 국내에서 그 디자인 또는 이와 유사한 디자인의 실시사업을 하거나 그 사업의 준비를 하고 있는 자(제100조에 해당하는 자는 제외한다)는 다음 각 호의 요건을 모두 갖춘 경우에 한정하여 그 실시 또는 준비를 하고 있는 디자인 및 사업의 목적 범위에서 그 디자인권에 대하여 통상실시권을 가진다.
  1. 타인이 디자인권을 설정등록받기 위하여 디자인등록출원을 한 날 전에 그 디자인 또는 이와 유사한 디자인에 대하여 디자인등록출원을 하였을 것

2. 타인의 디자인권이 설정등록되는 때에 제1호에 따른 디자인등록출원에 관한 디자인의 실시사업을 하거나 그 사업의 준비를 하고 있을 것
3. 제1호 중 먼저 디자인등록출원한 디자인이 제33조 제1항 각 호의 어느 하나에 해당하여 디자인등록거절결정이나 거절한다는 취지의 심결이 확정되었을 것

제102조(무효심판청구 등록 전의 실시에 의한 통상실시권)

① 다음 각 호의 어느 하나에 해당하는 자가 디자인등록에 대한 무효심판청구의 등록 전에 자기의 등록디자인이 무효사유에 해당하는 것을 알지 못하고 국내에서 그 디자인 또는 이와 유사한 디자인의 실시사업을 하거나 그 사업의 준비를 하고 있는 경우에는 그 실시 또는 준비를 하고 있는 디자인 및 사업의 목적 범위에서 그 디자인권에 대하여 통상실시권을 가진다.
  1. 동일하거나 유사한 디자인에 대한 2 이상의 등록디자인 중 그 하나의 디자인등록을 무효로 한 경우의 원(原)디자인권자
  2. 디자인등록을 무효로 하고 동일하거나 유사한 디자인에 관하여 정당한 권리자에게 디자인등록을 한 경우의 원디자인권자
② 제1항 제1호 및 제2호의 경우에 있어서 그 무효로 된 디자인권에 대하여 무효심판청구 등록 당시에 이미 전용실시권이나 통상실시권 또는 그 전용실시권에 대한 통상실시권을 취득한 자로서 다음 각 호의 어느 하나에 해당하는 자는 통상실시권을 가진다.
  1. 해당 통상실시권 또는 전용실시권의 등록을 받은 자
  2. 제104조 제2항에 해당하는 통상실시권을 취득한 자
③ 제1항 및 제2항에 따라 통상실시권을 가지는 자는 디자인권자 또는 전용실시권자에게 상당한 대가를 지급하여야 한다.

제103조(디자인권 등의 존속기간 만료 후의 통상실시권)

① 등록디자인과 유사한 디자인이 그 디자인등록출원일 전 또는 디자인등록출원일과 같은 날에 출원되어 등록된 디자인권(이하 "원디자인권"이라 한다)과 저촉되는 경우 원디자인권의 존속기간이 만료되는 때에는 원디자인권자는 원디자인권의 범위에서 그 디자인권에 대하여 통상실시권을 가지거나 원디자인권의 존속기간 만료 당시 존재하는 그 디자인권의 전용실시권에 대하여 통상실시권을 가진다.
② 제1항의 경우 원디자인권의 만료 당시 존재하는 원디자인권에 대한 전용실시권자 또는 제104조 제1항에 따라 등록된 통상실시권자는 원권리의 범위에서 그 디자인권에 대하여 통상실시권을 가지거나 원디자인권의 존속기간 만료 당시 존재하는 그 디자인권의 전용실시권에 대하여 통상실시권을 가진다.
③ 등록디자인 또는 이와 유사한 디자인이 그 디자인등록출원일 전 또는 디자인등록출원일과 같은 날에 출원되어 등록된 특허권·실용신안권과 저촉되고 그 특허권 또는 실용신안권의 존속기간이 만료되는 경우에 관하여는 제1항 및 제2항을 준용한다.
④ 제2항(제3항에서 준용하는 경우를 포함한다)에 따라 통상실시권을 갖는 자는 그 디자인권자 또는 그 디자인권에 대한 전용실시권자에게 상당한 대가를 지급하여야 한다.

제104조(통상실시권 등록의 효력)

① 통상실시권을 등록한 경우에는 그 등록 후에 디자인권 또는 전용실시권을 취득한 자에 대하여도 그 효력이 발생한다.
② 제84조 제5항, 제100조부터 제103조까지, 제110조, 제162조, 제163조 및 「발명진흥법」 제10조 제1항에 따른 통상실시권은 등록이 없더라도 제1항에 따른 효력이 발생한다.
③ 통상실시권의 이전·변경·소멸 또는 처분의 제한, 통상실시권을 목적으로 하는 질권의 설정·이전·변경·소멸 또는 처분의 제한은 등록하지 아니하면 제3자에게 대항할 수 없다.

제105조(디자인권의 포기)

디자인권자는 디자인권을 포기할 수 있다. 이 경우 복수디자인등록된 디자인권은 각 디자인권마다 분리하여 포기할 수 있다.

제106조(디자인권 등의 포기의 제한)

① 디자인권자는 전용실시권자·질권자 및 제97조 제4항·제99조 제1항 또는 「발명진흥법」 제10조 제1항에 따른 통상실시권자의 동의를 받지 아니하면 디자인권을 포기할 수 없다.
② 전용실시권자는 질권자 및 제97조 제4항에 따른 통상실시권자의 동의를 받지 아니하면 전용실시권을 포기할 수 없다.
③ 통상실시권자는 질권자의 동의를 받지 아니하면 통상실시권을 포기할 수 없다.

> **제107조(포기의 효과)**
> 디자인권·전용실시권 및 통상실시권을 포기하였을 때에는 디자인권·전용실시권 및 통상실시권은 그때부터 효력이 소멸된다.
>
> **제108조(질권)**
> 디자인권·전용실시권 또는 통상실시권을 목적으로 하는 질권을 설정하였을 때에는 질권자는 계약으로 특별히 정한 경우를 제외하고는 해당 등록디자인을 실시할 수 없다.
>
> **제109조(질권의 물상대위)**
> 질권은 이 법에 따른 보상금이나 등록디자인 실시에 대하여 받을 대가나 물품에 대하여도 행사할 수 있다. 다만, 그 보상금 등의 지급 또는 인도 전에 압류하여야 한다.
>
> **제110조(질권행사 등으로 인한 디자인권의 이전에 따른 통상실시권)**
> 디자인권자(공유인 디자인권을 분할청구한 경우에는 분할청구를 한 공유자를 제외한 나머지 공유자를 말한다)는 디자인권을 목적으로 하는 질권설정 또는 공유인 디자인권의 분할청구 전에 그 등록디자인 또는 이와 유사한 디자인을 실시하고 있는 경우에는 그 디자인권이 경매 등에 의하여 이전되더라도 그 디자인권에 대하여 통상실시권을 가진다. 이 경우 디자인권자는 경매 등에 의하여 디자인권을 이전받은 자에게 상당한 대가를 지급하여야 한다.
>
> **제111조(상속인이 없는 경우 등의 디자인권 소멸)**
> ① 디자인권의 상속이 개시되었으나 상속인이 없는 경우에는 그 디자인권은 소멸된다.
> ② 청산절차가 진행 중인 법인의 디자인권은 법인의 청산종결등기일(청산종결등기가 되었더라도 청산사무가 사실상 끝나지 아니한 경우에는 청산사무가 사실상 끝난 날과 청산종결등기일부터 6개월이 지난 날 중 빠른 날을 말한다. 이하 이 항에서 같다)까지 그 디자인권의 이전등록을 하지 아니한 경우에는 청산종결등기일의 다음 날에 소멸된다.
>
> **제112조(대가 및 보상금액에 대한 집행권원)**
> 이 법에 따라 특허청장이 정한 대가와 보상금액에 관하여 확정된 결정은 집행력 있는 집행권원(執行權原)과 같은 효력을 가진다. 이 경우 집행력 있는 정본은 특허청 소속 공무원이 부여한다.

1 의의 및 취지

(1) 의의

① 제92조

디자인권자는 일정 존속기간 동안 등록디자인과 동일, 유사한 디자인을 업으로서 실시할 권리를 독점한다.

② 디자인권의 특성 – 산제특존

산업재산권이므로 자유롭게 사용, 수익, 처분할 수 있으나, 산업정책상 일정한 사유로 효력이 **제**한되는 경우가 있고, 유형재산과는 달리 침해가 용이하기 때문에 **특**칙 규정을 두고 있으며, **존**속기간이 있다.

(2) 취지

이러한 강력한 권리를 부여하여 디자인 창작을 장려함으로써 법의 목적에 부합하기 위함이다.[223]

---

[223] 디자인은 도면에 의해 그 내용이 구체적으로 특정되므로 특허에 비해 권리범위가 협소하다. 따라서 효력을 유사 범위까지 인정하고 있는 것은 동일성 개념만으로는 보호대상이 협소하여 실질적인 디자인 보호가 이루어지지 않을 것이어서 법의 목적을 달성할 수 없는 점, 디자인은 물품의 외관에 관한 미적 창작이므로 타인의 모방이 용이하고 유행에 민감하며 라이프사이클이 짧은 특성이 있기 때문에 디자인권자의 보호에 충실하기 위한 점을 고려한 것이다.

2 디자인권의 발생

(1) 심사관은 거절이유가 없는 경우 등록결정을 한다(제65조).
(2) 출원인은 설정등록을 위하여 등록료를 납부하여야 한다(제79조 제1항).
(3) 특허청장은 등록료가 납부되면 설정등록을 하여야 하고, 디자인권은 설정등록에 의하여 발생한다(제90조 제1항·제2항).

3 디자인권의 효력 기출 16

(1) 효력 범위

① 시간적 범위(존속기간)
  ㉠ 원 칙
    • 설정등록일부터 '출원일에서 20년이 되는 날'까지이며(제91조 제1항), 연장제도는 없다.
    • 이는 사적 보호와 공중 이용의 조화를 위해서 일정 기간으로 한정한 것이다. 2014년 7월 1일 시행법은 20년으로 연장하였다.
  ㉡ 예 외
    • 관련디자인의 경우, 기본디자인과 존속기간 만료일을 같이 한다(제91조 제1항 단서).
    • 정당권리자의 출원이 제44조, 제45조에 따라 등록된 경우, 무권리자의 출원일 다음 날부터 기산한다(제91조 제2항).224)
    • 국제등록디자인권은 국제등록일 후 5년이 되는 날까지이며, 그날 이후 설정등록이 되는 경우에는 그날을 기준으로 5년이 되는 날까지이고, 5년마다 갱신하되 20년을 초과할 수 없다(제199조 제1항·제2항).

② 지역적 범위
  속지주의 원칙에 따라 우리나라에 있는 자는 내외국인을 불문하고 효력이 미친다.

③ 내용적 범위 – 보호범위
  ㉠ 효 력
    동일 또는 유사 범위까지 미친다(제92조). 이는 모방이 용이한 디자인의 특성상, 동일한 범위로 제한하면 실질적인 보호가 어렵기 때문이다.

---

224) 관련문제 :
  ① 우선권주장출원은 판단시점이 소급되는 것에 불과하므로 국내 출원일을 기준으로 산정하고, 소급효가 적용되는 분할출원의 경우 원출원일을 기준으로 한다.
  ② 한편, 존속기간의 만료일이 공휴일이라도 이는 절차에 속하는 기간이 아닌 바, 다음 날로 연장되지 않고 그날로 만료된다.

- ⓒ 보호범위의 기준
  - 출원서의 기재사항 및 도면 등과 디자인의 설명에 따라 표현된 디자인에 의하여 정해진다(제93조).225)
  - 창작내용의 요점은 권리범위 해석의 판단 기준이 되지는 않고, 요지를 파악하는 등 참작은 가능하므로 간접적인 역할을 한다(판례).
- ⓒ 판단방법 – 유사 여부의 판단

(2) 효력 내용 [기출 17]

① 적극적 효력

디자인권자는 등록디자인과 동일·유사한 디자인을 업으로서 실시할 권리를 독점한다(제92조). '업으로서'란 반복·계속적 실시226)를 의미한다. '실시'란 디자인에 관한 물품을 생산·사용·양도 등 제2조 제7호에 해당하는 행위를 말하며, 각 실시행위는 독립적인 행위로서 다른 실시행위에 영향을 미치지 않는다. '독점'이란 스스로 실시할 권리와 동시에 타인의 정당권원 없는 실시를 배제할 권리를 갖는 것이다.

② 소극적 효력

ⓒ 실시배제효

제3자의 직접침해(제92조) 또는 간접침해(제114조) 성립 시, 제3자에게 민, 형사상 법적조치227)를 가할 수 있다.

ⓒ 등록배제효

타인의 등록이 배제될 수 있다.

---

225) 본조의 실질적인 의의는 디자인을 확정하는 자료를 정하는 데에 있다. 디자인은 표현형태에 중점이 있어 특허와는 달리 문장보다는 그림에 의해 표현하는 것이 정확하므로 디자인의 내용은 도면에 의해 구체화되고 특정된다. 즉, 권리의 객체로서 디자인 내용이 구체적, 명시적으로 그 외형에 나타나는 것이므로, 권리로서 청구하는 범위에 대해 중복하여 특정할 필요 없다는 취지가 깔려 있다.
출원서의 기재사항 중 디자인의 대상이 되는 물품은 추상적, 관념적인 물품인데 도면은 디자인등록을 받고자 하는 디자인의 내용을 구체적으로 특정한 것으로서 도면에 표현된 디자인으로 특정하는 역할을 한다. 이렇게 도면은 디자인이라는 무형의 추상적 개념을 일정한 도법에 의해 구체적으로 서면화한 것으로서 출원 시에는 권리청구서로서, 등록 후에는 권리서로서의 성격을 갖고 있다.
그렇다고 하여도 도면은 언제까지나 실물을 선으로 묘사한 것에 지나지 않고, 이는 하나의 플랜의 제공이며 실체나 질감이 없는 추상이며 실물의 일시적인 모습에 불과하다. 따라서 도면의 부족한 점을 다른 것으로 보충할 필요가 있어 디자인의 설명을 기재한다. 보호범위가 상기 3가지를 종합하여 정해지는 것이므로 디자인의 설명에 디자인의 특징이 기재되어 있어도 이에 의하여 보호범위가 제한되는 것은 아니지만 도면으로도 알 수 있는 내용을 디자인의 설명에도 특별히 기재하였다면 이 부분은 디자인의 창작적 요부로 볼 수 있는 가능성이 크다.
한편, 창작내용의 요점을 제외한 것은 출원인이 기재형식에 구애받지 않고 보다 명확하게 상세하게 기재하도록 하여 이를 심사에 활용하기 위한 것이다.
226) 반드시 영리의 목적에 한정되지는 않는다. 개인적·가정적 실시는 업으로서의 실시에 해당하지 않는다.
227) 민사상 조치로서 침해금지 및 예방청구권(제113조), 손해배상청구권(민법 제750조), 신용회복청구권(제117조), 부당이득반환청구권(민법 제741조), 가처분·가압류가 있고, 형사상 조치로서 침해죄(제220조), 몰수(제228조), 양벌규정(제227조)가 있다. 다만, 간접침해의 경우 죄형법정주의상 침해죄의 대상에서는 제외된다.

(3) 효력의 제한

① 적극적 효력의 제한
- ㉠ 전용실시권의 설정(제92조 단서)
- ㉡ 이용, 저촉관계의 성립(제95조)
- ㉢ 공유인 경우(제96조 제2항·제3항·제4항)
- ㉣ 포기의 제한(제106조)

② 소극적 효력의 제한
- ㉠ 효력이 미치지 않는 범위(제94조)
- ㉡ 실시권의 존재(제97조 제2항, 제99조 제2항)
- ㉢ 추가납부 또는 재심에 의해 회복된 경우의 효력제한기간(제84조 제4항, 제161조)
- ㉣ 질권자와의 특약(제108조)
- ㉤ 판례가 인정하는 제 항변
  - 무효의 항변, 자유실시디자인의 항변, 권리남용의 항변, 권리소진이론, 의식적 제외

③ 산업입법상 내재적 제한
- ㉠ 존속기간의 제한
- ㉡ 속지주의의 제한

③ 특유디자인의 경우
- ㉠ 관련디자인 : 디자인권 이전 제한, 전용실시권 및 질권 설정 제한, 존속기간 제한
- ㉡ 비밀디자인 : 과실추정 배제, 침해금지 및 예방청구권 행사 제한
- ㉢ 일부심사등록디자인 : 과실 추정

02 침해 문제 기출 25·24·23·21·20·19·14·11

1 서 설

(1) 직접침해의 성립요건(제92조) **- 유보정업실(제)**

유효한 등록디자인과 동일·유사한 디자인(**보**호범위 내)을 **정**당한 권원 없는 제3자가 **업**으로서 **실**시하는 경우 **제**한사유가 없으면 침해를 구성한다.

(2) 간접침해(제114조) **- 2012가합83099[228] 귀걸이 사건**

---

228) 귀걸이틀 사건
① 완성품과 부품 관계
② 직접침해는 비유사, 자유실시디자인의 항변 불가하여 부정
③ 간접침해는 성립될 가능성 높음
④ 부분, 부품에도 등록하여 강한 디자인권을 만들어야 함

2 판례의 제 항변

(1) 무효의 항변
① 신규성이 없는 등록디자인의 경우
   등록무효의 심결 확정 여부와는 관계없이 권리범위를 인정할 수 없다(90후2119).
② 창작성이 없는 등록디자인의 경우
   ㉠ 국내 주지형태에 의해 용이하게 창작할 수 있는 디자인의 경우, 무효로 되기 전에는 권리범위를 부인할 수 없다(2002후2037).
   ㉡ 공지디자인의 결합에 의하여 용이하게 창작할 수 있는 디자인의 경우, 무효로 되기 전에는 권리범위가 부정된다고 볼 수 없다(2005후2922).

(2) 자유실시디자인의 항변
① 실시디자인이 공지된 경우
   공지 공용의 부분에는 권리범위가 미치지 않는다(68후40).
② 실시디자인이 주지형태로부터 용이창작 가능한 경우
   국내 주지형태로부터 용이창작이 가능한 실시디자인의 경우, 등록디자인과 대비할 것도 없이 권리범위에 속하지 않는다(2002후2037). 이는 창작성 판단의 인용참증이 국내 주지형태로 한정되었던 구법 하의 판시이므로, 개정법의 범위에서는 국외까지 확장하는 것이 타당하다.
③ 실시디자인이 공지디자인 또는 이들의 결합으로부터 용이창작 가능한 경우
   최근 대법원은, 등록디자인과 대비되는 디자인이 출원 전 디자인의 분야에서 통상의 지식을 가진 자가 공지디자인 또는 이들의 결합에 따라 쉽게 실시할 수 있는 경우에는 등록디자인과 대비할 것도 없이 권리범위에 속하지 않는다고 판시하였다(2016후878[229])).

(3) 권리남용의 항변[230] - 특허법과 동일

3 침해사건에서의 조치 - 특허법과 거의 동일

(1) 디자인권자의 조치
① 사전적 조치
   ㉠ 경고, 보상금청구권
   ㉡ 적극적 권리범위확인심판(제122조)
   ㉢ 증거보전신청(제145조)
   ㉣ 침해금지 가처분
② 민사상 조치
   ㉠ 침해금지청구(제113조)
   ㉡ 손해배상청구권(민법 제750조)
   ㉢ 손해액의 추정(제115조), 과실 추정(제116조)
   ㉣ 신용회복청구권(제117조)
   ㉤ 부당이득반환청구권(민법 제741조)

---

229) 판례편 - [28] 자유실시디자인의 항변
230) 판례편 - [29] 권리남용의 항변

③ 형사상 조치
　㉠ 침해죄(제220조)
　㉡ 양벌 규정(제227조)
　㉢ 몰수, 교부(제228조)
④ 기타 조치
　부경법상 조치 – 제2조 제1호 자목

(2) 제3자의 조치
① 권리 내용의 파악(제206조), 침해 여부 판단
② 자신의 실시가 침해인 경우
　㉠ 실시권의 설정
　㉡ 디자인권의 양수
　㉢ 실시의 중지
　㉣ 화해, 중재, 조정
　㉤ 개량디자인의 실시
③ 자신의 실시가 침해가 아닌 경우
　㉠ 무효심판
　㉡ 이의신청(일부심사의 경우만)
　㉢ 소극적 권리범위확인심판
　㉣ 답변서 제출(항변 주장)

03 이용, 저촉 〔기출 25・18・15・12〕

> **제95조(타인의 등록디자인 등과의 관계)**
> ① 디자인권자・전용실시권자 또는 통상실시권자는 등록디자인이 그 디자인등록출원일 전에 출원된 타인의 등록디자인 또는 이와 유사한 디자인・특허발명・등록실용신안 또는 등록상표를 이용하거나 디자인권이 그 디자인권의 디자인등록출원일 전에 출원된 타인의 특허권・실용신안권 또는 상표권과 저촉되는 경우에는 그 디자인권자・특허권자・실용신안권자 또는 상표권자의 허락을 받지 아니하거나 제123조에 따르지 아니하고는 자기의 등록디자인을 업으로서 실시할 수 없다.
> ② 디자인권자・전용실시권자 또는 통상실시권자는 그 등록디자인과 유사한 디자인이 그 디자인등록출원일 전에 출원된 타인의 등록디자인 또는 이와 유사한 디자인・특허발명・등록실용신안 또는 등록상표를 이용하거나 그 디자인권의 등록디자인과 유사한 디자인이 디자인등록출원일 전에 출원된 타인의 디자인권・특허권・실용신안권 또는 상표권과 저촉되는 경우에는 그 디자인권자・특허권자・실용신안권자 또는 상표권자의 허락을 받지 아니하거나 제123조에 따르지 아니하고는 자기의 등록디자인과 유사한 디자인을 업으로서 실시할 수 없다.
> ③ 디자인권자・전용실시권자 또는 통상실시권자는 등록디자인 또는 이와 유사한 디자인이 그 디자인등록출원일 전에 발생한 타인의 저작물을 이용하거나 그 저작권에 저촉되는 경우에는 저작권자의 허락을 받지 아니하고는 자기의 등록디자인 또는 이와 유사한 디자인을 업으로서 실시할 수 없다.

1 의의 및 취지

(1) 의의(제95조)

① 이용관계

후 디자인권자의 실시는 선 권리(특허, 실용신안, 상표, 디자인, 저작물)의 실시가 되고, 선 권리자의 실시는 후 권리의 실시가 되지 않는, 일방적 충돌관계를 의미한다.

② 저촉관계

선후 권리 간의 권리범위가 중첩되어, 어느 쪽의 권리를 실시하여도 타방의 권리를 침해하게 되는, 쌍방적 충돌관계를 의미한다.

(2) 취 지

선출원 우위원칙 하에서, 후 권리자의 실시와 선 권리자의 보호를 통해 양자간의 이해관계를 조정하기 위함이다.

2 성립요건

(1) 이 용

① 개념 및 판단방법

㉠ 학설의 대립

주요부설, 개량확장설, 그대로설, 실시불가피설이 있다.

㉡ 판례의 태도 – **비요본그필**

대법원은 후 디자인[231]이 전체로서 선등록디자인과 **비**유사하지만, 선등록디자인의 **요**지를 전부 포함하고 선등록디자인의 **본**질적 특징을 손상시키지 않은 채 **그**대로 자신의 디자인 내에 도입하고 있어, 후등록디자인을 실시하면 **필**연적으로 선등록디자인을 실시하는 관계에 있는 경우를 의미한다고 판시했다(2009후2968 – 직물지).[232]

㉢ 검 토

디자인은 물품의 외관으로서 주요부의 특정이 어렵고 개량확장의 개념을 적용하기 어렵다. 그대로설은 디자인의 구성요소를 이용하여 추상적인 미감의 이용 여부를 파악하고자 하는 것이므로 이용의 본질적 개념에 부합하여 타당하다.

② 성립요건 – **적선타포**

적법하게 등록된 후등록디자인의 권리범위가 **선**출원하여 등록된(선발생된) **타**인의 권리를 **포**함해야 한다.

---

[231] 판례가 후등록디자인이 아닌 후디자인으로 표현하고 있는 것은 후디자인은 출원되거나 등록되지 않아도 이용관계가 성립할 수 있다는 견지인 것으로 보인다.
[232] 판례편 – [30] 직물지 사건

(2) 저 촉

① 개 념
2 이상의 권리가 중복되어 있는 경우를 의미한다.

② 성립요건 – **적선타중**
적법하게 등록된 후등록디자인의 권리범위가 **선**출원하여 등록된(선발생된) **타**인의 권리범위와 **중**첩되어야 한다.

3 유 형

(1) 이 용

① 선 권리가 타인의 등록디자인
  ㉠ 부분디자인 – 전체디자인
  ㉡ 부품디자인 – 완성품디자인
  ㉢ 형상만의 디자인 – 결합디자인 – [제3장 04 형상만의 디자인]에서 전술
  ㉣ 정적디자인 – 동적디자인
  ㉤ 구성물품의 디자인 – 한 벌 물품의 디자인
② 선 권리가 타인의 디자인 외의 권리[233]

(2) 저 촉

① 선 권리가 타인의 디자인권(제95조 제1항·제2항 후단)
  ㉠ 후등록디자인의 동일 범위에서 저촉 – 무효심판의 대상
  ㉡ 후등록디자인의 유사 범위에서 저촉
    선출원주의 판단 시, 후출원디자인의 유사 범위는 판단하지 않기 때문에 선출원디자인과 후출원디자인이 비유사한 경우에는 적법하게 등록될 수 있다. 따라서 등록 후에 선등록디자인권과 후등록디자인의 유사범위에서 저촉이 발생할 수 있다. 다만 이 경우, 후등록디자인과 동일한 디자인은 저촉관계가 아니므로 실시할 수 있다.
② 선 권리가 타인의 디자인권 외의 권리

(3) 동일자인 경우의 취급

각 권리자는 독립하여 실시할 수 있다.

---

[233] 특허권, 상표권, 저작권을 말한다.

4 효과

(1) **효력의 제한**
   ① 적극적 효력의 제한
      ㉠ 선 권리자의 허락 또는 통상실시권허락심판(제123조)에 의해서만 실시가 가능하고, 아닌 경우 침해가 성립한다.
      ㉡ 다만, 공평의 견지에서 선 권리자도 크로스라이센스 청구를 인정하여 후등록디자인을 실시할 수 있다.
   ② 소극적 효력은 제한되지 않는다.

(2) **타 법과의 관계**
   ① 상표법
      상표법에는 강제사용권 제도가 없고, 제123조에서 제외되어 있는 점을 고려하면 선 권리자의 허락에 의해서만 후등록디자인을 실시할 수 있다.
   ② 저작권법
      ㉠ 선 권리자의 허락에 의해서만 후등록디자인을 실시할 수 있다.
      ㉡ 다만, 디자인 창작자가 독자적으로 창작한 경우에는 저작권의 침해라고 볼 수 없기 때문에 이용, 저촉관계가 아니다.

5 결어 – 상표법과의 저촉

(1) 상표권과의 이용, 저촉이 발생하는 경우 허락 이외에는 후 권리자가 실시할 수 있는 방안이 없다.
(2) 최근 입체상표와 디자인의 충돌이 잦은 점을 고려하면 이해관계를 조정할 수 있는 입법이 필요하다고 본다.

6 관련문제

(1) **제103조 법정실시권**
   저촉 관계에 있는 선 등록권리가 존속기간 만료로 소멸하는 경우, 기존의 사업시설 보호 및 이해관계인 등의 손해를 방지하기 위해 등록디자인의 디자인권에 대한 법정실시권이 발생한다.

(2) **부분디자인의 이용에 대한 비판**
   성립한다고 보는 견해가 유력하나, 부분디자인의 유형은 크게 부분 자체의 형태가 특징적인 경우와 부분의 배열관계(위치, 크기 범위)가 특징적인 경우로 나누어 볼 수 있는데, 전자의 경우 완성품에서 부분 자체의 형태가 그대로 이용되고 있다면 이는 직접침해로 처리하면 족하고, 후자의 경우 부분의 배열관계에 창작성이 인정되어 등록된 것이므로 완성품에서 부분의 배열관계를 부분디자인의 본질적 특징을 그대로 이용한 것이 아니어서 이용관계가 성립된다고 할 수 없으니 부분디자인의 경우에는 이용관계의 성립을 논할 필요가 없다는 견해가 존재한다.

(3) 형태요소부가형의 이용관계

① 학설의 대립

성립요건에 따라 판단할 문제이지 단순히 결합디자인에 형태가 부가되는 경우여서 이용관계가 성립하지 않는다고 단정할 수 없다는 견해, 형상·모양·색채를 구분하여 평가할 수 있고 이들 중 일부의 이용에 대하여도 이용관계를 긍정하는 것이 타당하되 이용된 디자인의 본질적인 특징이 손상된 것으로 평가해야 하는 경우가 대부분이기 때문에 실제 이용관계의 성립가능성은 희박하다는 견해가 있다.

② 판례의 태도

하급심이나 특허법원에서 부정적인 태도를 보인 바 있으나, 대법원의 판시들을 보면 이용관계를 부정한 사안이기는 하지만 결합디자인의 이용이 원론적으로 인정될 수 있음을 전제로 하여 성립요건 판단에 나아간 것으로 보인다.

③ 검 토

디자인의 정의가 물품의 형태의 표현방법으로 형상·모양·색채의 다양한 결합을 예정하고 있고, 형상만의 디자인도 인정함이 타당하다는 점에서 비추어보면 결합디자인에 새로운 형태요소가 결합하여 이용하는 관계도 이론적으로는 성립한다고 봄이 타당하다.

04 디자인권의 이전청구에 따른 이전등록 전의 실시에 의한 통상실시권

제100조의2(디자인권의 이전청구에 따른 이전등록 전의 실시에 의한 통상실시권)
① 다음 각 호의 어느 하나에 해당하는 자가 제96조의2 제2항에 따른 디자인권의 이전등록이 있기 전에 해당 디자인등록이 제121조 제1항 제1호 본문에 해당하는 것을 알지 못하고 국내에서 해당 디자인의 실시사업을 하거나 이를 준비하고 있는 경우에는 그 실시하거나 준비를 하고 있는 디자인 및 사업목적의 범위에서 그 디자인권에 대하여 통상실시권을 가진다.
  1. 이전등록된 디자인등록의 원(原)디자인권자
  2. 이전등록된 디자인권에 대하여 이전등록 당시에 이미 전용실시권이나 통상실시권 또는 그 전용실시권에 대한 통상실시권을 취득하고 등록을 받은 자. 다만, 제104조 제2항에 따른 통상실시권을 취득한 자는 등록을 필요로 하지 아니한다.
② 제1항에 따라 통상실시권을 가진 자는 이전등록된 디자인권자에게 상당한 대가를 지급하여야 한다.
[본조신설 2025.5.27.]

05 선출원에 의한 통상실시권 기출 25

> **제101조(선출원에 따른 통상실시권)**
> 타인의 디자인권이 설정등록되는 때에 그 디자인등록출원된 디자인의 내용을 알지 못하고 그 디자인을 창작하거나 그 디자인을 창작한 사람으로부터 알게 되어 국내에서 그 디자인 또는 이와 유사한 디자인의 실시사업을 하거나 그 사업의 준비를 하고 있는 자(제100조에 해당하는 자는 제외한다)는 다음 각 호의 요건을 모두 갖춘 경우에 한정하여 그 실시 또는 준비를 하고 있는 디자인 및 사업의 목적 범위에서 그 디자인권에 대하여 통상실시권을 가진다.
> 1. 타인이 디자인권을 설정등록받기 위하여 디자인등록출원을 한 날 전에 그 디자인 또는 이와 유사한 디자인에 대하여 디자인등록출원을 하였을 것
> 2. 타인의 디자인권이 설정등록되는 때에 제1호에 따른 디자인등록출원에 관한 디자인의 실시사업을 하거나 그 사업의 준비를 하고 있을 것
> 3. 제1호 중 먼저 디자인등록출원한 디자인이 제33조 제1항 각 호의 어느 하나에 해당하여 디자인등록거절결정이나 거절한다는 취지의 심결이 확정되었을 것

1 실시권 일반

(1) 특허법과 거의 동일

(2) 다른 점
① 재정에 의한 실시권이 없다.
② 국방상 필요에 의한 실시권이 없다.
③ 선출원에 의한 통상실시권이 있다.

2 의의 및 취지

(1) 의 의

타인의 출원일 전에 그 디자인과 동일, 유사한 디자인을 출원했는데 신규성 위반으로 거절된 경우, 후출원이 설정등록되는 때에, 타인의 출원일 이후부터 선의로 국내에서 그 디자인의 실시사업 또는 사업 준비를 하고 있는 자에게 실시 또는 준비 중인 디자인에 대하여 사업의 목적 범위에서 인정되는 무상의 통상실시권이다.

(2) 취 지

선출원하여 거절된 자에게 후출원하여 등록된 디자인권에 대한 실시권을 인정하여 법규정의 제도적 한계를 보완하기 위함이다.[234]

---

[234] 도입 배경 - 2007년 7월 1일 시행법
① 종래의 '거절의 연쇄' 문제점 : 거절결정이 확정되거나 포기된 출원에 선출원의 지위를 인정하여 이들 출원과 유사한 경우에는 등록이 불가능했고, 유사의 연쇄로 나중에는 비유사한 디자인이 거절되는 문제가 있었다.

3 요 건 – 전출신 등후선실

(1) 타인의 출원일 **전**에 동일, 유사한 디자인을 **출**원했다가, **신**규성 위반으로 거절된 경우, 타인의 설정**등록**되는 때에 타인의 출원일 **후 선**의로 **실**시 등을 하고 있을 것을 요한다.[235]

(2) 여기서 선의란 내용을 모르고 그 디자인을 창작하거나, 창작한 자로부터 지득한 경우를 의미하고, 실시 등은 실시사업 또는 사업의 준비를 하고 있을 것을 의미한다.

4 효 력[236]

(1) 발 생
법정실시권이므로 성립요건 만족 시 효력이 발생하며, 등록이 없어도 제3자에게 대항이 가능하다(제104조 제2항).

(2) 범 위
① 설정등록 시에 실시 또는 준비 중인 디자인 및 사업의 목적 범위에서 통상실시권을 갖는다.
② 따라서 디자인권의 효력이 제한되면 동일하게 그 범위에서 효력이 제한되고, 채권적 권리이므로 소극적 효력은 없어 제3자에게 민, 형사상 조치를 취할 수는 없다.

(3) 변 동
① 등록이 제3자 대항요건인 경우(제104조 제3항)
  통상실시권의 이전·변경·소멸 또는 처분의 제한, 통상실시권을 목적으로 하는 질권의 설정·이전·변경·소멸 또는 처분의 제한은 등록하지 아니하면 제3자에게 대항할 수 없다.
② 이전(제99조 제4항), 질권설정(제99조 제5항)
  ㉠ 실시사업과 같이 이전 또는 상속, 기타 일반승계를 제외하고는, 디자인권자의 동의를 얻어야 이전이 가능하다.
  ㉡ 질권설정도 디자인권자의 동의가 필요하다.
③ 포 기
  자유이나, 질권이 설정되어 있으면 질권자의 동의를 요한다(제106조 제3항).

(4) 소 멸
① 디자인권의 소멸에 따른 부수적인 소멸
② 법정실시권 자체의 소멸
  ㉠ 실시사업의 폐지
  ㉡ 실시권자의 상속인 부존재
  ㉢ 혼 동

---

② 문제 해결을 위한 개정법 : 개정법은 거절결정이 확정되거나 포기된 출원에 선출원의 지위를 부정했다. 그 결과, 거절된 출원과 유사한 디자인은 등록이 가능하게 되어 거절된 출원을 실시하던 제3자가 불측의 피해를 입을 염려가 있었다. 이에 양자간의 이해관계를 조정하기 위해 선사용권에 보완하여 도입되었다.

235) 타인의 출원일 이전의 실시는 선사용권(제100조)의 대상이다.
236) 이하의 내용은 특허법과 대동소이하여 출제될 가능성이 낮다고 생각된다.

06 이의신청 기출 19·15

제68조(디자인일부심사등록 이의신청)
① 누구든지 디자인일부심사등록출원에 따라 디자인권이 설정등록된 날부터 디자인일부심사등록 공고일 후 3개월이 되는 날까지 또는 디자인권 침해에 관한 통지를 받은 자는 그 통지를 받은 날부터 3개월이 되는 날까지 그 디자인일부심사등록이 다음 각 호의 어느 하나에 해당하는 것을 이유로 특허청장에게 디자인일부심사등록 이의신청을 할 수 있으며, 이 경우 복수디자인등록출원된 디자인등록에 대하여는 각 디자인마다 디자인일부심사등록 이의신청을 하여야 한다. 다만, 그 디자인권 침해에 관한 통지를 받은 것을 이유로 이의신청을 하는 경우에는 디자인일부심사등록 공고일부터 1년이 지나면 이의신청을 할 수 없다. 〈개정 2025.5.27.〉
  1. 제3조 제1항 본문에 따른 디자인등록을 받을 수 있는 권리를 가지지 아니하거나 같은 항 단서에 따라 디자인등록을 받을 수 없는 경우
  2. 제27조, 제33조부터 제35조까지, 제39조 및 제46조 제1항·제2항에 위반된 경우
  3. 조약에 위반된 경우
② 디자인일부심사등록 이의신청을 하는 자(이하 "이의신청인"이라 한다)는 다음 각 호의 사항을 적은 디자인일부심사등록 이의신청서에 필요한 증거를 첨부하여 특허청장에게 제출하여야 한다.
  1. 이의신청인의 성명 및 주소(법인인 경우에는 그 명칭 및 영업소의 소재지)
  2. 이의신청인의 대리인이 있는 경우에는 그 대리인의 성명 및 주소나 영업소의 소재지[대리인이 특허법인·특허법인(유한)인 경우에는 그 명칭, 사무소의 소재지 및 지정된 변리사의 성명]
  3. 디자인일부심사등록 이의신청의 대상이 되는 등록디자인의 표시
  4. 디자인일부심사등록 이의신청의 취지
  5. 디자인일부심사등록 이의신청의 이유 및 필요한 증거의 표시
③ 심사장은 디자인일부심사등록 이의신청이 있을 때에는 디자인일부심사등록 이의신청서 부본(副本)을 디자인일부심사등록 이의신청의 대상이 된 등록디자인의 디자인권자에게 송달하고 기간을 정하여 답변서를 제출할 기회를 주어야 한다.
④ 디자인일부심사등록 이의신청에 관하여는 제121조 제4항을 준용한다.

제69조(디자인일부심사등록 이의신청 이유 등의 보정)
이의신청인은 디자인일부심사등록 이의신청을 한 날부터 30일 이내에 디자인일부심사등록 이의신청서에 적은 이유 또는 증거를 보정할 수 있다.

제70조(심사·결정의 합의체)
① 디자인일부심사등록 이의신청은 심사관 3명으로 구성되는 심사관합의체에서 심사·결정한다.
② 특허청장은 각 디자인일부심사등록 이의신청에 대하여 심사관합의체를 구성할 심사관을 지정하여야 한다.
③ 특허청장은 제2항에 따라 지정된 심사관 중 1명을 심사장으로 지정하여야 한다.
④ 심사관합의체 및 심사장에 관하여는 제131조 제2항, 제132조 제2항 및 제133조 제2항·제3항을 준용한다.

제71조(디자인일부심사등록 이의신청 심사에서의 직권심사)
① 디자인일부심사등록 이의신청에 관한 심사를 할 때에는 디자인권자나 이의신청인이 주장하지 아니한 이유에 대하여도 심사할 수 있다. 이 경우 디자인권자나 이의신청인에게 기간을 정하여 그 이유에 관하여 의견을 진술할 수 있는 기회를 주어야 한다.
② 디자인일부심사등록 이의신청에 관한 심사를 할 때에는 이의신청인이 신청하지 아니한 등록디자인에 관하여는 심사할 수 없다.

제72조(디자인일부심사등록 이의신청의 병합 또는 분리)
심사관합의체는 2 이상의 디자인일부심사등록 이의신청을 병합하거나 분리하여 심사·결정할 수 있다.

제73조(디자인일부심사등록 이의신청에 대한 결정)
① 심사관합의체는 제68조 제3항 및 제69조에 따른 기간이 지난 후에 디자인일부심사등록 이의신청에 대한 결정을 하여야 한다.
② 심사장은 이의신청인이 그 이유 및 증거를 제출하지 아니한 경우에는 제68조 제3항에도 불구하고 제69조에 따른 기간이 지난 후에 결정으로 디자인일부심사등록 이의신청을 각하할 수 있다.

③ 심사관합의체는 디자인일부심사등록 이의신청이 이유 있다고 인정될 때에는 그 등록디자인을 취소한다는 취지의 결정(이하 "디자인등록취소결정"이라 한다)을 하여야 한다.
④ 디자인등록취소결정이 확정된 때에는 그 디자인권은 처음부터 없었던 것으로 본다.
⑤ 심사관합의체는 디자인일부심사등록 이의신청이 이유 없다고 인정될 때에는 그 이의신청을 기각한다는 취지의 결정(이하 "이의신청기각결정"이라 한다)을 하여야 한다.
⑥ 디자인일부심사등록 이의신청에 대한 각하결정 및 이의신청기각결정에 대하여는 불복할 수 없다.

제74조(디자인일부심사등록 이의신청에 대한 결정방식)
① 디자인일부심사등록 이의신청에 대한 결정은 다음 각 호의 사항을 적은 서면으로 하여야 하며, 결정을 한 심사관은 그 서면에 기명날인하여야 한다.
  1. 디자인일부심사등록 이의신청 사건의 번호
  2. 디자인권자와 이의신청인의 성명 및 주소(법인인 경우에는 그 명칭 및 영업소의 소재지)
  3. 디자인권자와 이의신청인의 대리인이 있는 경우에는 대리인의 성명 및 주소나 영업소의 소재지(대리인이 특허법인·특허법인(유한)인 경우에는 그 명칭, 사무소의 소재지 및 지정된 변리사의 성명)
  4. 결정과 관련된 디자인의 표시
  5. 결정의 결론 및 이유
  6. 결정연월일
② 심사장은 디자인일부심사등록 이의신청에 대한 결정을 한 경우에는 결정등본을 이의신청인과 디자인권자에게 송달하여야 한다.

제75조(디자인일부심사등록 이의신청의 취하)
① 디자인일부심사등록 이의신청은 제71조 제1항 후단에 따른 의견진술의 통지 또는 제74조 제2항에 따른 결정등본이 송달된 후에는 취하할 수 없다.
② 디자인일부심사등록 이의신청을 취하하면 그 이의신청은 처음부터 없었던 것으로 본다.

제76조(심판규정의 심사에의 준용)
디자인등록출원의 심사에 관하여는 제135조(제6호는 제외한다)를 준용한다. 이 경우 "심판"은 "심사"로, "심판관"은 "심사관"으로 본다.

제77조(심사 또는 소송절차의 중지)
① 심사관은 디자인등록출원의 심사에 필요한 경우에는 심결이 확정될 때까지 또는 소송절차가 완결될 때까지 그 절차를 중지할 수 있다.
② 법원은 필요한 경우에는 디자인등록출원에 대한 결정이 확정될 때까지 그 소송절차를 중지할 수 있다.
③ 제1항 및 제2항에 따른 중지에 대하여는 불복할 수 없다.

제78조(준용규정)
디자인일부심사등록 이의신청에 대한 심사·결정에 관하여는 제77조, 제129조, 제135조(제6호는 제외한다), 제142조 제7항, 제145조, 제153조 제3항부터 제6항까지 및 제154조를 준용한다.

1 의의 및 취지

(1) 의 의

일부심사로 등록된 디자인권에 대해, 누구든지 설정등록일로부터 등록공고일 후 3개월까지 또는 침해통지를 받은 자는 그 통지 받은 날부터 3개월까지 소정의 이유로 이의신청할 수 있다(제68조 제1항).

(2) 취 지

일부심사는 실체적 등록요건에 대해 심사를 하지 않기 때문에 하자 있는 디자인이 등록될 가능성이 높다. 따라서 이러한 권리를 조기에 소멸시키기 위한 제도이다.

2 요 건

(1) 주체적 요건

① 누구든지 가능하며, 비법인사단도 대표자, 대리인이 있으면 가능하다.
② 이는 공익 목적이므로 제한을 두지 않은 것이다.

(2) 객체적 요건

① 이의신청대상 – 일복관
  ㉠ 일부심사로 등록된 디자인이 대상이다.
  ㉡ **복수디자인**은 각 디자인마다 청구해야 하고, **관련디자인**은 독자적으로 가능하다.
② 이의신청이유
  거절이유에서 절차적 요건을 제외한 것이고, 무효사유에서는 후발적 무효사유[237]를 제외한 것이다.

(3) 시기적 요건

① 원 칙
  설정등록일로부터 등록공고일 후 3월 이내 또는 디자인권 침해에 관한 통지를 받은 자는 그 통지를 받은 날부터 3월 이내에 신청할 수 있다. 다만, 디자인권 침해에 관한 통지를 받은 것을 이유로 이의신청을 하는 경우에는 디자인일부심사등록 공고일부터 1년이 지나면 이의신청을 할 수 없다.
② 비밀디자인의 경우
  설정등록일로부터 실질적 사항이 게재된 공보발행일 후 3월 이내로, 실질적인 이의신청기간이 연장된다.

3 절 차 – 제보송답 통취

(1) 이의신청서의 제출(제68조 제2항)

각 호의 사항을 기재한 신청서를 제출해야 하며, 방식심사에서 하자가 있다면 보정하지 않는 한 결정각하된다.

(2) 이의신청서의 보정

① 보정(제69조)
  이의신청일로부터 30일 이내 이유 또는 증거를 보정할 수 있다. 이 보정기간은 연장의 대상이다(제17조 제1항 단서).
② 이유 및 증거를 제출하지 않은 경우(제73조 제2항)
  신청서 부본을 송달하지도 않고, 보정기간만 지나면 결정각하할 수 있다.

(3) 부본송달 및 답변서 제출기회 부여(제68조 제3항)

심사장은 이의신청서 부본을 디자인권자에게 송달하고 기간을 정하여 답변서를 제출할 기회를 주어야 한다.

---

237) 권리능력 상실, 조약 위반

(4) 등록권리자에 대한 취지 통보(제68조 제4항)

전용실시권자 및 디자인에 관한 등록된 권리자들에게 이의신청의 취지를 통지해야 한다.

(5) 이의신청의 취하(제75조)

직권심사에 따른 의견진술의 통지가 있거나 결정등본 송달 후에는 취하할 수 없다. 취하하면 이의신청은 처음부터 없었던 것으로 본다.

4 심 사

(1) 심사의 주체(제70조)

심사관 3명으로 구성되는 심사관합의체에서 심사, 결정하며 그중 1명을 심사장으로 지정해야 한다. 심사장은 사무를 총괄하며, 심사관합의체의 합의는 과반수가 기준이고 합의는 공개하지 않는다.

(2) 방 식 – 직병보중

① **직권심사 및 한계**(제71조)

신청하지 않은 디자인에 대해서는 심사할 수 없지만, 신청하지 않은 이유에 대해서는 심사할 수 있으며, 이 경우에는 이의신청인이나 디자인권자에게 의견진술기회를 부여해야 한다.

② **병합 또는 분리**(제72조)

심사관합의체는 2 이상의 디자인일부심사등록 이의신청을 병합하거나 분리하여 심사·결정할 수 있다.

③ **증거조사 및 증거보전**(제78조 준용 제145조)

당사자의 신청에 의하여 또는 직권으로 증거조사나 증거보전을 할 수 있다.

④ **심사의 중지**(제78조 준용 제77조 제1항)

심결이 확정되거나 소송이 완결될 때까지 심사절차를 중지할 수 있다.

5 결 정

(1) 각하결정(제78조 준용 제129조)

부적법한 이의신청으로 흠결을 보정할 수 없는 경우, 답변서 제출기회 없이 각하결정을 한다.

(2) 이의신청에 대한 결정

① **결정 시기**(제73조 제1항)

답변서 제출기간 및 보정기간 경과 후에 가능하다.

② **방식 및 송달**(제74조)

일정 사항을 기재한 서면으로 하며, 결정한 심사관은 기명날인해야 한다. 결정등본은 이의신청인과 디자인권자에게 송달한다.

③ **취소결정**(제73조 제3항)

이의신청이 이유가 있다고 인정되면 심사관합의체는 취소결정을 해야 한다.

④ 기각결정(제73조 제5항)

이의신청이 이유가 없다고 인정되면 심사관합의체는 기각결정을 해야 한다.

⑤ 불복심판 청구

㉠ 취소결정에 대해서는 불복심판을 청구할 수 있다(제120조, 제127조).
㉡ 기각, 각하결정에 대해서는 불복할 수 없다(제73조 제6항).

(3) 결정의 효과

① 기각결정

디자인권은 유지되며, 이후 다투기 위해서 무효심판 청구는 가능하다.

② 취소결정

㉠ 디자인권은 소급적으로 소멸하며(제73조 제4항), 보상금청구권 또한 소급적 소멸한다(제53조 제6항). 이에 따라 계속 중인 심판의 심결각하 또는 재심사유 발생의 문제가 생길 수 있고, 이미 지급받은 실시료의 부당이득 반환 문제도 발생할 수 있다.
㉡ 취소결정이 확정된 연도 이후의 등록료 해당분은 반환되고(제87조 제1항), 등록원부에 소멸사실을 등록한다(제88조 제1항).
㉢ 취소결정이 확정된 경우, 확정일로부터 30일 이내에 한 정당권리자의 출원일은 무권리자의 출원일로 한다(제45조).
㉣ 디자인권을 행사한 경우, 손해배상청구의 대상이 될 수 있다.

6 결 어

(1) 특허법은 이미 실체심사를 거친 특허를 대상으로 하는 이의신청제도를 폐지하였다가 무효심판으로 통합하였으나, 최근 공중의 심사 참여를 적극 유도하기 위해 한정적으로 취소신청제도를 도입하였다.
(2) 디자인보호법은 일부심사등록제도가 있는 특성상 부실권리를 방지하기 위해 이의신청제도를 유지하고 있다.

07 디자인등록의 무효심판

제121조(디자인등록의 무효심판)
① 이해관계인(제1호 본문의 경우에는 디자인등록을 받을 수 있는 권리를 가진 자만 해당한다) 또는 심사관은 디자인등록이 다음 각 호의 어느 하나에 해당하는 경우에는 무효심판을 청구할 수 있다. 이 경우 제41조에 따라 복수디자인등록출원된 디자인등록에 대하여는 각 디자인마다 청구하여야 한다. 〈개정 2023.6.20., 2025.5.27.〉
1. 제3조 제1항 본문에 따른 디자인등록을 받을 수 있는 권리를 가지지 아니하거나 제39조를 위반한 경우. 다만, 제96조의2 제2항에 따라 이전등록된 경우는 제외한다.
2. 제3조 제1항 단서에 따라 디자인등록을 받을 수 없는 경우이거나 제27조, 제33조부터 제35조까지 및 제46조 제1항·제2항에 위반된 경우
3. 조약에 위반된 경우
4. 디자인등록된 후 그 디자인권자가 제27조에 따라 디자인권을 누릴 수 없는 자로 되거나 그 디자인등록이 조약에 위반된 경우

08 보정각하결정 불복심판

> **제119조(보정각하결정에 대한 심판)**
> 제49조 제1항에 따른 보정각하결정을 받은 자가 그 결정에 불복할 때에는 그 결정등본을 송달받은 날부터 3개월 이내에 심판을 청구할 수 있다.

1 서 설

(1) 의의(제119조) 및 취지
부당한 보정각하결정에 불복하여 당사자의 권리구제와 심사의 공정성을 확보하기 위해 그 보정각하의 효력을 다투는 심판이다.

(2) 법적 성격
심사절차의 효력이 심판에서도 효력을 갖는 속심적 성격을 가지며(제156조), 결정계 심판이다.

2 요 건

(1) 주체적 요건
① 보정각하결정을 받은 출원인만이 청구 가능하다.
② 공유인 경우 전원이 청구하여야 하며(제125조 제1항), 대리인의 경우 특별수권사항이다.

(2) 객체적 요건
① 심사단계의 보정각하결정(제49조 제1항), 재심사단계의 보정각하결정(제64조 제1항)에 대하여 청구할 수 있다.[238]
② 심판단계의 보정각하결정에 대해서는 심판청구는 불가하고, 심결취소소송으로 다투어야 한다.

(3) 시기적 요건
보정각하결정등본 송달일부터 3개월 이내에 가능하다.[239]

---

[238] 그 이전의 보정각하결정에 대해서는 불복할 수 없다.
[239] 청구 또는 직권으로 1회에 한하여 30일 이내 연장 가능하고, 교통이 불편한 지역에 있는 자는 1회에 한하여 30일 이내에서 추가 연장이 가능하다(제17조 제1항 단서). 절차를 밟은 자가 책임질 수 없는 사유로 인하여 청구기간을 준수하지 못한 경우, 그 사유가 소멸한 날로부터 2개월 이내에 절차를 추후보완할 수 있다. 다만, 그 기간이 만료한 날로부터 1년이 경과한 때에는 불가하다(제19조).

3 절차

(1) 심판청구서의 제출 및 보정(제127조)

심판청구서를 특허심판원장에게 제출해야 한다. 심판청구서의 보정은 요지변경하지 않는 범위 내에서 가능하다. 다만, 청구인 기재나 청구이유를 보정하는 경우에는 요지변경으로 보지 않는다.

(2) 심사 중지(제49조 제3항)

심판이 청구된 경우, 심결이 확정될 때까지 그 출원의 심사를 중지해야 한다. 이는 보정의 적법성 여부가 확정되지 않은 상황에서는 심사를 진행하지 않도록 하여 절차의 안정성을 꾀하기 위함이다.

(3) 방식 심사 및 결정 각하(제128조)

행대방수에 위반한 경우 보정명령하고, 보정사항이 경미하고 명확한 경우에는 직권보정할 수 있다(제128조 제1항). 보정명령에도 지정 기간 내에 보정하지 않거나 요지변경인 경우에는 심판청구를 결정각하한다(제128조 제2항).

(4) 심판청구의 취하(제149조)

심결이 확정될 때까지 해야 하며, 답변서가 제출된 경우에는 상대방의 동의를 요한다.

4 심리

(1) 적법성 심리(제129조)

심판청구의 적법성을 심리하는 절차로, 부적법한 심판청구로 흠을 보정할 수 있을 때는 보정기회 및 답변서 제출기회를 부여하고, 그럼에도 불구하고 하자를 해소하지 못하는 경우 심결각하한다. 부적법한 심판청구로 흠을 보정할 수 없는 경우[240], 답변서 제출기회 없이 바로 심결각하한다.

(2) 본안 심리

① 심리주체(제133조)

3~5인의 심판관합의체가 과반수에 의한 합의로 결정하며, 합의는 공개하지 않는다.

② 심리방식(제142조 제1항)

구술 또는 서면에 의하며, 구술심리를 신청한 경우에는 서면심리가 가능한 경우를 제외하고 구술로 심리해야 한다.

③ 심리범위

원 결정의 부당성을 지적하는 새로운 이유나 증거를 추가로 제출할 수 있다. 다만, 당해 출원의 등록 여부를 심리하지는 않는다.

④ 심판 관련 규정(제135조 내지 제147조)

제척, 기피, 회피, 참가, 증거조사 및 증거보전, 직권 심리 등이 있다.

---

[240] 심판사항이 아닌 경우, 실존하지 않는 자를 당사자로 한 경우, 당사자능력 또는 적격이 없는 경우, 일사부재리 위반, 중복심판청구, 심판청구대상 소멸, 심판청구기간 도과

5 심 결

(1) 심결각하(제129조)
부적법한 심판청구로 흠결을 보정할 수 없는 경우에는 답변서 제출기회 없이, 심결로 각하할 수 있다.

(2) 인용심결
심결의 기본이 된 이유는 심사관을 기속하고(제157조 제3항), 보정 후의 디자인으로 심사가 진행된다.

(3) 기각심결
보정각하결정이 확정되고, 보정 전 디자인으로 심사가 진행된다.

(4) 불복(제166조 제3항)
심결등본 송달일부터 30일 내에 특허법원에 심결취소소송을 제기할 수 있다.

6 결어 - 폐지론

특허법과 달리 별도의 불복수단을 두고 있다. 그러나 등록여부결정 통지서 송달 전까지, 재심사 청구기간, 거절결정불복심판 청구일부터 30일 이내에도 보정이 가능하고, 보정각하결정에 대한 심판의 심결이 확정되어도 등록까지는 상당한 시간이 소요되는 점을 감안하면, 특허법과 같이 별도의 불복수단을 두는 것보다는 폐지해도 무리가 없다고 보는 견해가 있다.

09 취소결정 불복심판

> **제120조(디자인등록거절결정[241] 또는 디자인등록취소결정에 대한 심판)**
> 디자인등록거절결정 또는 디자인등록취소결정을 받은 자가 불복할 때에는 그 결정등본을 송달받은 날부터 3개월 이내에 심판을 청구할 수 있다.

1 서 설

(1) 의의(제120조) 및 취지
이의신청에 관하여 부당하게 등록을 취소한 결정에 대해 불복하여 당사자의 권리구제와 심사의 공정성을 확보하기 위한 심판절차이다.

(2) 법적 성격
심사절차의 효력이 심판에서도 효력을 갖는 속심적 성격을 가지며(제156조), 결정계 심판이다.

---

[241] 거절결정불복심판은 특허와 대동소이하므로 논하지 않는다.

2 요건

(1) 주체적 요건

① 일부심사로 디자인을 등록받은 디자인권자가 가능하다.

② 공유인 경우 전원이 청구하여야 하며(제125조 제1항), 대리인의 경우 특별수권사항이다.

(2) 객체적 요건

이의신청을 통한 취소결정에 대하여 청구할 수 있다.

(3) 시기적 요건

취소결정등본 송달일부터 3개월 이내에 가능하다.

3 절차

(1) 심판청구서의 제출 및 보정(제127조)

심판청구서를 특허심판원장에게 제출해야 한다. 심판청구서의 보정은 요지변경하지 않는 범위 내에서 가능하다. 다만, 청구인 기재나 청구이유를 보정하는 경우에는 요지변경으로 보지 않는다.

(2) 이의신청인에 대한 통지(제127조 제1항)**(취)**

특허심판원장은 제120조에 따른 디자인등록취소결정에 대한 심판이 청구된 경우에는 그 취지를 이의신청인에게 알려야 한다.

(3) 방식 심사 및 결정 각하(제128조)

행대방수에 위반한 경우 보정명령하고, 보정사항이 경미하고 명확한 경우에는 직권보정할 수 있다(제128조 제1항). 보정명령에도 지정 기간 내에 보정하지 않거나 요지변경인 경우에는 심판청구를 결정각하한다(제128조 제2항).

(4) 심판청구의 취하(149조)

심결이 확정될 때까지 해야 하며, 답변서가 제출된 경우에는 상대방의 동의를 요한다.

4 심리

(1) 적법성 심리

심판청구의 적법성을 심리하는 절차로, 부적법한 심판청구로 흠을 보정할 수 있을 때는 보정기회 및 답변서 제출기회를 부여하고, 그럼에도 불구하고 하자를 해소하지 못하는 경우 심결각하한다. 부적법한 심판청구로 흠을 보정할 수 없는 경우, 답변서 제출기회 없이 바로 심결각하한다.

(2) 본안 심리

① **심리주체**(제133조)

3~5인의 심판관합의체가 과반수에 의한 합의로 결정하며, 합의는 공개하지 않는다.

② **심리방식**(제142조 제1항)

구술 또는 서면에 의하며, 구술심리를 신청한 경우에는 서면심리가 가능한 경우를 제외하고 구술로 심리해야 한다.

③ **심리범위**

취소결정의 이유가 타당한지 여부에 한정하지 않고, 디자인등록의 타당성에 관해 전반적으로 재심리한다.

④ **심판 관련 규정**(제135조 내지 제147조)

제척, 기피, 회피, 참가, 증거조사 및 증거보전, 직권 심리 등

(3) 심 결

① **심결각하**(제129조)

부적법한 심판청구로 흠결을 보정할 수 없는 경우에는 답변서 제출기회 없이, 심결로 각하할 수 있다.

② **인용심결**

취소결정을 취소한다. 심판관은 자판하여 유지결정을 할 수 있다.

③ **기각심결**

취소결정을 유지하고, 디자인권은 소급적으로 소멸한다.

④ **불 복**

심결등본 송달일부터 30일 내에 특허법원에 심결취소소송을 제기할 수 있다.

CHAPTER 08 헤이그 국제출원

01 헤이그 국제출원 개요 기출 19

1 서설

(1) 의의

디자인 국제출원 절차에서 일원적으로 출원하여 복수의 협정 가입국가 등에 출원한 것과 동일한 효과를 부여하고, 디자인권의 보호를 요청할 수 있는 시스템을 의미한다.

(2) 취지와 연혁

① 1999년 제네바 협정의 발효

기존의 저작권적 방식을 탈피하고 특허법적 접근방식으로 바뀌면서, 심사주의와의 조화가 가능하게 되었다.

② 2014년 7월 1일 시행법에서 도입

디자인의 국제적 보호와 절차적 편의 및 비용의 절감을 꾀하고자 이때의 개정법에서 헤이그 협정에 가입하고 본격적으로 시행하였다.

2 해외 출원 방법

(1) 개별 직접출원(Paris Route)

파리조약에 따라 개별적으로 각 국가나 지역에 출원하는 방식이다.

(2) 헤이그 국제출원(Hague Route)

헤이그 협정에 따라 하나의 국제출원서를 국제사무국에 제출하는 방식으로 복수의 협정 가입국에 일원적으로 출원하는 방식이다.

3 헤이그 국제출원의 장단점

(1) 장점(실익) – 간비기취관

① **간편한 출원절차**
1언어, 1출원서로 국제사무국에 제출하고, 하나의 통화로 수수료를 납부하는 등 간단한 절차를 통해 다수국에 동시 출원이 가능하다.

② **비용 절감의 효과**
개별 직접출원 시 복수의 언어, 복수의 출원서, 복수의 수수료, 번역 비용 및 대리인 선임비용 등이 발생하지만, 헤이그 국제출원은 절차의 단일화로 이를 최소화할 수 있다.

③ **기초출원 또는 기초등록의 불요구**
마드리드 의정서에 의한 출원과 다른 점이다. 또한 우선권주장과 자기지정도 가능하다.

④ **권리 취득여부의 파악 용이**
개별 직접출원은 권리취득 여부를 지정한 각 국가 또는 지역마다 확인해야 하지만, 헤이그 국제출원은 지정관청이 거절이유를 발견하면 국제등록 공개일로부터 6개월 또는 12개월 이내에 국제사무국을 통해 거절이유가 통지되며, 거절이유가 없다면 자동으로 해당 지정관청에 등록된다.

⑤ **사후 관리의 편의성**
지정한 각 국가 또는 지역마다 개별적으로 관리해야 하는 개별 직접출원과는 달리, 헤이그 국제출원은 하나의 국제등록을 통해 일원적으로 관리가 가능하다.

(2) 단 점
등록에 소요되는 기간이 비교적 긴 점, 국가별 도면 실무가 모두 다른 점, 거절이유통지 시 대리인 선임이 필요한 점 등이 있다.

4 국제사무국을 통한 직접출원 절차의 개괄

(1) 국제출원의 적격
체약당사자인 국가 또는 체약당사자인 정부 간 기구 회원국의 국민 또는 체약당사자의 영역에 주소, 거주지 또는 진정하고 실효적인 산업상 또는 상업상의 영업소를 가지고 있는 자연인 또는 법인은 누구나 국제출원을 할 수 있는 적격이 있다(헤이그협정 제3조).

(2) 국제출원서의 제출

① 국제출원은 영어, 프랑스어 또는 스페인어로 작성한다(헤이그협정 공통규칙 6(1)).
② 출원인은 국제출원서를 직접 WIPO 국제사무국에 직접 제출(직접출원)하거나 출원인의 체약당사자 관청에 간접적으로 제출(간접출원)할 수 있으며, 간접출원을 할 수 없다고 선언할 수 있으나(헤이그협정 제4조(1)), 우리나라는 이러한 취지의 선언을 하지 않았기 때문에 2가지 모두 가능하고 간접출원에 대해서는 명문으로 가능함(제173조)을 규정하고 있다.
③ 국제출원의 제출일은 원칙적으로 국제출원의 접수일이지만, 하자가 있어 보정이 필요한 경우에는 보정을 접수하는 날이 된다(헤이그협정 제9조). 242)

---

242) 간접출원의 경우, 보완절차를 규정하고 있다(제177조).

(3) 국제사무국의 방식심사

① 협정에 의거하여 형식적인 요건[243]을 심사한다. 흠결 시 필요한 보정을 하도록 요청하고[헤이그협정 제8조(1)], 3개월 내에 보정이 가능하다[헤이그협정 공통규칙 14(1)].

② 이러한 보정이 국제사무국에 의하여 접수되는 날이 국제출원의 제출일이 된다[헤이그협정 공통규칙 14(2)]. 보정되지 않으면 원칙적으로 국제출원은 포기된 것으로 간주된다[헤이그협정 제8조(2)].

(4) 국제사무국의 국제등록

방식심사를 통과하면 국제등록부에 국제출원의 내용을 기록하고[헤이그협정 제10조(1)], 이를 지정관청에 송부하면 개별국에서의 심사가 진행된다. 국제등록일은 국제출원의 제출일이다[헤이그협정 제10조(2)].

(5) 국제등록공개

① 원칙적으로 국제등록일로부터 6개월이 되는 날에 국제디자인공보에 의한 공개가 이루어진다.

② 다만, 출원인이 즉시공개 또는 공개연기신청[244]을 하는 경우에는 예외이다[헤이그협정 제10조(3), 헤이그협정 공통규칙 17(1)].

(6) 지정관청의 심사

① 원 칙

㉠ 국제등록공개일로부터 6개월 이내 국제사무국에 통지해야 한다. 다만, 보호부여에 대한 이의신청 기회를 부여하는 체약당사자 관청은 6개월을 12개월로 대체한다는 선언이 가능하다.

㉡ 우리나라는 일부심사등록제도를 병행하여 운영하고 있으므로, 일부심사등록출원에 대해서는 6개월, 심사등록출원에 대해서는 12개월 이내에 거절이유 통지를 해야 한다[헤이그협정 제12조, 헤이그협정 공통규칙 18(1)].

② 거절이유통지가 없는 경우

국제등록공개일로부터 6개월 또는 12개월이 경과하면 자동으로 지정국에서 보호부여 효과가 발생한다[헤이그협정 제14조(2)].

③ 거절이유통지가 있는 경우

지정관청에서 국제사무국으로 통보하여 국제등록부에 기록한다. 이후 절차는 지정국가의 법령에 따르며, 그 지정국의 대리인 선임이 요구될 수 있다.

(7) 보호의 존속기간

국제등록은 최초 5년의 기간 동안 유효하고, 5년 단위로 2회 갱신이 가능하다(총 15년). 다만, 체약당사자의 국내 법률이 허용하는 총 보호기간이 15년을 초과하는 경우, 그 이상의 갱신도 가능하다. 따라서 우리나라의 경우 3회 갱신까지 가능한 것이다[헤이그협정 제17조].

---

243) 헤이그협정 공통규칙 14(2)에서 규정하고 있는 하자
① 규정된 언어로 작성되지 않은 경우 ② 다음 어느 하나가 국제출원에서 누락된 경우 : 국제등록을 받고자 하는 명시적 또는 암시적 표시, 출원인의 신분을 확인할 수 있는 표시, 대리인이 있는 경우 대리인과 연락되도록 하는 충분한 표시, 도면 또는 견본, 적어도 하나의 체약당사자 지정

244) 국제출원의 제출일 또는 우선일로부터 30개월까지 가능하다. 디자인 전체에 대해서만 공개연기신청이 가능하며, 공개연기가 진행되고 있는 도중, 연기기간 연장은 불가하다. 조기공개는 일부에 대해서 가능하다[헤이그협정 공통규칙 16, 17].

(8) 장점
① 신속한 국제출원 접수
② 수수료 감소
③ 하자 발생 가능성 감소 – 자동으로 검사
④ 신용카드 결제 가능
⑤ 이메일로 신속하게 통지서 확인 가능

02 국내 특허청을 통한 국제출원 기출 19 · 16

1 서설

(1) 의의

헤이그 협정에 따른 국제등록을 위하여 출원을 하려는 자는 특허청을 통한 국제출원을 할 수 있다(제173조).

(2) 취지

출원인의 선택에 따라 국제사무국에 대한 직접출원, 특허청을 통한 간접출원 모두 가능하다. 특허법은 간접출원에 관한 제반규정을 두고 있다.

2 출원인 적격(제174조)[245]

> **제174조(국제출원을 할 수 있는 자)**
> 특허청을 통한 국제출원을 할 수 있는 자는 다음 각 호의 어느 하나에 해당하여야 한다. 2인 이상이 공동으로 출원하는 경우에는 각자 모두가 다음 각 호의 어느 하나에 해당하여야 한다.
> 1. 대한민국 국민
> 2. 대한민국에 주소(법인인 경우에는 영업소를 말한다)가 있는 자
> 3. 그 밖에 산업통상자원부령으로 정하는 바에 따라 대한민국에 거소[246]가 있는 자

3 출원서 및 관련 서류의 제출(제175조, 제176조)

> **제175조(국제출원의 절차)**
> ① 특허청을 통한 국제출원을 하려는 자는 산업통상자원부령으로 정하는 방식[247]에 따라 작성된 국제출원서 및 그 출원에 필요한 서류(헤이그협정의 특정 체약당사자가 요구하는 서류 등을 말한다)를 특허청장에게 제출하여야 한다.

---

[245] 헤이그협정 제3조와 대응되는 규정이다.
[246] 시행규칙 제87조는 거소를 30일 이상 거주할 목적으로 대한민국에 체류하는 장소라고 정의하고 있다.
[247] 시행규칙 제90조에서 규정하고 있다.

② 국제출원서에는 다음 각 호의 사항을 적거나 첨부하여야 한다.[248]
　1. 헤이그협정 제1조(vii)에 따른 국제출원의 취지
　2. 특허청을 통한 국제출원을 하려는 자의 성명 및 주소(법인인 경우에는 그 명칭 및 영업소의 소재지를 말한다). 국제출원을 하려는 자가 2인 이상으로서 그 주소가 서로 다르고 대리인이 없는 경우에는 연락을 받을 주소를 추가로 적어야 한다.
　3. 제174조 각 호에 관한 사항
　4. 디자인을 보호받으려는 국가(헤이그협정 제1조(xii)에 따른 정부 간 기구를 포함하며, 이하 "지정국"이라 한다)
　5. 도면(사진을 포함한다. 이하 같다)
　6. 디자인의 대상이 되는 물품 및 물품류
　7. 헤이그협정 제5조(1)(vi)에 따른 수수료의 납부방법
　8. 그 밖에 산업통상자원부령으로 정하는 사항
③ 특허청을 통한 국제출원을 하려는 자가 헤이그협정 제5조(5)에 따른 공개연기신청을 하려는 경우에는 국제출원서에 도면을 대신하여 산업통상자원부령으로 정하는 바에 따른 견본[249]을 첨부할 수 있다.
④ 특허청을 통한 국제출원을 하려는 자는 지정국이 요구하는 경우에 다음 각 호의 사항을 국제출원서에 포함하여야 한다.[250]
　1. 디자인을 창작한 사람의 성명 및 주소
　2. 도면 또는 디자인의 특징에 대한 설명
　3. 디자인권의 청구범위

제176조(국제출원서 등 서류제출의 효력발생시기)
국제출원서, 그 출원에 필요한 서류 및 제177조 제2항에 따른 서류는 특허청장에게 도달한 날부터 그 효력이 발생한다. 우편으로 제출된 경우에도 또한 같다.[251]

4　기재사항의 확인과 보완절차(제177조)

제177조(기재사항의 확인 등)
① 특허청장은 국제출원서가 도달한 날을 국제출원서에 적어 관계 서류와 함께 헤이그협정 제1조(xxviii)에 따른 국제사무국(이하 "국제사무국"이라 한다)에 보내고, 그 국제출원서 사본을 특허청을 통한 국제출원을 한 자(이하 이 조에서 "국제출원인"이라 한다)에게 보내야 한다.[252]
② 제1항에도 불구하고 특허청장은 국제출원서의 기재사항이 다음 각 호의 어느 하나에 해당하는 경우에는 국제출원인에게 상당한 기간을 정하여 보완에 필요한 서류(이하 이 장에서 "대체서류"라 한다)의 제출을 명하여야 한다.[253]
　1. 산업통상자원부령으로 정하는 언어로 작성되지 아니한 경우
　2. 국제출원의 취지가 명확하게 표시되지 아니한 경우

---

248) 헤이그협정 제5조(1)에 따른 내용이다.
249) 시행규칙 제90조 제4항, 헤이그협정 공통규칙 제10조에서 규정하고 있다.
250) 헤이그협정 제5조(2)에 따른 내용이다.
251) 헤이그협정 공통규칙 제13조(3)은 간접출원은 해당 관청의 접수일로부터 1개월 내에 국제사무국에 도달되어야 관청의 접수일이 국제출원일로 인정되며, 그 외에는 국제사무국에 도달한 날이 국제출원일이 된다고 규정하고 있다. 이를 준수하여 전자의 효과를 누리고자 방식심사 및 보정에 소요되는 시간을 고려하여 도달주의를 채택한 것이다.
252) 헤이그협정 공통규칙 제13조(1)에 따른 내용이다. 이렇게 국제사무국에 보내지면 국제사무국에 의해 국제출원일로 인정되고, 국제사무국의 방식심사가 완료된 후 국제등록부에 국제등록일로 기록된다.
253) 헤이그협정 공통규칙 제14조(2)에 따른 내용으로 특허청의 방식심사 의무를 규정한 것이다. 직접출원하여 방식심사를 받으면 3개월의 보정기간을 거치므로 국제출원일이 최대 4~5개월 연기되나, 간접출원하여 특허청에서 방식심사를 받으면 단기간의 보정기간을 거치게 되므로 국제출원일이 보다 빨라지는 이익이 있다.

3. 특허청을 통한 국제출원을 한 자의 성명 또는 명칭이 적혀 있지 아니하거나 명확하게 적혀있지 아니하여 국제출원인을 특정할 수 없는 경우
4. 국제출원인(대리인이 디자인에 관한 절차를 밟는 경우에는 그 대리인을 말한다)과 연락을 하기 위한 주소 등이 명확하게 적혀있지 아니한 경우
5. 도면 또는 견본이 없는 경우
6. 지정국 표시가 없는 경우

③ 제2항에 따른 제출명령을 받은 자가 지정기간 내에 대체서류를 제출한 경우에는 그 대체서류가 특허청장에게 도달한 날을 국제출원서가 도달한 날로 본다.

5 송달료의 납부(제178조)[254]

제178조(송달료의 납부)
① 특허청을 통한 국제출원을 하려는 자는 특허청장이 국제출원서 및 출원에 필요한 서류를 국제사무국으로 보내는 데에 필요한 금액(이하 "송달료"라 한다)을 특허청장에게 내야 한다.
② 송달료, 그 납부방법·납부기간, 그 밖에 필요한 사항은 산업통상자원부령으로 정한다.
③ 특허청장은 특허청을 통한 국제출원을 하려는 자가 송달료를 내지 아니한 경우에는 상당한 기간을 정하여 보정을 명하여야 한다.
④ 특허청장은 제3항에 따른 보정명령을 받은 자가 지정된 기간에 송달료를 내지 아니한 경우에는 해당 절차를 무효로 할 수 있다.

6 국제출원의 취하

특허청장이 국제사무국에 송부하기 전까지 취하서(시행규칙 별지서식 제20호)를 제출해야 한다(시행규칙 제93조).

7 국제사무국에 대한 절차

국제등록과 관련한 신청 및 청구는 특허청을 통해 할 수 없고, 국제사무국에 직접 해야 한다.[255]

---

254) 헤이그협정 제4조(2)에 따른 내용이다.
255) 소유권 변경, 권리자의 명의, 주소 변경 국제등록의 감축, 포기, 경정, 국제등록의 갱신

8 기본 목차

(1) 국제등록일의 확정(제176조, 제177조)
① 국제출원서 및 관련 서류가 특허청장에게 도달한 날이 국제출원일이 되는 것이 원칙이나, 보완이 필요한 경우에는 대체서류를 제출해야 하고 이에 따라 대체서류가 특허청장에게 도달한 날이 국제출원일이 된다.
② 이는 국제사무국으로 송부되어 국제출원일로 인정[256]되고, 국제사무국의 방식심사 이후 국제출원일이 국제등록일로 기록된다.

(2) 국제등록공개일의 산정(전술)
① 원칙적으로 국제등록일로부터 6개월이 되는 날에 국제디자인공보에 의한 공개가 이루어진다.
② 다만, 출원인이 즉시공개 또는 공개연기신청을 하는 경우에는 예외이다[헤이그협정 제10조(3), 헤이그협정 공통규칙 17(1)].

(3) 국제디자인등록출원과 출원일의 인정(제179조)
국제등록공개가 되면 국내에 출원한 것으로 보며, 상기 국제등록일을 출원일로 본다.

(4) 특례규정의 적용

03 국제디자인등록출원 – Incoming 기출 19·16

1 서 설

(1) 의 의
① 국내디자인등록출원으로서 취급(제179조)[257]

> **제179조(국제디자인등록출원)**
> ① 헤이그협정 제1조(vi)에 따른 국제등록으로서 대한민국을 지정국으로 지정한 국제등록(이하 "국제디자인등록출원"이라 한다)은 이 법에 따른 디자인등록출원으로 본다.
> ② 헤이그협정 제10조(2)에 따른 국제등록일은 이 법에 따른 디자인등록출원일로 본다.
> ③ 국제디자인등록출원에 대하여는 헤이그협정 제1조(viii)에 따른 국제등록부(이하 "국제등록부"라 한다)에 등재된 국제등록명의인의 성명 및 주소(법인인 경우에는 그 명칭 및 영업소의 소재지를 말한다), 도면, 디자인의 대상이 되는 물품, 물품류, 디자인을 창작한 사람의 성명 및 주소, 디자인의 설명은 이 법에 따른 디자인등록출원인의 성명 및 주소(법인인 경우에는 그 명칭 및 영업소의 소재지를 말한다), 도면, 디자인의 대상이 되는 물품, 물품류, 디자인을 창작한 사람의 성명 및 주소, 디자인의 설명으로 본다.

---

[256] 다만, 헤이그협정 공통규칙 제13조(3)에서는 관청의 접수일로부터 1개월 이내에 국제사무국에 도달해야만 그날을 국제출원일로 보며, 그 이에는 국제사무국에 도달한 날이 국제출원일이 된다고 규정한다.
[257] 헤이그협정 제10조(2)는 국제등록일은 국제출원을 제출한 날이고, 제14조(1)에서 국제등록은 국제등록일부터 체약국의 법에 따라 제출된 출원과 동일한 효력이 있다고 규정한다.

② 일반적으로 적용되는 사항
　㉠ 국제등록공개를 국내 출원공개로 본다.[258]
　㉡ 국제사무국에서 이미 판단한 사항이나 별도의 절차가 있는 것에 대해서는 배제를 규정한다.[259]
　㉢ 국제등록공개가 있어야 심사가 개시되므로 시기적 요건에서 출원일 대신 기산점을 조정하는 특례를 둔다.[260]
　㉣ 도면은 사진을 포함하고, 견본은 배제된다.

(2) 취 지

특례 규정은 제37조의 통상의 국내출원과 동일하게 간주하고, 협정 내용을 국내법에 적용한 것이고, 그 외에는 국내법이 그대로 적용된다.

2 특례 규정

(1) 디자인등록출원

> **제181조(디자인등록출원의 특례)**
> ① 국제디자인등록출원에 대하여 이 법을 적용할 때에 국제등록공개는 제37조 제1항에 따른 디자인등록출원서의 제출로 본다.
> ② 국제디자인등록출원에 대하여 이 법을 적용할 때에 국제등록부에 등재된 사항과 도면은 제37조 제1항 및 제2항에 따른 디자인등록출원서의 기재사항과 도면으로 본다.
> ③ 국제디자인등록출원에 대하여는 제37조 제3항을 적용하지 아니한다. 〈개정 2025.5.27.〉
>
> **제182조(출원일 인정 등의 특례)**
> 국제디자인등록출원에 대하여는 제38조를 적용하지 아니한다.[261]

(2) 디자인등록요건

① 확대된 선출원(180조)

> **제180조(디자인등록요건의 특례)**
> 제33조 제3항을 국제디자인등록출원에 대하여 적용할 때에 "제52조, 제56조 또는 제90조 제3항에 따라 디자인공보"는 "헤이그협정 제10조(3)에 따른 국제등록공보, 제56조 또는 제90조 제3항에 따라 디자인공보"로 한다.

② 거절결정(제193조) - 제37조 제4항 배제

> **제193조(거절결정의 특례)**
> 국제디자인등록출원에 대하여는 제62조 제1항 제2호 중 제37조 제4항에 따라 디자인등록을 받을 수 없는 경우는 적용하지 아니한다.

---

258) 제180조(디자인등록요건의 특례), 제189조(출원공개의 특례), 제190조(출원공개 효과의 특례), 제192조(우선심사의 특례), 제205조(서류의 열람 등의 특례)
259) 제182조(출원일 인정 등의 특례), 제193조(거절결정의 특례), 제191조(디자인등록을 받을 수 있는 권리 승계의 특례), 제195조(직권보정의 특례), 제196조(등록료 및 수수료의 특례), 제197조(등록료 및 수수료 반환의 특례), 제198조(디자인권 설정등록의 특례), 제201조(디자인권 등록효력의 특례), 제202조(디자인권 포기의 특례), 제204조(권리침해에 대한 금지청구권 등의 특례)
260) 제186조(출원보정의 특례), 제188조(조약에 따른 우선권 주장의 특례)
261) 이미 국제사무국에서 중대한 하자를 판단하여 국제등록일이 정해졌기 때문이다.

③ 거절이유통지(제194조)

> **제194조(거절이유통지의 특례)**
> 제63조 제1항을 국제디자인등록출원에 대하여 적용할 때에 "디자인등록출원인에게"는 "국제사무국을 통하여 국제디자인등록출원인에게"로 한다.[262]

(3) 절차 및 조치

① 조약우선권주장(제188조)

> **제188조(조약에 따른 우선권 주장의 특례)**
> 제51조 제4항을 국제디자인등록출원에 대하여 적용할 때에 "디자인등록출원일"은 "헤이그협정 제10조(3)에 따른 국제등록공개가 있은 날"로 한다.

② 보정(제186조)

> **제186조(출원보정의 특례)**
> ① 제48조 제1항을 국제디자인등록출원에 대하여 적용할 때에 "도면의 기재사항이나 사진 또는 견본"은 "도면의 기재사항"으로 한다.
> ② 국제디자인등록출원에 대하여는 제48조 제3항을 적용하지 아니한다.
> ③ 제48조 제4항을 국제디자인등록출원에 대하여 적용할 때에 "제1항부터 제3항까지의 규정"은 "제1항 및 제2항"으로 하고, 같은 항 제1호 중 "제62조에 따른 디자인등록거절결정 또는 제65조에 따른 디자인등록결정(이하 "디자인등록여부결정"이라 한다)"은 "헤이그협정 제10조(3)에 따른 국제등록공개가 있은 날부터 디자인등록여부결정"으로 한다.
> ④ 제48조 제5항을 국제디자인등록출원에 대하여 적용할 때에 "제1항부터 제3항까지의 규정"은 "제1항 및 제2항"으로 한다.

③ 직권보정 및 직권 재심사의 배제(제195조, 제195조의2)

> **제195조(직권보정의 특례)**
> 국제디자인등록출원에 대하여는 제66조를 적용하지 아니한다.
>
> **제195조의2(디자인등록결정 이후의 직권 재심사의 특례)**
> 국제디자인등록출원에 대해서는 제66조의2를 적용하지 아니한다.

④ 분할출원(제187조) - 자진분할 금지

> **제187조(분할출원의 특례)**
> ① 제50조 제1항을 국제디자인등록출원에 대하여 적용할 때에 "디자인등록출원의 일부"는 "제63조에 따른 거절이유통지를 받은 경우에만 디자인등록출원의 일부"로 한다.
> ② 제50조 제3항을 국제디자인등록출원에 대하여 적용할 때에 "제48조 제4항"은 "제186조 제3항"으로 한다.

---

[262] 일부심사등록의 대상인 경우에는 6개월 이내, 심사등록의 대상이면 12개월 이내에 보호 여부를 결정해야 하며, 통지하지 않으면 보호 부여의 효과가 있다.

⑤ 출원공개신청 배제(제189조, 제190조)

> **제189조(출원공개의 특례)**
> 국제디자인등록출원에 대하여는 제52조를 적용하지 아니한다.
> **제190조(출원공개 효과의 특례)**
> 제53조 제1항을 국제디자인등록출원에 대하여 적용할 때 "제52조에 따른 출원공개"는 "헤이그협정 제10조(3)에 따른 국제등록공개"로 하며, 같은 조 제2항 및 제6항을 국제디자인등록출원에 대하여 적용할 때 "제52조에 따라 출원공개된"은 각각 "헤이그협정 제10조(3)에 따라 국제등록공개된"으로 한다.

⑥ 우선심사(제192조)

> **제192조(우선심사의 특례)**
> 제61조 제1항 제1호를 국제디자인등록출원에 대하여 적용할 때에 "제52조에 따른 출원공개"는 "헤이그협정 제10조(3)에 따른 국제등록공개"로 한다.

⑦ 비밀디자인청구의 배제(제184조)[263]

> **제184조(비밀디자인의 특례)**
> 국제디자인등록출원에 대하여는 제43조를 적용하지 아니한다.

⑧ 공개연기신청된 출원의 열람 등(제185조)

> **제185조(국제등록공개의 연기가 신청된 국제디자인등록출원의 열람 등)**
> ① 특허청장은 헤이그협정 제11조에 따라 국제등록공개의 연기가 신청된 국제디자인등록출원에 대하여 다음 각 호의 어느 하나에 해당하는 경우에는 같은 협정 제10조(5)(a)에 따른 비밀사본의 열람청구에 응하여야 한다.
>   1. 국제디자인등록출원을 한 자(이하 이 절에서 "국제디자인등록출원인"이라 한다)의 자격에 관한 행정적 또는 사법적 절차의 진행을 목적으로 분쟁 당사자가 국제디자인등록출원에 대한 열람청구를 하는 경우
>   2. 국제등록부에 등재된 국제등록명의인의 동의를 받은 자가 열람청구를 하는 경우
> ② 제1항에 따라 비밀사본을 열람한 자는 그 열람한 내용을 무단으로 촬영·복사 등의 방법으로 취득하거나 알게 된 내용을 누설·도용하여서는 아니 된다.[264]

⑨ 국제등록의 소멸로 인한 효과(제183조)

> **제183조(국제등록의 소멸로 인한 국제디자인등록출원 또는 국제등록디자인권의 취하 등)**
> ① 헤이그협정 제16조(1)(iv)에 따른 포기 및 같은 협정 제16조(1)(ⅴ)에 따른 감축 등 변경사항의 등재에 따라 국제등록의 전부 또는 일부가 소멸된 경우에는 그 소멸된 범위에서 해당 국제디자인등록출원의 전부 또는 일부가 취하된 것으로 보며, 국제등록디자인권(국제디자인등록출원인이 제198조 제2항에 따라 국내에서 설정등록을 받은 디자인권을 말한다. 이하 같다)의 전부 또는 일부가 포기된 것으로 본다.
> ② 제1항에 따른 취하 또는 포기의 효력은 국제등록부에 해당 국제등록의 변경사항이 등재된 날부터 발생한다.

---

263) 공개연기신청(헤이그협정 제11조)이 있기 때문이다.
264) 누설하거나 도용한 경우 비밀누설죄에 해당할 수 있다(제225조).

⑩ 권리 승계(제191조)

> **제191조(디자인등록을 받을 수 있는 권리 승계의 특례)**
> ① 제57조 제3항을 국제디자인등록출원에 대하여 적용할 때에 "상속이나 그 밖의 일반승계의 경우를 제외하고는 디자인등록출원인 변경신고"는 "국제디자인등록출원인이 국제사무국에 명의변경신고"로 한다.[265]
> ② 국제디자인등록출원에 대하여는 제57조 제4항 및 제5항을 적용하지 아니한다.
> ③ 제57조 제6항을 국제디자인등록출원에 대하여 적용할 때에 "제2항 및 제5항"은 "제2항"으로 한다.

⑪ 등록료 및 수수료(제196조, 제197조)[266]

> **제196조(등록료 및 수수료의 특례)**
> ① 국제등록디자인권의 존속기간을 헤이그협정 제17조(2)에 따라 갱신하려는 자 또는 국제디자인등록출원인은 산업통상자원부령으로 정하는 물품 및 물품류에 따라 같은 협정 제7조(1)에 따른 표준지정수수료 또는 같은 협정 제7조(2)에 따른 개별지정수수료를 국제사무국에 내야 한다.
> ② 제1항에 따른 표준지정수수료 및 개별지정수수료에 관한 사항은 산업통상자원부령으로 정한다.
> ③ 국제디자인등록출원이나 국제등록디자인권에 대하여는 제79조부터 제84조까지 및 제86조(제1항 제2호에 따른 무효심판청구에 대한 수수료는 제외한다)를 적용하지 아니한다.
>
> **제197조(등록료 및 수수료 반환의 특례)**
> 제87조를 국제디자인등록출원에 대하여 적용할 때에 같은 조 제1항 제3호는 국제디자인등록출원에 대하여는 적용하지 아니한다.

⑫ 설정등록(제198조)[267]

> **제198조(디자인권 설정등록의 특례)**
> ① 국제디자인등록출원에 대하여는 제90조 제2항을 적용하지 아니한다.
> ② 특허청장은 국제디자인등록출원에 대하여 제65조에 따른 디자인등록결정이 있는 경우에는 디자인권을 설정하기 위한 등록을 하여야 한다.

⑬ 국제등록부의 경정(제203조)

> **제203조(국제등록부 경정의 효력 등)**
> ① 헤이그협정 제1조(ⅷ)에 따른 국제등록부의 경정(이하 이 조에서 "경정"이라 한다)이 있는 경우에는 해당 국제디자인등록출원은 경정된 대로 효력을 가진다.
> ② 경정의 효력은 해당 국제디자인등록출원의 국제등록일로 소급하여 발생한다.
> ③ 경정이 산업통상자원부령으로 정하는 사항에 관한 것으로서 해당 국제디자인등록출원에 대한 등록여부결정이 있은 후에 통지된 경우에 그 등록여부결정은 없었던 것으로 본다.

⑭ 서류의 열람 등(제205조)

> **제205조(서류의 열람 등의 특례)**
> 제206조 제2항을 국제디자인등록출원에 대하여 적용할 때에 "제52조에 따라 출원공개"는 "헤이그협정 제10조(3)에 따라 국제등록공개"로 한다.

---

265) 일반승계를 불문하고 국제사무국에 명의변경 신청이 별도로 요구되기 때문이다.
266) 국제사무국의 소관이기 때문이다.
267) 출원료와 등록료를 미리 납부하므로, 납부절차 없이 등록결정과 함께 설정등록이 된다.

(4) 등록 후 법률관계

① 존속기간(제199조)

> **제199조(디자인권 존속기간 등의 특례)**
> ① 국제등록디자인권은 제198조 제2항에 따라 국내에서 설정등록된 날부터 발생하여 헤이그협정 제10조(2)에 따른 국제등록일(이하 "국제등록일"이라 한다) 후 5년이 되는 날까지 존속한다. 다만, 국제등록일 후 5년이 되는 날(이하 이 항에서 "국제등록만료일"이라 한다) 이후에 등록결정이 되어 제198조 제2항에 따라 국내에서 설정등록된 경우에는 설정등록된 날부터 발생하여 국제등록만료일 후 5년이 되는 날까지 존속한다.
> ② 제1항에 따른 국제등록디자인권의 존속기간은 헤이그협정 제17조(2)에 따라 5년마다 갱신할 수 있다.

국내 설정등록일로부터 국제등록일 후 5년이 되는 날(국제등록만료일)까지 존속하며, 설정등록일이 국제등록만료일 이후이면 국제등록만료일 후 5년이 되는 날까지 존속한다. 이후 5년씩 갱신할 수 있으나 20년을 초과할 수 없다.

② 보호범위(제200조)[268]

> **제200조(등록디자인 보호범위의 특례)**
> 제93조를 국제등록디자인권에 대하여 적용할 때에 해당 국제등록디자인권의 보호범위는 다음 각 호의 구분에 따른다.
> 1. 제48조에 따른 보정이 없는 경우 : 국제등록부에 등재된 사항, 도면 및 디자인의 설명
> 2. 제48조에 따른 보정이 있는 경우 : 각각 보정된 디자인등록출원서의 기재사항, 도면 및 디자인의 설명

③ 등록의 효력(제201조)[269]

> **제201조(디자인권 등록효력의 특례)**
> ① 국제등록디자인권의 이전, 포기에 의한 소멸 또는 존속기간의 갱신은 국제등록부에 등재함으로써 효력이 발생한다. 다만, 특허청장이 국제등록디자인권의 이전이 제96조 제1항 단서 또는 같은 조 제2항에 위반되어 효력이 발생하지 아니한다고 국제사무국에 통지한 경우에는 그러하지 아니하다.
> ② 제98조 제1항 제1호를 국제등록디자인권에 대하여 적용할 때에 "이전(상속이나 그 밖의 일반승계에 의한 경우는 제외한다), 포기에 의한 소멸 또는 처분의 제한"은 "처분의 제한"으로 한다.
> ③ 제98조 제2항을 국제등록디자인권에 대하여 적용할 때에 "디자인권·전용실시권"은 "전용실시권"으로 한다.

④ 디자인권 포기(제202조)[270]

> **제202조(디자인권 포기의 특례)**
> ① 국제등록디자인권에 대하여는 제106조 제1항을 적용하지 아니한다.
> ② 제107조를 국제등록디자인권에 대하여 적용할 때에 "디자인권·전용실시권"은 각각 "전용실시권"으로 한다.

⑤ 침해금지청구권(204조)[271]

> **제204조(권리침해에 대한 금지청구권 등의 특례)**
> 국제등록디자인권에 대하여는 제113조 제2항을 적용하지 아니한다.

---

[268] 국제등록공개 후 보정이 가능하고, 국제등록공개 후에는 출원서로 취급됨에 따라 명확히 규정해 놓은 것이다.
[269] 국제등록부에 등재되어야 하는 사항은 국내법 적용을 배제하고, 그 외에는 국내법을 적용해야 하기 때문이다 (제2항·제3항).
[270] 디자인권의 포기는 국제등록부의 등재사항이고, 국제사무국의 소관으로 실시권자 등의 동의 없이도 가능하다.
[271] 제43조가 배제되기 때문이다.

CHAPTER 09 C급 단문의 정리

01 유행성

1 서설
디자인은 물품의 형태에 대한 미적 창작이다. 수요자가 갖는 미감은 유동적이기에 그 가치가 변동한다. 이에 따라 디자인은 수명이 짧은 특성이 있어, 이를 고려한 특유 규정들을 두고 있다.

2 특유 규정 – 신예공우공실
(1) **신**규성 판단의 국제주의
(2) 신규성 상실의 **예**외
(3) 신청에 의한 출원**공**개
(4) **우**선심사
(5) 출원**공**고 없음
(6) **실**시의무 없음

3 특유 제도 – 관비일복유
(1) **관**련디자인
(2) **비**밀디자인
(3) **일**부심사등록제도
(4) **복**수디자인
(5) 디자인권의 효력범위 – 동일, **유**사

4 결어 – 존속기간

02 디자인등록을 받을 수 있는 권리

1 서설

(1) 의의 및 취지 - 제3조

디자인등록을 받을 수 있는 권리란 창작된 디자인에 대하여 정당권리자로서 창작자 또는 정당한 승계인에게 인정되는 권리이다. 디자인등록을 받을 수 있는 권리를 가진 자만이 디자인등록출원이 가능하다.

(2) 법적성질

공권설과 사권설의 대립이 있으나, 국가에 대하여 디자인권의 부여를 요구할 수 있는 공권적 성격과 창작자의 권리로서 이전·행사·포기 등의 대상이 되는 사권적 성격이 모두 있다고 볼 수 있다.

2 발생

디자인등록을 받을 수 있는 권리는 창작과 동시에 발생되며, 창작자가 원시적으로 취득한다. 2명 이상이 공동으로 창작한 경우에는 디자인등록을 받을 수 있는 권리를 공유한다. 동일·유사한 디자인에 대한 디자인등록을 받을 수 있는 권리가 경합하는 경우에는 먼저 출원한 자에게 권리가 부여된다. 다만, 특허청 또는 특허심판원 직원은 상속 또는 유증의 경우를 제외하고는 재직 중 등록받을 수 없다.

3 내용(효력)

디자인등록을 받을 수 있는 권리를 가진 자는 출원인의 적격이 인정된다. 디자인등록을 받을 수 있는 권리는 양도가 가능한 재산권이다. 그러나, 법상 보호를 위해서는 출원이라는 행위가 필요하며, 나아가 출원디자인이 디자인의 성립요건, 등록요건을 만족해야 한다.

4 변동

(1) 이전

① **출원 전 이전**(제57조 제1항·제2항)

승계인이 출원을 하지 않으면 제3자에게 대항할 수 없다. 동일인으로부터 승계한 자가 2 이상인 경우로서 동일자 출원이 경합하는 경우 협의하여 정한 자에게만 승계의 효력이 발생한다.

② **출원 후 이전**(제57조 제3항·제4항·제5항)

상속 또는 그 밖의 일반승계를 제외하고는 출원인변경신고를 하지 아니하면 효력이 발생하지 않는다. 상속 또는 그 밖의 일반승계가 있는 경우에는 승계인은 지체 없이 그 취지를 특허청장에게 신고해야 한다. 동일인으로부터 승계한 자가 2 이상인 경우로서 동일자에 출원인변경신고가 경합하는 경우 협의하여 정한 자에게만 신고의 효력이 발생한다.

(2) 제 한

① 이전의 제한(제54조 제1항 단서)

디자인등록을 받을 수 있는 권리는 이전이 가능하지만, 기본디자인등록을 받을 수 있는 권리와 관련 디자인등록을 받을 수 있는 권리는 함께 이전해야 한다.

② 담보권의 제한(제54조 제2항)

디자인등록을 받을 수 있는 권리는 질권의 목적으로 할 수 없다. 디자인등록을 받을 수 있는 권리의 재산적 가치는 디자인권의 발생을 전제로 하는 것이므로 불확정된 상태에서 담보로 제공되는 경우 제3자에게 불측의 손해가 발생할 수 있기 때문이다.

③ 공유에 의한 제한(제54조 제3항)

디자인등록을 받을 수 있는 권리가 공유인 경우, 다른 공유자 전원의 동의 없이는 지분을 양도할 수 없다.

5 소 멸

(1) 등록여부 결정의 확정

거절결정이 확정되면 디자인등록을 받을 수 있는 권리는 소멸된다. 또한 등록결정 후 설정등록이 이루어져도 디자인권으로 흡수되면서 소멸된다.

(2) 상속인의 부존재(제111조 유추적용)

상속이 개시된 때, 상속인이 없으면 디자인등록을 받을 수 있는 권리는 소멸된다.

(3) 권리능력의 상실

출원인이 권리능력을 상실하면 디자인등록을 받을 수 없는 바, 소멸한다.

(4) 포 기

재산권적 성질을 가지므로 포기가 가능하다고 해석된다.

03 출원 관련 단문

1 출원의 효과

(1) 서 설

출원을 위해서는 소정의 방식에 따라 출원서를 특허청에 제출해야 한다. 출원서가 적법한 경우, 특허청장은 출원서를 수리하여 출원번호를 통지하고(시행규칙 제40조), 통지됨으로써 특허청에 출원이 계속된다.

(2) 실체상의 효과

① 선출원의 지위

출원이 수리되면 그 후의 출원된 동일·유사한 디자인을 배척하는 효력을 갖는다.

② 확대된 선출원의 지위

후출원디자인이 선출원디자인의 일부와 동일·유사한 경우 등록받을 수 없는 효력을 갖는다.

(3) 절차상의 효과

① 심사의 개시

디자인보호법에는 심사청구 제도가 존재하지 않는 바, 수리된 출원서류는 방식심사를 거쳐 실체심사가 개시된다.

② 등록요건 판단의 기준시점

신규성, 창작성, 부등록사유(제34조 제4호 제외)는 출원 시를 기준으로 판단한다. 선출원주의, 확대된 선출원은 출원일을 기준으로 판단한다.

③ 이용·저촉 관계 판단의 기준시점

출원일을 기준으로 판단한다. 따라서 동일자 출원되어 등록된 경우 양자는 자유롭게 실시 가능하다.

④ 존속기간 계산의 기준시점

디자인권의 존속기간은 설정등록일부터 출원일로부터 20년이 되는 날까지이다.

⑤ 절차수행의 기산점

우선권주장의 기초가 되는 최초의 출원일로부터 6개월의 우선기간이 보장되며 증명서류를 출원일로부터 3개월 내에 제출해야 한다.

(4) 출원 계속의 효과의 소멸

① 거절결정의 확정 또는 설정등록

거절결정 또는 그러한 취지의 심결이 확정되거나, 설정등록이 있으면 출원 계속의 효과는 소멸한다.

② 출원의 포기, 취하, 무효

출원을 포기한 경우 디자인등록을 받을 수 있는 권리를 포기한 것으로 해석되어 재출원이 불가하고, 취하 또는 무효의 경우에는 출원이 소급적으로 소멸하므로 재출원이 가능한 것으로 본다.

04 디자인권 관련 단문

1 디자인권의 소멸 기출 10

(1) 의의 및 취지
디자인권의 소멸은 일정한 원인에 의하여 설정등록에 의해 발생한 권리의 효력이 상실되는 것을 의미한다. 디자인권은 존속기간이 유한한데 이는 대세적 효력이 있으므로 무한 기간으로 인정할 수 없다. 공익상 부실 권리를 정리하기 위한 취지도 있고, 사적재산권이기 때문에 당사자의 의사에 따라 일정한 처분에 의해 소멸될 수 있다.

(2) 소급적 소멸
① **무효심결의 확정**(제121조 제3항)
하자 있는 권리가 계속 존재하는 것은 부당하므로 무효심판에서 인용심결이 나면 소멸된다. 후발적 무효사유를 제외하고는 권리는 소급적으로 소멸한다.

② **취소결정의 확정**(제73조 제4항)
일부심사등록디자인권은 이의신청에 대하여 취소결정이 나면 권리가 소급적으로 소멸한다. 일부심사등록출원은 등록요건 일부를 심사하지 않으므로 하자 있는 권리를 조기에 소멸시켜 권리의 안정성을 확보하기 위함이다.

(3) 장래적 소멸
① **존속기간의 만료**(제91조 제1항)
디자인보호법은 디자인의 보호와 이용의 조화라는 관점에서 유한하게 규정하고 있다. 디자인권의 존속기간은 설정등록일로부터 출원일 후 20년이 되는 날이다. 존속기간이 만료되면 디자인권은 장래적으로 소멸한다.

② **수수료 또는 등록료 미납**(제82조 제3항)
디자인권의 존속을 위한 연차료 납부는 디자인권자의 의무이다. 최초 3년분을 납부하며, 4년분 이후는 해마다 납부할 수 있다. 납부의무 위반 시, 디자인권을 포기한 것으로 간주하여 장래적으로 소멸한다.

③ **상속인의 부존재**(제111조)[272]
상속이 개시된 때 상속인이 없으면 디자인권은 장래적으로 소멸한다.

④ **디자인권의 포기**(제105조, 제107조)[273]
디자인권은 사유재산이므로 디자인권자가 자의로 그 권리를 포기할 수 있으며, 포기하면 장래적으로 소멸한다. 이때 말소등록을 해야 포기의 효력이 발생한다(제98조 제1항). 다만, 디자인권이 소멸하면 실시권자, 질권자 등 이해관계 있는 자들에게 불측의 피해를 줄 수 있으므로 그들의 동의를 요한다(제106조 제1항).

⑤ **후발적 무효사유**
무효심결이 난 경우, 권리능력(제27조)의 상실 또는 조약 위반의 무효사유는 그 사유에 해당한 때부터 소멸한 것으로 본다(제121조 제3항 단서).

---

[272] 무형재산으로 무주선점의 문제는 발생하지 않고, 공유지분이 소멸하면 남은 공유자에게 귀속한다.
[273] 공유디자인은 지분별로 포기할 수 있고 이는 지분별로 귀속된다. 복수디자인은 각 디자인별로 포기할 수 있고, 관련디자인도 기본디자인과 별개로 포기할 수 있다.

(4) 소멸의 효과

① 디자인권 및 부수적 권리의 소멸

디자인권 및 그에 부수하는 보상금청구권(제53조 제6항), 실시권, 질권 등이 소멸한다. 따라서 제3자가 자유롭게 실시할 수 있다.

② 법정실시권의 발생 – 중용권(제102조, 제103조 등)

㉠ 디자인권이 무효가 되더라도 자기의 등록디자인이 무효사유에 해당한다는 사실을 모르고 무효심판청구 등록 전에 국내에서 동일·유사한 디자인의 실시사업을 하거나 준비를 한 경우 그 범위 내에서 통상실시권이 발생[274]한다. 이는 행정처분을 신뢰하고 실시한 자를 보호하기 위함이다.

㉡ 디자인권이 존속기간 만료로 소멸하는 경우 이와 저촉하는 동일자 또는 후출원된 타인의 특허권·실용신안권·상표권·디자인권에 대하여 실시권이 발생한다. 이는 기존의 사업시설을 보호하고 이해관계인 등의 불측의 손해를 방지하기 위함이다.

③ 정당권리자의 출원 – 출원일의 소급(제45조)

무효심결 또는 취소결정이 확정된 날로부터 30일 이내에 정당권리자 출원을 하면 출원일이 무권리자의 출원일로 소급된다.

④ 기 타

㉠ 디자인권의 존재를 전제로 한 심판, 소송 등은 재심청구의 대상이 될 수 있다. 계속 중이던 심판이나 소송이 심판청구의 이익, 소의 이익 흠결로 심결각하된다.

㉡ 권리의 명확성을 위해 등록원부에 소멸사실이 등록된다(제88조 제1항). 디자인권 등록 표시가 금지되며(제215조), 이를 위반하면 허위표시죄(제222조)의 대상이 된다.

㉢ 이미 지급한 실시료에 대하여 반환해야 하는지 여부가 문제가 되는데, 대법원은 소극적인 입장이다.

2 디자인권의 이전

(1) 서 설

권리주체의 변경이 가능하며, 재산권으로 이전이 가능하다(제96조).

(2) 이전의 태양

① 양도 등에 의한 이전

매매·증여 등의 형태의 이전을 의미한다. 일부양도의 경우 공유로 되고, 복수디자인출원에 의해 등록된 경우 분리이전이 가능하다(제96조 제5항).

② 상속 기타 일반승계에 의한 이전

상속, 포괄유증, 합병 등이 이에 해당한다.

③ 기 타

법원의 확정판결, 담보권 실행, 신탁 등에 의해 이전이 가능하다. 강제집행이나 경의 대상이 되기 때문이다.

---

[274] 무효심판청구 등록 전에 그 무효로 된 디자인권에 대하여 통상실시권이나 전용실시권이 있는 자 또한 법정실시권을 갖는다.

(3) 이전의 제한
① 관련디자인

기본디자인권과 관련디자인권자는 같은 자에게 함께 이전해야 한다(제96조 제1항 단서). 기본디자인권이 소멸한 경우, 2 이상의 관련디자인권을 이전할 때에도 같다(제96조 제6항).

② 공유디자인

디자인권의 공유는 합유적 성질을 가지기 때문에 각 공유자는 다른 공유자의 동의 없이는 지분을 이전하거나 질권을 설정할 수 없다.

(4) 절 차
이전등록은 등록권리자와 등록의무자가 공동으로 신청해야 하며, 등록의무자의 승낙서를 첨부한 경우에는 등록권리자만 신청할 수도 있다.

(5) 효 과
① 효력의 발생(제98조)

원칙적으로 등록하여야 효력이 발생한다. 다만, 상속 기타 일반승계의 경우에는 등록을 요하지 않으나 그 취지를 지체 없이 특허청장에게 신고해야 한다.

② 부수적 권리의 이전

디자인권이 이전되면 그에 부수한 실시권, 질권 등이 함께 이전되며, 포기와 달리 이들의 동의를 요하지 않는다.

③ 법정실시권의 발생(제110조)

질권 행사로 인하여 디자인권이 이전되는 경우, 이전 전에 이미 실시 중인 디자인권자에게는 법정실시권이 발생한다.

(6) 디자인등록을 받을 수 있는 권리의 승계(제54조, 제57조) - 전술

(7) 국제등록디자인권의 특례(제201조) - 전술

3 디자인권의 공유

(1) 서 설
① 의 의

디자인권의 공유란 하나의 디자인권을 2인 이상이 공동으로 소유하는 것이다.

② 법적성질

타 공유자의 동의 없이 실시할 수 있다는 측면에서 공유의 성질을 가지나, 처분에 있어 타 공유자의 동의를 요하기에 합유적 성질을 갖는다. 이는 공유자 1인의 지분 변동이 타 공유자 지분의 경제적 가치에 영향을 미칠 수 있기 때문이다.

(2) 발생 태양 및 지분

① 발생 태양

공동으로 창작하여 공동출원하여 등록받은 경우, 디자인등록을 받을 수 있는 권리의 일부가 이전되어 공동출원하여 등록받은 경우, 등록된 이후에 디자인권의 지분이 이전된 경우 등이 있다.

② 지 분

공유디자인권에 대한 지분은 계약 또는 법률에 정한 바가 없으면 균등한 것으로 추정된다.

(3) 효 력

① 적극적 효력

계약으로 정한 경우를 제외하고는 타 공유자의 동의 없이 지분에 관계없이 자유롭게 실시할 수 있다(제96조 제3항). 공유자 중 1인이 창작한 등록디자인에 대한 이용디자인도 타 공유자는 자유롭게 실시할 수 있다고 본다.

② 소극적 효력

각 지분권에 기해 침해금지청구권, 손해배상청구권 등을 행사할 수 있다.[275]

(4) 효력의 제한

① 지분의 양도 및 질권 설정의 제한(제96조 제2항)

타 공유자의 동의 없이는 질권을 설정할 수 없다. 공유자 1인의 자본력, 기술력 등에 의해 타 공유자 지분의 경제적 가치가 영향을 받을 수 있기 때문이다.

② 실시권 설정의 제한(제96조 제4항)

타 공유자의 동의 없이는 실시권을 설정할 수 없다. 실시권자의 자본력, 기술력 등에 의해 타 공유자 지분의 경제적 가치가 영향을 받을 수 있기 때문이다.

③ 절차상의 제한(제13조)

원칙상 각자가 전원을 대표한다고 본다. 다만, 제13조 각 호의 사항은 전원이 공동으로 절차를 밟아야 하고, 대표자를 정하여 신고하면 대표자가 전원의 동의를 얻어 절차를 수행할 수 있다.

④ 심판청구의 제한(제125조 제1항)

공유자 전원이 청구인 또는 피청구인이 되어야 한다.

⑤ 1인의 심결취소소송 원고적격

대법원은 단독으로 가능하다고 보는 입장이다.

(5) 기 타

① 지분의 포기

타 공유자의 동의 없이 지분을 포기할 수 있고, 지분비율로 타 공유자에게 귀속된다.

② 상속인이 없는 경우

지분비율로 타 공유자에게 귀속된다.

③ 의 무

관리 및 보전의무는 각자 공동으로 부담한다.

---

[275] 특허법에서 논의하는 학설과 판례를 분량에 따라 기재하여도 무관하다.

4 설정등록의 효과

(1) 서 설

① 의 의

등록결정(제65조) 또는 등록의 심결(제124조)이 나고, 등록료 납부(제79조 제1항)하면 등록원부에 등록(제88조)됨으로써, 설정등록된다(제90조 제2항).

② 취 지

무체재산권이므로 권리의 안정성을 도모하기 위해서 설정등록에 의해 디자인권이 발생하도록 하고 있다.

(2) 실체적 효과

① 디자인권의 발생(제90조 제1항), 보호범위의 확정(제93조)

디자인권은 설정등록에 의해 발생한다. 디자인권자는 디자인을 실시할 수 있는 권리와 타인의 권리를 배제할 수 있는 권리를 갖는다. 등록디자인의 보호범위는 동일·유사한 범위에까지 미치며, 보호범위의 판단 기준은 출원서의 기재사항, 도면, 디자인의 설명 등에 의한다.

② 보상금청구권의 행사(제53조 제3항)

보상금청구권은 설정등록 후에 행사가 가능하다. 등록 확정 전에 권리를 행사하는 것은 제3자의 불측의 피해를 줄 수 있기 때문이다.

③ 디자인권의 존속기간 기산점(제91조)

설정등록일로부터 출원일 후 20년까지 존속한다.

④ 디자인의 공지

설정등록일 후에는 디자인의 내용은 공지되었다고 본다. 이는 등록되면 특허청 직원의 비밀유지의무가 소멸되므로 불특정다수인에게 디자인의 내용이 객관적으로 인식 가능한 상태에 놓이기 때문이다. 또한, 등록공보가 발행되므로 이는 후출원에 대한 신규성 상실의 인용참증으로 사용되기도 한다.

⑤ 등록의 추정력

등록원부의 내용은 진정한 것으로 추정된다.

(3) 형식적 효과

① 등록공고(제90조 제3항)

설정등록되면 디자인의 내용이 공보에 게재되어 공시된다. 이는 타인의 중복투자를 방지하고 디자인문헌으로서 기능하게 하기 위함이다. 공고된 디자인은 서류의 열람·복사가 가능하고(제206조), 확대된 선출원의 지위를 가지며(제33조 제3항), 신규성 판단의 인용참증이 된다.

② 이의신청기간의 기산점(제68조)

설정등록일로부터 등록공고일 후 3개월까지 이의신청이 가능하다.

③ 심판대상의 특정

디자인 공보에 기재된 출원서의 기재사항 및 도면 등에 의해 심판대상이 특정된다.

④ 등록증의 발급(제89조)

디자인권자에게 등록증이 발급된다.

⑤ 등록의 표시(제214조)

등록디자인에 관한 물품 또는 그 물품의 용기나 포장 등에 등록의 표시를 할 수 있다. 이는 침해를 미연에 방지하고 침해 시 고의·과실을 입증하는 데 유리하다.

(4) 결어 – 공신력의 인정 여부

등록원부에 등록된 사항은 진정 추정되지만, 공신력은 인정되지 않는다. 이는 거래 안전보다 진정한 권리자를 보호하는 것이 더 중요하기 때문이다.

05 무효심판과 이의신청의 비교

1 의의와 취지

(1) 일부심사등록출원은 조기등록을 위해 등록요건 일부에 대한 심사가 이루어지지 않아 하자 있는 권리가 발생할 우려가 있다. 따라서 이를 조기에 발견하여 소멸시킴으로써 권리의 안정성을 꾀하고자 누구든지 제68조 제1항 각 호의 사유로 권리의 취소를 신청할 수 있게 한 것이 이의신청 제도이다.

(2) 이와는 별개로 일부심사등록 대상 여부와는 별개로 하자 있는 권리에 대하여 심사관 또는 이해관계인이 무효심판을 청구하여 소멸시킬 수 있게 하고 있다. 이는 심사의 공정성, 완정성을 사후적으로 보장하기 위함이다.

2 공통점

하자 있는 권리의 소급적 소멸이라는 측면에 공통된다.

3 요 건

(1) **주체적 요건**
① 이의신청은 누구나 할 수 있다.
② 무효심판은 이해관계인 또는 심사관만이 가능하다.

(2) **객체적 요건**
① 이의신청은 일부심사등록디자인권만 가능하며, 이의신청이유는 거절이유(제62조 제1항)에서 제37조 제4항, 제40조, 제41조, 제42조와 같은 절차적 요건이 제외된다.
② 무효심판은 등록디자인이라면 모두 청구 가능하며, 무효사유는 이의신청이유에 후발적 무효사유가 추가된다.

(3) **시기적 요건**
① 이의신청은 설정등록일로부터 등록공고일 후 3개월이 되는 날까지 가능하다.
② 무효심판은 설정등록 후이면 가능하다.

4 심사, 심판

(1) 판단의 주체
① 이의신청은 3인의 심사관합의체가 심사한다.
② 무효심판의 3인 또는 5인의 심판관합의체가 심리한다.

(2) 구조, 참가의 허부
① 이의신청은 특허청장에게 신청하는 결정계이므로 참가가 허용되지 않는다.
② 무효심판은 당사자계 심판으로 참가가 허용된다.

(3) 결정, 심결의 효과
① 이의신청은 중용권(제102조)과 같은 법정실시권이 발생하지 않는 반면, 무효심판은 일정 요건을 만족하는 경우 발생할 수 있다.
② 이의신청의 결정에는 일사부재리(제151조)의 효과가 적용되지 않지만 무효심판의 심결에는 적용된다.
③ 이의신청에서의 취소결정, 무효심판에서의 무효심결 모두 소급적으로 소멸하지만, 후발적 무효사유에 의한 무효심결의 경우 장래적으로 소멸한다.

(4) 취 하
① 이의신청은 결정등본 송달 전 또는 직권심사에 의한 의견진술 통지 전까지 가능하다.
② 무효심판은 심결 확정 전까지 가능하며, 상대방의 답변서 제출이 있으면 그의 동의를 얻어야 한다.

(5) 불복방법
① 이의신청의 기각이나 각하결정에 대해서는 불복할 수 없고, 취소결정에 대해서 불복심판을 청구할 수 있다.
② 무효심판에 대한 심결에 대해서는 심결취소소송(제166조)을 제기할 수 있다.

5 관 계

(1) 양 제도는 그 목적과 취지가 다르므로 병존이 인정된다. 따라서 권리의 소멸을 구하려는 자는 택일하여 청구가 가능하고, 법률상 양 제도의 결론이 서로 기속력을 가지지는 않으므로 두 제도 모두 이용하는 것도 가능하다.
(2) 다만, 이의신청과 무효심판이 모두 계속 중인 경우 심사(제77조) 내지는 심판(제152조) 절차를 중지할 수 있도록 하여 상호 모순·저촉을 회피하도록 하고 있다.

제2편 판례편

2026 시대에듀 變리사 2차 디자인보호법 한권으로 끝내기

CHAPTER 01 판례 요약

CHAPTER 01 판례 요약

01 한증막 사건 (2007후4311)

판결요지

(1) 디자인보호법 제33조 제1항에서는 공업상 이용할 수 있는 디자인만이 디자인등록을 받을 수 있다고 규정하고 있고, 제2조 제1호는 물품의 형상·모양·색채 또는 이들을 결합한 것으로서 시각을 통하여 미감을 일으키게 하는 것을 디자인으로 정의하고 있는바, 제2조 제1호에서 말하는 '<u>물품'이란 독립된 거래의 대상이 되는 구체적인 유체동산</u>을 의미하는 것으로서, 이와 같이 독립성이 있는 구체적인 유체동산에 해당하지 않는 것의 형상·모양·색채 또는 이들을 결합한 것은 같은 법 제33조 제1항의 등록을 받을 수 있는 디자인에 해당하지 않는다.

(2) "한증막"은 <u>현장 시공을 통해 건축되는 부동산</u>에 해당하며, 공업적인 생산방법에 의하여 동일한 형태로 양산되고 운반될 수 있는 유체동산에 해당한다고 할 수 없어 공업상 이용가능성이 인정되지 아니하므로, 위 등록디자인은 법 제33조 제1항의 등록을 받을 수 있는 디자인에 해당하지 않는다.

사실관계

도 면	등록디자인
[27단의 높이, 출입문은 4단 짜리]	• 명칭 : 한증막 • 창작 내용의 요점 : 도면에 표현된 한증막의 형상과 모양의 결합 • 디자인의 설명 - 재질은 석재와 황토임 - 내부층은 축열 및 원적외선 방사성이 우수한 석재와 황토를 적층하고, 외부층은 화강암으로 적층 구성하여, 내부공간이 장시간 일정한 온도로 유지되고, 원적외선으로 한증효과가 높음 - 본 물품의 한증막은 중량체이므로 저면도는 생략함

논점의 정리

(1) 문제의 소재

본 디자인에 관한 <u>무효심판</u> 사건이다. 법상 물품이기 위해서는 <u>동산성</u>이 요구된다. 한증막이 지면에 고착되는 부동산이기는 하나, <u>반복생산성과 운반가능성</u>이 인정되면 동산성을 인정받아 물품으로 볼 수 있어 등록이 가능하다.

(2) 심판원의 입장

① 설치 장소와 다른 장소에서 공업적 생산방법에 의하여 동일한 형태로 양산될 수 있고, 운반이 가능한 것으로 보이며, ② 생산방법은 수공업적 생산방법도 포함되는 것이고, 동일한 형태란 물리적 동일이 아니라 일견하여 동일하게 보이는 정도의 동일성이며, ③ 보호하더라도 법의 기본 취지에 반한다고 보기는 어렵다는 점을 종합하면, 부동산이기는 하나, 생산 및 유통과정에서는 양산과 운반이 가능하여 동산성이 인정되므로 법상 물품이다.

(3) 법원의 입장

한증막은 그 재질과 구조 및 형상과 모양 등에 비추어 볼 때, 현장 시공을 통해 건축되는 부동산에 해당하는 것으로 판단되며, 공업적인 생산방법에 의하여 동일한 형태로 양산되고 운반될 수 있는 유체동산이라고는 보기 어렵다.

(4) 학설상의 견해

일본과 독일에서는 부동산을 디자인보호법상 보호대상이 아니라고 단정하는 것은 부당하며, 이에 찬성하면서 오늘날 건축기술 및 3D 프린팅 기술의 발달로 동일, 유사한 디자인의 건물 등을 공업적으로 대량 설계 및 건축하고 있으므로 건물의 성격에 따라 등록이 가능하도록 할 필요가 있다고 보면서, 부동산인지 여부는 성립요건과 직접적인 관계가 없다는 견해가 있다.

(5) 검 토

특허심판원은 반복생산성과 운반가능성을 강조하여 물품으로 인정한 반면, 법원은 현장시공성을 강조하여 물품으로 인정하지 않았다. 생각건대, 디자인의 물품성은 그 거래실정에 맞게 해석해야 하고, 명문의 규정도 없는 물품성을 너무 엄격하게 해석하여 출원을 거절하거나 등록을 무효한다면 산업발전이라는 법의 목적에 반하는 것이다. 최근 디자인 분야의 환경 변화에 따라 물품성을 점차 완화하고 있으므로 한증막은 부동산이지만 양산이 가능하므로 물품으로 인정함이 타당하다.

(6) 입법론

부동산도 건축물도 '로카르노 분류 체계'에 속하고, 양산가능성이 있는 건축물을 보호하고자 그 범위를 확대할 필요가 있으며, 새로운 정의규정을 도입하자는 입법론도 제기되고 있다. 다만, 보호범위의 특정 문제, 패소자는 철거의 문제가 있는 등 산업발전에 역행할 우려가 있어 보호대상에서 제외되었다.

(7) 보론 – 물품성과 공업상 이용가능성의 관계

실제로 디자인의 정의규정이 거절이유 등으로 규정되어 있지 않아 흠결 시 공업상 이용가능성 위반으로 본다. 이렇게 물품성이 공업상 이용가능성과 연결되어 적용되고 있는 이상, 대량으로 동일한 물품의 반복생산이 가능하여 공업적으로 이용가능하다면(즉 양산이 가능하다면) 디자인의 물품성을 인정하는 방향으로 판단 기준을 정립하는 것이 옳다는 견해가 있다.[278]

---

278) 공업상 이용할 수 있는 디자인과 물품성의 판단에 관한 비판적 고찰 – 정태호

02 족구공 사건 (2005후3307)

판결요지

(1) 대비되는 두 디자인의 형상과 모양이 동일하고 **기본적인 채색 구도**도 동일한 경우, 구체적으로 채색된 색채가 서로 다르다고 하여 심미감에 차이가 생기지는 않는다.

(2) 족구공에 관한 등록디자인과 비교대상디자인의 형상과 모양이 12개의 조각을 이어 붙인 것으로서 동일하고 기본적인 채색 구도도 동일하다면, 등록디자인이 빨간색과 파란색을 3조각씩 채색한 데에 비해 비교대상디자인은 단일의 진한 감색 6조각을 채색한 차이가 있다 하더라도 심미감에 차이가 없는 유사한 디자인이다.

(3) 비교대상디자인에 'TRIUMPH'등의 문자가 포함되어 있으나 그 글꼴이 도형화된 것도 아니고 문자 본래의 의미 전달에 충실한 것으로서 디자인의 유사 여부를 판단함에 있어서 고려할 것은 아니다.

사실관계

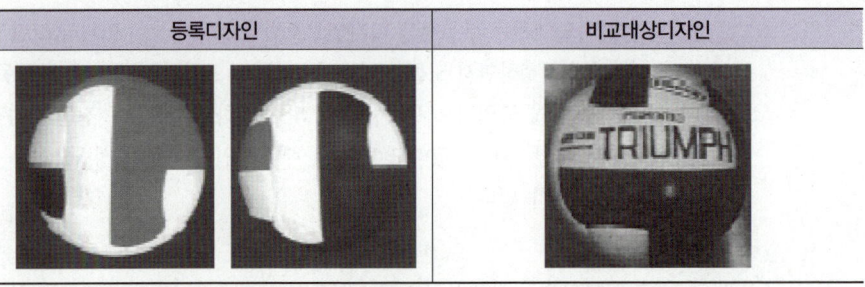

03 조명기구용 지지틀 사건 (98후2689)

판결요지

(1) 제2조 제1호에 의하면, 의장법상의 의장은 시각을 통하여 미감을 일으키게 하는 것을 말하므로, 의장은 시각 즉, 육안으로 의장을 파악·식별할 수 있어야 함은 물론 외부로부터 보이는 것이어야 하고, 물건이 완성된 경우 시각에서 사라져 수요자나 거래자에게 미감을 자아낼 수 없는 부분 즉, 물품을 분해하거나 파괴하여야만 볼 수 있는 것은 의장 등록대상에서 제외된다 할 것이다.

(2) 조명기구용 틀이 완성품인 기구의 외피를 제거 내지 훼손하지 않는 한 틀 그 자체의 완성된 형상과 모양을 볼 수 없다는 이유로 의장등록의 대상이 아니다.

사실관계

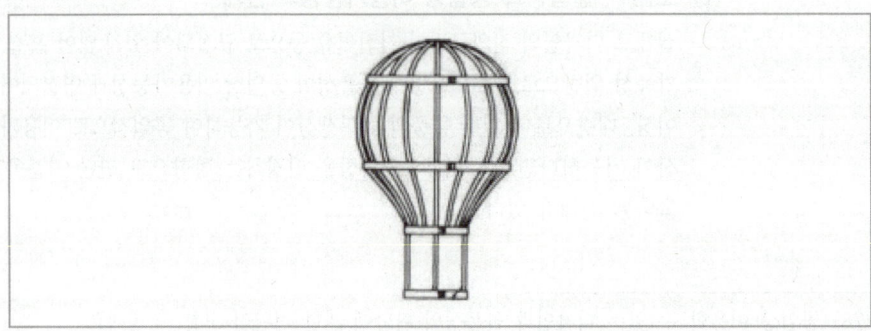

논점의 정리

(1) 원 심

① 틀을 조립한 후 외피가 덮어 씌워지기 전에는 틀 전체의 모습을 볼 수 있고, ② 덮어 씌워진 후라도 외피가 틀에 지지되어 형상을 갖추고 있기 때문에 외부에서 틀의 외곽의 형상을 충분히 알아볼 수 있을 뿐만 아니라, ③ 기구를 분해하거나 파괴하지 않더라도 기구의 수리를 위하여 외피의 일부를 들추거나 광고 내용을 변경하기 위하여 외피를 교체하는 경우 틀의 형상을 볼 수 있으므로 이 사건 등록의장은 시각성이 인정된다.

(2) 대법원 - 유조윤교

틀은 ① 공기가 어떤 원인으로 약간 빠져나간 경우에도 외피의 형상과 모양을 틀에 의하여 어느 정도 유지하기 위한 물품일 뿐 틀 자체의 형상과 모양을 외부에 보이기 위한 것이 아니며, ② 그 틀은 상당히 대형이어서 등록된 형상과 모양이 갖추어진 상태 즉, 조립·설치된 상태로 거래, 운반되는 것이 아니라 부품으로 분해된 상태에서 거래 운반되는 것이 일반적이고, 외피를 설치한 후 그 외피 속에 사람이 들어가서 외피의 하부로부터 틀을 조립·설치하게 되므로 거래 시나 운반 시 또는 설치 시에도 등록된 형상과 모양이 외부에 나타난다고 보기 어렵고, ③ 기구를 설치한 후에도 외피 안에 공기가 정상적으로 채워져 있는 한 외피의 형상과 모양만을 외부에서 볼 수 있을 뿐 그 틀은 외부에서 볼 수 없고, 단지 외피 속에 채워진 공기가 약간 빠져나간 비정상적인 경우에만 틀의 윤곽 즉, 틀의 형상을 어느 정도 짐작케 할 정도로 나타날 뿐이며, ④ 나아가 광고내용 등을 바꾸기 위하여 외피를 교체하는 경우를 상정해 보아도 외피를 제거하면 일시적으로 의장의 형상과 모양이 드러날 것이나, 곧 의장품인 틀 자체를 분해하고 새로운 외피를 설치한 후 그 새로운 외피 안에 들어가 다시 틀을 재조립하게 될 것인 점에서 틀은 그 자체의 완성된 형상과 모양이 거래자나 일반 수요자에게 노출되어 심미감을 자아낼 수 있는 경우란 거의 없다고 볼 수 있고, 완성품인 기구의 외피를 제거 내지 훼손하지 않는 한 그 형상과 모양을 외부에서 쉽사리 파악·식별할 수 없어 등록의 대상이 되지 않는다고 볼 여지가 있다 할 것이다.

(3) 검 토

생각건대, 물품의 제조 시에 있어서만 파악할 수 있는 내부구조는 결국 완성된 물품을 분해하거나 파괴해야만 파악이 가능한 것이고, 그러한 형태는 물품의 수요 창출에 기여할 수 없기 때문에 디자인의 대상이 될 수 없다고 보아야 한다, 이 사건 틀의 거래현실, 사회통념 등을 고려해보면 거래 시 또는 사용 시에 수요자에게 외부로 드러나는 때를 상정할 수 없는 바, 대법원의 견해가 일응 타당하다.

(4) 심층적인 논의[279]

① 대법원의 판결은 물품의 제조 시에 있어서만 파악할 수 있는 내부구조는 디자인의 대상이 아니라고 보는 입장을 밝힌 것으로 이해된다. 그러한 물품의 내부구조는 결국 완성된 물품을 분해하거나 파괴해야만 파악이 가능한 것이고, 그러한 형태는 물품의 수요 창출에 기여할 수 없기 때문이다.

---

[279] 답안지에는 적을 실익이 없지만 이해를 돕기 위해 교수저와 판례해설을 바탕으로 서술하였다.

② 한편, 특정 기본서들에서 논의되고 있는 물품의 내부구조(부품 내지는 부속품)의 시각성 판단시점에 대해 부품 자체가 거래, 사용되는 때로 볼 것인지, 부품이 완성품에 결합되어 사용되는 때로 볼 것인지에 대한 논의는 부품이 독립 거래의 가능성이 인정되어 법상 물품으로 볼 수 있다면 당연히 부품 자체를 기준으로 판단하는 것이 타당한 것이다. 강학상 논의이고 전혀 대립이 있을 필요가 없는 부분이다.

③ 또한 이 판례를 두고 특정 시점을 기준으로 하지 않고 일반수요자에게 그 외관이 드러나는 때가 있다면 시각성을 인정할 수 있다는 전제에서의 판시라고 보는 검토는 '설치 시'라는 문구를 대법원이 사용했기 때문인데, 이는 특허법원의 사실인정의 오해를 반박하기 위한 문구로 보는 것이 타당하므로 오해의 여지가 있는 검토이다. 만약에 이 사건 틀이 먼저 조립되고 외피가 덮이는 설치 순서를 지니고 있다고 하더라도 이는 수리, 교체 시와 마찬가지로 일시적으로 드러나는 것이고 다시 덮이게 되므로 거래, 유통, 사용 시에는 여전히 외부에서 드러나지 않는다고 보아 시각성을 인정하지 않는 것이 타당할 것이다.

④ 오히려 논란의 여지가 있는 부분은 사용 시에만 외부로 드러나는 경우이다. 디자인이 외부에서 관찰가능한지는 거래자나 수요자의 입장에서 생각해보아야 하므로 그 시점을 생각해보면 물품이 거래, 유통, 사용되는 때를 상정할 수 있다. 특히 거래, 유통 시에는 이 사건 틀처럼 분해되어 있기 때문에 외부에서 볼 수 없다고 하더라도 <u>사용 시에는 외부에서 관찰가능한 것이라면 수요 창출에 기여할 수 있고</u>, 거래 시에는 사용 시의 형태를 미리 알고 물품을 구입하는 경우가 일반적이기 때문에 사용 시도 외부에서 수요자가 인식 가능한 시점으로 봄이 타당하다.

⑤ <u>다만, 이 사건 틀은 그 사용 시에도 외부에서 인식 불가능하다고 본 것이다.</u>

04 라비또 사건 (2012후3343) 기출 18

판결요지

하나의 물품 중 물리적으로 떨어져 있는 둘 이상의 부분에 관한 디자인이더라도 그들 사이에 <u>형태적으로나 기능적으로 일체성이 있어서 보는 사람으로 하여금 그 전체가 일체로서 시각을 통한 미감(美感)을 일으키게 한다면</u>, 그 디자인은 디자인보호법 제11조 제1항에서 규정한 '1디자인'에 해당한다고 할 것이므로, 1디자인등록출원으로 디자인등록을 받을 수 있다.

사실관계

사시도	상 부	하부 돌출부
[그림 1]	[그림 2]	[그림 2]

구체적 판단

(1) 원 심

① 이 사건 출원디자인 중 상부 부분은 토끼의 귀 모양임을 쉽게 알 수 있으나(이 사건 출원디자인에 대한 디자인출원서에도 위 부분이 토끼의 귀 모양이라고 기재되어 있다. 갑 제2호증 11-3면 [디자인의 설명] 3.항 참조), 하부의 부분은 단순히 털이 구(球) 형태를 이루며 뭉쳐있는 털 뭉치 정도로만 느껴질 뿐 위 상부 부분과의 형태상 연관성을 찾아보기 어렵다. 나아가 이 사건 출원디자인에 대한 디자인출원서에 "본 디자인의 상부에 형성된 토끼의 귀 모양의 내부에는 전화 또는 메시지 수신 시 빛을 발광하도록 램프가 내장될 수도 있으며, 토끼의 귀 모양에는 이어폰의 와이어를 감을 수 있는 것임"이라고 기재되어 있는 점으로부터 알 수 있듯이 상부 부분은 내장된 램프를 통해 전화 또는 메시지 수신 시 빛을 발광하는 기능과 사용자가 이어폰의 와이어를 그 외부에 감을 수 있도록 하는 기능을 가지는 것인데 반하여, 위 하부 돌출 부분은 그 구조와 형태상으로 볼 때 위 상부 부분과 함께 위와 같은 기능을 하는 것이 아니므로 기능적 일체성도 가지지 않는다.

② 따라서 이 사건 출원디자인은 하나의 물품 중에 물리적으로 분리된 2 이상의 부분에 대한 디자인임에도 불구하고 위와 같이 물리적으로 분리된 부분들이 형태적 일체성 또는 기능적 일체성을 가지지 아니하므로 전체로서 일체적 심미감을 일으키지 아니한다. 원고는 이에 대하여, 이 사건 출원디자인의 상부 부분은 토끼의 귀 모양이고, 위 하부 부분은 토끼의 꼬리 모양으로서 토끼의 몸통 부분에 해당하는 휴대폰 삽입부(회색 점선 부분으로 처리된 부분)와 함께 전체로서 한 마리 토끼의 형상을 이루도록 창작된 것인 바, 전체적으로 하나의 완성된 토끼의 이미지를 표현하고 있어 디자인으로서의 일체성을 가지고 있다고 주장한다. 그러나 부분디자인에 있어 물리적으로 분리된 부분들이 형태적 일체성 또는 기능적 일체성을 가져 일체적 심미감을 가지는지 여부는 대상물품의 각 부분이 결합된 전체 형상을 객관적으로 관찰하여 판단하여야 하며 디자인 창작자의 주관적인 창작 모티브를 기준으로 판단할 수는 없는 것인 바, 이 사건 출원디자인 중 하부 부분은 앞서 본 바와 같이 털 뭉치 정도로만 느껴질 뿐 그 크기, 형태, 다른 부분과의 관계 등을 고려할 때 그 창작 모티브에 관한 별도의 설명 등이 없는 한 토끼의 꼬리 모양으로 인식되기는 어렵다(이 사건 출원디자인의 도면 중 좌측면도를 보더라도 대상물품의 하부 돌출 부분이 상부 부분에 비하여 지나치게 클 뿐 아니라 위 각 부분을 연결하는 케이스 본체의 점선 부분이 토끼의 몸통 형상과 아무런 관련이 없어 이 사건 출원디자인만 보고서 위 하부의 돌출 부분을 토끼의 꼬리로 인식하기는 쉽지 않다).

(2) 대법원

이 사건 출원디자인 중 [그림 2] 부분은 이를 보는 사람이 '토끼 귀' 형상으로 쉽게 인식할 것으로 보이는 점, 실제 토끼의 전체 형상에서 꼬리 부분이 차지하는 비율에 비하여 이 사건 출원디자인 중 [그림 3] 부분이 휴대폰 케이스 전체에서 차지하는 비율이 다소 크기는 하지만 실물을 디자인화하는 과정에서 어느 정도의 변형이나 과장 또는 추상화가 수반되기 마련이고, 토끼 꼬리는 뭉툭하고 둥근 털 뭉치 형상인데 이와 유사한 형상의 [그림 3] 부분은 휴대폰 케이스의 하단 뒷면에 위치하고 있는 반면 '토끼 귀' 형상의

[그림 2] 부분은 휴대폰 케이스의 상부에 위치하고 있어서, 이 사건 출원디자인을 보는 사람으로서는 [그림 3] 부분을 '토끼 꼬리' 형상으로 인식할 여지가 충분히 있는 점, 기록에 의하면 실제로 소비자들이 이 사건 출원디자인을 '토끼 형상'으로 인식하면서 [그림 3] 부분을 '꼬리'로 호칭하고 있음을 알 수 있는 점 등을 위 법리에 비추어 살펴보면, 이 사건 출원디자인은 [그림 2] 부분과 [그림 3] 부분이 물리적으로 떨어져 있더라도 이를 보는 사람이 [그림 2] 부분은 '토끼 귀'로, [그림 3] 부분은 '토끼 꼬리'로 각각 인식할 수 있어서 그들 사이에 형태적으로 일체성이 인정되고, 그로 인하여 이를 보는 사람으로 하여금 그 전체가 '토끼 형상'과 유사한 일체로서 시각을 통한 미감을 일으키게 하므로, 이 사건 출원디자인은 디자인보호법 제11조 제1항에서 규정한 '1디자인'에 해당한다고 할 것이다.

05 글자체디자인의 유사 판단 (2012후597/2012후603) 기출 18

판결요지

(1) 디자인의 등록요건을 판단할 때 디자인의 유사 여부는 이를 구성하는 각 요소를 분리하여 개별적으로 대비할 것이 아니라 외관을 전체적으로 대비·관찰하여 보는 사람으로 하여금 다른 심미감을 느끼게 하는지에 따라 판단해야 하므로, 지배적인 특징이 유사하다면 세부적인 점에 다소 차이가 있을지라도 유사하다고 보아야 하고, 이러한 법리는 디자인보호법 제2조 제2호에서 정한 글자체에 대한 디자인의 경우에도 마찬가지로 적용된다.

(2) 한편 글자체디자인은 물품성을 요구하지 않고, 인류가 문자생활을 영위한 이래 다수의 글자체가 다양하게 개발되어 왔고 문자의 기본형태와 가독성을 필수적인 요소로 고려하여 디자인하여야 하는 관계상 구조적으로 디자인을 크게 변화시키기 어려운 특성이 있으므로, 이와 같은 글자체디자인의 고유한 특성을 충분히 참작하여 유사 여부를 판단하여야 한다.

사실관계

출원디자인	비교대상디자인
H a R e S g The quick brown fox jumped over the lazy dog ABCDEFG HIJKLMN OPQRSTU VWXYZ abcdefghij klmnopqr stuvwxyz The quick brown fox jumped over the lazy dog	H a R e S g The quick brown fox jumped over the lazy dog ABCDEFG HIJKLMN OPQRSTU VWXYZ abcdefghij klmnopqr stuvwxyz The quick brown fox jumped over the lazy dog

구체적 판단

(1) 양 디자인은 모두 고딕체로서 선의 굵기가 세로에 비해 가로가 약간 가늘고, 대문자와 소문자인 H, R, S, a, e는 각 가운데를 경계로 상하로 동일한 분배와 무게중심을 가지며, 글자의 너비와 곡선 기울기, 형태 등이 유사한 점 등에서 그 <u>지배적인 특징이 유사하고</u>, 다만 소문자 'g'의 경우 이 사건 출원디자인은 g와 같고, 비교대상디자인은 g와 같아서 원형 부분과 아래의 꼬리 획 부분의 공간을 차지하는 비중에 약간의 차이가 있고, 전체적으로 이 사건 출원디자인은 비교대상디자인보다 글자가 굵게 표현된 <u>차이는 있으나, 이는 심미감의 차이를 유발할 정도는 아니라는 이유로</u>, 양 디자인은 전체적으로 볼 때 유사한 디자인에 해당한다.

위 법리와 기록에 비추어 살펴보면, 글자체디자인의 고유한 특성을 충분히 참작하더라도 이 사건 출원디자인과 비교대상디자인은 유사하다고 할 것이어서, 원심의 위와 같은 판단은 정당하고 거기에 글자체디자인의 유사 여부 판단에 관한 법리오해 등의 위법이 없다.

(2) 양 디자인은 모두 고딕체로서 ① 선의 굵기가 세로에 비해 가로가 약간 가늘다는 점, ② k는 각 가운데를 경계로 상하로 동일한 분배와 무게중심을 가진다는 점, ③ 개별 영문자의 모양, 획의 기울기, 형태와 무게중심, 기둥의 방향이나 각도 등 전체적인 글자체가 유사한 점 등에서 그 지배적인 특징이 유사하고, ㉠ 다만 소문자 'a'의 경우 기둥 하단부에서 이 사건 출원디자인은 우측 밖으로 약간 삐침 형태이나 비교대상디자인은 그대로 수직으로 이루어진 형태인 점, ㉡ 소문자 'k'의 경우 이 사건 출원디자인의 k는 기둥에서 가지가 동일한 배분으로 갈라진 형태이나, 비교대상디자인의 'j'는 위의 가지에서 아래로 갈라지는 형상인 점, ㉢ 소문자 'j'와 'y'도 이 사건 출원디자인은 'y'와 같이 아래 마지막 획이 사선 형태로 아래 방향으로 된 반면에, 비교대상디자인은 'j', 'y'와 같이 모두 수평으로 마무리된 점, ㉣ 알파벳 'G', 'J', 'Q' 등의 가로줄기, 마지막 획의 좌측 사선, 아래 마지막 획의 둥근 곡선 등에서 <u>일부 차이는 있으나, 이는 심미감의 차이를 유발할 정도는 아니라는 이유로</u>, 양 디자인은 전체적으로 볼 때 유사한 디자인에 해당한다.

06 스위치 사건 (98후2900) 기출 17

판결요지

'물품'이란 독립성이 있는 구체적인 유체동산을 의미하는 것으로서, 이러한 물품이 의장등록의 대상이 되기 위해서는 통상의 상태에서 독립된 거래의 대상이 되어야 하고, 그것이 부품인 경우에는 다시 호환성을 가져야 하나, 이는 반드시 실제 거래사회에서 현실적으로 거래되고 다른 물품과 호환될 것을 요하는 것은 아니고, 그러한 독립된 거래의 대상 및 호환의 가능성만 있으면 의장등록의 대상이 된다.

구체적 판단

(1) '스위치'는 원심이 판단한 바와 같이 스위치 대판, 스위치 기판, 뚜껑체, 붙임쇠 및 위 붙임쇠 위에 끼움 처리되는 작동체인 노브 등으로 구성되어 있고, 이는 완성품인 스위치의 조립과정에 있어 플레이트와 노브덮개를 제외한 나머지 부품을 조립한 상태로서, 거래관념상 또는 완성품인 스위치의 기능(전기회로를 개폐하는 기능과 안전성을 담보하는 기능)상으로 볼 때, 스위치의 안전성을 담보하는 기능과 밀접한 관련이 있는 플레이트 및 노브덮개가 결여된 이 사건 등록의장의 대상물품은 스위치로서의 완성품이라고 보기 어렵고 완성품에 가까운 부품이라고 봄이 상당하다고 할 것이다.

(2) 다음, 이 사건 등록의장의 대상물품의 물품성에 대하여 보건대, 을 제2호증의 1, 2의 월간 건설물가표(1997년 11월호)를 보면, 소외 아남(정확하게는 아남르그랑 주식회사)이 제조, 판매하는 스위치의 가격을 몸체, 붙임쇠 및 플레이트별로 각각 나누어 표시하고 있어 실제 거래사회에서 스위치는 그 이전부터 이미 부품별로 시장가격이 형성되어 있는 것으로 보인다는 점, 또 원심 증인 노봉섭의 증언에 의하면, 이 사건 등록의장과 같은 매립형 스위치에 있어서 붙임쇠를 포함한 스위치 몸체(이 사건 등록의장의 대상물품이 이에 해당한다. 이하 '스위치 몸체'라고 한다)와 플레이트, 노브덮개 등은 조립된 채 완성품으로서만 판매되고 부품별로 따로 판매되지 않는 것이 통상이나, <u>한편으로는 일부 회사의 제품은 스위치 몸체와 플레이트 등으로 분리하여 거래되기도 한다는 점, 나아가 스위치 몸체와 플레이트 등이 각각 다른 회사가 제조한 것이라고 하더라도, 서로 규격이 맞는다면 스위치 몸체만 시중에서 구입하여 교체 사용할 수도 있고 부품 제조업체에 주문거래하기도 할 수 있을 것이라는 점(실제로 피고가 만든 스위치 몸체에 원고가 만든 노브덮개를 사용할 수 있고 그 반대의 경우도 가능한 것으로 보인다)</u> 등을 종합하여 보면, 이 사건 등록의장의 대상물품이 일반 수요자에게 독립된 거래의 대상이 되는 경우는 극히 드물 것이나, 적어도 거래자에게는 독립된 거래의 대상이 되고 호환의 가능성이 있다고 보아야 할 것이다.

> **유사한 취지의 판시(2003후274)**
> 등록디자인(온열치료기용 롤러)이 롤러형 온구기에만 사용되는 부품이었는데, 부품의 독립성이 문제된 사건에서, 이에 부합하는 듯한 증거가 제출되었으나 진정성립을 인정할 아무런 자료가 없고, 심판청구가 제기된 이후에 작성된 것들로서 증거가치가 낮았기 때문에 독립성을 인정할 수 없어 물품성을 부정한 사건
>
>
>
> [이 사건 등록디자인]

07 휴대폰 포장용 상자 사건 (2010다23739) 기출 17

판결요지

대비되는 디자인의 대상 물품들이 다같이 그 기능 내지 속성상 사용에 의하여 당연히 형태의 변화가 일어나는 경우에 그 디자인의 유사 여부는 형태의 변화 전후에 따라 서로 같은 상태에서 각각 대비한 다음 이를 전체적으로 판단하여야 한다.

사실관계

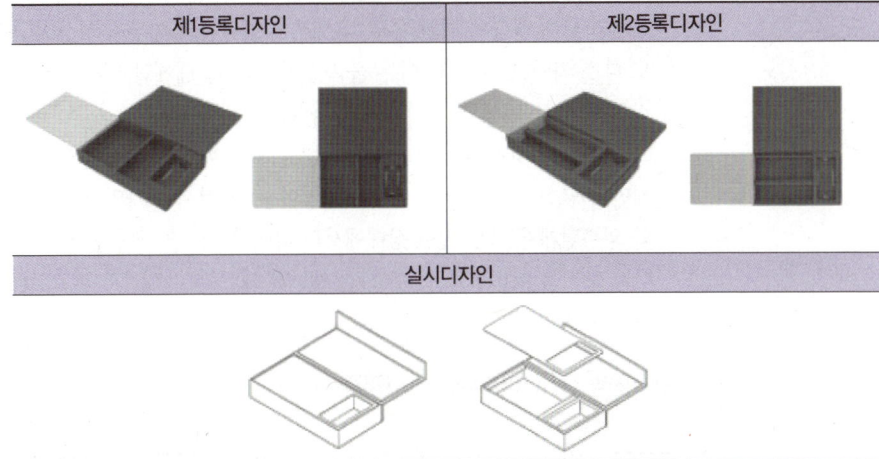

구체적 판단

(1) 이 사건 제1 및 제2등록디자인과 원심 판시 피고 실시 디자인은 모두 부속품 수납공간과 휴대폰 수납공간을 별도로 구분하고 부속품 수납공간만을 가리는 내부덮개 및 본체 전부를 가리는 외부덮개 등을 형성한 휴대폰 포장용 상자에 관한 것이다. 따라서 그 기능 내지 속성상 사용에 의하여 당연히 내부덮개와 외부덮개가 모두 닫힌 상태, 내부덮개만이 닫힌 상태 및 내부덮개와 외부덮개가 모두 열린 상태 등으로 형태의 변화가 일어나게 된다. 결국 이 사건 제1 및 제2등록디자인과 피고 실시 디자인의 유사 여부는 형태의 변화 전후에 따라 서로 같은 상태에서 각각 대비한 다음 이를 전체적으로 판단하여야 한다.

(2) 이 사건 제1 및 제2등록디자인과 피고 실시 디자인의 유사 여부에 관하여

① 위와 같은 판단방법에 따라 이 사건 제1 및 제2등록디자인과 피고 실시 디자인의 전체적인 형상과 모양이 가장 잘 나타나는 사시도와 평면도를 중심으로 하여 이 사건 제1 등록디자인, 이 사건 제2등록디자인과 피고 실시 디자인을 대비하여 보면, 양 디자인은 내부덮개와 외부덮개가 모두 닫힌 상태에서는 그 형상과 모양이 유사하고, 또한 내부덮개만이 닫힌 상태에서도 부속품 수납공간과 휴대폰 수납공간이 따로 분리되어 있고, 그 가로 세로 길이의 비율이 대략 2 : 1이며, 부속품 수납공간만을 가린 내부덮개 및 상단의 일부가 본체를 감쌀 수 있도록 구성된 외부덮개가 각 형성되어 있는 등으로 유사하다. 그런데 내부덮개와 외부덮개가 모두 닫힌 상태에서의 형상과 모양은 동일·유사한 물품에 관한 선행디자인들에 의하여 공지된 것이어서 그 중요도를 높게 평가할 수 없지만, 내부덮개만이 닫힌 상태에서의 위와 같은 형상과 모양은 휴대폰 포장용 상자에 관한 선행디자인에서는 찾아볼 수 없는 참신한 것으로서 피고 실시 디자인과의 전체적인 유사 판단에 있어 그 중요도를 높게 평가하여야 할 것이다.

② 다만 내부덮개와 외부덮개가 모두 열린 상태에 관하여 보면, 피고 실시 디자인은 부속품 수납공간 내부에 격벽이 없고, 내부덮개를 본체에서 분리할 수 있으며, 또한 내부덮개가 본체 전부를 덮되 휴대폰만이 드러나도록 내부덮개에 직사각형의 빈 공간을 형성하는 등에서 이 사건 제1 및 제2등록디자인과 차이가 있다. 그러나 이와 같이 부속품 수납공간 내에서 격벽을 제거하거나 내부덮개를 본체에서 분리하는 것 등은 흔히 취할 수 있는 변형에 해당하여 새로운 미감적 가치를 창출하는 부분이라고 하기 어렵다. 그 밖에 양 디자인은 부속품 수납공간의 양쪽 세로 모서리 부분에 형성된 날개 형상의 테의 유무, 휴대폰 수납공간의 테두리 형상 및 내부 구조 등에서도 다소 차이가 있으나, 이는 물품을 자세히 볼 때에만 비로소 인식할 수 있는 세부적인 구성의 미세한 차이에 불과하다고 할 것이다.

③ 그렇다면 이 사건 제1 및 제2등록디자인의 지배적인 특징이 가장 잘 드러난 내부덮개만이 닫힌 상태에서의 형상과 모양이 피고 실시 디자인과 유사한 이상, 내부덮개와 외부덮개가 모두 열린 상태에서의 차이점들로 인하여 전체적인 심미감이 달라진다고 보기는 어려우므로, 이 사건 제1 및 제2등록디자인과 피고 실시 디자인은 전체적으로 보아 유사하다.

유사한 취지의 판시(2009후4148) 기출 20

판결요지 | 한편 대비되는 디자인의 대상 물품이 그 기능 내지 속성상 사용에 의하여 당연히 형태의 변화가 일어나는 경우에는, 그와 같은 형태의 변화도 참작하여 그 유사 여부를 전체적으로 판단하여야 한다.

사실관계

구 분	등록디자인	비교대상디자인 2
사시도		
정면도		

구체적 판단 | 전체적인 형상과 모양이 잘 나타나는 사시도 및 정면도를 중심으로 하여, 이 사건 등록디자인과 비교대상디자인 2를 대비하여 보면, 양 디자인은 전체적으로 몸체부의 단면 형상이 유사하고, 몸체 좌측에 고정패드, 우측에 가압패드가 구성되어 있으며, 고정패드에는 요홈부와 돌출부가 반복적으로 형성되어 있는 점, 가압패드에는 한쪽이 요홈부와 돌출부가 반복적으로 형성되어 있고, 다른 쪽은 회전 가능하고 몸체부의 바깥쪽으로 노출되도록 나사가 형성되며 너트가 포함된 클램핑 볼트가 2개씩 형성되어 있는 점 등 그 지배적인 특징이 유사하다.

다만 비교대상디자인 2는 가압패드가 일체로 형성되어 있고 그 돌출부가 고정패드의 돌출부와 같은 방향으로 마주보고 있는 반면, 이 사건 등록디자인은 가압패드가 2개로 분할된 상태에서 그 돌출부가 고정패드의 돌출부와 수직하는 방향으로 마주보고 있는 점에서 양 디자인의 가압패드의 형상과 모양에는 다소 차이가 있다. 그러나 이 사건 등록디자인의 대상 물품인 '스틸박스용 클램프'는 그 기능 내지 속성상 클램핑 볼트의 회전에 따라 분할된 가압패드의 형태가 달라질 수 있고, <u>각 가압패드를 도면에 비하여 90° 회전시키는 경우 이 사건 등록디자인은</u> 비교대상디자인 2의 가압패드를 단순히 2개로 분할한 것에 불과하게 되는데, 위 물품이 스틸박스형 교량의 리브에 역학상 가장 안정적으로 고정되기 위해서는 평탄한 리브면에 각 가압패드를 도면에 비하여 90° 회전시킨 상태로 설치되어야 하므로, 결국 위와 같은 형태가 이 사건 등록디자인의 통상적인 사용 형태라고 할 것이다.

따라서 가압패드의 형상과 모양에 관한 양 디자인의 <u>위와 같은 차이는 흔히 취할 수 있는 변형에 해당하여 새로운 미감적 가치를 창출한 부분이라고 할 수 없으므로</u> 이로 인하여 양 디자인의 심미감이 달라진다고 할 수 없다. 그 밖에 양 디자인은 고정패드의 돌출부의 개수, 몸체를 가설물에 고정하기 위해 형성된 체결공의 개수 등에서도 차이가 있으나 이는 당해 물품을 자세히 볼 때에만 비로소 인식할 수 있는 세부적인 구성의 미세한 차이에 불과하여 전체적인 심미감에 영향을 미칠 수 없다.

08 물품의 유사 판단 (2002후2570) - 유사 [기출 14]

판결요지

(1) 의장이 동일·유사하다고 하려면 우선 의장이 표현된 물품이 동일·유사하여야 할 것인바, 물품의 동일·유사성 여부는 물품의 용도, 기능 등에 비추어 거래 통념상 동일·유사한 물품으로 인정할 수 있는지 여부에 따라 결정하여야 할 것이다.

(2) 디자인보호법 시행규칙 제38조 제4항 소정의 물품 구분표는 의장등록 사무의 편의를 위한 것으로서 동종의 물품을 법정한 것은 아니므로 <u>물품 구분표상 같은 유별에 속하는 물품이라도 동일 종류로 볼 수 없는 물품이 있을 수 있고 서로 다른 유별에 속하는 물품이라도 동일 종류로 인정되는 경우가 있으며, 용도와 기능이 상이하더라도 양 물품의 형상, 모양, 색채 또는 그 결합이 유사하고 서로 섞어서 사용할 수 있는 것은 유사물품으로 보아야 한다.</u>

사실관계

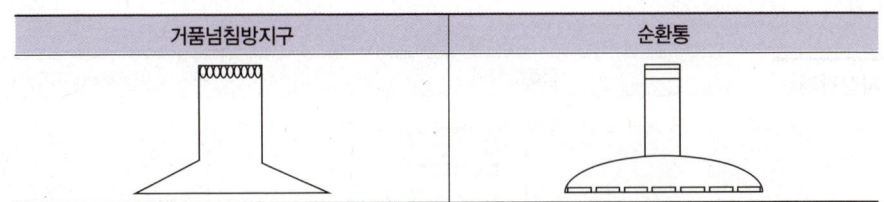

구체적 판단

등록의장의 대상 물품인 '거품넘침방지구'를 설치하는 용기는 '빨래를 삶는' 용도로 쓰이고, 일본국 공보에 게재된 '순환통'을 설치하는 용기는 '밥을 짓는' 용도로 쓰이는 점에서 차이가 있기는 하지만, 위 거품 넘침 방지구와 순환통은 그 형상과 모양에서 각 단면도가 서로 유사하며, 그 기능에 있어서는 위 두 물품 모두 설치된 용기를 가열하는 장치가 위 각 물품 하단과 용기 사이의 공간을 차지하고 있는 물 등을 직접 가열함에 따라 그 내부에 차 있는 물 등의 온도가 바깥 부분보다 높은 온도로 상승하면서 생긴 거품 등이 위 물품 윗부분에 있는 방출공으로 나오면서 냉각되었다가 다시 위 물품 아래쪽 밑부분으로 들어가는 등의 방법으로 용기 내부에 차 있는 물 등을 순환시킴으로써 그 용기의 내부에 채워진 빨래나 쌀 등을 일정한 온도로 삶거나 익히고, 위 용기 내부에서 생기는 세제거품이나 밥물이 밖으로 넘침을 방지함과 아울러 열손실을 방지하는 효과를 가져온다는 점에서 그 기능이 실질적으로 동일할 뿐 아니라, 위 거품 넘침 방지구를 빨래 삶는 용기에 사용하지 않고 가마솥에만 그대로 사용하거나, 그 반대로 위 순환통을 빨래 삶는 용기에서 사용하는 것도 얼마든지 가능하다고 보이므로, 등록의장과 공지의장의 대상 물품이 동일 또는 유사한 물품에 해당한다.

> **유사한 취지의 판시(2000후3388)**
>
> 등록디자인의 물품인 음식 찌꺼기 발효통과 인용디자인의 물품인 쓰레기통이 유사하다고 한 사례. 통 내부에 음식 찌꺼기와 혐기성 미생물을 넣고 뚜껑으로 밀폐시켜 발효되도록 함으로써 유기질 비료로 사용하기 위한 것으로서 내부 바닥이 이중으로 되어 있고, 그 하단부에는 물기 등을 배출하기 위한 배출구 및 마개가 설치되어 있어 단순히 일반쓰레기를 담는 인용의장 1(일본국 의장등록 제342630호)의 물품인 쓰레기통과는 용도와 기능이 상이한 면이 있는 것은 사실이나, 또 다른 한편으로 살펴보면, 양 물품의 뚜껑과 몸체의 크기 및 결합이 유사하고, 다만 이 사건 등록의장의 경우에는 통 내부의 음식 찌꺼기의 물을 밖으로 배출시킬 수 있는 기능이 있는 차이만 있으며, 인용의장 1의 쓰레기통도 음식 찌꺼기를 담아 일정 기간 보관할 수 있고, 이 사건 등록의장의 물품도 경우에 따라 일반쓰레기를 담아 사용할 수 있는 것이어서 양 물품은 용도상 서로 혼용될 수 있는 점이 있다 할 것이므로 결국 양 의장의 물품은 서로 유사하다 할 것이다.

09 유형 1. 등록요건 판단 시, 공지된 일부 형상의 유사 판단 시 취급 – 충격 흡수용 차량진입 방호방지대 사건 (2011후2787)

판결요지

그 구성요소 중 물품의 기능을 확보하는 데 필요한 형상 또는 공지의 형상 부분이 있다고 하여도 그것이 특별한 심미감을 불러일으키는 요소가 되지 못하는 것이 아닌 한 그것까지 포함하여 전체로서 관찰하여 느껴지는 장식적 심미감에 따라 판단해야 할 것이다.

사실관계

등록디자인	비교대상디자인 1

| 구체적 판단 | (1) 위 법리와 기록에 의하여, 디자인의 전체적인 형상과 모양이 잘 드러난 사시도, 정면도를 중심으로 하여 이 사건 등록디자인과 비교대상디자인 1을 대비하여 보면, 양 디자인은 전체적으로 상하 모서리가 만곡된 원기둥 형상인 점, 몸체 둘레에는 상하 2줄로 테두리 형태의 홈이 형성되어 있는 점, 각 홈은 ']〔와 같은 형상인 점, 중심부에는 지주를 삽입할 수 있도록 통공이 형성되어 있는 점 등의 지배적인 특징이 유사하다(역 : 그리고 유사점은 공지된 형상에 해당한다).

(2) 다만 이 사건 등록디자인이 몸체 상단부에 홈이 없음에 비하여 비교대상디자인 1은 방사형으로 6개의 홈이 패여 있는 점, 이 사건 등록디자인이 몸체 상·하단의 통공 입구에 두께가 얇은 돌출부가 형성되어 있음에 비하여, 비교대상디자인 1은 몸체 상·하단의 통공 입구에 돌출부가 형성되어 있지 않은 점 등에서 차이가 나기는 하나, 이러한 차이점은 당해 물품을 자세히 볼 때에만 비로소 인식할 수 있는 세부적인 구성의 미세한 차이에 불과하여 전체적인 심미감에 큰 영향을 미칠 정도라고 하기 어려우므로, 양 디자인은 이와 같은 차이에도 불구하고 전체적으로 그 심미감이 유사하다고 할 것이다. |

10 유형 2. 권리범위 판단 시, 공지된 일부 형상의 유사 판단 시 취급

| 공통되는 판결요지 | 디자인권은 물품의 신규성이 있는 형상, 모양, 색채의 결합에 부여되는 것으로서 공지의 형상과 모양을 포함한 출원에 의하여 디자인등록이 되었다 하더라도 공지 부분에까지 독점적이고 배타적인 권리를 인정할 수는 없으므로 디자인권의 권리범위를 정함에 있어 공지 부분의 중요도를 낮게 평가하여야 하고, 따라서 등록디자인과 그에 대비되는 디자인이 서로 공지 부분에서 동일·유사하다고 하더라도 등록디자인에서 공지 부분을 제외한 나머지 특징적인 부분과 이에 대비되는 디자인의 해당 부분이 서로 유사하지 않다면 대비되는 디자인은 등록디자인의 권리범위에 속하지 않는다. |

1 작업복 상의 사건(2011후3469) - 비유사

사실관계

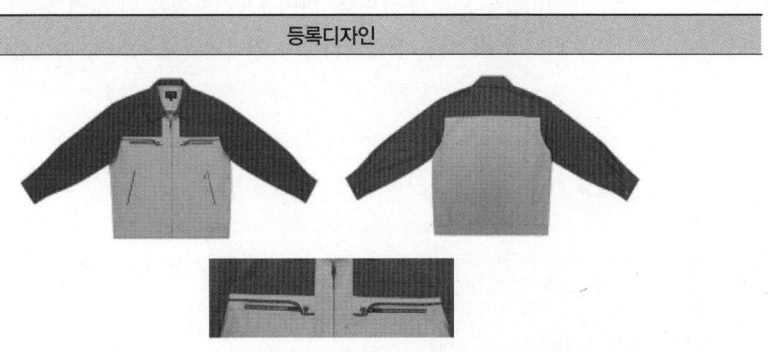

등록디자인

확인대상디자인

구체적 판단

(1) 등록디자인과 확인대상디자인은 앞·뒷면의 몸체상부와 팔 부분은 짙은 색, 몸체하부는 밝은 색으로 배치한 점, 지퍼의 좌우 양편 옷섶 부분에 넓고 긴 밝은 색 천을 옷깃부터 허리 단까지 댄 점, 가슴부의 가로 덮개 하단과 좌우 옆 주머니의 단부가 짙은 색의 천으로 마감 처리되어 있는 점 등에서 유사하나, <u>이와 같은 유사점은 원심 판시 비교대상디자인들에 그대로 나타나 있는 것이어서 그 중요도를 낮게 평가하여야 한다.</u>

(2) 그리고 이 사건 등록디자인의 '가슴부위의 절개선과 가로 덮개 앞부분의 단추 및 단추가 위치한 부분에서부터 시작되는 지퍼에 의하여 생기는 형상과 모양', 즉 '**가슴부위 절개선 등 형상과 모양**'은 작업복 앞면에서 흔히 볼 수 있는 형상이 아니고 수요자에게도 잘 보이는 부분이어서 보는 사람의 주의를 가장 끌기 쉬운 부분일 뿐만 아니라 이 사건 등록디자인의 설명에 "본 물품은 도면대용 정면도 및 참고도에서 표현된 바와 같이 어깨 및 가슴부위에 절개로 모양을 나타내었으며, 지퍼를 사용하여 중요한 것을 보관할 수 있도록 한 것을 특징으로 하는 것임"이라고 기재되어 있으므로 이 사건 등록디자인의 요부에 해당한다 할 것인데, <u>가슴부위 절개선 등 형상과 모양이 양 디자인은 그 요부에서 현저한 차이가 있고, 이러한 형상의 차이는 양 디자인의 전체적인 심미감에 큰 차이를 가져온다.</u>

(3) 따라서 양 디자인은 그 요부를 중심으로 대비·관찰하면 보는 사람으로 하여금 상이한 심미감을 느끼게 하므로, 확인대상디자인은 이 사건 등록디자인과 동일·유사하지 아니하여 이 사건 등록디자인의 권리범위에 속하지 아니한다.

2 산업용 안경(2003후762) - 비유사

사실관계

구 분	대표도면
등록디자인	
확인대상디자인	

구체적 판단

(1) 안경테, 렌즈, 코걸이, 홀더, 커넥터, 안경다리로 구성된 산업용 안경의 형상과 모양 중 안경테 주위에 부가된 보호용 덧살, 안경다리의 앞쪽 부위에 삼각형 형태로 부가된 보호용 덧살, 안경다리 중 귀에 걸리는 굴곡 부분의 각 형상과 모양, 정면에서 바라볼 때 대체로 역삼각형으로 형성된 렌즈 및 안경테의 모양이 이 사건 등록의장의 출원 이전에 이미 안경업계에서 통상적으로 실시해 온 것인 사실, 이 사건 등록의장의 등록의장공보의 도면 부분에 좌측면도를 확대한 사진이 '요부확대사진'으로 등재되어 있는 사실이 인정되므로, 위 법리에 의하면, 피고의 의장이 이 사건 등록의장의 권리범위에 속하는지 여부를 판단함에 있어서는 양 의장 모두 안경테의 정면에 해당하는 부분이 아니라 안경테와 안경다리를 연결하는 측면의 홀더 및 커넥터의 형상과 모양에 중점을 두어 양 의장의 유사 여부를 판단하여야 한다.

(2) 이에 따라 양 의장의 유사 여부를 살펴보면, 양 의장의 커넥터 부분은 원심 판시와 마찬가지로 그 심미감에 큰 차이가 있다고 할 수는 없지만, **홀더 부분**에 있어서는 원심 판시와 같은 차이가 있고, 홀더와 커넥터로 구성된 측면부가 안경 착용자의 측면부에서 가장 눈에 띄기 쉬운 부분인 점, 양 고안의 정면 부분은 공지의 형상, 모양으로서 그 부분의 동일성이 심미감에 별다른 영향을 미치지 않는 점에 비추어 볼 때, 양 의장의 위와 같은 홀더 부분의 차이는 전체적인 심미감에 큰 차이를 가져온다고 봄이 상당하다.

11 유형 3. 기본적 또는 기능적 형상의 유사 판단 시 취급

1 음식물저장용 밀폐용기(2003후1666) - 비유사

판결요지

양 의장의 공통되는 부분이 그 물품으로서 당연히 있어야 할 부분 내지 의장의 기본적 또는 기능적 형태인 경우에는 그 중요도를 낮게 평가하여야 하므로, 이러한 부분들이 동일·유사하다는 사정만으로는 곧바로 양 의장이 서로 동일·유사하다고 할 수는 없다.

사실관계

구 분	대표도면
등록디자인	
비교대상디자인	

구체적 판단

(1) 양 의장은 모두 용기본체가 직육면체의 형상이고, 용기뚜껑의 4변에 잠금날개가 각 형성되어 있고, 각 잠금날개에는 용기본체에 형성되어 있는 잠금돌기와 결합되는 가로막대형 잠금구멍이 2개씩 형성되어 있다는 점에서 서로 공통점이 있으나, 이들 부분은 양 의장의 출원 전에 이미 그 의장이 속하는 분야에서 오랫동안 널리 사용되어온 '음식물저장용 밀폐용기'의 기본적 또는 기능적 형태에 해당하므로, 이들 부분에 위와 같은 공통점이 있다는 사정만으로는 곧바로 양 의장이 서로 유사하다고 단정할 수 없다.

(2) 오히려 이 사건 등록의장은 용기뚜껑 윗면에 절굿공이 무늬가 형성되어 있고 각 잠금날개에 형성되어 있는 2개씩의 잠금구멍 사이에 잠금날개가 접히는 부분을 따라 가로막대형의 구멍이 1개씩 더 형성되어 있는 점에서, 용기뚜껑 윗면 및 용기본체의 옆면에 2줄의 물결무늬가 형성되어 있고 각 잠금날개에는 잠금구멍 이외에 가로막대형의 구멍이 별도로 형성되어 있지 아니한 인용의장과는 차이가 있고, 그러한 차이로 인하여 그 전체에서 인용의장과는 다른 미감적 가치를 인정할 수 있으므로, 인용의장과 유사하다고 볼 수는 없다고 할 것이다.

2 리벳볼트(2010도12633) - 비유사

판결요지

(1) 디자인의 유사 여부를 판단함에 있어서는 이를 구성하는 요소들을 각 부분으로 분리하여 대비할 것이 아니라 전체와 전체를 대비·관찰하여 보는 사람의 마음에 환기될 미감과 인상이 유사한 것인지의 여부에 따라 판단하여야 한다.

(2) 이 경우 보는 사람의 주의를 가장 끌기 쉬운 부분을 요부로서 파악하고 이것을 관찰하여 일반 수요자의 심미감에 차이가 생기게 하는지 여부의 관점에서 디자인의 유사 여부를 결정하여야 한다.

(3) 옛날부터 흔히 사용되어 왔고 단순하며 여러 디자인이 다양하게 고안되었던 것이나 구조적으로 그 디자인을 크게 변화시킬 수 없는 것 등에서는 디자인의 유사범위를 비교적 좁게 보아야 한다(대법원 1997.10.14. 선고 96후2418 판결 참조).

사실관계

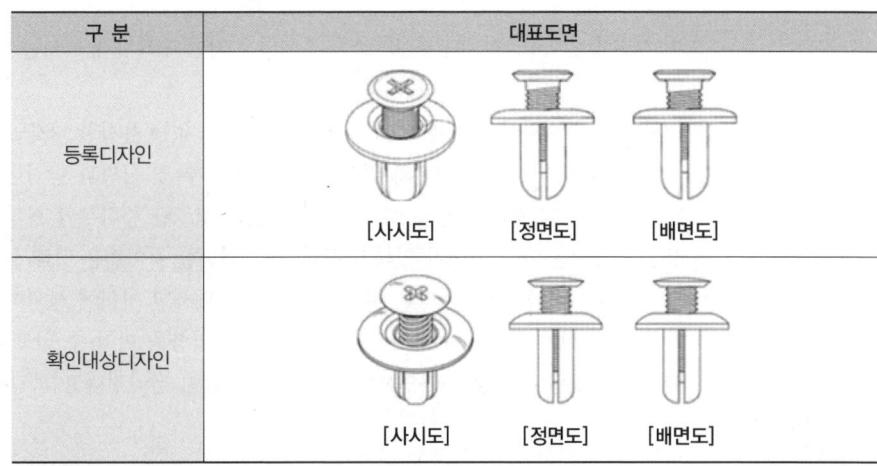

구체적 판단

(나사와 볼트의 경우 구조적으로 크게 디자인을 변화시킬 수 없는 점에 비추어 판단하건대) 피고인이 제작·판매한 리벳볼트의 디자인은 피해자의 이 사건 등록디자인과 볼트 머리부와 나사산의 형상, 리테이너 확장부 하단 및 볼트 머리의 십자홈 형상 등 사람의 주의를 끌기 쉬운 특징적인 부분들이 서로 달라 전체적인 심미감에서 차이가 있으므로 비유사하다.

3 오일쿨러용 케이스(2010후3240) - 유사

사실관계

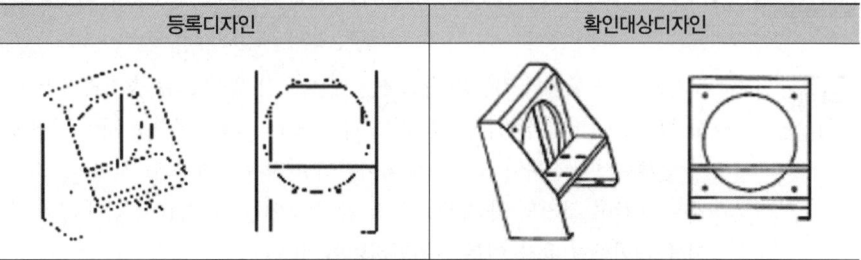

| 구체적 판단 | (1) 양 디자인은 몸체부의 전체 외곽 형상이 정사각형에 가까운 사각형이고, 송풍 팬다의 장착 부분이 원형의 홀로 형성되어 있다는 점, 몸체부의 상판(덮개 부분)이 직사각형의 수평판으로 되어 있고, 중앙의 직하부에 수평의 받침대가 직사각형의 형태로 형성되어 있다는 점, 양측 세로판은 상판 및 수평의 받침대와 수직으로 결합되어 있으며, 수평의 받침대가 결합된 부분이 상판과 결합된 부분보다 폭이 넓다는 점 등에서 서로 유사하다. |

(2) 그런데 양 디자인의 위와 같은 유사점 중 사각 형태의 몸체부 외곽 형상이나 원형의 홀 등은 오일쿨러용 케이스의 기본적 형태이거나 위 물품의 기능을 확보하는 데에 불가결한 형상이라 하더라도, 받침대가 양측 세로판 사이에 결합된 형상의 경우 송풍 모터를 지지하기 위한 받침대를 고정시키기 위하여 오일쿨러용 케이스가 반드시 이러한 형상을 갖고 있어야 한다고는 볼 수 없고, 동일한 기능을 수행하면서도 전체적인 미감을 고려하여 그 받침대와 양측 세로판의 형상이 얼마든지 다르게 구성될 수 있으므로, 위와 같은 형상이 이 사건 등록디자인의 출원 전에 공지된 부분이라고 볼만한 아무런 증거가 없는 이 사건에 있어서, 이 부분은 위 물품을 대하는 일반 수요자가 느끼는 전체적인 심미감에 영향을 미치는 요소임이 분명하다.

(3) 그렇다면 양 디자인은 전체적으로 심미감에 차이가 없는 유사한 디자인이라 할 것이고, 비록 양 디자인이 원심 판시와 같이 원형의 홀 내부 및 상판과 받침대 앞면의 모서리 형상, 받침대의 모터 고정용 장공의 유무, 양측 세로판 중하부의 형상 및 볼트구멍의 유무 등에서는 다소 차이가 있다고 하더라도, 이러한 차이점은 당해 물품을 자세히 볼 때에만 비로소 인식할 수 있는 세부적인 구성의 미세한 차이에 불과하거나 흔히 취할 수 있는 변형에 해당하여 전체적인 심미감에 큰 영향을 미칠 수 없으므로, 이와 같은 차이점으로 인하여 양 디자인의 전체적인 심미감이 달라진다고 보기는 어렵다.

12 유형 4. 물품의 기능을 확보하는 데 필요한 형상의 유사 판단 시 취급

| 공통되는 판결요지 | 구성요소 중 물품의 기능을 확보하는 데 필요한 형상 또는 공지의 형상 부분이 있다고 하여도 그것이 특별한 심미감을 불러일으키는 요소가 되지 못하는 것이 아닌 한 그것까지 포함하여 전체로서 관찰하여 느껴지는 심미감에 따라 판단해야 할 것이며, 보는 방향에 따라 느껴지는 미감이 같기도 하고 다르기도 할 경우에는 그 미감이 같게 느껴지는 방향으로 두고 이를 대비하여 유사 여부를 판단하여야 할 것이다. |

1 아이마스크(2010후2209) - 유사

사실관계

구 분	대표도면
등록디자인	
비교대상디자인	[정면도]　　　[사용상태도]

구체적 판단

(1) 위 법리와 기록에 의하여, 보는 사람의 주의를 가장 끌기 쉬운 정면의 형상과 모양이 잘 드러나면서 미감이 같게 느껴지는 방향에서 본 정면도를 중심으로 하여 '아이팩마스크'에 대한 이 사건 등록디자인과 '아이마스크'에 대한 원심 판시 비교대상디자인 2를 대비하여 보면, 양 디자인은 상부와 하부를 원호 형상으로 하되, 좌측면은 두껍고 원호의 굽은 부분을 지나 우측면으로 갈수록 폭이 얇아지는 비대칭 형상을 취하고 있는 점, 좌우 양측 면의 모서리가 둥글게 처리되어 있는 점 등에서 서로 유사하다.

(2) 그런데 양 디자인의 위와 같은 유사점이 설령 그 대상 물품인 '아이팩마스크' 또는 '아이마스크'의 기능을 확보하는 데 필요한 형상 또는 공지의 형상 부분이라 하더라도, 이는 보는 사람의 주의를 끄는 특징적인 부분에 해당하고, 더욱이 양 디자인의 대상 물품인 '아이팩마스크' 또는 '아이마스크'의 기능을 확보하기 위하여 그 정면부가 반드시 위와 같은 형상을 갖고 있어야 한다고는 볼 수 없으며, 동일한 기능을 수행하면서도 전체적인 미감을 고려하여 그 정면부의 형상이 얼마든지 다르게 구성될 수 있으므로, 이 부분은 위 물품을 대하는 일반 수요자가 느끼는 전체적인 심미감에 영향을 미치는 요소임이 분명하다.

(3) 그렇다면 양 디자인은 전체적으로 심미감에 차이가 없는 유사한 디자인이라 할 것이고, 비록 양 디자인이 상·하부 원호 형상의 기울기의 정도, 좌우 양측 면의 폭의 넓이 등의 세부적인 점에 있어서는 서로 차이가 있다고 하더라도, 이러한 차이점은 당해 물품을 자세히 볼 때에만 비로소 인식할 수 있는 미세한 차이에 불과하여 전체적인 심미감에 큰 영향을 미칠 수 없으므로, 이와 같은 차이점으로 인하여 양 디자인의 전체적인 심미감이 달라진다고 보기는 어렵다.

2 건물 차양막 받침구(2007후4830) - 유사

사실관계

등록디자인	비교대상디자인

구체적 판단

(1) 롤러부와 장착부의 형상이 이 사건 등록디자인(등록번호 제345777호)의 대상이 되는 물품인 '건물 차양막 받침구'의 기능을 확보하는 데 필요한 형상 또는 공지의 형상 부분이라 하더라도, 이는 보는 사람의 주의를 끄는 특징적인 부분에 해당하고 또한, 당해 물품의 기능을 확보하기 위하여 반드시 원심 판시와 같은 롤러부와 장착부의 형상을 가진다고 할 수 없으며 동일한 기능을 수행하면서도 전체적인 미감을 고려하여 롤러부와 장착부의 형상을 얼마든지 다르게 구성할 수 있으므로, 이 부분은 당해 물품을 대하는 일반 수요자가 느끼는 전체적인 심미감에 영향을 미치는 요소임이 분명하다.

(2) 따라서 이 사건 등록디자인과 원심 판시 비교대상디자인의 유사 여부를 판단할 때에는 롤러부와 장착부의 형상 부분까지 포함하여 전체로서 대비 관찰하여야 할 것인바, 양 디자인의 전체적인 형상과 모양이 잘 나타나면서 미감이 같게 느껴지는 방향에서 본 사시도를 중심으로 하여, 이 사건 등록디자인과 비교대상디자인을 대비하여 보면, 상부가 오목한 반원 형상을 이루는 2개의 프레임 사이에 소정 간격을 두고 원통형 롤러를 설치하여 롤러부를 구성한 점, 사각바로 된 지지대에만 끼울 수 있도록 각이 진 장착부를 형성한 점, 장착부가 롤러부에 연결되는 위치가 3번째 롤러와 4번째 롤러 사이의 프레임인 점이 공통되고, 롤러부가 롤러튜브를 받치기 위하여 눕는 각도 또한 거의 비슷하므로, 양 디자인은 전체적으로 그 심미감이 유사하다.

(3) 다만, 양 디자인은 프레임과 장착부를 연결하는 부위에서의 형상 및 삼각형 구멍의 유무, 장착부가 통철판 구조로 형성되었는지의 여부 등에서 차이가 나기는 하나, 이러한 차이점들은 당해 물품에 근접하여 자세히 볼 때에만 비로소 인식할 수 있는 세부적인 구성의 미세한 차이에 불과하거나 흔히 취할 수 있는 변형에 해당하여 새로운 미감적 가치를 창출한 부분이라고 볼 수 없으므로, 이와 같은 차이점들로 인하여 양 디자인의 전체적인 심미감이 달라진다고 보기는 어렵다.

13 직물지(2010후265) - 비유사

판결요지

(1) 그 디자인이 표현된 물품의 사용 시뿐만 아니라 거래 시의 외관에 의한 심미감도 함께 고려하여야 한다.

(2) 이면도 권리범위 판단의 고려대상이 될 수 있다.

사실관계

구 분	표 면	이 면
등록디자인		-
확인대상디자인		

구체적 판단

(1) 좌우로 길쭉한 쐐기 무늬가 반복적으로 형성되어 있는 표면과 아무런 무늬가 없는 이면으로 구성된 이 사건 등록디자인과 좌우로 길쭉한 쐐기 무늬가 반복적으로 형성되어 있는 표면과 그와 대칭되는 이면으로 구성된 확인대상디자인은, 그 표면의 모양에 있어서는 좌우로 길쭉한 쐐기 무늬를 상하좌우로 규칙적으로 배열하여 서로 유사한 면이 있으나, 그 이면에 있어서는 이 사건 등록디자인은 아무런 무늬가 없는 반면, 확인대상디자인은 표면과 거의 동일한 무늬로 구성되어 있는 차이가 있다.

(2) 그런데 양 디자인의 대상이 되는 물품은 직물지로서 스카프 등에도 사용될 수 있고, 이 경우 벽지 등과는 달리 표면 외에 이면의 모양도 보는 사람의 주의를 끌 것이며, 더욱이 직물지의 사용 시뿐만 아니라 거래 시 그 수요자는 표면 외에 이면의 심미감도 아울러 고려하여 구입 여부를 결정할 것으로 보이므로, 비록 표면이 이면보다 보는 사람의 눈에 잘 띈다 하더라도 표면의 모양만이 요부라고 보기 어렵다.

(3) 이와 같은 점을 고려하여 일반 수요자의 입장에서 양 디자인을 이면까지 포함하여 전체적으로 대비 관찰하여 볼 때, 양 디자인은 그 이면에 무늬가 있고 없는 현저한 차이로 말미암아 전체적인 심미감이 서로 달라 유사하다고 볼 수 없으므로, 확인대상디자인은 이 사건 등록디자인의 권리범위에 속한다고 할 수 없다.

> **유사한 취지의 판시(2002후1218)**
> " "의 형상과 모양을 하고 있는 이 사건 등록의장은 그 내부에 끼워진 용수철을 이용하여 고정지주를 신축성 있게 지지하는 원기둥 모양의 부품('용수철통'으로 부르기로 한다)이 가운데에 돌출 삽입되어 있으면서 봉(棒) 형상의 고정지주를 천장이나 바닥에 고정하는 지지구에 관한 것으로서, 이 물품이 고정지주와 결합하고 나면 용수철통이 눌러져서 더 이상 용수철통의 모습이 바깥에 드러나지 않을 수도 있지만, 지지구는 고정지주와 결합하지 않은 상태에서 용수철통이 돌출된 형상과 모양이 외부에 나타난 그대로 거래되고 있으므로 위 용수철통은 용수철통이 삽입되어 있는 지지구의 나머지 부분과 함께 이 사건 등록의장의 지배적 특징을 이루는 부분이라고 할 것이다.

한편 "🫗"과 같이 고정지주와 그 지지구가 결합한 상태의 형상과 모양만이 나타나 있는 인용의장 3에 의하여 파악되는 고정지주 지지구는 용수철통의 유무나 그 형상과 모양을 전혀 알 수 없으므로, 인용의장 3에서 고정지주를 제외한 나머지 "🫗" 부분만의 형상과 모양에 의하여 이 사건 등록의장과의 유사 여부를 살펴보면, 용수철통이 없는 형상과 모양으로 되어 있는 인용의장 3의 고정지주 지지구와 이 사건 등록의장은 그 기본적인 형상이 다르고 그에 따라 전체적으로 느껴지는 심미감에 있어서도 차이가 크다고 할 것이다.

그럼에도 불구하고, 원심이 이 사건 등록의장의 대상 물품에 고정지주가 삽입·결합하여 용수철통이 외부에서 보이지 않게 된 상태의 심미감만을 고려하여 인용의장 3과 이 사건 등록의장이 유사하다고 판단한 것에는 의장의 유사 판단에 관한 법리를 오해한 위법이 있고, 이를 지적하는 상고이유의 주장은 일응 이유 있다.

그런데 기록에 의하면, 이 사건 등록의장의 출원일(1999.1.7.) 이전인 1998.10.경 성광화학에서 "🫗"과 동일한 형상과 모양의 물품(원심 판시의 '인용의장 4'이다)을 생산, 판매한 사실이 인정되므로, 인용의장 4는 이 사건 등록의장의 출원일 이전에 공연히 실시되거나 공지된 의장에 해당하고, 사람들의 주의를 가장 끌기 쉬운 부분인 사시도에 해당하는 형상과 모양을 보면, 인용의장 4는 위사진에서 보듯이 원기둥 모양의 용수철통이 지지구 가운데에 돌출 삽입되어 있고, 지지구의 측면부가 유선형을 하고 있는 점에서 "🫗"의 형상과 모양을 하고 있는 이 사건 등록의장과 전체적인 심미감에서 유사하다.

14 건축 배관용 슬리브관 (2010후722) – 유사

판결요지 보는 방향에 따라 느껴지는 미감이 같기도 하고 다르기도 할 경우에는 <u>그 미감이 같게 느껴지는 방향으로 두고 이를 대비하여 유사 여부를 판단하여야 할 것이다.</u>

사실관계

구 분	등록디자인	확인대상디자인
사시도		
평면도		

구체적 판단

(1) 명칭이 "건축 배관용 슬리브관"인 이 사건 등록디자인과 확인대상디자인의 전체적인 형상과 모양이 잘 나타나는 사시도와 평면도를 그 미감이 같게 느껴지는 방향으로 두고 이를 대비하여 볼 때, 이 사건 등록디자인과 확인대상디자인(사시도와 평면도를 왼쪽으로 90° 회전하여 본 형상)은 전체적으로 작은 원형과 큰 원형으로 이루어진 오뚝이 형상을 하면서 플랜지부까지 기둥을 형성하고 있고 상단부의 외주면이 매끈하게 처리되어 있으며 하단부에 플랜지부가 구성되어 있고 플랜지부의 외주면에 다수 개의 고정보스가 형성되어 있으며 고정보스 하부에는 원기둥 형상의 돌출봉이 형성되어 있다는 점 등 지배적인 특징이 유사하다.

(2) 다만 양 디자인은 몸체부에 형성된 돌출된 띠의 유무, 몸체부 기둥 상하부의 구분 여부, 고정보스의 개수, 몸체부 상면의 통공 유무 등에서 차이가 있으나, 위와 같은 차이점들은 전체적인 심미감에 영향을 미치지 못하는 세부적인 차이에 불과하다. 따라서 이 사건 등록디자인과 확인대상디자인은 위와 같은 지배적인 특징이 같아서 전체적으로 볼 때 유사한 디자인에 해당한다고 할 것이다.

15 암홀바이어스 테이프 (2005후1097) – 유사

구체적 판단

(1) 명칭이 '암홀 바이어스 테이프'인 피고의 이 사건 등록디자인과 명칭을 '마감용 테이프'로 하는 원심 판시의 비교대상디자인은 모두 암홀이나 목둘레 등 곡선 부위 옷감의 솔기를 싸서 깁는 재단작업을 할 때 옷감이 늘어나지 않도록 그 곡선 부분을 따라 부착시키는 천으로 만들어진 테이프(바이어스 테이프)에 관한 모양과 형상으로서 동종 물품을 대상으로 하는바, 이는 평면적 물품에 해당하므로 보는 사람의 주의를 끄는 지배적인 특징은 그 평면도에 있다 할 것이고, 요부를 중심으로 살펴본 양 디자인의 공통점은, 폭이 넓은 천(등록디자인 은/비교대상디자인 은)과 그보다 폭이 좁은 천(등록디자인 은/비교대상디자인 은)이 각 아래·위로 겹치면서 재봉으로 결합된 형상인 점, 그중 폭이 넓은 천은 한쪽 면이 톱날형상인 점, 폭이 좁은 천은 그 외곽이 좁고 긴 직사각형의 형상인 점 등으로서, 양 디자인은 그 전체적인 형상과 모양이 유사하다.

(2) 반면 양 디자인의 차이점은, ① 폭이 넓은 천에서 보여지는 톱날형상 중 날의 각도, ② 폭이 좁은 천에서 보여지는 직사각형 내부의 가로줄·세로줄의 유무 및 ③ 그 부분에 도시된 선이 사선(////)인지 두 줄의 점선(⊏⊐⊏⊐⊏⊐)인지, ④ 이 사건 등록디자인의 저면도에 나타난 규칙적인 점선의 유무 정도인데, 이 사건 등록디자인 중, ① 폭이 넓은 천의 톱날형상 부분은 암홀 등 곡선 부분을 따라 용이하게 테이프를 굴착·접합시키기 위하여 그 테이프의 한쪽 면에 연속적인 홈을 낸 결과로서 기능적 형상에 불과하고, ② 폭이 좁은 천 내부에 도시된 가로줄과 세로줄 모양은 합성섬유로 만든 그 부분 테이프의 직조과정에서 나타난 씨실과 날실의 구성을 의미하는 것에 불과하며, ③ 폭이 좁은 천 내부의 사선모양은 폭이 넓은 천과 폭이 좁은 천을 결합시킨 재봉방법(바늘땀의

모양)에 불과하고, ④ 저면도에서 보여지는 점선은 이 사건 대상물품의 배면에 도포된 접착제를 가공처리한 결과에 불과한 등, <u>위와 같은 점들은 모두 이 사건 등록디자인의 특징적인 요부에는 해당되지 아니한 부분들이고, 그에 관한 비교대상디자인과의 차이점 역시 세부적인 차이로서 앞서 본 양 디자인의 전체적인 유사성을 넘어서는 정도는 아니라 할 것이다.</u>

16 신규성 상실 관련 판단

1 거리에 시험 설치한 경우(2002후2969)

(1) 이 사건 등록의장은 기차 기관사들이 운행 중인 기차의 위치를 알 수 있도록 철로 주변에 설치하는 **철도용 거리 표지판**으로서, 피고는 이 사건 등록의장의 출원일 이전인 1999. 8. 20. 철도청 대전 보선(保線) 사무소의 의뢰를 받아 위 사무소 기술계장, 조치원 분소장, 보선원 2명 등의 참여 아래 이 사건 등록의장과 동일한 형상과 모양으로 된 표지판을 경부선 하행선 조치원에서 부강역 사이 2km 구간에 시험 설치한 사실을 인정한 다음, <u>이 사건 등록의장은 그 시험 설치와 동시에 철도청 직원들을 비롯한 일반인의 눈에 띔으로써 곧바로 알려질 수 있는 상태에 있게 되었다</u>고 판단하였다.

(2) 나아가 원심은 피고의 다음과 같은 주장, 즉 이 사건 등록의장 물품이 시험 부설된 장소는 철도법에 의하여 일반인의 출입이 통제된 곳이자 열차가 시속 약 60km로 통과하는 곳이라는 점과 이 사건 등록의장의 3분의 1에 해당하는 부분이 땅에 묻혀있는 점 등을 고려하면, 열차에 탄 사람이나 인근 주민이 이 사건 등록의장의 요부를 관찰하는 것은 불가능하므로 이 사건 등록의장은 불특정 다수인에게 노출된 것으로 볼 수 없다는 주장에 대하여는, 이 사건 등록의장의 표지판은 일단 설치된 이상 그 지역을 운행하는 열차의 기관사나 승객들이 이를 인식할 수 있게 된 것이라고 보아야 할 뿐만 아니라, 그 채용 증거에 의하여 인정되는 이 사건 등록의장 물품이 설치된 철로 부근에 비닐하우스와 논이 인접해 있으며 철로의 횡단이나 접근을 통제하는 물리적인 시설이 없는 사정에 의하면 인근 지역에서 농사를 짓는 일반인이 이 사건 등록의장의 표지판을 관찰할 가능성이 있고, 또한 이 사건 등록의장은 상단의 "V"자로 구부린 표지판 부분이 수요자들의 눈에 띄기 쉬운 주요 부분이고 하단의 보강편은 표지판이 안정적으로 설치되어 있도록 하기 위한 기능적인 구성으로서 설치를 마친 때에는 땅속에 묻혀 외부에서 인식할 수 없기 때문에 주요 부분이라고 할 수 없으며, 이 사건 등록의장의 표지판을 설치할 당시 참여한 앞서 본 철도청 직원들은 표지판의 보강편을 포함한 이 사건 등록의장 전체의 요부를 파악할 수 있었을 것으로 보이는데, 철도청 직원들이 그 표지판의 설치 과정이나 열차 운행 과정에서 알게 된 이 사건 등록의장의 내용이 철도청이나 피고에 의하여 비밀로 유지되고 관리되었다고 볼만한 증거도 없다는 이유를 들어 배척한 다음, 결국 이 사건 등록의장은 디자인보호법 제33조 제1항 제1호에 위반하여 등록된 것으로서 그 등록을 무효로 하여야 한다고 판단하였다.

2　계열사 실무담당직원들에게 샘플을 제시한 경우(99후1768)

교육용 영어 카세트테이프를 제작·판매하는 피고 회사가 원고에게 고안을 의뢰하여 원고가 창작한 등록의장이 표현된 카세트테이프 수납케이스 목함 샘플에 피고 회사가 소외인에게 의뢰하여 만든 하드커버와 드라이보드의 샘플을 접합함으로써 카세트테이프 수납케이스 완제품 샘플을 만든 후 종래 피고 회사에 카세트테이프 수납케이스를 제작·공급하여 오다가 피고 회사와 함께 카세트테이프 수납케이스 제품 개발에 착수하여 온 피고 회사의 계열사 실무담당직원들에게 위 카세트테이프 수납케이스 완제품 샘플을 제시한 경우, 등록의장이 그 출원 전에 공지되었다고 할 수 없다고 한 사례

3　동종업자에게 납품한 경우(2000후3012)

등록의장과 동일한 형상 모양의 물품을 그 출원일 이전에 동종업자에게 납품한 바 있는 경우, 그 의장은 신규성을 상실하여 공지로 된다고 한 사례

4　카탈로그를 제작한 경우(98후508)

(1) 카탈로그의 제작 사실이 인정되면 구체적 증거 없이도 반포사실을 인정할 수 있는지 여부(적극)
(2) 국외에서 반포된 간행물이 반포됐다고 보려면 국내에서도 반포되어야 하는지 여부(소극)

5　형식승인의뢰서가 제출된 경우, 납품계약관계에 있는 자에게 제출한 경우(92후377)

(1) 부품제조자가 자동차회사로부터 형식승인을 받기 위하여 위 회사에 의장에 관한 제작도면을 첨부하여 제출한 형식승인의뢰서는 공개의 목적으로 만들어진 "간행물"이라고 볼 수 없고 이로써 "반포"된 것이라고 볼 수 없다 한 사례
(2) 자동차회사가 부품제조자로부터 의장의 제작도면과 함께 제품(견본)도 제출받았고, 부품제조자의 직원들과 위 회사의 직원들이 제작도면의 작성과 제품의 제조에 관여하고 검토하였지만 "공지되었거나 공연히 실시된 의장"에 해당한다고 할 수 없다 한 사례

| 17 | 대림 스쿠터 사건 (2006후2646, 2006후3182, 2007후425) |

판결요지: 디자인의 신규성 판단에 있어 등록디자인과 대비 대상이 되는 디자인은 반드시 형태 전체를 모두 명확히 한 디자인뿐만 아니라 자료의 표현이 부족하더라도 이를 경험칙에 의하여 보충하여 그 디자인의 전체적인 심미감에 영향을 미치는 부분의 파악이 가능하다면 대비판단의 대상이 될 수 있다 할 것이나, 인용된 디자인만으로는 디자인의 전체적인 심미감에 영향을 미치는 부분의 파악이 불가능한 경우에는 그 대비판단을 할 수 없다.

사실관계:

구 분	대표도면
등록디자인	
비교대상디자인	

구 분	대표도면
등록디자인	
비교대상디자인	

구 분	대표도면
등록디자인	
비교대상디자인	

| 구체적 판단 | "프런트 사이드 커버, 프런트 윙커, 헤드라이트"에 관한 이 사건 등록디자인과 스쿠터 전체의 완성품에 관한 사진인 원심 판시 비교대상디자인들을 대비함에 있어서, 비교대상디자인들은 외부에서 '프런트 사이드 커버, 프런트 윙커, 헤드라이트'의 형상 및 모양을 알 수 없고, 스쿠터의 '프런트 사이드 커버, 프런트 윙커, 헤드라이트'의 일반적인 형태에 관한 경험칙에 의하더라도 이를 파악할 수 없어서 이 사건 등록디자인과 유사 여부를 대비 판단할 수 없다.

18 유형 5. 하나의 공지디자인으로부터 창작성이 문제된 경우

| 공통되는 판결요지 | 디자인보호법 제33조 제2항은 그 디자인이 속하는 분야에서 통상의 지식을 가진 자가 제1항 제1호 또는 제2호에 해당하는 디자인의 결합에 의하여 용이하게 창작할 수 있는 것은 디자인 등록을 받을 수 없도록 규정하고 있는데, 여기에는 위 각 호에 해당하는 <u>디자인의 결합뿐만 아니라 위 디자인 각각에 의하여 용이하게 창작할 수 있는 디자인도 포함된다고 봄이 타당</u>하고, 그 규정의 취지는 위 각 호에 해당하는 디자인의 형상·모양·색채 또는 이들의 결합을 거의 그대로 모방 또는 전용하였거나, 이를 부분적으로 변형하였다고 하더라도 그것이 전체적으로 볼 때 다른 미감적 가치가 인정되지 않는 상업적·기능적 변형에 불과하거나, 또는 그 디자인 분야에서 흔한 창작수법이나 표현방법에 의해 이를 변경·조합하거나 전용하였음에 불과한 디자인 등과 같이 창작수준이 낮은 디자인은 그 디자인이 속하는 분야에서 통상의 지식을 가진 자가 용이하게 창작할 수 있는 것이어서 디자인등록을 받을 수 없다는 데 있다.

1 창틀용 프레임(2012후1798) - 창작성 인정

사실관계

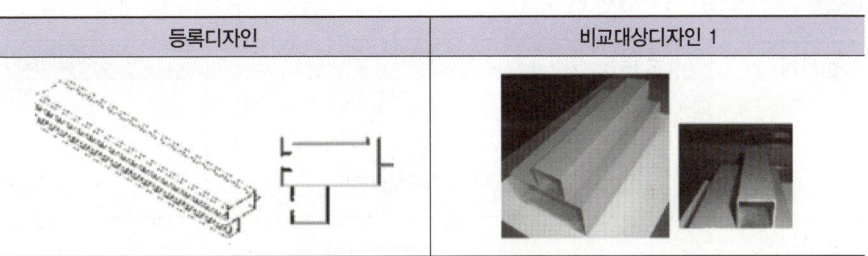

구체적 판단
(1) 비교대상디자인 1을 대비하여 보면, 직육면체 형태의 상부 사각통과 그 밑면에 같은 방향으로 연접한 정육면체 형태의 하부 사각통으로 되어 있고, 상부 사각통의 윗면 가운데 부분에 오목부가 형성되어 있다는 점에서 공통된다.
(2) 그러나 이 사건 등록디자인은 상·하부 사각통의 중앙에 같은 폭과 깊이의 요홈이 하나씩 형성되어 있음에 비하여 비교대상디자인 1에는 그러한 요홈이 없는 점, 이 사건 등록디자인의 경우 비교대상디자인 1에 비하여 하부 사각통이 상부 사각통의 왼쪽 부분으로 더 치우쳐 형성되어 있다는 점, 이 사건 등록디자인은 상부 사각통의 오른쪽 중앙에 수평의 빗물 차단판이 형성되어 있음에 비하여 비교대상디자인 1에는 그러한 빗물 차단판이 없다는 점에서 차이가 있다.

(3) 위와 같이 이 사건 등록디자인과 비교대상디자인 1은 요홈과 빗물 차단판의 유무, 상·하부 사각통의 위치 관계에서 서로 차이가 있는데, 이는 전체적으로 볼 때 이들 디자인 사이에 서로 다른 미감적 가치를 가져올 정도이므로, 비교대상디자인 1을 이 사건 등록디자인과 같이 변형하는 것을 두고 다른 미감적 가치가 인정되지 않는 상업적·기능적 변형에 불과하다고 볼 수 없다.

한편, 대상 물품을 '창호 프레임'으로 하는 원심 판시 비교대상디자인 2, 5에는 요홈이, 원심 판시 비교대상디자인 6, 7에는 빗물 차단판이 각 형성되어 있기는 하다. 그러나 이들 디자인의 요홈이나 빗물 차단판은 그 형성 위치나 전체 디자인에 결합되어 있는 구체적인 형상·모양 등에서 이 사건 등록디자인과는 차이가 있으므로, 이들 디자인을 비교대상디자인 1과 단순히 조합하는 창작수법이나 표현방법만으로는 이 사건 등록디자인을 창작해낼 수가 없고, 그 밖에 이 사건 등록디자인에서와 같은 형상과 모양으로 요홈이나 빗물 차단판을 형성하는 것이 그 디자인 분야에서 흔한 창작수법이나 표현방법이라고 볼 만한 자료도 없다.

따라서 이 사건 등록디자인은 그 디자인이 속하는 분야에서 통상의 지식을 가진 자가 앞서 본 비교대상디자인들의 결합에 의하여 용이하게 창작할 수 있는 것이라고 보기 어렵다.

(4) 그럼에도 원심은, 단순히 이 사건 등록디자인에서 볼트의 고정과 빗물의 차단 기능을 수행하는 요홈과 빗물 차단판이 앞서와 같이 비교대상디자인 2, 5, 6, 7에도 형성되어 있다거나 그 디자인 분야에서 일반적으로 사용된다는 점 등만을 이유로 들어 이 사건 등록디자인의 창작용이성을 인정하였으니, 이러한 원심판결에는 디자인의 창작용이성 판단에 관한 법리를 오해하여 판결에 영향을 미친 잘못이 있다.

2 하수관용 악취방지구 (2011후873)

사실관계

구 분	등록디자인	비교대상디자인 1
사시도		
정면도		
평면도		-

구체적 판단

(1) 하부에 안쪽으로 움푹 파인 방사형 절개부가 다수 형성되어 있고, 몸체 바닥 부분에는 다수 개의 사각 막대 형상의 탄성개폐부가 형성되어 있다는 점에서 공통되므로, 양 디자인은 그 주된 창작적 모티브를 같이 한다고 할 것이다.

(2) 이 사건 등록디자인에 나타난 5개의 방사형 절개부는 아치형 형상인 반면, 비교대상디자인 1에 나타난 4개의 방사형 절개부는 삼각형 형상이고, 이 사건 등록디자인의 위 탄성개폐부의 형상은 별 모양인 반면 비교대상디자인 1은 십자 모양이며, 이 사건 등록디자인은 몸체 상부에 U자형 돌출부가 형성되어 있는 반면, 비교대상디자인 1에는 외주면 둘레를 따라 띠 모양의 돌출테가 형성되어 있다는 점에서 양 디자인에는 다소 차이가 있다.

(3) 그러나 위와 같은 방사형 절개부의 개수 및 형상의 차이는 전체적으로 볼 때 다른 미감적 가치가 인정되지 않는 상업적·기능적 변형에 불과하고, 위와 같은 탄성개폐부의 형상 차이 또한 방사형 절개부의 개수 변화에 따라 부수적으로 수반되는 것에 불과하며, 위 U자형 돌출부는 평면도에서 보는 바와 같이 그 돌출 정도가 경미하여 특별히 보는 사람의 주의를 끌 수 있는 부분은 아닌 것으로 보이므로 위 U자형 돌출부 역시 전체적으로 볼 때 다른 미감적 가치가 인정되지 않는 상업적·기능적 변형에 불과하다.

(4) 그 밖에 양 디자인은 몸체의 가로·세로 비율에서도 차이가 있으나, 그 비율을 적절히 조절하는 것은 그 디자인 분야에서 흔한 창작수법이나 표현방법에 불과하다. 따라서 이 사건 등록디자인은 그 디자인이 속하는 분야에서 통상의 지식을 가진 자가 비교대상디자인 1에 의하여 용이하게 창작할 수 있는 디자인이라고 보는 것이 타당하다.

3 전력계 박스 (2008후2800)

사실관계

구 분	대표도면
등록디자인	[사시도] [정면도]
비교대상디자인	[사시도] [정면도]

구체적 판단

대상물품을 '전력계 박스'로 하는 이 사건 등록디자인(등록번호 제435126호)과 원심 판시의 비교대상디자인을 대비하여, 양 디자인은 세로로 긴 직사각형의 몸통에서 모서리와 윗부분을 원형의 곡선으로 부드럽게 처리한 점, 두 개의 다소 돌출된 정사각형 투시창을 상부 쪽에 치우친 곳에 나란히 형성한 점, 투시창 위에 돌출된 빗물 또는 햇빛 가리개를 두고 있다는 점, 전력계함을 상부와 하부의 개폐창으로 분리하고 있고 그 구분선이 하부 쪽에 치우치게 위치하고 있다는 점 등에서 동일하고, 다만 빗물 또는 햇빛 가리개가 투시창별로 눈썹과 같이 2개로 형성되었는지 아니면 모자의 챙처럼 1개로 형성되었는지 여부, 투시창의 외곽선 모양, 몸통 부분의 장식 형태, 상단 부분에 가느다란 3개의 선을 두고 있는지 여부 등에서 차이가 있음을 인정한 다음, 이 사건 등록디자인은 통상의 디자이너가 비교대상디자인의 빗물 또는 햇빛 가리개를 투시창별로 분리하고 기타 장식의 모양을 바꾸는 등의 방법을 통하여 용이하게 변경하여 창작할 수 있는 디자인에 해당한다고 판시하였다.

19 유형 6. 공지디자인들의 결합으로부터 창작성이 문제된 경우

1 클램프용 손잡이(2010후2889)

판결요지

(1) 명칭을 "클램프용 손잡이"로 하는 등록디자인을 비교대상디자인들과 대비할 때, 구성요소를 클램프 손잡이 부분만으로 한정할 것이 아니라 유기적으로 결합된 클램프 몸체 및 손잡이 전체를 하나로 보아야 한다.

(2) 등록디자인은 전체적으로 볼 때 그 미감적 가치가 상이하여 위와 같은 차이가 상업적·기능적 변형에 불과하다고 볼 수 없을 뿐만 아니라, 이를 이 사건 디자인 분야에서 흔한 창작수법이나 표현방법이라고 볼만한 자료도 없으므로, 결국 이 사건 등록디자인은 그 디자인이 속하는 분야에서 통상의 지식을 가진 자가 비교대상디자인들의 결합에 의하여 용이하게 창작할 수 있는 것이라고 보기 어렵다.

사실관계

등록디자인	비교대상디자인 1	비교대상디자인 2

구체적 판단

(1) 기록에 비추어 살펴보면, 이 사건 등록디자인은 비록 그 등록디자인 공보에 대상물품의 명칭이 "클램프용 손잡이"로 기재되어 있기는 하지만, 그 물품의 용도, 구성, 거래 실정 등에 비추어 클램프 몸체 및 손잡이가 유기적으로 결합된 전체를 하나의 물품으로 보아야 할 것이고, 여기에 그 디자인의 설명란에 기재된 내용 및 도면에도 클램프 몸체와 손잡이가 결합된 전체의 형상이 도시되어 있다는 점 등을 더하여 보면, 이 사건 등록디자인의 구성요소가 그중 클램프 손잡이 부분에만 한정되지는 않는다고 할 것이다.

① 위와 같은 판단을 전제로 하여 이 사건 등록디자인과 원심 판시 비교대상디자인 1, 2의 전체적인 형상과 모양이 잘 나타나는 사시도를 중심으로 이 사건 등록디자인과 원심 판시 비교대상디자인 1, 비교대상디자인 2를 대비하여 보면, 이 사건 등록디자인 중 손잡이를 제외한 클램프 몸체 부분은 그 등록디자인 공보에 기재된 바와 같이 공지의 형상일 뿐만 아니라 비교대상디자인 1에도 그와 유사한 형상이 나타나 있다.

② 그러나 **손잡이 부분**의 전체적인 형상에 있어, 이 사건 등록디자인은 보서리가 곡면 처리된 납작한 정삼각형 모양을 하고 있는 반면, 비교대상디자인 1은 귀 형상과 같이 비대칭의 삼각형을 취하고 있고, 비교대상디자인 2는 두툼한 삼각형 형상을 취하고 있다.

또한 이 사건 등록디자인은 손잡이 중앙에 단순한 원형의 통공이 형성되어 있는 데 비하여, 비교대상디자인 1은 통공이 형성되어 있지 않고, 비교대상디자인 2는 손잡이 외측에서 내측으로 입체적으로 깎여 들어가는 방식으로 삼각형의 통공이 형성되어 있다.

그 밖에도 이 사건 등록디자인의 손잡이 부분에는 클램프 몸체와의 결합부위 양 측면에 삼각기둥 형상의 지지돌기가 형성되어 있는데, 이는 비교대상디자인들에서는 전혀 볼 수 없는 것이다.

③ 위와 같이 이 사건 등록디자인과 비교대상디자인 1, 2는 클램프 손잡이 부분의 전체적인 형상, 통공 유무 및 그 모양, 몸체와의 결합부위 양 측면에 형성된 삼각기둥 형상의 지지돌기 유무 등에서 비교적 큰 차이가 있고, 이로 인하여 양측 디자인은 전체적으로 볼 때 그 미감적 가치가 상이하여 위와 같은 차이가 상업적·기능적 변형에 불과하다고 볼 수 없을 뿐만 아니라, 이를 이 사건 디자인 분야에서 흔한 창작수법이나 표현방법이라고 볼만한 자료도 없으므로, 결국 이 사건 등록디자인은 그 디자인이 속하는 분야에서 통상의 지식을 가진 자가 비교대상디자인들의 결합에 의하여 용이하게 창작할 수 있는 것이라고 보기 어렵다.

(2) 비록 원심이 이 사건 등록디자인의 구성요소를 클램프 손잡이 부분만으로 한정하여 비교대상디자인들과 대비한 점에는 잘못이 있지만, 이 사건 등록디자인이 비교대상디자인들의 결합에 의하여 용이하게 창작할 수 없는 것이라고 본 결론에 있어서는 정당하므로, 거기에 상고이유에서 주장하는 바와 같은 판결에 영향을 미친 디자인의 창작용이성 판단에 관한 법리오해 등의 잘못이 없다.

20 유형 7. 주지형태로부터 창작성이 문제된 경우

1 화강암 판재 사건(2014후614)

판결요지

통상의 디자이너가 **국내 주지형태**에 의하여 용이하게 창작할 수 있는 디자인은 디자인등록을 받을 수 없다고 규정하고 있는데, 그 취지는 국내에서 널리 알려진 형상·모양·색채 또는 이들의 결합(이하 '주지형태'라고 한다)을 거의 그대로 모방 또는 전용하였거나, 이를 부분적으로 변형하였다고 하더라도 전체적으로 볼 때 다른 미감적 가치가 인정되지 않는 상업적·기능적 변형에 불과하거나, 또는 그 디자인 분야에서 흔한 창작수법이나 표현방법으로 변경·조합하거나 전용하였음에 불과한 디자인 등과 같이 창작수준이 낮은 디자인은 통상의 디자이너가 용이하게 창작할 수 있는 것이어서 디자인등록을 받을 수 없다는 데 있다.

사실관계	대표도면	도면 기재사항

		• 디자인의 대상이 되는 물품 : 문구제도용 합성수지발포판재
		• 디자인의 설명
		  - 재질은 발포형 폴리스티렌수지, 비닐, 종이 점착시트임
		  - 정면도는 보는 바와 같이 무늬가 상하좌우로 연속되는 것이며, 필요 용도에 따라 절단하여 사용할 수 있음
		• 디자인 창작 내용의 요점 : "문구제도용 합성수지발포판재"의 형상과 모양의 결합을 디자인 창작 내용의 요점으로 함

구체적 판단 등록디자인의 정면도에서 보이는 모양이 부정형의 검은색 반점들이 흰색 바탕에 불규칙하게 분포된 것으로서 자연 상태의 화강암 무늬와 극히 유사하고, <u>직육면체의 판재 형상은 국내에서 널리 알려진 형상에 불과하므로</u>, 등록디자인은 그 디자인이 속하는 분야에서 통상의 지식을 가진 자가 국내에서 널리 알려진 형상·모양·색채 또는 이들의 결합인 자연물로서의 화강암 무늬 등에 의하여 용이하게 창작할 수 있는 디자인에 해당한다.

21 유형 8. 공지디자인과 주지형태의 결합으로부터 창작성이 문제된 경우

1 뿡뿡이 사건(2008후491, 2010후913)

사실관계 (1) 동일, 유사 판단 – 비교대상디자인 1과 등록디자인의 유사 여부가 문제된 사건

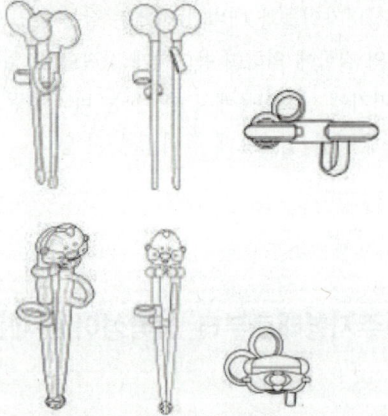

(2) 창작성 판단 – 비교대상디자인 1, 2와 주지의 캐릭터인 뿡뿡이의 결합으로부터 등록디자인의 창작이 가능한지 여부가 문제된 사건

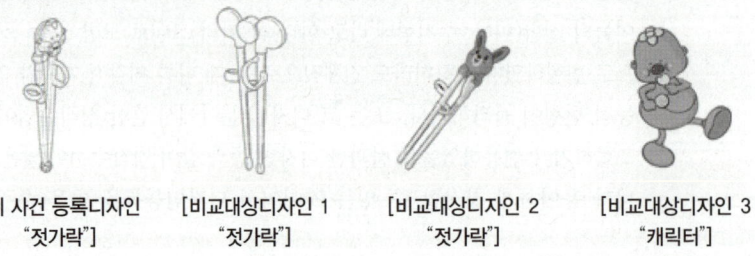

[이 사건 등록디자인 "젓가락"]   [비교대상디자인 1 "젓가락"]   [비교대상디자인 2 "젓가락"]   [비교대상디자인 3 "캐릭터"]

| 구체적 판단 | (1) 동일·유사 판단 관련 – 2010후913

① 젓가락 몸체에 형성된 손가락 삽입부의 배치 위치와 방향 및 형상, 평면에서 본 각도 등에서 유사하고, 위와 같은 손가락 삽입부의 유사점은 그것이 원심 판시 비교대상디자인들에 그대로 나타나 있다거나 물품의 기능 확보를 위하여 필요한 부분에 불과하다고 볼 수 없어 그 중요도를 낮게 평가할 수는 없다.280)

② 그러나 이 사건 등록디자인과 확인대상디자인의 캡 부분은 젓가락에서 흔히 있는 형상이 아니고 수요자에게도 잘 보이는 부분이어서 보는 사람의 주의를 가장 끌기 쉬운 부분으로 양 디자인의 요부 중 하나에 해당한다 할 것인데, 캡 부분의 형상이 이 사건 등록디자인은 콩나물 머리모양의 캡이 대칭을 이루고 그 사이에 원형의 연결부재가 설치된 형상인 반면, 확인대상디자인은 '방귀대장 뿡뿡이' 캐릭터의 얼굴과 그 아래에 손으로 젓가락 몸체를 감아쥔 형상인 점에서 현저한 차이가 있다.

③ 그 밖에 몸체 끝부분이 이 사건 등록디자인은 뭉툭하게 되어 있는 형상인 반면, 확인대상디자인은 숟가락 형상으로 그 볼록면에 꽃문양이 형성되어 있다는 점 등에서도 차이가 있으며, 이러한 형상의 차이는 전체적인 심미감에 큰 차이를 가져올 정도이다. 따라서 양 디자인은 위와 같은 손가락 삽입부의 유사점에도 불구하고 전체적으로 대비·관찰하면 보는 사람으로 하여금 상이한 심미감을 느끼게 하므로, 비유사하다.

(2) 창작성 관련 – 2008후491

① 이 사건 등록디자인과 비교대상디자인 1, 2는 그 대상물품이 젓가락으로서 손가락 삽입부 등이 형성된 몸체와 윗부분인 캡으로 나누어진다.

이들 디자인은 몸체가 사각기둥인지, 원기둥인지, 검지 및 중지 삽입부가 몸체에 고정되었는지 여부, 엄지 삽입부의 몸체와의 각도 등에 있어서 차이가 있는데, 이와 같은 차이는 통상의 기술자가 필요에 따라 용이하게 선택할 수 있는 기능적, 상업적 변형에 불과하고, 그 심미감에 있어서 별다른 차이가 없다.

② 그리고 이들 디자인은 그 캡 부분의 형상과 모양이 다르고, 이 사건 등록디자인의 경우 몸체 아랫부분 끝이 숟갈 형상으로 그 오목면에 돌기가 형성되고, 그 볼록면에 꽃문양이 형성된 점에서 비교대상디자인 1, 2와 차이가 있다.

우선 이 사건 등록디자인의 캡을 살펴보면, 그 형상과 모양이 비교대상디자인 3의 캐릭터의 얼굴(머리) 부분과 흡사하고, 그 얼굴 아래에 젓가락 몸체를 손으로 잡고 있는 듯한 형상이 형성되어 있는데, 비교대상디자인 2에 토끼 모양의 캐릭터가 젓가락 몸체를 손으로 잡고 있는 듯한 형상이 나타나 있다.

결국 이 사건 등록디자인의 캡은 비교대상디자인 1, 2의 캡을 비교대상디자인 3의 캐릭터 형상으로 변형하거나 치환한 것으로, 이는 통상의 기술자가 필요에 따라 용이하게 선택할 수 있는 상업적 변형에 불과하고(이 사건 등록디자인의 캡의 형상과 모양이 비교대상디자인 3의 얼굴을 약간 변형시킨 것이고, 젓가락 몸체를 잡고 있는 손의 형상에 있어서 비교대상디자인 2와 약간 차이가 있기는 하나, 이는 통상의 기술자가 필요에 따라 용이하게 선택할 수 있는 정도의 차이에 불과하다), 이 사건 |

---

280) 이 문구는 대법원의 실수인 것으로 보인다. 다른 대법원의 문구를 보면 물품의 기능 확보를 위하여 '필요한' 형상이면 요부로 본다고 설시하고 있고, '불가결한' 또는 '반드시 그러한 형상' 등의 문구를 사용하고 있다.

등록디자인의 캡 뒷면은 캐릭터의 윤곽을 제외하면 약간 볼록하게 처리한 원형으로 비교대상디자인 1의 원형 연결 부분과 심미감에 있어서 별다른 차이가 없으며, 통상의 기술자가 용이하게 변형할 수 있는 사항에 해당한다.

③ 다음으로 이 사건 등록디자인의 몸체 끝 부분을 살펴보면, 숟갈 볼록면에 형성된 꽃문양은 흔히 볼 수 있는 것일 뿐만 아니라 그 꽃잎의 개수만 다를 뿐, 비교대상디자인 3의 캐릭터 머리의 꽃문양과 동일하므로, 이 또한 통상의 기술자가 용이하게 선택할 수 있는 사항에 불과하고, 젓가락 몸체 끝을 뭉툭하게 할 것인지, 숟갈 형상으로 할 것인지, 숟갈 오목면에 돌기를 형성할 것인지 여부는 통상의 기술자가 필요에 따라 선택할 수 있는 단순한 상업적 변형 또는 기능적 변형에 불과하며, 디자인의 전체적인 심미감에 있어서 차이를 줄 정도에 해당하지도 아니한다.

④ 따라서 이 사건 등록디자인은 그 등록출원 전에 통상의 기술자가 공지되거나 반포된 간행물에 기재된 디자인인 비교대상디자인들의 결합에 의하여 용이하게 창작할 수 있으므로 디자인보호법 제33조 제2항 위반에 해당한다.

2 계란판 사건(2013후2613, 2012후3794) - 결합의 "변형" 기출 18

판결요지

(1) 창작성에 관해

① 디자인보호법 제33조 제2항의 취지는 공지형태나 국내 주지형태를 거의 그대로 모방 또는 전용하였거나, 이를 부분적으로 변형하였다고 하더라도 전체적으로 볼 때 다른 미감적 가치가 인정되지 않는 상업적·기능적 변형에 불과하거나, 또는 디자인 분야에서 흔한 창작수법이나 표현방법으로 변경·조합하거나 전용하였음에 불과한 디자인 등과 같이 창작수준이 낮은 디자인은 통상의 디자이너가 용이하게 창작할 수 있는 것이어서 디자인등록을 받을 수 없다는 데 있다.

② 또한 공지형태나 주지형태를 서로 결합하거나 결합된 형태를 변형·변경 또는 전용한 경우에도 창작수준이 낮은 디자인에 해당할 수 있는데, 창작수준을 판단할 때는 공지디자인의 대상 물품이나 주지형태의 알려진 분야, 공지디자인이나 주지형태의 외관적 특징들의 관련성, 해당 디자인 분야의 일반적 경향 등에 비추어 통상의 디자이너가 용이하게 그와 같은 결합에 이를 수 있는지를 함께 살펴보아야 한다.

(2) 신규성에 관해

① 디자인의 유사 여부는 디자인을 구성하는 각 요소를 부분적으로 분리하여 대비할 것이 아니라 전체와 전체를 대비 관찰하여 보는 사람이 느끼는 심미감 여하에 따라 판단하여야 할 것이지만, 양 디자인의 공통되는 부분이 그 물품으로서 당연히 있어야 할 부분 내지 디자인의 기본적 또는 기능적 형태인 경우에는 그 중요도를 낮게 평가하여야 하므로 이러한 부분들이 유사하다는 사정만으로는 곧바로 양 디자인이 서로 유사하다고 할 수는 없다.

② 그리고 디자인의 유사 여부를 판단함에 있어서는 그 디자인이 표현된 물품을 거래할 때뿐만 아니라 사용할 때의 외관에 의한 심미감도 함께 고려하여야 하고, 옛날부터 흔히 사용됐고 단순하며 여러 디자인이 다양하게 창작되었던 디자인이나 구조적으로 그 디자인을 크게 변화시킬 수 없는 것 등은 디자인의 유사 범위를 비교적 좁게 보아야 한다.

사실관계

등록디자인	비교대상디자인 2
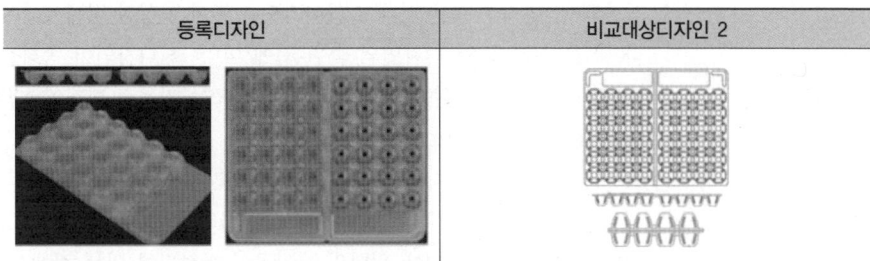	

구체적 판단

(1) 창작성에 관해

① 대상 물품을 '메추리알 포장용기'로 하는 이 사건 등록디자인(디자인등록번호 생략)과 원심 판시 비교대상디자인 2를 대비하여 보면, 다음과 같은 차이가 있다.
  ㉠ 난좌 몸체의 형상에서 이 사건 등록디자인은 **주름**이 없이 매끈한 형상임에 비하여, 비교대상디자인 2는 난좌 입구부터 난좌의 하부까지 깊게 팬 두 줄의 주름이 둘레를 돌아가면서 네 군데 형성되어 있다.
  ㉡ 난좌 바깥면 형상에서 이 사건 등록디자인은 덮개부의 난좌와 받침부의 난좌가 모두 반구형으로 같은 형상임에 비하여, 비교대상디자인 2는 덮개부의 난좌와 받침부의 난좌가 원뿔대와 화분 형상으로 서로 **대칭**하지 않는 다른 형상이다.
  ㉢ 손잡이부 형상에서 이 사건 등록디자인은 **상단 끝**이 약간 구부러진 형상임에 비하여, 비교대상디자인 2는 'ㄱ'자로 구부러진 형상이다.
② 등록디자인이 매끈한 형상임에 비해 비교대상디자인 2는 두 줄의 주름이 네 군데 형성되어 있는 점, 등록디자인은 난좌가 모두 반구형으로 같은 형상임에 비해 비교대상디자인 2는 난좌가 서로 대칭하지 않는 다른 형상인 점은 비교대상디자인 2의 덮개부 난좌와 받침부 난좌를 널리 알려진 입체적 형상으로서 주지형태에 해당하는 반구 형상으로 각 치환하여 결합함으로써 극복될 수 있다. 등록디자인의 상단 끝이 약간 구부러진 형상임에 비해 비교대상디자인 2는 'ㄱ'자로 구부러진 형상인 점은 위와 같은 공지형태와 주지형태가 결합된 형태를 부분적으로 변형한 것으로서 전체적으로 볼 때 다른 미감적 가치가 인정되지 않는 상업적·기능적 변형에 불과하다. 또한 비교대상디자인 2의 대상 물품은 메추리알 포장용기이고 반구 형상은 그와 같은 포장용기 분야에도 주지된 일반적인 형상인 점과 비교대상디자인 2는 덮개부의 난좌와 받침부의 난좌가 비대칭의 형상이고 난좌의 몸체에 주름이 형성되는 등의 차이가 있기는 하나, 전체적으로 보면 곡면의 내부 공간을 형성하는 것으로서 반구 형상과 공통되는 외관적 특징을 가진다는 점 등을 함께 고려하면, 통상의 디자이너가 그와 같은 결합에 이르는 데에 특별한 창작적 노력이 필요하다고 보이지 아니한다.

(2) 신규성에 관해

① 등록디자인과 원심 판시 비교대상디자인 2는 사진 및 도면에서 보는 바와 같이, 전체적인 외형이 세로로 긴 직사각형 형상의 덮개부와 받침부가 좌우로 대칭되는 장방형이고, 덮개부와 받침부 사이는 접을 수 있도록 세로로 긴 홈이 형성되어 있으며, 덮개부와 받침부에 형성된 각 난좌는 상하 및 좌우로 배열되고, 손잡이부는 아래로 오목하게 형성되고, 라벨부착부는 가로가 긴 직사각형의 형상으로 덮개부 쪽은 위로 돌출되게, 받침부 쪽은 아래로 들어가도록 홈이 형성된 점에서 서로 공통점이 있으나, 이들 부분은 양 디자인의 출원 전에 이미 그 디자인이 속하는 분야에서 널리 사용되어 온 '메추리알 포장용기'의 기본적 또는 기능적 형태에 해당하므로 그 중요도를 낮게 평가하여야 한다.

② 그리고 이 사건 등록디자인은 손잡이부 및 라벨부착부 아래로 각각 가로로 4개씩, 세로로 6개씩의 난좌가 형성되어 있고, 각 난좌의 입구는 전체적으로 정팔각형 형상이며, 덮개부의 상부면에 원형의 통기공이 형성되어 있는 점에서 비교대상디자인 2와 공통점이 있기는 하다. 그러나 디자인의 유사 여부를 판단함에 있어서는 물품을 거래할 때의 외관에 의한 심미감 이외에 물품을 사용할 때의 외관에 의한 심미감도 함께 고려하여야 하고, 또한 '메추리알 포장용기' 디자인은 옛날부터 흔히 사용됐고 여러 가지로 다양하게 창작되었으며 구조적으로도 크게 변화시키기 어려운 디자인이므로 그 디자인의 유사 범위를 비교적 좁게 보아야 한다.

③ 이러한 점들을 고려하여 양 디자인을 대비하여 보면, 난좌의 바깥면 형상의 경우 이 사건 등록디자인은 덮개부의 난좌 및 받침부의 난좌가 모두 반구형으로 같은 형상임에 비하여 비교대상디자인 2는 덮개부의 난좌가 원뿔대이고 받침부의 난좌가 화분 형상으로 서로 다른 형상인 점, 난좌의 몸체 형상의 경우 이 사건 등록디자인은 모두 주름이 없이 매끈한 형상임에 비하여 비교대상디자인 2는 난좌 입구부터 난좌의 하부까지 깊게 팬 두 줄의 주름이 둘레를 돌아가면서 네 군데 형성되어 있는 점에서 차이가 있고, 이러한 차이 때문에 앞서 본 공통점들을 고려하더라도 이 사건 등록디자인은 전체적으로 볼 때 비교대상디자인 2와는 그 심미감이 다르므로 서로 유사하다고 할 수 없다.

④ 그럼에도 원심은 양 디자인의 위와 같은 차이점을 간과한 채 양 디자인의 골격을 이루는 기본 형태에 주로 중점을 두어 양 디자인이 서로 유사하다고 판단하고 말았으니, 원심판결에는 디자인의 유사 여부 판단에 관한 법리를 오해하여 판결에 영향을 미친 위법이 있다.

22 난간 사건 (2007허11913)

사실관계

출원디자인	선출원디자인
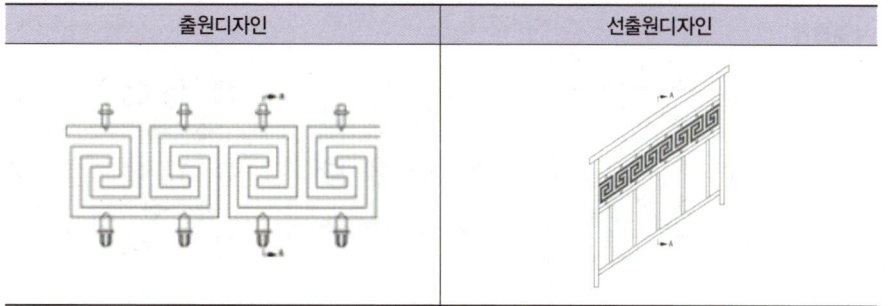	

구체적 판단

이 사건 출원디자인과 이 사건 선출원디자인의 일부분(난간 편)은, 긴 직사각형이 가로와 세로로 8개의 직각 굴곡부를 갖으면서 연결되어 있고 그 형상은 정사각형에 가까우며, 전체적으로는 위와 같은 형상이 좌우 대칭형으로 연속적으로(이 사건 출원디자인은 4개, 이 사건 선출원디자인은 8개) 연결되어 있다는 점, 그 상하단에는 고정봉이 연결되어 있다는 점에서 유사하다. 다만, 이 사건 출원디자인은 평판형인 반면, 이 사건 선출원디자인은 중앙에 돌기가 형성되어 있다는 점, 이 사건 출원디자인의 하단 고정봉은 이 사건 기본디자인의 하단 고정봉 보다 굵고 4개의 세로홈이 형성되어 있다는 점에서 차이가 있으나, 위와 같은 차이는 전체적인 심미감에 미치는 영향이 많지 않은 이른바 상업적, 기능적 변형에 불과하다.

따라서 이 사건 출원디자인과 이 사건 선출원디자인의 일부분(난간 편)은 전체적인 심미감이 유사하다.

23 바티칸 시국의 교황 (2007허8504)

바티칸 시국은 가톨릭 교황국으로서 독립국가이다. 교황 요한 바오르 2세는 시국의 주권자인 국가원수로서 전직 외국의 국가원수에 해당하는 바 본 호에 해당한다고 본 사례.

24 루이비통 (2007허3660)

사실관계	등록디자인	비교대상디자인

구체적 판단

(1) 비교대상디자인들이 타인의 업무에 관계되는 물품에 해당하는지 여부

① 인정사실

㉠ 비교대상디자인들은 1896년 루이비통의 아들인 조루쥬 비통이 아버지의 이름 약자인 LV와 당시 유행하던 아르누보 경향의 꽃과 별 무늬를 결합시켜 창조한 이래 소위 "모노그램(Monogram)"이란 이름으로 피고 보조참가인이 생산판매하는 가방류 제품의 원단표면에 사용된 디자인인바, 1988년경부터 특허청에서 발간하는 '외국상표자료집' 또는 '주로 도용되는 외국상표집'에 피고보조참가인의 주지저명한 상표로 등재되었다.

㉡ 피고보조참가인은 1989년경부터 비교대상디자인이 사용된 가방류에 대하여 디자인출원을 하여 등록을 받았고, 1994년경부터 비교대상디자인들의 최소단위를 상표화하여 가방이나 지갑 또는 혁대 등을 지정상품으로 하여 상표등록을 받았다.

② 소결론

위 인정사실에 의하면 비교대상디자인들은 피고보조참가인의 가방, 지갑, 혁대 등의 지정상품에 관계되는 물품에 해당한다고 할 것이다.

(2) 이 사건 등록디자인과 비교대상디자인들의 혼동 여부

이 사건 등록디자인과 비교대상디자인들을 대비하여 보면, 이 사건 등록디자인은 " " 와 같이 구성된 디자인이고, 비교대상디자인들은 그 최소단위가 " "와 같이 구성된 디자인으로서, 이 사건 등록디자인의 각 도형은 " "과 " " 등과 같이 각각 두 개의 무늬가 교차로 이루어진 줄 사이에 " " 무늬만으로 이루어진 줄을 배치하여 구성된 것임에 비하여, 비교대상디자인은 " ", " "과 등과 같이 각각 두 개의 무늬가 교차로 이루어진 줄 사이에 " "와 같이 구성된 무늬로 된 줄을 배치하여 구성된 것으로서 양 디자인은 그 세부적인 무늬에 있어서는 문자 부분의 상단이 "J"와 "V"로서 서로 다르고, 도형 내부의 꽃 모양 등에 약간의 차이가 있다.

그러나 이 사건 등록디자인과 비교대상디자인들의 전체적인 구성 모티브를 비교하여 보면, 양 디자인은 모두 3가지의 도형과 두 개의 영문자가 겹쳐 표시된 모양 등 기본적으로 4가지의 작은 무늬가 반복적으로 구성되는 요소들로 이루어졌다는 점에서 동일하고, 개별 구성요소들도 "✚"과 "✚", "◆"과 "◈", "✪"과 "⊕" 도형은 변형된 모양의 차이에도 전체적으로 느껴지는 심미감이 유사함을 알 수 있으며, 또한 이 건 등록디자인의 문자도형 "𝐽𝐿"은 상단의 미세한 차이에도 불구하고 영문자 L과 V자를 겹쳐놓은 형상을 연상케 하여 비교대상디자인의 문자도형 "𝐕"과 매우 유사하게 느껴질 뿐만 아니라, 각각 "𝐽𝐿"과 "𝐕"을 중심으로 양 디자인을 구성하고 있는 3가지의 개별도형들이 상하좌우로 반복되는 구성으로 이루어졌다는 점에서 그 전체적인 도형의 배치와 관련된 전체적인 구성 모티브가 동일하다.

따라서, 이 사건 등록디자인과 비교대상디자인들은 전체적으로 관찰할 때 그 구성 모티브가 동일하여, 이 사건 등록디자인이 사용된 가방지를 이용하여 가방을 제조하여 판매하는 경우에는, 일반 수요자로 하여금 비교대상디자인들의 권리자와 특수한 관계가 있는 자가 취급하는 상품으로 그 상품의 출처를 오인하거나 혼동할 염려가 있다고 판단된다.

25 현대자동차 사건 (2005후841)

사실관계

사시도	정면도	배면도
좌측면도	우측면도	평면도
저면도	참고도 1	이 사건 등록디자인을 장착한 실제 차량

논점의 정리

(1) 심 결

① 이 사건 등록의장이 필연적 형상에 해당되는지 여부를 보면 물품인 윈드 쉴드 글래스는 차량의 내외부 환경을 유리로써 차단하는 기능을 하는 자동차의 주요 부품 중 하나로서, 차종별로 혹은 차량의 스타일에 따라 형상을 달리하며 또, 차량의 전체 디자인에 따라 윈드 쉴드 글래스의 외곽 라인이 고정된 경우에도 유리의 높이, 휘어짐, 두께, 끝단의 형상 등에 따라 무수한 대체 형상의 창작이 가능하다 할 것이므로, 물품의 기술적 기능을 확보하는 데 필연적으로 정하여진 형상만으로 이루어진 의장이라 할 수 없다.

② 나아가, 이 사건 등록의장이 표준화된 규격으로 정하여진 형상에 의한 의장인지 여부에 관하여는 제출된 자료만으로는 이를 인정하기 어렵고 달리 이를 입증할 만한 자료도 찾아볼 수 없다.

(2) 원심 및 대법원

① 판결요지

"자동차용 윈드 쉴드 글래스"는 자동차의 앞 유리로서, 특정한 자동차의 내·외부 환경을 유리로 차단하고, 운전자의 시야 및 안전을 확보하는 등의 기능을 수행하는 데 그 목적이 있다는 사실, 통상적으로 자동차용 앞유리는 자동차의 프레임에 장착할 때에 유리의 하단은 차체의 후드 패널부와 연결되고, 측면은 프론트 필러, 상단은 루프 패널부와 결합되는 사실을 인정할 수 있는 바, 물품을 디자인함에 있어서는 자동차의 프레임에 접속할 수 있도록, 해당 차종의 프레임 치수, 형상, 휘어짐, 두께, 높이, 넓이, 끝단의 형상 등 다른 물리적 특성까지도 그대로 복제되지 않으면 접속이 불가능하거나 접속이 가능하더라도 불량하게 되어 안전을 위협하는 등 그 본래의 기능을 수행할 수 없게 된다 할 것이어서, 결국 자동차 앞유리의 가장 중요한 디자인 요소가 자동차 앞유리의 창틀에 의하여 결정되므로, 이 사건 등록의장은 물품의 기능을 확보하는 데에 불가결한 형상만으로 된 의장에 해당한다.

② 피고의 주장에 대한 판단

한국산업규격은 자동차용 안전유리의 품질 및 제조방법에 관하여 두께, 가시광선투과율, 2중상, 투시변형, 색의 식별, 내마모성, 내열성, 내광성, 내습성, 머리모형 충격, 내관통성, 내충격성 등이 일정 기준에 맞을 것을 요구하고 있으며, 특히 앞유리의 경우 더욱 엄격한 규정을 두어 여러 가지 시험을 행하도록 규정하고 있는 사실, 크로스 커베이쳐와 벤딩 뎁스는 곡률이 큰 소위 배불뚝이 유리를 만들게 될 경우 제조상 단가가 상승하고 불량률이 높아지고, 곡률 변화에 따른 각종 안전규격상의 문제가 발생하며, 곡률, 경사면, 입사각의 변화로 인하여 2중 상이나 투시변형, 와이퍼 작동불량 등에 문제가 생길 수 있는 사실, 유리의 두께에 관하여 산업안전규격에 당사자 사이에 협의할 수 없는 사항으로 되어 있고 그 허용 오차까지 규제되고 있으며, 유리를 너무 두껍게 하거나 얇게 할 경우 머리 충격 등에 영향을 미치게 되는 사실, 유리 끝단의 모양은 취급상 안전을 고려해야 하므로 날카로운 모서리를 연마하게 되며, 유리 장착시 클립이나 접속기능을 수행하도록 결정되는 사실을 인정할 수 있는바, 위 인정사실에 의하면, 자동차용 앞유리의 곡선은 해당 차량의 프레임에 원만히 접속될 수 있는 자연스러운 곡면이 가장 바람직하다 할 것이고, 크로스 커베이쳐나 벤딩 뎁스를 이 사건 등록의장과 차이를 둔다 하더라도 위에서 본 바와 같은 기능적인 요소를 감안하면 육안에 의하여 심미감을 느낄 수 있을 정도의 차이를 둘 수는 없다 할 것이고, 차량 테두리의 접속부분의 형상은 테두리에 안전하게 접속되는 한도 내에서의 변형은 가능하다 할 것이나, 접속부분의 변경은 그 물품의 심미감에 미치는 정도가 극히 미미하며, 두께는 각 프레임의 접속면에 형성된 유리 단면의 수용공간에 의해 제한된다 할 것이어서 유리의 제조비용, 취급 시 안정성 등이 고려되어 형태에 의하여 결정되는 것이지 미감을 위하여 창작적 변형을 꾀하는 부분이 아니라 할 것이므로 피고들의 위 주장은 이유 없다.

(3) 검 토[281]

① 윈드 쉴드 글래스와 차체의 결합구성과 관련된 문제의 검토(필연적 형상에 관한 검토)

㉠ 일반적으로 자동차 앞유리의 외곽선은 그 자체가 자동차 차체의 프레임과 기능적으로 가장 안전하고 바람직하게 접속되면 충분한 것이지, 디자인적인 변경이 필요한 부분이 아니라고 볼 수 있다. 따라서 자동차 윈드 쉴드 글래스에 있어서 다양한 형태의 외곽선은 실제 자동차 앞유리 디자인에서는 여태껏 그렇게 시도되지도 않았고, 시도할 필요도 없는 의미 없는 가정에 불과하다고 볼 수 있겠다.

㉡ 오히려 별도의 형상으로 만들어진 앞유리는 앞유리 본래의 기능을 좋게 하는 것이 아니라 기능적으로 열악하거나 취급이 불편하게 되고 제작까지도 번거로운 것이므로, 자동차 제조 및 자동차 부품 제조업체인 피고들이 이 사건 등록의장을 독점하도록 하는 것은 동종업체들의 공정한 경쟁을 저해하는 결과를 가져올 것이다.

㉢ 자동차 앞유리의 경우 그 외곽선은 사용 시에 전혀 밖으로 드러나지 않는 부분(자동차 차체와 결합하는 면으로서 몰딩 부재 등에 의하여 가려짐)이고, 다른 외곽선을 가진 형상의 유리로 디자인할 경우 디자이너는 차체의 프레임과의 결합 등을 보완해야 하는 불필요한 작업을 더해야 하며, 그나마 그 같은 작업의 결과물은 프레임에 앞유리가 결합하게 하는 몰딩 부재 등에 의하여 가려지게 된다. 그러므로 이처럼 소비자의 시각에 호소하지 않는 부분에 대하여 위와 같은 불리함을 감수하고 디자이너가 장식적 형상을 위해 디자인할 필요성이 없다고 할 수 있다. 이것은 숨겨지거나 보기 어려운 물품들은 디자인특허의 대상으로 적합하지 않다는 것, 즉, 관찰될 수 없을 때 장식성의 부재를 추정한다는 미국의 판례의 일반적인 판단법리와 합치되기도 한다.[282]

---

281) 디자인보호법상 물품의 기능을 확보하는 데에 불가결한 형상만으로 된 디자인에 관한 고찰 - 정태호
282) 즉, 미국의 판례에서는 통상적이고 의도적인 사용단계에서 인식될 수 없는 디자인 출원에 대한 거절결정을 지지하는 결정을 내려왔다. 따라서 대상판결의 사안에서 피고들이 차체의 프레임의 형상과 독립된 외곽라인을 가진 앞유리가 출시되거나 자동차 부품업체에서 그러한 앞유리를 제조하여 판매하고 있다는 사실들을 입증하지 못하고 있고, 그러한 외곽라인이 앞유리와 차체의 결합을 용이하게 해주는 기능적인 목적으로 제작되는 것이어서 디자인적인 것이 아닌 단순히 기능적인 것으로 보이고 있으므로, 이는 윈드 쉴드 글래스에서의 이 사건 등록의장(등록디자인)이 차체 프레임에 종속되어 특정한 형상만으로 창작될 수밖에 없는 것으로 보아야 할 것이다.
참고로 이와 관련된 유사한 미국의 사례로 열쇠 블레이드(자물쇠에 삽입되어 자물쇠를 여는 기능을 하는 부분임, 손잡이인 열쇠 헤드 부분과 구별됨)의 기능성 여부와 관련된 판결에서는, 첫째, 문제가 된 Best Lock사의 자물쇠를 여는 본래의 기능을 수행하기 위해서는 키블레이드가 반드시 해당 디자인 특허의 도면에 도시된 형태로 디자인되어야 한다는 사실, 둘째, 무한한 자물쇠와 열쇠 조합이 가능하다는 원고의 주장에 대해서는, 해당 디자인 특허는 자물쇠와 열쇠의 조합에 관한 것이 아니라 열쇠 블레이드의 외관에 대한 디자인으로서, 그 기능을 수행하기 위해서는 해당 디자인 특허에 도시된 바와 같이 디자인되어야만 한다고 판단한 것 등에 근거하여 연방항소법원은 청구된 디자인이 오직 기능적 요소에만 좌우된다고 판단하여 등록무효를 판결한 원심 판결을 인용하였다. 즉, 해당 판결에서는 열쇠를 구입하는 수요자들 대부분은 열쇠 블레이드의 디자인을 보고 구매하지 않으며, 단지 자신의 자물쇠를 열 수 있는지 여부를 기준으로 열쇠를 구입한다는 사실에 근거하여 이와 같은 열쇠 블레이드의 형태는 그 기능성에 의해 좌우될 수밖에 없다고 판단하였다고 볼 수 있으므로, 대상판결에서의 이 사건과 그 판단근거에 있어서 연결점이 있는 사례라고 생각된다.

② 자동차용 앞유리의 한국 산업규격과 관련된 문제의 검토(준필연적 형상에 관한 검토)
　㉠ 차종이 달라져 차체 프레임이 달라지는 경우에 그에 장착되는 앞유리의 크로스 커베이쳐나 벤딩 뎁스는 당연히 달라질 수밖에 없는 것으로서(이것은 기능적인 것임), 그러한 사례를 들어 크로스 커베이쳐나 벤딩 뎁스를 변경함으로써 동일한 차종에 부착되는 윈드 쉴드 글래스의 디자인으로서의 '형상'을 달리 창작할 수 있다고 주장하는 것은 타당하지 않다고 생각된다.
　　앞서도 언급했듯이, 자동차 앞유리의 형상은 차체 프레임의 형상에 종속되는 것이기 때문에 한국산업안전규격이 규제하는지 여부에 관계없이, 앞유리 자체의 형상이 차체 프레임과 독립하여 변화할 수 없는 것이라고 볼 수 있고, 스포츠카 등의 앞유리의 모양 등에 역동성을 부여하기 위해 차종별로 크로스 커베이쳐와 벤딩뎁스를 달리하는 디자인 역시 차체의 프레임과 연동되는 것이라고 볼 수 있다.
　㉡ 즉, 자동차 앞유리 디자인은 전체 자동차 디자인의 일부분으로서 등록되어 보호받게 되며, 디자인 과정에서 보더라도 부품이 먼저 디자인되는 것이 아니라 전체적인 형상을 디자인하면서 부품은 전체적인 형상 속에서 부수적으로 결정되고 그 형상에 따라 접속된다.
　㉢ 한편으로, 자동차 앞유리와 같은 부품은 자동차가 디자인되기 전에는 부품업체들의 디자인 자체가 불가능한 제품이다. 이에 따라 자동차 자체의 디자인 경쟁은 열려 있지만 자동차 앞유리와 같은 부품디자인은 특정 자동차의 프레임에 표준화된 규격에 적합해야 하므로 그 부품만으로는 원천적으로 경쟁이 봉쇄되어 있는 특성을 가진다. 따라서 이 사건 등록의장을 특정인에게 독점시켰을 경우에는 공정한 경쟁을 방해하여 경제활동 및 산업발전을 저해할 요인이 될 수 있다. 즉, 이 경우 완성품 업체들이 기술특허가 존재하지 않는 일반적 부품의 제품의 외관에 대해 디자인등록을 받고 해당 제품의 라이프 사이클이 다할 때까지 부품의 판매를 독점한다면 이는 부품시장의 경쟁을 없애는 결과를 초래하게 될 것이며, 그 피해는 결국 소비자에게 돌아갈 것이다.
③ 결론
　㉠ 대상판결을 통해서 '물품의 기능을 확보하는 데에 불가결한 형상'의 범위는 수요자들이 그 물품을 볼 때 특정 형상을 당연히 있어야 할 부분으로 여김으로써 그 형상에 대해서 별다른 심미감을 느끼지 못하는 정도까지 포함되어야 한다는 기존의 학설상의 견해와 연결되고 있음을 확인할 수 있다. 즉, 대상판결에서의 자동차 앞유리의 외곽선이 자동차 차체에 결합되는 역할만을 하는 당연히 있어야 하는 부분으로 수요자들에게 여겨짐으로써 그 외곽선의 형상이 수요자들에게 별다른 심미감을 주지 못한다고 판단한 것과 그 판단 논리가 연결되고 있다고 볼 수 있는 것이다.
　㉡ 대상판결은 특정한 표준적인 기능을 하는 부품이 디자인권으로 등록된 이후에서야 이러한 디자인권자의 특정한 행위 등에 대하여 공정거래법 등에 의해서 디자인권 남용을 규제하는 방법을 추구함으로써 시장 질서를 바로 잡으려는 기존의 방법에 의해서가 아니라, 이러한 부품시장에서의 독점적 지위의 부당한 남용을 디자인등록거절이나 디자인등록무효를 통해 특정한 디자인권자의 행위 이전부터 사전에 차단시킬 수 있는 디자인보호법상 판단 논리를 제공하여 주고 있다고

볼 수 있는 것이므로, 학술적으로뿐만 아니라 실무적으로도 매우 중요한 판결이라고 볼 수 있다.

ⓒ 디자인에서 그 본질과 관련되어 기능성과 장식성 간의 경계는 더욱 모호해지고 있고, 그 경계를 명확히 구분하는 것이 점점 어려워져 가는 시대적 상황 속에서 디자인보호법상 "물품의 기능을 확보하는 데에 불가결한 형상만으로 된 디자인"에 관한 규정의 해석은 더욱 중요해질 것이다.

26 냉장고 사건 (2014후1341)

판결요지

(1) 문언과 입법 취지에 비추어 보면, 디자인등록을 받을 수 있는 권리를 가진 자가 디자인보호법 제36조 제1항의 12개월의 기간 이내에 여러 번의 공개행위를 하고 그중 가장 먼저 공지된 디자인에 대해서만 절차에 따라 신규성 상실의 예외 주장을 하였더라도 공지된 나머지 디자인들이 가장 먼저 공지된 디자인과 동일성이 인정되는 범위 내에 있다면 공지된 나머지 디자인들에까지 신규성 상실 예외의 효과가 미친다.

(2) 여기서 동일성이 인정되는 범위 내에 있는 디자인이란 형상, 모양, 색채 또는 이들의 결합이 동일하거나 극히 미세한 차이만 있어 전체적 심미감이 동일한 디자인을 말하고, 전체적 심미감이 유사한 정도에 불과한 경우는 여기에 포함되지 아니한다.

사실관계

구체적 판단

(1) 비교대상디자인 10은 **정면 상단부 문에 별도의 손잡이**가 없는 데 비하여, 비교대상디자인 1은 정면 상단부 문에 직사각형의 손잡이를 구비하고 있다는 점에 차이가 있고, 위 차이점과 관련하여 비교대상디자인 1은 위 손잡이에 손을 집어넣어 상단부의 전면의 문을 위로 개폐할 수 있는 구성인데 비하여, 비교대상디자인 10은 별도의 손잡이가 없어서 상단부 전면의 문을 양손으로 잡고 위로 개폐하는 구성인 사실은 당사자 사이에 다툼이 없는 바, 비교대상디자인 1의 상단부의 손잡이는 비록 비교대상디자인에서 차지하는 면적이 작기는 하지만, 비교대상디자인 1의 정면 상단부에 위치하고 있어서 눈높이에서 바라볼 수 있고, 그 기능도 상단부의 문을 위로 개폐하는 것이어서 외관 또는 심미감에 영향을 주는 요소로 파악할 수 있다.

따라서 비교대상디자인 1과 비교대상디자인 10은 외관 또는 심미감에 영향을 주는 요소인 정면 상단부의 개폐 손잡이의 유무에 차이가 있어서 전체적으로 그 형상, 모양, 색채 또는 이들의 결합이 시각을 통하여 동일한 미감을 일으키는 동일한 디자인으로 볼 수 없다(따라서 제33조 주장의 효력이 미치지 않는다).

(2) 비교대상디자인 1과 이 사건 등록디자인은 일부 세부적인 점에 차이가 있기는 하지만, 지배적인 특징을 보이는 정면 부분의 상단부와 하단부의 비율, 상단부와 하단부 문의 손잡이의 위치가 동일하여, 전체적으로 디자인을 보는 사람으로 하여금 동일·유사한 심미감을 주는 동일·유사한 디자인이다(원고와 피고도 양 디자인이 동일·유사한 디자인이라는 점에 관하여 다툼이 없다).

27 조명용 본체 (2014허2696)

판결요지

(1) 우선권주장이 있는 디자인등록출원의 경우 특별한 사정이 있는 경우 보정의 요지 변경 여부 판단 시 우선권 증명서류를 참작할 수 있는지 여부(적극)

제48조 제1항은 '디자인등록출원인은 최초의 디자인등록출원의 요지를 변경하지 아니하는 범위 안에서 디자인등록출원서의 기재사항, 디자인등록출원서에 첨부한 도면, 도면의 기재사항이나 사진 또는 견본을 보정할 수 있다.'고 규정하여, 선출원주의 하에서 출원을 서두르는 과정에서 발생할 수 있는 흠결을 치유할 수 있도록 출원인에게 '보정'의 기회를 주는 한편, 출원일로 소급 적용되는 보정의 인정으로 인해 제3자에게 불측의 손해가 발생하거나 심사관에게 과도한 심사부담을 주는 것을 방지하기 위해 '요지변경'을 보정의 제한사유로 하였다.

(2) 여기서 보정에 의한 요지변경이라 함은 최초 디자인등록출원서의 기재사항 및 그 출원서에 첨부한 도면·사진 또는 견본 등을 종합적으로 판단하여 볼 때 보정된 디자인이 최초 출원 디자인과 사이에 동일성을 상실한 것을 말하는바, 보정에 의한 요지변경 여부는 최초 디자인등록출원서의 도면만을 기준으로 판단하여서는 아니 되고, 최초 디자인등록출원서의 기재사항 및 그 출원서에 첨부된 도면 등을 종합적으로 고려하여 판단하여야 한다.

우선권을 주장하고자 하는 자는 우선권주장일로부터 6월 이내에 디자인등록출원서에 그 취지 등을 기재하여 우선권주장 디자인과 동일한 디자인을 국내에 출원하여야 하고, 우선권 증명서류를 디자인등록출원일로부터 3월 이내에 특허청장에게 제출하여야 하는 바(제51조 참조), <u>우선권주장 디자인과 최초 출원 디자인의 동일성은 우선권을 인정받기 위한 요건이고, 우선권주장은 최초 디자인등록출원서의 기재 사항에 해당한다.</u>

(3) 조약에 의해 우선권을 인정하는 각 나라마다 서로 다른 디자인등록 출원절차를 가지고 있어 다수의 국가에 동시에 출원하는 것의 곤란함을 해소함으로써 디자인 창작자의 국제적 보호를 도모하려는 <u>우선권 제도의 취지에 비추어 볼 때, 우선권주장이 있는 디자인등록출원에 있어, 우선권 증명서류로부터 도출될 수 있는 디자인을 국내에 출원하였다가 우선권 증명서류에 표현된 디자인을 등록받기 위하여 우선권 증명서류와 일치시키는 보정을 한 경우, 제3자에게 불측의 손해가 발생하거나 심사관에게 과도한 심사 부담을 주지 않는 한, 보정의 요지변경 여부 판단시 우선권 증명서류를 참작할 수 있다고 봄이 상당하다.</u>

사실관계

구 분	우선권주장 디자인	최초 출원된 디자인
사시도		
정면도		
배면도		
좌측면도		
우측면도		
평면도		
저면도		

| 구체적 판단 | (1) 우선권주장 디자인과 최초 출원 디자인 및 이 사건 보정에 의해 보정된 디자인의 도면을 대비하면 위의 표와 같은 바, 원고는 우선권주장 디자인으로부터 도출될 수 있는 디자인을 최초 출원 디자인으로 출원하였다고 볼 수 있고, 앞서 본 바와 같이 특허청 심사관으로부터 우선권주장 디자인이 최초 출원 디자인과 동일하지 않다는 취지의 우선권주장 불인정 예고 통지를 받고서 이를 극복하기 위하여 우선권 증명서류와 일치시키는 이 사건 보정을 하였으며, 우선권주장 디자인과 보정된 디자인은 각각 최초 출원 디자인에 비해 사각틀의 상부면에 '⌣'와 같이 작은 원형과 큰 반원형이 사각틀의 상부 외부면 중앙에 형성된 직선과 교체하거나 접하는 모양을 형성한 점에서 <u>그 권리범위가 좁으므로, 우선권 증명서류를 참작한다고 하더라도 제3자에게 불측의 손해가 발생하지 않을 뿐만 아니라 심사관에게 과도한 심사부담을 주지도 않는다.</u> 따라서 이 사건 보정의 요지 변경 여부를 판단함에 있어 우선권주장 디자인도 함께 참작함이 상당하다.

(2) 이 사건 보정에 의해 보정된 디자인은 최초 출원 디자인과 비교할 때, 사각틀의 상부면 '⌣'와 같이 작은 원형과 큰 반원형이 사각틀의 상부 외부면 중앙에 형성된 직선과 교차하거나 접하는 모양을 형성한 점, 사각틀 외부면의 길이 방향을 따라 중앙에 직선을 형성하여 사각틀이 2개의 부재로 접합된 것 같은 느낌을 주는 점, 정면도에서 볼 때 사각틀 몸체의 좌측 맨 하단부에 전선 모양이 형성된 점에서 다소 차이가 있으나, 우선권주장 디자인과 사실상 동일한 점 등을 종합적으로 고려하면, 이 사건 보정은 최초 디자인등록출원의 요지를 변경하는 것이 아니라고 봄이 상당하다. |

28 자유실시디자인의 항변 (2016후878)

사실관계	이 사건 등록디자인	비교대상디자인	확인대상디자인
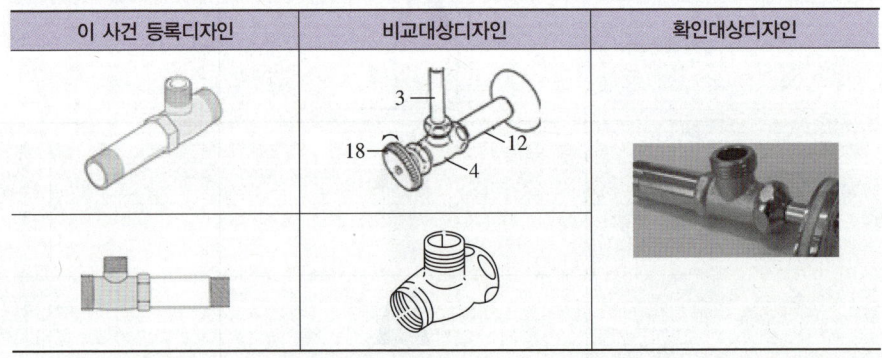

| 구체적 판단 | (1) 우선 원심판결 이유에 의하면, 원심은 이 사건 등록디자인과 비교대상디자인을 비교할 때에는 본체의 외주면에 만곡진 형상이 있는 점, 배출구 나사산의 외경과 본체의 외경이 거의 같은 크기인 점과 같은 요소에 대해서는 대비하지 않은 채 양 디자인이 전체적인 심미감에서 상당한 차이가 있어 유사하지 않다고 판단하였으나, 확인대상디자인과 비교대상디자인을 비교할 때에는 본체 외주면의 만곡 여부, 배출구 나사산의 외경과 본체 |

의 외경의 동일 여부를 디자인의 전체적인 심미감에 영향을 미치는 지배적인 특징이라고 보았고, 등록디자인과 확인대상디자인을 비교할 때에는 본체 외주면의 만곡 여부는 세부적인 구성의 미세한 차이에 불과하다면서 배출구 나사산의 외경과 본체의 외경이 같은 점을 양 디자인이 유사하다고 보는 이유 중의 하나로 들었다.[283]

이와 같이 기준을 달리하여 디자인 사이의 유사 여부를 판단하여 확인대상디자인이 이 사건 등록디자인의 권리범위에 속한다고 본 원심판결은 그 자체로 논리가 일관된다고 보기 어렵다.

(2) 그리고 등록디자인과 대비되는 디자인이 등록디자인의 출원 전에 그 디자인이 속하는 분야에서 통상의 지식을 가진 사람이 공지디자인 또는 이들의 결합에 따라 쉽게 실시할 수 있는 것인 때에는 등록디자인과 대비할 것도 없이 그 등록디자인의 권리범위에 속하지 않는다고 보아야 한다.

그런데 기록에 나타난 대상 물품의 사시도를 중심으로 확인대상디자인과 비교대상디자인을 대비하여 보면, 양 디자인은 모두 본체( ), 배출구( ), 조임볼트( ), 공급관( )의 연결구조가 전체적으로 '┳'와 같은 형상과 모양을 이루는 점, 본체가 원통형의 관체 형상을 이루는 점, 조임볼트가 본체의 한쪽 끝부분에 링모양으로 있고 그 표면이 일정한 간격으로 평평하게 깎여 6개의 조임면이 형성되어 있다는 점 등에서 공통되어 그 주된 창작적 모티브를 같이 함을 알 수 있다.

다만, 본체의 외주면이 비교대상디자인에서는 만곡진 형상인 반면 확인대상디자인에서는 일직선으로 되어 있고, 그로 인하여 조임볼트와 본체 사이 단턱 형성의 정도, 본체와 배출구 연결 부분의 각도 등에서 다소 차이가 나타나지만, 이러한 차이는 전체적으로 볼 때 다른 미감적 가치가 인정되지 않는 상업적·기능적 변형에 불과하다고 볼 것이다. 따라서 확인대상디자인은 통상의 디자이너가 비교대상디자인에 의하여 쉽게 실시할 수 있는 디자인이라고 보는 것이 타당하다.

---

283) 원심은 인용심결을 내리고자 각 디자인의 구성요소 중 본체의 외주면에 있는 만곡진 형상(이하 '구성 X')과 배출구 나사산과 본체의 외경의 동일 여부(이하 '구성 Y')에 대하여 다음과 같이 판단하였다.
① A와 C를 비교할 때는 구성 X, Y는 대비하지도 않고 비유사로 판단하여 무효의 항변을 회피하였다.
② B와 C를 비교할 때는 서로 비유사한 구성 X, Y를 모두 요부로 보아 비유사로 판단하여 자유실시디자인의 항변을 회피하였다(X에 대해 B는 직선, C는 만곡 / Y에 대해 B는 차이, C는 동일).
③ A와 B를 비교할 때에는 비유사한 구성인 X는 요부로 보지 않고, 유사한 구성인 Y는 요부로 보아 유사하여 권리범위에 속한다고 판단하였다(X에 대해 A는 만곡, B는 직선 / Y에 대해 A, B 동일).
④ 특히 B의 구성 Y의 판단에 있어서 B와 C를 비교할 때는 외경에 차이가 있다고 보고, B와 A를 비교할 때는 비슷하다고 보았다. 따라서 그 자체로 매우 비논리적인 판단이다.

29 디자인 신규성 상실의 예외 인정과 자유실시디자인의 관계(2021후10473, 2022후10012) 기출 23

판결요지

확인대상디자인이 등록디자인의 권리범위에 속하는지를 판단할 때 신규성 상실 예외 규정의 적용 근거가 된 공지디자인 또는 이들의 결합에 따라 쉽게 실시할 수 있는 디자인이 누구나 이용할 수 있는 공공의 영역에 있음을 전제로 한 자유실시디자인 주장이 허용되는지 여부(소극)

디자인보호법의 신규성 상실 예외 규정 등 관련 규정의 문언과 내용, 입법 취지, 자유실시디자인 법리의 본질 및 기능 등을 종합하여 보면, 확인대상디자인이 등록디자인의 권리범위에 속하는지를 판단할 때 신규성 상실 예외 규정의 적용 근거가 된 공지디자인 또는 이들의 결합에 따라 쉽게 실시할 수 있는 디자인이 누구나 이용할 수 있는 공공의 영역에 있음을 전제로 한 자유실시디자인 주장은 허용되지 않고, 확인대상디자인과 등록디자인을 대비하는 방법에 의하여야 한다.

구체적 판단

(1) 디자인보호법은 출원 전에 공지·공용된 디자인이나 이와 유사한 디자인, 공지·공용된 디자인으로부터 쉽게 창작할 수 있는 디자인은 원칙적으로 디자인등록을 받을 수 없도록 규정하고 있다(디자인보호법 제33조). 그러나 이러한 신규성 및 창작비용이성에 관한 원칙을 너무 엄격하게 적용하면 디자인등록을 받을 수 있는 권리를 가진 자에게 지나치게 가혹하여 형평성을 잃게 되거나 산업의 발전을 도모하는 디자인보호법의 취지에 맞지 않는 경우가 생길 수 있으므로, 예외적으로 디자인등록을 받을 수 있는 권리를 가진 자가 일정한 요건과 절차를 갖춘 경우에는 디자인이 출원 전에 공개되었다고 하더라도 그 디자인은 신규성 및 창작비용이성을 상실하지 않는 것으로 취급하기 위하여 신규성 상실의 예외 규정(디자인보호법 제36조)을 두었다.

(2) 신규성 상실 예외 규정의 적용을 받아 디자인으로 등록되면 예외 규정의 적용 없이 디자인 등록된 경우와 동일하게 디자인권자는 업으로서 등록디자인 또는 이와 유사한 디자인을 실시할 권리를 독점한다(디자인보호법 제92조). 즉, 디자인등록출원 전 공공의 영역에 있던 디자인이라 하더라도 신규성 상실 예외 규정의 적용을 받아 등록된 디자인과 동일 또는 유사한 디자인이라면 등록디자인이 등록무효로 확정되지 않는 한 등록디자인의 독점·배타권의 범위에 포함되는 것이다.

(3) 신규성 상실의 예외를 인정함으로써 그 근거가 된 공지디자인을 기초로 등록디자인과 동일 또는 유사한 디자인을 실시한 제3자가 예기치 않은 불이익을 입는 경우가 있을 수 있는데, 디자인보호법은 위와 같은 입법적 결단을 전제로 제3자와 디자인등록을 받을 수 있는 권리를 가진 자 사이의 이익균형을 도모하기 위하여 제36조 제2항에서 신규성 상실 예외 규정을 적용받아 디자인등록을 받을 수 있는 권리를 가진 자가 준수해야 할 시기적·절차적 요건을 정하고 있고, 신규성 상실 예외 규정을 적용받더라도 출원일 자체가 소급하지는 않는 것으로 하였다.

(4) 등록디자인과 대비되는 확인대상디자인이 등록디자인의 출원 전에 그 디자인이 속하는 분야에서 통상의 지식을 가진 사람이 공지디자인 또는 이들의 결합에 따라 쉽게 실시할 수 있는 것인 때에는 등록디자인과 대비할 것도 없이 그 등록디자인의 권리범위에 속하

지 않는다고 볼 수 있는데, 이는 등록디자인이 공지디자인으로부터 쉽게 창작 가능하여 무효에 해당하는지 여부를 직접 판단하지 않고 확인대상디자인을 공지디자인과 대비하는 방법으로 확인대상디자인이 등록디자인의 권리범위에 속하는지를 결정함으로써 신속하고 합리적인 분쟁해결을 도모하기 위한 것이다.

이와 같은 자유실시디자인 법리는 기본적으로 등록디자인의 출원 전에 그 디자인이 속하는 분야에서 통상의 지식을 가진 사람이 공지디자인 또는 이들의 결합에 따라 쉽게 실시할 수 있는 디자인은 공공의 영역에 있는 것으로서 누구나 이용할 수 있어야 한다는 생각에 기초하고 있다. 그런데 디자인등록출원 전 공공의 영역에 있던 디자인이라고 하더라도 신규성 상실 예외 규정의 적용을 받아 등록된 디자인과 동일 또는 유사한 디자인이라면 등록디자인의 독점·배타권의 범위에 포함되게 된다. 그렇다면 이와 같이 신규성 상실 예외 규정의 적용 근거가 된 공지디자인 또는 이들의 결합에 따라 쉽게 실시할 수 있는 디자인이 누구나 이용할 수 있는 공공의 영역에 있다고 단정할 수 없으므로, 신규성 상실 예외 규정의 적용 근거가 된 공지디자인을 기초로 한 자유실시디자인 주장은 허용되지 않는다.

(5) 제3자의 보호 관점에서 보더라도 디자인보호법이 정한 시기적·절차적 요건을 준수하여 신규성 상실 예외 규정을 받아 등록된 이상 입법자의 결단에 따른 제3자와의 이익균형은 이루어진 것으로 볼 수 있다. 또한 신규성 상실 예외 규정의 적용 근거가 된 공지디자인을 기초로 한 자유실시디자인 주장을 허용하는 것은 디자인보호법이 디자인권자와 제3자 사이의 형평을 도모하기 위하여 선사용에 따른 통상실시권(디자인보호법 제100조) 등의 제도를 마련하고 있음에도 공지디자인에 대하여 별다른 창작적 기여를 하지 않은 제3자에게 법정 통상실시권을 넘어서는 무상의 실시 권한을 부여함으로써 제3자에 대한 보호를 법으로 정해진 등록디자인권자의 권리에 우선하는 결과가 된다는 점에서도 위와 같은 자유실시디자인 주장은 허용될 수 없다.

30 권리남용의 항변 (2016다219150)

판결요지
(1) 창작성 무효사유가 있는 경우, 권리남용의 항변 가능
(2) 창작성 위반 여부를 판단하는 방법

사실관계

이 사건 등록디자인	비교대상디자인 2	비교대상디자인 3

구체적 판단

(1) 이 사건 등록디자인과 비교대상디자인 2, 3(비교대상디자인 2는 비교대상디자인 3의 제품 사진에 해당한다)을 대비하여 보면, ① 스마트폰의 뒷면에 부착하기 위한 플레이트, 손가락을 끼우는 링, 플레이트와 링을 연결하는 고정부로 구성되어 있다는 점, ② 플레이트는 코너가 둥글게 처리된 사각형의 형태로 스마트폰의 폭보다 작은 크기를 가지고, 링이 그 중앙부에 위치하고 있다는 점 등에서 공통된다.

(2) 그러나 ① 이 사건 등록디자인은 플레이트의 중앙부분이 볼록하게 튀어나와 있는 형상임에 비하여 비교대상디자인 2, 3은 플레이트의 가운데 부분이 평평한 형상으로 되어 있다는 점, ② 이 사건 등록디자인은 링의 몸체의 윗면과 아랫면이 평평하여 그 단면이 전체적으로 사각형임에 비하여 비교대상디자인 2, 3은 링의 몸체의 윗면과 아랫면이 원형인 점, ③ 이 사건 등록디자인은 링의 하부에 직선부분이 존재함에 비하여 비교대상디자인 2, 3은 링의 하부에 직선부분이 존재하지 않는다는 점 등에서 차이가 있다.

(3) 위와 같이 이 사건 등록디자인과 비교대상디자인 2, 3은 플레이트의 돌출 여부, 링 몸체의 윗면과 아랫면의 형상, **링 하부의 직선부분의 유무** 등에서 서로 차이가 있다. 특히 이 사건 등록디자인 중 링의 하부에 존재하는 직선부분은 전체 디자인에서 차지하는 비중이 작지 않고, 관찰되기 쉬운 부분에도 해당하므로, 이러한 직선부분의 존재로 인하여 이 사건 등록디자인은 비교대상디자인 2, 3과는 다른 미감적 가치를 가진다고 할 수 있다.

따라서 비교대상디자인 2, 3을 이 사건 등록디자인과 같이 변형하는 것을 두고 다른 미감적 가치가 인정되지 않는 상업적·기능적 변형에 불과하다고 보기 어렵다.

(4) 한편 대상 물품을 '배터리상에 안전고리가 설치된 휴대폰'으로 하는 비교대상디자인 5에는 안전고리의 하부에 직선에 가까운 원호의 형태가 나타나 있기는 하다. 그러나 비교대상디자인 5의 안전고리는 그 대상 물품의 용도·기능이나 구체적인 형상·모양이 이 사건 등록디자인과는 차이가 있으므로, 비교대상디자인 5를 비교대상디자인 2, 3과 단순히 조합하는 창작수법이나 표현방법만으로는 이 사건 등록디자인을 창작해낼 수 없다. 나아가 링의 하부에 직선부분을 형성하는 것은 이 사건 등록디자인의 출원 전에 그 디자인 분야에서 찾아볼 수 없는 것일 뿐만 아니라, 이 사건 등록디자인에서와 같은 형상과 모양으로 링의 하부에 직선부분을 형성하는 것이 그 디자인 분야에서 흔한 창작수법이나 표현방법이라고 볼 만한 자료도 없다.

(5) 따라서 이 사건 등록디자인은 통상의 디자이너가 앞서 본 비교대상디자인들의 결합에 의하여 용이하게 창작할 수 있는 것이라고 보기 어렵다.

31 직물지 사건 (2009후2968) 기출 18·12

판결요지

선 등록디자인과 후 디자인이 이용관계에 있는 경우에는 후 디자인은 선 등록디자인의 권리범위에 속하게 되는바, 후 디자인이 선 등록디자인을 이용하는 관계라고 함은 후 디자인이 전체로서는 타인의 선 등록디자인과 유사하지 않지만, 선 등록디자인의 요지를 전부 포함하고 선 등록디자인의 본질적 특징을 손상시키지 않은 채 그대로 자신의 디자인 내에 도입하고 있어, 후 디자인을 실시하면 필연적으로 선 등록디자인을 실시하는 관계에 있는 경우를 말한다.

사실관계

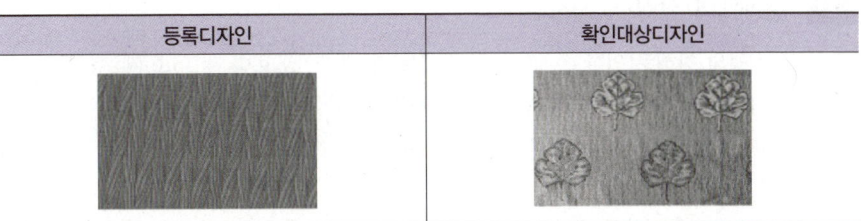

등록디자인	확인대상디자인

구체적 판단

(1) 명칭이 "직물지"인 이 사건 등록디자인과 확인대상디자인의 표면도와 이면도를 대비하여 볼 때, 양 디자인의 이면은 아무런 모양이 없는 점에서 동일하나, 그 표면은 이 사건 등록디자인은 여러 가닥으로 된 실 형상의 선들이 아래로 내려오면서 서로 꼬이듯이 보이도록 한 'V'자 모양을 상하좌우로 연속적으로 반복하여 이루어져 있는 반면, 확인대상디자인은 이 사건 등록디자인과 유사한 바탕 모양에 큰 나뭇잎 모양이 위와 아래로 서로 엇갈려 반복하여 이루어져 있고 황색 계통의 색으로 채색되어 있어서, 양 디자인은 전체적으로 볼 때 서로 유사하지 아니하다.

(2) 그런데 확인대상디자인은 이 사건 등록디자인의 위 'V'자 모양과 유사한 모양이 일부 반복하여 이루어지다가 그 사이 사이에 큰 나뭇잎 모양이 위와 아래로 서로 엇갈리게 반복하여 이루어진 것이 혼연일체로 결합하여 하나의 디자인을 형성하고 있어서 이 사건 등록디자인의 본질적 특징인 위 'V'자 모양이 상하좌우로 연속적으로 반복된 부분 중 상당한 부분이 손상되어 있다. 따라서 확인대상디자인은 이 사건 등록디자인의 본질적 특징을 손상시키지 않은 채 그대로 자기의 디자인 내에 도입하고 있다고 할 수 없으므로 이 사건 등록디자인을 이용하는 관계에 있다고 할 수 없다.

32 기타 판례 모음

1 재질이나 양적인 성질(95후2091)

물품의 재질이나 그 양적인 성질(크기 등)은 별개의 의장 대상이 될 수 없는바(대법원 1982.5.11. 선고 81후26 판결 참조), 본원의장은 인용의장을 단순하게 모형화한 것인 이상 크기나 재질에서 서로 다르다고 하더라도 본원의장에 창작성을 인정할 수는 없다 하겠다(본원의장과 인용의장은 와불상에 관한 디자인이다).

2 손해액의 산정(2005다36830)

(1) 의장권 등의 침해로 인한 손해액의 추정에 관한 디자인보호법 제115조 제2항 제1호에서 말하는 '단위수량당 이익액'은 침해가 없었다면 의장권자가 판매할 수 있었을 것으로 보이는 의장권자 제품의 단위당 판매가액에서 그 증가되는 제품의 판매를 위하여 추가로 지출하였을 것으로 보이는 제품 단위당 비용을 공제한 금액을 말한다.

의장권자가 등록의장의 대상물품인 천정흡음판을 제조·판매하면서 구매자로부터 천정흡음판의 설치공사까지도 수급받는 것이 일반적이었기 때문에 침해자의 의장권 침해행위가 없었더라면 천정흡음판을 더 판매할 수 있었고 그에 따라 천정흡음판의 설치공사까지 더 수급하였을 것으로 보인다고 하더라도, 천정흡음판의 설치공사대금을 천정흡음판의 판매가액이라고는 할 수 없으므로, 천정흡음판에 관한 의장권의 침해로 인한 손해액을 디자인보호법 제115조에 의하여 추정함에 있어서 같은 호 본문의 '단위수량당 이익액'에 천정흡음판의 설치공사에 따른 노무이익을 포함하여 손해액을 산정할 수 없다고 본 사례이다.

(2) 의장권 등의 침해로 인한 손해액의 추정에 관한 디자인보호법 제115조 제2항의 사유는 침해자의 시장개발 노력·판매망, 침해자의 상표, 광고·선전, 침해제품의 품질의 우수성 등으로 인하여 의장권의 침해와 무관한 판매수량이 있는 경우를 말하는 것으로서, 의장권을 침해하지 않으면서 의장권자의 제품과 시장에서 경쟁하는 경합제품이 있다는 사정이나 침해제품에 실용신안권이 실시되고 있다는 사정 등이 포함될 수 있으나, 위 단서를 적용하여 손해배상액의 감액을 주장하는 침해자는 그러한 사정으로 인하여 의장권자가 판매할 수 없었던 수량에 의한 금액에 관해서까지 주장과 입증을 하여야 한다.

비록 피고가 이 사건 등록의장을 침해하던 당시 국내에 원고와 피고 이외에도 천정흡음판을 생산, 판매하는 업체들이 있었다거나 피고의 침해제품의 생산 및 설치에 있어서 피고의 실용신안권(등록 제272589호)이 실시되고 있었다고 하더라도, 위 천정흡음판 업체들이 생산·판매하는 제품이 이 사건 등록의장제품인 흡음천정판에 필적할 만한 것이었는지, 그 시장점유율은 어떠하였는지, 혹은 피고의 실용신안권이 침해제품의 판매 증가에 얼마나 기여하였는지 등에 관한 아무런 입증이 없는 이 사건에서, 단지 이 사건 등록의장과 동일한 용도의 제품이 시장에 공급되고 있었다거나 피고의 실용신안권이 실시되고 있었다는 사정만을 들어 손해배상액을 감액할 것은 아니라고 할 것이므로, 위 단서에 의하여 손해배상액이 감액되어야 한다는 피고의 주장을 배척한 원심의 조치는 정당한 것으로 수긍이 가고 거기에 상고이유에서 주장하는 바와 같은 법리오해, 채증법칙 위배, 판단누락 등의 위법이 있다고 할 수 없다.

3 수리행위가 실시인지 여부(99도2079)

내용기간 내에 있는 재생 가능한 범퍼를 수거한 후 이를 세척하고, 흠집제거 및 도색작업 등을 거쳐 의장등록된 원래의 범퍼와 동일한 형상과 색채를 갖춘 범퍼로 복원하는 정도에 그친 경우, 이는 등록된 의장에 관한 물품을 새로 생산하는 행위에 해당하지 아니하므로 그 의장권을 침해하였다고 볼 수 없다.

4 이용관계에 있으면 권리범위 내라는 판례(99후888)

이 사건 등록의장은 탁상용 전기 스탠드 몸체에 관한 것이고 (가)호 의장은 탁상용 전기 스탠드에 관한 것으로서, 이 사건 등록의장은 부분품에 관한 것이고 (가)호 의장은 그 부분품을 포함하는 완성품에 관한 것이어서 그 대상 물품이 서로 다르나, (가)호 의장의 실시를 위하여서는 필연적으로 이 사건 등록의장의 대상인 부분품에 관한 의장의 실시가 전제되어 있어 (가)호 의장은 이 사건 등록의장을 이용하는 관계에 있으므로, (가)호 의장 중 이 사건 등록의장과 대응되는 부분품에 관한 의장이 이 사건 등록의장과 동일 또는 유사한 것으로 인정되는 경우(이 사건은 유사)에는 (가)호 의장은 이 사건 등록의장의 권리범위에 속한다.

5 변론주의 위반이라는 판례(2010후3509)

(1) 행정소송의 일종인 심결취소소송에 직권주의가 가미되어 있다고 하더라도 여전히 변론주의를 기본 구조로 하는 이상, 심결의 위법을 들어 그 취소를 청구할 때에는 직권조사사항을 제외하고는 그 취소를 구하는 자가 위법사유에 해당하는 구체적 사실을 먼저 주장하여야 하고, 따라서 법원이 당사자가 주장하지도 않은 법률요건에 관하여 판단하는 것은 변론주의 원칙에 위배되는 것이다.

(2) '화장용 팩 마스크'에 관한 등록디자인이 그 출원 전에 국내에서 공지된 비교대상디자인 등으로부터 용이하게 창작할 수 있는 디자인에 해당한다는 이유로 그 등록을 무효로 한다는 내용의 특허심판원 심결에 대한 심결취소소송에서, 당사자가 심결의 위법사유로서 등록디자인이 비교대상디자인 등으로부터 용이하게 창작할 수 있는 디자인에 해당하지 않으므로 디자인보호법 제33조 제2항에서 정한 등록무효사유가 존재하지 않는다는 주장만을 하였음에도, 그에 관하여 아무런 판단도 하지 않은 채 당사자가 주장하지도 않은 사유에 기초하여 등록디자인이 비교대상디자인과 유사한 디자인에 해당하므로 디자인보호법 제33조 제1항 제3호에서 정한 등록무효사유가 있다고 본 원심판결에 변론주의 원칙을 위반한 위법이 있다고 한 사례이다.

6 석명의무(2003후922)

(1) 심판은 특허심판원에서의 행정절차이며 심결은 행정처분에 해당하고, 그에 대한 불복의 소송인 심결취소소송은 행정소송에 해당한다 할 것이며, 행정소송법 제8조에 의하여 준용되는 민사소송법 제136조 제1항은 재판장은 소송관계를 명료하게 하기 위하여 당사자에게 사실상과 법률상의 사항에 관하여 질문하거나 입증을 촉구할 수 있다고 규정하고 있고, 같은 조 제4항은 법원은 당사자가 명백히 간과한 것으로 인정되는 법률상의 사항에 관하여 당사자에게 의견진술의 기회를 주어야 한다고 규정하고 있으므로, 법원으로서는 계쟁사실을 입증하기 위하여 제출한 증거가 당사자의 부주의 또는 오해로 인하여 불완전·불명료한 경우에는 당사자에게 그 제출된 증거를 명확·명료하게 할 것을 촉구하거나 보충할 수 있는 기회를 주어야 하고, 만약 이를 게을리한 채 제출된 증거가 불완전·불명료하다는 이유로 그 주장을 배척하는 것은 석명의무 또는 심리를 다하지 아니한 것으로서 위법하다.

(2) 선행의장들이 등록의장과 대비가 가능할 정도로 파악·특정되지 않았다는 이유로 선행의장들과 등록의장이 유사하다는 피고들의 주장을 배척하려면 피고들에 대하여 선행의장들의 모양이 전체적으로 파악 가능하도록 보충할 기회를 주어야 하고, 더구나 심판절차에서 선행의장들이 등록의장과 유사하다는 판단을 받은 바 있는 피고들로서는 선행의장들이 대비가 불가능할 정도로 특정되지 않았다는 점을 전혀 예측하지 못할 상황이었을 것이므로, 변론기일에 이러한 점에 대하여 질문 내지 석명을 하여야함에도, 피고들이 선행의장들의 사진을 제출하자 아무런 조치를 취하지 아니한 채 바로 결심하여 제출된 증거들만으로는 선행의장들이 제대로 파악되지 않아 특정할 수 없다는 이유로 그 유사 여부 판단에 나아가지 아니하고 피고들의 주장을 배척한 원심의 조치에 석명권의 불행사로 인한 심리미진의 위법이 있다고 하여 원심판결을 파기한 사례이다.

7 합의로 이해관계의 소멸 여부(99후1331)

(1) 디자인보호법 제121조 제1항의 규정에 의하면, 디자인등록 무효심판은 이해관계인 및 심사관에 한하여 이를 청구할 수 있는바, 여기서 말하는 이해관계인이라 함은 무효심판의 청구대상이 되는 디자인등록이 유효하게 존속함으로 말미암아 그 권리의 대항을 받을 염려가 있어 현재 업무상 손해를 받거나 후일 손해를 받을 염려가 있는 자를 뜻한다 할 것이고, 심판청구 당시 이해관계가 있었던 당사자라 하더라도 심판 계속 중에 그 심판에 관하여 당사자 사이에 다투지 아니하기로 하는 합의가 있었다면 특별한 사정이 없는 한 그 이해관계는 소멸된다고 해석하여야 한다.

(2) 디자인등록의 디자인권자 갑과 그로부터 디자인권 침해의 고소를 당한 을 사이의 합의서에 을이 디자인등록 제품을 제작한 것에 대하여 사과하고, 추후 디자인등록 제품을 제작하지 않겠으며, 기존 디자인등록 제품을 폐기하겠다는 내용만 포함되어 있을 뿐 당시 계속 중이던 디자인등록 무효심판청구사건의 처리에 관하여는 아무런 기재가 없는 경우, 위 합의의 내용과 경위를 고려할 때, 위 합의는 을이 자신이 제작하였던 물품이 갑의 등록디자인권의 권리범위에 속한다는 사실을 인정한 것일 뿐 그 디자인등록권의 효력에 대하여도 무효심판절차를 통하여 일체 다투지 않겠다는 취지까지 포함된 것으로 보기 어렵고, 디자인등록의 무효심판의 공익적 성격을 고려하여 위와 같은 합의만으로 그 무효심판을 유지할 이해관계가 소멸하였다고 단정할 수 없다고 한 사례이다.

제3편
문제편

2026 시대에듀 변리사 2차 디자인보호법 한권으로 끝내기

CHAPTER 01 주제별 기출·예상문제
디자인의 정의

CHAPTER 02 주제별 기출·예상문제
특유디자인

CHAPTER 03 주제별 기출·예상문제
디자인등록출원

CHAPTER 04 주제별 기출·예상문제
디자인등록요건

CHAPTER 05 주제별 기출·예상문제
절차 및 조치

CHAPTER 06 주제별 기출·예상문제
등록 후 법률관계

CHAPTER 07 주제별 기출·예상문제
헤이그 국제출원

CHAPTER 01 디자인의 정의

제3편 | 문제편

문제 1

甲은 '한증막' 디자인 A에 대하여 2016년 디자인등록을 하였다. 이에 동종업자 乙은 디자인 A에 대하여 2018년에 등록디자인 A가 물품성을 결여하여 디자인보호법 제33조 제1항 본문을 위반했음을 이유로 무효심판을 청구하였다. 이에 대하여 甲은 등록디자인의 대상물품인 한증막이 대량생산이 가능하고 운반 가능하여 독립거래의 가능성이 있으므로 물품성이 없다고 할 수 없다고 주장하며 심판청구가 기각되어야 한다고 답변하였다. [30점]

도 면	등록디자인

[27단의 높이, 출입문은 4단 짜리]	• 명칭 : 한증막
	• 창작 내용의 요점 : 도면에 표현된 한증막의 형상과 모양의 결합
	• 디자인의 설명
	  - 재질은 석재와 황토임
	  - 내부층은 축열 및 원적외선 방사성이 우수한 석재와 황토를 적층하고, 외부층은 화강암으로 적층 구성하여, 내부공간이 장시간 일정한 온도로 유지되고, 원적외선으로 한증효과가 높음
	  - 본 물품의 한증막은 중량체이므로 저면도는 생략함

1 디자인보호법 제2조 제1호에 규정된 '물품'이 되기 위한 요건에 대해 논하고, 물품성과 제33조 제1항 본문의 관계에 대해 논하시오. [10점]

2 상기 **1**을 토대로 甲의 주장을 검토하고, 우리 법원의 입장에서 최종적으로 판단하여 심판의 결과를 예측하시오. [15점]

3 상기 **2**의 심결이 있은 후, 甲은 한증막을 운영하는 사업장의 인테리어에 대해 디자인보호법상 보호를 받고자 한다. 보호가 가능할지 간략히 논하시오. [5점]

설문 1 에 대하여

1 물품성

(1) 의의 및 취지

① 디자인은 물품의 형상·모양·색채 또는 이들의 결합으로서, 시각을 통하여 심미감을 일으키게 하는 것이다(제2조 제1호). 여기서 물품은 명문의 규정은 없으나, 대법원과 심사기준은 독립성이 있는 구체적인 유체동산으로 정의하고 있다.

② 물품의 수요 증대를 통해 산업발전에 이바지하는 것이 법의 목적이기 때문에 물품성이 요구된다.

(2) 요 건

① **독립성** : 물품은 독립 거래의 대상이 되어야 하므로 물품의 부분이나 합성물의 구성각편은 물품으로 인정할 수 없다.
② **구체성** : 물품은 외형이 구체적으로 특정될 수 있어야 하므로, 분상물 또는 입상물의 집합, 기체, 액체 등과 같이 일정한 형체가 없거나, 물품 자체의 형태로 볼 수 없다면 물품으로 인정할 수 없다.
③ **유체성** : 물품은 구체적인 형상이 특정된 유체물이어야 하므로 기체, 액체 등과 같이 일정한 형체가 없으면 물품으로 인정될 수 없다.
④ **동산성** : 대법원은 현장시공을 통해 건축되는 부동산은 물품으로 인정할 수 없다고 판시했다. 다만, 반복생산성과 운반가능성이 인정된다면 물품으로 인정될 수 있다.

(3) 보론 - 물품성의 완화

최근 디자인 산업환경의 변화에 대응하여 보호대상을 확대하고자 하는 논의가 있으나 타법과의 부정합, 보호범위 해석의 논란 등의 문제가 있다. 허나 유럽, 미국 등은 부동산, 인테리어 등을 물품에 포함하고 있으므로 본 논의는 여전히 필요하다.

2 물품성과 공업상 이용가능성의 관계

(1) 물품성 흠결 시 법적 취급

물품성은 디자인의 성립요건 중 하나로 흠결 시 정의규정(제2조 제1호) 위반이고, 따라서 제33조 제1항 본문 위반의 거절이유, 정보제공사유, 이의신청이유, 무효사유에 해당한다. 이는 정의규정이 별도의 무효사유 등으로 규정되어 있지 않기 때문에 공업상 이용 가능한 '디자인'이 아닌 것으로 해석하는 것이다.

(2) 보 론

이렇게 물품성과 공업상 이용가능성이 연결되어 적용되고 있으므로, 동일 물품의 양산이 가능하여 공업적으로 이용가능하다면 물품성을 인정하는 방향으로 판단 기준을 정립하는 것이 옳다는 일본, 우리나라 등의 학설상의 견해도 있다.

설문 2 에 대하여

1 무효심판의 의의 및 취지와 적법성 검토

무효심판은 분쟁의 종국적 해결 방안으로 하자 있는 권리의 소멸을 구하는 심판이다. 乙은 동종업자로 甲의 등록디자인의 소멸에 직접적이고 현실적인 이해관계를 가진 자이므로 무효심판을 청구할 수 있다.

2 물품성 위반의 무효사유 존재 여부

(1) 문제의 소재
설문 1에서 논한 바, 법상 물품이려면 동산성이 요구된다. 한증막이 지면에 고착되는 부동산이기는 하나, 반복생산성과 운반가능성이 인정되면 물품으로 보아 등록이 가능할 것이다.

(2) 특허심판원 – 무효사유 부존재
동일한 사안에서 심판원은 반복생산성과 운반가능성을 강조하여 설치 장소와 다른 장소에서 공업적 생산방법으로 동일한 형태로 양산될 수 있다는 점, 운반이 가능한 것으로 보이는 점, 생산방법은 수공업적 생산방법도 포함된다는 점, 동일한 형태란 물리적 동일이 아니라 일견하여 동일하게 보이는 정도인 점, 보호하더라도 법의 기본 취지에 반한다고 보기 어려운 점을 종합하면, 부동산이기는 하나, 생산 및 유통 과정에서는 양산과 운반이 가능하여 동산성이 인정되므로 법상 물품으로 보았다.

(3) 법원 – 무효사유 존재
동일한 사안에서 우리 법원은 현장시공성을 강조하여 한증막은 그 재질과 구조 및 형상과 모양 등에 비추어 볼 때, 현장 시공을 통해 건축되는 부동산에 해당하는 것으로 판단되며, 공업적인 생산방법에 의하여 동일한 형태로 양산되고 운반될 수 있는 유체동산이라고는 보기 어려워 법상 물품으로 보지 않았다.

(4) 검 토
① 생각건대, 디자인의 물품성은 그 거래 실정에 맞게 해석해야 하고, 명문의 규정도 없는 물품성을 엄격하게 해석하여 등록을 무효시킨다면 산업발전이라는 법 목적에 반하는 것이다. 더불어 물품성을 점차 완화하고 있으므로 한증막은 부동산이지만 자재 운반이 가능하며, 동일성이 유지되는 내에서 양산이 가능하므로 물품성을 인정함이 타당하다.
② 따라서 乙의 주장은 한증막이 부동산이라는 것에만 집중한 것으로 타당하지 않고, 대상물품은 양산성과 운반 가능성이 인정되므로 甲의 주장이 타당하다고 본다.

3 설문 2의 해결 – 법원의 입장에서

(1) 다만, 우리 법원에 따르면, 재질이 석재와 황토로 이루어져 매우 무거운 점, 도면과 디자인의 설명을 참고하여 볼 때 이들을 적층하여 두껍게 만든 형상, 모양에 비추어 보면 크기와 중량이 상당한 점, 현장 시공을 통해 건축되는 점 등을 고려하면, 운반이 불가능하며 공업적인 생산방법에 의하여 동일한 형태로 양산될 수 있는 유체동산으로 보기 어렵다. 따라서 사안의 한증막은 동산성 흠결로 법상 물품으로 인정할 수 없고, 제33조 제1항 본문 위반의 무효사유를 갖는다.

(2) 설문에 따르면, 적법성에 문제는 없으며, 등록이 무효로 되어야 하므로 심판청구를 인용하는 심결이 예상된다.

설문 ③ 에 대하여

1. 인테리어의 의의

특정 공간에 배치되는 2 이상의 물품들의 조합으로부터 발휘되는 이미지 또는 구도를 말한다.

2. 보호 가부

로카르노 분류 체계상으로 물품이고, 물품으로 인정하자는 개정 논의가 있었으나 타법과의 부정합, 보호범위의 특정 문제, 3차원 디자인과의 형평성 문제 등 산업발전에 역행할 우려가 있어 보호대상에서 제외되었다. 따라서 인테리어는 그 외관의 개념과 대상이 불명확하므로 물품으로 인정되지 않는 것이 원칙이므로 甲은 인테리어 자체의 보호를 도모하기는 어려울 것이다.

3. 보호 방법

甲은 인테리어의 외관을 이루는 핵심 물품들을 디자인으로 등록받아 부분적인 보호를 꾀할 수 있다. 또한 2 이상의 물품이 동시에 사용되어 한 벌 자체로서 통일성이 있다면 한 벌 물품의 디자인으로 보호될 가능성도 있을 것이다(시행규칙 [별표 5]). [끝]

문제 2 (기출 13) 변리사 甲은 지방에 소재하는 어떤 사찰로부터 그 절 마당에 있는 석탑 A와 유사한 '석탑모양의 납골보관함'에 관한 디자인 B의 국내디자인등록이 가능한지에 대하여 문의 받았다. 甲이 디자인 B의 등록가능성에 대하여 검토할 사항을 설명하시오. [20점]

1. 문제의 소재

디자인 B에 관한 물품인 납골보관함이 동산성이 인정되어 법상 물품으로 인정되는지 여부, 공지된 석탑 A에 의해 디자인 B가 신규성, 창작성 위반인지 여부를 논한다.

2. 물품성 - 납골보관함이 법상 물품으로 인정되는지 여부

(1) 의의 및 취지

디자인은 물품의 형상·모양·색채 또는 이들의 결합으로서, 시각을 통하여 미감을 일으키게 하는 것(제2조 제1호)이다. 물품은 명문의 규정은 없으나, 대법원과 심사기준은 독립성이 있는 구체적인 유체동산이라고 정의한다. 물품성은 디자인에 의한 물품의 수요 증대를 통해 산업발전에 이바지하는 것이 법 목적이기 때문에 필요하다.

(2) 요 건

물품은 독립 거래의 대상이 되어야 하고(독립성), 외형이 구체적으로 특정되어야 하며(구체성), 구체적인 형상이 특정된 유체물이어야 하고(유체성), 반복생산성과 운반가능성이 인정되어야 한다(동산성).

(3) 동산성의 판단방법

대법원은 현장시공을 통해 건축되는 부동산은 물품으로 인정하지 않는다고 판시했다. 다만, 반복생산성과 운반가능성이 인정되면 물품으로 인정될 수 있다.

(4) 흠결 시 취급

정의규정(제2조 제1호) 위반이므로, 제33조 제1항 본문 위반의 거절이유(제62조), 정보제공사유(제55조), 이의신청이유(제68조 제1항), 무효사유(제121조 제1항)에 해당한다.

(5) 사안의 경우

납골보관함은 독립성, 구체성, 유체성은 인정되고, 현장시공에 의해 건축되는 것이 아니라, 제작되어 장례식장이나 묘지까지 운반되는 등 반복생산성과 운반가능성이 있어 동산성이 인정되는 바, 디자인 B는 물품성이 인정될 것이다.

3　신규성 - 디자인 B가 신규성 위반인지 여부

(1) 의의 및 취지

출원 전 국내외 공지디자인과 동일·유사한 디자인은 신규성 흠결로 등록받을 수 없다(제33조 제1항 각 호). 공지디자인에 대해 독점배타권을 부여하는 것은 법 목적에 반하기 때문이다.

(2) 판단방법

국내외 공지디자인과 비교하여 동일·유사한지를 판단한다. 공지란 비밀유지의무가 없는 불특정다수인이 알 수 있는 상태에 놓인 것을 말한다.

(3) 흠결 시 취급

일부심사등록의 대상은 아닌 바, 거절이유, 정보제공사유, 무효사유에 해당하여 등록받을 수 없다.

(4) 사안의 경우

석탑 A는 사찰 마당에 위치하므로 비밀유지의무가 없는 불특정다수인이 알 수 있는 상태에 놓여 공지되었다. 그러나, 석탑과 납골보관함은 물품의 용도와 기능 등에 비추어 거래통념상 동종류의 물품으로 인정하기 어려워 비유사한 물품인 바, 디자인 B는 신규성 위반이 아니다.

4　창작성 - 디자인 B가 창작성 위반인지 여부

(1) 의의 및 취지

출원 전 통상의 디자이너가 국내외 공지디자인 또는 주지형태에 따라 쉽게 창작할 수 있는 디자인은 등록받을 수 없다(제33조 제2항). 형태적 차이가 업계에서 인정할 수 있는 창작적 가치를 가진 경우에만 보호의 필요성이 있기 때문이다.

(2) 판단방법

국내외 공지디자인 또는 주지형태를 기초로 쉽게 창작할 수 있는지 여부를 판단한다. 주지형태란 국내외에서 일반인이 알 수 있을 정도로 널리 알려진 형태를 말한다. 대법원은 쉽게 창작할 수 있는지 여부에 대하여 공지디자인 또는 주지형태 각각 또는 이들의 결합을 거의 그대로 모방 또는 전용하거나 가하여진 변화가 단순한 상업적, 기능적 변형에 불과하거나, 그 디자인의 분야에서 흔한 창작수법이나 표현방법에 의해 이를 변경, 조합, 전용하였음에 불과한 창작수준이 낮은 경우를 의미하며, 모든 물품을 대상으로 판단할 수 있다고 판시하였다.

(3) 흠결 시 취급

일부심사등록의 대상은 아닌 바, 거절이유, 정보제공사유, 무효사유에 해당하여 등록받을 수 없다.

(4) 사안의 경우

석탑 A를 거의 그대로 모방 또는 전용한 경우라면 디자인 B는 창작성이 위반될 소지가 있을 것이다.

5 결론

디자인 B는 물품성, 신규성은 인정되지만, 모방 또는 전용한 정도에 따라서 창작성이 위반될 소지가 있을 것이다. [끝]

문제 3 (기출 13)

각종 완구류의 제조·판매업자인 甲은 각각의 구성물을 모두 조립하면 1형태의 코끼리가 완성될 수 있는 7개의 구성물과 사용자의 조립방법에 따라 다양한 형태의 코끼리가 완성될 수 있는 15개의 구성물을 각각 창작하였다. 상기 각 구성물들의 디자인 성립요건과 1디자인 1출원주의 요건을 검토하고, 이들 각 구성물들이 디자인등록을 받을 수 있는 방법과 이들 디자인권의 효력의 차이에 대하여 설명하시오. [20점]

1 문제의 소재

문제의 코끼리 완구는 조립완구로서, 각각의 구성각편이 완성형태에 따라 독립성이 인정되어 물품으로 인정되는지 여부가 문제되므로 이를 검토하고, 나아가 제40조 제1항 위반 여부를 검토하여 등록 방안과 디자인권의 효력에 대해 논한다.

2 물품성

(1) 의의 및 취지

디자인은 물품의 형상·모양·색채 또는 이들의 결합으로서, 시각을 통하여 미감을 일으키게 하는 것(제2조 제1호)이다. 물품은 명문의 규정은 없으나, 대법원과 심사기준은 독립성이 있는 구체적인 유체동산이라고 정의한다. 물품성은 디자인에 의한 물품의 수요 증대를 통해 산업발전에 이바지하는 것이 법 목적이기 때문에 필요하다.

(2) 요 건

물품은 독립 거래의 대상이 되어야 하고(독립성), 외형이 구체적으로 특정되어야 하며(구체성), 구체적인 형상이 특정된 유체물이어야 하고(유체성), 반복생산성과 운반가능성이 인정되어야 한다(동산성).

(3) 합성물의 구성각편의 독립성 판단방법

원칙적으로 독립성이 인정되지 않는다. 다만, 완성형태가 다양한 경우에는 독립성이 인정된다.

(4) 흠결 시 취급

정의규정(제2조 제1호) 위반이므로, 제33조 제1항 본문 위반의 거절이유(제62조), 정보제공사유(제55조), 이의신청이유(제68조 제1항), 무효사유(제121조 제1항)에 해당한다.

(5) 사안의 경우

① 조립하여 1형태의 코끼리가 되는 7개의 구성물은 완성형태가 단일한 경우이므로 독립성이 부정되어 각 구성물은 부분디자인으로 출원하지 않는 한, 등록받을 수 없다.

② 조립방법에 따라 다양한 형태의 코끼리가 되는 15개의 구성물은 완성형태가 다양한 경우이므로 각 구성물도 독립성이 인정되어 등록받을 수 있다.

3 1디자인 여부(제40조 제1항)

(1) 의의 및 취지

1디자인마다 1출원으로 한다. 1디자인이란, 1물품 1형태를 말한다. 이는 절차의 편의성과 권리의 명확성을 도모하기 위함이다.

(2) 요 건

① 1물품
  ㉠ 의의 : 물리적으로 분리되지 않은 하나의 개념이 아닌, 거래관행상 독립하여 하나로 거래될 수 있는 물품을 의미한다.
  ㉡ 판단방법 : 대법원은 물품의 용도, 구성, 거래실정 등에 따라 1물품으로 취급되는 물품인지 여부로 판단한다고 판시하였다.

② 1형태
  ㉠ 의의 : 1물품에 표현된 하나의 형상·모양·색채 또는 이들의 결합으로 하나의 형태적 단위영역을 의미한다.
  ㉡ 판단방법 : 물품의 용도, 기능을 고려하여 전체적, 통일적 형태성으로부터 판단해야 한다.

(3) 흠결 시 취급

절차적 요건이므로, 거절이유, 정보제공사유에는 해당하지만, 이의신청사유, 무효사유에는 해당하지 않는다.

(4) 사안의 경우

① 조립하여 1형태의 코끼리가 되는 7개의 구성물은 부분디자인으로 출원하는 경우 각 1디자인이다. 또한, 완성형태의 코끼리 디자인은 1의제물품으로서 1디자인에 해당한다.

② 조립방법에 따라 다양한 형태의 코끼리가 되는 15개의 구성물은 각 1디자인에 해당하며, 완성형태가 다양한 경우이므로 각 완성형태들도 1디자인에 해당한다.

4 등록방안과 그 권리범위의 비교

(1) 완성형태가 단일한 7개의 구성물

각 구성물품을 부분디자인으로 권리화하는 것이 권리범위가 더 넓으므로 타당하다. 다만, 전체디자인으로 출원하는 경우 실시 물품의 외형 전체를 보호할 수 있고, 권리의 안정성이 확보되며, 손해액 산정 시 감액 사유를 최소화할 수 있는 등의 장점이 존재하므로 실익이 있다고 할 것이다.

(2) 완성형태가 다양한 15개의 구성물

각 구성물품을 부품디자인으로서 모두 권리화하는 것이 권리범위상 타당하고, 부분디자인으로 출원하거나 완성형태로 출원하는 것도 가능하지만 권리범위상 큰 실익은 없다.

(3) 보론 – 제42조의 출원

동시사용성과 통일성이 만족될 가능성이 높으므로 한 벌 물품의 디자인으로 출원하는 것을 고려할 수 있지만, 부분디자인 내지는 부품디자인으로 출원하는 것이 권리범위상 더 넓다. [끝]

문제 4 甲은 '족구공' 디자인 A에 대해 2017년에 디자인등록을 받았다. 이후 甲은 A를 실시하던 중, 경쟁업체인 乙이 자신의 디자인을 모방한 것으로 짐작되는 비교대상디자인 B의 족구공을 생산하여 판매하고 있는 것을 발견하였다. B는 A와 다소 차이가 있기는 하나, 형상과 모양이 동일하고 기본적인 채색구도가 동일하다. 이에 甲은 乙에 대해 침해금지청구소송을 제기하였다. [20점]

등록디자인 A	비교대상디자인 B
12조각 중 3조각씩 빨강, 파랑으로 채색하고, 나머지 6조각은 흰색 바탕색	12조각 중 6조각을 진한 감색으로 채색하고, 나머지 6조각은 흰색 바탕색

1 색채의 디자인보호법상 취급에 대해 설명하시오. [10점]

2 甲이 제기한 침해금지청구소송의 결과를 예측하시오. [10점]

설문 1 에 대하여

1 서 설

(1) 의 의

형태성은 디자인의 성립요건 중 하나이고, 형태란 형상·모양·색채 또는 이들의 결합을 말하므로(제2조 제1호) 색채는 형태의 1요소이다. 색채는 물체에 반사되는 빛에 의하여 인간의 망막을 자극하는 물체의 성질을 의미한다.

(2) 법적 지위

① 법상 색채로 무채색, 유채색에 더해 금속색과 투명색도 있으며, 형상에 선택적으로 부가되는 구성요소이다. 원칙적으로 하나의 색을 의미하며, 2 이상의 색채의 조합은 모양으로 취급한다.

② 이렇게 색채는 디자인을 구성하는 요소이지만, 하나의 색은 공지, 공용이므로 독자적인 가치를 인정할 수 없고, 형상이나 모양에 비하여 열위적인 구성요소이다.

2 출원 시

(1) 출원서와 도면

디자인의 대상이 되는 물품에 색채에 관하여 기재하면 정당한 물품명이 아니므로 삭제해야 하고, 도면에는 채색하여 표현함이 일반적이지만, 투명인 경우나 생략이 가능한 경우에는 채색하지 않을 수도 있다.

(2) 보정 시 요지변경의 판단

색채의 변경 등으로 외관에 영향을 미친 경우 또는 형상만의 디자인에 색채를 부가하는 경우 등은 요지변경으로 취급된다.

3 등록요건 판단 시

도면의 색채 표현과 관련한 흠결이 존재하면 제33조 제1항 본문 위반일 수 있고, 제33조 제2항 판단 시 모양을 구성하지 않는 한 고려하지 않는다. 제34조 제3호 판단 시, 색채상표와의 저촉이 문제될 수 있으며, 동조 제4호 판단 시, 색채는 고려 대상이 아니다. 또한 색채만이 다른 2 이상의 디자인은 유사한 것으로 보는 것이 일반적이다.

4 등록 후 권리관계

등록디자인의 색채만 변경하여 실시하는 경우, 침해가능성이 높고 공지디자인의 색채만 변경하여 실시하는 경우, 자유실시디자인에 해당할 가능성이 높을 것이다. 색채만 부가되어 유사한 디자인인 경우에는 이용관계는 성립하지 않는다.

설문 2 에 대하여

1 문제의 소재 – 침해 요건

A는 유효한 디자인이고, 乙은 A에 대한 정당권원 없이 B를 생산, 판매하고 있으므로 업으로서 실시하고 있는 것이다. 이하 A와 B의 유사 여부를 살핀다.

2 디자인의 유사 판단

(1) 원 칙

물품의 동일·유사를 전제로, 디자인을 구성하는 각 요소를 분리하여 개별적으로 대비할 것이 아니라, 외관을 전체적으로 대비 관찰하여 관찰자로 하여금 상이한 심미감을 느끼게 하는지를 판단한다. 따라서 그 지배적인 특징이 유사하다면 세부적인 차이가 있더라도 유사하다고 보아야 한다.

(2) 색채만이 다른 경우

① 대법원은 형상과 모양이 동일하고 기본적인 채색구도가 동일하다면, 다른 색으로 채색되었다는 점만으로는 심미감에 차이가 없다고 판시하였다.
② 심사기준도 2 이상의 색채가 모양을 구성하지 않는 한 유사여부의 판단요소로 고려하지 않는다.

(3) 사안의 경우

① 양 디자인은 물품이 족구공으로 동일하다. 또 형상과 모양은 동일하고, 기본적인 채색구도도 전체의 절반 중 6개의 조각이 채색된 점 및 채색된 조각의 위치가 동일하며 단지 색채가 다를 뿐이므로 전체적 심미감에 차이가 없다고 보아야 한다.
② 또한 영문으로 TRIUMPH 등의 문자가 포함되어 있으나 글꼴이 도형화된 것도 아니고, 문자 본래의 의미 전달에 충실하므로 유사 판단 시 고려대상이 아니다.
③ 따라서 양 디자인은 유사하다.

3 설문 2의 해결 – 침해 여부의 판단

乙은 정당권원 없이 A와 유사한 디자인 B를 업으로서 실시하므로 등록디자인 A에 대한 침해가 성립한다. 따라서 침해금지청구는 인용판결이 예상된다. [끝]

문제 5 | 甲은 조명기구용 지지틀(이하 '틀'이라 칭한다)에 관한 디자인 A를 출원하여 등록받았다. 이 틀은 외피의 형상과 모양을 바람이 빠져도 어느 정도 유지하기 위한 물품이다. 틀의 완성된 상태는 상당히 대형이어서 조립된 상태가 아니라 부품으로 분해된 상태로 거래, 운반되는 것이 일반적이다. 또한 조립을 할 때에는 외피를 먼저 설치한 후에 그 속에서 외피의 하부로부터 틀을 조립한다.

이해관계인 乙은 제33조 제1항 본문 위반을 이유로 A에 대해 무효심판을 청구했고 심판은 기각되었다. 이에 乙이 불복하자 특허법원은 "틀을 조립한 후 외피가 덮어 씌워지기 전에는 틀 전체의 모습을 볼 수 있고, 덮어 씌워진 후라도 외피가 틀에 지지되어 형상을 갖추고 있기 때문에 외부에서 틀의 외곽의 형상을 충분히 알아볼 수 있을 뿐만 아니라, 기구를 분해하거나 파괴하지 않더라도 기구의 수리를 위하여 외피의 일부를 들추거나 광고 내용을 변경하기 위하여 외피를 교체하는 경우 틀의 형상을 볼 수 있다."는 이유로 乙의 주장을 배척하고 기각판결을 하였다. 이에 乙은 상고하였다.

특허법원이 든 이유에 대해 평가하고, 상고심의 결과를 현 대법원의 입장에서 예상하시오.

[20점]

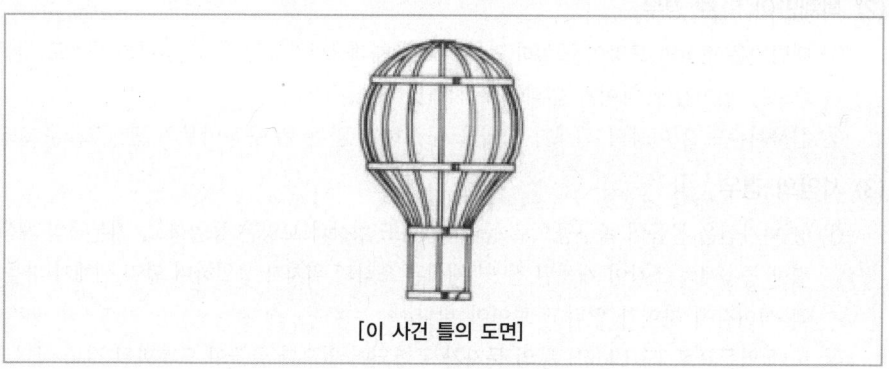

[이 사건 틀의 도면]

1 문제의 소재

무효심판은 하자 있는 권리의 소멸을 구하는 심판으로 분쟁의 종국적 해결 수단이다. 乙은 이해관계인이므로 무효심판의 적격성이 인정되므로 적법성에는 문제가 없다. 한편 설문의 틀은 외피를 들추면 시각을 통하여 육안으로 외부에서 인식할 수는 있으나 조립 순서로 보아 완성되었을 때 수요자 또는 거래자가 외부에서 볼 수 없게 되므로 시각성을 만족하는지 여부가 문제된다.

2 시각성에 대하여

(1) 서 설

① 의의 및 취지

디자인은 물품의 형태로서 시각을 통하여 미감을 일으키게 하는 것이다(제2조 제1호). '시각을 통하여'란 육안으로 식별 가능한 것을 의미한다. 수요자의 시각적 자극을 통해 구매의욕을 고취시켜 물품의 수요 증대로 산업발전에 이바지하기 위함이다.

② 법적 지위

㉠ 심미성과 더불어 관찰자의 감각적 요소이고, ㉡ 디자인은 도면에 의해 특정되며 등록 여부는 시각에 의해서 판단되므로 그 특성상 권리범위가 협소하여 제3자의 모방이 용이하기 때문에 유사 범위까지 권리범위를 인정하고 있다(제92조). ㉢ 나아가 대법원은 디자인의 유사 여부는 자연법칙을 통한 기술적 사상이 아닌 '시각'을 통한 심미감에 의해야 한다고 판시하였다.

(2) 요 건

① 시각으로 파악 가능할 것

다른 감각에 의한 인지는 인정하지 않는다.

② 육안으로 식별 가능할 것

㉠ 원칙적으로 확대경과 같은 도구를 사용해야만 관찰 가능한 경우에는 시각성을 인정할 수 없다.
㉡ 다만, 통상적인 거래 시에 확대하여 관찰하는 것이 일반적인 경우에는 시각성을 예외적으로 인정할 수 있다. 또한 최근 심사기준은 특수한 표시부를 통해 관찰되는 것이 통상적인 화상디자인도 시각성을 인정하고 있다.

③ 외부에서 관찰 가능할 것

㉠ 원칙적으로 대법원은 통상적인 물품의 거래 시에 외부에서 볼 수 없고, 오로지 분해 또는 파괴 등에 의해서만 볼 수 있는 것은 시각성이 없다고 판시하였다.
㉡ 다만, 심사기준은 내부에 조립되는 부품이 독립 거래 및 호환의 가능성을 갖춘 경우, 뚜껑을 여는 구조의 물품의 내부, 투명한 부분으로 보이는 물품의 내부도 디자인의 대상이 될 수 있음을 규정하고 있다.

(3) 흠결 시 취급

디자인의 성립요건 위반으로 제33조 제1항 본문 위반의 거절이유, 정보제공사유, 이의신청이유, 무효사유에 해당한다.

(4) 결 어

시각성은 물품 자체로 표현되는 물품성, 형태성과는 달리 관찰자 입장에서 요구되는 성립요건이다. 따라서 당해 물품의 거래현실과 사회통념을 충분히 고려하여 판단해야 한다.

3 사안의 해결

(1) 특허법원의 이유 평가

① 첫 번째 이유는 특허법원이 사실을 인정하는 단계에서 틀의 조립 순서에 대한 이해에 착오가 존재한 것으로 보인다. 조립한 후 외피가 덮여 씌워진다고 파악하였으나, 이 사건 틀은 외피를 먼저 설치한 후에 그 내부에서 조립이 시작된다.
② 두 번째 이유는 외피가 씌워진 상태에서도 틀의 형상을 외부에서 관찰 가능하다는 것인데, 충분한 공기가 있는 경우에는 관찰할 수 없을 것이고, 단지 공기가 빠져나간 비정상적인 경우에만 윤곽이 형상을 짐작할 정도로만 나타날 뿐일 것이므로 부당하다.
③ 세 번째 이유는 틀의 수리, 외피의 교체 시에 틀의 형상을 관찰할 수 있다는 것인데, 이는 일시적인 것이고 곧 틀을 분해하게 되므로 틀의 완성된 형태가 거래자 또는 수요자에게 노출되어 심미감을 자아낼 수 있는 경우란 없다고 보아야 하므로 부당하다.
④ 따라서 특허법원이 든 이유는 모두 부당하다.

(2) 상고심 결과 예상

틀의 거래현실과 사회통념을 고려하여 판단하건대, 틀은 그 자체의 형상과 모양을 외부에 보이기 위한 것이 아니며, 분해된 상태로 운반, 거래되고 기구의 조립 순서와 그 사용태양으로 보아도 그 자체가 외부에서 관찰 가능한 경우를 상정하기 어렵다. 그러므로 완성품인 기구의 외피를 제거 내지 훼손하지 않는 한 그 형상과 모양을 외부에서 쉽사리 파악 또는 식별할 수 없어 디자인등록의 대상이 되지 않는다고 보아야 한다.

따라서 기각심결을 유지한 원심 판결을 파기하고 동 사건을 원심으로 환송해야 한다. [끝]

문제 6 (기출 15)

다음은 재질이 금속재 및 합성수지재이며, 평면도에서 한 변의 길이가 0.4mm인 발광다이오드의 도면이다.

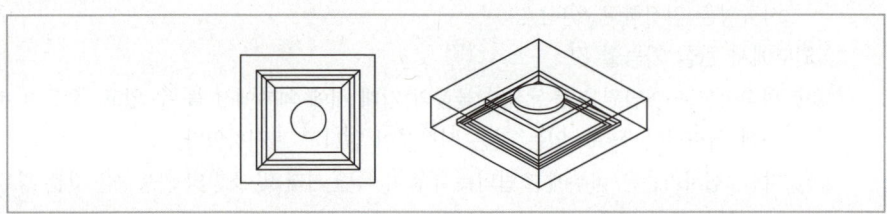

이 물품의 디자인이 디자인등록될 수 있는지 디자인성립요건을 중심으로 서술하시오.

[20점]

1 문제의 소재

디자인의 정의규정과 관련하여, 한 변의 길이가 0.4mm로 매우 작으므로 시각성의 요건 중 육안으로 식별 가능한지 여부가 문제되며, 다른 거절이유는 설문상 문제 없다.

2 시각성에 대하여

(1) 서 설

① 의의 및 취지

디자인은 물품의 형태로서 시각을 통하여 미감을 일으키게 하는 것이다(제2조 제1호). '시각을 통하여'란 육안으로 식별 가능한 것을 의미한다. 수요자의 시각적 자극을 통해 구매의욕을 고취시켜 물품의 수요 증대로 산업발전에 이바지하기 위함이다.

② 법적 지위

㉠ 심미성과 더불어 관찰자의 감각적 요소이고, ㉡ 디자인은 도면에 의해 특정되며 등록 여부는 시각에 의해서 판단되므로 그 특성상 권리범위가 협소하여 제3자의 모방이 용이하기 때문에 유사 범위까지 권리범위를 인정하고 있다(제92조). ㉢ 나아가 대법원은 디자인의 유사 여부는 자연법칙을 통한 기술적 사상이 아닌 '시각'을 통한 심미감에 의해야 한다고 판시하였다.

(2) 요 건

① 시각으로 파악 가능할 것

다른 감각에 의한 인지는 인정하지 않는다.

② 육안으로 식별 가능할 것

㉠ 원칙적으로 확대경과 같은 도구를 사용해야만 관찰 가능한 경우에는 시각성을 인정할 수 없다.

㉡ 다만, 통상적인 거래 시에 확대하여 관찰하는 것이 일반적인 경우에는 시각성을 예외적으로 인정할 수 있다. 또한 최근 심사기준은 특수한 표시부를 통해 관찰되는 것이 통상적인 화상디자인도 시각성을 인정하고 있다.

③ 외부에서 관찰 가능할 것

㉠ 원칙적으로 대법원은 통상적인 물품의 거래 시에 외부에서 볼 수 없고, 오로지 분해 또는 파괴 등에 의해서만 볼 수 있는 것은 시각성이 없다고 판시하였다.

㉡ 다만, 심사기준은 내부에 조립되는 부품이 독립 거래 및 호환의 가능성을 갖춘 경우, 뚜껑을 여는 구조의 물품의 내부, 투명한 부분으로 보이는 물품의 내부도 디자인의 대상이 될 수 있음을 규정하고 있다.

(3) 흠결 시 취급

디자인의 정의규정 위반으로 제33조 제1항 본문 위반의 거절이유, 정보제공사유, 이의신청이유, 무효사유에 해당한다.

(4) 결 어

시각성은 물품 자체로 표현되는 물품성, 형태성과는 달리 관찰자 입장에서 요구되는 성립요건이다. 따라서 당해 물품의 거래현실과 사회통념을 충분히 고려하여 판단해야 한다.

3 설문의 해결

발광다이오드는 유체물로 시각에 의해 파악이 가능하고, 독립 거래 및 호환의 가능성을 구비하여 거래 시 외부에서 관찰이 가능하다.

육안으로 식별 가능한지 여부에 대해서는 0.4mm의 크기를 가진 발광다이오드는 매우 작기는 하지만, 개정 심사기준상 확대경으로 관찰함이 통상적인 경우에 해당하므로, 시각성이 인정된다고 할 것이다. [끝]

문제 7

제2조 제1호에 따르면, 법상 디자인은 물품의 형태로서 시각을 통하여 미감을 일으키게 하는 것으로 정의되고 있다. 이렇게 이른바 심미성은 디자인의 성립요건에 해당하고, 디자인으로부터 느껴지는 심미감에 따라 각종 등록요건이나 절차상 판단이 이루어지고 있다. 그러나 심미감이라는 것은 관찰자의 주관적이고 감각적인 요소이므로 그 개념이 모호하다. 다음 물음에 답하시오. [30점]

1 디자인의 '본질'에 따른 미감의 정의에 대해 논하시오. [17점]

2 설문 **1** 에서 전개한 내용에 따라 기능과 관련된 형태는 법상 어떤 취급을 받게 되는지 서술하시오. [13점]

설문 **1** 에 대하여

1 심미성의 개념

(1) 의의 및 취지
디자인이란 물품의 형태로서 시각을 통하여 미감을 일으키게 하는 것이다. 여기서 미감을 일으키게 하는 특성을 심미성이라 한다. 이는 미적 가치가 전혀 없는 경우, 산업발전에 기여하지 못하기 때문에 둔 규정이다.

(2) 법적 지위
시각성과 마찬가지로 관찰자의 감각적 요소이고, 주관적 요소이다. 따라서 물품에 따라 다양하게 발휘되며, 관찰자의 주관적 의사에 지배되는 요소이므로 신중히 판단해야 한다.

(3) 흠결 시 취급
디자인의 성립요건 위반으로 제33조 제1항 본문 위반의 거절, 정보제공, 무효사유에 해당한다.

2 디자인의 본질에서 본 미감의 정의

(1) 문제의 소재
미감이란, 해당 물품으로 수요자가 느끼는 심미적 가치이다. 법 목적에 부합하는 미감의 정의는 디자인의 본질에 따라 견해가 대립한다.

(2) 학설의 대립
① 장식주의
미감은 물품의 기능을 해치지 않는 범위에서 하는 단순한 장식으로서, 아름답게 또는 돋보이게 하기 위해서 그 외관에 임의의 형태를 표현하는 장식미로부터 찾아야 한다는 견해이다. 기능적 요소는 디자인보호법에서 보호할 실익이 없다고 보며, 유사 판단 시 그 중요도를 낮게 평가한다.

② 기능주의

미감은 물품의 용도, 기능에 부합하도록 외형을 변화시킨 기능미로부터 찾아야 한다는 견해이다. 기능적 요소라도 대체성이 존재하면 보호할 실익이 있고, 공지의 형태가 아닌 한 유사 판단 시 중요도를 낮게 볼 수 없다고 본다.

(3) 판례의 태도

① 대법원은, 디자인은 신규성과 창작성이 있는 고안으로 보아야 하고, 이와 달리 새로운 장식적 심미감을 불러일으키지 않거나 기술적 창작으로서의 가치도 없으면 디자인등록의 대상이 될 수 없다고 판시했다.

② 이렇게 장식적 심미감이라는 표현을 주로 사용하기는 하나, 이를 두고 기능미를 배제하고 장식미만 추구하는 것으로 보기는 어렵다.

③ 나아가, 대법원이 특별한 수식어 없이 심미감이라는 용어를 사용하고 있는 유사 판단의 여러 판단 기준을 살펴보아도 장식미와 기능미 모두를 고려하고 있는 것이라고 본다.

(4) 현행법의 태도

2001년에 제34조 제4호 규정을 도입하였고, 이에 따라 외관상 변화가 물품의 기능을 좋게 한다면 미감도 좋게 일으키는 것으로 본다는 심사기준상의 규정을 삭제하였다. 이렇듯 기능미를 추구하는 견해에 일정한 제한을 두고 있다. 다만, 로카르노 협정에 따른 물품류 구분에서 디자인의 대상으로 정하고 있는 물품들을 보면 장식미 또는 기능미가 가미될 가능성이 희박한 물품들을 모두 포괄하고 있는 바, 우리 법은 장식미와 기능미를 모두 디자인의 본질로 보고 있다고 봄이 타당하다.

(5) 검 토

생각건대, 디자인의 본질은 장식미로부터 시작되었으나, 장식미는 객관적 판단이 어렵고 동법은 산업발전을 목적으로 하므로 특허법 등으로 보호할 수 없는 기능미를 갖춘 디자인이 다수 존재하므로 기능미를 완전히 배제할 수는 없다. 따라서 장식미를 원칙으로 하되, 기능미를 합목적적으로 충분히 고려하여 해석해야 한다.

설문 2 에 대하여

1 문제의 소재

기능은 물품이 발휘하는 기술적인 작용, 효과를 의미하며, 미적 효과와 같은 심리적, 시각적 기능은 포함하지 않는다. 기능성을 가진 디자인은 법상 일정한 제한을 받는 경우가 있다.

2 제34조 제4호

(1) 의의 및 취지

물품의 기능을 확보하는 데 불가결한 형상만으로 된 디자인은 등록받을 수 없다. 장식성이 없고 기능성만 있는 디자인은 미감을 성립요건으로 둔 법 취지에 반하고, 이는 특허법 내지는 실용신안법에 의해 보호받는 것이 타당하기 때문이다.

(2) 요 건
① 해당 물품에 관한 통상의 지식을 가진 자를 기준으로 판단해야 한다.
② 기능의 의미는 상기 기재하였다.
③ 불가결한 형상은 물품의 기술적 기능을 확보하기 위해 필연적으로 정해진 형상과 물품의 호환성을 확보하기 위해 표준화된 규격에 의해 정해진 형상이 있다.
④ 기술적 기능은 형상에 의해 발휘되는 것이므로 모양과 색채는 본 호 판단의 대상이 아니다.
⑤ 특히 필연적 형상은 기능을 확보할 수 있는 선택가능한 대체 형상이 존재하는지 여부로 판단한다.

(3) 흠결 시 취급
거절이유, 정보제공사유, 이의신청이유, 무효사유에 해당한다.
이는 선행디자인과의 관계와 관련이 없으므로 법문상 제33조가 우선하긴 하나 먼저 판단할 수 있다.

3 디자인의 유사 판단 시 취급

(1) 문제의 소재
기능적 형상을 포함하고 있는 경우, 유사 판단 시 요부로 보지 않는 경우가 있으므로 이에 대해 살핀다.

(2) 물품의 기본적, 기능적 형태인 경우
① 대법원은 물품으로서 당연히 존재해야 하는 부분으로 그 중요도를 낮게 평가해야 한다고 하면서, 이러한 부분들이 동일·유사하다는 사정만으로 그 디자인이 동일·유사하다고 할 수는 없다고 판시했다.
② 이러한 물품의 형상은 그 물품임을 인식하기 위해 갖추어야 하는 것이고, 장기간 다수인의 경험이 축적된 결과물이기에 특정인이 독점할 수 없는 공공의 자산으로 볼 수 있으므로 요부가 될 수 없는 것이다.
③ 이러한 것으로는 물품의 기능을 확보하는 데 불가결한 경우로 대체성이 없는 제34조 제4호에 해당하는 형상과, 종래부터 흔히 사용되어 오던 것들이 있다.

(3) 물품의 기능을 확보하는 데 필요한 경우
대법원은 대체성이 있는 경우에는 불가결한 형상이라고 할 수 없으므로, 특별한 사정이 없는 한 유사 판단 시 중요도가 낮다고 단정할 수 없다고 판시하였다. 따라서 요부가 될 수 있다.

4 심미성과의 관계

심사기준은 기능, 작용, 효과를 주목적으로 한 것으로서 미감을 거의 일으키게 하지 않는 것은 심미성이 없는 것으로 규정하는데, 기능성 디자인은 이에 해당할 가능성이 높다.
또한, 상기 서술한 제34조 제4호는 형상만으로 판단하므로, 만약 이러한 디자인에 독특한 모양 또는 색채가 부가되어 있지 않으면 심미성도 흠결될 것이다. [끝]

문제 8
기출 24

디자인 A를 실시하고 있는 甲은 등록디자인 B를 소유하고 있는 乙로부터 디자인 A의 실시가 등록디자인 B에 대한 디자인권 침해를 구성하므로 디자인 A의 실시를 중지할 것을 요청하는 서면을 수령하였다. 이에 대응하여, 甲은 乙의 등록디자인 B에 대해 디자인등록의 무효심판을 청구하기로 결정하였고, 등록디자인 B에 대한 무효사유를 찾는 과정에서, 甲은 등록디자인 B의 디자인등록출원서상에 첨부된 도면에 서로 불일치하는 부분들이 있음을 발견하였다. 이로 인해, 甲은 디자인등록출원서에 첨부된 도면에 서로 불일치하는 부분들이 있어, 등록디자인 B가 공업상 이용할 수 없는 디자인에 해당된다는 이유로 무효심판을 청구하였다. 다음 물음에 답하시오. [20점]

1 甲이 乙의 등록디자인 B에 대해서 무효심판을 청구할 수 있는 이해관계인에 해당되는지 여부를 설명하시오. [5점]

2 디자인보호법상 '공업상 이용 가능성'의 의미를 설명하고, 등록디자인 B가 공업상 이용할 수 없는 디자인이라는 이유로 무효가 될 수 있을지 여부를 대법원 판례에 기초하여 설명하시오. [15점]

설문 **1** 에 대하여

1 무효심판의 청구인 적격(제121조 제1항)

무효심판은 이해관계인 또는 심사관이 청구할 수 있다.

2 이해관계인에 관한 판례의 태도

대법원은 이해관계인이란 권리의 존속으로 인하여 법률상 어떠한 불이익을 받거나 받을 우려가 있어 소멸에 관해 직접적이고 현실적인 이해관계를 가진 사람을 말한다고 판시하였다.

3 사안의 경우

甲은 乙로부터 디자인 A의 실시가 乙의 등록디자인 B에 대한 침해를 구성한다는 서면을 수령하였는바, 乙의 등록디자인 B의 소멸에 직접적이고 현실적인 이해관계를 가졌으므로, 甲은 무효심판을 청구할 수 있는 이해관계인에 해당한다.

설문 2 에 대하여

1. 공업상 이용가능성 (제33조 제1항 본문)

(1) 의의 및 취지

공업상 이용할 수 있는 디자인만이 디자인등록의 대상이 된다. 이는 공업적 생산방법에 의해 동일한 물품을 양산할 수 있는 것을 의미한다. 물품의 수요 증대를 통한 산업발전을 위해서는 디자인은 물품과 함께 공업적으로 반복 생산이 가능해야 하기 때문이다.

(2) 요 건

(i) 공업적 생산방법이란 원자재에 물리적, 화학적 변화를 가하여 유용한 물품을 제조하는 것을 말하며 (判), (ii) 동일 물품이란 물리적으로 완전히 동일한 물품을 요하는 것은 아니고, 통상의 디자이너가 합리적으로 해석했을 때 동일한 물품으로 인식 가능한 수준의 동일성을 가진 동일 물품을, (iii) 양산 가능성이란 동일한 형태의 물품을 반복적으로 계속하여 생산하는 것을 말한다(判).

2. 구체성 흠결의 경우 - 도면 기재불비

(1) 디자인의 전체적인 형태가 도면에 명확하게 표현되지 않아 일부가 추측상태로 남아 있는 경우로, 권리내용의 특정이 어렵고 심사지연이 우려되기 때문이다.

(2) 판단 방법 - 판례의 태도

디자인등록출원서에 첨부된 도면에 서로 불일치하는 부분이 있다고 하더라도 그와 같은 부분이 사시도와 6면도의 원근법 등 표현 방법의 차이에서 비롯된 것이거나 또는 보는 이의 눈에 잘 띄지 않는 것으로서 디자인 창작의 요점과는 직접 관계가 없는 사항에 불과하여 그 디자인이 속하는 분야에서 통상의 지식을 가진 사람이 경험칙에 의하여 디자인의 요지를 충분히 특정할 수 있는 경우에는 공업적 생산방법에 의하여 동일 물품을 양산할 수 있다고 할 것이므로, 그 디자인은 공업상 이용할 수 있는 디자인에 해당한다고 판시하였다.

3. 사안의 경우

(i) 乙의 등록디자인 B의 디자인등록출원서 상에 첨부된 도면의 불일치하는 부분들이 경미하여 그 디자인 분야에서 통상의 디자이너가 경험칙에 의하여 디자인의 요지를 충분히 특정할 수 있는 경우에는 등록디자인 B는 공업상 이용할 수 있는 디자인에 해당하므로, 무효로 되지 않을 것이고, (ii) 도면의 불일치로 인해, 통상의 디자이너가 경험칙에 의하더라도 등록디자인 B의 요지를 특정할 수 없는 경우에는 무효로 될 것이다. [끝]

CHAPTER 02 특유디자인

문제 1 부분디자인은 디자인보호법상 제2조 제1호 괄호에 따라 등록이 가능한 대상으로 규정되어 있다. 이 부분디자인 제도는 2001년 시행법에서 도입된 이후로 특유의 법리가 성립되어 왔다. 부분디자인과 비교가 되는 개념으로 부품디자인이 있다. 부품은 완성품의 일부를 구성하는 물품으로 부분디자인과 달리 물품성이 인정된다.

양자에 대해 차이점을 중심으로 비교하여 논하시오. [20점]

1 서 설

(1) 부분디자인의 의의

부분디자인은 물품의 부분의 형상·모양·색채 또는 이들의 결합에 관한 디자인을 말한다(제2조 제1호 괄호). 본체에서 분리하여 떼어낼 수는 없으나, 해당 업계에서 독립 거래의 대상이 될 수 없는 물품의 디자인이다. 따라서 원칙적으로 독립성 흠결로 물품으로 인정되지 않으나, 물품의 부분에 창작적 요지가 있는 경우, 제3자의 모방을 방지하기 위해 인정된다.

(2) 부품디자인의 의의

부품이란 완성품의 구성물로서, 완성품으로부터 분리 가능하고 독립 거래의 대상이 되며, 존재하지 않으면 완성품의 기능을 제대로 발휘할 수 없는 부분을 의미한다.

2 물품성 인정 여부의 차이

(1) 부분디자인

원칙적으로는 물품성이 없는데 보호의 필요에 의해 물품성을 의제해준다. 다만, 부분디자인의 대상이 되는 물품이 통상의 물품에 해당하고, 물품의 부분의 형태로 인정되며, 다른 디자인과 대비 가능한 부분으로서 하나의 창작단위로 인정되어야 한다.

(2) 부품디자인

반면, 부분디자인과 달리 부품의 물품성이 인정된다. 다만, 물품은 다수의 구성부분에 의하여 성립하는데 그중 어디까지를 독립된 교환가치를 지닌 부품으로 볼지에 대한 구별 기준이 필요하다. 대법원은 물품이란 독립성이 있는 구체적인 유체동산을 의미하므로 디자인등록의 대상이 되는 물품은 통상의 상태에서 독립된 거래 대상이 되어야 하고, 그것이 다시 부품이라면 호환성을 가져야 하나, 실제 거래 사회에서 현실적으로 거래되고 다른 물품과 호환될 것을 요하는 것은 아니고 그러한 가능성만 있으면 등록 대상이 될 수 있다고 판시했다.

3 출원서와 도면에서의 차이

(1) 출원서
부분디자인의 경우 출원서에 그 취지를 기재해야 하는 반면 부품디자인은 그럴 필요가 없다. 또한 디자인의 대상이 되는 물품에 부분디자인은 부분에 대한 명칭이 아닌 독립 거래의 대상이 되는 물품명을 기재해야 하고, 부품디자인은 부품명을 적되 용도를 명시해야 한다.

(2) 도 면
부분디자인의 경우, 전체 형상에서 부분디자인으로 보호하고자 하는 부분을 명확하게 특정하여 표현해야 한다. 구체적으로 등록받고자 하는 부분은 실선, 그 외의 부분은 파선, 경계가 불명확하면 일점쇄선으로 또는 이에 준하는 방법으로 명확하게 도시해야 하고, 이와 관련된 설명을 디자인의 설명에 기재해야 한다. 반면, 부품디자인은 전체 완성품 중 보호받고자 하는 부품의 부분만으로 따로 도면에 실선으로 표시하면 족하다.

이에 따라 부분디자인은 확대된 선출원 규정이 적용되는 범위에 파선 부분도 포함되므로 부품디자인과 차이가 존재한다.

4 유사 판단에서의 차이

(1) 부분디자인
디자인의 대상이 되는 물품, 등록받고자 하는 부분의 기능, 용도, 형태 및 차지하는 위치, 크기, 범위를 종합적으로 고려하여 판단한다. 구체적으로는 상기 고려 대상들이 모두 동일하면 동일한 디자인이고, 하나라도 유사하면 유사한 디자인으로 본다. 다만, 등록받고자 하는 부분 이외의 형상 또는 포함된 모양에 차이가 있는데 이러한 차이가 극히 미세하여 전체적으로 심미감이 동일한 경우에는 동일한 디자인으로 취급한다.

(2) 부품디자인
부품끼리의 유사 판단은 일반적인 디자인의 유사 판단 방법에 의한다. 한편, 부품은 완성품의 외관을 이루는 구성요소이므로 상호간의 유사 여부가 문제되는 경우가 있다. 원칙적으로 완성품과 부품은 용도가 달라 비유사한 물품으로 본다. 다만, 부품의 구성이 완성품에 가까운 경우에는 예외적으로 유사한 물품으로 보아 디자인의 유사 여부를 판단할 수 있다.

5 복수의 디자인의 등록 가부

부분디자인은 1물품에 물리적으로 분리된 2 이상의 부분이 표현된 경우, 1디자인 1출원 위반으로 단정할 수 없고 출원서 및 도면, 디자인의 설명, 창작내용의 요점에 기재된 출원인의 창작 의도를 고려하여 1디자인 여부를 판단한다. 구체적으로 심사기준은 전체 또는 각 부분으로서 형태적 또는 기능적 일체성이 있어 창작상의 일체성이 인정되면 1디자인으로 인정한다고 규정하며, 판례는 일체로서 시각적 심미감을 요한다. 반면, 부품디자인은 1완성품에서 2 이상의 부품이 표현된 경우 1디자인 1출원 위반에 해당한다. [끝]

문제 2
기출 14

甲은 2014.7.15. '전화기'를 디자인의 대상물품으로 하여 디자인 A를 디자인등록출원하였다. 甲은 출원일 이후 디자인 A의 한 부분인 '전화기의 버튼부분'의 디자인 a1을 별도로 권리화하고자 한다. 디자인 a1을 별도로 디자인등록출원을 하는 경우, 신규성(제33조 제1항), 선출원주의(제46조), 확대된 선출원(제33조 제3항), 1디자인 1디자인등록출원(제40조) 요건 판단과 관련하여 디자인 a1의 등록가능성을 설명하시오. [30점]

1 문제의 소재

전화기의 버튼부분은 독립 거래의 대상이 되지 않으므로 물품성이 인정되기 어렵다. 이에 부분디자인으로 성립되는지 여부를 검토한 뒤, 성립된다면 부분디자인에 대하여 선출원디자인 A와의 관계에서 설문에서 언급한 등록요건 인정 여부를 판단한다.

2 부분디자인의 성립여부

부분디자인의 성립요건을 검토해보면, 전화기는 통상의 물품에 해당하고, 따라서 전화기의 버튼부분은 전화기의 부분의 형태로 인정되며, 다른 디자인과 대비 가능한 부분으로서 하나의 창작단위로 인정될 수 있으며, 한 벌 물품의 디자인에 대한 부분디자인이 아니므로 부분디자인으로 성립 가능하다.

3 부분디자인의 등록요건의 판단

(1) 신규성(제33조 제1항 각 호)

① 의의 및 취지
출원 전 국내외 공지디자인과 동일·유사한 디자인은 신규성 흠결로 등록받을 수 없다. 공지디자인에 대해 독점배타권을 부여하는 것은 법 목적에 반하기 때문이다.

② 판단방법
국내외 공지디자인과 비교하여 동일·유사한지를 판단한다. 공지란 비밀유지의무가 없는 불특정다수인이 알 수 있는 상태에 놓인 것을 말한다.

③ 사안의 경우
선출원디자인 A가 공지된 사정이 없으므로 신규성 위반은 아니다. 만약 甲에 의해 공지된 사실이 1년 이내 있다면 제36조 주장이 가능할 것이나, 출원공개신청이나 등록공고에 의한 경우라면 불가능하므로 신규성 위반이 될 것이다.

(2) 선출원주의(제46조)

① 의의 및 취지
동일·유사한 디자인에 대하여, 먼저 출원한 자만이 등록이 가능하고, 동일자인 경우에는 협의제에 의한다. 중복 등록을 배제하고, 권리의 안정성을 도모하기 위함이다.

② 판단방법
  ㉠ 선, 후출원디자인 간 동일·유사 여부를 판단한다.
  ㉡ 선출원의 지위는 설정등록 또는 협의불성립을 이유로 한 거절 취지의 결정 또는 심결이 확정된 경우에는 인정된다.
  ㉢ 반려, 무효, 취하, 포기, 협의불성립 외의 이유로 거절 취지의 결정 또는 심결이 확정된 경우, 무권리자의 출원인 경우에는 인정되지 않는다.
③ 사안의 경우
  디자인 A는 거절, 취하, 포기 등의 사정이 없으므로 선출원의 지위가 유효하게 존속하고, 전화기의 전체디자인 A와 부분디자인인 a1은 등록받고자 하는 대상과 그 취지가 다르므로 비유사하다. 따라서 선출원주의 위반이 아니다.

(3) 확대된 선출원(제33조 제3항)
① 의의 및 취지
  출원디자인의 출원일 전에 출원된 타 출원이 당해 출원 후 출원공개·등록공고된 경우, 출원디자인이 디자인 공보에 게재된 타 출원 디자인의 일부와 동일·유사하면 등록받을 수 없다. 실질적으로 선창작된 디자인을 보호하기 위함이다.
② 요 건
  ㉠ 주체적 요건
    출원인이 다른 경우에만 적용된다. 다만, 특허법과는 달리 전체와 부분의 관계에 있는 디자인의 권리 관계가 복잡해지는 것을 방지하기 위해 창작자가 동일하더라도 적용된다.
  ㉡ 객체적 요건
    • 확대된 선출원의 지위는 필수도면 및 부가도면을 기초로 한다. 선출원이 부분디자인인 경우, 도면에 파선으로 표현된 부분 등을 포함한 전체디자인이 확대된 선출원의 지위를 갖는다.
    • 동 규정은 후출원디자인이 선출원디자인 중 후출원디자인에 상당하는 일부 부분과 기능 및 용도에 공통성이 있고, 형태가 동일·유사하며 대비가능한 정도로 충분히 표현되어 있으면 적용한다. 여기서 일부란 선출원디자인의 외관 중에 포함된 하나의 폐쇄된 영역을 의미한다.
  ㉢ 시기적 요건
    등록여부결정 시 판단하며, 출원디자인의 출원일 전에 타 출원이 있고, 출원디자인의 출원 후에 타 출원의 출원공개, 등록공고가 있어야 한다.
③ 사안의 경우
  동일인의 출원이므로 확대된 선출원 위반이 아니다.

(4) 1디자인 1출원(제40조 제1항)
① 의의 및 취지
  ㉠ 1디자인마다 1출원으로 한다.
  ㉡ 1디자인이란, 1물품 1형태를 말한다.
  ㉢ 다물품 또는 다형태의 경우에는 제41조 또는 제42조에 의해 등록받아야 한다. 절차의 편의성과 권리의 명확성을 도모하기 위함이다.
② 부분디자인의 1디자인 여부 판단방법
  1물품에 물리적으로 분리된 2 이상의 부분디자인이 표현된 경우, 1디자인 1출원 위반으로 단정할 수 없고, 출원서 및 도면, 디자인의 설명, 창작내용의 요점에 기재된 출원인의 창작의도를 고려한다.

③ 1디자인으로 인정되는 경우
　㉠ 형태적 일체성은 대칭 또는 한 쌍이 되거나, 하나의 대상을 인식하게 하거나, 물리적으로 분리된 부분으로서 하나의 창작단위로 인식하게 하는 등 관련성을 가지고 있는 것이다.
　㉡ 기능적 일체성은 물리적으로 분리된 부분들이 전체 또는 각 부분으로서 하나의 기능을 수행하는 등 관련성을 가지고 있는 것이다.
④ 사안의 경우
　전화기의 버튼부분은 물리적으로 분리된 부분들이지만 전체로서 전화기에 발신을 원하는 번호 또는 기타 명령을 입력한다는 하나의 기능을 수행하는 바, 기능적 일체성이 인정되어 부분디자인 a1은 1디자인으로 인정된다.

4 결 론

전화기의 버튼부분에 관한 디자인을 전체디자인으로 출원하는 경우 물품성 위반으로 등록받을 수 없을 것이다. 다만, 특단의 사정이 없는 한 a1을 부분디자인으로 출원하는 경우, 등록이 가능할 것이다. [끝]

문제 3 (기출 09)
A사는 손잡이 부분의 형상에 특징이 있는 양손냄비의 디자인 X를 창작하고 그 양손냄비의 디자인 X에 대해 디자인보호법에 의한 보호를 받고자 한다. 이 경우 A사는 어떤 형식의 디자인등록출원을 하는 것이 가장 유효한 것인지에 대해 설명하고 아울러 디자인 X가 등록된 경우 디자인권의 효력에 대해 설명하시오. [30점]

1 문제의 소재

손잡이 부분의 독립성 인정 여부에 따라 부분디자인, 부품디자인, 양손냄비 전체에 대한 디자인 3가지 방안이 가능한 바 이에 대하여 설명한다.

2 출원 방법

(1) 부품디자인(손잡이)
　① 의의 및 취지
　　부품이란 완성품의 구성물로서, 완성품으로부터 분리 가능하고 독립 거래의 대상이 되며, 존재하지 않으면 완성품의 기능을 제대로 발휘할 수 없는 부분을 의미한다.

② 독립성 판단방법
　㉠ 문제의 소재
　　물품을 구성하는 구성부재의 어느 범위까지가 독립된 교환 가치가 있는 부품인지의 구별이 곤란하여, 부품의 물품성에 관한 판단 기준이 문제된다.
　㉡ 학설의 대립
　　• 호환의 현실성설은 동종류의 부품이 그 업계에서 통상적이고 독립적인 상품으로 거래되고 있어야 하며, 특정 부품이 하나의 모회사와 자회사 사이에서 독립 거래된 사정만으로는 부족하다고 한다.
　　• 호환의 가능성설은 단정적으로 이를 판단하는 것은 어렵기 때문에 물품의 성격과 거래실정에 비추어 유동적으로 해석해야 한다고 한다.
　㉢ 판례의 태도
　　대법원은 물품이란 독립성이 있는 구체적인 유체동산을 의미하므로 디자인등록의 대상이 되는 물품은 통상의 상태에서 독립된 거래 대상이 되어야 하고, 그것이 다시 부품이라면 호환성을 가져야 하나, 실제 거래 사회에서 현실적으로 거래되고 다른 물품과 호환될 것을 요하는 것은 아니고 그러한 가능성만 있으면 등록 대상이 될 수 있다고 판시하여 호환의 가능성설의 입장으로 평가된다.
　㉣ 검 토
　　독립성은 거래관념상 1단위로서 거래되는지로 판단되는데, 이는 자의적으로 판단할 수 없는 점, 신규한 물품의 창작으로 독립성은 언제든지 발생할 가능성이 있으므로 심사단계에서는 단정할 수 없는 점을 고려하면 최근 대법원의 견해가 타당하다.
③ 사안의 경우
　손잡이가 다른 냄비 또는 용기에도 사용될 수 있는 호환의 가능성이 있으면 부품으로 인정될 수 있는 바, 손잡이에 대한 전체디자인으로 출원이 가능하다.

(2) 전체디자인(양손냄비 X)
손잡이가 호환의 가능성이 없어 물품으로 인정될 수 없는 경우 양손냄비 전체에 대한 보호를 도모할 수 있다.

(3) 손잡이에 대한 부분디자인
① 의의 및 취지
　부분디자인은 물품의 부분의 형상·모양·색채 또는 이들의 결합에 관한 디자인을 말한다(제2조 제1호 괄호). 본체에서 분리하여 떼어낼 수는 없으나, 해당 업계에서 독립 거래의 대상이 될 수 없는 물품의 디자인이다. 따라서 원칙적으로는 독립성 흠결로 물품으로 인정되지 않으나, 물품의 부분에 창작적 요지가 있는 경우, 제3자의 모방을 방지하기 위해 인정된다.
② 성립요건
　부분디자인의 대상이 되는 물품이 통상의 물품에 해당하고, 물품의 부분의 형태로 인정되며, 다른 디자인과 대비 가능한 부분으로서 하나의 창작단위로 인정되어야 한다.
③ 출원 시
　㉠ 출원서에 그 취지를 기재하고, 디자인의 대상이 되는 물품에 부분에 대한 명칭이 아닌 독립 거래의 대상이 되는 물품명을 기재해야 한다.

ⓒ 도면은 전체 형상에서 부분디자인으로 보호하고자 하는 부분을 명확하게 특정하여 표현해야 한다. 구체적으로 등록받고자 하는 부분은 실선, 그 외의 부분은 파선, 경계가 불명확하면 일점쇄선으로 또는 이에 준하는 방법으로 명확하게 도시해야 하고, 이와 관련된 설명을 디자인의 설명에 기재해야 한다.

④ 사안의 경우

㉠ 양손냄비는 통상의 물품에 해당하고, 그 손잡이는 양손냄비의 부분의 형태로 인정되며, 다른 디자인과 대비 가능한 부분으로서 하나의 창작단위로 인정되므로 부분디자인으로 성립된다.

ⓒ 따라서, 부품으로서 등록이 어려운 경우 부분디자인으로 등록을 도모할 수 있다. 이 경우, 출원서에 그 취지를 기재하고 물품명은 '양손냄비'로 하며, 도면은 냄비 본체 부분을 파선으로 손잡이 부분을 실선으로 하여 등록받고자 하는 부분을 명확하게 표시해야 할 것이다.

3 권리범위의 비교

(1) 디자인의 보호범위

① 의의 및 취지

동일·유사 범위까지 미친다(제92조). 이는 모방이 용이한 디자인의 특성상 동일한 범위로 제한하면 실질적인 보호가 어렵기 때문이다.

② 보호범위의 기준

출원서의 기재사항 및 도면 등과 디자인의 설명에 따라 표현된 디자인에 의하여 정해진다(제93조).

③ 유사 판단 방법(대법원)

물품의 동일·유사를 전제로, 디자인을 구성하는 각 요소를 분리하여 개별적으로 대비할 것이 아니라, 외관을 전체적으로 대비 관찰하여 관찰자로 하여금 상이한 심미감을 느끼게 하는지를 판단한다. 따라서 그 지배적인 특징이 유사하다면 세부적인 차이가 있더라도 유사하다고 보아야 한다.

(2) 부분디자인의 권리범위

① 부분디자인의 유사 판단 방법

디자인의 대상이 되는 물품, 등록받고자 하는 부분의 기능, 용도, 형태 및 차지하는 위치, 크기, 범위를 종합적으로 고려하여 판단한다.

② 후출원 배제효

도면상 파선으로 표현된 부분 등을 포함한 전체가 확대된 선출원(제33조 제3항)의 지위를 가지며, 공개되는 경우 전체가 신규성, 창작성 판단의 인용참증의 지위를 갖는다.

③ 전체디자인 출원의 실익

가장 안정적인 권리의 확보로서 실시 물품의 외형 전체를 보호할 수 있고, 거절이나 무효의 가능성이 낮아 권리의 안정성이 확보되며, 손해액 산정 시 감액 사유를 최소화할 수 있는 등의 장점을 지닌다.

④ 사안의 경우

양손냄비의 손잡이 부분에 대하여 호환의 가능성이 인정되는 경우, 부품디자인으로 출원하는 것이 디자인의 구성요소가 가장 적으므로 가장 넓은 권리범위를 지닌다. 호환의 가능성이 인정되지 않는 경우, 전체디자인보다는 부분디자인으로 출원하는 것이 권리범위상 유리한 점이 있다. 다만, 전체디자인으로도 출원할 몇 가지 실익이 있다고 할 것이다. [끝]

문제 4
기출 18

甲은 토끼의 귀와 꼬리에 착안한 디자인 '🐰'을 창작하여 물품(휴대폰 케이스)의 본체부분을 제외한 상부(귀)인 '🐰'와 하부 돌출 부분(꼬리)인 '●'만을 보호받고자 부분디자인으로서 도시하여 하나의 디자인등록출원을 하였으며, 디자인의 설명란에 "1. 토끼의 귀 모양에는 이어폰의 와이어를 감을 수 있고 꼬리부분은 휴대폰을 경사지게 지지하는 것임, 2. 본 물품의 도면 중 회색으로 표현된 케이스 본체의 점선부분을 제외한 나머지 부분을 부분디자인으로서 디자인등록을 받고자 하는 부분임"이라고 기재한 디자인등록출원서 및 도면을 제출하였다.

[20점]

1 甲의 출원이 부분디자인으로서 1디자인의 단일성 요건(디자인보호법 제40조 제1항의 '1디자인')을 충족하는지 여부를 형태적 일체성과 기능적 일체성의 견지에서 논하시오.
[10점]

2 甲의 출원이 등록된 경우, 1) 제3자의 무단실시에 따른 부분디자인권의 보호범위(유사판단) 판단과 2) 제3자의 후출원에 관한 등록요건(신규성, 선출원주의, 확대된 선출원)을 판단함에 있어, 부분디자인을 특정하면서 도시한 파선부분(회색 본체부분)을 어떻게 취급하여야 하는지에 대하여 각각 논하시오.
[10점]

설문 **1** 에 대하여

1 1디자인 1출원(제40조 제1항)

(1) 의의 및 취지
① 1디자인마다 1출원으로 한다.
② 1디자인이란, 1물품 1형태를 말한다.
③ 다물품 또는 다형태의 경우에는 제41조 또는 제42조에 의해 등록받아야 한다. 절차의 편의성과 권리의 명확성을 도모하기 위함이다.

(2) 부분디자인의 1디자인 여부 판단방법
1물품에 물리적으로 분리된 2 이상의 부분디자인이 표현된 경우, 1디자인 1출원 위반으로 단정할 수 없고, 출원서 및 도면, 디자인의 설명, 창작내용의 요점에 기재된 출원인의 창작의도를 고려한다.

(3) 1디자인으로 인정되는 경우
① 형태적 일체성은 대칭 또는 한 쌍이 되거나, 하나의 대상을 인식하게 하거나, 물리적으로 분리된 부분으로서 하나의 창작단위로 인식하게 하는 등 관련성을 가지고 있는 것이다.
② 기능적 일체성은 물리적으로 분리된 부분들이 전체 또는 각 부분으로서 하나의 기능을 수행하는 등 관련성을 가지고 있는 것이다.

2 관련 사건에서 법원의 입장

(1) 특허법원

상부는 토끼의 귀 모양임을 쉽게 알 수 있으나, 하부는 단순히 구 형태의 털 뭉치 정도로만 느껴지고 상부에 비해 지나치게 커서 상부와의 형태상 연관성을 찾아보기 어렵다. 또한 상부는 램프가 내장되어 발광하거나, 이어폰의 와이어를 감을 수 있는 기능을 수행하나, 하부는 이와 같은 기능을 수행하지 않으므로 기능적 일체성도 없다.

(2) 대법원

꼬리 부분이 차지하는 비율이 다소 크기는 하지만 토끼의 실물을 디자인화하는 과정에서 어느 정도의 과장 또는 추상화가 수반되기 마련이고, 물체의 상부에 토끼 귀, 물체의 하단 뒷면에 둥근 털 뭉치 형상이 위치하고 있어서 보는 사람으로 하여금 토끼 꼬리라고 인식할 여지가 충분히 있으며, 실제로 소비자들이 토끼 형상으로 인식하고 있으므로 형태적 일체성이 인정된다.

3 설문 1의 해결

(1) 기능적 일체성에 대해서는 상기 특허법원의 입장과 같이 이 사건 디자인의 상부(귀)와 하부(꼬리)는 각각 와이어 감기용, 휴대폰 경사지지용으로 기능이 상이하므로 전체로서 하나의 기능을 수행한다고 보기 어려워 인정되기 어렵다.
(2) 형태적 일체성에 대해서는 대법원의 입장에 따라 보는 사람으로 하여금 토끼 귀와 토끼 꼬리로 인식하도록 구성되어 하나의 토끼 형상으로 인식할 수 있다고 보아야 한다. 다만, 꼬리 부분이 과도하게 크다는 특허법원의 지적에 대해서는 디자인의 창작에 있어서 소정의 추상화는 수반되기 마련이므로 형태적 객관성을 과도하게 적용하기보다는 관찰자의 입장에서 일체적 심미감을 가지는지를 중점적으로 보아야 하는 바, 타당하지 않다.
(3) 따라서 형태적 일체성이 인정되는 바, 1디자인의 단일성 요건을 충족한다.

설문 2 에 대하여

1 파선 부분의 취급 - 요부설

(1) 문제의 소재

실선 부분을 해석함에 있어 파선 부분과의 관계를 고려해야 하는지 문제된다.

(2) 학설의 대립

① 요부설은 물품의 부분만의 디자인 성립은 인정할 수 없다는 전제 하에 실선부는 요부로, 파선부는 비요부로 취급한다는 견해이다.
② 독립설은 실선부만이 디자인의 본질이므로 실선부만을 비교 대상으로 하여 유사 판단을 해야 하고, 파선부는 무시하거나 이해 용도로만 보는 입장이다.

(3) 각국 실무의 태도

우리나라는 실선부 이외의 요소도 고려하는 것으로 보아 요부설의 입장으로 해석되며, 미국은 독립설, 일본은 요부설의 입장이다.

(4) 검토

부분디자인은 전체 물품을 전제로 성립되는 것이므로 부분디자인의 해석에 있어 파선부와의 관계를 고려함이 타당하므로 요부설이 타당하다.

2 부분디자인의 유사 판단 방법

(1) 부분디자인의 유사 여부는 디자인의 대상이 되는 물품, 등록받고자 하는 부분의 기능, 용도, 형태 및 차지하는 위치, 크기, 범위를 종합적으로 고려하여 판단한다.
(2) 사안의 경우, 회색 본체 부분은 휴대폰을 보호하는 케이스 부분인데 이는 비요부로 취급하므로 이 부분이 제3자의 디자인과 유사하다고 해서 침해라고 할 수는 없다. 다만, 회색 본체 부분을 고려하여 상부(귀), 하부(꼬리)의 위치 및 크기, 범위가 유사하고 더불어 그 형상도 유사한 경우에는 甲의 부분디자인권의 보호범위에 해당하여 침해라고 주장할 수 있을 것이다.

3 부분디자인의 등록요건 판단

(1) 신규성

등록이 되면 공지된 것으로 보며, 등록공보에 파선 부분도 디자인을 특정할 수 있을 정도로 표현되어 있으므로 신규성에 대한 인용참증으로서 실선과 동일한 지위로 기능할 수 있다. 따라서 甲의 디자인의 회색 본체 부분도 신규성 판단의 인용참증의 지위를 갖는다.

(2) 선출원주의

신규성과는 달리 파선 부분까지 선출원의 지위를 갖는다고 볼 수는 없다. 다만, 상기 전술한 유사 판단 시 고려의 대상이 된다. 따라서 회색 본체 부분은 선출원의 지위는 없지만 후출원의 선출원주의 위반 판단에 있어 고려대상이 된다.

(3) 확대된 선출원

신규성과 같이 파선 부분도 실선과 동일한 지위로서 확대된 선출원의 지위를 갖는다. 따라서 회색 본체 부분은 확대된 선출원의 지위를 가지므로 후출원이 회색 본체 부분과 유사하다면 거절이유를 가질 수 있다. [끝]

문제 5
기출 18

甲회사는 자사 홍보를 목적으로 다음과 같은 글자체를 개발하고 디자인등록출원을 하였다.
[20점]

1. 甲회사의 글자체가 디자인보호법상 보호대상인 글자체디자인이 되기 위한 성립요건을 설명하시오. [6점]
2. 甲회사의 글자체디자인의 등록요건에 대한 심사 시, 글자체디자인 상호간의 유사 판단 기준에 관하여 설명하시오. [7점]
3. 甲회사의 글자체디자인이 등록된 후, 인쇄소를 운영하는 乙은 시중에 유통 중인 甲의 등록 글자체디자인을 이용하여 청첩장을 제작하였다. 乙의 행위가 甲의 디자인권 침해를 구성하는지 논하시오. [7점]

설문 1 에 대하여

1 글자체디자인의 의의 및 취지

글자체란 기록이나 표시 또는 인쇄 등에 사용하기 위해, 공통적인 특징을 가진 형태로 만들어진 한 벌의 글자꼴을 말한다(제2조 제2호). 법상 물품에 글자체를 포함하여 독자적으로 보호하고 있다. 창의적인 글자체를 보호하고 지속적인 글자체의 개발을 촉진하기 위함이다.

2 성립요건

(1) **일반적인 성립요건**

물품성과 형태성은 의제되며, 시각을 통해 미감을 일으키는 것이어야 한다.

(2) **기록이나 표시 또는 인쇄 등에 사용하기 위한 것**

글자체는 실용적 목적으로 창작된 것이어야 하고, 단순한 미적 감상만을 위한 서예, 특이한 글씨체 로고타입 등은 인정될 수 없다. 또한 인쇄기술적 방법인지 여부를 가리지 않고 활자, 지면, 화상 등의 컴퓨터 자판, 사진식 자판 등 유체물의 표면에 나타난 한 벌 글자의 형상을 의미하는 것으로 본다.

(3) **공통적인 특징을 가진 형태로 만들어진 것**

한 벌의 문자, 서체 등에 대하여 독특한 형태의 디자인을 한 것으로서 글자들 간에 통일과 조화를 이루도록 만들어진 한 벌의 글자들을 말한다. 여기서 공통적인 특징을 가진 형태란 개개 글자꼴이 지니는 모양, 규모, 색채, 질감 등이 서로 비슷하여 시각적으로 서로 닮았거나 같은 그룹으로 보이는 형태를 의미한다.

(4) 한 벌의 글자꼴

글자 하나하나를 의미하는 것이 아니라, 전체로서 조합인 한 벌의 글자꼴을 의미하므로 글자체의 부분디자인은 허용되지 않는다. 종류로는 한글, 영문자, 한자, 외국문자, 숫자, 특수기호가 있고 각각 별개의 디자인으로 본다.

3 설문 ❶의 해결

甲회사의 글자체는 일반적인 성립요건이 충족되는 것이어야 하고, 홍보물에 사용하기 위한 것으로서 기록, 표시, 인쇄 등의 실용적 목적을 지닌다. 또한, 한 벌의 영문자들이 공통적인 특징을 지니고 있어야 하고(설문의 그림으로 보아 인정되는 것으로 보인다), 영문자 대/소문자 26개의 한 벌의 영문자 글자꼴이어야 한다.

설문 ❷ 에 대하여

1 글자체디자인의 유사 판단 기준

(1) 심사기준
① 한글, 영문자 등 종류가 다른 글자체 상호간은 비유사한 물품으로 본다. 다만, 라틴어 확장체를 포함한 라틴어 계열의 글자체는 상호 유사한 것으로 본다. 라틴어 계열의 글자체에는 영문자, 덴마크어, 독일어 등이 있다.
② 글자체디자인이 기존 글자체의 복사나 굵기의 변화 정도, 기계적 복제, 부분적 변경, 자족(패밀리 글자체)에 해당하는 경우 동일·유사하다고 판단한다.

(2) 판 례
① 유사 판단의 원칙은 글자체디자인의 경우에도 마찬가지로 적용되므로 전체적으로 대비 관찰하여 상이한 심미감이 느껴지는 데 의하여야 하고, 그 지배적인 특징이 유사하다면 세부적인 차이가 있더라도 유사하다고 본다.
② 글자체디자인은 인류가 문자생활을 영위한 아래 다수의 글자체가 개발되어 왔고, 문자의 기본 형태와 가독성을 필수적인 요소로 하여 디자인하여야 하므로 구조적으로 디자인을 크게 변화시키기는 어렵다는 고유의 특성을 참작하여 유사 여부를 판단해야 한다고 판시하였다.
③ 정적 글자체디자인과 동적 글자체디자인의 유사 판단
정지상태의 모양이 전체에서 차지하는 미감이 지배적이고 동 변화에 특이성이 없으면 유사한 디자인으로 본다. 다만, 동적 글자체디자인의 모양 변화가 특이한 경우에는 정적 글자체디자인과 비유사한 디자인으로 본다.

2. 설문 2의 해결

영문자이므로 라틴어 계열의 글자체까지는 유사 범위이다. 영문자 내지는 라틴어 계열의 글자체가 가지는 기본형태, 구조가 유사하다고 하여 유사하다고 볼 수는 없고, 그로부터 변화를 가하여 창작적인 특징이 드러나는 부분을 중점적으로 대비하여 판단해야 한다. 동적 글자체디자인과 비교하는 경우에는 동작 상태의 특이성 여부가 유사 여부에 큰 영향을 미칠 것이다.

설문 3 에 대하여

1. 문제의 소재

등록디자인의 권리범위는 동일 또는 유사한 범위에 미친다(제92조). 甲의 글자체디자인권은 유효하고, 이에 정당권원 없는 乙이 동일한 글자체디자인을 이용하여 청첩장을 제작한 행위가 침해인지는 제94조 제2항의 해석과 관련하여 문제된다.

2. 제94조 제2항 적용 여부

(1) 의의 및 취지

다음과 같은 경우에는 글자체디자인권의 효력이 미치지 않는다. 이는 일반사용자의 통상적인 정보교환 과정에 미치는 영향이 크기 때문에 산업발전을 저해할 우려가 있기 때문이다.
① 제3자가 타자, 조판, 인쇄 등의 통상적인 과정에서 글자체를 사용하는 경우
② 상기 글자체의 사용으로 생산된 결과물을 실시하는 경우

(2) 사안의 경우

乙은 청첩장을 제작하면서 인쇄과정에서 글자체를 사용한 바, 제94조 제2항이 적용됨에 따라 글자체디자인권의 효력이 제한되어 이에 대해서는 甲의 글자체디자인권의 효력이 미치지 않는다고 보아야 한다.

(3) 설문 3의 해결

제94조 제2항이 적용되어 디자인권의 효력이 제한되므로 乙의 행위는 甲의 디자인권 침해를 구성하지는 않는다. 다만, 甲은 저작권에 의한 보호를 도모할 수 있고, 이와는 별론으로 동일·유사한 글자체디자인을 독자적으로 제작하여 무단으로 생산, 유통한 자에게는 그 침해를 주장할 수 있을 것이다. [끝]

문제 6

기출 17

甲의 등록디자인 '스위치 A'는 다음과 같이 구성되어 있다.

- 벽면을 뚫어 속으로 집어넣는 공통접속단자 등을 포함하는 '스위치 대판'
- 위 스위치 대판에 회로 기판을 탑재한 '스위치 기판'
- 위 스위치 기판 위에 조립되는 '뚜껑체'
- 위 뚜껑체 상면에 긴밀하게 위치 고정되는 '붙임쇠(고정판, 브라켓)'
- 위 붙임쇠 위에 끼움 처리되는 작동체인 '노브'

산업계의 거래에서는 붙임쇠를 제외한 부분을 '몸체' 또는 '알맹이'라고 부르고 있다. 그리고 대상물품인 스위치는 전기회로를 열고 닫는 장치를 말하며 등록디자인의 대상물품인 '스위치 A'가 스위치로서의 본래의 기능을 하고 있고, 또한 스위치의 주요부분을 이루고 있다. 스위치는 그 물품의 성격상 일반 소비자들에게는 감전사고방지라는 안전 기능이 무엇보다 중요하며, 이러한 안전을 확보하는 기능은 주로 플레이트와 노브덮개에 의하여 이루어진다. 그런데, '스위치 A'에는 플레이트와 노브덮개가 없다. 따라서 등록디자인 대상물품인 '스위치 A'는 완성품이라고 단정하기는 어렵고, 완성품의 부품, 정확하게는 완성품에 가까운 부품이라고 판단된다. 한편, 스위치를 제작하는 경쟁업자로서 배선기구제조업자인 乙은 '스위치 A'가 물품성이 없다는 이유로 甲을 상대로 특허심판원에 디자인등록무효심판을 제기하고자 한다. 다음 각 물음에 답하시오. [30점]

1 디자인보호법에서 요구하는 디자인 성립요건 중의 하나인 물품성에 대하여 설명하시오. [10점]

2 부품도 디자인보호법상의 보호 대상이 되는지 설명하시오. [10점]

3 乙은 본 사안에서 디자인등록무효심판제도의 이해당사자에 해당되는지 여부와 심판의 인용가능성이 있는지 여부를 대법원 판결의 취지에 따라 설명하시오. [10점]

설문 1 에 대하여

1 물품성

(1) 의의 및 취지

① 디자인은 물품의 형상·모양·색채 또는 이들의 결합으로서 시각을 통하여, 심미감을 일으키게 하는 것이다(제2조 제1호). 여기서 물품은 명문의 규정은 없으나, 대법원과 심사기준은 독립성이 있는 구체적인 유체동산으로 정의하고 있다.

② 물품의 수요 증대를 통해 산업발전에 이바지하는 것이 법의 목적이기 때문에 물품성이 요구된다.

(2) 요 건

① **독립성** : 물품은 독립 거래의 대상이 되어야 하므로 물품의 부분이나 합성물의 구성각편은 물품으로 인정할 수 없다.

② **구체성** : 물품은 외형이 구체적으로 특정될 수 있어야 하므로, 분상물 또는 입상물의 집합, 기체, 액체 등과 같이 일정한 형체가 없거나, 물품 자체의 형태로 볼 수 없다면 물품으로 인정할 수 없다.

③ **유체성** : 물품은 구체적인 형상이 특정된 유체물이어야 하므로 기체, 액체 등과 같이 일정한 형체가 없으면 물품으로 인정될 수 없다.

④ **동산성** : 대법원은 현장시공을 통해 건축되는 부동산은 물품으로 인정할 수 없다고 판시했다. 다만, 반복생산성과 운반가능성이 인정된다면 물품으로 인정될 수 있다.

(3) 보론 – 물품성의 완화

최근 디자인 산업환경의 변화에 대응하여 보호대상을 확대하고자 하는 논의가 있으나 타법과의 부정합, 보호범위 해석의 논란 등의 문제가 있다. 허나 유럽, 미국 등은 부동산, 인테리어 등을 물품에 포함하고 있으므로 본 논의는 여전히 필요하다.

2 흠결 시 취급

물품성은 디자인의 성립요건 중 하나로 흠결 시 정의규정(제2조 제1호) 위반이고, 따라서 제33조 제1항 본문 위반의 거절이유, 정보제공사유, 이의신청이유, 무효사유에 해당한다. 이는 정의규정이 별도의 무효사유 등으로 규정되어 있지 않기 때문에 공업상 이용 가능한 '디자인'이 아닌 것으로 해석하는 것이다.

이렇게 물품성과 공업상 이용가능성이 연결되어 적용되고 있으므로, 동일 물품의 양산이 가능하여 공업적으로 이용가능하다면 물품성을 인정하는 방향으로 판단 기준을 정립하는 것이 옳다는 일본, 우리나라 등의 학설상의 견해도 있다.

설문 2 에 대하여

1 문제의 소재

부품은 독립 거래의 대상이 되는 경우에 한하여 물품성이 인정된다. 또한, 부품이 외부로 드러나지 않는 경우 시각성이 문제될 여지도 존재한다.

2 부품의 물품성 인정 여부

(1) 의의 및 취지

부품이란 완성품의 구성물로서, 완성품으로부터 분리 가능하고 독립 거래의 대상이 되며, 존재하지 않으면 완성품의 기능을 제대로 발휘할 수 없는 부분을 의미한다.

(2) 독립성 판단방법

① **문제의 소재**

물품을 구성하는 구성부재의 어느 범위까지가 독립된 교환 가치가 있는 부품인지의 구별이 곤란하여, 부품의 물품성에 관한 판단 기준이 문제된다.

② 학설의 대립
  ㉠ 호환의 현실성설은 동종류의 부품이 그 업계에서 통상적이고 독립적인 상품으로 거래되고 있어야 하며, 특정 부품이 하나의 모회사와 자회사 사이에서 독립 거래된 사정만으로는 부족하다고 한다.
  ㉡ 호환의 가능성설은 단정적으로 이를 판단하는 것은 어렵기 때문에 물품의 성격과 거래실정에 비추어 유동적으로 해석해야 한다고 한다.
③ 판례의 태도
대법원은 물품이란 독립성이 있는 구체적인 유체동산을 의미하므로 디자인등록의 대상이 되는 물품은 통상의 상태에서 독립된 거래 대상이 되어야 하고, 그것이 다시 부품이라면 호환성을 가져야 하나, 실제 거래 사회에서 현실적으로 거래되고 다른 물품과 호환될 것을 요하는 것은 아니고 그러한 가능성만 있으면 등록 대상이 될 수 있다고 판시하여 호환의 가능성설의 입장으로 평가된다.
④ 검 토
독립성은 거래관념상 1단위로서 거래되는지로 판단되는데, 이는 자의적으로 판단할 수 없는 점, 신규한 물품의 창작으로 독립성은 언제든지 발생할 가능성이 있으므로 심사단계에서는 단정할 수 없는 점을 고려하면 최근 대법원의 견해가 타당하다.

3 부품의 시각성 인정 여부

(1) 시각성의 의의 및 취지
디자인은 물품의 형태로서 시각을 통하여 미감을 일으키게 하는 것이다(제2조 제1호). '시각을 통하여'란 육안으로 식별 가능한 것을 의미한다. 수요자의 시각적 자극을 통해 구매의욕을 고취시켜 물품의 수요 증대로 산업발전에 이바지하기 위함이다.

(2) 요 건
  ① 시각으로 파악 가능할 것
  ② 육안으로 식별 가능할 것
  ③ 외부에서 관찰 가능할 것

(3) 외부에서 관찰 가능한지 여부에 대한 판단방법
  ① 원칙적으로 대법원은 통상적인 물품의 거래 시에 외부에서 볼 수 없고, 오로지 분해 또는 파괴 등에 의해서만 볼 수 있는 것은 시각성이 없다고 판시하였다.
  ② 다만, 심사기준은 내부에 조립되는 부품이 독립 거래 및 호환의 가능성을 갖춘 경우 디자인의 대상이 될 수 있음을 규정하고 있다.

설문 3 에 대하여

1 문제의 소재

무효심판은 하자 있는 권리의 소멸을 구하는 심판으로 분쟁의 종국적 해결수단이다. 乙이 경쟁업체로서 무효심판을 청구할 수 있는 자에 해당하는지 여부와 스위치 A가 부품으로서 독립 거래의 가능성이 인정되어 물품성이 인정되는 여부를 본다.

2 乙이 무효심판을 청구할 이해관계를 갖는지 여부 – 적극

(1) 무효심판의 청구인 적격(제121조 제1항)
무효심판은 이해관계인 또는 심사관이 청구할 수 있다.

(2) 이해관계인 판단에 대한 판례의 태도
대법원은 이해관계인이란 무효심판의 청구대상이 되는 등록디자인과 동일·유사한 디자인으로 자기의 영업으로 하는 물품을 생산·판매하였거나 생산·판매하고 있어 그 등록디자인의 소멸에 직접적이고 현실적인 이해관계에 있는 자를 의미한다고 판시했다.

(3) 검 토
대법원은 동일·유사한 디자인을 생산·판매하는 자로 제한하고 있으나 이는 과도한 해석이라고 본다. 특허의 경우 동종의 물품을 제조·판매하기만 하여도 이해관계인으로 인정하는 추세이므로 디자인보호법상 무효심판을 청구할 수 있는 이해관계인도 동종류의 물품을 생산·판매하는 자이면 족하다고 할 것이다.

(4) 사안의 경우
乙은 甲의 등록디자인에 대한 물품인 스위치를 생산하는 경쟁업자이므로 등록디자인권 소멸에 현실적이고 직접적인 이해관계 있는 자이다. 따라서 무효심판을 청구할 수 있는 이해당사자에 해당된다.

3 스위치 A의 물품성 인정 여부 – 적극

(1) 문제의 소재
스위치 A는 완성품에 가까운 부품이므로 부품으로서 독립 거래의 가능성이 존재하여서 물품성이 인정되는지가 문제된다.

(2) 관련 사건에 대한 판례의 태도
대법원은 스위치가 부품별로 이미 시장가격이 형성되어 있다는 점, 일부 회사의 제품은 스위치 몸체와 플레이트 등으로 분리하여 거래되기도 한다는 점, 각각 다른 회사가 제조한 것이라고 하더라도 서로 규격이 맞는다면 시중에서 구입하여 교체 사용할 수도 있고 주문거래하기도 가능한 점 등을 종합하여 보면 적어도 거래자에게 독립 거래의 대상이 되거나 호환의 가능성이 있다고 보아야 한다고 판시하여, 호환의 가능성설 입장에서 물품성이 인정된다고 보았다.

(3) 사안의 경우
스위치 A가 본래의 기능을 하고 있고 주요부분에 해당한다는 점, 감전사고방지라는 기능을 하는 플레이트와 노브덮개라는 부분도 주요부분일 것이라는 점을 고려하면 전술한 대법원의 입장처럼 거래자의 입장에서 호환의 가능성이 인정된다고 보여지므로 물품성이 인정될 것이다.

4 설문 3의 해결

乙은 무효심판을 청구할 수 있는 이해관계인이므로 적법성에는 문제가 없고, 물품성은 인정되는 바 기각심결이 예상된다. [끝]

| 문제 7 | 甲은 2020.6.5. '전기압력 보온밥솥'에 대한 부분디자인 A를 디자인등록출원하였다.
| 기출 21 | [20점]

1 다음의 설문에 대하여 후출원이 등록받을 수 있는지 여부를 그 근거와 함께 설명하시오(단, 선출원의 출원인과 후출원의 출원인은 서로 동일하지 않음). [8점]

1) 선출원은 부분디자인 A를 포함하는 전체디자인에 관한 디자인등록출원이고, 후출원은 부분디자인 A에 관한 디자인등록출원인 경우(이때, 전체디자인의 디자인등록출원의 물품은 부분디자인 A의 디자인등록출원의 물품과 동일함) [4점]

2) 선출원은 부분디자인 A의 등록대상이 되는 부분과 유사한 부품디자인에 관한 디자인등록출원이고, 후출원은 부분디자인 A에 관한 디자인등록출원인 경우 [4점]

2 甲의 부분디자인 A는 2021.3.10. 디자인등록되었다. 한편 乙은 부분디자인 A의 형태와 유사한 부품디자인 B를 2021.5.10.부터 실시하고 있고, 丙은 부분디자인 A를 포함하는 전체디자인 C를 2020.7.20. 디자인등록출원하여 2021.4.20. 디자인등록이 된 후 이를 생산하여 판매하고 있다. 다음 물음에 답하시오. [12점]

1) 甲과 乙의 법률관계에 관하여 설명하시오. [6점]

2) 甲과 丙의 법률관계에 관하여 설명하시오. [6점]

설문 **1** 에 대하여

1 문제의 소재

양 출원은 출원인과 출원일자가 다른 선출원과 후출원의 관계이므로 전체디자인과 부분디자인과의 관계에서 선출원주의(제46조 제1항)의 적용 여부 및 전체디자인의 공개 시 확대된 선출원(제33조 제3항) 위반 여부가 문제된다.

2 부분디자인의 의의 및 취지

부분디자인은 물품의 부분의 형상·모양·색채 또는 이들의 결합에 관한 디자인을 말한다(제2조 제1호 괄호). 본체에서 분리하여 떼어낼 수는 없으나, 해당 업계에서 독립 거래의 대상이 될 수 없는 물품의 디자인이다. 물품의 부분에 창작적 요지가 있는 경우, 제3자의 모방을 방지하기 위해 인정된다.

3 선출원주의(제46조 제1항)의 의의 및 취지

동일·유사한 디자인에 대해서는 먼저 출원한 자만이 등록가능하다. 중복 등록을 배제하고 권리의 안정성을 도모하기 위함이다.

4 확대된 선출원(제33조 제3항)의 의의 및 취지

출원디자인의 출원일 전에 출원된 타 출원이 당해 출원 후 출원공개·등록공고된 경우, 출원디자인이 디자인공보에 게재된 타 출원디자인의 일부와 동일·유사하면 등록받을 수 없다. 실질적으로 선창작된 디자인을 보호하기 위함이다.

5 소설문 1)의 해결

(1) 전체디자인과 부분디자인의 관계

물품이 동일하다고 하더라도, 부분디자인은 그 등록받고자 하는 취지와 대상이 전체디자인과는 상이하므로 비유사하다. 다만, 전체디자인이 공개되면 이에 포함되는 부분디자인은 포함관계로서 신규성 내지는 확대된 선출원이 적용될 수 있다.

(2) 소 결

양 디자인은 비유사하므로 부분디자인 A는 선출원주의 위반이라고 볼 수는 없지만, 전체디자인이 부분디자인 A 출원 후 공개되면 확대된 선출원의 지위를 갖는 부분의 일부에 해당하는 부분디자인 A는 제33조 제3항 위반에 해당하여 등록이 불가능할 것이다.

6 소설문 2)의 해결

소설문 1)과 같은 이유로 비유사하여 선출원주의 위반은 아니다. 또한, 부품디자인이 부분디자인 A 출원 후 공개되더라도 부품디자인의 일부라고 보기 어려워 확대된 선출원 위반에 해당하지도 않아 등록이 가능할 것이다.

이에 사실상 동일·유사한 객체이므로 선출원주의 규정을 적용하거나 일부의 의미를 확대해석하여 후출원의 디자인등록을 저지하는 것이 타당하다는 견해가 있다.

설문 2 에 대하여

1 부분디자인권의 권리범위

디자인권은 동일·유사한 범위에 미친다. 다만, 디자인의 동일·유사는 물품의 유사를 전제로 하므로 비유사한 물품 간에는 등록받고자 하는 부분이 동일·유사하더라도 권리범위가 미친다고 할 수는 없다.

2 소설문 1)의 해결 - 乙의 부품디자인의 실시가 甲의 부분디자인권을 침해하는지 여부(소극)

(1) 직접침해 여부

부품디자인과 부분디자인을 등록받고자 하는 취지 그 대상이 상이하므로 비유사하다. 따라서 직접침해라고 보기는 어렵다.

(2) 간접침해 여부

부품이 부분디자인의 물품의 생산에만 사용되는 것으로 보아 간접침해의 요건이 전용성을 인정하여 간접침해를 구성한다고 보자는 견해가 있다.

(3) 소 결

권리범위 상으로는 부품디자인이 부분디자인보다 유리하므로 부품디자인의 실시를 부분디자인의 권리범위 내의 실시로 단정할 수 없다. 따라서 침해를 구성하지 않는다고 보아야 하나, 부분디자인권자도 보호해야 하므로 부품이 거래계에서 부분디자인의 대상이 되는 물품의 부품을 구성하는 것으로만 사용된다면 침해를 인정하는 방안도 고려할 필요가 있다.

3 소설문 2)의 해결 - 丙의 전체디자인의 실시가 甲의 부분디자인권을 침해하는지 여부(한정적극)

(1) 직접침해 여부

전체디자인의 대상이 되는 물품이 전기압력 보온밥솥과 유사하다면 丙의 디자인은 甲의 등록받고자 하는 부분을 포함하고 있으므로 전체로서 유사하여 직접침해에 해당한다.

(2) 이용관계 여부

물품이 비유사하거나, 또는 부분디자인 A의 등록받고자 하는 부분의 기능, 용도, 형태 및 차지하는 위치, 크기, 범위를 종합적으로 고려하여 판단할 때 전체로서 비유사하여 丙의 전체디자인이 등록되었고 丙의 디자인이 甲의 부분디자인의 본질적 특징을 손상시키지 않은 채 그대로 포함하고 있다면 이용관계가 성립할 수 있다. [끝]

문제 8

기출변형 11

디자인에는 종종 문자를 포함한다. 디자인보호법상 '문자'의 법적 취급에 대해 설명하고, 다음과 같은 화상디자인이 표시된 컴퓨터 모니터에 관한 디자인 A에 포함된 문자들은 어떤 취급을 받을지 논하고, 디자인 A가 만약에 등록된다면 보호범위는 어떻게 되는지 설명하시오.

[20점]

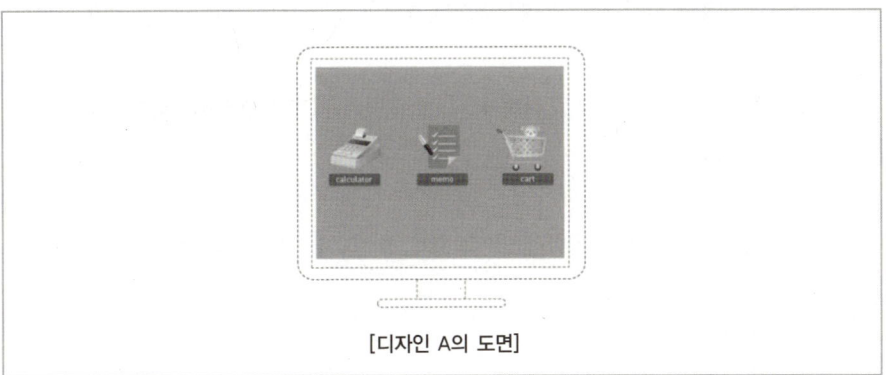

[디자인 A의 도면]

1 문자의 법적 취급

(1) 의의 및 취지

문자란 시각적으로 그 의미가 전달될 수 있는 기호를 말하는 것으로, 특정관념을 일으키는 시각적 언어인 표지를 포함한다.

2 디자인의 구성요소로 보는지 여부(현행 심사기준)

(1) 원 칙

장식성만 있는 경우, 정보성과 장식성을 함께 지니는 경우에는 모양으로 보아 디자인의 구성요소로 인정된다.

(2) 예 외

정보성만 지닌 문자는 모양으로 보지 않아 디자인의 구성요소로 인정되지 않고, 삭제보정의 대상도 아니다.

(3) 등록요건

① 공업상 이용가능성

㉠ 내용 설명을 위한 문자, 그 밖에 디자인을 구성하지 않는 점, 선, 부호, 문자를 표시한 것은 도면의 기재불비에 해당한다.

㉡ 다만, 합리적으로 해석하여 디자인의 요지 파악이 가능하고 모양과 혼동되지 않는 범위에서 제한적으로 사용하고 있는 경우에는 도면의 기재불비에 해당하지 않는다.

② 디자인의 동일·유사 판단

모양의 유사 판단 방법에 의한다. 따라서 주제의 표현방법, 배열 무늬의 크기와 색채 등을 종합하여 판단한다.

③ 창작성

문자를 그대로 형상 또는 모양으로 표현한 디자인은 주지형태로부터 쉽게 창작 가능한 디자인에 해당할 수 있다.

④ 부등록사유

문자의 내용에 따라 제34조 제1~3호에 해당할 수 있으며, 제4호는 형상만 고려하므로 해당 없다.

(4) 절 차
출원 시 모양으로서 도면에 도시해야 하고, 도면의 기재불비에 해당하면 삭제보정의 대상이 된다.

(5) 등록 후 법률관계
① 권리범위

모양의 유사 판단 방법에 따라 권리범위가 정해지나, 문자 부분이 동일·유사하더라도 일단 물품이 유사해야 할 것이다.

② 이용, 저촉관계

저명하지 않은 선출원 등록상표가 존재하는 경우 제34조 제3호 위반이 아닐 여지가 있으므로 등록은 가능할 것이나, 그 등록상표와 혼동가능성이 있는 문자를 포함하는 경우에는 이용 또는 저촉관계가 문제될 수 있다.

3 디자인 A에 포함된 문자의 취급과 보호범위의 판단

(1) 문제의 소재
디자인 A가 물품의 액정화면 등 표시부에 일시적인 발광현상에 의해 시각을 통해 인식되는 모양, 색채 또는 이들의 결합이므로 화상디자인에 해당함에 비추어 설문을 검토한다.

(2) 'memo' 등의 문자의 취급
문자 'memo' 등은 화상 내에 아이콘 등의 기능 또는 설명 등을 표시하기 위한 것이기는 하나, 문자의 장식적인 요소를 인정할 수 있어 디자인을 구성하는 것으로 판단할 수 있다.

(3) 디자인 A의 권리범위
① 디자인권의 효력(제92조)

등록디자인과 동일·유사한 디자인에 미친다.

② 화상디자인의 유사 판단

㉠ 물품의 유사 판단

비유사한 물품이라도 화상디자인이 물품에 적용되는 특성상 용도가 혼용될 수 있는 것은 유사로 볼 수 있고, 반대로 물품이 유사한 경우라도 필요에 따라 화상디자인의 구체적 기능을 추가적으로 고려하여 종합적으로 판단할 수 있다.

㉡ 화상디자인의 유사 판단

디자인이 속하는 분야의 통상의 지식을 기초로 종합적으로 고려하여 판단한다.
- 화상디자인이 적용되는 물품 및 표시부의 형상
- 등록 받으려는 부분의 구체적 기능, 모양, 색채 또는 이들의 결합
- 표시부 내에서 등록 받으려는 부분이 차지하는 위치, 크기 범위

③ 소 결
　㉠ 컴퓨터 모니터와 유사한 것을 원칙으로 하되, 혼용가능성 내지 구체적 기능을 고려하여 계산기·메모·카트 기능을 수행하는 화상이 표시된 휴대폰 등의 기기 내지는 그러한 기기에 이용되는 디스플레이 패널에까지 미칠 수 있을 것이다.
　㉡ 화상들의 모양, 색채 또는 이들의 결합을 고려하되 관용적으로 쓰이는 디자인으로 보아 유사의 폭을 좁게 볼 여지가 있으며, 세로로 3등분한 중앙에 가로 전체를 3등분한 크기로 1개씩 일렬로 배열된 점 등을 고려할 것이고, 디자인의 구성요소로 인정되는 문자들까지 고려하여 판단되는 심미감이 유사한 경우에까지 미칠 것이다. [끝]

문제 9 　종종 디자인은 문자를 포함한다. 여기서 문자는 시각적 언어인 표지도 포함한다고 봄이 일반적이다. 디자인보호법상 '문자'의 법적 취급에 대해 설명하고, 다음 설문의 문자들이 어떤 취급을 받을지 설명하시오. [20점]

1 다음 그림의 'LOTTE', '초콜릿가공품 57g(295 kcal)'

2 다음 와이파이 표지

3 다음 그림의 'A'

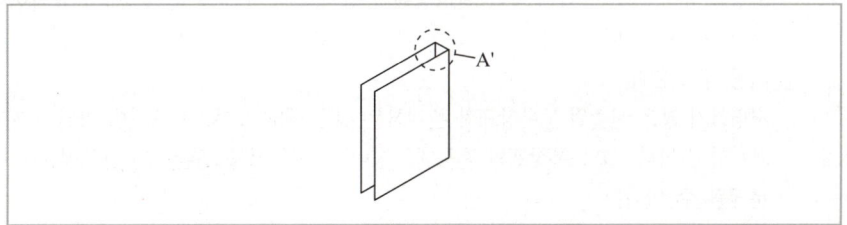

1 문자의 법적 취급

(1) 의의 및 취지
문자란 시각적으로 그 의미가 전달될 수 있는 기호를 말하는 것으로, 특정관념을 일으키는 시각적 언어인 표지를 포함하는 개념이다. 종래에는 문자가 갖는 정보성과 공지성 때문에 의미 독점의 우려가 있어 문자를 디자인의 구성요소로 인정하지 않았으나, 문자를 응용한 디자인을 보호하기 위해서 2003년 7월 1일 심사기준은 장식성이 있는 문자를 모양으로 인정했다.

(2) 디자인의 구성요소로 보는지 여부(현행 심사기준)
① 원 칙
장식성만 있는 경우, 정보성과 장식성을 함께 지니는 경우에는 모양으로 보아 디자인의 구성요소로 인정된다. 이는 법상 문자를 배제한다는 규정이 없고, 다른 도형 모양과의 형평상 부당하기 때문이다.
② 예 외
정보성만 지닌 문자는 모양으로 보지 않아 디자인의 구성요소로 인정되지 않는다. 또한 삭제를 요하지도 않고, 디자인의 설명에 등록 대상에서 제외됨을 기재할 필요가 없다.

(3) 등록요건
① 공업상 이용가능성
㉠ 내용 설명을 위한 문자, 그 밖에 디자인을 구성하지 않는 점, 선, 부호, 문자를 표시한 것은 도면의 기재불비에 해당하며, 삭제보정의 대상이 된다.
㉡ 다만, 합리적으로 해석하여 디자인의 요지 파악이 가능하고 모양과 혼동되지 않는 범위에서 제한적으로 사용하고 있는 경우에는 도면의 기재불비에 해당하지 않으며, 삭제보정의 대상도 아니다.
② 디자인의 동일·유사 판단
모양의 유사 판단 방법에 의한다. 따라서 주제의 표현방법, 배열 무늬의 크기와 색채 등을 종합하여 판단한다.
③ 창작성
문자를 그대로 형상 또는 모양으로 표현한 디자인은 주지형태로부터 쉽게 창작 가능한 디자인에 해당할 수 있다. 심사기준은 물품의 형상, 문자로 구성된 디자인이 결합된 전체로서 창작성이 부정되는지를 판단한다고 규정하고, 판례는 영문자를 그대로 표현한 경우에 창작성을 부정한 바 있다.
④ 부등록사유
문자의 내용에 따라 제34조 제1~3호에 해당할 수 있으며, 제4호는 형상만 고려하므로 해당 없다.

(4) 절 차
출원 시 모양으로서 도면에 도시해야 하고, 도면의 기재불비에 해당하면 삭제보정의 대상이 된다.

(5) 등록 후 법률관계
① 권리범위
모양의 유사 판단 방법에 따라 권리범위가 정해지나, 문자 부분이 동일·유사하더라도 일단 물품이 유사해야 할 것이다.
② 이용, 저촉관계
저명하지 않은 선출원 등록상표가 존재하는 경우 제34조 제3호 위반이 아닐 여지가 있으므로 등록은 가능할 것이나, 그 등록상표와 혼동가능성이 있는 문자를 포함하는 경우에는 이용 또는 저촉관계가 문제될 수 있다.

2 각 설문의 해결

설문 1 에 대하여

LOTTE는 유명 회사의 상표로서 상품 포장지에 표시되어 상품의 출처를 표시하기 위한 것으로 정보성만 가지고 있는 문자에 해당함이 명백하다. 또한 초콜릿가공품 57g(295 kcal) 역시 열량과 중량을 표시한 것으로 정보성만 가진 문자에 해당한다. 따라서 디자인의 구성요소로 취급되지 않는다. 다만, 삭제보정할 필요는 없다.

설문 2 에 대하여

일반적으로 와이파이 표시처럼 규약으로 정한 심벌의 경우에는 정보성만 가진 문자에 해당하는 것으로 보아 디자인의 구성요소가 아니지만, 가하여진 변화로 인해 디자인을 구성하는 것으로 인정되는 경우에는 디자인의 구성요소로 본다. 사안은 일반적인 와이파이 표시에 변화를 주어 창작성이 인정되는 경우이므로 모양으로서 디자인의 구성요소에 해당한다.

설문 3 에 대하여

A는 도면 내 도형 안에 확대 부분을 표시한 것으로 내용 설명을 위한 문자이지만 디자인의 요지 파악이 가능하고 모양과 혼동되지 않는 범위 내에서 사용되는 것으로 판단되므로 디자인의 구성요소는 아니지만, 도면의 기재불비에 해당하지 않고 삭제보정의 대상도 아니다. [끝]

문제 10 甲은 평소 의자로 사용하다가 등받이와 다리 받이를 펼치면 침대가 되는 특이한 변화형태를 가지는 '의자 겸용 침대'에 관한 디자인 A를 창작하였다. 다음 각 물음에 답하시오.

[30점]

1 甲이 디자인 A를 등록받기 위한 도면 작성방법을 논하시오. [15점]

2 디자인 A가 등록된 후, 의자를 생산하는 업체인 乙이 甲의 의자 겸용 침대의 의자 상태와만 유사한 의자에 관한 디자인 B를 출원하였다. 디자인 B의 등록가능성에 대하여 설명하시오. [15점]

설문 **1** 에 대하여

1 문제의 소재

의자 겸용 침대에 관한 디자인 A는 변화형태에 특이성을 가지므로 동적디자인으로 성립하는지 검토하고, 이를 근거로 도면 작성 방법에 대하여 논한다.

2 디자인 A의 동적디자인 성립 여부 - 적극

(1) 동적디자인의 의의 및 취지

물품 형태의 특이한 변화 상태에 창작적 요점이 있는 디자인을 말한다. 형태의 변화도 보호가치가 인정되고, 동적과정의 각각 정지상태마다 출원해야 하는 부담을 덜기 위함이다.

(2) 성립요건

① 물품의 형태가 기능에 의해 변화할 것

원칙적으로 해당 물품의 구조적 변화에 의해 발휘되는 특성을 기초로 그 형태가 변해야 한다. 다만, 다른 물리적 요소에 부가 또는 교체하는 것에 불과하거나, 재질의 연성과 같이 해당 물품의 속성에 의해 그 형태가 변화하는 디자인은 제외된다.

② 그 변화가 시각에 의해 감지될 것
③ 변화 후의 상태를 용이하게 예측할 수 없을 것(변화과정의 특이성)
④ 보호범위의 특정을 위해 변화에 일정성이 있을 것(변화과정의 일정성)

(3) 사안의 경우

디자인 A는 평소 의자로 사용하다가 소정의 받이 구성들을 펼치는 특이한 과정을 거쳐 침대로도 사용할 수 있는 것이므로 펼쳐지고 접히는 움직임에 특징이 있다. 따라서 디자인 A는 의자 내지는 침대의 기능에 기초하여 변화하고, 그러한 변화는 시각에 의해 감지되며, 변화 후의 상태가 쉽게 예측된다고 볼 수 없고, 변화에는 일정성이 있으므로 동적디자인으로 성립된다.

3 디자인 A의 도면 작성 방법

(1) 도면 요건(시행규칙 별지서식 제4호)

① 변화의 전후 상태에 관한 도면을 각각 도시해야 한다. 즉, 정지상태의 도면, 동작 상태를 알 수 있는 도면(동작 중 기본적 자세, 동작내용을 나타내는 궤적 등)이 있어야 한다.
② 디자인의 설명에는 변화 전후에 걸친 물품의 형태에 관한 설명을 기재한다.
③ 변화하는 부분에 대한 부분확대도 등을 부가도면으로 제출할 수 있다.
④ 펼쳐지고 접히는 움직임을 가진 디자인의 경우 전환하는 과정 중 움직이는 상태에 관한 도면이 별도로 필요할 것이다.

(2) 사안의 경우

① 디자인의 대상이 되는 물품에는 '의자' 또는 '침대'라고 기재하며, 설문처럼 '겸용'을 기재하여서는 아니 된다.
② 도면은 펼쳐지고 접히는 움직임에 특징을 가지므로 움직이는 상태에 관한 도면이 별도로 필요하다. 따라서 도면 A 1.1 내지 1.7에 대해서는 의자 상태, 도면 B 1.1 내지 1.7에 대해서는 움직이는 상태, 도면 C 1.1 내지 1.7에 대해서는 침대 상태를 도시하여 변화의 전후와 전환 과정에 대하여 명확하게 표시한다.
③ 디자인의 설명에는 이와 관련된 물품의 형태에 관한 설명을 기재하고, 필요에 따라 부가도면이나 참고도면을 제출할 수 있을 것이다.

설문 2 에 대하여

1 문제의 소재

동적디자인 A가 등록되었으므로 디자인 B는 A와의 관계에서 신규성, A의 선출원의 지위가 유지되고 있는 바 선출원주의 규정이 문제된다. 양 규정 모두 동적디자인과 정적디자인의 유사 판단에 관한 문제이다.

2 동적디자인과 정적디자인의 유사 판단

동적디자인의 정지상태 및 동작 중 기본적 주체를 이루는 자태가 정적디자인과 유사하면 유사한 디자인으로 본다. 다만, 동작의 내용이 특이하면 비유사한 디자인으로 본다.

3 디자인 B의 신규성(제33조 제1항 각 호) 위반 여부 - 적극

(1) 의의 및 취지

출원 전 국내외 공지디자인과 동일·유사한 디자인은 신규성 흠결로 등록받을 수 없다. 공지디자인에 대해 독점배타권을 부여하는 것은 법 목적에 반하기 때문이다.

(2) 판단방법

국내외 공지디자인과 비교하여 동일·유사한지를 판단한다. 공지란 비밀유지의무가 없는 불특정다수인이 알 수 있는 상태에 놓인 것을 말한다.

(3) 사안의 경우

디자인이 설정등록되면 특허청 직원의 비밀유지의무가 해소되는 바 불특정다수인이 알 수 있는 상태에 놓여 공지된 것으로 본다. 따라서 디자인 A는 공지되었다. 디자인 A의 출원서류 내지는 등록공보에는 의자 상태에 관한 형태가 명확하게 도시되어 있으므로 이와 유사한 출원디자인 B는 신규성 위반에 해당한다.

4 디자인 B의 선출원주의(제46조) 위반 여부 - 소극

(1) 의의 및 취지
동일·유사한 디자인에 대하여, 먼저 출원한 자만이 등록이 가능하고, 동일자인 경우에는 협의제에 의한다. 중복 등록을 배제하고, 권리의 안정성을 도모하기 위함이다.

(2) 판단방법
선, 후출원디자인 간 동일·유사 여부를 판단한다. 선출원의 지위는 설정등록 또는 협의불성립을 이유로 한 거절 취지의 결정 또는 심결이 확정된 경우에는 인정되지만, 반려, 무효, 취하, 포기, 협의불성립 외의 이유로 거절 취지의 결정 또는 심결이 확정된 경우, 무권리자의 출원인 경우에는 인정되지 않는다.

(3) 사안의 경우
디자인 A는 설정등록되어 선출원의 지위가 유지된다. 다만, 디자인 B가 디자인 A의 정지상태인 의자상태와만 유사하다는 사정만으로 양 디자인이 전체적으로 유사하다고 보기는 어렵다. 전체적으로 대비 관찰하였을 때 유사한 미감을 발휘한다면 유사하겠으나, 설문상 디자인 A의 동작의 내용이 특이한 점을 고려하면 상이한 미감을 발휘하여 비유사하다고 볼 여지가 크다. 따라서 선출원주의 위반은 아니다.

5 설문 ❷의 해결

출원디자인 B는 등록디자인 A와의 관계에서 신규성 위반의 거절이유가 존재하는 바 등록받을 수 없을 것이다. [끝]

문제 11 甲의 등록디자인 "X"와 乙의 실시디자인 "Y"는 각각 '휴대폰 포장용 상자'에 관한 것으로 다음과 같다. 甲의 디자인 X와 乙의 디자인의 Y의 유사한 점에 관하여 다음 각 물음에 답하시오.

기출 17 [30점]

- 두 디자인은 가로와 세로의 비율이 약 2:1이다.
- 대상물품인 상자는 부속품 수납공간과 휴대폰 수납공간으로 구성되어 있다.
- 두 디자인은 모두 내부덮개와 외부덮개로 구성되어 있다. 두 디자인은 내부덮개와 외부덮개가 모두 닫힌 상태에서는 형상과 모양이 유사하다.
- 두 디자인은 내부덮개만이 닫힌 상태에서는 부속품 수납공간과 휴대폰 수납공간이 따로 분리되어 있다는 점과 부속품 수납공간만을 가린 내부 덮개 및 상단의 일부가 본체를 감쌀 수 있도록 구성된 외부덮개가 각각 형성되어 있다는 점에서 서로 유사하다.
- 두 디자인은 내부덮개와 외부덮개가 모두 열린 상태에서는 부속품 수납공간에 내부 격벽의 존재 여부가 차이가 난다. 특히, 디자인 Y는 내부덮개와 외부덮개가 모두 열린 상태에서는 부속품 수납공간 내부에 격벽이 없는 점, 내부덮개를 본체에서 분리할 수 있는 점, 내부덮개가 본체 전체를 덮는 점, 휴대폰만이 드러나도록 내부덮개에 직사각형의 빈 공간을 형성하도록 한 점이 디자인 X와 다른 점이다.
- 두 디자인의 내부덮개와 외부덮개가 모두 닫힌 상태에서의 형상과 모양은 동일·유사한 물품에 관한 선행디자인 등에 의하여 공지된 것이다.
- 내부덮개만이 닫힌 상태에서의 위와 같은 형상과 모양은 '휴대폰 포장용 상자'에 관한 선행디자인에서는 찾아볼 수 없는 참신한 것이다.
- '휴대폰 포장용 상자'의 주요 구매자는 휴대폰 제조업자이다.
- 두 디자인의 대상물품인 상자는 그 기능 또는 포장이라는 속성상 사용에 의하여 당연히 형태나 모양에 변화가 생긴다.

1 디자인의 유사여부에 관한 판단 기준을 설명하시오. [14점]
2 甲의 디자인 X가 동적디자인에 해당되는지 여부를 설명하시오. [4점]
3 디자인 X와 디자인 Y의 각 대상물품인 상자가 포장용으로서 형태의 변화가 일어나는 경우 그 유사판단 기준을 설명하시오. [5점]
4 위 사례에서 디자인 X와 디자인 Y의 유사여부를 판례의 태도에 따라 판단하시오. [7점]

설문 1 에 대하여

1 디자인 유사의 의의 및 취지

양 디자인이 동일하지는 않으나, 지배적인 특징으로 인해 전체로서 유사한 미감을 발휘하는 경우를 유사라고 한다. 디자인의 특성상 타인의 모방이 용이하고, 물품과의 불가분성으로 인하여 권리범위가 협소하여 동일성 범위만으로는 효율적인 보호가 곤란하기 때문에 유사범위까지 권리범위를 인정하고 있다.

2 판단의 전제

물품의 유사를 전제로 판단하며, 자연법칙을 이용한 기술적 사상은 포함되지 않고, 시각을 통한 심미감에 바탕을 두어야 한다. 따라서 그 외관이 드러나는 한, 사용 시는 물론 거래 시도 고려를 하며, 일반수요자를 기준으로 판단하고, 제93조에 따라 디자인의 대비 대상은 출원서의 기재사항, 도면 등과 도면에 적힌 디자인의 설명에 따라 표현된 디자인이다.

3 물품의 유사 판단 기준

(1) 대법원

물품의 용도, 기능 등에 비추어, 거래통념상 동종류의 물품으로 인정할 수 있는지 여부에 따라 결정한다. 또한 시행규칙상 물품류 구분은 동종류의 물품을 법정한 것이 아니라고 판시했다.

(2) 심사기준

동일물품은 용도와 기능이 동일한 것이고, 유사물품은 용도는 동일하지만 기능은 상이한 것이다. 비유사 물품이더라도 용도상으로 혼용 가능한 것은 유사로 볼 수 있다.

4 형태의 유사 판단 기준

(1) 원 칙

① 대법원

물품의 유사를 전제로, 디자인을 구성하는 각 요소를 분리하여 개별적으로 대비할 것이 아니라, 외관을 전체적으로 대비 관찰하여 관찰자로 하여금 상이한 심미감을 느끼게 하는지를 판단한다. 따라서 그 지배적인 특징이 유사하다면 세부적인 차이가 있더라도 유사하다고 보아야 한다.

또한, 물품의 성질, 용도, 사용형태에 비추어 관찰자의 주의를 끌기 쉬운 부분을 요부로서 파악하고, 이를 중심으로 심미감에 차이가 생기는지 관점에서 유사 여부를 판단한다.

② 심사기준

일반수요자를 기준으로 다른 물품과 혼동할 우려가 있는 경우에는 유사한 디자인으로 보며, 혼동까지는 아니더라도 그 디자인의 분야의 형태적 흐름을 기초로 창작상의 공통성이 인정되는 경우 유사하다. 전체적으로 관찰하되, 육안으로 비교하는 것을 원칙으로, 확대관찰이 통상적인 경우에는 확대경 등을 사용할 수 있다.

(2) 구성요소별 판단 기준

① 형상과 모양

형상, 모양 중 어느 하나가 유사하지 않은 경우, 원칙적으로 비유사로 보되, 디자인의 미감에 미친 영향의 정도를 종합적으로 고려하여 디자인 전체로서 판단한다.

모양의 유사 여부는 주제의 표현방법과 배열, 무늬의 크기, 색채 등을 종합하여 판단한다.

② 색 채

색채는 모양을 구성하지 않는 한 유사 여부의 판단 요소로 고려하지 않는다. 따라서 대법원과 심사기준은 기본적인 채색구도가 동일하다면 다른 색으로 채색되었다는 점만으로는 심미감에 차이가 없다고 본다.

(3) 사안별 참고사항
① 참신한 디자인일수록 유사의 폭이 넓고, 동종류의 디자인이 많을수록 유사의 폭은 좁다.
② 잘 보이는 면의 중요도를 높게 보고, 당연히 있어야 할 부분보다는 다양한 변화가 가능한 부분을 주로 평가한다.
③ 상식적인 대소의 차이는 고려하지 않고, 재질·기능·내구도 등은 외관으로 표현되지 않는 한 고려대상이 아니다.

설문 2 에 대하여

1 동적디자인의 의의 및 성립요건

물품 형태의 특이한 변화 상태에 창작적 요점이 있는 디자인을 말한다. 성립요건으로 다음을 요한다.
(1) 물품의 형태가 기능에 의해 변화할 것
(2) 그 변화가 시각에 의해 감지될 것
(3) 변화 후의 상태를 용이하게 예측할 수 없을 것(변화과정의 특이성)
(4) 보호범위의 특정을 위해 변화에 일정성이 있을 것(변화과정의 일정성)

2 적극적 동적디자인과 소극적 동적디자인의 구분

실무상 변화과정의 특이성이 없더라도 등록이 되는데, 실질적인 동적디자인의 보호 목적을 고려하여 이를 기준으로 변화과정에 특이성이 있으면 적극적 동적디자인, 없으면 소극적 동적디자인으로 분류한다.

3 설문 2 의 해결

기능에 의해 형태가 변화하고 그 변화가 시각에 의해 감지되며 변화에 일정성이 있기는 하지만, 기능 또는 속성상 사용에 의하여 당연히 생기는 변화여서 변화 후의 상태를 용이하게 예측할 수 있으므로 변화과정의 특이성이 없어 동적디자인으로 성립하지는 않지만, 실무상 등록은 가능한 소극적 동적디자인에 해당한다고 할 것이다.

설문 3 에 대하여

1 동적디자인 상호간의 비교
심사기준과 대법원은 형태가 변화하는 디자인 간에는 형태 변화의 전후 또는 일련의 변화과정을 기준으로 서로 같은 상태에서 각각 대비한 다음 전체적으로 판단한다는 입장이다.

2 관련 판례의 태도
대법원은 물품의 기능 내지 속성상 사용에 의하여 당연히 형태의 변화가 일어나는 경우, 그러한 형태의 변화도 참작하여 유사여부를 판단해야 한다고 판시하였다.

3 소극적 동적디자인 간 유사 여부 판단
동작의 내용이 요부가 될 수 없기 때문에 정지상태들의 대비 결과에 따라 전체적으로 유사 여부를 판단한다.

4 설문 3 의 해결
물품의 기능 내지 속성상 사용에 따른 변화라도 참작은 하지만, 변화과정의 특이성이 인정되지 않으므로 요부로 볼 수는 없고, 변화과정상의 정지상태들을 각각 같은 상태에서 대비하여 전체적으로 유사한지 판단한다.

설문 4 에 대하여

1 문제의 소재
설문 3 에서 논한 바에 따라, 내부덮개와 외부덮개가 모두 닫힌 상태, 내부덮개만 닫힌 상태, 내부덮개와 외부덮개가 모두 열린 상태를 같은 상태에서 각각 대비하여 이를 전체적으로 판단한다.

2 권리범위 판단 시 공지된 부분의 취급
대법원은 공지 부분의 중요도를 낮게 평가해야 하며, 공지 부분에서 유사하더라도 이를 제외한 나머지 특징적인 부분에서 유사하지 않으면 비유사하다고 보아야 한다고 판시했다. 공지 부분까지 독점배타적 권리를 인정하면 형평에 반하기 때문이다.

3 디자인 X와 디자인 Y의 비교

(1) 내부덮개와 외부덮개가 모두 닫힌 상태

형상과 모양이 유사하기는 하나, 동일·유사한 물품에 관한 선행디자인들에 의하여 공지된 것이어서 유사 판단 시 요부로 볼 수 없다.

(2) 내부덮개만 닫힌 상태

형상과 모양이 유사하고, 동일·유사한 물품에 관한 선행디자인들에서는 찾아볼 수 없는 참신한 것이므로 유사 판단 시 요부로 보아야 한다.

(3) 내부덮개와 외부덮개 모두 열린 상태

일부 차이가 존재하기는 하나, 이는 세부적인 차이에 불과하여 새로운 미감을 창출하는 부분이라고 하기 어렵다.

4 설문 4 의 해결

지배적인 특징인 내부덮개만이 닫힌 상태에서의 형상과 모양이 유사하고, 내부덮개와 외부덮개 모두 열린 상태에서의 차이는 세부적인 차이에 불과하여 이로 인하여 전체적인 심미감이 달라지지 않으므로 양 디자인은 유사하다. [끝]

문제 12 (기출 16) 정보통신기기의 액정표시판에 표시되는 그래픽유저인터페이스(GUI)를 창작한 甲은 자신의 디자인을 화상디자인으로 보호받고자 한다. 다음 각 물음에 답하시오. [30점]

1 디자인등록출원서에 디자인의 대상이 되는 물품의 명칭을 기재함에 있어 甲이 유의하여야 할 사항과 물품의 명칭을 잘못 기재한 경우 그 법적 취급에 대하여 설명하시오. [12점]

2 甲이 출원한 화상디자인이 1디자인으로 인정받을 수 있는지 여부의 판단에 대하여 동적화상디자인인 경우를 포함하여 설명하시오. [10점]

3 甲은 우리나라에서 디자인등록출원을 하기 전에 외국에서 당해 그래픽유저인터페이스를 휴대전화기 물품명으로 하여 전체디자인으로서 출원하였다. 甲이 이를 기초로 조약 우선권을 주장하면서 우리나라에서 부분디자인으로 출원할 수 있는지 설명하시오. [8점]

설문 1 에 대하여

1 제40조 제2항

(1) 의의 및 취지

로카르노 협정에 따른 물품류 구분에 따라야 한다(제40조 제2항). 이는 디자인의 대상이 되는 물품을 명확히 하여 디자인을 명확하게 특정하기 위함이다.

(2) 요 건

① 로카르노 협정에 따른 물품류 구분을 기준으로 특허청장이 고시한 물품류별 물품목록 중 하나로 기재할 수 있다.

② 없다면 디자인을 인식하는 데 적합한 명칭을 적되, 용도가 명확하게 이해되고 일반화된 명칭이어야 한다.

③ 일반화된 명칭이 없으면, 물품의 용도를 ○○용 부재와 같이 최소의 단위로 표현한 명칭을 사용할 수 있다.

(3) 흠결 시 취급

절차적 등록요건이므로 거절이유, 정보제공사유에는 해당하지만, 이의신청사유, 무효사유에는 해당하지 않는다.

(4) 극복방안 - 보정

① 원칙적으로 동일한 물품 이외의 물품으로 보정하는 경우 요지변경으로 본다.

② 다만 다음의 경우에는 예외적으로 요지변경이 아니라고 본다.

   ㉠ 단순한 착오 또는 오기로 인정되는 경우
   ㉡ 불명확한 것은 명확하게 보정하는 경우
   ㉢ 포괄명칭을 그 하위개념에 속하는 구체적인 명칭으로 보정하는 경우

2 화상디자인의 물품명

(1) 원 칙

형태에 관한 물품명은 원칙적으로 부적법하나, '화상디자인이 표시된 디스플레이 패널'과 같은 화상디자인을 구성요소로 하고 있는 물품명은 적법하다.

(2) 부적법한 경우의 예시

표시부 자체를 명칭으로 나타내거나 구체적인 물품이 지정되지 않은 경우, 물품이 특정되지 않고 화상에 대한 물품명을 기재한 경우, 물품명과 도면에 차이가 있는 것은 정당한 물품명이 아니다.

3 소 결

甲은 자신의 화상디자인의 물품명을 기재할 때에 정보통신기기에 표시된다고 하여 '화상디자인이 표시된 정보통신기기'와 같은 물품명을 기재하지 않도록 유의해야 한다. 이는 구체적인 물품이 지정되지 않은 경우에 해당하므로 부적법하다. 또한 GUI에 대한 것이라고 하여 물품명을 화상 그 자체인 'GUI'로 기재하면 물품이 특정되지 않은 경우에 해당하여 부적법하다. 나아가, 도면에 파선으로 표시된 표시부를 구비한 구체적인 물품이 있는 경우에는 '화상디자인이 표시된 디스플레이 패널'과 같은 물품을 기재하지 않아야 한다. 이는 물품명과 도면에 차이가 있어 부적법하기 때문이다.

설문 2 에 대하여

1 1디자인 1출원(제40조 제1항)

(1) 의의 및 취지

① 1디자인마다 1출원으로 한다.
② 1디자인이란, 1물품 1형태를 말한다.
③ 다물품 또는 다형태의 경우에는 제41조 또는 제42조에 의해 등록받아야 한다. 절차의 편의성과 권리의 명확성을 도모하기 위함이다.

(2) 요 건

① 1물품(물품의 단일성)
물리적으로 분리되지 않은 하나의 개념이 아닌 거래관행상 독립하여 하나로 거래될 수 있는 물품을 의미한다. 대법원 판례는 물품의 용도, 구성, 거래실정 등에 따라 1물품으로 취급되는 물품인지 여부로 판시하였다. 심사기준은 2 이상의 물품을 결합하여 출원한 경우, 결합상태로 보아 각 물품의 기능, 용도가 상실되고 새로운 하나의 기능, 용도로 인식될 수 있는지 여부를 판단한다.

② 1형태(형태의 단일성)
1물품에 표현된 하나의 형상·모양·색채 또는 이들의 결합을 의미한다. 즉, 하나의 형태적 단위영역을 말한다. 물품과의 관계를 무시할 수 없고, 물품의 용도, 기능을 고려하여 전체적, 통일적 형태성으로부터 판단해야 한다.

2 화상디자인의 1디자인 여부 판단

(1) 원 칙

1개의 표시부 내에 도시된 것이라면, 각 구성요소의 분리 여부나 기능적 연관성 여부에 상관없이 1디자인이다.

(2) 동적화상디자인의 경우

① 1디자인으로 인정되는 경우로는 조작에 의한 단순한 변화 전후를 1디자인으로 나타내는 경우, 형태적 관련성 및 변화의 일정성을 가지고 형태가 변화하는 경우가 있다.

② 1디자인으로 인정되지 않는 경우로는 형태적 관련성 및 변화의 일정성이 없는 경우, 변화과정이 도시되지 않은 경우, 일련의 연속된 과정을 수행하는 것이라도 구성, 모양이 화상마다 상이한 경우가 있다.

(3) 1물품 내에 물리적으로 분리된 2 이상의 화상이 표시된 경우

원칙적으로 1디자인은 아니다. 다만, 물리적으로 분리된 각각의 화상이 연동되어 있는 경우 1디자인으로 인정될 수 있으며, 디자인의 설명란에 기능적 일체성에 대한 기재가 있으면 이를 근거로 판단할 수 있다.

3 소 결

甲의 화상디자인이 1개의 표시부 내에 도시되어 있다면 물리적으로 분리된 것이더라도 1디자인에 해당한다. 다만, 동적화상디자인인 경우에는 형태적 관련성 내지는 변화의 일정성을 갖고 있어야 할 것이다. 또한, 정보통신기기의에 2 이상의 표시부를 구비하는 경우에는 각각의 화상이 연동되어 있어야 1디자인으로 인정할 수 있을 것이다.

설문 3 에 대하여

1 조약우선권주장

(1) 의의 및 취지

파리협약의 3대원칙 중 하나로서, 조약당사국 국민이 제1국에 정규의 출원을 한 후, 동일한 디자인을 국내에 출원하여 우선권주장을 하는 경우, 신규성과 선출원주의를 적용함에 있어서 판단시점을 소급하여 인정하는 제도이다(제51조).

속지주의 원칙에 의한 시간, 절차 등 많은 제약을 극복하고 선출원자를 국제적으로 보호하기 위함이다.

(2) 요 건

① 주체적 요건

대한민국 국민, 조약동맹국 국민, 준동맹국 국민이어야 하고, 제1국 출원인과 동일인 또는 정당한 승계인이어야 하며, 승계인은 우선권도 승계해야 한다.

② 객체적 요건

㉠ 기초 출원은 최선성과 정규성이 있어야 한다.

㉡ 우선권주장 출원은 출원 형식이나 디자인을 표현하는 방식과 관계없이 증명서류에 표현된 디자인 중에 국내 출원디자인과 실질적으로 동일한 디자인이 포함되어 있으면 되고, 이는 해당디자인의 분야에서 통상의 지식을 기초로 증명서류의 전체 기재내용과 제1국의 제도 등을 종합적으로 고려하여 판단한다.

③ 시기적 요건

제1국 출원일로부터 6개월 이내에 해야 한다.

④ 절차적 요건
　　㉠ 출원 시에 출원서에 주장의 취지, 최초 출원한 국가명, 출원일을 기재해야 한다.
　　㉡ 출원일로부터 3개월 이내에 증명서류를 제출해야 한다.

2 동일성의 판단방법

(1) 원 칙
화상디자인을 보호하는 방식이 국가마다 다르기 때문에 물품의 명칭, 증명서류의 내용, 제도 등을 종합적으로 고려하여 판단한다.

(2) 물품의 동일성
물품의 명칭이 다르더라도, 물품의 용도와 기능이 실질적으로 동일하면 동일성을 인정할 수 있다.

(3) 디자인의 동일성
출원의 형식이나 디자인의 표현 방식과 관계없이 증명서류에 표현된 디자인 가운데 출원디자인과 실질적으로 동일한지 여부를 판단한다.

3 소 결

제1국인 외국의 최선출원인과 동일인이고, 시기적, 절차적 요건은 문제가 없다고 가정하면, 결국 양 출원이 동일한지가 문제된다. GUI를 출원하는데 물품명을 휴대전화기로 한 것을 고려할 때, 상기 외국은 부분디자인(화상디자인) 제도가 있기는 하나 표현방법을 달리한 것으로 보인다. 따라서 우리나라에 동일한 방식으로 화상디자인을 부분디자인으로서 GUI 부분을 실선으로 나머지 휴대전화기 부분을 파선으로 도시하여 출원한다면 물품 및 디자인의 실질적 동일성이 인정되는 바, 우선권을 주장할 수 있고 판단시점이 소급될 것이다. [끝]

문제 13
기출수정 19

"보기 좋은 떡이 맛도 좋다."는 말은 음식에 있어서 맛도 중요하지만, 그 외관 역시 중요하다는 의미를 가진 속담이다. 즉, 독특한 미감을 발휘하는 외관을 가진 식품은 디자인보호법상으로 보호할 필요가 있다. 식품디자인의 의의에 대해 간략히 설명하고, 이하 다음 물음에 답하시오.
[30점]

1 甲은 국내에서 유명한 "쌍쌍바 아이스크림( )" 판매업자인데, 3명이 나누어 먹을 수 있는 "3쌍바 아이스크림( )"에 대한 디자인 A를 출원하였다. 디자인 A의 등록가능성에 대해 논하시오. [13점]

2 乙은 식용염료를 이용하여 수공업적 방법으로 표면에 특정한 꽃 모양을 만든 마카롱에 관한 아래 디자인 B를 출원하면서 디자인의 대상이 되는 물품에 "디저트"라고 기재하였다. 디자인 B의 등록가능성에 대해 논하시오. [13점]

3 상기 **2**에서 乙의 디자인이 등록되었다고 하자. 그 후에 동종업자 丙이 乙의 꽃 모양과 유사한 꽃 모양을 한 원형의 마카롱을 제조하여 판매하였다. 이에 乙이 침해라고 주장하자 丙은 "우리 마카롱은 건조를 더 많이 진행하여 기공과 스크래치가 더 크고 많기 때문에 그 외관이 비유사하다."고 주장했다, 丙이 乙의 디자인을 침해하였는지 여부에 대해 논하시오. [4점]

1 식품디자인의 의의 및 취지

디자인은 물품의 형상·모양·색채 또는 이들의 결합으로서 시각을 통하여 미감을 일으키는 것이다(제2조 제1호). 이 중 식품디자인은 음식물의 형상·모양·색채 또는 이들의 결합이다. 음식물의 경우에도 그 외관이 수요자의 구매의욕을 자극하여 수요증대를 유도할 수 있으므로 보호가 필요하다.

한편, 디자인 A와 B는 음식물의 형상과 모양이 일정 범위 내에서 정형으로 고정되고, 독립 거래의 대상이 되는 바, 물품성은 문제되지 않는다고 보고 이하 논한다.

설문 **1** 에 대하여

1 문제의 소재

甲의 출원디자인 A는 공지디자인인 쌍쌍바로부터 창작한 것이고, 아이스크림 디자인은 일부심사의 대상이 아니므로 신규성과 공지디자인에 의한 용이창작 여부는 거절이유이다. 형상이 비유사하므로 신규성은 문제되지 않으나, 창작성이 문제된다. 또한 막대와 결합된 디자인인 바, 1디자인 여부가 문제된다.

2 창작성(제33조 제2항) 위반 여부

(1) 의의 및 취지
출원 전 통상의 디자이너가 국내외 공지디자인 또는 주지형태에 따라 쉽게 창작할 수 있는 디자인은 등록받을 수 없다.

(2) 식품디자인의 창작성 판단 기준
① 식품디자인에서의 주지형태 등을 판단할 때에는 다음을 고려한다.
  ㉠ 널리 알려진 형상, 모양
  ㉡ 당해 식품의 통상적인 형태
② 식품디자인에서의 공지디자인을 판단할 때에는 다음을 고려한다.
  ㉠ 국내외 공지, 공연 실시된 디자인 또는 이들의 결합 여부
  ㉡ 공지된 음식 모양의 단순변형, 결합, 배열변경, 중첩 등에 해당하는지 여부

(3) 흠결 시 취급
거절이유(일부심사의 대상은 공지디자인에 의한 용이창작인 경우만), 정보제공사유, 이의신청이유, 무효사유에 해당한다.

(4) 사안의 경우
3쌍바 디자인 A는 공지된 쌍쌍바 디자인의 구성단위 수를 달리한 단순한 변형에 해당하므로 공지디자인의 결합에 기초한 용이창작에 해당하는 바 제33조 제2항 위반이다.

3 1디자인 1출원(제40조 제1항) 위반 여부

(1) 의의 및 취지
절차의 편의성과 권리의 명확성을 도모하기 위해 1디자인마다 1출원으로 한다. 1디자인은 1물품 1형태를 의미한다.

(2) 식품디자인의 경우
① 원칙 : 식품과 식품을 구성하지 않는 타 물품이 하나의 도면 내에 표현되어 있는 경우, 1디자인 1출원 위반이다.
② 예외 : 식품에 부가적인 물품이 결합되어 있더라도 거래관행상 실시 전 과정에서 일체화된 물품인 경우, 식품디자인의 형상, 모양을 완전히 보여주기 위해 보조적인 물품을 이용하는 것이 명백한 경우 보조적인 물품의 적용 취지를 디자인의 설명란에 기재한다면 등록이 가능하다.

(3) 흠결 시 취급
거절이유, 정보제공사유에는 해당하지만, 절차적 요건이므로 이의신청사유, 무효사유에는 해당하지 않는다.

(4) 사안의 경우
아이스크림 막대는 음식의 부속물에 해당하고, 거래관행상 실시 전의 생산, 유통, 판매과정에서 일체화된 물품에 해당한다. 이 막대가 아이스크림을 지지하여 음식과 결합된 하나의 물품으로 볼 수 있는 바, 제40조 제1항 위반은 아니다.

4 설문 ❶의 해결 – 디자인 A의 등록가능성

甲의 디자인 A는 제40조 제1항 위반은 아니지만, 제33조 제2항 위반이어서 등록받을 수 없다.

설문 ❷ 에 대하여

1 문제의 소재

乙이 수공업적 방법으로 꽃 모양을 표현한 마카롱 디자인을 출원하였는데, 이것이 양산 가능하여 공업상 이용가능성이 인정되는지, 물품명에 "디저트"라고 기재한 것이 정당한 물품명에 해당하는지가 문제된다.

2 공업상 이용가능성(제33조 제1항 본문) 위반 여부

(1) 의의 및 취지

법 목적상 디자인은 공업상 이용할 수 있는 경우에 한하여 등록이 가능한데, 이는 공업적 생산방법에 의해 동일한 물품을 양산할 수 있는 것을 의미한다.

(2) 식품디자인의 공업성 판단방법

① 최종 판매 단계까지 동일한 형상을 유지할 수 있어야 한다. 따라서 가공식품은 인정되지만, (수)공업적 가공 또는 제조가 아닌 주방 등에서 조리되는 식품은 불인정된다.
② 다만, 조리되어 판매되는 것이라도 재생 가능한 공업적 생산방법으로 제조, 가공되어 독립적으로 거래되는 경우는 제외된다.

(3) 흠결 시 취급

거절이유, 정보제공사유, 이의신청이유, 무효사유에 해당한다.

(4) 사안의 경우

마카롱 디자인 B가 수공업적 방법으로 동일한 형상과 모양을 유지하면서 반복 재생산 가능하여, 판매 시에 일반 수요자의 시점에서 일정한 형상을 가진 제품으로 인식될 것이므로 양산 가능성이 인정될 것이다. 따라서 제33조 제1항 본문 위반이 아니다.

3 정당한 물품명(제40조 제2항) 위반 여부

(1) 의의 및 취지

디자인의 대상이 되는 물품은 로카르노 협정에 따른 물품류 구분을 기준으로 하여 특허청장이 고시한 물품류별 물품명칭에 따라야 한다. 디자인을 명확하게 특정하기 위함이다.

(2) 심사기준의 태도

물품류 구분에 따라 지정하여 적을 수 있고, 물품이 명확히 한정되지 않아 특정할 수 없으면 잘못 기재한 것이다.

(3) 흠결 시 취급

거절이유, 정보제공사유에는 해당하지만, 절차적 요건이므로 이의신청사유, 무효사유에는 해당하지 않는다.

(4) 사안의 경우

디저트는 그 명칭에 해당하는 상품의 범위가 너무 넓어서 명확하게 디자인의 대상이 되는 물품을 한정할 수 없어 잘못 기재된 명칭이므로 제40조 제2항 위반에 해당한다.

4 설문 2의 해결 – 디자인 B의 등록 가능성 여부

출원디자인 B는 제33조 제1항 위반은 아니지만, 제40조 제2항 위반에 해당하여 등록받을 수 없다.

설문 3 에 대하여

1 문제의 소재

등록디자인의 권리범위는 유사 범위까지 미친다(제92조). 丙의 기공과 스크래치 때문에 비유사하다는 주장에 대해 살펴, 丙의 다소 변형된 실시가 乙의 디자인을 침해하는 것인지를 판단한다.

2 식품디자인의 유사 판단

물품의 동일·유사를 전제로 판단한다. 식품 종류별로 특징이 상이하므로, 종류별 과거 디자인 개발의 형태적 흐름과 출원디자인의 창작적 특이점을 고려한다. 다만, 자연물의 본래적인 특징 또는 조리 시에 나타나는 통상적인 변화로 인해 나타나는 차이는 유사 판단에 고려하지 않는다.

3 설문 3의 해결 – 丙이 乙의 등록디자인을 침해하는지 여부

반죽을 건조하여 발생하는 기공과 스크래치는 조리 시에 나타나는 통상적인 변화로, 이로 인한 차이는 유사 판단에 고려하지 않아야 한다. 따라서 이를 제외한 마카롱의 형상이 원통형으로 동일하고, 그 위에 식용염료를 이용하여 만든 표면의 꽃 모양까지 유사하므로 양 디자인은 유사하다. 따라서 丙의 실시행위는 乙의 등록디자인에 대한 침해이다. [끝]

문제 14 甲은 수년간 '아이스크림의 콘' 디자인 X에 대한 권리를 가지고 이에 아이스크림을 얹어서 '콘 아이스크림'을 판매하던 '베스킨8'이다. 甲은 매달 8일에 4개의 아이스크림을 사면 4개를 더 주는 4+4 이벤트를 진행하려고 한다. 이를 홍보하기 위한 수단으로 자신이 판매하던 디자인 X 8개를 부채꼴로 이어 붙여 다음과 같은 형태의 물품을 만들어 매장 내에 전시하고자 이 사진을 도면 대용 사진으로 하여 이러한 물품과 형태에 관한 디자인 A를 출원하였다. 이후 디자인 A가 등록되었다고 하자.

4+4 이벤트가 흥행하자 고객유치에 실패한 동종업자 乙이 甲에게 디자인 A에 대한 무효심판을 청구하였을 때, 심판의 결과를 예측하시오(단, 디자인 X는 원뿔형이기는 하나, 외주면에 마름모 모양의 패턴이 반복되어 독창성을 지니고 있는 디자인에 해당한다). [30점]

[디자인 A의 사진]

1 문제의 소재

(1) 무효심판의 의의 및 취지와 적법성

무효심판은 하자 있는 권리의 소멸을 구하는 심판으로 분쟁의 종국적 해결수단이다. 乙은 디자인권 소멸에 현실적이고 직접적인 이해관계에 있는 동종업자이므로 무효심판을 청구할 수 있는 자에 해당한다. 따라서 적법성은 문제되지 않는다.

(2) 무효사유(본안)의 검토

무효사유로는 상업적 홍보를 위한 이른바 서비스디자인에 해당하는 디자인 A가 물품 자체의 형태가 아니므로 구체성을 결여하여 물품성 흠결인지, 같은 이유로 공업성 흠결인지, 2차적 형상에 해당하여 형태성 흠결인지, 자신의 선행 공지디자인 X와 형상이 상이하여 비유사하므로 신규성은 문제되지 않을 것이고, 공지디자인에 의한 용이창작 여부가 문제된다. 한편, 원뿔형의 주지형태를 기초로 창작되기는 하였으나 외주면의 모양으로 독창성을 지니고 있는 바 주지형태에 의한 용이창작은 문제되지 않는다. 식품디자인은 제1류에 해당하여 심사등록의 대상이므로 상기 검토한 요건들은 모두 흠결 시 거절이유, 정보제공사유, 무효사유에 해당한다.

(3) 식품디자인의 의의 및 취지

식품도 맛뿐 아니라 외관도 수요 창출에 중요하기 때문에 디자인의 보호대상으로 인정하고 있고, 심사기준은 특유의 판단 기준을 마련하고 있다. 이에 비추어 이하 검토한다.

2 물품성에 대하여

(1) 의의 및 취지
① 디자인은 물품의 형상·모양·색채 또는 이들의 결합으로서 시각을 통하여, 심미감을 일으키게 하는 것이다(제2조 제1호). 여기서 물품은 명문의 규정은 없으나, 대법원과 심사기준은 독립성이 있는 구체적인 유체동산으로 정의하고 있다.
② 물품의 수요 증대를 통해 산업발전에 이바지하는 것이 법의 목적이기 때문에 물품성이 요구된다.

(2) 요 건
① **독립성** : 물품은 독립 거래의 대상이 되어야 하므로 물품의 부분이나 합성물의 구성각편은 물품으로 인정할 수 없다.
② **구체성** : 물품은 외형이 구체적으로 특정될 수 있어야 하므로, 분상물 또는 입상물의 집합, 기체, 액체 등과 같이 일정한 형체가 없거나, 물품 자체의 형태로 볼 수 없다면 물품으로 인정할 수 없다.
③ **유체성** : 물품은 구체적인 형상이 특정된 유체물이어야 하므로 기체, 액체 등과 같이 일정한 형체가 없으면 물품으로 인정될 수 없다.
④ **동산성** : 대법원은 현장시공을 통해 건축되는 부동산은 물품으로 인정할 수 없다고 판시했다. 다만, 반복생산성과 운반가능성이 인정된다면 물품으로 인정될 수 있다.

(3) 사안의 경우
디자인 X를 8개 이어 붙어 4+4 이벤트의 홍보용으로 전시해놓는 서비스디자인에 불과한 바, 물품 자체의 형상이라고 보기 어려워 구체성 결여로 물품성이 인정되지 않는다.

3 형태성에 대하여

형상에는 1차적 형상만 포함되고, 2차 형상은 포함되지 않는다는 견해가 있는 바, 형태성이 문제될 여지가 있다.

4 공업상 이용가능성에 대하여

(1) 의의 및 취지
디자인은 공업상 이용할 수 있는 경우에 한하여 등록이 가능하다(제33조 제1항 본문). 이는 공업적인 생산방법에 의해 동일한 물품을 양산할 수 있어야 물품의 수요 증대를 통해 산업발전에 이바지할 수 있기 때문이다.

(2) 요 건
① **공업적 생산방법**
대법원은 원자재에 물리적, 화학적 변화를 가하여 유용한 물품을 제조하는 것을 말한다고 판시하였다. 여기서 상업적, 농업적 생산방법은 제외되나, 기계적, 수공업적 생산방법은 포함된다.

② 동일한 물품의 양산 가능성

대법원은 양산이란 동일한 형태의 물품을 반복적으로 계속하여 생산하는 것을 의미한다고 판시하였다. 또한 물리적으로 완전히 동일한 물품을 요하는 것은 아니고, 통상의 디자이너가 합리적으로 해석했을 때 동일한 물품으로 인식 가능한 수준의 동일성을 말하는 것이다.

(3) 사안의 경우

① 서비스디자인은 원칙적으로 물품 자체의 형태가 아니어서 양산이 불가하므로 공업성 흠결이나, 물품의 변형이 독자적인 물품으로 창작되는 경우에는 공업성이 인정될 수 있다.
② 디자인 A는 서비스디자인이고 독자적 물품에 해당한다는 사정도 없는 바, 공업성 흠결에 해당한다.

5 창작성 - 위반

(1) 의의 및 취지

출원 전 통상의 디자이너가 국내외 공지디자인 또는 주지형태에 따라 쉽게 창작할 수 있는 디자인은 등록받을 수 없다(제33조 제2항). 형태적 차이가 당업계에서 인정할 수 있는 창작적 가치를 가진 경우에만 보호의 필요성이 있기 때문이다.

(2) 공지디자인에 의한 용이창작 판단방법

① 원 칙

대법원은 공지디자인 또는 이들의 결합을 거의 그대로 모방 또는 전용하거나, 가하여진 변화가 단순한 상업적, 기능적 변형에 불과하거나, 그 디자인의 분야에서 흔한 창작수법이나 표현방법에 의해 이를 변경, 조합, 전용하였음에 불과한 창작수준이 낮은 경우는 창작성 흠결에 해당한다고 판시하였다.

② 식품디자인의 경우

국내외 공지디자인, 공지 음식의 단순변형, 결합, 배열변경, 중첩 등에 해당하는지 여부를 고려한다.

(3) 사안의 경우

디자인 A는 자신의 공지디자인 X를 단순히 결합한 것에 불과하고, 8개를 연달아 이어 붙이는 변화는 단순한 상업적, 기능적 변형에 해당한다고 보아야 하므로 창작성 흠결에 해당한다.

6 설문의 해결

디자인 A는 물품성, 공업상 이용가능성 위반에 따른 제33조 제1항 본문과 창작성 위반에 따른 제33조 제2항의 무효사유가 존재하는 바, 이를 주장하며 적절한 증거를 제출한다면 인용심결이 날 것으로 보인다. [끝]

문제 15 화상디자인과 관련한 다음 물음에 답하시오. [20점]

기출 22

1 공간 등에 투영된 가상 키보드를 조작하기 위한 목적으로 "가상 키보드용 화상"을 디자인하였다. 이 화상디자인이 디자인보호법령상 디자인으로 성립될 수 있는지 설명하시오.
[6점]

2 공지디자인 A는 "현관출입 비밀번호 입력용 화상"에 관한 디자인이며, 출원디자인 B는 "전화번호 입력용 화상"에 관한 디자인이다. 디자인 A와 B의 유사여부를 설명하시오.
[7점]

〈공지디자인 A〉	〈출원디자인 B〉
"현관출입 비밀번호 입력용 화상"	"전화번호 입력용 화상"

3 甲의 공지디자인 C는 "화면디자인이 표시된 산업기계용 조작제어기"로 "물품의 부분에 표현된 화면디자인"이다. 乙의 출원디자인 D는 "휴대폰 잠금해제용 화상"으로 "화상디자인"에 해당한다. 그런데 디자인 C가 출원된 다음 디자인 D가 출원되었고, 이후 선출원된 디자인 C가 디자인 공보에 게재되었다. 이때 화상디자인 D에 대한 디자인보호법상 확대된 선출원에 관한 규정의 적용여부를 설명하시오. [7점]

〈공지디자인 C〉	〈출원디자인 D〉
"화면디자인이 표시된 산업기계용 조작제어기"	"휴대폰 잠금해제용 화상"

설문 1 에 대하여

1. 화상디자인 의의

디자인이란 물품(물품의 부분, 글자체 및 화상을 포함한다)의 형상·모양·색채 또는 이들을 결합한 것으로서, 시각을 통하여 미감을 일으키게 하는 것을 말한다(제2조 제1호).
화상이란 디지털 기술 또는 전자적 방식으로 표현되는 도형·기호 등(기기의 조작에 이용되거나 기능이 발휘되는 것에 한정하고, 화상의 부분을 포함한다)을 말한다(제2조 제2호의2).

2. 사안의 경우

가상 키보드용 화상은 공간 등에 투영된 가상 키보드의 조작에 이용되고, 디지털 기술 또는 전자적 방식으로 표현되는 도형·기호 등으로 가상 키보드용 화상의 형상·모양·색채 또는 이들을 결합한 것으로서 시각을 통하여 미감을 일으키는 것이므로, 디자인보호법령상 디자인으로 성립한다.

설문 2 에 대하여

1. 화상디자인 유사판단

(1) 판단 방법

화상의 형태, 용도 또는 기능의 동일·유사, 혼용가능성을 기준으로 판단하며, 화상 형태의 유사성은 일반적인 디자인의 유사판단 방법에 따른다.

(2) 디자인의 유사판단 사례

디자인의 유사 여부는 이를 구성하는 각 요소를 분리하여 개별적으로 대비할 것이 아니라 그 외관을 전체적으로 대비 관찰하여 보는 사람으로 하여금 상이한 심미감을 느끼게 하는지의 여부에 따라 판단하여야 하므로, 그 지배적인 특징이 유사하다면 세부적인 점에 다소 차이가 있을지라도 유사하다고 보아야 한다.

2. 사안의 경우

공지디자인 A는 "현관출입 비밀번호 입력용 화상"이고, 출원디자인 B는 "전화번호 입력용 화상"으로 양자 모두 수치를 입력하는 기능을 수행한다는 면에서 유사하고, 양 디자인의 형태는 전체적으로 대비 관찰하여 화상의 입력 패턴의 배열 형태 등 지배적인 특징이 유사하므로, 숫자 번호, 하단 버튼 등의 세부적인 점에 다소 차이가 있을지라도, 공지디자인 A와 출원디자인 B는 유사하다.

설문 3 에 대하여

1. 확대된 선출원 의의 및 취지

출원디자인의 출원일 전에 출원된 타 출원이 당해 출원 후 출원공개, 등록공고된 경우, 출원디자인이 디자인공보에 게재된 타 출원디자인의 일부와 동일·유사하면 등록받을 수 없다(제33조 제3항). 실질적으로 신규하지 않은 후출원 디자인의 등록을 배제하기 위함이다.

2. 화상디자인의 확대된 선출원 판단

물품의 부분에 표현된 화면디자인의 화면 표시부가 화상디자인의 형태와 설령 동일·유사하더라도 화면 표시부는 물품의 부분디자인이고 화상은 그 자체로 독자적인 물품이므로 물품이 서로 달라 비유사하다. 따라서, 물품의 부분에 표현된 화면디자인과 화상디자인 간에는 확대된 선출원 규정이 적용되지 않는다.

3. 문제의 해결 - 화상디자인 D에 대한 확대된 선출원 규정 적용 여부(소극)

물품의 부분에 표현된 화면디자인인 공지디자인 C의 산업기계용 조작제어기의 화면 표시부가 화상디자인 D의 휴대폰 잠금해제용 화상의 형태와 동일·유사하더라도, 화면 표시부는 산업기계용 조작제어기 물품의 부분디자인이고, 휴대폰 잠금해제용 화상은 그 자체로 독자적인 물품이므로, 양 물품이 서로 달라 비유사하다. 따라서, 출원디자인 D의 출원일 전에 출원된 공지디자인 C가 출원디자인 D가 출원된 후 디자인 공보에 게재되었으나, 출원디자인 D는 공지디자인 C의 일부와 동일·유사하지 않으므로, 화상디자인인 출원디자인 D에 확대된 선출원에 대한 규정이 적용되지 않는다. [끝]

CHAPTER 03 디자인등록출원

제3편 | 문제편

문제 1 기출 07

X사는 "볼펜"의 디자인 A를 장착하여 디자인등록을 받고자 한다. 그런데 디자인 A는 뚜껑과 본체로 구성되어 있고, 뚜껑부분은 전부가 투명하다. X사로부터 상기 디자인 A에 관한 디자인등록출원절차를 위임받은 변리사 甲이 디자인 A를 출원하기 위하여 출원서와 도면은 어떻게 작성되어야 하는가에 대하여 기술하시오. [20점]

1 문제의 소재

디자인 A의 물품이 일부심사등록출원의 대상인 볼펜이라는 점, 뚜껑이 투명으로 되어 있다는 특징을 중점으로 출원서와 도면 작성 방법에 대해 논한다.

2 출원서(제37조 제1항) 작성 방법

(1) 의의 및 취지

디자인등록을 받고자 하는 자는 소정의 사항을 기재하여 출원서를 특허청장에게 제출해야 한다. 출원서는 디자인에 관한 서지적 사항을 포함하고, 권리자와 창작자, 출원디자인의 성격을 특정하는 역할을 한다.

(2) 출원서의 기재사항

출원인 및 대리인의 인적사항, 창작자의 인적사항, 디자인의 대상이 되는 물품 및 물품류, 단독/관련디자인 출원 여부(기본디자인의 출원번호 또는 등록번호), 복수디자인 출원 여부(디자인의 수, 일련번호), 우선권 증명서류 등이 있다.

(3) 디자인의 대상이 되는 물품 및 물품류

① 디자인의 대상이 되는 물품

로카르노 협정에 따른 물품류 구분을 기준으로 특허청장이 고시한 물품류별 물품명칭 중 하나의 물품으로 지정하여 기재할 수 있다.

② 물품류

물품이 물품류 구분 중 어디에 속하는지 확인하여 기재한다.

③ 사안의 경우

디자인의 대상이 되는 물품은 '볼펜'으로 기재하며, 이는 문구류에 해당하므로 물품류는 '제19류'로 기재한다.

(4) 단독/관련디자인 출원 여부, 복수디자인 출원 여부

기본적으로는 단독디자인으로 출원한다. 다만, 투명한 뚜껑에 의해 도시되는 볼펜의 내부형태도 디자인의 구성요소로 하여 출원하려는 경우, 볼펜의 외부형태만 도시한 디자인과 복수디자인으로 출원할 여지도 있다. 복수디자인으로 출원하는 경우, 디자인의 수와 일련번호를 기재하여야 한다.

(5) 일부심사등록출원(제37조 제4항)

① 의의 및 취지

제1, 2, 3, 5, 9, 11, 19류에 해당하면 일부심사등록출원으로만 가능하다. 이는 유행성이 강한 물품에 대해서는 신속한 권리화를 도모하기 위해서이다.

② 사안의 경우

甲은 제19류에 해당하는 디자인 A에 대하여 일부심사등록출원으로 출원서를 작성해야 할 것이다. 이를 심사등록출원으로 하면 제37조 제4항 후단 위반의 거절이유를 갖는다.

3 도면 작성 방법

(1) 의의 및 취지

출원서에는 등록받고자 하는 디자인에 관한 사항을 기재한 도면을 첨부해야 한다. 이 경우, 도면을 갈음하여 시행규칙 제36조 하에 사진 또는 견본을 제출할 수 있다. 특허의 청구범위에 대응하는 것으로 디자인은 물품의 외형으로서 도면에 의해 권리가 특정된다.

(2) 디자인의 대상이 되는 물품 및 물품류(전술)

(3) 디자인의 설명(시행규칙 [별표 2])

① 기재방법

도면을 통해 디자인을 이해하는 데 필요하다고 인정되는 내용을 기재한다. 물품에 대해서는 사용목적, 사용방법, 재질, 크기 등의 설명을 기재한다. 투명한 물품에 대해서는 투명하다는 설명이 필요하면 기재하며, 안경이나 전구와 같이 특성상 명백한 경우에는 기재를 생략할 수 있다.

② 사안의 경우

볼펜에 관한 설명을 기재하며, 투명한 뚜껑 부분에 대해서는 특성상 명백한 경우는 아니므로 그 설명을 기재해야 한다.

(4) 창작내용의 요점(시행규칙 [별표 3])

쉽고 간결하고 명확하게 적어야 한다. 가능한 공지디자인, 주지형태와 비교하여 독창적으로 창작한 내용을 중심으로 기재한다. 사안의 경우, 투명한 뚜껑을 포함하여 디자인의 내외부 형태의 독창적 특징을 기재한다.

(5) 도 면

① 기본도면
등록받고자 하는 디자인의 전체적인 형태와 창작내용을 가장 잘 표현하는 도면을 우선순위로 하여 1 이상의 도면으로 명확하게 표현해야 한다. 평면디자인은 별지 제4호에 의하여, 3차원 모델링 도면은 디자인의 창작내용을 가장 잘 표현하는 화면을 정지화면으로 하여 제출한다.

② 참고도면
디자인의 용도 등에 대한 이해를 위해 필요한 경우, 형식 불문하여 작성한다.

③ 사안의 경우
볼펜디자인 A의 6면도 및 사시도를 기본으로 하고, 투명 뚜껑 부분에 의해 보여지는 볼펜의 내부도 보이는 대로 도시해야 한다. 또한, 볼펜의 내부도 디자인의 구성요소로 하려는 경우, 단면도 등을 추가적으로 제출할 수 있다. [끝]

CHAPTER 04 디자인등록요건

제3편 | 문제편

문제 1 디자인보호법 제33조 제1항 본문에 따른 공업상 이용가능성에 대해 논하고, 각 설문의 동 규정 위반여부를 판단하시오. [20점]

1 일본 장인이 만든 말 엉덩이(코도반) 가죽으로 만든 수제 지갑

2 평면적인 물품으로서 화살표 모양과 물방울 모양이 상하좌우로 연속 또는 반복하는 단면 직물지 디자인을 출원할 때, 다음과 같은 도면을 제출한 경우

표면부	이면부
디자인의 설명에 '상하로 반복하는 모양'에 대한 설명 기재함	디자인의 설명에 '이면은 모양 없음.'이라고 기재함

1 공업상 이용가능성

(1) 공업상 이용가능성

① 의의 및 취지

디자인은 공업상 이용할 수 있는 경우에 한하여 등록이 가능하다(제33조 제1항 본문). 이는 공업적인 생산방법에 의해 동일한 물품을 양산할 수 있어야 물품의 수요 증대를 통해 산업발전에 이바지할 수 있기 때문이다. 나아가 구체성은 도면이 명확하게 표현되지 않아 일부가 추측 상태로 남아있는 경우로, 흠결되면 물품의 양산과 권리의 특정이 어렵고, 심사지연이 우려되기 때문이다.

② 요 건
  ㉠ 공업적 생산방법
    대법원은 원자재에 물리적, 화학적 변화를 가하여 유용한 물품을 제조하는 것을 말한다고 판시하였다. 여기서 상업적, 농업적 생산방법은 제외되나, 기계적, 수공업적 생산방법은 포함된다.
  ㉡ 동일한 물품의 양산 가능성
    대법원은 양산이란 동일한 형태의 물품을 반복적으로 계속하여 생산하는 것을 의미한다고 판시하였다. 또한 물리적으로 완전히 동일한 물품을 요하는 것은 아니고, 통상의 디자이너가 합리적으로 해석했을 때 동일한 물품으로 인식 가능한 수준의 동일성을 말하는 것이다.
③ 흠결 유형
  ㉠ 공업성이 흠결된 경우
  ㉡ 구체성이 흠결(도면의 기재불비)된 경우
  ㉢ 디자인의 성립요건 위반인 경우
④ 흠결 시 취급
  거절이유, 정보제공사유, 이의신청사유, 무효사유에 해당하여 등록이 불가하다.
⑤ 극복 방안
  공업성이 흠결된 경우에는 보정이 요지변경일 가능성이 높아서 보정으로 극복이 어렵지만, 구체성 흠결은 요지변경이 아닌 한 보정으로 하자 치유가 가능할 수 있다.

설문 1 에 대하여

1 자연물의 법적 취급

(1) 문제의 소재
법적 보호대상에서 제외하는 데에는 이론이 없으나, 그 근거에 대한 논의가 있다.

(2) 학설의 대립
① 성립요건 부정설 : 천연자연력에 의해 생성된 자연물은 당연히 인간의 정신적 활동의 결과물을 보호하는 이 법의 취지에 맞지 않으므로 물품성이 부정된다는 견해
② 공업성 결여설 : 자연물도 유체동산이므로 물품성은 인정하되, 공업적 생산방법에 의해 양산될 수 없는 것이므로 보호를 부정한다는 견해
③ 신규성, 창작성 결여설

(3) 검 토
생각건대, 어느 견해에 의하든 자연물은 등록받을 수 없을 것이나 자연물도 독립거래가 가능한 유체동산인 바 물품성 자체를 부정할 필요가 없고, 자연물이라는 이유로 신규성, 창작성을 부정할 필요도 없으므로 공업성 결여설이 타당하다.
공업성 결여설에 따르면, 가공비율이 높아 더 이상 자연물이라고 볼 수 없는 가공품은 공업적 생산방법에 의해 양산될 수 있으므로 디자인의 보호대상이 된다.

2 설문 1의 해결

'수제'이지만 수공업적 생산방법도 포함하는 점, 원자재인 말 엉덩이 가죽에 물리적·화학적 변화를 가한 점, 미세한 차이가 있을 수 있으나 통상의 디자이너가 합리적으로 해석했을 때 인식 가능한 동일성 범위인 점, 그 범위에서 가공품으로서 양산이 가능하므로 공업성이 인정되고, 제33조 제1항 본문 위반이 아니다.

설문 2 에 대하여

1 문제의 소재

평면적인 물품이고, 단면에 반복하는 모양이 있는 디자인이고, 직물지는 일부심사의 대상이나 구체성 흠결 여부는 거절이유에 해당하는 바 이하 검토한다.

2 평면적인 물품의 경우

외형상 두께를 무시할 수 있어 표면과 이면만을 도시하면 족하다. 뒷면의 모양이 없는 경우, '모양 없음'이라고 디자인의 설명에 기재할 수 있다. 다만, 크기와 면적 등이 다양할 수 있고, 연속, 반복하는 모양이 있다면 그 단위를 명확하게 표현해야 한다.

3 반복하는 모양이 있는 경우

입체적 또는 평면적인 물품으로서 그 형상 또는 모양이 연속, 반복하는 경우, 그 도면에서 연속상태를 알 수 있도록 단위모양을 1.5회 이상 도시하고, 디자인의 설명에는 1방향, 상하좌우 등 연속, 반복하는 상태에 대한 설명을 기재한다.

4 설문 2의 해결

(1) 평면적인 물품이므로 표면부와 이면부에 대한 도면만 제출한 것, 단면이므로 이면부에 아무런 도시도 하지 않고, 디자인의 설명에 '모양 없음'이라고 기재한 것은 문제되지 않는다.

(2) 그런데 반복하는 모양을 1.5회 이상 도시해야 함에도 좌우로는 도시하였으나 상하로는 1회도 채 도시하지 않았고, 디자인의 설명에 상하좌우로 반복하는 것인데 상하라고만 기재하여 디자인을 명확하게 특정하기 어렵게 하는 바, 구체성 흠결이고 제33조 제1항 본문 위반에 해당한다. [끝]

문제 2 다음 각 물음에 답하시오. [30점]

기출수정 21

1 디자인보호법 제33조 제1항 본문에 따른 공업상 이용가능성에 대해 검토하고, 각 소설문의 동 규정 위반여부(다만, 디자인의 성립요건은 제외)를 판단하시오. [20점]

1) 꽃게 다리 형상으로 일정하게 기계로 절단된 냉동갈비

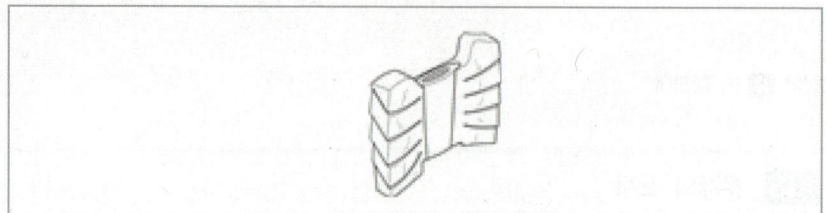

2) 변화 과정을 생략하고 변화 전후의 상태만 제출한 동적화면디자인

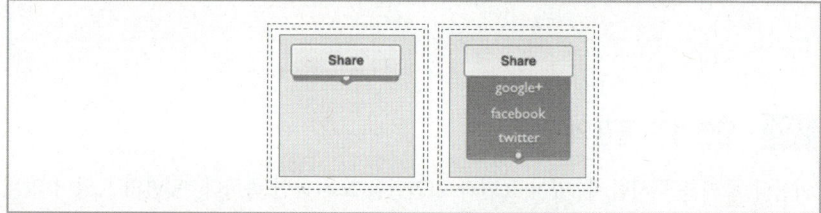

3) 제출된 사시도와 평면도에 도시된 볼펜에 관한 디자인의 일부 형상이 불일치하는 경우

2 다음은 일정한 동물 모양이 반복하는 단면 직물지에 관한 디자인이다. 이 디자인에 대한 최적의 도면 작성 방법에 대해 설명하시오. [10점]

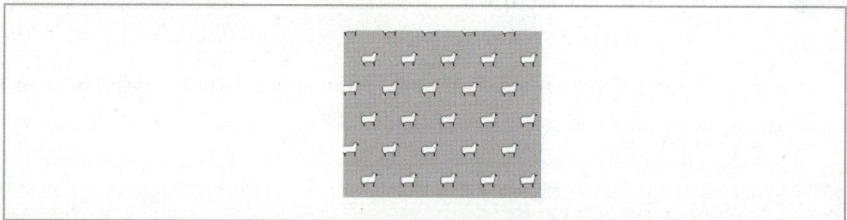

설문 **1** 에 대하여

1 공업상 이용가능성

(1) 의의 및 취지

디자인은 공업상 이용할 수 있는 경우에 한하여 등록이 가능하다(제33조 제1항 본문). 이는 공업적인 생산방법에 의해 동일한 물품을 양산할 수 있어야 물품의 수요 증대를 통해 산업발전에 이바지할 수 있기 때문이다. 나아가 구체성은 도면이 명확하게 표현되지 않아 일부가 추측 상태로 남아있는 경우로, 흠결되면 물품의 양산과 권리의 특정이 어렵고, 심사지연이 우려되기 때문이다.

(2) 요 건

① 공업적 생산방법

대법원은 원자재에 물리적, 화학적 변화를 가하여 유용한 물품을 제조하는 것을 말한다고 판시하였다. 여기서 상업적, 농업적 생산방법은 제외되나, 기계적, 수공업적 생산방법은 포함된다.

② 동일한 물품의 양산 가능성

대법원은 양산이란 동일한 형태의 물품을 반복적으로 계속하여 생산하는 것을 의미한다고 판시하였다. 또한 물리적으로 완전히 동일한 물품을 요하는 것은 아니고, 통상의 디자이너가 합리적으로 해석했을 때 동일한 물품으로 인식 가능한 수준의 동일성을 말하는 것이다.

(3) 흠결 유형

① 공업성이 흠결된 경우
② 구체성이 흠결(도면의 기재불비)된 경우
③ 디자인의 성립요건 위반인 경우

(4) 흠결 시 취급

거절이유, 정보제공사유, 이의신청사유, 무효사유에 해당하여 등록이 불가하다.

(5) 극복 방안

공업성이 흠결된 경우에는 보정이 요지변경일 가능성이 높아서 보정으로 극복이 어렵지만, 구체성 흠결은 요지변경이 아닌 한 보정으로 하자 치유가 가능할 수 있다.

2 소설문 1)의 해결

(1) 문제의 소재

자연물을 가공한 것으로 공업성이 있는지가 문제된다.

(2) 자연물의 공업성 위반 여부

자연물을 디자인의 구성주체로 사용한 경우, 원칙적으로 양산이 불가능한 것으로 보아 공업성이 없으나, 그 가공 정도가 높아 동일한 형태로 양산될 가능성이 있으면 공업성이 있다.

(3) 사안의 경우

갈비는 자연물이지만, 꽃게 다리 형상으로 절단되어 물리적 변화를 가하고 있고, 그 가공 정도가 높은 점, 공업적 생산방법은 기계적 생산방법을 포함하는 점, 냉동하여 유통하는 경우 판매 단계까지 형상을 유지할 수 있으므로 동일한 물품으로 인식 가능한 수준인 점을 고려하면 공업성은 인정된다고 봄이 타당하다. 따라서 동 규정 위반이 아니다.

3 소설문 2)의 해결

(1) 문제의 소재

변화 과정이 표현되지 않아서 구체성 흠결인지 문제된다.

(2) 동적화면디자인의 도면 작성

화면디자인이므로 표시부가 있는 정면도만 제출할 수 있고, 등록받고자 하는 화면 부분을 부분디자인으로 명확하게 도시해야 한다. 또한 정지 상태와 동작 상태에 관한 도면이 필요하다. 다만, 전형적인 변화에 해당하는 경우 변화과정을 생략할 수 있다.

(3) 사안의 경우

이른 바 'Drop down'의 경우 전형적인 변화에 해당하므로 변화 과정에 대한 도면이 생략되었지만 구체성 흠결이라 볼 수 없다. 따라서 동 규정 위반이 아니다.

4 소설문 3)의 해결

(1) 문제의 소재

제출된 도면들이 상호 불일치하여 구체성 흠결에 해당하는 경우인지를 판단한다.

(2) 판례의 태도

대법원은 출원서에 첨부된 도면에 서로 불일치한 부분이 있다고 하더라도, 그 정도가 경미하여 통상의 디자이너가 경험칙에 의하여 디자인의 요지를 충분히 특정할 수 있는 경우에는 구체성이 있는 디자인이라고 판시하였다.

(3) 심사기준의 태도

대법원과 같은 취지로 그 불일치가 중대하고 명백한 경우에 구체성 흠결이라고 규정하고 있다.

(4) 사안의 경우

사시도와 평면도가 불일치하는 볼펜의 일부분의 형상이 표현방법의 차이에서 비롯된 것이거나 또는 보는 이의 눈에 잘 띄지 않는 부분 등 지배적인 특징과 직접적으로 관계가 없어 그 차이를 해소할 수 있다면 디자인의 요지 파악이 가능하여 구체성 흠결이 아닐 것이나, 권리범위 해석의 대상이 되는 디자인의 요부에 해당하는 부분이라면 디자인을 특정할 수 없는 바 구체성 흠결에 해당할 것이다.

설문 2 에 대하여

1 문제의 소재

해당 직물지는 평면적인 물품이고, 일정한 모양이 반복되어 표현되어 있으며 이면은 모양이 없다. 이러한 특성에 따른 도면 작성 방법에 대해 논한다.

2 평면적인 물품의 경우

형상 두께를 무시할 수 있으므로, 표면과 이면만을 도시하면 충분하다. 이면에 모양이 없는 경우, 도면에 아무 표시 없이 디자인의 설명에 '모양 없음'으로 기재할 수 있다. 다만, 크기와 면적 등이 다양하게 제작될 수 있는 물품이고 연속 또는 반복하는 모양이 있으면 그 단위에 대해 명확하게 표현해야 한다.

3 연속적인 무늬가 있는 경우

평면적인 물품으로서 그 모양이 연속하는 경우에는 도면을 통해 연속 상태를 알 수 있도록 단위모양을 1.5회 이상 도시해야 하고, 디자인의 설명에는 연속 상태에 대한 설명을 기재해야 한다. 필요에 따라 절단하여 사용되는 물품이라면 이에 대한 설명을 기재할 수 있다.

4 무모양인 이면의 취급

대법원은 표면뿐만 아니라 이면도 관찰자의 주의를 끌 것이므로 이면도 권리범위의 판단대상으로 볼 수 있다는 취지의 판시를 한 바 있다. 따라서 이면부는 파선으로 도시하여 부분디자인으로 등록함이 타당하다.

5 설문 2의 해결

(1) 평면적인 물품이므로 표면과 이면만을 도시하면 족하다.
(2) 다만, 단면 직물지임을 고려할 때 이면부는 파선 또는 음영으로 하여 부분디자인으로 등록받는 것이 권리범위 상 유리하므로 이면은 모양 없이 도시하되 파선으로 표현한다.
(3) 표면은 상하좌우로 패턴이 반복하므로 동물 모양이 상하좌우로 1.5회 이상 나타나도록 도시해야 한다.
(4) 또한 디자인의 설명에는 '흰 동물 모양이 상하좌우로 연속하여 표현된 디자인임'과 같이 기재한다. 또한 크기, 면적 등이 다양하게 제작이 가능하므로 이에 관련된 설명도 기재하는 것이 좋을 것이다. [끝]

문제 3 디자인보호법에 있어서 디자인의 유사는 권리의 성립에서뿐만 아니라 성립된 권리의 효력에 있어서도 매우 중요한 개념이다. 디자인 유사여부 판단의 일반 원칙을 설명하고, 공지부분을 포함하는 디자인의 유사여부 판단방법을 등록요건 판단 시와 보호범위 판단 시로 나누어 비교 설명하시오.

기출 16 [20점]

1 유사 여부 판단의 일반 원칙

(1) 디자인 유사의 의의 및 취지
양 디자인이 동일하지는 않으나, 지배적인 특징으로 인해 전체로서 유사한 미감을 발휘하는 경우를 유사라고 한다. 디자인의 특성상 타인의 모방이 용이하고, 물품과의 불가분성으로 인하여 권리범위가 협소하여 동일성 범위만으로는 효율적인 보호가 곤란하기 때문에 유사범위까지 권리범위를 인정하고 있다.

(2) 판단의 전제
물품의 유사를 전제로 판단하며, 자연법칙을 이용한 기술적 사상은 포함되지 않고, 시각을 통한 심미감에 바탕을 두어야 한다. 따라서 그 외관이 드러나는 한, 사용 시는 물론 거래 시도 고려를 하며, 일반수요자를 기준으로 판단하고, 제93조에 따라 디자인의 대비 대상은 출원서의 기재사항, 도면 등과 도면에 적힌 디자인의 설명에 따라 표현된 디자인이다.

(3) 물품의 유사 판단 기준
① 대법원
물품의 용도, 기능 등에 비추어, 거래통념상 동종류의 물품으로 인정할 수 있는지 여부에 따라 결정한다. 또한 시행규칙상 물품류 구분은 동종류의 물품을 법정한 것이 아니라고 판시했다.

② 심사기준
동일물품은 용도와 기능이 동일한 것이고, 유사물품은 용도는 동일하지만 기능은 상이한 것이다. 비유사물품이더라도 용도상으로 혼용 가능한 것은 유사로 볼 수 있다.

(4) 형태의 유사 판단 기준
① 원 칙
  ㉠ 대법원
  물품의 유사를 전제로, 디자인을 구성하는 각 요소를 분리하여 개별적으로 대비할 것이 아니라, 외관을 전체적으로 대비 관찰하여 관찰자로 하여금 상이한 심미감을 느끼게 하는지를 판단한다. 따라서 그 지배적인 특징이 유사하다면 세부적인 차이가 있더라도 유사하다고 보아야 한다. 또한, 물품의 성질, 용도, 사용형태에 비추어 관찰자의 주의를 끌기 쉬운 부분을 요부로서 파악하고, 이를 중심으로 심미감에 차이가 생기는지 관점에서 유사 여부를 판단한다.

  ㉡ 심사기준
  일반수요자를 기준으로 다른 물품과 혼동할 우려가 있는 경우에는 유사한 디자인으로 보며, 혼동까지는 아니더라도 그 디자인의 분야의 형태적 흐름을 기초로 창작상의 공통성이 인정되는 경우 유사하다. 전체적으로 관찰하되, 육안으로 비교하는 것을 원칙으로, 확대관찰이 통상적인 경우에는 확대경 등을 사용할 수 있다.

② 구성요소별 판단 기준
　㉠ 형상과 모양
　　형상, 모양 중 어느 하나가 유사하지 않은 경우, 원칙적으로 비유사로 보되, 디자인의 미감에 미친 영향의 정도를 종합적으로 고려하여 디자인 전체로서 판단한다.
　　모양의 유사 여부는 주제의 표현방법과 배열, 무늬의 크기, 색채 등을 종합하여 판단한다.
　㉡ 색 채
　　색채는 모양을 구성하지 않는 한 유사 여부의 판단 요소로 고려하지 않는다. 따라서 대법원과 심사기준은 기본적인 채색구도가 동일하다면 다른 색으로 채색되었다는 점만으로는 심미감에 차이가 없다고 본다.

2 공지된 부분의 유사 판단 방법

(1) 등록요건 판단 시
① 판례의 태도
　대법원은 그 부분이 특별한 심미감을 불러일으키지 못하는 것이 아닌 한, 그것까지 포함한 전체로서 관찰하여 느껴지는 장식적 심미감에 따라 판단해야 한다고 판시하였다.
② 검 토
　이는 기존에 이미 있던 디자인을 모방한 부분에 대한 적절한 평가 없이 쉽게 신규성을 인정하게 되는 불합리가 있기 때문이다.

(2) 보호범위 판단 시
① 판례의 태도
　대법원은 공지 부분의 중요도를 낮게 평가해야 하며, 공지 부분에서 동일·유사하더라도, 이를 제외한 나머지 특징적인 부분에서 유사하지 않다면 비유사하다고 보아야 한다고 판시하였다.
② 검 토
　이는 공지 부분까지 독점배타권을 인정하면 형평에 반하기 때문이다.

(3) 공지된 것들의 결합인 경우
등록요건 판단 시든 보호범위 판단 시든 디자인의 각 구성요소가 공지된 것들이라도 결합하여 새로운 심미감을 불러일으키는 경우 유사 판단의 대상으로 삼을 수 있다는 것이 판례다.

(4) 판례에 대한 비판
등록요건 판단 시와 보호범위 판단 시 기준이 다른 판례에 대하여 양자는 본질적으로 동격, 동질의 것이므로 달리 볼 것이 아니라는 견해가 존재한다. [끝]

문제 4

기출수정 20

甲의 등록디자인 A는 물품이 '스틸박스용 클램프'로 전체적으로 몸체부의 단면이 ㄇ 형상이고, 몸체 좌측에 고정패드, 우측에 가압패드가 구성되어 있다. 고정패드에는 요홈부와 돌출부가 반복적으로 형성되어 있고, 가압패드는 회전 가능하며, 몸체부의 바깥쪽으로 노출되도록 나사가 형성되어 있다. 乙의 실시디자인 B는 가압패드가 일체로 형성되어 있고, 그 돌출부가 고정패드의 돌출부와 같은 방향으로 마주보고 있다. 甲의 등록디자인 A는 가압패드가 2개로 분할된 상태에서 그 돌출부가 고정패드의 돌출부와 수직하는 방향으로 마주보고 있다. 甲의 등록디자인 A는 각 가압패드를 도면에 비하여 90도 회전시킨 상태로 설치하여 사용하고 있다.

[20점]

디자인 A	디자인 B

1 등록디자인의 대상 물품이 그 기능 내지 속성상 사용에 의하여 형태의 변화가 일어나는 경우에 디자인의 유사 여부 판단 기준을 고려하여 양 디자인의 유사여부를 설명하시오.
[8점]

2 등록디자인이 보는 방향에 따라 느껴지는 미감이 같기도 하고 다르기도 할 경우에 디자인의 유사여부 판단 기준을 고려하여 양 디자인의 유사여부를 설명하시오. [6점]

3 등록디자인의 구성 중 물품의 기능에 관련된 부분에 대하여 그 기능을 확보할 수 있는 선택가능한 대체적인 형상이 그 외에 존재하는 경우에 디자인의 유사여부 판단 기준을 고려하여 양 디자인의 유사여부를 설명하시오. [6점]

1 디자인의 유사여부 판단 기준 일반

물품의 유사를 전제로, 디자인을 구성하는 각 요소를 분리하여 개별적으로 대비할 것이 아니라, 외관을 전체적으로 대비 관찰하여 관찰자로 하여금 상이한 심미감을 느끼게 하는지를 판단한다. 따라서 그 지배적인 특징이 유사하다면 세부적인 차이가 있더라도 유사하다고 보아야 한다.

또한, 물품의 성질, 용도, 사용형태에 비추어 관찰자의 주의를 끌기 쉬운 부분을 요부로서 파악하고, 이를 중심으로 심미감에 차이가 생기는지 관점에서 유사 여부를 판단한다.

설문 1 에 대하여

1. 물품의 기능 내지 속성상 사용에 의하여 당연히 형태의 변화가 일어나는 경우의 유사 판단

(1) 판례의 태도
대법원은 그러한 형태의 변화도 참작하여 유사여부를 판단해야 한다고 판시하였다.

(2) 사안의 경우
디자인 A가 가압패드를 회전시키는 것은 물품의 기능 내지 속성상 사용에 의하여 당연히 형태의 변화가 일어나는 것이다. 판례의 입장에 따라 이러한 형태의 변화도 참작하여 유사여부를 판단해야 할 것이다. 따라서 디자인 A의 2개의 가압패드를 90도 회전시킨 상태와 디자인 B를 비교한다.

2. 설문 1의 해결

(1) 양 디자인은 몸체부의 단면 형상, 몸체 좌측에 고정패드 우측에 가압패드로 구성된 점, 고정패드와 가압패드의 일면에 요홈부와 돌출부가 반복적으로 형성되어 있는 점 등 지배적인 특징이 유사하다.
(2) 다만, 디자인 B는 가압패드가 일체로 형성되어 있고 그 돌출부가 고정패드의 돌출부와 같은 방향으로 마주보지만, 디자인 A는 가압패드가 분리되어 있고 그 돌출부가 고정패드의 돌출부와 수직하는 방향으로 마주보고 있다는 차이가 존재한다.
(3) 그러나, 디자인 A의 2개의 가압패드를 90도 회전시키면 디자인 B와 비교했을 때, 단순히 가압패드를 2개로 분할한 것에 불과하다. 이러한 변화도 유사 판단에 있어 참작하여야 하므로 이를 고려하면, 위와 같은 차이는 흔히 취할 수 있는 변형에 해당하므로 세부적인 차이에 불과하여 전체적인 심미감이 달라지지는 않는 바, 양 디자인은 유사하다.

설문 2 에 대하여

1. 보는 방향에 따라 미감이 달라지는 경우

대법원은 보는 방향에 따라 미감이 같기도 하고 다르기도 한 경우, 같게 느껴지는 방향으로 두고 대비하여 판단한다고 판시하였다.

2. 설문 2의 해결

양 디자인의 사시도와 평면도를 설문에 주어진 것과 같이 같게 느껴지는 방향으로 두고 대비하여 판단할 때, 전체적인 미감이 유사하므로 세부적인 차이들이 존재하더라도 양 디자인은 유사하다고 보아야 한다.

설문 3 에 대하여

1 기능을 확보할 수 있는 선택가능한 대체적 형상이 존재하는 경우에 유사 판단 시 취급

(1) 판례의 태도

대법원은, 그 기능을 확보할 수 있는 선택가능한 대체적인 형상이 존재하는 경우에는 불가결한 형상이라고 할 수 없으므로, 특별한 사정이 없는 한 유사 판단에 있어 그 중요도가 낮다고 단정할 수 없다고 판시하였다.

(2) 검 토

선택가능한 형상이 존재하면 이를 물품의 기능 등 본질적 속성에 의해 저절로 형성되는 것이거나 특정인이 독점할 수 없는 공공의 자산이라고 보기는 어려우므로 요부가 될 수 있다고 봄이 타당하다.

2 설문 3의 해결

고정패드와 가압패드의 형태 내지는 요홈부와 돌출부의 형태는 직사각형의 형태로 되어 있고, 요홈부와 돌출부가 반복되는 형태로 되어 있는 형태는 클램프의 기능을 하기 위해서 반드시 필요한 형상은 아니고, 동일한 기능을 수행하면서도 전체적인 미감을 고려해 형상을 얼마든지 다르게 구성할 수 있으므로 이러한 부분은 요부가 될 수 있다고 보아야 한다.

따라서, 이러한 특징이 유사한 양 디자인은 유사하다. [끝]

문제 5

甲은 '음식물저장용 밀폐용기'에 관한 디자인 A에 대해 출원서를 영어로 작성하여 2019.6.1.에 특허청장에게 제출하였다. 그러자 2019.6.5. 특허청장은 甲에게 지정기간을 1개월로 하여 일정한 '조치'를 하였다. 이에 대응으로 甲이 2019.6.20.에 알맞은 서류를 제출하였고, 이 서류는 2019.6.23.에 특허청장에게 도달하였다.

乙이 2019.6.21.에 디자인 B의 밀폐용기를 제조하여 판매한 사실이 있다고 할 때, 디자인 A에 대한 출원의 문제되는 거절이유에 대해 설명하고, 대법원의 입장에 따라 2019.7.28.을 기준으로 이 출원의 등록가능성에 대해 검토하시오. [30점]

구 분	대표도면과 디자인의 설명
출원디자인 A	[사시도] ⓐ 직육면체의 형상 ⓑ 용기의 뚜껑 4변에 잠금날개가 형성되어 있고, 잠금날개에 본체의 잠금돌기가 결합되는 잠금구멍이 2개씩 형성되어 있음 ⓒ 뚜껑의 윗면에 절굿공이 무늬가 형성됨 ⓓ 잠금날개에 가로막대형의 잠금구멍이 1개 더 형성되어 있음
비교대상디자인 B	[사시도] ⓐ 직육면체의 형상 ⓑ 용기의 뚜껑 4변에 잠금날개가 형성되어 있고, 본체의 잠금돌기가 결합되는 잠금구멍이 2개씩 형성되어 있음 ⓒ 뚜껑의 윗면과 옆면 일부에 2개의 물결무늬가 있음

1 문제의 소재

출원서를 영어로 작성한 것이 보완사유에 해당하는지를 검토하고, 적법한 보완절차가 이루어졌는지 검토하고, 이에 따른 출원일을 확정하여, 디자인 A는 심사등록의 대상이므로 거절이유로서 B와의 관계에서 신규성 위반 여부를 논한다.

2 출원의 보완과 출원일의 확정

(1) 보완사유의 검토

① 제38조 제1항
  ㉠ 취지가 명확하게 표시되지 않는 경우
  ㉡ 성명이나 명칭이 적혀 있지 않거나 명확하게 적혀 있지 않아 출원인을 특정할 수 있는 경우
  ㉢ 도면, 사진, 견본이 제출되지 않거나 도면에 적힌 사항이 선명하지 않아 인식할 수 없는 경우
  ㉣ 한글로 적혀 있지 않은 경우

② 사안의 경우
  출원서는 한글로 기재해야 함에도 영어로 작성했으므로 보완사유가 존재한다.

(2) 보완절차 및 효과

보완사유에 해당하면 보완명령을 해야 하고, 보완명령을 받은 자는 지정기간 내에 제출해야 한다. 지정기간 내(통상 1월) 보완한 경우, 절차보완서가 특허청장에게 도달한 날을 출원일로 보고, 보완하지 않은 경우에는 반려된다.

(3) 출원일의 확정

① 甲은 1개월 내 알맞은 서류를 제출하였으므로 적법한 보완을 하였다.
② 따라서 특허청장에게 도달한 2019.6.23.이 출원일이다.

3 등록가능성의 검토

(1) 신규성

① 의의 및 취지
  출원 전의 국내외 공지 등이 된 디자인과 동일·유사한 디자인은 등록 받을 수 없다(제33조 제1항 각 호). 이러한 디자인에 대해 독점배타권을 부여하는 것은 법 목적에 반하기 때문이다.

② 요 건
  ㉠ 주체적 요건 : 공지 주체는 불문이며, 일반 수요자를 기준으로 판단한다.
  ㉡ 객체적 요건 : 국내외 공지디자인과 비교하여 동일·유사한지를 판단한다. 신규성 상실 사유는 다음과 같다.
  • 공지란 불특정인에게 알 수 있는 상태에 놓인 것이다.
  • 공연 실시는 공지된 상태에서 실시된 것이다.
  • 반포된 간행물에 게재된 것에서 반포는 비밀유지의무가 없는 불특정 다수가 열람 가능한 상태에 놓인 것을 의미하며, 간행물이란 정보성, 공개성을 반포 목적의 정보전달매체이며, 게재는 반드시 형태 전체를 모두 정확히 모두 명확히 한 디자인뿐만 아니라, 그 자료의 표현부족을 경험칙에 의하여 보충하여 그 디자인의 요지파악이 가능한 정도를 의미한다. 따라서 통상의 디자이너가 그것을 보고 용이하게 디자인 창작이 가능한 정도이면 충분하고, 반드시 6면도, 사시도 등으로 모든 것이 기재되어야 하는 것은 아니다(판례).
  ㉢ 시기적 요건 : 출원 시를 기준으로 판단한다.

③ 흠결 시 취급
  ㉠ 심사등록출원인 경우, 거절이유, 정보제공사유, 무효사유에 해당한다.
  ㉡ 일부심사등록출원인 경우, 원칙적으로는 거절이유에 해당하지 않고, 정보제공사유, 이의신청사유, 무효사유에만 해당하지만, 정보제공이 있으면 거절이유에 해당될 수 있다.
④ 극복방안
  자기 공지인 경우, 일정한 요건 아래 신규성 상실의 예외 주장(제36조)을 통해 극복이 가능하다.
⑤ 사안의 경우
  A의 출원보다 앞선 시점에서 乙이 비교대상디자인 B를 제조, 판매하였으므로 불특정다수인이 알 수 있는 상태에서 실시된 것이므로 B는 공지디자인에 해당한다고 할 것이다. 따라서 A와의 유사 여부가 문제된다.

(2) 디자인의 유사 판단
  ① 원 칙
  대법원은 물품의 동일·유사를 전제로 디자인을 구성하는 각 요소를 분리하여 개별적으로 대비할 것이 아니라, 외관을 전체적으로 대비 관찰하여 관찰자로 하여금 상이한 심미감을 느끼게 하는지를 판단한다. 따라서 그 지배적인 특징이 유사하다면 세부적인 차이가 있더라도 유사하다고 판시했다.
  ② 기본적, 기능적 형태의 취급
    ㉠ 판례의 태도
    ㉡ 이는 물품으로서 당연히 있어야 할 부분으로 그 중요도를 낮게 평가해야 하므로 이러한 부분이 동일·유사하다는 사정만으로는 디자인이 동일·유사하다고 할 수는 없다고 판시했다.
  ② 검 토
    생각건대, 이러한 형태는 물품의 기능 등 본질적인 속성에 의해 저절로 형성되어 그 물품의 인식을 갖추어야 하는 것이고, 장기간 다수인의 노동과 경험이 축적된 결과물로 특정인이 독점할 수 없는 공공의 자산이므로 요부로 볼 수 없다.
  ③ 사안의 경우
    양 디자인은 각각 설명 ⓐ, ⓑ에 대한 부분이 공통되지만 이는 음식물용 밀폐용기의 분야에서 오랫동안 널리 사용되어온 기본적 또는 기능적 형태에 해당하므로 요부로 볼 수 없다. 한편, 디자인 A의 설명 ⓒ, ⓓ와 디자인 B의 설명 ⓒ는 양 디자인의 차이에 해당하는 부분인데, 이러한 차이로 인하여 전체적으로 상이한 심미감이 느껴지는 바 양 디자인은 유사하지 않다.

(3) 소 결
  출원디자인 A는 비교대상디자인 B와의 관계에서 신규성 위반이 아니다.

4 설문의 해결

다른 거절이유가 있다는 특별한 사정이 없는 한, 출원은 등록가능할 것이다. [끝]

문제 6
기출변형 20

甲은 건설 자재를 생산하여 판매하는 회사로 '건축 배관용 슬리브관'에 대한 디자인 A를 창작하여 2016년에 등록받았다. 다음은 A의 사시도와 평면도이다.

사시도	평면도

乙은 甲의 제품과 동종의 물품을 생산하여 판매하는 자로 디자인 A를 모방한 디자인 B를 창작은 하였으나, 제조, 판매, 사용한 사실은 없는 자이다. 乙은 디자인 B를 실시하기 전에 甲의 등록디자인 A에 대하여 디자인 B를 확인대상디자인으로 하여 권리범위확인심판을 청구하였다. 다음은 乙이 제출한 확인대상디자인 B의 도면이다.

사시도	평면도

심판원에서 확정한 사실이 다음과 같다고 할 때, 다음 설문에 답하시오. [20점]

특허심판원에서 확정한 사실
- 사실 1 : 양 디자인은 모두 전체적으로 작은 원형과 큰 원형으로 이루어진 오뚝이 형상을 하고, 상단부의 외주면이 매끈하고, 하단부는 플랜지부가 있으며, 플랜지부의 외주면에는 다수의 고정보스가 형성되어 있고, 고정보스 하부에는 원기둥의 돌출봉이 형성되어 있는 등의 특징을 가진다.
- 사실 2 : 다만, 양 디자인은 몸체부에 형성된 돌출된 띠의 유무, 몸체부 기둥 상하부의 구분 여부, 고정보스의 개수, 몸체부 상면의 통공 유무 등에서 차이가 있다.

1 권리범위확인심판의 결과를 대법원의 태도에 비추어 예상하시오. [13점]

2 상기 설문 **1** 의 심결이 확정되고 나서도 乙이 디자인 B를 제조 및 판매하여, 甲이 이에 분노하며 침해금지청구소송을 제기하였다면 법원은 동 심결대로 판단해야 하는지 설명하고 소송의 결과를 예상하시오. [7점]

설문 1 에 대하여

1 문제의 소재

乙이 소극적 권리범위확인심판을 청구할 수 있는 자에 해당하는지 논하고, 등록디자인 A의 권리범위는 A와 동일·유사한 디자인에 미치게 되므로(제92조) 이후 등록디자인 A와 확인대상디자인 B가 유사한지를 살핀다.

2 적법성 검토

(1) 이해관계인 판단 기준

대법원은 소극적 권리범위확인심판을 청구할 이해관계인에는 분쟁이 생길 염려가 있는 대상물을 업으로 하는 자에 한하지 않고, 그 업무의 성질상 장래의 그러한 물품을 업으로서 제조, 판매하리라고 예상이 되는 자도 포함된다고 판시하였다.

(2) 사안의 경우

乙은 분쟁이 생길 염려가 있는 모방디자인 B를 업으로 실시하는 자는 아니지만, 동종업자로서 B를 창작하였고 추후 이를 업으로서 충분히 제조, 판매하리라고 예상이 되므로 권리범위확인심판을 청구할 이해관계가 있다고 보아야 한다.

3 본안의 검토

(1) 문제점

관련 대법원의 판단 법리를 검토하고, 등록디자인 A와 확인대상디자인 B의 유사 여부를 판단한다.

(2) 디자인의 유사 판단 방법

대법원은 물품의 동일·유사를 전제로 디자인을 구성하는 각 요소를 분리하여 개별적으로 대비할 것이 아니라, 외관을 전체적으로 대비 관찰하여 관찰자로 하여금 상이한 심미감을 느끼게 하는지를 판단한다. 따라서 그 지배적인 특징이 유사하다면 세부적인 차이가 있더라도 유사하다고 판시했다.

(3) 보는 방향에 따라 미감이 다른 경우의 유사 판단

① 판례의 태도

대법원은 보는 방향에 따라 미감이 같기도 하고 다르기도 하다면, 같게 느껴지는 방향으로 두고 대비하여 유사 여부를 판단해야 한다고 판시하였다.

② 사안의 경우

확인대상디자인 B의 사시도와 평면도를 왼쪽으로 90도 회전하여 본 형상을 두고 전체적으로 판단해야 한다.

(4) 사안의 경우 - A와 B의 유사 여부

디자인 A와 B의 미감이 같게 느껴지도록 하는 방향으로 두고 대비하여 볼 때, 양 디자인은 설문의 사실 1에 해당하는 공통점을 가지고 있으며, 설문의 사실 2에 해당하는 차이점을 가지고 있다.

사실 1의 공통점들은 지배적인 특징에 해당하고, 사실 2의 차이점들은 전체적인 심미감에 영향을 미치지 못하는 세부적인 차이에 불과하다. 따라서 전체적으로 볼 때 양 디자인은 유사하다.

4 설문의 해결

적법성에 문제가 없고, 양 디자인은 유사하므로, 소극적 권리범위확인심판은 기각심결이 예상된다.

설문 ❷ 에 대하여

1 문제점
권리범위확인심판의 민사법원에 대한 심결의 기속력 인정 여부가 논의된다.

2 학설의 대립
(1) 부정설은 행정처분인 심결이 사법적 판단을 기속할 이유가 전혀 없고 유력한 감정적 의견으로 본다.
(2) 긍정설은 동 심판의 본질을 권리관계 확정행위로 보는 이상 기속력을 인정해야 한다고 본다.

3 판례의 태도
대법원은 민사재판에 있어서 동 심판의 확정심결에서 인정된 사실은 특별한 사정이 없는 한 유력한 증거자료가 되는 것이나, 당해 민사재판에서 제출된 다른 증거에 비추어 확정심결의 사실 판단을 그대로 채용하기 어렵다고 인정될 경우에는 이를 배척할 수 있다고 판시하여, 부정설의 입장에 가깝다.

4 검 토
생각건대, 심결은 행정처분으로서, 명문의 규정이 없으며 권한분배의 원칙상 민사법원에 대한 기속력을 인정하기는 어려우므로 판례와 같이 증명력을 인정함이 타당하다.

5 사안의 경우
상기 검토한 대로 심결대로 판단해야만 하는 것은 아니지만, 기각심결이 확정되면 이는 침해소송에서 유력한 증거자료가 되므로 이를 배척할만한 다른 증거가 없는 한 양 디자인이 유사하다고 판단한 사실을 그대로 인정하여야 한다.
따라서 甲의 권리는 유효하며, A에 대한 정당한 권리가 없는 乙이, 유사한 디자인 B를 제조, 판매하고 있으므로 보호범위 내에서 업으로서 실시하는 자에 해당한다. 따라서 침해가 성립하므로 인용판결이 예상된다.
[끝]

|  | 디자인보호법은 등록요건, 절차, 권리의 효력 등 제도 전반에 걸쳐서 디자인의 '유사'라는 개념을 사용하고 있다. 다음 물음에 답하시오. [30점]

1. 디자인의 유사 여부 판단 방법은 판례와 심사기준에 의해 운영되고 있는 실정이다. 유사 판단 시, 디자인은 어떠한 방법으로 관찰하는지 대법원의 입장을 중심으로 검토하시오. [12점]

2. 甲은 각종 건설 자재를 판매하는 자로 '건물 차양막 받침구'에 관한 디자인 A를 출원하여 등록받았다. 한편, 디자인 B는 A의 출원 전 건물이 완공 후 입주 전에 시험적으로 설치된 것이었다. 甲의 경쟁사인 乙은 B의 공지로 인하여 이와 유사한 A는 무효사유가 존재함을 이유로 甲에게 디자인 A에 대한 무효심판을 청구하였다.

이에 甲은 "사각바의 장착부, 원통형의 롤러부는 이 사건 물품의 기능적, 기본적 형상이므로 요부로 볼 수 없고, 이를 제외한 연결부(롤러부와 장착부를 연결하는), 장착부의 통철판 유무 등으로 판단하건대, 양 디자인은 전체적으로 상이한 심미감을 가진다."고 답변하였다. 유사 판단 시 기능과 관련된 형상에 대한 취급을 대법원의 입장에 따라 설명하고, 심판의 결과를 예상하시오(디자인의 구성을 롤러부, 프레임부, 장착부, 연결부로 보아 설명하시오). [18점]

등록디자인 A	비교대상디자인 B

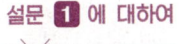 에 대하여

1 문제의 소재

디자인은 도면에 의해 그 내용이 구체적으로 특정되므로 동일성 개념만으로는 권리범위가 협소하고, 타인의 모방이 용이하고 유행에 민감하다는 특성상 디자인권자의 실질적 보호를 도모하고자 유사 범위까지 디자인권의 효력을 인정하고 있다. 상표와 같이 디자인은 전체적으로 관찰하며 일반수요자를 기준으로 주의를 끄는 부분을 요부로 하여 관찰한다. 다만, 상표와는 달리 대비 관찰하는 것이 특징인 바 이에 논한다.

2 전체관찰 및 육안관찰

전체적으로 관찰하되, 육안으로 비교하는 것을 원칙으로, 확대관찰이 통상적인 경우에는 확대경 등을 사용할 수 있다(심사기준). 판례도 전체관찰이 원칙이다.

3 간접적 대비관찰

(1) 디자인은 물품을 직접 늘어놓고 비교해보는 대비관찰이 원칙이다. 이격적 관찰은 지나치게 관념적이기 때문이다.

(2) 나아가 도면상의 디자인에 기초하여 미감의 일치, 생략 또는 작도상의 차이 등을 감안하여 실체의 디자인을 상상해서 대비하는 간접적 대비관찰이 원칙이다. 물품의 외관을 직접 서로 대비하는 직접적 대비관찰은 지나치게 세밀한 부분까지 판단하게 되는 불합리가 있기 때문이다.

4 요부관찰

(1) 판례의 태도

대법원은 디자인을 구성하는 각 요소를 분리하여 개별적으로 대비할 것이 아니라, 외관을 전체적으로 대비 관찰하여 관찰자로 하여금 상이한 심미감을 느끼게 하는지를 판단하며, 따라서 그 지배적인 특징이 유사하다면 세부적인 차이가 있더라도 유사하다고 보아야 한다고 판시했다.

또한 물품의 성질, 용도 사용형태에 비추어 관찰자의 주의를 끌기 쉬운 부분을 요부로서 파악하고, 이를 중심으로 심미감에 차이가 생기는지 관점에서 유사 여부를 판단한다고 판시했다.

(2) 전체관찰과의 관계

이는 요부를 따로 추출하여 비교한다는 의미보다는, 전체 속에서 요부를 비교한다는 의미로 전체관찰과 요부관찰은 서로 조화될 수 있다. 요부는 물품의 속성과 역사적 배경 속에서 도출되는 것이므로 이와 같은 점을 고려하여 요부를 파악해야 할 것이다.

(3) 요부에서 제외하는 경우

대법원이 요부에서 제외하여 전체적 심미감에 영향을 주지 않는다고 보는 예는 다음과 같다.
① 전체에서 차지하는 비중이 매우 작은 부분
② 등록디자인이 표현된 물품의 특성 등에 비추어 볼 때 눈에 잘 띄지 않는 부분
③ 그 물품으로 당연히 있어야 할 부분이나 디자인의 기본적 또는 기능적 형태에 해당하는 부분

설문 2 에 대하여

1 문제의 소재

무효심판은 하자 있는 등록 권리의 소멸을 구하는 심판으로 분쟁의 종국적 해결 수단으로 기능한다. 경쟁사 乙의 청구인 적격에 대해 검토하고, 디자인 B의 공지 여부와, A와의 유사 여부를 살펴 신규성 위반의 무효사유가 있는지 검토한다.

2 무효심판의 적법성 검토

경쟁사인 乙은 등록 권리의 소멸에 현실적이고 직접적인 이해관계가 있는 자로 무효심판을 청구할 수 있다. 따라서 무효심판은 적법하다.

3 무효사유의 검토 – 신규성

(1) 의의 및 취지
출원 전의 국내외 공지 등이 된 디자인과 동일·유사한 디자인은 등록받을 수 없다(제33조 제1항 각 호). 이러한 디자인에 대해 독점배타권을 부여하는 것은 법 목적에 반하기 때문이다.

(2) 흠결 시 취급
동 사안처럼 심사등록출원인 경우, 거절이유, 정보제공사유, 무효사유에 해당한다.

(3) 사안의 경우
디자인 B를 시험 설치하여 공지되었는지 살피고, 등록디자인 A와의 유사 여부를 살펴, 신규성 무효사유를 판단한다.

4 디자인 B의 공지 여부

(1) 관련 판례의 태도
대법원은 철도용 거리 표지판을 시험 설치한 경우, 설치와 동시에 철도청 직원을 비롯한 일반인의 눈에 띔으로써 공지된 것이라고 보았다.

(2) 사안의 경우
디자인 B는 입주 전 시험적으로 설치된 것이라고 하더라도 비밀유지의무 없는 불특정 다수인이 알 수 있는 상태에 놓인 것으로 공지된 것이라고 보아야 한다.

5 디자인 A와 B의 유사 여부 – 기능과 관련된 형상의 취급

(1) 문제의 소재
기능적 형상을 포함하고 있는 경우, 유사 판단 시 요부로 보지 않는 경우가 있으므로 이에 대해 살핀다.

(2) 물품의 기본적, 기능적 형태인 경우
① 대법원은 물품으로서 당연히 존재해야 하는 부분으로 그 중요도를 낮게 평가해야 한다고 하면서, 이러한 부분들이 동일·유사하다는 사정만으로 그 디자인이 동일·유사하다고 할 수는 없다고 판시했다.
② 이러한 물품의 형상은 그 물품임을 인식하기 위해 갖추어야 하는 것이고, 장기간 다수인의 경험이 축적된 결과물이기에 특정인이 독점할 수 없는 공공의 자산으로 볼 수 있으므로 요부가 될 수 없는 것이다.

③ 이러한 것으로는 물품의 기능을 확보하는 데 불가결한 경우로 대체성이 없는 제34조 제4호에 해당하는 형상과, 종래부터 흔히 사용되어 오던 것들이 있다.

(3) 물품의 기능을 확보하는 데 필요한 경우

대법원은 대체성이 있는 경우에는 불가결한 형상이라고 할 수 없으므로, 특별한 사정이 없는 한 유사 판단 시 중요도가 낮다고 단정할 수 없다고 판시하였다. 따라서 요부가 될 수 있다.

(4) 사안의 경우

① 사각바의 장착부, 원통형의 롤러부가 이 사건 물품의 기능 확보를 위해 반드시 그러한 형상을 가진다고 할 수 없고, 동일한 기능을 수행하면서도 얼마든지 다르게 구성할 수 있으므로 요부로 보아야 한다.

② 상기 요부가 유사한 점, 오목한 반원 형상의 2개의 프레임부를 갖는다는 점, 4개의 롤러부로 구성된다는 점, 연결부는 그 3번째와 4번째 사이에 위치한다는 점 등 지배적인 특징이 공통된다. 다만, 연결부의 형상과 삼각형 구멍의 유무, 장착부의 통철판 유무 등에 차이가 있기는 하나 이는 세부적인 차이에 불과하다.

③ 따라서 양 디자인은 전체적 심미감이 유사한 디자인이다.

6 설문 2의 해결

등록디자인 A는 출원 전 공지디자인 B와 유사하므로 신규성 위반의 무효사유가 존재한다. 따라서 인용심결이 예상된다. [끝]

문제 8 우리 디자인보호법은 등록요건, 절차, 권리의 효력 등 제도 전반에 걸쳐서 디자인의 '유사'라는 개념을 사용하고 있다. 그러나 디자인의 유사를 판단하는 방법에 대해서는 제93조가 보호범위의 판단대상만을 규정하고 있을 뿐, 그 외에는 아무런 규정이 없다. 따라서 디자인의 유사 여부에 대한 판단은 판례와 심사기준에 의해 운영되고 있는 실정이다. 다음 물음에 답하시오.
[30점]

1 상표의 유사 판단은 혼동이론에 따라서 일반수요자에 의한 혼동가능성 여부를 기준으로 판단을 하는데, 디자인은 어떠한 기준 하에 판단하는지 대법원의 입장과 함께 논해보시오.
[15점]

2 상표의 유사 판단 시, 표장에 대한 관찰 방법은 전체적, 객관적, 이격적으로 관찰하며 요부관찰과 분리관찰을 병행한다. 그렇다면 디자인은 어떠한 방법으로 관찰하는지 대법원의 입장을 중심으로 검토하시오.
[15점]

설문 1 에 대하여

1. 문제의 소재

디자인의 유사 판단의 기준이 되는 개념에 대해서 논하고, 그의 연장선상에서 유사 판단의 주체적 기준은 누구를 기준으로 해야 하는지를 논한다.

한편, 디자인은 물품의 동일·유사를 전제로 판단해야 하는데, 설문의 취지상 형태의 유사 판단을 중점적으로 본다.

2. 유사 판단의 기준

(1) 학설의 대립

① 창작설 : 창작적 가치의 공통성에 따라 판단한다.
② 심미감설(주의환기설) : 디자인의 정의에 따라 미적 인상을 주는 부분에 따라 판단한다.
③ 물품혼동설 : 일반수요자의 입장에서 혼동가능성에 따라 판단한다.
④ 종합고려설 : 상기 견해들을 종합적으로 고려한다.

(2) 판례의 태도

대법원은 보는 사람으로 하여금 상이한 심미감을 느끼게 하는지 여부에 따라 판단해야 한다고 일관되게 설시하고 있는 바, 이는 심미감설을 취하고 있는 것으로 평가된다.

(3) 검 토

창작설과 심미감설은 객관성이 부족하고, 물품혼동설은 창작적 가치를 고려하지 않는다는 비판이 있으므로, 원칙적으로 객관성을 위해 물품혼동설에 의하되, 창작설과 심미감설을 가미하는 것이 타당할 것이다. 심사기준이 혼동할 우려와 형태적 흐름을 기초로 창작상의 공통성이 인정되는 경우를 요건으로 하는 것도 이와 같은 취지인 것으로 볼 수 있다.

3. 유사 판단의 주체에 관한 논의

(1) 학설의 대립

① 통상의 디자이너 기준설

창작설의 입장에서, 통상의 지식을 가진 자가 용이하게 창작할 수 없다고 인정되는 것이면 족하다는 입장이다.

② 일반수요자 기준설(통설)

혼동설의 입장에서, 이 법의 부정경쟁방지적인 측면을 강조하여 일반소유자의 혼동 여부를 기준으로 해야 한다는 입장이다.

③ 보편적 주체설

유사 판단은 가치적 판단으로서 일반적으로 타당한 것으로 행해지므로 그 판단의 주체에 한정을 둘 필요가 없고, 상기 두 주체를 초월한 보편적 주체라고 해야 한다는 입장이다.

(2) 판례의 태도

대법원은 보는 사람의 주의를 가장 끌기 쉬운 부분을 요부로서 파악하고 이것을 관찰하여 일반수요자의 심미감에 차이가 생기게 하는지 여부의 관점에서 판단한다고 판시하여, 일반수요자 기준설의 입장으로 보인다.

(3) 검토

생각건대, 통상의 디자이너 기준설은 미세한 차이도 인식 가능한 뛰어난 판단능력을 가진 자가 판단하게 되므로 디자인의 권리범위가 지나치게 좁아지는 문제점이 있고, 보편적 주체설은 반대의 이유로 지나치게 넓어지는 문제가 있다. 따라서 물품과의 불가분성에 따라 일반수요자를 기준으로 하는 것이 타당하며 이는 현실의 수요자보다는 객관적으로 상정된 평균적인 수요자라고 봄이 타당하다.

설문 2 에 대하여

1 문제의 소재

상표와 같이 디자인은 전체적으로 관찰하며 상기 설문 1 에서 검토한 바와 같이 일반수요자를 기준으로 하므로 그들의 주의를 끄는 부분을 요부로 하여 관찰한다. 다만, 상표와는 달리 대비관찰하는 것이 특징인 바 이에 논한다.

2 전체관찰 및 육안관찰

전체적으로 관찰하되, 육안으로 비교하는 것을 원칙으로, 확대관찰이 통상적인 경우에는 확대경 등을 사용할 수 있다(심사기준). 판례도 전체관찰이 원칙이다.

3 간접적 대비관찰

(1) 디자인은 물품을 직접 늘어놓고 비교해보는 대비관찰이 원칙이다. 이격적 관찰은 지나치게 관념적이기 때문이다.

(2) 나아가 도면상의 디자인에 기초하여 미감의 일치, 생략 또는 작도상의 차이 등을 감안하여 실체의 디자인을 상상해서 대비하는 간접적 대비관찰이 원칙이다. 물품의 외관을 직접 서로 대비하는 직접적 대비관찰은 지나치게 세밀한 부분까지 판단하게 되는 불합리가 있기 때문이다.

4 요부관찰

(1) 판례의 태도

대법원은 디자인을 구성하는 각 요소를 분리하여 개별적으로 대비할 것이 아니라, 외관을 전체적으로 대비 관찰하여 관찰자로 하여금 상이한 심미감을 느끼게 하는지를 판단하며, 따라서 그 지배적인 특징이 유사하다면 세부적인 차이가 있더라도 유사하다고 보아야 한다고 판시했다.

또한 물품의 성질, 용도 사용형태에 비추어 관찰자의 주의를 끌기 쉬운 부분을 요부로서 파악하고, 이를 중심으로 심미감에 차이가 생기는지 관점에서 유사 여부를 판단한다고 판시했다.

(2) 전체관찰과의 관계

이는 요부를 따로 추출하여 비교한다는 의미보다는, 전체 속에서 요부를 비교한다는 의미로 전체관찰과 요부관찰은 서로 조화될 수 있다. 요부는 물품의 속성과 역사적 배경 속에서 도출되는 것이므로 이와 같은 점을 고려하여 요부를 파악해야 할 것이다.

(3) 요부에서 제외하는 경우

대법원이 요부에서 제외하여 전체적 심미감에 영향을 주지 않는다고 보는 예는 다음과 같다.
① 전체에서 차지하는 비중이 매우 작은 부분
② 등록디자인이 표현된 물품의 특성 등에 비추어 볼 때 눈에 잘 띄지 않는 부분
③ 그 물품으로 당연히 있어야 할 부분이나 디자인의 기본적 또는 기능적 형태에 해당하는 부분 [끝]

| 문제 9 | 甲은 스쿠터 제조사이다. 甲은 자사의 스쿠터 디자인에 대한 권리를 강화하기 위해 완성품인 스쿠터뿐만 아니라 스쿠터의 각 부품에 관한 디자인의 권리화 또한 도모하고 있다. 이러한 전략의 일환으로 甲은 2017년 6월 23일에 스쿠터의 헤드라이트에 관한 디자인 A를 출원하여 같은 해 말에 등록받았다.

한편 동종업체인 乙은 2016년 3월에 A와 유사한 헤드라이트에 관한 디자인 A'를 비밀리에 창작하였고, 이를 다수의 스쿠터에 장착하여 창고에 보관하며 판매 준비만 하였다. 그러나 타사의 모방을 두려워하여 출원하지는 않았다. 乙은 A'가 장착된 스쿠터 사진들만을 비교대상디자인(인용디자인 1, 2, 3)으로 하여 2018년에 제33조 제1항 위반을 이유로 등록디자인 A에 대한 무효심판을 청구하였다. 비교대상디자인으로 제출된 사진은 2016년 4월에 출판된 잡지에 실린 것이다(단, 설문상 제시된 사정 이외에는 고려하지 않는다). [30점]

등록디자인 A	비교대상디자인(A' 장착)

1 디자인보호법상 신규성에 대해 약술하고, 乙이 청구한 무효심판의 결과를 예상하시오. [20점]

2 상기 **1**의 결과가 기각심결이라고 가정하자. 이에 乙이 불복하면서 디자인 A'에 대한 도면을 추가적으로 제출하였다. 이 도면은 디자인 A' 창작 시 제작된 것이며, 헤드라이트에 관한 전체 형태를 용이하게 파악할 수 있도록 표현되어 있고, 인지도가 낮은 잡지에 실려 2016년 5월에 소량 반포된 것이라 심판에서 제출하지 못한 것이었다. 심결취소소송의 결과를 예상하시오. [10점]

설문 **1** 에 대하여

1 신규성

(1) 의의 및 취지

출원 전의 국내외 공지 등이 된 디자인과 동일·유사한 디자인은 등록받을 수 없다(제33조 제1항 각 호). 이러한 디자인에 대해 독점배타권을 부여하는 것은 법 목적에 반하기 때문이다.

(2) 요 건

① **주체적 요건** : 공지 주체는 불문이며, 일반 수요자를 기준으로 판단한다.
② **객체적 요건** : 국내외 공지디자인과 비교하여 동일·유사한지를 판단한다. 신규성 상실 사유는 다음과 같다.
  ㉠ 공지란 불특정인에게 알 수 있는 상태에 놓인 것이다.
  ㉡ 공연 실시는 공지된 상태에서 실시된 것이다.
  ㉢ 반포된 간행물에 게재된 것에서 반포는 비밀유지의무가 없는 불특정 다수가 열람 가능한 상태에 놓인 것을 의미하며, 간행물이란 정보성, 공개성을 가진 반포 목적의 정보전달매체이며, 게재는 반드시 형태 전체를 모두 정확히 모두 명확히 한 디자인뿐만 아니라, 그 자료의 표현부족을 경험칙에 의하여 보충하여 그 디자인의 요지파악이 가능한 정도를 의미한다. 따라서 통상의 디자이너가 그것을 보고 용이하게 디자인 창작이 가능한 정도이면 충분하고, 반드시 6면도, 사시도 등으로 모든 것이 기재되어야 하는 것은 아니다(판례).
③ **시기적 요건** : 출원 시를 기준으로 판단한다.

(3) 흠결 시 취급

① 심사등록출원인 경우, 거절이유, 정보제공사유, 무효사유에 해당한다.
② 일부심사등록출원인 경우, 원칙적으로는 거절이유에 해당하지 않고, 정보제공사유, 이의신청사유, 무효사유에만 해당하지만, 정보제공이 있으면 거절이유에 해당될 수 있다.

(4) 극복방안

자기 공지인 경우, 일정한 요건 아래 신규성 상실의 예외 주장(제36조)을 통해 극복이 가능하다.

2　무효심판의 결과

(1) 문제의 소재

乙은 동종업체이므로 등록디자인의 소멸에 직접적인 이해관계를 가진 자로 무효심판을 청구할 수 있다. 동 사안에서는 乙이 2016년에 A'를 판매 준비한 것과 잡지에 게재된 비교대상디자인들이 공지된 것인지, 비교대상디자인들의 사진의 표현 정도에 따라 유사 판단 시 인용참증이 될 수 있는지 여부를 검토한다.

(2) 판매 준비로 비교대상디자인이 공지되었는지 여부

설문상 乙은 A'를 비밀리에 창작하였고, 출원한 바도 없으며, 판매 준비만 하였으므로 비밀유지의무를 가진 직원들 이외의 불특정 다수가 알 수 있는 상태에 놓인 경우라 보기 어렵다. 따라서 공지됐다고 볼 수 없다.

(3) 잡지에 게재되어 비교대상디자인이 공지되었는지 여부

인용디자인 1, 2, 3은 출판된 잡지에 실린 사진이므로 스쿠터에 대한 디자인들은 모두 공지되었다고 볼 수 있다. 다만, 해당 사진들에서는 헤드라이트 디자인 A'의 전면부만 관찰되는 바 A와 A'의 유사 판단이 가능한지 문제된다.

(4) 비교대상디자인과 대비하여 등록디자인의 유사 판단 가부

① 관련 판례의 태도

대법원은, 신규성 판단에 있어 등록디자인과 대비 대상이 되는 디자인은 반드시 형태 전체를 모두 명확히 한 디자인뿐만 아니라, 자료의 표현이 부족하더라도 이를 경험칙에 의하여 보충하여 그 디자인의 전체적 심미감에 영향을 미치는 부분의 파악이 가능하다면 대비 판단의 대상이 될 수 있다 할 것이나, 인용된 디자인만으로는 디자인의 전체적인 심미감에 영향을 미치는 부분의 파악이 불가능한 경우에는 그 대비 판단을 할 수 없다고 판시하였다.

② 사안의 경우

비교대상디자인들은 헤드라이트의 전면부 외의 다른 부분들이 프런트 커버의 내부에 은폐되어 있어 외부에서 그 형상 및 모양을 알 수 없고, 스쿠터의 헤드라이트의 일반적인 형태에 관한 경험칙에 의하더라도 이를 파악하기 어려워 디자인의 전체적 심미감에 영향을 미치는 부분의 파악이 불가능하다. 따라서 비교대상디자인들은 등록디자인과 유사 여부를 대비 판단할 수 없다고 보아야 한다.

(5) 사안의 해결

비교대상디자인들은 등록디자인 A의 출원 전에 공지된 것이기는 하나, 사진만으로는 A와 A'의 유사 여부를 대비하여 판단할 수 없다고 할 것이다. 따라서 무효심판은 이유가 없고 기각심결이 날 것이다.

설문 2 에 대하여

1 문제의 소재

심결취소소송에서 새로운 인용참증으로 디자인 A'의 형태가 용이하게 파악되도록 표현된 도면을 제출할 수 있는지 검토하고, 유사 판단의 결과에 따른 소송의 결과를 예상한다.

2 당사자계 심판에 대한 심결취소소송에서 새로운 사실 또는 증거 제출 가부

(1) 학설의 대립

① 무제한설은 심결취소소송은 제1심에 해당하며, 심판은 직권탐지주의에 의하고 심결취소소송은 변론주의를 취하므로 심결에서 판단되지 않는 위법사유도 당사자가 새롭게 주장, 입증할 수 있다고 보는 견해이다.

② 제한설은 심결취소소송은 사실상 2심의 성격을 지니고 고도의 전문화된 특허심판원의 판단을 중시해야 하는 바 심결에서 현출되지 않은 위법사유는 심리할 수 없다고 보는 견해이다.

(2) 판례의 태도

판례는 특허법원은 기술심리관 제도를 두고 있어 전문성에 문제가 없으며, 공격방어방법을 제한하는 것은 재판 받을 헌법상 권리를 침해하는 것이므로 심결에서 주장하지 않는 공격방어방법도 제출 가능하다고 판시하여, 무제한설의 입장이다.

(3) 검 토

생각건대, 직권탐지주의가 적용되는 심판에서는 주장되지 않은 사실도 잠재적 심판대상이 되고, 이를 소송에서 주장하더라도 이는 곧 법원의 심리대상이 될 수 있다고 보아야 하므로 무제한설이 타당하다.

3 사안의 해결

무제한설에 따르면, A'에 대한 도면 제출이 허용되므로 이를 토대로 판단해야 한다. 따라서 설문상 A와 A'는 유사하고 A의 출원 전에 A'가 공지된 사정이 인정되므로 무효심판은 인용됐어야 하므로, 특허법원은 심결을 취소하고 다시 심판원으로 환송하는 판결을 해야 한다. [끝]

문제 10 기출수정 18

甲은 '메추리알 포장용기' 디자인 A에 대하여 2014년 디자인등록을 하였다. 乙 또한 자신의 '메추리알 포장용기' 디자인 B에 대하여 2015년 2월에 출원하여 동년 12월 디자인등록을 마쳤다. 디자인 A와 디자인 B의 공통점과 차이점은 아래와 같다. [30점]

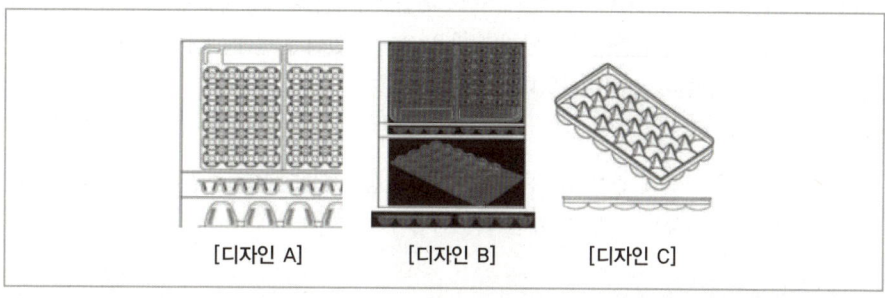

- 공통점
  ⓐ 전체적인 외형이 세로로 긴 직사각형 형상의 덮개부와 받침부가 좌우로 대칭됨
  ⓑ 덮개부와 받침부 사이는 접을 수 있도록 세로로 긴 홈이 형성되어 있음
  ⓒ 덮개부와 받침부에 형성된 각 난좌는 상하좌우로 배열됨
  ⓓ 손잡이부는 아래로 오목하게 형성됨
  ⓔ 라벨부착부는 가로가 긴 직사각형의 형상으로 덮개부 쪽은 위로 돌출되도록, 받침부 쪽은 아래로 들어가도록 홈이 형성됨
  ⓕ 손잡이부 및 라벨부착부 아래로 각각 가로로 4개씩, 세로로 6개씩 난좌가 형성됨
  ⓖ 각 난좌의 입구는 전체적으로 정팔각형 형상임
  ⓗ 덮개부의 상부면에 원형의 통기공이 형성됨
- 차이점
  ⓐ 난좌의 바깥면 형상의 경우, 디자인 A는 덮개부의 난좌가 원뿔대이고 받침부의 난좌가 화분 형상이나, 디자인 B는 덮개부의 난좌 및 받침부의 난좌가 모두 반구형임
  ⓑ 난좌의 몸체 형상의 경우, 디자인 A는 난좌 입구부터 하부까지 깊게 팬 두 줄의 주름이 둘레를 돌아가면서 네 군데 형성되어 있으나, 디자인 B는 주름이 없이 매끈한 형상임
  ⓒ 손잡이부 형상의 경우, 디자인 A는 'ㄱ'자로 구부러진 형상이나, 디자인 B는 상단 끝이 약간 구부러진 형상임

한편 사건 외 丙은 '메추리알 포장용 상자' 디자인 C에 대하여 甲, 乙보다 먼저 디자인등록을 한 바 있으나 이미 존속기간이 만료된 상태이다. 디자인 C의 난좌(卵座)부분(반구형태)은 '메추리알 포장용기' 관련업계에서는 주지된 일반적 형상으로 알려져 있다.

甲이 등록디자인 B에 대하여 무효심판을 청구하였다. 우리 법원의 입장에서 심판의 결과를 최종 판단하시오.

1. 문제의 소재

무효심판은 하자 있는 등록권리의 소멸을 구하는 심판으로 심사의 완정성을 사후적으로 보장하고 분쟁을 종국적으로 해결하기 위함이다. 등록디자인 A는 설정등록되면서 공지된 것으로 보므로 그 이후에 출원된 등록디자인 B는 A와의 관계에서 신규성 및 창작성의 무효사유가 있는지 문제된다.

2. 무효심판의 적법성 - 甲의 청구인 적격

(1) 무효심판의 청구인

이해관계인 또는 심사관이 가능한데(제121조 제1항), 여기서 이해관계인에 대해 대법원은 권리의 존속으로 인하여 법률상 어떠한 불이익을 받거나 받을 우려가 있어 소멸에 관해 직접적이고 현실적인 이해관계를 가진 사람을 말한다고 판시하였다.

(2) 사안의 경우

甲은 동종류의 물품에 관한 선등록디자인권자로 등록디자인 B의 소멸에 직접적이고 현실적인 이해관계를 가진 자에 해당하는 바, 무효심판은 적법하다.

3. 본안의 검토

(1) 디자인 B가 신규성 위반의 무효사유를 갖는지 여부 - 소극

① 의의 및 취지

출원 전의 국내외 공지 등이 된 디자인과 동일·유사한 디자인은 등록받을 수 없다(제33조 제1항 각 호). 이러한 디자인에 대해 독점배타권을 부여하는 것은 법 목적에 반하기 때문이다.

② 판단방법

국내외 공지디자인과 비교하여 동일·유사한지를 판단한다. 공지란 비밀유지의무가 없는 불특정다수인이 알 수 있는 상태에 놓인 것을 말한다.

③ 디자인 유사 판단의 원칙적 태도

대법원은 디자인을 구성하는 각 요소를 분리하여 개별적으로 대비할 것이 아니라, 외관을 전체적으로 대비 관찰하여 관찰자로 하여금 상이한 심미감을 느끼게 하는지를 판단하며, 따라서 그 지배적인 특징이 유사하다면 세부적인 차이가 있더라도 유사하다고 보아야 한다고 판시했다.

④ 물품의 기본적 또는 기능적 형태의 유사 판단 시 취급

㉠ 판례의 태도

대법원은 이는 물품으로서 당연히 있어야 할 부분으로 그 중요도를 낮게 평가해야 하므로 이러한 부분이 동일·유사하다는 사정만으로는 디자인이 동일·유사하다고 할 수는 없다고 판시했다.

㉡ 검토

생각건대, 이러한 형태는 물품의 기능 등 본질적인 속성에 의해 저절로 형성되어 그 물품의 인식을 갖추어야 하는 것이고, 장기간 다수인의 노동과 경험이 축적된 결과물로 특정인이 독점할 수 없는 공공의 자산이므로 요부로 볼 수 없다.

ⓒ 사안의 경우

양 디자인에 공통점 ⓐ~ⓔ가 존재하기는 하지만, 이들 부분은 양 디자인의 출원 전에 이미 메추리알 포장용기의 분야에서 널리 사용되어 온 기본적 또는 기능적 형태에 해당하므로 그 중요도를 낮게 보아야 한다.

⑤ 유사의 범위를 좁게 보는 경우

㉠ 판례의 태도

참신한 디자인일수록 유사의 폭이 넓고, 동종류의 디자인이 많을수록 유사의 폭이 좁다. 옛날부터 흔히 사용됐고 단순하며 여러 디자인이 다양하게 창작되었던 디자인이나 구조적으로 크게 변화시킬 수 없는 것 등은 유사의 범위가 비교적 좁다.

㉡ 사안의 경우

양 디자인에 공통점 ⓕ~ⓗ가 존재하기는 하지만, 메추리알 포장용기의 디자인은 옛날부터 흔히 사용됐고, 여러 가지로 다양하게 창작되었으며, 메추리알을 수납하여 고정시켜야 하는 특성상 구조적으로도 크게 변화시키기 어려운 디자인이므로 그 디자인의 유사 범위를 비교적 좁게 보아야 한다.

⑥ 사안의 경우

공통점 ⓐ~ⓔ는 물품의 기본적 또는 기능적 형태에 해당하므로 요부가 될 수 없고, 공통점 ⓕ~ⓗ도 메추리알 포장용기의 특성상 유사 범위를 좁게 보아야 하므로 이러한 점들을 들어 양 디자인이 유사하다고 보기는 어렵다. 나아가 양 디자인은 차이점 ⓐ~ⓒ를 가지므로 상기 공통점들을 고려하더라도 전체적으로 볼 때 상이한 심미감을 나타낸다고 봄이 타당하다. 따라서 양 디자인은 비유사하고, 디자인 B는 신규성 위반의 무효사유가 존재하지 않는다.

(2) 디자인 B가 창작성 위반의 무효사유를 갖는지 여부 - 적극

① 의의 및 취지

출원 전 통상의 디자이너가 국내외 공지디자인 또는 주지형태에 따라 쉽게 창작할 수 있는 디자인은 등록받을 수 없다. 창작적 가치를 지닌 경우에만 보호의 필요성이 있기 때문이다.

② 판단방법

출원 시, 통상의 디자이너를 기준으로 판단하며 대법원은 공지디자인 또는 주지형태 각각 또는 이들의 결합을 거의 그대로 모방 또는 전용하거나, 가하여진 변화가 단순한 상업적·기능적 변형에 불과하거나, 그 디자인의 분야에서 흔한 창작수법이나 표현방법에 의해 이를 변경, 조합, 전용하였음에 불과한 창작수준이 낮은 경우를 의미한다고 판시하였다.

③ 공지디자인과 주지형태의 결합의 '변형'의 유형

대법원은 공지형태나 주지형태를 서로 결합하거나 결합된 형태를 변형·변경·전용한 경우에도 창작수준이 낮은 디자인에 해당할 수 있고, 이를 판단할 때에는 공지디자인의 대상 물품, 주지형태의 알려진 분야, 공지디자인이나 주지형태의 외관적 특징의 관련성, 해당 디자인의 분야의 일반적 경향 등에 비추어 통상의 디자이너가 용이하게 그와 같은 결합에 이를 수 있는지를 살펴보아야 한다고 판시하였다.

④ 사안의 경우

차이점 ⓐ, ⓑ는 디자인 A의 덮개부와 받침부의 난좌 형상을 주지형태인 매끈한 반구형으로 치환하여 결합하는 방법으로 극복된다. 또한, 전체적으로 곡면의 내부 공간을 형성하는 것으로서 반구 형상과 공통되는 외관적 특징을 가진다는 점을 고려하면 통상의 디자이너가 이와 같은 결합에 이르는 것에 특별한 창작적 노력이 필요하지는 않다. 차이점 ⓒ는 상기 방법에 의해 결합된 형태를 부분적으로 변형한 것인데, 'ㄱ'자를 약간 구부러진 형상으로 바꾸는 것은 단순한 상업적·기능적 변형에 불과하다. 따라서 디자인 B는 공지디자인 A와 주지형태인 반구 형상의 용이한 결합형태이며, 그 결합형태를 단순히 상업적·기능적으로 변형한 것에 불과하므로 창작성 위반의 무효사유를 갖는다.

4 설문의 해결

무효심판은 적법하고, 등록디자인 B는 창작성 위반의 무효사유가 있으므로 인용심결이 예상된다. [끝]

문제 11 갑은 스마트폰 액세서리에 대한 등록디자인 X의 디자인권자이다. 디자인 X는 종래에 없던 링의 하부에 있는 직선 부분을 형성하여 발생하는 편리한 기능 때문에 폭발적인 인기를 얻고 있다. 이에 乙은 동종업자로서 디자인 X를 실시하기 위해 甲으로부터 X에 대한 통상실시권을 설정 받고 일정한 비용을 지불하고 있다.

실시료에 대한 압박으로 乙은 제33조 제2항을 이유로 甲의 등록디자인 X에 대한 무효심판을 청구하면서 비교대상디자인 2, 3을 인용디자인으로 하였다. 등록디자인과 비교대상디자인들에 대해 확정된 사실이 다음과 같을 때, 심판의 결과를 예상하시오(X는 심사등록출원의 대상이다).

등록디자인과 비교대상디자인 2, 3은 ㉠ 스마트폰의 뒷면에 부착하기 위한 플레이트, 손가락을 끼우는 링, 플레이트와 링을 연결하는 고정부로 구성되어 있고, ㉡ 플레이트는 코너가 둥글게 처리된 사각형의 형태로 스마트폰의 폭보다 작은 크기를 가지고, 링이 그 중앙부에 위치하고 있다.

㉢ 이 사건 등록디자인은 플레이트의 중앙부분이 볼록하게 튀어나와 있는 형상임에 비하여 비교대상디자인 2, 3은 플레이트의 가운데 부분이 평평한 형상으로 되어 있고, ㉣ 이 사건 등록디자인은 링의 몸체의 윗면과 아랫면이 평평하여 그 단면이 전체적으로 사각형임에 비하여 비교대상디자인 2, 3은 링의 몸체의 윗면과 아랫면이 원형이고, ㉤ 이 사건 등록디자인은 링의 하부에 직선부분이 존재함에 비하여 비교대상디자인 2, 3은 링의 하부에 직선부분이 존재하지 않는다.

[20점]

이 사건 등록디자인	비교대상디자인 2	비교대상디자인 3
(이미지)	(이미지)	(이미지)

1 문제의 소재

乙의 청구인 적격에 대해 등록디자인 X에 대한 실시권자인데 X에 대해 무효심판을 청구할 수 있는지를 검토하고, 등록디자인 X가 창작성 위반의 무효사유를 갖는지를 검토한다.

2 무효심판의 의의 및 취지

하자 있는 등록권리의 소멸을 구하는 심판으로 심사의 완정성을 사후적으로 보장하고 분쟁을 종국적으로 해결하기 위함이다.

3 乙의 청구인 적격 검토 - 적법성

(1) 무효심판의 청구인

이해관계인 또는 심사관이 가능한데(제121조 제1항), 여기서 이해관계인에 대해 대법원은 권리의 존속으로 인하여 법률상 어떠한 불이익을 받거나 받을 우려가 있어 소멸에 관해 직접적이고 현실적인 이해관계를 가진 사람을 말한다고 판시하였다.

(2) 실시권자가 무효심판 청구 가능한지 여부 - 적극

① 학설의 대립
  ㉠ 부정설 : 권리로 인해 이익을 얻는 실시권자가 권리의 무효를 주장하는 것은 신의칙에 반한다는 입장이다.
  ㉡ 긍정설 : 디자인제도의 공익적 측면 및 실시료지급의무 면제의 이익 측면을 고려할 때 이해관계를 긍정하는 입장이다.

② 판례의 태도
  ㉠ 종래 대법원은 입장이 나뉘어져 있었다.
  ㉡ 그러나 최근 대법원 전원합의체는 실시권자에게는 여러 제한 사항이 부가되는 것이 일반적인데 이를 무효심판을 통해 벗어날 수 있고, 무효심결이 확정되기까지는 상당한 시간과 비용이 소요되는데 무효사유가 있어 실시권을 설정받고 싶지 않더라도 우선 실시권을 설정받는 자도 있을 것이므로 이를 두고 무효사유를 더는 다투지 않겠다는 의사를 표시하였다고 단정할 수도 없다고 하며, 권리의 대항을 받거나 받을 염려가 없다는 이유만으로 무효심판을 청구할 수 있는 이해관계가 소멸되었다고 볼 수 없다고 판시하여, 긍정설을 지지하였다.

③ 검토
실시권자라는 이유와 같이 일률적으로 판단할 것이 아니라 제도의 공익적 측면을 충분히 고려하여 구체적, 개별적으로 고려해야 할 것이다.

④ 사안의 경우
乙은 동종업자인 점, 일정한 로열티를 내고 있었던 점 등을 고려하면 무효심판을 청구할 수 있는 이해관계가 소멸되었다고 볼 수 없으므로 이해관계인에 해당한다.

4 등록디자인 X의 창작성 위반 무효사유 존부 검토 – 본안

(1) 창작성

① 의의 및 취지
출원 전 통상의 디자이너가 국내외 공지디자인 또는 주지형태에 따라 쉽게 창작할 수 있는 디자인은 등록받을 수 없다. 창작적 가치를 지닌 경우에만 보호의 필요성이 있기 때문이다.

② 판단방법
출원 시, 통상의 디자이너를 기준으로 판단하며 대법원은 공지디자인 또는 주지형태 각각 또는 이들의 결합을 거의 그대로 모방 또는 전용하거나, 가하여진 변화가 단순한 상업적·기능적 변형에 불과하거나, 그 디자인의 분야에서 흔한 창작수법이나 표현방법에 의해 이를 변경, 조합, 전용하였음에 불과한 창작수준이 낮은 경우를 의미한다고 판시하였다.

③ 흠결 시 취급
본 사안처럼 심사등록출원의 경우, 거절이유, 정보제공사유, 무효사유에 해당한다.

(2) 사안의 경우 – 소극

① 사실 ㉠, ㉡에 해당하는 공통점이 있기는 하나, 사실 ㉢, ㉣, ㉤에서 서로 차이점이 있다.
② 특히 사실 ㉤의 링의 하부에 존재하는 직선부분은 전체 디자인에서 차지하는 비중이 작지 않고, 관찰되기 쉬운 부분이며, 이러한 직선 부분의 존재로 인하여 비교대상디자인과는 다른 미감적 가치를 가지고 있고, 실제로 이러한 부분이 가지는 기능과 미감 때문에 흥행하고 있는 점으로 보아도 그러하다.
따라서 비교대상디자인 2, 3에서 등록디자인으로 변형하는 것을 상업적, 기능적 변형이라고 보기 어렵다.
③ 나아가 직선의 형태가 주지형태라고 하더라도 이러한 형태는 관련 디자인의 업계에서 과거에 전혀 없었고 흔한 창작수법이나 표현방법이라 볼 수도 없어 쉽게 창작할 수 있는 것도 아니므로 창작이 용이하다고 볼 수 없어 무효사유는 존재하지 않는다.

5 설문의 해결

乙은 무효심판을 청구할 수 있는 자이고, 무효사유는 이유가 없으므로 기각심결이 예상된다. [끝]

문제 12 甲은 아래와 같은 판재에 대한 등록디자인 A(출원연도 – 2017)의 디자인권자다.

대표도면	도면 기재사항
	• 디자인의 대상이 되는 물품 : 문구제도용 합성수지발포판재 • 디자인의 설명 　– 재질은 발포형 폴리스티렌수지, 비닐, 종이 점착시트임 　– 정면도는 보는 바와 같이 무늬가 상하좌우로 연속되는 것이며, 필요 용도에 따라 절단하여 사용할 수 있음 • 디자인 창작 내용의 요점 : "문구제도용 합성수지발포판재"의 형상과 모양의 결합을 디자인 창작 내용의 요점으로 함

한편, 동종업자 乙은 각종 발포형 폴리스티렌 입자 및 성형물에 대해 특허권(출원연도 – 2018)을 가진 판재 제조회사이다. 乙은 그 이후 특허권을 바탕으로 A와 유사한 무늬를 갖는 판재를 생산하여 판매하였다. 이에 甲은 乙에게 자신의 등록디자인 A에 기한 침해금지청구소송을 제기하였다. 다음 물음에 답하라. [30점]

1 乙이 등록디자인 A에 대하여 무효심판을 청구하려고 변리사인 당신을 찾아왔다. 변리사로서 A에 대한 무효사유가 존재하는지 검토하고, 심판의 인용가능성을 설명하시오. [18점]

2 乙은 침해금지청구소송의 피고로서 어떤 대응방안이 있을지 논하시오. [12점]

설문 **1** 에 대하여

1 문제의 소재

乙의 실시 시기를 고려해 볼 때, 등록디자인 A의 선행디자인(공지 또는 출원)은 존재한다고 볼 수 없고 신규성, 확대된 선출원(제33조 제3항), 선출원주의(제46조 제1항)가 적용된다고 볼 수는 없다. 이하 등록디자인 A의 모양이 마치 자연상태의 화강암 무늬와 상당히 유사한 바, 주지형태에 의한 용이창작에 해당하여 창작성(제33조 제2항)의 무효사유가 존재하는지를 판단한다.

2 무효심판의 의의 및 취지

무효심판은 분쟁 해결의 종국적 수단으로 등록 권리에 하자가 있는 경우 이를 소멸시키는 제도이다.

3 적법성 검토

乙은 동종업자로 등록디자인의 소멸에 직접적인 이해관계가 있는 자로 무효심판을 청구할 수 있는 자이므로 적법성에 문제는 없다.

4 창작성 위반 여부

(1) 의의 및 취지
출원 전 통상의 디자이너가 국내외 공지디자인 또는 주지형태에 따라 쉽게 창작할 수 있는 디자인은 등록받을 수 없다(제33조 제2항). 출원디자인이 신규성이 있더라도 그 형태적 차이가 당 업계에서 인정할 수 있는 창작적 가치를 가진 경우에만 보호의 필요성이 있기 때문이다.

(2) 요 건
① 주체적 요건
공지 주체는 불문이며, 통상의 디자이너를 기준으로 판단한다. 통상의 디자이너는 그 디자인이 속하는 분야에서 통상의 지식을 가진 자로서, 당 업계에서 당해 디자인에 관한 보편적 지식을 가진 자이다.

② 객체적 요건
국내외 공지디자인 또는 주지형태를 기초로 쉽게 창작할 수 있는지 여부를 판단한다. 주지형태란 국내외에서 일반인이 알 수 있을 정도로 널리 알려진 형태를 의미한다.

또한 대법원은 주지형태 각각 또는 이들의 결합을 거의 그대로 모방 또는 전용하거나, 가하여진 변화가 단순한 상업적, 기능적 변형에 불과하거나, 그 디자인의 분야에서 흔한 창작수법이나 표현방법에 의해 이를 변경, 조합, 전용하였음에 불과한 창작수준이 낮은 경우를 의미하며, 모든 물품을 대상으로 판단할 수 있다고 판시하였다.

③ 시기적 요건
출원 시를 기준으로 판단한다.

(3) 흠결 시 취급
판재는 일부심사의 대상은 아닌 바, 거절이유, 정보제공사유, 무효사유에 해당하여 등록받을 수 없다.

(4) 사안의 경우
등록디자인 A의 정면도에서 보이는 모양이 부정형의 검은색 반점들이 흰색 바탕에 불규칙하게 분포된 것으로서 자연 상태의 화강암 무늬와 극히 유사하고, 직육면체의 판재 형상은 국내에서 널리 알려진 형상에 불과하다. 따라서 그 분야의 통상의 디자이너가 주지형태인 자연물로서의 화강암 무늬 등에 의하여 용이하게 창작할 수 있는 디자인에 해당하므로 제33조 제2항 위반의 디자인에 해당한다.

5 설문 1의 해결
창작성 위반의 무효사유가 존재하므로 무효심판은 인용될 것이다.

설문 2 에 대하여

1 문제의 소재

먼저 침해의 성립 여부를 검토해보면, 甲의 권리는 무효심결이 확정되지 않은 바 일응 유효하고(판례), 甲의 디자인과 유사한 무늬를 갖는 판재를 생산하여 판매하고 있으므로 보호범위 내에서 업으로서 실시하는 자이다. 따라서 甲의 권리범위 또는 권리행사를 제한하는 사유가 있다고 항변할 수 있는지와 나아가 저촉관계를 바탕으로 한 이해관계의 조정이 가능한지 검토한다.

2 무효의 항변(공지디자인 제외의 항변) 가부 – 소극

(1) 판례의 태도

대법원은 신규성이 없는 등록디자인의 경우에는 권리범위를 인정할 수 없다고 판시하였지만, 창작성이 없는 등록디자인의 경우에는 무효심결이 확정되기 전에는 권리범위를 부정할 수 없다고 판시하였다.

(2) 검토와 사안의 경우

甲은 이러한 항변을 할 수 없다.

3 권리남용의 항변 가부 – 적극

(1) 판례의 태도

최근 대법원은 등록디자인이 무효심결 확정 전이라도 창작성이 부정되어 무효로 될 것이 명백한 경우, 이러한 디자인권에 기초한 권리행사는 권리남용에 해당한다고 판시하였다.

(2) 사안의 경우

乙은 디자인 A에 무효사유가 명확히 존재함을 주장하여 甲의 권리행사가 권리남용에 해당함을 주장할 수 있다.

4 자유실시디자인의 항변 – 적극

(1) 판례의 태도

대법원은 국내 주지형태로부터 용이창작 가능한 실시디자인의 경우, 등록디자인과 대비할 것도 없이 권리범위에 속하지 않는다고 판시하였다.

(2) 검토와 사안의 경우

乙은 자신의 실시가 주지형태로부터 용이하게 창작하여 자유롭게 실시할 수 있는 공중의 영역임을 항변할 수 있다.

5 특허권에 의한 항변 – 소극

특허권이 디자인을 실시할 권리까지 보장하는 것은 아니므로 등록권리에 기한 항변으로 침해를 면할 수는 없다.

6 저촉관계의 경우

乙의 등록발명은 甲의 선등록디자인권과 저촉하게 되므로 특허법 제138조에 따라 실시의 허락 또는 통상실시권허락심판을 청구할 수 있다.

7 설문의 해결

권리남용의 항변과 자유실시디자인의 항변이 가능하며, 실시의 허락이나 그를 위한 심판청구가 가능할 것이다. [끝]

문제 13 기출수정 20

디자인보호법은 특허법과 같이 기본적으로 선출원주의를 채택하고 있다. 선출원주의(제46조)는 동일·유사한 디자인 간에는 먼저 출원한 디자인만 보호대상이 된다는 원칙이다. 디자인보호법은 이를 보완하기 위해 선출원디자인의 일부를 구성하는 후출원디자인에 대해서도 등록을 허여하지 않는 규정을 두고 있다. 이 규정에 대한 다음 물음에 답하시오. [20점]

1 상기 설명한 규정에 대해 '흠결 유형'과 함께 설명하시오. [10점]

2 상기 **1** 에 따라 선후 출원디자인 상호간에 동 규정이 적용될 수 있는 유형인지 설명하시오. [5점]

1) 선출원디자인이 동적디자인이고, 후출원이 그 정지상태에 해당하는 정적디자인인 경우

2) 선출원디자인이 형상, 모양 결합디자인이고, 후출원이 형상만의 디자인인 경우

3 甲은 2017.11.21.에 '전사지 '를 출원하였고, 乙이 2017.3.7. '공기 '를 출원하여 이 디자인은 2018.9.21.에 등록공고되었다. 甲의 디자인의 등록가능성을 설명하시오. [5점]

설문 1 에 대하여

1. 의의 및 취지

출원디자인의 출원일 전에 출원된 타 출원이 당해 출원 후 출원공개·등록공고된 경우, 출원디자인이 디자인공보에 게재된 타 출원디자인의 일부와 동일·유사하면 등록받을 수 없다(제33조 제3항). 실질적으로 선창작된 디자인을 보호하기 위함이다.

2. 요건

(1) 주체적 요건

출원인이 다른 경우에만 적용된다. 다만, 특허법과는 달리 전체와 부분의 관계에 있는 디자인의 권리관계가 복잡해지는 것을 방지하기 위해 창작자가 동일하더라도 적용된다.

(2) 객체적 요건

① 확대된 선출원의 지위

필수도면 및 부가도면을 기초로 한다. 선출원이 부분디자인인 경우, 도면에 파선으로 표현된 부분 등을 포함한 전체디자인이 확대된 선출원의 지위를 갖는다.

② 일부와 동일·유사

㉠ 후출원디자인이 선출원디자인 중 후출원디자인에 상당하는 일부 부분과 기능 및 용도에 공통성이 있고, 형태가 동일·유사하며 대비가능한 정도로 충분히 표현되어 있으면 적용한다.

㉡ 여기서 일부란 선출원디자인의 외관 중에 포함된 하나의 폐쇄된 영역을 의미한다.

③ 시기적 요건

등록여부결정 시 판단하며, 출원디자인의 출원일 전에 타 출원이 있고, 출원디자인의 출원 후에 타 출원의 출원공개, 등록공고가 있어야 한다.

3. 흠결 시 취급

(1) 심사등록의 대상인 경우, 거절이유, 정보제공사유, 무효사유에 해당한다.

(2) 일부심사등록의 대상인 경우, 거절이유는 아니고 정보제공사유, 이의신청사유, 무효사유에 해당하나, 정보제공에 의해 거절이유가 될 수 있다.

4. 흠결 유형

선출원디자인과 후출원디자인이 각각 ① 부품 a를 포함하는 완성품 A와 부품 a, ② 완성품 A와 그 부분디자인 a, ③ 부품 A와 그 부분디자인 a, ④ 한 벌 물품의 디자인과 그 구성물품 디자인, ⑤ 부분이 상호 동일·유사한 두 개의 부분디자인이 있을 수 있다.

설문 2 에 대하여

1. 문제의 소재

제33조 제3항 디자인의 '일부'의 의미에 따른 논의로 동적디자인 – 정적디자인, 형상모양결합 디자인 – 형상만의 디자인의 경우 문제될 수 있다.

2. 학설의 대립

(1) 심사기준의 태도

2016년에 정적화상디자인과 동적화상디자인 간에 적용된다고 규정하여 긍정설의 태도였으나, 2019년 개정 심사기준은 이러한 문구를 삭제하였다.

(2) 부정설(다수설)

디자인의 구성요소를 관념적으로 분리한 것은 디자인의 일부로 볼 수 없어 동적 – 정적디자인, 형상만 – 결합디자인 간에 동항이 적용될 수 없다고 본다.

(3) 검토

생각건대, 제33조 제3항의 취지가 실질적으로 신규성이 없는 후출원의 등록을 배제하고자 하는 취지를 가지므로 일부의 개념을 확대 해석하여 본 규정을 적용하는 것이 타당하다. 다만, 현행법과 개정 심사기준의 태도로 보면 다수설을 취해야 한다.

3. 소설문 1)의 해결

다수설에 따라, 동적디자인과 그 정지상태에 해당하는 정적디자인 간에는 적용되지 않는다고 본다.

4. 소설문 2)의 해결

다수설에 따라, 형상모양결합 디자인과 형상만의 디자인 간에는 적용되지 않는다고 본다.

설문 3 에 대하여

1. 문제의 소재

乙이 공기 디자인 출원에 대해 甲의 출원일 이전에 공개 신청을 하는 등의 사정이 없고, 공지된 바 없으므로 신규성은 문제되지 않으므로 양 물품의 동일·유사 여부에 따른 선출원주의, 확대된 선출원 위반 여부를 검토한다.

2 물품의 동일·유사 판단

전사지와 공기는 용도와 그 기능이 상이하여 거래통념상 동종류의 물품으로 볼 수 없으므로 유사한 물품으로 볼 수 없다.

3 제46조 제1항, 제33조 제3항 위반 여부

(1) 물품이 비유사하므로 선출원주의 규정은 적용될 수 없다.
(2) 전사지 꽃 모양이 공기에 붙어 있다는 이유만으로는 그 용도와 기능이 공통된다고 할 수 없고, 형태가 동일·유사하지도 않으며, 혼용가능성도 인정할 수 없으므로 별개의 물품이다. 따라서 제33조 제3항 위반이라고 보기 어렵다. 따라서 甲의 디자인은 등록될 것이다. [끝]

문제 14 甲은 '티셔츠' 생산자로, 흰 티셔츠에 다음과 같이 태극 문양을 변형한 모양 '○'과 톱스타 원빈의 초상 모양 ' '을 염색한 티셔츠에 대한 디자인(각각 차례대로 디자인 A, B라고 함.)을 출원(X출원)하려고 한다. 다음 물음에 답하시오. [30점]

1 이렇게 2개 이상의 디자인을 하나의 출원 절차를 통해 진행하려고 할 때 이용 가능한 디자인보호법상 제도에 대해 설명하시오. [10점]

2 상기 제도를 이용하여 하나의 출원을 했을 때, 각 디자인과 출원의 등록가능성에 대해 논하고, 만약 불가능한 경우에는 극복 방안에 대해 설명하시오. [20점]

설문 1 에 대하여

1 문제의 소재 - 의의 및 취지

원칙적으로 2 이상의 디자인을 1개의 출원으로 진행하면 제40조 제1항 위반에 해당하지만, 우리 법은 절차적 편의를 위해 복수디자인출원(제41조)을 인정하고 있으므로 이하 검토한다.

2 요건

신속한 심사를 위해 동종류에 속하는 물품이어야 하고, 디자인의 수는 100개 이내이며, 각 디자인마다 독립적인 권리가 발생하기 때문에 1디자인마다 분리하여 표현해야 한다.

3 흠결 시 취급

절차적 등록요건에 해당하므로 거절이유, 정보제공사유에는 해당하지만, 이의신청사유, 무효사유에는 해당하지 않는다. 한편, 부적법한 복수디자인 출원은 동시에 제40조 제1항 위반에 해당하기도 한다.

4 출원 시

(1) 출원서에는 복수디자인등록출원 여부, 디자인의 수, 각 디자인의 일련번호를 기재해야 한다.
(2) 도면은 1디자인마다 분리하여 표현하고 일련번호를 기재해야 하며, 디자인마다 도면 또는 사진 중 1가지로 형식을 통일해야 한다.

5 심사 시

각 디자인마다 등록요건을 판단해야 하고, 일부 디자인에 대한 거절이유가 있는 경우에는 일련번호, 물품, 거절이유를 구체적으로 적어 거절이유를 통지해야 하고(제63조 제2항), 일부에 대해서만 거절결정(제62조 제5항) 또는 등록결정(제65조)이 가능하다. 즉, 출원 이후 절차는 개별적으로 진행된다.

6 절차상 취급

일부디자인에 대한 취하는 삭제보정으로 가능하고, 일부디자인에 대하여만 보정각하가 가능하며, 추후 분할출원할 수 있다. 또한 출원공개, 비밀디자인청구, 우선심사청구 등을 일부디자인에 대해서만도 가능하다.

7 등록 후 권리

각 디자인별로 디자인권이 발생하여 존속하기 때문에, 각각 이전할 수 있고(제96조 제5항), 각각 포기할 수 있으며, 이의신청과 심판청구는 각 디자인마다 해야 한다.

8 사안의 경우

물품이 동일하고, 2개의 디자인은 100개 이내이므로, 1디자인마다 분리하여 표현하면 동 제도를 이용하여 출원할 수 있을 것이다.

설문 2 에 대하여

1 디자인 A의 등록가능성

(1) 문제점
대한민국 국기의 태극 문양을 변형한 모양을 티셔츠에 염색하였으므로 제34조 제1호에 해당하여 등록받을 수 없는지가 문제가 된다.

(2) 제34조 제1호

① 의의 및 취지

국기, 국장 등의 표장과 외국의 국기, 국장 또는 국제기관 등의 문자나 표지와 동일·유사한 디자인은 등록받을 수 없다. 이는 국가와 공공기관의 존엄을 유지하고, 공익을 보호하기 위한 취지이다.

② 요 건

㉠ 공공기관 등의 주된 마크(심벌)인 표장, 국제기관 등의 명칭(로고타입 포함)을 말하며 그 밖의 공공기관 등의 공익표장을 포함하는 문자와 표지와 동일·유사하거나 이를 일부 구성요소로 포함하고 있는 디자인에 해당해야 한다.

㉡ 다만, 공공기관 등 그 자신의 것이거나, 물품에 국기 등이 포함되어 있으나 가하여진 변화로 인해 국가의 존엄을 해할 우려가 없다고 보이는 경우, 국가의 명칭은 본 호를 적용하지 않는다.

㉢ 공익적 규정이므로 등록여부결정 시를 기준으로 판단한다.

③ 흠결 시 취급

출원디자인의 전부 또는 '일부'가 본 호에 해당하면 거절이유, 정보제공사유, 무효사유에 해당한다. 일부심사등록출원 여부는 무관하다.

(3) 사안의 경우
디자인 A는 대한민국의 국기를 변형하여 티셔츠에 염색한 것인데, 그 가하여진 변화로 인해 대한민국의 존엄을 해할 우려가 있다고 보기 어려워 본 호 위반이 아니고, 등록이 가능하다.

2 디자인 B의 등록가능성

(1) 문제점
톱스타의 초상을 그대로 염색한 티셔츠 디자인 B가 공서양속에 반하여 제34조 제2호에 해당하는지가 문제가 된다.

(2) 제34조 제2호

① 의의 및 취지

디자인이 주는 의미나 내용이 공서양속에 반하는 경우 등록받을 수 없다. 이는 법의 기본적 이념에 반하고, 공익적 취지다.

② 요 건

심사기준은 다음과 같다.

- ㉠ 인륜, 사회정의, 국민감정에 반하는 것, 특정국가 또는 국민을 모욕하는 것, 저속, 혐오·외설스러운 것, 국가 원수 초상 및 이에 준하는 것, 저명한 타인의 초상을 전부 또는 일부 포함하는 것(다만, 그 타인의 승낙을 얻은 경우는 제외), 상기 기재한 것들을 일부로 포함하고 있는 경우를 본 호가 적용되는 경우로 규정한다.
- ㉡ 물품 또는 물품의 규격이나 품질 등에 대한 인증표지를 포함하는 경우에는 적용하지 않는다고 규정한다.
- ㉢ 공익적인 규정이므로 등록여부결정 시를 기준으로 판단한다.

③ 흠결 시 취급

출원디자인의 전부 또는 일부가 본 호에 해당하면 거절이유, 정보제공사유, 무효사유에 해당한다. 일부심사등록출원 여부는 무관하다.

(3) 사안의 경우

원빈은 톱스타로 저명한 타인에 해당하고, 그의 초상을 승낙 없이 전부 또는 일부 포함하고 있으므로 디자인 B는 제34조 제2호 위반에 해당하여 등록받을 수 없다.

3 X출원의 등록가능성

상기 설문 **1** 에서 검토한 제도의 절차에 따르면, 복수디자인 중 일부의 디자인에 대해서도 거절결정 및 등록결정이 가능하기 때문에 개별적으로 A는 등록가능하고, B는 등록불가능하다.

4 극복 방안 - '원빈'과의 합의

(1) 출원 이후 절차는 개별적으로 진행되므로 출원의 등록을 위해서 별도의 삭제보정이나 분할출원은 요하지 않는다.
(2) 이하 디자인 B를 등록받을 수 있는 방안에 대해 검토해보면, 저명한 타인의 초상을 표현했더라도 그 타인의 승낙이 있는 경우에는 제34조 제2호 위반이 아니므로, 톱스타 원빈과의 초상 사용에 관해 합의한 후에 관련 서류와 함께 의견서를 제출하면 등록 가능할 것이다. [끝]

| 문제 15 | 미키마우스는 글로벌 대기업인 월트 디즈니 사의 상징과 같은 존재로서 전 세계적으로 널리 사랑받는 캐릭터이다. 미키마우스 캐릭터는 수컷 쥐를 의인화한 그림 1의 모양이다. 甲은 장난감을 제작하여 판매하는 자인데, 그림 1의 미키마우스 캐릭터를 거의 그대로 전용하여 그림 2의 탁상용 미키마우스 봉제인형에 대한 디자인 A를 창작하였고 이에 대하여 디자인심사등록출원을 하였다. 디자인 A의 등록가능성에 대하여 논하시오(탁상용 인형은 물품류 구분상 제11류에 해당한다). [30점] |

그림 1	그림 2

1 문제의 소재

미키마우스 캐릭터는 월트 디즈니 사의 노력에 의해 전 세계적으로 널리 알려져 국내외 수요자들에게 저명성을 취득했다고 보여진다. 디자인 A는 이러한 캐릭터를 전용한 인형이므로 창작성이 문제되고, 나아가, 미키마우스는 월트 디즈니 사의 상징으로서 제3자로 하여금 출처를 연상하게 하는 저명상표라고 보여지므로 제34조 제3호가 문제되며, 제11류이므로 일부심사등록출원의 대상인데 심사등록출원하였으므로 제37조 제4항이 문제된다.

2 일부심사등록출원(제37조 제4항)

(1) 의의 및 취지

로카르노 협정에 따른 물품류 구분 중 제1, 2, 3, 5, 9, 11, 19류에 해당하면 등록요건 중 일부만을 갖추었는지를 심사하는 일부심사등록출원(제2조 제6호)으로만 가능하다. 이는 유행성이 강한 물품에 대해서는 신속한 권리화를 도모하기 위해서이다.

(2) 위반 시 취급

거절이유, 정보제공사유에 해당하며, 절차적 요건이므로 이의신청사유, 무효사유에는 해당하지 않는다.

(3) 법적 취급

선행디자인의 검색이 요구되지 않도록 신규성, 창작성(주지형태에 의한 것은 제외), 확대된 선출원, 선출원주의를 심사하지 않는다(제62조 제2항). 다만, 정보제공이 있는 경우, 모든 등록요건의 판단이 가능하다(제62조 제4항).

(4) 사안의 경우

디자인 A는 제11류이므로 일부심사등록의 대상인데 심사등록출원하였으므로 제37조 제4항 후단 위반의 거절이유가 존재한다. 이는 보정으로 극복 가능하다. 또한, 창작성(주지형태에 의한 것)과 제34조 제3호는 일부심사등록출원의 거절이유에 해당하므로 이하 검토한다.

3 창작성(제33조 제2항) 위반 여부 - 적극

(1) 의의 및 취지
출원 전 통상의 디자이너가 국내외 공지디자인 또는 주지형태에 따라 쉽게 창작할 수 있는 디자인은 등록받을 수 없다(제33조 제2항). 출원디자인이 신규성이 있더라도 그 형태적 차이가 당 업계에서 인정할 수 있는 창작적 가치를 가진 경우에만 보호의 필요성이 있기 때문이다.

(2) 요건
① 주체적 요건

공지 주체는 불문이며, 통상의 디자이너를 기준으로 판단한다. 통상의 디자이너는 그 디자인이 속하는 분야에서 통상의 지식을 가진 자로서, 당 업계에서 당해 디자인에 관한 보편적 지식을 가진 자이다.

② 객체적 요건

국내외 공지디자인 또는 주지형태를 기초로 쉽게 창작할 수 있는지 여부를 판단한다. 주지형태란 국내외에서 일반인이 알 수 있을 정도로 널리 알려진 형태를 의미한다.

또한 대법원은 공지디자인 또는 주지형태 각각 또는 이들의 결합을 거의 그대로 모방 또는 전용하거나, 가하여진 변화가 단순한 상업적, 기능적 변형에 불과하거나, 그 디자인의 분야에서 흔한 창작수법이나 표현방법에 의해 이를 변경, 조합, 전용하였음에 불과한 창작수준이 낮은 경우를 의미하며, 모든 물품을 대상으로 판단할 수 있다고 판시하였다.

③ 시기적 요건

출원 시를 기준으로 판단한다.

(3) 사안의 경우
미키마우스 캐릭터의 수컷 쥐를 의인화한 모티브, 빨간색 옷과 노란색 신발, 눈/코/입/귀의 모양, 꼬리의 존재 등이 거의 일치하고 그 모티브에 의한 인상이 동일하다. 창작수법 역시 평면적 모양에서 입체적 형상으로 변화시킨 것은 인형의 제작과정에서 일반적으로 수반되는 방법이므로 디자인 A는 통상의 디자이너가 주지형태를 흔한 창작수법에 의해 그대로 전용한 창작수준이 낮은 경우에 해당하는 바, 창작성 위반으로 판단된다.

4 제34조 제3호 위반 여부 - 적극

(1) 의의 및 취지
타인의 업무에 관계되는 물품과 혼동을 가져올 염려가 있는 디자인은 등록받을 수 없다. 디자인은 물품의 미적 외관으로서 그 출처를 상상케 하는 성질도 갖고 있으므로, 디자인에 관한 부정경쟁행위를 방지하고 경업질서를 유지하기 위함이다.

(2) 요건
① 주체적 요건

타인과의 관계에서 문제된다. 자기 것이면 혼동의 우려가 없으므로 적용되지 않는다.

② 객체적 요건

㉠ '업무'는 계속적으로 영위하는 사업으로 비영리업무를 포함한다.

㉡ '물품'은 구체적으로 특정된 물품뿐만 아니라, 추상적이고 관념적인 모든 물품을 포함한다.

ⓒ '혼동'은 출처의 혼동이므로 일반수요자를 기준으로 판단하며, 타인의 표장을 그대로 표현하거나 일부 변형하거나 물품 전체에 관념화하여 상표적으로 표현된 경우를 말한다. 따라서 디자인에 완전히 융합되어 상표적 기능을 상실한 경우에는 혼동의 우려가 없다.

③ 시기적 요건

혼동의 주체가 되는 타인의 업무를 보호하기 위한 사익적 규정이므로, 출원 시를 기준으로 판단한다.

(3) 사안의 경우

심사기준도 타인의 저명한 상표적 성격을 가진 디자인을 표현한 것은 흠결 유형에 해당한다고 정하고 있다. 디자인 A는 저명한 미키마우스 캐릭터 상표를 인형 전체에 관념화하여 상표적으로 표현된 경우라고 볼 수 있다. 나아가, 미키마우스 상표가 디자인 A에 완전히 융합되어 상표적 기능을 상실한 경우라고 보이는 사정도 없으므로 제34조 제3호 위반에 해당한다.

5 결론

제37조 제4항 후단 위반의 거절이유가 존재하고, 일부심사등록출원으로 보정하여 극복이 된다고 하더라도, 제33조 제2항과 제34조 제3호 위반의 거절이유가 존재하므로 디자인 A는 등록이 불가능하다. [끝]

문제 16 甲은 지지부의 형상이 특이하여 전체적으로 독창적인 외형을 가진 '파라볼라 안테나'에 관한 디자인 A에 대하여 2019.4.23. X출원하였고, 이는 2019.6.23. 등록공고되었다. 乙은 A의 핵심이 반사경이라고 생각하여 '파라볼라 안테나 A의 반사경' 부분에 독창적인 모양을 표시한 디자인 B에 대하여 부분디자인으로 2019.5.23. Y출원했을 때, 다음 물음에 답하시오.

[30점]

1 부분디자인의 성립요건과 출원서 및 도면 작성방법에 대하여 논하시오. [10점]

2 Y출원의 등록가능성에 대하여 관련되는 거절이유와 함께 검토하시오. [20점]

설문 1 에 대하여

1 부분디자인(제2조 제1호 괄호)의 의의 및 취지

물품의 부분의 형상·모양·색채 또는 이들의 결합에 관한 디자인을 말하며, 원칙적으로 '독립성' 흠결로 물품으로 인정될 수 없으나, 물품의 부분에 디자인의 창작적 요지가 있는 경우, 제3자의 모방을 방지하기 위해 인정된다.

2 성립요건

① 부분디자인의 대상이 되는 물품이 통상의 물품에 해당되어야 한다.
② 물품의 부분의 형태로 인정되어야 하며, 다음과 같은 것이 아니어야 한다.
　㉠ 물품의 형상을 수반하지 않은 것
　㉡ 물품 형태의 실루엣만을 표현한 것
③ 다른 디자인과 대비 가능한 부분으로서, 하나의 창작단위로 인정되어야 한다.
④ 성립요건 흠결 시, 정의규정(제2조 제1호) 위반이므로 제33조 제1항 본문 위반이다.

3 출원 시

(1) 출원서(제37조 제1항)

① 부분디자인의 '취지'를 기재해야 한다. 그렇지 않으면, 등록받고자 하는 디자인의 범위가 명확하지 않은 것으로 제33조 제1항 본문 위반으로 거절될 수 있다.
② 디자인의 대상이 되는 물품명에는 물품의 부분이 아닌, 독립 거래의 대상이 되는 물품명을 기재해야 한다.

(2) 도면 등(제37조 제2항)

① 원 칙
부분디자인으로 등록받고자 하는 부분을 명확하게 특정하고, 그 부분의 형태를 명확하게 표현해야 한다.

② 구체적 적용
　㉠ 도면을 제출하는 경우
　　• 등록받고자 하는 부분은 실선, 그 이외 부분은 파선, 경계가 불명확한 경우에는 그 경계를 일점쇄선으로 도시하거나 또는 이에 준하는 방법으로 등록받고자 하는 부분과 그 이외의 부분을 명확하게 도시해야 한다.
　　• '디자인의 설명'에 관련된 설명을 기재해야 한다.
　㉡ 사진 또는 견본을 제출하는 경우
　　• 등록받고자 하는 부분과 그 이외의 부분을 무채색과 유채색 등을 적절히 사용하여 명확하게 도시해야 한다.
　　• '디자인의 설명'에 관련된 설명을 기재해야 한다.

설문 ❷ 에 대하여

1 문제의 소재

B는 심사등록의 대상이고, X출원이 선출원이고, Y출원 후에 공고되었으므로 제33조 제3항이 문제되고, 파라볼라의 안테나의 반사경 부분은 기능과 관련된 형상이므로 제34조 제4호가 문제된다.

2 제34조 제4호 위반 여부 – 적극

(1) 의의 및 취지

물품의 기능을 확보하는 데 불가결한 형상만으로 된 디자인은 등록받을 수 없다. 이러한 디자인을 보호하는 것은 미감을 보호한다는 법 목적에 반하며, 특허법이나 실용신안법에 의해 보호받는 것이 타당하기 때문이다.

(2) 요 건

① 주체적 요건

해당 물품에 관한 통상의 지식을 가진 자를 기준으로 판단해야 한다.

② 객체적 요건

㉠ 물품의 기능 : 물품이 발휘하는 기술적인 작용 및 효과를 의미하고, 형태에서 발휘되는 심리적, 시각적 기능은 아니다.

㉡ 불가결한 형상 : 필연적 형상과 준필연적 형상으로 구분된다.
- 전자는 물품의 기술적 기능을 확보하기 위해 필연적으로 정해진 형상으로, 대체 가능한 형상이 존재하는지, 또 필연적 형상 외에 고려해야 할 형상을 포함하는지 여부로 판단한다.
- 후자는 물품의 호환성을 확보하기 위해 표준화된 규격에 의하여 정해진 형상을 의미하며, 규격을 정한 주목적이 기능의 발휘에 있지 않은 물품의 형상은 포함되지 않는다.

㉢ 형상만으로 된 디자인 : 기술적 기능은 형상에 의해 발휘되는 것이므로, 독특한 모양, 색채가 부가되더라도 본 호가 적용된다. 또한 이러한 부분이 일부에 불과하면 적용이 없다.

③ 시기적 요건

공익적 규정이므로 등록여부결정 시를 기준으로 판단한다.

(3) 흠결 시 취급

출원디자인의 전부가 본 호에 해당하면 거절이유, 정보제공사유, 무효사유에 해당하여 등록받을 수 없다.

(4) 사안의 경우

부분디자인의 등록받고자 하는 부분의 형상만을 고려하여 판단하건대, 파라볼라 안테나의 반사경은 전파를 모으기 위해 필연적으로 특정 형상을 갖추어야 하고, 이러한 기능은 기술적 기능에 해당한다. 나아가 독창적인 모양을 표시하였다고 하더라도 본 호는 형상만이 판단대상이므로 결론에 영향을 주지 않는 바 제34조 제4호 위반에 해당한다.

3 확대된 선출원(제33조 제3항) 위반 여부 - 소극

(1) 의의 및 취지
출원디자인의 출원일 전에 출원된 타 출원이 당해 출원 후 출원공개·등록공고된 경우, 출원디자인이 디자인 공보에 게재된 타 출원 디자인의 일부와 동일·유사하면 등록받을 수 없다. 디자인의 일부, 실질적으로 선창작된 디자인을 보호하기 위함이다.

(2) 요 건
① 주체적 요건

출원인이 다른 경우에만 적용된다. 다만, 특허법과는 달리 전체와 부분의 관계에 있는 디자인의 권리관계가 복잡해지는 것을 방지하기 위해 창작자가 동일하더라도 적용된다.

② 객체적 요건

㉠ 확대된 선출원의 지위는 필수도면 및 부가도면을 기초로 한다. 선출원이 부분디자인인 경우, 도면에 파선으로 표현된 부분 등을 포함한 전체디자인이 확대된 선출원의 지위를 갖는다.

㉡ 일부와 동일·유사하다는 것은 다음과 같다.
- 후출원디자인이 선출원디자인 중 후출원디자인에 상당하는 일부 부분과 기능 및 용도에 공통성이 있고, 형태가 동일·유사하며 대비가능한 정도로 충분히 표현되어 있는 것이다.
- 여기서 일부란 선출원디자인의 외관 중에 포함된 하나의 폐쇄된 영역을 의미한다.

③ 시기적 요건

등록여부결정 시 판단하며, 출원디자인의 출원일 전에 타 출원이 있고, 출원디자인의 출원 후에 타 출원의 출원공개, 등록공고가 있어야 한다.

(3) 흠결 시 취급
심사등록의 대상인 경우, 거절이유, 정보제공사유, 무효사유에 해당한다.

(4) 사안의 경우
파라볼라 안테나 디자인 A 중 반사경에 상당하는 부분을 상정하여 B와 대비할 때, 기능과 용도는 공통되고, 형상은 동일하지만, 반사경의 형상은 기능적 형태로 유사 판단 시 요부로 볼 수 없고(판례), 독창적인 모양을 표시하였으므로 이에 따라 전체적으로 상이한 심미감을 나타낼 것이어서 형태는 비유사하다. 따라서 제33조 제3항 위반으로 볼 수는 없다.

4 설문 ❷의 해결

디자인 B는 제33조 제3항 위반은 아니지만, 제34조 제4호 위반에 해당하여 Y출원은 등록불가하다. [끝]

문제 17 甲은 자동차용 윈드 쉴드 글래스(이하 '앞유리'라 칭한다)에 대한 디자인 A를 출원하여 등록받았다.

등록디자인 A의 도면		
사시도	정면도	배면도
좌측면도	우측면도	평면도
저면도	참고도 1	이 사건 등록디자인을 장착한 실제 차량

등록디자인 A의 설명

본 자동차용 앞유리는 특정 자동차의 내, 외부환경을 유리로 차단하고, 운전자의 시야 및 안전을 확보하는 등의 기능을 수행하는 데 그 목적이 있다. 따라서 자동차의 주요 부품으로서 자동차 디자인을 먼저 창작하면 그에 따라 앞유리의 형상이 결정된다.

통상적으로 이를 자동차의 프레임에 장착할 때에 앞유리의 하단은 차체의 후드(보닛) 패널부와 연결되고, 측면은 프론트 필러(기둥), 상단은 루프(뚜껑) 패널부와 결합된다. 결합하는 외곽 부분은 몰딩 부재 등에 의해 가려져서 사용 시 전혀 밖으로 드러나지 않는다.

한편, 자동차용 안전유리의 품질 및 제조방법에 관하여 한국산업규격이 여러 안전 규격을 엄격하게 규정하고 있다. 특히 유리 끝단의 모양은 취급상 안전을 고려하고 클립이나 접속 기능을 수행하도록 차량 프레임에 원만히 접속될 수 있는 자연스러운 곡면으로 결정하도록 하고 있다.

그러자 동종업자인 乙이 등록디자인 A에 대해 디자인보호법 제34조 제4호 소정의 물품의 기능을 확보하는 데 불가결한 형상이라는 이유로 무효심판을 청구하였다. 그러자 甲은 "앞유리는 자동차의 주요 부품으로 차종별로 외곽선의 형상을 달리하며, 외곽선이 고정된 경우에도 곡률, 두께 등이 각기 다른 무수한 대체 형상의 창작이 가능하므로 무효심판은 기각되어야 한다."고 답변하였고, 甲의 주장이 받아들여져 심판은 기각되었다. 이에 乙은 심결취소소송을 제기하였고 甲은 위 주장을 유지하였다. 다음 각 물음에 답하라. **[30점]**

1 디자인보호법상 제34조 제4호에 대해 약술하시오. [10점]

2 이 사건과 관련된 대법원 판결의 태도에 따라 디자인 A가 필연적 형상 및 준필연적 형상에 해당하는지를 검토하여 심결취소소송의 인용가능성에 대해 논하고, 제34조 제4호가 적용되는 범위, 판결의 최종적인 의의에 대해 종합적으로 논하시오. [17점]

3 甲이 "고속버스처럼 앞유리를 여러 개의 유리로 접합할 수 있음을 들어 얼마든지 대체적인 형상이 존재한다."고 주장한다면 乙의 대리인으로서 이 주장에 대해 반박하시오. [3점]

설문 **1** 에 대하여

1 서 설

(1) 의의 및 취지
물품의 기능을 확보하는 데 불가결한 형상만으로 된 디자인은 등록받을 수 없다. 이는 장식성이 없고 기능성만 있는 디자인을 보호하는 것은 미감을 보호한다는 법 목적에 반하며, 특허법이나 실용신안법에 의해 보호받는 것이 타당하기 때문이다.

(2) 법적 취급
동 규정은 선행디자인의 조사가 불필요하기 때문에 법문상 제33조가 선행하지만 먼저 판단할 수 있다. 또한 유사 판단 시 동 규정에 해당하는 디자인은 중요도를 낮게 취급함이 일반적이며, 또한 심미성 흠결에 해당할 가능성이 높을 것이다.

2 요 건

(1) 주체적 요건
해당 물품에 관한 통상의 지식을 가진 자를 기준으로 판단해야 한다.

(2) 객체적 요건
① 물품의 기능 : 물품이 발휘하는 기술적인 작용 및 효과를 의미하고, 형태에서 발휘되는 심리적, 시각적 기능은 아니다.
② 불가결한 형상 : 필연적 형상과 준필연적 형상으로 구분된다.
  ㉠ 전자는 물품의 기술적 기능을 확보하기 위해 필연적으로 정해진 형상으로, 대체 가능한 형상이 존재하는지, 또 필연적 형상 외에 고려해야 할 형상을 포함하는지 여부로 판단한다.
  ㉡ 후자는 물품의 호환성을 확보하기 위해 표준화된 규격에 의하여 정해진 형상을 의미하며, 표준화된 규격은 KS, ISO와 같은 공적 표준과 당해 물품 분야에서 업계 표준으로 인지되어 그 시장을 사실상 지배하고 있는 것으로 규격을 특정할 수 있는 사실상의 표준이 있다. 다만 규격을 정한 주목적이 기능의 발휘에 있지 않은 물품의 형상은 포함되지 않는다.
③ 형상만으로 된 디자인 : 기술적 기능은 형상에 의해 발휘되는 것이므로, 독특한 모양, 색채가 부가되더라도 본 호가 적용된다. 또한 이러한 부분이 일부에 불과하면 적용이 없다.

(3) 시기적 요건

동 규정은 제3호와 달리 공익적 규정이므로 등록여부결정 시를 기준으로 판단한다.

3 흠결 시 취급

출원디자인의 전부가 본 호에 해당하면 거절이유, 정보제공사유, 무효사유에 해당하여 등록받을 수 없다. 한편, 일부심사등록출원 여부는 무관하다.

설문 2 에 대하여

1 문제의 소재

무효심판은 분쟁의 종국적 해결 수단으로 등록 권리에 하자가 있는 경우 이를 소멸시키는 수단이다. 사안의 경우, 乙은 동종업자로 甲 권리의 소멸에 직접적인 이해관계가 있는 자에 해당하므로 무효심판을 청구할 수 있는 바 심판은 적법하다. 이하 등록디자인 A가 제34조 제4호를 위반하는지 살핀다.

2 관련 판례의 태도

대법원은 앞유리의 기능을 수행하기 위해서는 외곽선을 비롯한 곡률, 두께 등의 물리적 특성까지도 그대로 복제되지 않으면 차체의 프레임과 결합 시에 접속이 불가능하거나 가능하더라도 불량하여 안전을 위협하는 등 본래의 기능을 수행할 수 없게 된다. 따라서 가장 중요한 디자인 요소가 자동차 앞유리의 창틀에 의하여 결정되므로 물품의 기능을 확보하는 데에 불가결한 형상만으로 된 디자인에 해당한다고 판시하였다.

3 필연적 형상에 관한 검토

앞유리의 외곽선은 사용 시에 전혀 밖으로 드러나지 않는 부분이고, 다른 외곽선으로 디자인할 경우 차체의 프레임과의 결합 등을 보완해야 하는 불필요한 작업이 더 필요하다. 이처럼 소비자의 시각에 호소하지 않는 부분에 대하여 위와 같은 불리함을 감수하고 장식적 형상을 위해 디자인할 필요성은 없다.

따라서 이 사건 디자인의 설명과 완성품인 자동차에서의 앞유리의 용도와 기능을 살펴볼 때, 외곽선은 자동차 차체의 프레임과 기능적으로 안전하고 바람직하게 접속되면 충분한 것이지 디자인적인 변경이 필요한 부분이 아니고, 변경된다고 하더라도 그 물품의 심미감에 미치는 정도가 극히 미미하다. 나아가 차종이 달라져 차체 프레임이 달라지는 경우에 그에 장착되는 앞유리의 곡률, 두께는 당연히 달라질 수밖에 없는 것으로서 이를 두고 대체적인 형상이 존재한다고 할 수도 없다. 따라서 필연적 형상에 해당한다고 보아야 한다.

4 준필연적 형상에 관한 검토

디자인의 설명에 따르면, 한국산업규격이 자동차용 안전유리에 대해 여러 안전 규격을 엄격하게 규정하고 있고, 특히 유리 끝단과 두께 등도 일정하게 규정을 하고 있다. 앞유리 디자인은 자동차 디자인의 일부분이어서 자동차 전체 형상을 디자인하면서 부수적으로 결정되고 그 형상에 따라 접속된다. 따라서 특정 자동차의 프레임에 표준화된 규격에 적합해야 한다고 볼 수 있으므로 준필연적 형상에도 해당한다고 볼 수 있다.

5 소송의 인용가능성

상기 검토한 바대로, 필연적 형상 내지는 준필연적 형상에 해당하기 때문에 제34조 제4호의 무효사유를 가진다. 따라서 심판은 인용되었어야 하므로 심결취소소송은 인용될 것이다.

6 제34조 제4호의 적용 범위

앞서 기재한 판례와 이 사건 디자인의 무효 여부에 대한 검토 내용을 보면, 물품의 기능을 확보하는 데 불가결한 형상의 범위는 수요자들이 그 물품을 볼 때 특정 형상을 당연히 있어야 할 부분으로 여김으로써, 그 형상에 대해서는 별다른 심미감을 느끼지 못하는 정도까지 포함한다고 볼 수 있다.

7 결론 - 대법원 판결의 의의

앞유리와 같은 부품디자인은 특정 자동차의 프레임에 표준화된 규격에 적합해야 하므로 그 부품만으로는 원천적으로 경쟁이 봉쇄되어 있다. 따라서 이러한 디자인을 특정인에게 독점시키면 공정한 경쟁을 방해하여 산업발전을 저해하게 되므로 이 법의 목적에 반하게 된다.

나아가 기능성과 장식성 간의 경계는 모호하여 명확히 구분하는 것이 어려운데, 이 판결은 특정한 표준적인 기능을 하는 부품이 등록된 이후에 그 디자인권 행사의 남용을 규제하는 것이 아니라, 등록 거절 또는 무효를 통해 사전에 이러한 디자인의 권리화를 차단할 수 있는 법상 판단 논리를 제공해주고 있으므로 매우 중요한 판결이다.

설문 3 에 대하여

먼저, 자동차 유리 개수는 운전자의 시야 및 안전도에 악영향을 미칠 수 있기 때문에 자동차 유리의 디자인에서 이와 같은 요소 역시 기능으로부터 자유롭지 못하다. 이는 기술적인 효과에 해당한다. 또한 버스와 같이 여러 개의 유리로 접합한 디자인의 경우에도 전체적인 형상은 차체 프레임에 맞추어야 하는 것이며, '접합'은 형상이 아니라 '모양'으로 나타나게 되므로 접합으로 인하여 형상이 달라지는 것도 아니다.

따라서 乙은 디자인의 전체 형상에만 주목한다는 본 규정의 판단 법리에 따라 위와 같은 이유를 들어 대체적인 형상이 존재한다는 甲의 주장은 이유 없다고 반박하면 될 것이다. [끝]

문제 18 甲은 '테이블'에 대한 디자인 A를 2018.6.23.에 출원하였고 2달 후 등록되었다. 또한 A를 기본디자인으로 하여 2018.9.15.에 이와 유사한 디자인 A'에 대해 관련디자인 심사등록출원을 하였다. 현 시점이 2019.7.28.이라고 할 때, 다음 물음에 답하시오(모든 설문은 독립적이고 디자인 A의 출원과 등록은 적법한 것으로 가정한다. 테이블은 물품류 구분상 제6류에 해당한다). [30점]

1 A'가 '테이블'이라면 관련디자인으로 등록받기 위한 요건에 대하여 설명하시오. [10점]

2 甲이 A와도 유사하고 A'와도 유사한 디자인 B를 공지한 시점이 다음과 같을 때, 각각 관련디자인등록출원의 등록가능성을 논하고, 불가능한 경우에는 극복 방안이 있는지 설명하시오(기본디자인의 등록에는 문제가 없는 것으로 가정한다). [6점]

1) 2018.6.7.

2) 2018.8.10.

3 甲의 디자인 A"는 A와는 비유사하나 A'와는 유사한 디자인이다. 乙은 A"를 2018.8.13.에 전시회에 출품한 바 있다. 디자인 A, A', A"의 물품이 모두 '테이블'인 경우와 모두 '우비'인 경우로 나누어 A'의 등록가능성을 논하시오. [14점]

설문 **1** 에 대하여

1 문제의 소재

디자인 A'의 대상 물품인 테이블은 일부심사의 대상은 아닌 바, 심사대상의 물품을 관련디자인으로 출원했을 때의 요건을 검토하기로 한다.

2 의의 및 취지

자기의 기본디자인(출원, 등록)과만 유사한 디자인에 대하여 소정의 요건 하에 신규성 및 선출원주의 규정에도 불구하고, 관련디자인으로 등록받을 수 있는 제도이다(제35조). 변형디자인까지 보호하여 강력한 디자인권 창출에 기여하기 때문이다.

3 요 건

(1) 주체적 요건

기본디자인의 출원인 또는 디자인권자여야 하며, 기본디자인이 공동출원인 경우, 공유자 전원이 출원해야 한다(제39조).

(2) 객체적 요건
① 자기의 기본디자인과만 유사해야 하므로 타인의 선행디자인과 유사하지 않아야 하고, 출원 시에 기본디자인은 소멸하지 않고, 유효하게 존속해야 한다.
② 이미 출원, 등록된 관련디자인과만 유사한 디자인은 불가하다. 이는 디자인권의 무한한 연쇄확장을 방지하기 위함이다.
③ 기본디자인권에 전용실시권이 설정되어 있는 경우는 불가하다. 독점적 실시자가 동시에 존재하면 권리관계가 복잡해지기 때문이다.

(3) 시기적 요건
기본디자인의 출원일의 3년 이내에 출원해야 한다.

4 흠결 시 취급
거절이유, 정보제공사유, 무효사유에 해당한다.

5 사안의 경우
기본디자인 A는 유효하게 등록되었고, 그와 유사하며, 다른 동일·유사한 선행디자인의 사정이 없으며, 기본디자인에 전용실시권 설정된 사정도 없고, 기본디자인의 출원일로부터 3년 내 출원되었으므로 출원 시에 관련디자인출원 여부와 기본디자인의 등록번호를 잘 기재하면 등록이 가능할 것이다.

설문 2 에 대하여

1 관련 심사기준의 내용
기본디자인 출원일 이후의 그와 동일·유사한 자기의 선행 공지디자인이 관련디자인과 유사할지라도, 신규성에 의해 거절되지 않는다.

2 소설문 1)

(1) 등록가능성 – 신규성 흠결
디자인 B는 A'의 기본디자인인 A의 출원일 전에 공지된 것이므로 상기 1 의 심사기준이 적용되지 않고, 신규성 흠결에 해당한다.

(2) 극복 방안

① 신규성이 흠결인 경우, 제36조 소정의 신규성 상실의 예외 제도를 이용할 수 있다.

② 사안의 경우, 甲은 A'의 디자인등록을 받을 수 있는 권리자이고, B는 공지 등이 된 디자인이며, B가 공지 등이 된 날로부터 12개월 이내에 출원되었으므로 동 제도를 이용할 수 있다.

(3) 결론 – 등록 가능

따라서 등록여부 결정 전까지 적법하게 제36조 주장을 하면 B가 공지되지 않은 것으로 보아 등록이 가능하다.

3 소설문 2) – 등록 가능

디자인 B는 A'의 기본디자인인 A의 출원일 후에 공지된 것이므로 상기 **1** 에 기재한 심사기준이 적용되는 사안이다. 따라서 A'의 선행공지디자인 B가 있음에도 등록 가능하다.

설문 3 에 대하여

1 문제의 소재

A와 A"는 비유사하고, A"는 타인의 공지이므로 설문 **2** 에서 문제된 심사기준이 적용되지 않고, A"와 유사한 A'는 신규성 흠결의 문제가 있다. 나아가 A'는 기본디자인 A와만 유사한 디자인에 해당하지 않으므로 제35조 제1항 후단이 적용되지 않아 A와의 관계에서 신규성, 선출원주의 위반이 문제된다. 우비는 일부심사등록의 대상(제2류)이므로 이에 따른 취급을 살핀다.

2 제37조 제4항

로카르노 협정에 따른 물품류 구분에서 제1, 2, 3, 5, 9, 11, 19류에 해당하는 경우, 일부심사등록출원으로만 출원할 수 있다. 흠결 시 절차적 하자이므로 거절이유, 정보제공사유에만 해당한다.

3 관련디자인 일부심사등록출원의 등록요건

(1) 제62조 제2항과 관련디자인의 특유의 등록요건(제62조 제3항)을 모두 만족해야 한다.

(2) 제35조와 비교했을 때, 타인의 선행디자인과의 유사 여부는 판단하지 않기 때문에 기본디자인과 유사하기만 하면 등록 가능한 차이가 있다.

4 테이블인 경우

(1) A"와의 관계에서 신규성 위반인지 여부

A"는 전시회에 출품되었으므로 불특정다수인이 알 수 있는 상태에 놓이거나 공연히 실시되었으므로 공지디자인에 해당한다. A는 심사등록의 대상인 바, 공지디자인 A"로 인하여 신규성 위반이다.

(2) A와의 관계에서 신규성, 선출원주의 위반인지 여부

A'가 기본디자인 A 이외의 타인의 선행디자인 A"와 유사하므로 제35조 제1항 후단이 적용되지 않으므로 먼저 공지되고 출원된 A를 인용디자인으로 하여 신규성과 선출원주의 위반에 해당한다.

(3) 극복 가부

A"는 타인의 공지디자인이므로 제36조 주장이 불가하고, A는 이미 2018.8.23.에 등록되어 공고되었기 때문에 동 주장의 대상이 아니므로 신규성 위반이고, 선출원주의는 특별한 사정이 없는 한 극복할 수 없다.

(4) 소 결

A'는 등록 불가할 것이다.

5 우비인 경우

(1) 제37조 제4항

우비는 일부심사등록의 대상인데도 심사등록출원을 하였으므로 제37조 제4항 후단 위반에 해당한다. 이는 보정(제48조 제3항)으로 극복 가능하다.

(2) 신규성, 선출원주의

거절이유에 해당하지 않고, 기본디자인과만 유사한지도 판단하지 않으므로 A 또는 A"와의 관계에서 문제없다. 따라서 등록가능하지만 제3자의 정보제공이 있는 경우 상기 '테이블'에서와 동일한 이유로 거절될 수 있을 것이다.

(3) 소 결

최종적으로 등록불가하나, 보정으로 극복 가능할 것이다. 다만, 정보제공이 있으면 등록 불가능할 것이다. [끝]

문제 19 甲은 '테이블'에 대한 디자인 A를 2018.6.23.에 출원하였고 2달 후 등록되었다. 또한 A를 기본디자인으로 하여 2018.9.15.에 이와 유사한 디자인 B에 대해 관련디자인 심사등록출원을 하였고 이는 2019.1.1.에 등록되었다. 이후 A를 기본디자인으로 하여 2019.5.23.에 이와 유사한 디자인 C에 대해 관련디자인 심사등록출원을 하였고 이는 2019.6.23.에 등록되었다.

[20점]

1 등록디자인 A, B, C의 존속기간에 대하여 설명하시오. [6점]

2 甲의 등록디자인 A에 대한 무효심판의 인용심결이 확정되었다. 다음 각 물음에 답하시오.

1) 乙은 디자인 B의 전용실시권 설정을 원하고, 丙은 디자인 C의 전용실시권 설정을 원하는 경우 甲이 취할 수 있는 조치를 설명하시오. [7점]

2) 乙은 디자인 B에 관한 권리를 양도받기를 원하고, 丙은 디자인 C에 관한 권리를 양도받기를 원하는 경우 甲이 취할 수 있는 조치를 설명하시오. [7점]

1 관련디자인의 의의 및 취지

자기의 기본디자인(출원, 등록)과만 유사한 디자인에 대하여 소정의 요건 하에 신규성 및 선출원주의 규정에도 불구하고, 관련디자인으로 등록받을 수 있는 제도이다(제35조). 변형디자인까지 보호하여 강력한 디자인권 창출에 기여하기 때문이다.

설문 1 에 대하여

1 관련디자인권의 존속기간(제91조)

디자인권은 설정등록일부터 발생하여 출원일 후 20년이 되는 날까지 존속한다. 다만, 관련디자인으로 등록된 디자인권의 존속기간 만료일은 그 기본디자인의 디자인권의 존속기간 만료일과 동일하다.

2 사안의 경우

(1) 디자인 A의 출원일 후 20년이 되는 날은 2038.6.23.이므로 설정등록일인 2018.8.23.부터 2038.6.23.이 디자인 A의 존속기간이다.

(2) 관련디자인 B의 존속기간 만료일은 기본디자인인 A의 존속기간의 만료일과 동일하므로 설정등록일인 2019.1.1.부터 2038.6.23.이 디자인 B의 존속기간이다.

(3) 관련디자인 C의 존속기간 만료일은 기본디자인인 A의 존속기간의 만료일과 동일하므로 설정등록일인 2019.6.23.부터 2038.6.23.이 디자인 B의 존속기간이다.

설문 2 에 대하여

1. 문제의 소재 – 관련디자인의 독립적 지위

관련디자인은 과거 유사디자인과는 달리 일단 등록되면 기본디자인과 동일하게 제92조가 적용되어 별개로 독자적인 권리범위를 갖는다. 또한, 기본디자인권의 무효심결이 확정되거나, 등록료 불비, 포기 등의 이유로 소멸한 경우라도 관련디자인은 유효하게 존속한다. 따라서 기본디자인 A에 대한 무효심판의 인용심결이 확정되어 기본디자인권이 소멸되더라도 관련디자인 B, C에 대한 권리는 유효하게 존속한다. 이를 전제로 각 소설문에 대하여 설명한다.

2. 소설문 1)

(1) 관련 규정의 검토

기본디자인권과 관련디자인권의 전용실시권은 같은 자에게 동시에 설정해야 한다(제97조 제1항 단서). 기본디자인권이 소멸하고 복수의 관련디자인권이 존재하는 경우에도 이와 같다(제97조 제6항). 실시주체의 분리를 방지하여 혼동을 방지하기 위함이다.

(2) 사안의 경우

디자인 B와 디자인 C의 전용실시권은 같은 자에게 동시에 설정해야 하므로 乙과 丙 중 한 명에게만 2개의 전용실시권 모두를 설정해야만 한다. 따라서 우선 乙과 丙에게 디자인 B와 디자인 C 모두의 전용실시권을 설정하는 것에 대한 동의 여부를 물어보고, 양자 모두 이에 동의한다면 협의하여 결정된 1인만 다시 신청하게 하거나 전용실시권에 대하여 더 좋은 조건을 제시하는 자에게 설정해주어야 할 것이다.

3. 소설문 2)

(1) 관련 규정의 검토

기본디자인권과 관련디자인권은 함께 이전해야 한다(제96조 제1항 단서). 기본디자인권이 소멸하고 복수의 관련디자인권이 존재하는 경우에도 이와 같다(제96조 제6항). 주체의 분리를 방지하여 권리관계가 복잡해지는 것을 방지하기 위함이다.

(2) 사안의 경우

디자인 B와 디자인 C에 대한 등록권리는 같은 자에게 동시에 이전해야 하므로 乙과 丙 중 한 명에게만 2개의 디자인권 모두를 이전해야만 한다. 따라서 우선 乙과 丙에게 2개의 디자인권 모두 양도하는 것에 대한 동의 여부를 물어보고, 양자 모두 이에 동의한다면 협의하여 결정된 1인만 다시 신청하게 하거나 더 좋은 조건을 제시하는 자에게 이전해주어야 할 것이다.

나아가, 乙과 丙이 협의하여 디자인 B와 디자인 C 모두 동일한 지분으로 공유하는 관계로 양도하는 계약은 권리 주체의 동일성이 유지되는 바, 유효할 것이다. [끝]

문제 20 디자인등록을 위해서는 소정의 사항을 기재한 출원서를 특허청장에게 제출해야 한다. 甲은 디자인 A를 창작하여, 2019.4.23.에 일본어로 작성된 출원서를 번역 없이 제출하였다(X출원). 이에 특허청장이 2019.4.25.에 지정기간을 1개월로 하여 일정한 '조치'를 명하였고, 甲은 이에 따라 2019.5.12.에 관련 서류를 알맞게 제출하였고 이 서류는 2019.5.15.에 특허청장에게 도달하였다. 한편, 乙이 2019.5.15.에 A와 유사한 디자인 A'를 출원(Y출원)한 사실이 있다고 할 때, 상기 '조치'와 문제되는 등록요건을 설명하고, 甲의 X출원의 등록가능성을 논하시오(단, A는 심사등록의 대상이다). [20점]

1 문제의 소재

설문상의 조치는 제38조 제2항에 따른 '보완명령'이다. 이하 X출원의 출원서에 보완사유가 존재하는지, 이를 보완할 수 있는지를 검토하고, 그에 따른 X출원의 출원일을 확정한 후에 Y출원과의 관계에서 선출원주의에 반하는지를 살핀다.

2 X출원의 보완과 출원일의 확정

(1) 보완사유의 검토

① 제38조 제1항
  ㉠ 취지가 명확하게 표시되지 않는 경우
  ㉡ 성명이나 명칭이 적혀 있지 않거나 명확하게 적혀 있지 않아 출원인을 특정할 수 없는 경우
  ㉢ 도면, 사진, 견본이 제출되지 않거나 도면에 적힌 사항이 선명하지 않아 인식할 수 없는 경우
  ㉣ 한글로 적혀 있지 않은 경우
② 사안의 경우
  출원서는 한글로 기재해야 함에도 일본어로 작성했으므로 보완사유가 존재한다.

(2) 보완절차 및 효과

① 보완사유에 해당하면 보완명령을 해야 한다.
② 보완명령을 받은 자는 지정기간 내에 제출해야 한다.
③ 지정기간 내(통상 1월) 보완한 경우, 절차보완서가 특허청장에게 도달한 날을 출원일로 본다.
④ 보완하지 않은 경우에는 반려된다.

(3) 출원일의 확정

① 甲은 1개월 내 알맞은 서류를 제출하였으므로 적법한 보완을 하였다.
② 따라서 특허청장에게 도달한 2019년 5월 15일이 X출원의 출원일이다.

3 X출원의 등록가능성 - 선출원주의 위반 여부

(1) 선출원주의의 의의 및 취지

동일·유사한 디자인에 대해서는 먼저 출원한 자만이 등록가능하고, 동일자인 경우 협의제에 의한다. 중복 등록을 배제하고 권리의 안정성을 도모하기 위함이다.

(2) 요 건

① 주체적 요건

㉠ 타인 간 출원이 경합된 경우 : 다른 날이면, 선출원한 자만 등록가능하고, 같은 날이면, 협의에 의해 정해진 1인만 등록받을 수 있으며, 협의불성립 또는 불능인 경우에는 누구도 등록받을 수 없다. 협의 명령에 신고가 없으면 불성립으로 본다.

㉡ 동일인의 출원이 경합된 경우 : 다른 날이면 후출원만 제46조 제1항 위반인 것은 동일하다. 같은 날이면 하나의 출원을 선택하도록 하고, 제46조 제2항 위반의 거절이유를 통지하며, 선택의 결과를 신고하도록 요구한다. 다만, 양 디자인이 유사한 경우에는 제35조 제1항 요건에 해당하면 등록가능하다는 취지를 함께 통지할 수 있다.

② 객체적 요건

㉠ 선·후출원디자인 간 동일·유사 여부를 판단한다.

㉡ 선출원의 지위는 설정등록 또는 협의불성립을 이유로 한 거절 취지의 결정 또는 심결이 확정된 경우에는 인정되지만, 반려, 무효, 취하, 포기, 협의불성립 외의 이유로 거절 취지의 결정 또는 심결이 확정된 경우, 무권리자의 출원인 경우에는 인정되지 않는다.

③ 시기적 요건

출원일 기준이지만, 예외적으로 늦춰지거나 소급되는 경우가 존재한다.

(3) 흠결 시 취급

A처럼 심사등록의 대상인 경우, 거절이유, 정보제공사유, 무효사유에 해당하여 등록불가하다.

(4) 사안의 경우

A의 출원일과 A'의 출원일이 동일하므로 제46조 제2항 위반에 해당하여 심사관의 협의명령이 있을 것이다. 이에 대응하여 甲이 乙과 협의하여 甲이 등록받기로 했다는 결과를 특허청장에게 신고하면 등록가능할 것이나, 협의불능 또는 불성립 또는 신고하지 않는 경우에는 등록 불가할 것이다. [끝]

문제 21
기출 09

甲은 독특한 형상의 식품용기의 디자인 A를 개발하여 디자인등록출원을 하고자 검토하고 있다. 甲은 이 식품용기가 백색인 것과 투명한 것을 제조, 판매할 계획이다. 甲은 출원건수를 줄이기 위하여 디자인등록출원서에 형상만을 나타낸 도면을 첨부하고, 디자인의 설명란에 "본원디자인의 색채는 백색 또는 투명이다"라고 기재하여 디자인등록출원 X를 하였다. 상기 X출원의 경우 1디자인 1출원 원칙과 관련하여 디자인심사에서 어떤 취급을 받을 것인지와 그 대응조치에 대해 설명하시오(단, X출원에 대하여는 설문 이외의 다른 사실 관계는 없는 것으로 한다).

[30점]

1 문제의 소재

출원서에 형상만을 나타낸 도면을 첨부하고, 디자인의 설명란에 색채의 표현을 한 것에 대하여 형상만의 디자인의 내부 여백의 해석, 이에 기반한 색채의 취급에 따른 1디자인 1출원 원칙 위반인지 여부와 그 대응조치를 판단한다.

2 디자인 A가 형상만의 디자인인지 여부 – 소극

(1) 의 의

① 디자인이란, 물품의 형상·모양·색채 또는 이들의 결합으로서, 시각을 통하여 미감을 일으키게 하는 것이다(제2조 제1호).
② 형상이란 물품이 공간을 점유하고 있는 윤곽을 말한다.
③ 형상만의 디자인이란 도면에 형상만을 도시하고, 형상의 내부 여백에 어떠한 표시도 없고, 이에 대해 디자인의 설명에 어떠한 설명도 없는 디자인을 의미한다.

(2) 형상만의 디자인의 내부 여백에 대한 해석

① 문제의 소재

형상만이 존재하는 물품은 현실적으로 존재하지는 않지만, 형상은 형태의 필수적인 구성요소이며, 일반적으로 형상의 창작은 모양의 창작에 우선하고 더 많은 노력이 요구된다. 또한 형상과 모양은 관념적으로 분리가 가능하여 도면 등에 형상만을 표현할 수 있으므로 보호 가능한 것으로 해석한다. 다만, 형상만의 디자인과, 모양 또는 색채가 부가된 디자인과의 관계에서 상호 법적 취급이 문제된다.

② 학설의 대립

㉠ 무색설(다수설)

형상을 추상적으로 상정한 것이어서, 남겨진 여백은 아무것도 정하지 않는 것으로 보는 견해이다. 이에 따르면 형상만의 디자인의 존재를 인정하게 된다.

㉡ 무모양일색설

그 내부 여백을 무모양 일색으로 정의하는 견해이다. 이에 따르면 결국 형상과 불특정한 일색의 결합디자인으로 해석하게 되는 바 형상만의 디자인의 존재를 부정하게 된다.

㉢ 기 타

일본의 학설상 견해로, 재질설과 용지설이 있다.

③ 비 판

용지설은 용지의 색이 변할 수 있다는 점, 재질설은 통상의 재질을 특정하기 어렵다는 점, 무색설은 어떠한 모양 또는 색채가 부가되어도 권리범위를 주장할 수 있어 보호범위가 과도하게 넓다는 점, 무모양일색설은 출원인의 의사를 무시하고 여백에 대해 임의적으로 해석한다는 점에서 각 비판이 있다.

④ 검 토

디자인의 정의규정, 형상의 창작에 창작적 노력이 집중되고 그 자체의 참신한 창작적 가치를 보호할 필요가 있는 점, 보호범위 판단에 있어 도면 등은 객관적으로 판단되어야 함에도 법적 근거 없이 불특정한 일색으로 해석하는 불합리성으로 고려하면 무색설이 타당하다.

(3) 소 결

디자인은 제93조에 따라 도면을 포함하여 디자인의 설명 등을 종합적으로 고려하여 특정되므로, 디자인 A의 내부 여백은 백색 또는 투명이라는 설명이 기재되어 있으므로 디자인 A는 형상만의 디자인이 아니라 형상과 색채가 결합된 디자인이다.

3 형상과 색채가 결합된 디자인 A의 특정

(1) 색채의 의의

형태란 물품에 화체된 형상·모양·색채 또는 이들을 결합한 것이다. 형태의 일 구성요소인 색채는 공지, 공용되어 독자적 가치가 없고, 열위적 구성요소이다.

(2) 색채만이 다른 디자인의 취급 – 유사

유사한 것으로 보는 것이 일반적이다. 판례는, 두 디자인의 형상과 모양이 동일하고 기본적인 채색 구도도 동일한 경우, 구체적으로 채색된 색채가 서로 다르다고 하여 심미감에 차이가 생기지는 않는다고 판시한 바 있다.

(3) 투명색도 색채로 인정되는지 여부 – 적극

심사기준은 투명색도 도면에 표현되고 설명되면 디자인의 구성요소로 인정할 수 있다고 하여 색채로 인정하는 입장이다.

(4) 소 결

디자인 A는 형상과 백색이라는 색채가 결합된 디자인과 형상과 투명색이라는 색채가 결합된 디자인이므로 2개의 디자인으로 특정된다.

4 X출원이 1디자인 1출원 위반인지 여부 - 적극

(1) 의의 및 취지
① 1디자인마다 1출원으로 한다.
② 1디자인이란, 1물품 1형태를 말한다.
③ 다물품 또는 다형태의 경우에는 제41조 또는 제42조에 의해 등록받아야 한다. 절차의 편의성과 권리의 명확성을 도모하기 위함이다.

(2) 흠결 시 취급
절차적 요건이므로, 거절이유, 정보제공사유에는 해당하지만, 이의신청사유, 무효사유에는 해당하지 않는다.

(3) 극복방안
1디자인으로 인정되는 부분을 분할출원(제50조)하거나 삭제보정(제48조)해야 한다.

(4) 사안의 경우
X출원은 2개의 디자인으로 특정되므로 1디자인 1출원 위반의 거절이유가 존재한다. 따라서 심사에서 거절결정날 것이다. 다만, 제63조에 의하여 심사관은 그전에 거절이유통지를 하고 의견서 제출기회를 부여할 것이다.

5 1디자인 1출원 위반에 따른 거절결정에 대한 대응 조치

(1) 상기 설명한대로 2개의 디자인이 1디자인이 되도록 삭제보정하거나, 동시에 삭제되는 디자인을 분할출원할 수 있다. 甲은 2개의 디자인에 관한 물품 모두 판매할 계획이므로 분할출원을 하되(유사한 디자인이므로 관련디자인으로도 가능하다), 분할출원된 디자인은 삭제보정해야 할 것이다. 따라서 X출원의 디자인의 설명에서 한 가지 색을 삭제하고, 그 색에 대한 출원은 분할출원에 표시하면 족할 것이다. 다만, 색채만 다른 경우 유사하므로 유사의 범위까지 미치는 디자인의 보호범위상으로는 큰 차이는 없으므로 삭제보정만 하여도 족하다고 본다.
(2) 그러나, 무색설의 견지에서 형상이 독특한 경우에 해당하므로 디자인의 설명을 아예 삭제하는 보정도 가능할 것인데, 색채만 다른 경우 유사하므로 권리범위상으로 (1)의 방법과 큰 차이는 없다고 본다. [끝]

문제 22
기출 14

甲은 2014.7.7. 물품 A에 대한 디자인 a1, a2, a3을 복수디자인등록출원하였으나, 자신의 복수디자인출원 중 디자인 a1의 도면에 적힌 사항이 선명하지 아니하여 인식할 수 없다는 이유로 보완명령을 받아 동년 7.15. 보완서를 특허청에 제출하였다. 그 후 복수디자인출원된 모든 디자인에 대해 거절이유가 발견되지 않아 등록결정등본을 송달받은 경우 甲이 디자인 a2에 대해서만 별도로 비밀로 할 것을 청구할 수 있는지 여부를 설명하고, 복수디자인등록출원된 모든 디자인이 설정등록된 경우 디자인 a3에 대한 디자인권은 언제까지 존속하는지 설명하시오.   [20점]

1 문제의 소재

보완절차에 따른 복수디자인에 대한 출원일을 확정하여 디자인권의 존속기간에 대하여 논하고, 복수디자인 중 1디자인에 대해서만 비밀디자인을 청구할 수 있는지를 설명한다.

2 보완절차에 따른 복수디자인에 대한 출원일의 확정

(1) 보완사유의 검토

① 제38조 제1항
  ㉠ 취지가 명확하게 표시되지 않는 경우
  ㉡ 성명이나 명칭이 적혀 있지 않거나 명확하게 적혀 있지 않아 출원인을 특정할 수 없는 경우
  ㉢ 도면, 사진, 견본이 제출되지 않거나 도면에 적힌 사항이 선명하지 않아 인식할 수 없는 경우
  ㉣ 한글로 적혀 있지 않은 경우
② 사안의 경우
  도면에 적힌 사항이 선명하지 않아 인식할 수 없는 경우이므로 보완사유가 존재한다.

(2) 보완절차 및 효과(제38조 제2항·제3항·제4항·제5항)

① 보완사유에 해당하면 보완명령을 해야 한다.
② 보완명령을 받은 자는 지정기간 내에 제출해야 한다.
③ 지정기간 내(통상 1월) 보완한 경우, 절차보완서가 특허청장에게 도달한 날을 출원일로 본다.
④ 보완하지 않은 경우에는 반려된다.

(3) 복수디자인의 경우(제38조 제4항·제5항 후단)

① 일부 디자인에만 보완이 필요한 경우에는 그 일부 디자인에 대한 보완서가 특허청장에게 도달한 날을 출원일로 본다.
② 일부 디자인만 보완되지 않은 경우에도 반려된다.

(4) 소결 – 출원일의 확정

① 甲은 1개월 내 알맞은 서류를 제출하였으므로 적법한 보완을 하였다.
② 복수디자인출원의 일부 디자인에 대해서만 보완서를 제출하였더라도 모든 디자인의 출원이 그 제출일로 늦춰지므로 특허청장에게 특별히 늦게 도달했다는 사정이 없는 한, 디자인 a3의 출원일은 2014.7.15. 이다.

3 a2에 대해서만 비밀디자인 청구 가부 - 적극

(1) 의의 및 취지

출원인은 일정 기간을 정하여, 그 디자인을 비밀로 할 것을 청구할 수 있다(제43조). 디자인은 타인의 모방 및 도용이 용이하고, 유행성이 강하기 때문에 제품의 사업화에 대한 준비기간 동안 디자인을 비밀로 하여 타인의 침해를 방지하고, 공개시점을 디자인권자가 선택하도록 하여 사업의 성공에 기여하기 위함이다.

(2) 요 건

① 주체적 요건

청구인은 출원인이어야 한다.

② 객체적 요건

심사등록 및 일부심사등록 모두 가능하며 복수디자인등록출원의 전부 또는 일부에도 가능하다.

③ 시기적 요건

청구는 출원 시부터 최초의 등록료 납부 시까지 가능하며, 등록료 면제 시, 설정등록 시까지 가능하다. 비밀기간은 설정등록일로부터 3년 이내로 한다.

④ 절차적 요건

출원서에 그 취지를 기재한다. 출원 계속 중 청구하는 경우 청구서를 제출해야 한다.

(3) 소 결

복수디자인등록출원의 일부에 대해서도 청구가 가능하고, 아직 최초의 등록료 납부 전이므로 등록결정 등본 송달일로부터 3개월(추가납부기간 포함하면 9개월)이라는 설정등록 기한 전까지 청구하면 가능할 것이다.

4 디자인 a3에 대한 디자인권의 존속기간 만료일

(1) 디자인권의 존속기간(제91조)

설정등록일로부터 출원일 후 20년이 되는 날까지이다.

(2) 사안의 경우

디자인 a3의 출원일도 위에서 검토한 바와 같이 2014.7.15.이므로, 이로부터 20년 후인 설정등록일로부터 2034.7.15.까지 존속한다. [끝]

문제 23
기출 13

응접탁자 1개, 소파 3개, 쿠션 1개로 구성된 "한 벌의 응접세트" 디자인 A를 2012.4.7. 출원한 甲은 자신이 출원한 디자인 A의 구성물품 중 1구성물품인 '쿠션' 디자인과 유사한 디자인 B를 동업자 乙이 2012.4.12. 출원하고 판매하고 있음을 알게 되었다. 이 경우 디자인 A의 등록가능성에 대하여 구체적으로 설명하고 디자인 B의 등록 및 실시를 저지하기 위하여 甲이 취할 수 있는 적절한 조치사항을 논하시오(단, 시행규칙에서는 "한 벌의 응접세트" 디자인의 구성물품은 "응접탁자, 소파"로 정하고 있어, '쿠션'을 포함한 디자인 A의 한 벌의 응접세트 디자인 등록요건 충족여부는 명확하지 않다). [30점]

1 한 벌의 물품의 디자인 제도(제42조)에 대하여

(1) 의의 및 취지

다수 물품이 한 벌의 물품으로 동시에 사용되는 경우 한 벌 전체로서 통일성이 있으면 1디자인으로 등록받는 제도이다. 산업의 다양화에 따라 다수 물품의 통합적 미감을 보호하기 위함이다.

(2) 성립요건

① 2 이상의 물품일 것
  동종의 물품도 포함한다.
② 동시에 사용될 것
  관념적으로 하나의 사용이 다른 것의 사용을 예상하게 하는 것을 의미한다.
③ 한 벌 전체로서 통일성이 있을 것
  ㉠ 각 구성물품의 형상, 모양 등이 동일한 표현방법으로 표현되거나 전설이나 관념적으로 관련이 있는 인상을 주는 경우
  ㉡ 각 구성물품이 상호 집합되어 하나의 통일된 형상, 모양 등을 표현하는 경우
④ 시행규칙 [별표 5]의 한 벌의 물품에 해당할 것
  시행규칙 [별표 5]는 92개의 물품을 예시하고, 그 밖에 명시한 물품 이외에도 '2 이상의 물품이 한 벌의 물품으로 동시에 사용되는 것으로 인정되는 경우'를 포함한다.
⑤ 그 구성물품이 적합할 것
  ㉠ 원칙적으로는 심사기준에서 정하는 한 벌의 구성물품을 구비해야 한다.
  ㉡ 그러나 그 이외의 물품이 포함되는 경우에는 동시에 사용되는 것이 상거래 관행상 당 업계에서 인정될 수 있는 경우여야 한다.

(3) 흠결 시 취급

절차적 요건이므로, 거절이유, 정보제공사유에는 해당하지만, 이의신청사유, 무효사유에는 해당하지 않는다. 나아가 성립요건이 흠결되면 2 이상의 디자인으로 출원한 경우가 되므로 제40조 제1항 위반에 해당하기도 한다.

2 디자인 A의 등록가능성 검토

(1) 문제의 소재

디자인 A는 시행규칙 [별표 5]에 규정되지 않은 물품인 쿠션을 포함하고 있으므로 응접탁자, 소파, 쿠션의 동시사용성 인정 여부에 따라 등록가능성이 달라질 것으로 보인다. 甲이 한꺼번에 창작하여 한 벌로 출원한 점을 고려하면 통일적 미감은 인정된다고 보여지며, 만일 통일적 미감도 인정이 안 된다면 한 벌의 물품의 디자인으로는 등록될 여지가 아예 없다.

(2) 사안의 경우

동시사용성이 인정되는 경우 한 벌의 물품의 디자인으로 등록이 가능할 것이고, 동시사용성이 부정되는 경우 분할출원으로서 응접탁자와 소파로 구성된 한 벌의 물품의 디자인과 쿠션 단독디자인으로 나누어 등록을 도모해야 할 것이다. 다만, 한 벌의 물품의 디자인으로 등록하더라도 권리범위상 구성물품에 대한 디자인도 각각 등록받는 것이 유리한데, 1디자인으로 성립하므로 분할출원에 의한 등록은 불가능하다.

3 한 벌의 물품의 디자인으로 등록된 경우(동시사용성 인정)

(1) 디자인 B의 등록을 저지하기 위한 조치

① 디자인 B의 거절이유 검토 – 확대된 선출원

㉠ 의의 및 취지

출원디자인의 출원일 전에 출원된 타 출원이 당해 출원 후 출원공개·등록공고된 경우, 출원디자인이 디자인 공보에 게재된 타 출원디자인의 일부와 동일·유사하면 등록받을 수 없다(제33조 제3항). 실질적으로 선창작된 디자인을 보호하기 위함이다.

㉡ 요 건

• 주체적 요건

출원인이 다른 경우에만 적용된다. 다만, 특허법과는 달리 전체와 부분의 관계에 있는 디자인의 권리 관계가 복잡해지는 것을 방지하기 위해 창작자가 동일하더라도 적용된다.

• 객체적 요건

– 확대된 선출원의 지위 : 필수도면 및 부가도면을 기초로 한다.

– 일부와 동일·유사 : 후출원디자인이 선출원디자인 중 후출원디자인에 상당하는 일부 부분과 기능 및 용도에 공통성이 있고, 형태가 동일·유사하며 대비가능한 정도로 충분히 표현되어 있으면 적용한다. 여기서 일부란 선출원디자인의 외관 중에 포함된 하나의 폐쇄된 영역을 의미한다.

• 시기적 요건

등록여부결정 시 판단하며, 출원디자인의 출원일 전에 타 출원이 있고, 출원디자인의 출원 후에 타 출원의 출원공개, 등록공고가 있어야 한다.

㉢ 사안의 경우

디자인 A의 출원일 이후 디자인 A의 일부인 쿠션 부분과 유사한 디자인 B가 출원되었고 이는 디자인 A에 관한 출원에 대비가능한 정도로 표현되어 있을 것이므로 디자인 B의 출원 이후 디자인 A가 출원공개 또는 등록공고가 있으면 디자인 B는 확대된 선출원 위반에 해당한다.

② 소 결
출원공개(제52조)신청 또는 조기등록을 위한 우선심사(제61조)신청을 통해 디자인 A가 확대된 선출원의 지위를 조기에 가지도록 할 수 있다. 이후 디자인 B에 대해서는 정보제공(제55조)을 통하여 등록을 저지시킬 수 있을 것이다.

(2) 디자인 B의 실시를 저지하기 위한 조치
한 벌의 물품의 디자인 A와 구성물품의 디자인 B는 그 물품과 형태가 비유사하므로 그 잠정적 침해를 주장하여 실시를 저지시키기는 어려울 것이다.

4 쿠션디자인을 분할출원하여 등록된 경우(동시사용성 부정)

(1) 디자인 B의 등록을 저지하기 위한 조치
① 분할출원(제50조)
  ㉠ 의 의
  1출원에 2 이상의 디자인이 포함된 경우, 그 일부를 분할하여 새로운 출원을 할 수 있는 제도로 출원일의 소급효가 인정된다.
  ㉡ 사안의 경우
  디자인 A에서 쿠션디자인을 분할출원한 경우 출원일이 소급되어 디자인 B보다 이른 출원일을 가진다.
② 디자인 B의 거절이유 검토 – 선출원주의(제46조)
  ㉠ 의의 및 취지
  동일·유사한 디자인에 대해서는 먼저 출원한 자만이 등록가능하고, 동일자인 경우 협의제에 의한다. 중복 등록을 배제하고 권리의 안정성을 도모하기 위함이다.
  ㉡ 사안의 경우
  甲의 쿠션에 관한 선출원디자인과 유사한 후출원디자인 B는 등록받을 수 없을 것이다.
③ 소 결
  디자인 B에 대하여 정보제공을 하여야 할 것이다.

(2) 디자인 B의 실시를 저지하기 위한 조치
① 분할출원의 설정등록 전
  아직 등록 전이므로 乙의 실시는 보상금청구권(제53조 제2항)의 대상이 된다. 따라서 출원공개신청을 한 후 乙에게 경고를 해야 한다. 다만, 그 행사는 등록 이후에 가능하다.
② 분할출원의 설정등록 후
  보상금청구권은 디자인권의 행사에 영향을 받지 않으므로 이후 디자인권에 기한 각종 민·형사상 조치를 할 수 있을 것이다. 민사상 조치로는 침해금지청구(제113조), 손해배상청구(민법 제750조), 신용회복청구(제117조) 등이 가능하며, 형사상 조치로는 침해죄(제220조), 몰수 및 교부(제228조) 등이 가능하다. 나아가 사전적으로 증거보전 및 침해금지 가처분도 가능하다. [끝]

문제 24 전 태권도 국가대표 선수인 甲은 다가올 올림픽 시즌에 태권도에 대한 열풍이 불 것으로 예상하여 '태권도복'에 관한 디자인을 창작하였다. 이 태권도복은 상의, 하의, 보호장비로 이루어져 있다. 이 디자인에 대해 권리화하고자 변리사인 당신을 찾아왔다. 변리사로서 출원 가능한 방법을 다각적으로 검토하여 설명하고, 그 권리범위의 차이에 대해 논하여 최종적인 출원전략을 제안하시오(단, 상의, 하의, 띠는 제2류, 보호장비는 제21류에 해당하는 물품이며, 시행규칙 별표에 한 벌의 태권도복 세트는 상의, 하의만 구성물품으로 예시되어 있다).

[30점]

1 문제의 소재

태권도복이 3개의 물품으로 되어 있는 바, 이 3가지를 개별 출원하는 방법, 하나의 출원절차를 밟기 위한 복수디자인출원제도(제41조), 2 이상의 물품을 1디자인으로 등록받기 위해 1의제물품으로 또는 한 벌의 태권도복 세트(제42조)로 출원하는 방법을 고려하도록 한다.

2 개별 출원

3가지의 물품을 각각 개별적으로 출원하면 물품류 구분상 상의와 하의는 일부심사등록출원, 보호장비는 심사등록출원을 해야 한다. 이 경우에는 각 물품에 관한 디자인마다 권리가 발생한다.

3 복수디자인등록출원(제41조)

(1) 의의 및 취지

원칙적으로 2 이상의 디자인을 1개의 출원으로 진행하면 제40조 제1항 위반에 해당하지만, 우리 법은 절차적 편의를 위해 이를 인정하고 있다.

(2) 요 건

① 신속한 심사를 위해 동종류에 속하는 물품이어야 한다.
② 디자인의 수는 100개 이내이어야 한다.
③ 각 디자인마다 독립적인 권리가 발생하기 때문에 1디자인마다 분리하여 표현해야 한다.

(3) 사안의 경우

① 상의, 하의는 제2류로 동종류에 속하는 물품이지만, 보호장비는 제21류로 동종류가 아니라 복수디자인으로 출원할 수 없고, 그렇다면 3개의 디자인이므로 100개 이내이고, 이를 1디자인마다 분리하여 표현한다면 상의, 하의 2개의 디자인에 대해서는 동 제도를 이용할 수 있을 것이다.
② 한편, 제41조를 이용하더라도 디자인마다 각각 권리가 발생하게 된다.

4 1디자인 1출원(제40조 제1항) - 1의제물품 여부

(1) 의의 및 취지
① 1디자인마다 1출원으로 한다.
② 1디자인이란, 1물품 1형태를 말한다.
③ 다물품 또는 다형태의 경우에는 제41조 또는 제42조에 의해 등록받아야 한다. 절차의 편의성과 권리의 명확성을 도모하기 위함이다.

(2) 요 건
① 1물품(물품의 단일성)
　㉠ 의 의
　　물리적으로 분리되지 않은 하나의 개념이 아닌, 거래관행상 독립하여 하나로 거래될 수 있는 물품을 의미한다.
　㉡ 판단방법
　　• 대법원 판례
　　　물품의 용도, 구성, 거래실정 등에 따라 1물품으로 취급되는 물품인지 여부로 판단한다.
　　• 심사기준
　　　2 이상의 물품을 결합하여 출원한 경우, 결합상태로 보아 각 물품의 기능, 용도가 상실되고 새로운 하나의 기능, 용도로 인식될 수 있는지 여부를 판단한다.
② 1형태(형태의 단일성)
　㉠ 의 의
　　1물품에 표현된 하나의 형상·모양·색채 또는 이들의 결합을 의미한다. 즉, 하나의 형태적 단위영역을 말한다.
　㉡ 판단방법
　　물품과의 관계를 무시할 수 없고, 물품의 용도, 기능을 고려하여 전체적, 통일적 형태성으로부터 판단해야 한다.

(3) 사안의 경우
각 디자인이 1디자인이기는 하지만, 심사기준은 신사복의 상의와 하의를 물리적으로 분리되어 있으나 하나의 물품으로 인정되는 경우로 보고 있으므로 태권도복의 상의와 하의는 용도와 거래실정으로 비추어 1물품으로 거래되는 것이 당연한 경우에 해당하여 1디자인으로 볼 수 있을 것이다.
이 경우, 상의와 하의가 결합한 전체로서 권리가 발생한다.

5 한 벌 물품의 디자인(제42조)

(1) 의의 및 취지
다수 물품이 한 벌의 물품으로 동시에 사용되는 경우 한 벌 전체로서 통일성이 있으면 1디자인으로 등록받는 제도이다. 산업의 다양화에 따라 다수 물품의 통합적 미감을 보호하기 위함이다.

(2) 성립요건

① 2 이상의 물품일 것

동종의 물품도 포함한다.

② 동시에 사용될 것

관념적으로 하나의 사용이 다른 것의 사용을 예상하게 하는 것을 의미한다.

③ 한 벌 전체로서 통일성이 있을 것

㉠ 각 구성물품의 형상, 모양 등이 동일한 표현방법으로 표현되거나, 전설이나 관념적으로 관련이 있는 인상을 주는 경우

㉡ 각 구성물품이 상호 집합되어 하나의 통일된 형상, 모양 등을 표현하는 경우

④ 시행규칙 [별표 5]의 한 벌의 물품에 해당할 것

시행규칙 [별표 5]는 92개의 물품을 예시하고, 그 밖에 명시한 물품 이외에도 '2 이상의 물품이 한 벌의 물품으로 동시에 사용되는 것으로 인정되는 경우'를 포함한다.

⑤ 그 구성물품이 적합할 것

㉠ 원칙적으로는 심사기준에서 정하는 한 벌의 구성물품을 구비해야 한다.

㉡ 그러나 그 이외의 물품이 포함되는 경우에는 동시에 사용되는 것이 상거래 관행상 당 업계에서 인정될 수 있는 경우여야 한다.

(3) 사안의 경우

① 한꺼번에 창작하였으므로 3개의 디자인이 한 벌 전체로서 통일성은 인정된다고 가정한다. 2 이상의 물품이기는 하지만, 시행규칙 [별표 5]의 구성물품에 상의와 하의가 포함되는 반면, 보호장비는 포함되지 않는다. 동시사용성에 대해 상의와 하의는 인정되지만, 보호장비에까지 이를 인정하기는 어렵다. 따라서 상의와 하의만 한 벌로 출원이 가능할 것이다.

② 이 경우에도 한 벌 전체로서 권리가 발생하는 것이므로 각 디자인에까지 권리가 미치지는 않는다.

6 설문의 해결 – 권리범위의 비교와 출원전략

(1) 보호장비에 대한 출원전략

상기 논한대로 보호장비는 1의제물품, 한 벌의 물품의 구성물품으로 등록을 도모하기는 어려울 것으로 보이고, 상의, 하의와 동종류가 아니어서 복수디자인출원도 할 수 없다. 따라서 그 자체로서 다른 등록요건들을 만족한다면 개별 출원으로 등록받는 방법만이 가능하다.

(2) 상의, 하의에 대한 출원전략

① 두 디자인 모두 개별적으로 다른 등록요건을 만족한다면 권리범위 상 개별적으로 출원하는 것이 가장 유리하다. 이때, 동종류에 해당하므로 절차적 편의를 위해 복수디자인출원제도를 이용할 수 있다.

② 다만, 두 디자인의 결합으로만 등록요건을 만족하는 경우라면 한 벌의 물품으로 출원하거나, 1디자인으로 출원하면 등록이 가능할 것이다. 이에 따라 1의제물품과의 차이점이 모호하다며 제42조에 대해 비판하는 견해가 존재한다. [끝]

| 문제 25 | 디자인보호법은 출원 시, 물품과 물품류를 명확히 하여 디자인을 명확하게 특정하기 위해 제40조 제2항의 규정을 두고 있다. 다음 물음에 답하시오. [20점] |

1 물품류와 디자인의 대상이 되는 물품의 기재방법에 대해 설명하고, 제40조 제2항 위반인 지 여부를 판단하고, 올바른 기재방법과 극복방안에 대해 설명하시오. [14점]

1) 아이스크림에 관한 디자인을 출원하면서 물품류를 '제2류 제1군'으로 기재한 경우

2) 창틀에 쓰는 자재에 관한 디자인을 출원하면서 디자인의 대상이 되는 물품을 '건축용 부재'로 기재한 경우

3) 디자인의 대상이 되는 물품을 '발광다이오드(LED)'로 기재한 경우

2 한 벌 물품의 디자인의 출원 시, 물품류와 디자인의 대상이 되는 물품의 기재방법에 대해 약술하고, 다음 사안에서 기재해야 할 물품류 구분을 판단하시오. [6점]

물품류 구분	물품의 명칭	구성물품 (물품류 구분)
ⓐ	한 벌의 전기스탠드 및 테이블 세트	전기스탠드(26-05) 테이블(06-03)
ⓑ	한 벌의 드라이버 세트	드라이버(08-04) 비트(08-04) 충전기(13-02) 케이스(03-01)

설문 1 에 대하여

1 정당한 물품명

(1) 의의 및 취지

로카르노 협정에 따른 물품류 구분에 따라야 한다(제40조 제2항). 이는 디자인의 대상이 되는 물품과 물품류 를 명확히 하여 디자인을 명확하게 특정하기 위함이다.

(2) 요 건

① 물품명의 기재

㉠ 로카르노 협정에 따른 물품류 구분을 기준으로 특허청장이 고시한 물품류별 물품목록 중 하나로 기재할 수 있다.

㉡ 없다면 디자인을 인식하는 데 적합한 명칭을 적되, 용도가 명확하게 이해되고 일반화된 명칭이어 야 한다.

㉢ 일반화된 명칭이 없으면, 물품의 용도를 ○○용 부재와 같이 최소의 단위로 표현한 명칭을 사용할 수 있다.

② 물품류의 기재

물품이 물품류 구분 중 어디에 속하는지 확인하여 기재한다. 한편, 이 물품류는 물품 상호간의 유사범위를 정한 것은 아니다(시행규칙 제38조 제1, 2항).

(3) 흠결 시 취급
절차적 등록요건이므로 거절이유, 정보제공사유에는 해당하지만, 이의신청사유, 무효사유에는 해당하지 않는다.

(4) 극복방안 – 보정
① 원칙적으로 동일한 물품 이외의 물품으로 보정하는 경우 요지변경으로 본다.
② 다만, 다음의 경우에는 예외적으로 요지변경이 아니라고 본다.
　㉠ 단순한 착오 또는 오기로 인정되는 경우
　㉡ 불명확한 것을 명확하게 보정하는 경우
　㉢ 포괄명칭을 그 하위개념에 속하는 구체적인 명칭으로 보정하는 경우
③ 정당한 물품류로 보정할 수 있다.

2 소설문 1) – 위반

물품류와 더불어 군까지 기재하면 잘못 기재된 방법이고, 식품디자인은 제1류에 해당한다. 따라서 제40조 제2항 위반에 해당하고, 군을 지우고 "제1류"로 보정해야 한다. 이러한 삭제보정과 정당한 물품류로 보정하는 것은 단순한 오기의 정정으로 요지변경에 해당하지 않으므로 적법한 보정이다.

3 소설문 2) – 위반

부품은 용도를 명확하게 기재해야 하고, 일반화된 명칭이 없으면 최소 단위로 기재해야 함에도 '건축용'은 너무 포괄적인 용도로 잘못 기재한 것에 해당한다. 따라서 제40조 제2항 위반에 해당하므로, "창틀용 부재"로 보정하여 용도를 최소 단위로 명확하게 기재해야 할 것이다. 이러한 보정은 포괄명칭에서 하위개념에 속하는 명칭으로 보정하는 경우에 해당하므로 요지변경이 아니어서 적법한 보정이다.

4 소설문 3) – 위반 아님

원칙적으로 외국문자를 사용하면 정당한 물품명이 아니지만, 괄호에 기재한 것은 예외로 본다. 나아가 LED는 고시된 명칭이기도 하고, 보통명칭화된 명칭이기도 하다. 따라서 제40조 제2항 위반이라고 볼 수 없다.

설문 2 에 대하여

1 한 벌 물품의 디자인 출원 시, 물품명 기재방법

(1) 디자인의 대상이 되는 물품

시행규칙 [별표 5]에서 정하는 한 벌의 물품명으로 기재하되, 없으면 구성물품의 명칭을 나열하여 기재한다.

(2) 물품류

① 심사와 일부심사대상이 함께 구성된 경우, 심사대상의 물품류 구분을 기재한다. 이 경우, ㉠ 심사대상의 물품류가 2 이상이면 구성 물품의 수가 많은 물품으로 기재하고, ㉡ 수가 같은 경우에는 출원인의 의사에 따른다.

② 심사 또는 일부심사대상만으로 구성된 경우, 상기 ㉠, ㉡에 따른다.

2 설문 2의 해결

① ⓐ에 들어갈 물품류 판단 – 26 또는 06

심사대상만으로 구성된 경우에 해당하고, 수가 같은 경우이므로 출원인의 의사에 따라 26과 6 중에 택일하여 기재한다.

② ⓑ에 들어갈 물품류 판단 – 08

심사대상과 일부심사대상(케이스가 제3류)이 함께 구성된 경우에 해당하고, 심사대상의 물품류는 제8류가 2개, 제13류가 1개 있으므로 개수가 더 많은 8을 기재한다. [끝]

문제 26
기출 22

甲의 등록디자인 A와 乙의 확인대상디자인 B는 "어린이 젓가락 사용법 교육용 젓가락의 형상과 모양에 관한 디자인"이다. 확인대상디자인 B의 "손가락 삽입부"는 등록디자인 A의 "손가락 삽입부"와 유사한 한편, 확인대상디자인 B의 "캡 부분"은 유명 캐릭터를 부착하고, "젓가락 몸체 하단 부분"은 음식물을 잘 집게하기 위하여 숟가락 모양의 볼록한 꽃문양으로 이루어졌다. 비교대상디자인 1, 2는 모두 이 사건 등록디자인의 출원 전에 공지된 "젓가락의 형상과 모양에 관한 디자인"이다. 다음 물음에 답하시오. [30점]

등록디자인 A	확인대상디자인 B	비교대상디자인 1	비교대상디자인 2

1 디자인 성립요건으로서 "심미성"에 대하여 설명하시오. [7점]

2 동일한 물품에 대해 대법원 판례를 중심으로 아래의 기준을 각각 설명하시오. [15점]

　1) 디자인 유사 여부 판단의 관찰방법에 있어서의 구체적 판단기준 [7점]

　2) 디자인의 일부에 공지부분이 있는 경우와 디자인 일부에 물품의 기능에 관련된 형태가 있는 경우, 유사 여부의 구체적 판단기준 [8점]

3 甲이 乙에 대하여 적극적 권리범위확인심판을 제기하였을 경우, 물음 (2)에 따른 결과를 설명하시오. [8점]

설문 1 에 대하여

1 디자인 정의규정

디자인이란 물품의 형상·모양·색채 또는 이들을 결합한 것으로서, 시각을 통하여 미감을 일으키게 하는 것을 말한다(제2조 제1호).

2 심미성

(1) 의의 및 취지
미감을 일으키는 것을 말한다. 수요창출에 기여할 수 있는 미적 외관만을 보호하기 위함이다.

(2) 판단기준
미란, 순수미에 한정되지 않는 넓은 의미의 모든 미를 뜻하며, 장식미는 물론 기능미를 포함한다. 심미성은 유무가 문제될 뿐 고저는 문제되지 않는다.

(3) 판단방법
① 미감을 일으키는 것이라 함은 미적 처리가 되어 있는 것, 즉 해당물품으로부터 미를 느낄 수 있도록 처리되어 있는 것을 말한다. 기능, 작용, 효과를 주목적으로 한 것으로서 미감을 거의 일으키게 하지 않는 것, 즉, 디자인으로서 짜임새가 없고 조잡감만 주는 것으로서 미감을 거의 일으키게 하지 않는 것은 심미성이 없는 것으로 본다.
② 디자인의 본체는 보는 사람의 마음에 어떤 취미감을 환기시키는 것에 있다(판례).

3 디자인 성립요건 위반시 취급

제2조 제1호의 디자인 정의 규정 위반은 제33조 제1항 본문으로 거절이유, 정보제공사유, 일부심사등록 이의신청사유, 디자인등록무효사유가 된다.
디자인의 성립성 위반은 보정에 의해 하자 치유하기 어려운바, 요건을 갖추어 재출원해야 한다.

설문 2 에 대하여

1 소설문 1)

(1) 요부 관찰
디자인의 유사 여부는 디자인을 구성하는 요소들을 전체적으로 대비·관찰하여 각 디자인이 보는 사람으로 하여금 서로 상이한 미감을 느끼게 하는 것인지의 여부를 가려서 판단하여야 하고, 보는 사람의 주의를 가장 끌기 쉬운 부분을 요부로서 파악하고 그 각 요부를 대비 관찰할 때 일반 수요자들이 느끼는 미감에 차이가 생길 수 있는지의 관점에서 유사성 여부를 결정하여야 한다.

(2) 전체적 대비 관찰
디자인의 유사 여부는 이를 구성하는 각 요소를 분리하여 개별적으로 대비할 것이 아니라 그 외관을 전체적으로 대비 관찰하여 보는 사람으로 하여금 상이한 심미감을 느끼게 하는지 여부에 따라 판단하여야 하므로, 그 지배적인 특징이 유사하다면 세부적인 점에 다소 차이가 있을지라도 유사하다고 보아야 한다.

2 소설문 2)

(1) 공지부분이 있는 경우

① 등록요건 판단시

디자인의 구성요소 중 공지형상부분이 있다고 하여도 그것이 특별한 심미감을 불러일으키는 요소가 되지 못하는 것이 아닌 한 이것까지 포함하여 전체로서 관찰하여 느껴지는 장식적 심미감에 따라 판단한다.

② 권리범위 판단시

공지공용의 부분까지 독점적이고 배타적인 권리를 인정할 수는 없으므로, 디자인권의 권리범위를 정함에 있어 공지부분의 중요도는 낮게 평가하여야 한다.

(2) 기능에 관련된 형태가 있는 경우

물품의 구조와 기능은 특허·실용신안의 대상이고 디자인의 구성요소가 아니므로, 물품의 기능을 확보하는 데 불가결한 형상은 디자인의 유사판단에 있어서 그 중요도를 낮게 평가하여야 한다.

그러나, 디자인의 구성 중 물품의 기능에 관련된 부분에 대하여 그 기능을 확보할 수 있는 선택가능한 대체적인 형상이 그 외에 존재하는 경우에는, 그 부분의 형상은 물품의 기능을 확보하는 데에 불가결한 형상이라고 할 수 없으므로, 그 부분이 공지의 형상에 해당된다는 등의 특별한 사정이 없는 한 디자인의 유사 여부 판단에 있어서 그 중요도를 낮게 평가하여야 한다고 단정할 수 없다.

설문 3 에 대하여

1 권리범위확인심판 의의 및 취지

확인대상디자인이 등록디자인의 권리범위에 속하는가의 여부에 관한 확인을 구하는 심판을 말한다(제122조). 등록디자인의 객관적인 보호범위를 확인하여 간편한 심판절차를 통해 분쟁의 해결을 도모하기 위함이다.

2 등록디자인 A와 확인대상디자인 B의 동일·유사여부 판단

등록디자인 A와 확인대상디자인 B의 "손가락 삽입부"는 유사하고, 이러한 손가락 삽입부가 비교대상디자인 1 및 2에 그대로 나타나 있다거나 물품의 기능 확보를 위하여 필요한 부분에 불과하다고 볼 수 없어 그 중요도를 낮게 평가할 수는 없다.

그러나, 등록디자인 A와 확인대상디자인 B의 "캡 부분"은 젓가락에서 흔히 있는 형상이 아니고 수요자에게도 잘 보이는 부분이어서 보는 사람의 주의를 가장 끌기 쉬운 부분으로 양 디자인의 요부 중 하나에 해당하고, 캡 부분의 형상이 확인대상디자인 B는 유명 캐릭터의 형상인 점에서 현저한 차이가 있고, 이러한 형상의 차이는 전체적인 심미감에 큰 차이를 가져온다.

또한, "젓가락 몸체 하단 부분"에 있어서도, 확인대상디자인은 숟가락 모양의 볼록한 꽃문양으로 이루어져 있으므로, 이러한 형상의 차이는 전체적인 심미감에 큰 차이를 가져올 정도이다.

따라서, 확인대상디자인 B는 등록디자인 A와 동일·유사하지 않다.

3 사안의 경우

확인대상디자인 B는 등록디자인 A와 동일·유사하지 않으므로, 등록디자인 A의 권리범위에 속하지 않는다는 취지의 심결을 해야 한다. [끝]

문제 27
기출 22

甲은 스마트워치에 관하여 신규한 디자인 A를 창작하여 2021.6.1. 디자인등록출원하였으나 거절결정되어 확정되었다. 그 후 乙은 甲의 디자인과 동일한 디자인 A와 이와 유사한 디자인 A'를 창작한 후, 이들 각각에 대하여 2022.7.1. 디자인등록출원하였다. 다음 물음에 답하시오.
[20점]

1 乙의 디자인 A는 등록받을 수 있는지 여부에 대하여 설명하시오(단, 이때 디자인 A'는 고려하지 않음). [8점]

2 乙이 디자인 A'에 대하여 디자인등록을 받기 위하여 필요한 조치에 대하여 설명하시오. [12점]

설문 1 에 대하여

1 신규성 판단

디자인등록 출원 전에 국내외에서 공지 등이 된 디자인과 동일·유사한 디자인은 등록받을 수 없다. 신규한 디자인만 보호하기 위함이다.

강제공개제도가 없으므로, 甲의 디자인 A의 출원이 제46조 제2항 후단의 이유로 거절결정되거나 출원공개(제52조)된 것이 아닌 한, 甲의 디자인 A는 공지되지 않으므로, 乙의 디자인 A는 甲이 디자인 A를 2022.7.1. 전에 공지하였다는 등의 특별한 사정이 없는 한 신규성 위반이 아니다.

2 선출원주의 적용 여부 – 소극

乙의 디자인 A의 출원일 2022.7.1. 전에 甲의 디자인 A가 출원되었으나 거절결정되어 확정되었으므로 선출원의 지위가 없다. 따라서, 乙의 디자인 A는 선출원의 지위 위반이 아니다.

3 확대된 선출원 주의 적용 여부 – 소극

선출원디자인의 공보 게재 이전에 후출원된 디자인이 선출원 디자인의 일부와 동일하거나 유사한 경우에는 디자인 등록을 받지 못한다(제33조 제3항).

乙의 디자인 A는 甲의 디자인 A와 동일하므로, 일부가 아니므로, 확대된 선출원주의는 적용되지 않는다.

4 창작비용이성

디자인등록출원 전에 그 디자인이 속하는 분야에서 통상의 디자이너가 공지 등이 된 디자인 또는 이들의 결합에 의하거나 국내외 주지형태에 의하여 쉽게 창작할 수 있는 디자인에 대하여는 디자인등록을 받을 수 없다. 높은 수준의 창작을 유도하기 위함이다.

5 문제의 해결

乙의 디자인 A의 창작자로, 디자인등록을 받을 수 있는 권리를 갖고, 부등록 사유가 없고, 창작비용이성 위반이 아니며, 기타 등록요건을 만족하는 경우 디자인등록을 받을 수 있다.

설문 2 에 대하여

1 관련디자인(제35조)

(1) 의의 및 취지

출원인은 자신의 기본디자인과만 유사한 디자인을 기본디자인의 출원일로부터 3년 이내에 관련디자인으로 출원하여 기본디자인과 별개의 효력을 갖는 관련디자인권을 취득할 수 있다. 하나의 디자인 컨셉에서 창작된 다양한 변형디자인의 실질적 보호를 위함이다.

(2) 등록요건

① 기본디자인이 유효하게 존재하고, 관련디자인의 출원인과 기본디자인의 권리자가 동일인이며, 관련디자인이 기본디자인과만 유사하고, 기본디자인의 출원일부터 3년 내에 출원되고 관련디자인과만 유사한 디자인이 아니며, 기본디자인의 디자인권에 전용실시권이 설정되어 있지 않을 것이 요구된다.

② 일부심사등록출원인 경우, 제62조 제3항 각 호의 거절이유를 판단한다.

2 보 정

(1) 의의 및 취지

디자인등록출원인은 관련디자인등록출원을 단독의 디자인등록출원으로, 단독의 디자인등록출원을 관련디자인등록출원으로 변경하는 보정을 할 수 있다(제48조 제2항). 경미한 하자에 대한 치유기회를 주어 재출원에 따른 절차번잡을 방지하기 위함이다.

(2) 시기적 요건(제48조 제4항)

디자인등록여부결정의 통지서가 발송되기 전, 재심사 청구기간, 디자인거절결정의 불복심판의 청구일부터 30일 내, 거절결정불복심판 절차 내에서 심판관의 새로운 거절이유통지에 따른 의견서 제출기간 내에 할 수 있다.

3 사안의 경우

기본디자인 A가 유효하게 존재하고, 디자인 A, A'의 출원인은 乙로 동일하고 A'의 출원일은 2022.7.1.이므로, 기본디자인 A의 출원일인 2022.7.1.로부터 3년 내이고 관련디자인과만 유사한 디자인이 아니며, 기본디자인 A에 전용실시권이 설정되어 있지 않으므로,

디자인 A'가 기본디자인 A와만 유사한 경우, 제48조 제4항의 보정 기간에 디자인등록출원 A'를 관련디자인등록출원으로 변경하는 보정을 하는 경우 관련디자인으로 등록받을 수 있다.

디자인 A'가 일부심사등록출원인 경우 기본디자인 A와 유사하므로, 디자인등록출원 A'를 관련디자인등록출원으로 변경하는 보정을 하는 경우 관련디자인으로 등록받을 수 있다. [끝]

문제 28 (기출 23)

甲의 등록디자인 A는 물품이 '건축 배관용 슬리브관'으로 '건축물의 층을 구획하는 콘크리트 구조물 제작용 거푸집 안에 일정한 공간을 점유한 상태로 장착되어 그 거푸집 내부가 콘크리트로 메워지더라도 2개의 배수관이 지나갈 수 있는 관통 공간을 몸체부 내부에 확보'하는 기능을 한다. 乙은 甲이 디자인 A를 출원하여 등록한 이후 대상물품이 같은 디자인 B를 출원하여 등록하였다. 등록디자인 A와 등록디자인 B는 모두 오뚜기 형상을 하고 있는 점에서 서로 유사하다. 甲은 乙에 대하여 등록디자인 B가 甲의 디자인권을 침해함을 이유로 침해 금지를 청구하는 소송을 제기하였다. 다음 물음에 답하시오(다음 각 설문은 독립적임). [30점]

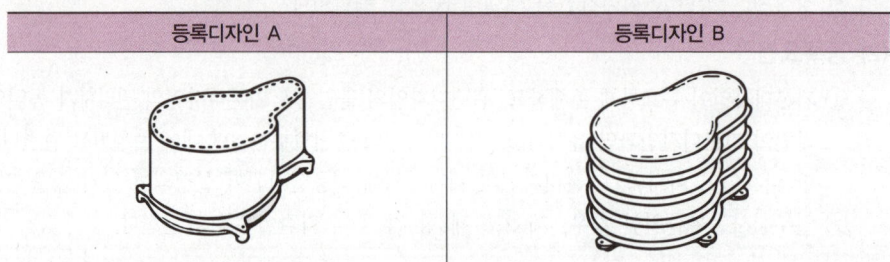

| 등록디자인 A | 등록디자인 B |

1. 乙은 등록디자인 A의 오뚜기 형상이 기능을 수행하기 위해 구성된 형상이므로 두 디자인의 유사 여부를 판단할 때 그 비중을 낮게 보고 이를 제외한 나머지 부분에 비중을 두어야 한다고 주장하였다. 등록디자인 A와 등록디자인 B가 서로 유사한지 여부에 관하여 논하시오. [10점]

2. 甲은 등록디자인 B가 등록디자인 A와 유사하다는 이유로 등록디자인 B의 무효심판을 청구하려고 한다. 甲이 주장할 수 있는 무효사유를 논하시오. [10점]

3. 甲이 乙에 대하여 등록디자인 B에 대한 무효심판을 청구하였고, 등록무효심결의 확정 전에 침해소송의 법원이 등록디자인 B의 등록디자인 A에 대한 침해를 판단할 수 있는지 여부를 그 취지와 함께 설명하시오. [10점]

설문 1 에 대하여

1 디자인 유사판단 판례

디자인 유사 여부는 이를 구성하는 각 요소를 분리하여 개별적으로 대비할 것이 아니라, 그 외관을 전체적으로 대비 관찰하여 보는 사람으로 하여금 상이한 심미감을 느끼게 하는지 여부에 따라 판단하여야 하므로, 그 지배적인 특징이 유사하다면 세부적인 점에 다소 차이가 있을지라도 유사하다고 보아야 한다.

2 물품의 기능과 관련한 유사판단 판례

디자인 구성 중 물품의 기능에 관련된 부분에 대하여 그 기능을 확보할 수 있는 선택가능한 대체적인 형상이 그 외에 존재하는 경우에는, 그 부분의 형상은 물품의 기능을 확보하는 데에 불가결한 형상이라고 할 수 없으므로, 그 부분이 공지의 형상에 해당된다는 등의 특별한 사정이 없는 한 디자인의 유사 여부 판단에 있어서 그 중요도를 낮게 평가하여야 한다고 단정할 수 없다.

3 사안의 경우

등록디자인 A 및 등록디자인 B의 대상이 되는 물품인 "건축 배관용 슬리브관"은 건축물의 층을 구획하는 콘크리트 구조물 제작용 거푸집 안에 일정한 공간을 점유한 상태로 장착되어 그 거푸집 내부가 콘크리트로 매워지더라도 2개의 배수관이 지나갈 수 있는 관통 공간을 몸체부 내부에 확보해둠으로써 그 기능을 다하는 것이고, 건축 배관용 슬리브관이 이러한 기능을 다하기 위해서 그 평면부가 반드시 오뚜기 형상을 갖고 있어야 한다고 볼 수 없고, 동일한 기능을 수행하면서도 전체적인 미감을 고려하여 그 평면부의 형상이 얼마든지 다르게 구성될 수 있다. 따라서, 건축 배관용 슬리브관에서 오뚜기 형상이 공지되었다는 특별한 사정이 없으므로, 그 중요도를 낮게 평가하여야 한다고 볼 수 없다.

등록디자인 A와 등록디자인 B는 몸체부에 형성된 돌출된 띠의 유무, 고정 보스 등에서 차이가 있으나, 이러한 차이점들은 전체적인 심미감에 영향을 미치지 못하는 세부적인 차이에 불과하고, 등록디자인 A와 등록디자인 B는 오뚜기 형상의 지배적인 특징이 같아서 전체적으로 볼 때 유사한 디자인에 해당한다.

설문 2 에 대하여

1 신규성(제33조 제1항)

(1) 의의 및 취지

디자인등록 출원 전에 국내외에서 공지들이 된 디자인 또는 이와 유사한 디자인은 디자인등록을 받을 수 없다. 신규한 디자인을 보호하기 위함이다.

(2) 사안의 경우

甲의 디자인 A는 등록되어 디자인공보에 게재되었으므로(제90조 제3항), 국내에서 반포된 간행물에 게재된 디자인에 해당하고(제33조 제1항 제2호), 그 후 출원된 乙의 디자인 B는 신규성 위반이다.

2 선출원주의(제46조)

(1) 의의 및 취지
동일하거나 유사한 디자인에 대하여 2 이상의 출원이 경합되는 경우에는 먼저 출원한 자만이 디자인등록을 받을 수 있다.

(2) 사안의 경우
선출원된 甲의 디자인 A와 乙의 디자인 B가 유사하므로, 乙의 디자인 B는 선출원주의 위반의 무효사유를 갖는다.

3 창작비용이성(제33조 제2항)

乙의 디자인 B의 출원 전에 공지된 甲의 디자인 A에 의해 乙의 디자인 B가 통상의 디자이너가 쉽게 창작할 수 있는 경우에는 창작비용이성의 무효사유를 주장할 수 있다.

4 문제의 해결

신규성 및 선출원주의 위의 무효사유를 주장할 수 있다.

설문 3 에 대하여

1 등록디자인의 권리범위 부정 판례

(1) 신규성 위반인 경우
등록디자인이 출원 전 국내외에서 공지된 디자인이나 출원 전에 반포된 간행물에 기재된 디자인과 동일·유사한 경우에는 등록무효의 심결이 없이도 그 권리범위를 인정할 수 없다.

(2) 선출원주의 위반인 경우
등록디자인이 출원 전 국내에서 공지 등이 되어 신규성 위반인 경우에는 그에 대한 등록무효심판이 없어도 그 권리범위를 인정할 수 없으며, 디자인 무효사유에 있어서 신규성 결여와 선원주의 위반은 선행디자인과 후행디자인의 동일·유사가 문제된다는 점에서 다르지 않으므로, 위 법리는 후출원디자인에 선원주의 위반의 무효사유가 있는 경우에도 그대로 적용된다.

2 침해소송의 법원이 등록디자인 B의 등록디자인 A에 대한 침해를 판단할 수 있는지 여부 - 적극

등록디자인 B는 신규성 및 선출원주의 위반의 무효사유를 가지고 있으므로, 등록무효의 심결이 없이도 그 권리범위를 인정할 수 없고, 침해소송의 법원은 등록디자인 B가 등록디자인 A를 침해하는지 여부를 판단할 수 있다. [끝]

문제 29 [기출 23]

甲과 乙은 모두 작업복을 제조·판매하였는데, 甲은 '작업복 상의' 디자인을 등록하였다. 乙이 판매한 작업복의 상의는 甲의 등록디자인과 앞·뒷면의 몸체상부와 팔 부분은 짙은 색, 몸체하부는 밝은 색으로 배치한 점 등에서 대부분 유사하였는데, 위와 같은 특징들은 甲의 등록디자인의 출원 전에 이미 공지되었다. 그러나 甲의 등록디자인에는 '지퍼 형상의 가슴부위 절개선'이 있었는데(그림 참조), 이는 일반적인 작업복 앞면에서 흔히 볼 수 있는 형상이 아니었다. 乙의 작업복 상의에는 甲의 등록디자인과 유사한 모양의 '가슴부위 절개선'이 없었다. 다음 물음에 답하시오(다음 각 설문은 독립적임). [20점]

그림 : 甲의 등록디자인의 가슴절개부

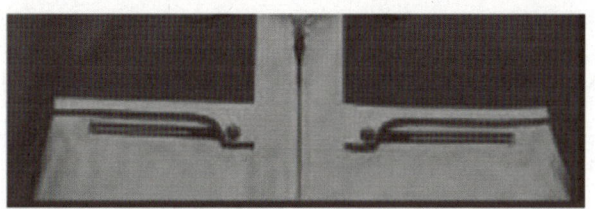

1 甲의 등록디자인과 乙의 실시디자인이 유사한지 여부에 관하여 논하시오. [10점]

2 한편, 甲과 乙은 모두 작업모를 제조·판매하였고, 甲은 작업모 디자인을 등록하였다. 甲과 乙의 작업모는 모두 6개의 색채가 띠 모양으로 채색되었는데, 양 디자인은 형상과 모양이 동일하고, 기본적인 채색 구도와 띠의 위치 및 면적이 동일하며, 단지 甲의 등록디자인은 빨간색과 파란색을 각 3개의 조각씩 입힌 데에 반하여 乙의 디자인은 단일의 진한 감색을 입혔다는 차이가 있을 뿐이었다. 甲과 乙의 작업모 디자인의 유사성을 논하시오. [10점]

설문 1 에 대하여

1 디자인의 유사 판단 사례

(1) 디자인의 유사 여부는 이를 구성하는 각 요소를 분리하여 개별적으로 대비할 것이 아니라, 그 외관을 전체적으로 대비 관찰하여 보는 사람으로 하여금 상이한 심미감을 느끼게 하는지의 여부에 따라 판단하여야 하므로, 그 지배적인 특징이 유사하다면 세부적인 점에 다소 차이가 있을지라도 유사하다고 보아야 한다.

(2) 그 물품의 성질, 용도, 사용형태 등에 비추어 보는 사람의 시선과 주의를 가장 끌기 쉬운 부분을 중심으로 대비 관찰하여, 일반 수요자의 심미감에 차이가 생기게 하는지 여부의 관점에서 판단하여야 한다.

2 공지 형태가 있는 경우 유사 판단 판례

공지의 형상과 모양을 포함한 출원에 의하여 디자인등록이 되었다 하더라도 공지 부분에까지 독점적이고 배타적인 권리를 인정할 수는 없으므로 디자인권의 권리범위를 정함에 있어 공지 부분의 중요도를 낮게 평가하여야 하고, 따라서 등록디자인과 대비되는 디자인이 서로 공지부분에서 동일·유사하다고 하더라도 등록디자인에서 공지 부분을 제외한 나머지 특징적인 부분과 이에 대비되는 디자인의 해당 부분이 서로 유사하지 않다면, 대비되는 디자인은 등록디자인의 권리범위에 속한다고 할 수 없다.

3 사안의 경우

甲과 乙의 디자인은 '작업복 상의'로 물품이 동일하고, 甲의 디자인과 乙의 디자인의 앞·뒷면의 몸체상부와 팔 부분이 짙은 색, 몸체하부는 밝은 색으로 배치한 점 등이 유사하나, 이는 공지된 부분으로서 중요도를 낮게 평가하여야 하고, 이러한 공지된 부분에서 유사하다고 하더라도, 등록디자인에서 공지 부분을 제외한 특징적인 '지퍼 형상의 가슴부위 절개선'의 부분을 대비할 때 乙의 작업복 상의에는 가슴부위 절개선이 없고, 甲 디자인에서 '지퍼 형성의 가슴부위 절개선'은 일반적인 작업복 앞면에서 흔히 볼 수 있는 형상이 아니므로, 이를 요부로 보아 양 디자인을 대비 관찰하면, 甲의 등록디자인과 乙의 실시디자인은 전체적인 심미감에 차이가 있어 유사하지 않다.

설문 2 에 대하여

1 채색 구도에 관한 유사여부 판단 판례

디자인을 이루는 구성요소에는 형상과 모양뿐만 아니라 색채도 포함되지만, 대비되는 두 디자인이 형상과 모양에서 동일하고 색채의 구성에 있어서도 바탕색으로 된 부분과 채색되어 있어서도 바탕색으로 된 부분과 채색되어 있는 부분의 위치와 면적 등 기본적인 채색 구도가 동일하다면, 그 두 디자인의 채색된 부분의 구체적인 색채가 다른 색으로 선택되었다는 점만으로는 특별한 사정이 없는 한, 보는 사람이 느끼는 심미감에 차이가 생긴다고 볼 수 없다.

2 사안의 경우

甲과 乙의 디자인은 모두 작업모로 물품이 동일하고, 甲과 乙의 디자인은 형상과 모양이 동일하고, 기본적인 채색 구도와 띠의 위치 및 면적이 동일하고, 단지 甲의 등록디자인은 빨간색과 파란색을 각 3개의 조각씩 입힌 데에 반하여 乙의 디자인은 단일의 진한 감색을 입혔다는 차이가 있을 뿐이므로, 甲과 乙의 디자인은 보는 사람에게 주는 심미감에 차이가 없는 유사한 디자인이다. [끝]

문제 30

기출 24

甲은 아래와 같이 파이프를 연결하는 연결구 디자인 A와 차광막 파이프 연결구 디자인 B를 창작하였다. 이들 두 디자인은 유사하며, 물품 또한 지주 파이프와 연결 파이프를 연결·고정하기 위해 사용하는 유사한 물품이다. 甲은 디자인 A와 디자인 B가 유사하다고 판단하고 관련디자인등록출원을 하고자 한다. [20점]

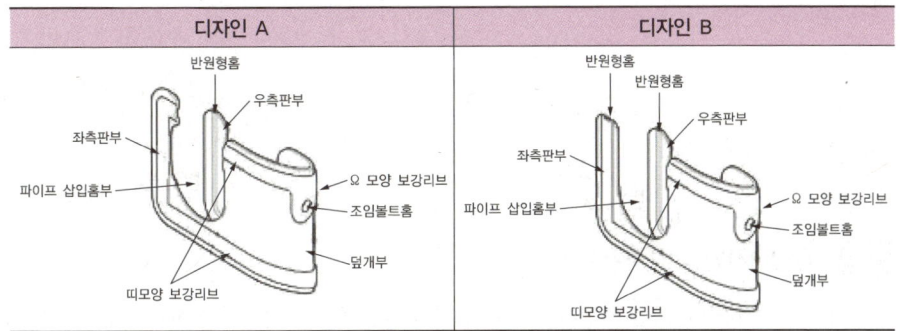

1 관련디자인제도의 도입취지 및 유사디자인제도와의 차이점에 대해 설명하시오. [7점]

2 관련디자인등록출원 후 기본디자인권이 소멸 또는 기본디자인권의 디자인등록출원이 무효·취하·포기되거나 거절결정이 확정된 경우 관련디자인의 등록가능여부에 대해 설명하시오. [6점]

3 만약 甲이 디자인 A와 디자인 B를 관련디자인등록출원이 아닌, 같은 날 각각 별개의 디자인으로 출원하는 경우, 이에 대해 어떻게 취급하는지 설명하시오. [7점]

설문 1 에 대하여

1 관련디자인의 의의

디자인권자 또는 디자인등록출원인은 자기의 등록디자인 또는 디자인등록출원한 디자인과만 유사한 디자인에 대하여는 그 기본디자인의 디자인등록출원일로부터 3년 이내에 디자인등록출원된 경우에 한하여 제33조 제1항 각 호 및 제46조 제1항, 제2항에도 불구하고 독자의 효력을 갖는 관련디자인으로 디자인등록을 받을 수 있다.

2 관련디자인제도의 도입취지

기본디자인보다 넓은 관련디자인의 유사범위까지 권리범위를 확장할 수 있도록 하여, 하나의 디자인에서 비롯된 다양한 변형디자인에 관한 실질적 보호를 가능하게 하기 위함이다.

3 유사디자인제도와의 차이점

유사디자인의 디자인권은 그 기본디자인의 디자인권과 합체하므로, 유사디자인은 기본디자인의 권리범위를 확인하는 것에 그치고 독자적인 권리범위를 갖지 않으나, 관련디자인은 기본디자인과는 독립적인 권리범위를 갖는다.

설문 2 에 대하여

1 관련디자인의 등록가능여부

관련디자인의 디자인등록을 위해서는 관련디자인의 디자인등록여부결정 시에 기본디자인이 유효하게 존속하고 있어야 하므로, 기본디자인이 디자인등록출원인 경우에는 출원이 계속 중이어야 하고, 기본디자인이 등록디자인인 경우에는 디자인권이 유효하게 존속되고 있어야 한다.

따라서, 관련디자인권 등록출원 후 기본디자인권이 소멸 또는 기본디자인권의 디자인등록출원이 무효·취하·포기되거나 거절결정이 확정된 경우 관련디자인은 등록받을 수 없다.

2 사안의 경우

기본디자인권이 소멸 또는 기본디자인권의 디자인등록출원이 무효 등이 된 경우, 관련디자인으로는 등록받을 수 없으나, 甲은 관련디자인을 단독의 디자인등록출원으로 변경하는 보정을 하고(제48조 제2항), 다른 등록요건의 흠결이 없는 경우 등록을 받을 수 있다.

설문 ③ 에 대하여

1. 선출원주의(제46조 제2항)

동일하거나 유사한 디자인에 대하여 같은 날에 2 이상의 디자인등록출원이 있는 경우에는 디자인등록출원인이 협의하여 정한 하나의 디자인등록출원만이 그 디자인에 대하여 디자인등록을 받을 수 있다. 협의가 성립하지 않거나 협의를 할 수 없는 경우에는 어느 디자인등록출원인도 그 디자인에 대하여 디자인등록을 받을 수 없다.

2. 甲의 출원들이 선출원주의 위반인지 여부 – 적극

(1) 동일인 출원간에도 선출원 규정이 적용된다.
(2) 제35조 제1항은 동일인 간에 선출원 규정을 적용하되, 관련디자인의 경우에만 예외로 한 것을 명확히 하는 규정이다.
(3) 따라서, 甲의 디자인 A와 디자인 B의 출원은 유사하므로 선출원주의의 거절이유를 갖는다.

3. 甲의 디자인 A와 디자인 B에 대한 취급

(i) 특허청장은 甲에게 하나의 출원을 선택하여 그 결과를 신고할 것을 명하고, 디자인 A와 디자인 B는 유사하므로 관련디자인으로 등록될 수 있다는 취지를 함께 통지한다.
(ii) 지정기간 내에 선택결과의 신고가 없거나 모순되는 경우 모든 출원에 거절결정을 하고, (iii) 甲이 디자인 A, B 중 어느 하나를 기본디자인으로 하는 관련디자인출원으로 변경하는 보정을 하는 경우에는 등록을 받을 수 있다. [끝]

문제 31

기출 25

甲의 등록디자인 A의 물품과 乙의 확인대상디자인 B의 물품은 '식품보관용 용기'이다. 甲의 등록디자인 A와 乙의 확인대상디자인 B는 다음과 같은 공통점이 있다:

① 전체적으로 입구부와 몸체부로 구성된 원통형 형상이고, ② 용기입구에는 톱니형 돌기가 형성되어 있으며, ③ 용기 몸체부는 상·중·하로 구분되고, 상부와 하부는 돌출되어 있는 반면, 그 중간에는 안쪽으로 오목하게 들어간 수직벽이 형성되어 있다. 이러한 공통점은 이미 공지된 선행디자인 W와 X에도 그대로 나타나 있다.

반면, 甲의 등록디자인 A와 乙의 확인대상디자인 B는 다음과 같은 차이점이 있다:

④ 등록디자인 A는 용기 입구부에 형성된 톱니형 돌기가 5개로 삼각형을 이루고 있지만, 확인대상디자인 B는 사다리꼴 형상의 돌기 4개가 연속 배열되어 있고, ⑤ 몸체부의 돌출된 상·하부를 비교하면, 등록디자인 A의 상부는 둥글게 돌출되어 있고, 하부는 아래로 갈수록 좁아지는 형상으로 돌출되어 있지만, 확인대상디자인 B는 돌출된 상·하부 모두 수직 형상이며, ⑥ 바닥면을 비교해보면, 등록디자인 A는 평평한 형상이지만, 乙의 확인대상디자인 B는 바닥면 중앙부분이 둥글게 솟아있는 형상이다. 다음 물음에 답하시오. [참조: 아래도면 (가), (나), (다)]

[20점]

(가) 정면도		(나) 사시도		(다) 톱니형돌기	
등록디자인 A	확인대상 디자인 B	등록디자인 A	확인대상 디자인 B	등록디자인 A	확인대상 디자인 B

1 디자인등록요건으로서 디자인의 동일·유사 여부 및 등록디자인 A의 대상물품인 '식품보관용 용기'에서 디자인의 유사 여부에 관하여 대법원 판례를 중심으로 설명하시오.

[14점]

2 乙은 甲을 상대로 소극적 권리범위확인심판을 청구하였는데, 특허심판원은 이를 기각하는 심결을 하였다. 이에 乙은 특허법원에 심결취소소송을 제기하였지만 기각되었고, 乙은 대법원에 상고하였다. 대법원에서 乙의 주장이 받아들여질 여부에 관하여 논하시오.

[6점]

설문 1 에 대하여

1. 디자인 유사 판단 판례

물품의 동일, 유사를 전제로, 디자인을 구성하는 각 요소를 분리하여 개별적으로 대비할 것이 아니라 그 외관을 전체적으로 대비 관찰하여 보는 사람으로 하여금 상이한 심미감을 느끼게 하는지의 여부에 따라 판단하여야 하므로, 그 지배적인 특징이 유사하다면 세부적인 점에 다소 차이가 있을지라도 유사하다고 보아야 한다.

물품의 성질, 용도, 사용행태에 비추어 보는 사람의 주의를 끌기 쉬운 부분을 요부로서 파악하고, 이를 중심으로 심미감에 차이가 생기는지 관점에서 유사 여부를 판단한다.

2. 디자인 등록요건 판단시, 디자인이 공지된 부분을 포함하는 경우 판례

디자인 중에 공지모양이 포함된 경우에도 그것이 특별한 심미감을 불러 일으키는 요소가 되지 못하는 것이 아닌 한 이것까지 포함하여 전체적으로 느껴지는 장식적 심미감에 따라 유사 여부를 판단해야 한다.

3. 사안의 경우

甲의 디자인 A와 乙의 디자인 B의 공통점인 ① 입구부와 몸체부로 구성된 원통형 형상, ② 용기입구의 톱니형 돌기, ③ 용기 몸체부는 상·중·하로 구분되고, 상부와 하부는 돌출되어 있고, 그 중간에는 안쪽으로 오목하게 들어간 수직벽이 형성되어 있는 것은 선행디자인 W와 X에서 공지되었고, 甲의 디자인 A의 등록요건 판단시에는 이러한 공통점 부분까지 포함하여 전체적으로 느껴지는 장식적 심미감에 따라 판단한다.

'식품보관용 용기'의 성질, 용도, 사용행태에 비추어, ④ 용기 입구부에 형성된 톱니형 돌기가 5개로 삼각형을 이루고, ⑤ 몸체부의 상부는 둥글게 돌출되어 있고, 하부는 아래로 갈수록 좁아지는 형상으로 돌출되어 있고, ⑥ 바닥면이 평평한 형상인 차이점이 보는 사람의 주의를 끌기 쉬운 부분인 경우, 이를 요부로서 파악하고, 이를 중심으로 심미감에 차이가 생기는지 관점에서 유사 여부를 판단한다.

설문 2 에 대하여

1 디자인의 권리범위 판단시 디자인이 공지된 부분을 포함하는 경우

디자인권은 물품의 신규성이 있는 형상, 모양, 색채의 결합에 부여되는 것으로서 공지의 형상과 모양을 포함한 출원에 의하여 디자인등록이 되었다 하더라도 공지부분에까지 독점적이고 배타적인 권리를 인정할 수는 없으므로 디자인권의 권리범위를 정함에 있어 공지부분의 중요도를 낮게 평가하여야 하고, 따라서 등록디자인과 그에 대비되는 디자인이 서로 공지부분에서 동일·유사하다고 하더라도 등록디자인에서 공지부분을 제외한 나머지 특징적인 부분과 이에 대비되는 디자인의 해당 부분이 서로 유사하지 않다면 대비되는 디자인은 등록디자인의 권리범위에 속한다고 할 수 없다.

2 대법원에서 乙의 주장이 받아들여질지 여부 - 적극

甲의 등록디자인 A와 乙의 확인대상디자인 B의 공통점은 선행디자인 W와 X에 의해 공지되었으므로, 디자인 A의 권리범위 판단시에 중요도를 낮게 평가하고, 이를 제외한, ④ 등록디자인 A는 용기 입구부에 형성된 톱니형 돌기가 5개로 삼각형을 이루고 있지만, 확인대상디자인 B는 사다리꼴 형상의 돌기 4개가 연속 배열되어 있고, ⑤ 몸체부의 돌출된 상·하부를 비교하면, 등록디자인 A의 상부는 둥글게 돌출되어 있고, 하부는 아래로 갈수록 좁아지는 형상으로 돌출되어 있지만, 확인대상디자인 B는 돌출된 상·하부 모두 수직 형상이며, ⑥ 바닥면을 비교해보면, 등록디자인 A는 평평한 형상이지만, 乙의 확인대상디자인 B는 바닥면 중앙부분이 둥글게 솟아있는 형상이므로, 등록디자인 A에서 공지부분을 제외한 나머지 특징적인 부분이 확인대상디자인 B의 해당 부분과 유사하지 않으며, 이러한 차이점에 의해 전체적으로 대비 관찰할 때, 보는 사람으로 하여금 상이한 심미감을 느끼게 하므로, 확인대상디자인 B는 등록디자인 A의 권리범위에 속하지 않는다. 따라서, 확인대상디자인 B가 등록디자인 A의 권리범위에 속하지 않는다는 취지의 乙의 상고는 대법원에서 받아들여져, 파기환송될 것이다. [끝]

CHAPTER 05 절차 및 조치

제3편 | 문제편

문제 1 甲은 2018.11.28.에 '간이형 스프링쿨러'에 대한 디자인 A를 창작 후 출원하면서, 출원서의 신규성 상실 예외 주장란에 공개일자를 2018.4.3.으로 기재하고, 증명서류로 비교대상디자인 10이 게시된 카탈로그 등을 제출하였고, 2019년 초에 등록되었다. 그런데 비교대상디자인 10 외에도 2018.6.11.에 공개된 비교대상디자인 1이 존재하였는데도 이는 출원서 내지는 증명서류에 기재되지 않았다. 다음 각 물음에 답하시오(설문 ❷ 와 ❸ 은 독립적이다). [30점]

비교대상디자인 10	비교대상디자인 1	등록디자인 A

❶ 신규성 상실의 예외(디자인보호법 제36조) 제도에 대해 간단히 설명하시오. [10점]

❷ 등록디자인 A에 대하여 무효심판을 제기할 이해관계가 있는 乙이 비교대상디자인 1을 인용디자인으로 하여 신규성 상실을 이유로 무효심판을 제기하였다. 이때, 甲이 비교대상디자인 1에 관한 신규성 상실의 예외 주장을 할 수 있는지 검토하고, 동 주장을 한 경우와 하지 않은 경우로 나누어 심판의 결과를 예상하시오(비교대상디자인 1과 등록디자인 A가 유사하다는 것에는 양 당사자 간 다툼이 없다). [15점]

❸ 디자인의 동일성만이 문제되는 경우에 관해 간략히 논하시오. [5점]

설문 1 에 대하여

1. 의의 및 취지

디자인등록을 받을 권리를 가진 자의 디자인이 공지 등이 된 경우, 소정의 요건 하에 그 자가 출원한 디자인에 대하여 신규성, 창작성을 적용할 때에는 공지 등이 되지 않은 것으로 본다. 자기 공지에 의해 등록이 불허되는 것은 가혹하기 때문에 형평의 원칙상 이를 방지하여 출원인을 보호하기 위함이다.

2. 요건

(1) 주체적 요건

디자인등록을 받을 수 있는 권리자(창작자 또는 그의 정당한 승계인)의 출원 전에 공지 등이 되어야 한다. 공지행위의 주체는 불문이다.

(2) 객체적 요건

공지 등이 되어야 한다. 다만, 국내외에서 출원공개 또는 등록공고된 경우에는 적용대상이 아니다. 한편, 공지디자인과 출원디자인의 동일·유사 여부는 고려대상이 아니다.

(3) 시기적 요건

공지 등이 된 날로부터 12개월 이내에 출원되어야 한다. 복수의 공지행위가 있으면 기산일은 최초의 공개일이다.

3. 효과

(1) 요건 만족 시, 자기 출원디자인의 신규성 또는 창작성 판단 시, 그 디자인은 공지 등이 되지 않은 것으로 본다.
(2) 요건 불만족 시, 자기의 공지디자인이 인용디자인이 되어 등록이 불허될 수 있다. 다만, 일부심사등록출원은 신규성과 공지디자인에 의한 용이창작 여부는 심사하지 않으므로 본 조 적용 여부와는 무관하게 등록이 가능하다. 다만, 정보제공이 있을 수 있으므로 본 조의 주장을 하는 것이 좋다.

설문 2 에 대하여

1. 문제의 소재

乙은 이해관계인이므로 무효심판의 적법성에는 문제가 없다. 또한 등록디자인과 비교대상디자인 1이 유사하고, 등록디자인의 출원 전에 비교대상디자인 1이 공지된 사정이 있으므로 등록디자인에 신규성 무효사유가 있는 것은 자명하다. 이하 제36조의 요건을 충족하는지 검토한다.

2. 甲이 제36조 주장을 할 수 있는지 여부

등록디자인 A는 창작자 甲이 출원한 것이고, 자기 공지에 해당하며, 공지 등이 된 디자인에 해당하며, 공지일로부터 1년 내에 출원했고, 신규성 상실의 예외 주장의 시기적 제한이 없으므로, 무효심판에서 가능하므로, 甲은 신규성 상실의 예외 주장을 할 수 있다.

3. 동 주장을 甲이 한 경우의 심결

甲이 동 주장을 적법하게 하면, 비록 비교대상디자인이 선행공지디자인에 해당하지만 공지되지 않은 것으로 보므로 신규성 위반이 아니다. 따라서 기각심결이 예상된다.

4. 동 주장을 甲이 하지 않은 경우의 심결

(1) 문제점

甲과 같이 복수의 공지행위가 있는 경우에는 최초의 공지디자인에 대해서만 제36조 주장을 하면 된다. 甲이 먼저 공지된 비교대상디자인 10에 대해서만 동 주장을 했는데, 비교대상디자인 1도 공지되지 않은 것으로 보는 효과를 누릴 수 있는지 검토한다.

(2) 판례의 태도

① 수 회의 공개행위를 하고, 그중 가장 먼저 공지된 디자인에 대해서만 제36조의 주장을 했더라도, 나머지 공지된 디자인이 동일성이 인정되는 범위 내에 있다면 그에 대해서도 효력이 미친다.
② 여기서 동일성이 인정되는 범위란 형상·모양·색채 또는 이들의 결합이 동일하거나 극히 미세한 차이만 있어 전체적 심미감이 동일한 디자인을 말하고, 전체적 심미감이 유사한 정도에 불과한 경우에는 포함되지 않는다고 판시하였다.
③ 검 토
판례의 동일성에 대한 태도는 공지는 성질상 어느 정도 계속되는 상태를 예정하는 점, 출원인의 통상의 의사와 부합한다는 점, 제3자에 대한 불측의 피해 염려가 없다는 점에서 타당하다.

④ 사안의 해결
　㉠ 동일성이 인정되는 범위인지 여부
　　비교대상디자인 10에는 별도의 손잡이가 없는데, 비교대상디자인 1에는 손잡이를 구비하고 있다. 이 정면 상단부의 손잡이 유무에 따라 형상과 문을 개폐하는 방식(기능)에 있어서도 차이가 있는데, 이 손잡이는 비록 전체디자인에서 차지하는 면적이 작기는 하지만 수요자의 눈높이에서 바라볼 수 있고, 그 기능도 문을 위로 개폐하는 것이어서 외관 또는 심미감에 영향을 주는 요소이다. 따라서 이러한 요지인 손잡이의 유무에 차이가 있어서 전체적으로 동일한 심미감을 일으키는 동일한 디자인으로 볼 수는 없다.
　㉡ 심결의 예상
　　따라서 동 주장을 하지 않으면 비교대상디자인 1에 관해서는 공지되지 않은 것으로 볼 수는 없기 때문에 신규성 무효사유를 극복할 수 없다. 따라서 인용심결이 날 것이다.

설문 3 에 대하여

1 동일성의 의의 및 취지

동일 개념은 유사와 함께 디자인보호법 전반에 걸쳐 중요한 개념이다. 디자인의 동일이란 물리적 동일은 아니고, 미감적 가치가 동일한 것을 의미한다. 이하 유사 개념과 별개로 적용되는 경우에 대해 논한다.

2 동일성만 문제되는 경우

(1) 출원디자인과 보정된 디자인 간의 동일성
실체보정은 요지변경이 아닌 한에서 가능한데, 보정 전과 후의 디자인 간에 출원서 및 도면의 전체적 취지를 종합적으로 판단하여 동일성이 유지되어야 한다.

(2) 원출원디자인과 분할출원디자인 간의 동일성
분할출원디자인은 원출원에 포함된 디자인과 동일성이 있어야 한다. 이는 출원일의 소급효에 따른 제3자의 불측의 손해를 방지하기 위함이다.

(3) 최초출원디자인과 우선권주장디자인 간의 동일성
이 역시 판단시점의 소급효에 따른 제3자의 불측의 손해를 방지하기 위해, 양 디자인은 실질적 동일성이 요구된다.

(4) 무권리자의 디자인과 정당권리자 디자인 간의 동일성
역시 출원일의 소급효에 따른 제3자의 불측의 손해를 방지하기 위해, 양 디자인은 동일성이 요구된다.

(5) 복수의 공지행위에서 제36조의 적용 범위 - 전술 [끝]

문제 2 甲은 '조명등용 본체'에 대한 디자인을 미국에 2017.6.23.에 출원하였다. 또한 甲은 이 디자인을 국내에서도 보호하기 위해 2017.11.23.에 국내에 출원(이하 '최초 출원 디자인')하면서, 제1국 출원 디자인에 대해 우선권주장을 하였고, 2017.12.20.에 제1국 출원 디자인에 대한 증명서류(이하 '우선권주장 디자인')를 제출하였다.

그러나 심사관으로부터 우선권주장 디자인과 최초 출원 디자인이 동일하지 않다는 취지의 우선권주장 불인정 예고 통지를 받았고, 甲은 이에 최초 출원 디자인의 도면을 정정하는 내용의 보정서를 제출(이하 '이 사건 보정')하였다. 이에 심사관은 최초 출원된 디자인과 보정된 디자인은 동일성이 유지되지 않아 요지를 변경한 경우에 해당한다는 이유로 이 사건 보정을 각하하는 결정을 하였다. 아래 각 디자인의 사시도와 6면도를 참고하여, 다음 각 물음에 답하시오(단, 상기 심사관의 불인정 예고 통지는 정당한 것으로 본다). [30점]

1 위 우선권주장의 요건과 효과에 대해 설명하시오. [10점]

2 위 보정각하결정의 타당성에 대해 설명하고, 이에 따라 甲의 대리인으로서 취해야 할 조치는 무엇이 있는지 설명하시오. [20점]

구 분	우선권주장 디자인	최초 출원된 디자인	보정된 디자인
사시도			
정면도			
배면도			
좌측면도			
우측면도			
평면도			
저면도			

설문 1 에 대하여

1. 조약우선권주장의 의의 및 취지

파리협약의 3대원칙 중 하나로서, 조약당사국 국민이 제1국에 정규의 출원을 한 후, 동일한 디자인을 국내에 출원하여 우선권주장을 하는 경우, 신규성과 선출원주의를 적용함에 있어서 판단시점을 소급하여 인정하는 제도이다(제51조).

속지주의 원칙에 의한 시간, 절차 등 많은 제약을 극복하고 선출원자를 국제적으로 보호하기 위함이다.

2. 요 건

(1) 주체적 요건

대한민국 국민, 조약동맹국 국민, 준동맹국 국민이어야 하고, 제1국 출원인과 동일인 또는 정당한 승계인이어야 하며, 승계인은 우선권도 승계해야 한다.

(2) 객체적 요건

① 기초 출원은 최선성과 정규성이 있어야 한다.
② 우선권주장 출원은 출원 형식이나 디자인을 표현하는 방식과 관계없이 증명서류에 표현된 디자인 중에 국내 출원디자인과 실질적으로 동일한 디자인이 포함되어 있으면 되며, 이는 해당디자인의 분야에서 통상의 지식을 기초로 증명서류의 전체 기재내용과 제1국의 제도 등을 종합적으로 고려하여 판단한다.

(3) 시기적 요건

제1국 출원일로부터 6개월 이내에 해야 한다.

(4) 절차적 요건

① 출원 시에 출원서에 주장의 취지, 최초 출원한 국가명, 출원일을 기재해야 한다.
② 출원일로부터 3개월 이내에 증명서류를 제출해야 한다.

3. 효 과

(1) 요건 만족 시

신규성, 선출원주의 적용에 있어 판단시점이 제1국 출원일로 소급되며, 제1국과 제2국 출원일 사이에 행해진 제3자의 행위에 의하여 무효되지 않으며, 어떠한 권리도 제3자에게 허여하지 않는다(파리조약 4b).

(2) 요건 불만족 시

우선권주장의 효력을 상실하고, 통상의 출원으로 심사받는다.

4 사안의 경우

甲은 제1국 출원의 출원인이고, 제1국 출원일로부터 6개월 이내에 우선권주장을 하며 출원을 했고, 그로부터 3개월 이내에 증명서류를 제출하였으므로 최초 출원 디자인과 우선권주장 디자인 간의 실질적 동일성은 설문상 없고 보정된 디자인과 우선권주장 디자인의 관계에 따라 효과는 달라질 것이다.

설문 2 에 대하여

1 문제의 소재

이 사건 보정의 요지변경을 판단하기 위해 우선권주장 디자인을 고려해야 하는지를 중심으로 이 사건 보정이 각하결정의 대상인지를 살핀다.

2 보정의 적법 여부

(1) 보정(제48조 제1항)의 의의 및 취지

출원에 실체적 하자가 있는 경우, 최초 출원의 동일성을 유지하는 범위 내에서 보충, 정정하는 제도이다. 선출원주의 보완으로 출원인을 보호하기 위함이다. 다만, 제3자에게 불측의 피해 염려가 있으므로 시기 및 범위에 일정한 제한을 두고 있다.

(2) 요 건

출원인이 가능하고, 대리인은 특별수권이 필요 없으며, 최초 출원의 요지를 변경하지 않는 범위에서, 등록여부결정의 통지서가 발송되기 전 또는 재심사 청구 시 또는 거절결정불복심판청구일로부터 30일 이내 또는 거절결정불복심판의 의견서제출기간 내에 가능하며, 보정서를 제출해야 한다.

(3) 요지변경

① 의 의

요지변경이란 최초 출원의 동일성이 유지되지 않는 범위에서의 보정을 의미한다. 요지란 디자인의 분야에서 통상의 지식에 기초하여 출원서 및 도면 등으로부터 직접적으로 도출되는 디자인의 구체적인 내용이다.

② 판단방법

대법원은 최초 출원서의 기재내용, 첨부된 도면, 사진 또는 견본 및 디자인의 설명에 표현된 내용 등을 종합적으로 고려하여 판단해야 하며, 특별한 사정이 없는 한 모양의 변경은 요지변경에 속한다고 판시하였다.

③ 우선권주장 디자인을 고려해야 하는지 여부
  ㉠ 특허법원 판례와 심사기준의 태도
    우선권 증명서류로부터 도출될 수 있는 디자인을 국내에 출원하였다가 우선권 증명서류에 표현된 디자인을 등록받기 위하여 우선권 증명서류와 일치시키는 보정을 한 경우, 제3자에게 불측의 손해가 발생하거나 심사관에게 과도한 심사부담을 주지 않는 한, 보정의 요지변경 여부 판단 시 우선권 증명서류를 참작할 수 있다.
  ㉡ 검 토
    생각건대, 동일성은 우선권의 인정 요건이고, 우선권주장은 최초 출원서의 기재사항에 해당한다는 점, 우선권 제도는 각 국가마다 다른 출원절차로 인한 곤란을 해소하여 창작자의 국제적 보호를 도모하려는 취지를 갖는 점 등에 비추어 보면 타당하다.

(4) 사안의 경우
  ① 우선권주장 디자인도 참작 가능한지 여부
    우선권주장 디자인과 보정된 디자인은 최초 출원 디자인에 비해 사각틀의 상부면에 작은 원형과 큰 반원형이 중앙에 형성된 직선과 교차하거나 접하는 모양 등을 더 형성한 점에서 권리범위가 더 좁으므로 증명서류를 참작하더라도 제3자의 불측의 손해가 발생하지 않고 심사관에게 과도한 심사부담을 주지도 않는다. 따라서 우선권주장 디자인도 함께 고려해야 한다.
  ② 요지변경의 판단
    최초 출원디자인과 보정된 디자인을 비교하면, 사각틀의 상부면에 작은 원형과 큰 반원형이 중앙에 형성된 직선과 교차하거나 접하는 모양을 형성한 점, 사각틀의 길이 방향을 따라 중앙에 직선을 형성하여 사각틀이 2개의 부재로 접합된 것 같은 느낌을 주는 점, 정면도에서 볼 때 좌측 최하단부에 전선 모양이 형성된 점에서 차이가 있으나, 이는 사실상 우선권주장 디자인과 동일한 점을 종합적으로 고려하면, 이 사건 보정은 요지변경이 아니다.

3 설문의 해결

(1) 보정각하
  실체보정의 요지변경이 등록여부결정 전에 인정되는 경우 이유를 붙여 보정각하결정을 한다(제49조 제1항).

(2) 보정각하결정의 타당성
  이 사건 보정이 요지변경에 해당하지도 않는데 보정각하결정을 한 것은 타당하지 않다.

(3) 甲의 대리인이 취할 조치
  ① 보정각하결정이 부당하므로 이를 다투기 위해 보정각하결정불복심판을 청구할 수 있다(제119조). 이는 당사자의 권리구제와 심사의 공정성을 확보하기 위함이며, 속심적 성격을 가지는 결정계 심판이다(제156조).
  ② 다만, 대리인의 경우 특별수권사항이므로 甲으로부터 특별한 권한을 위임받아야만 가능할 것이다(제7조 제4호). [끝]

문제 3 甲은 '빨래 삶는 용기의 세제거품 넘침 방지구 '⌐⌐'에 대한 디자인 A를 출원한 후 실시 준비를 하고 있다. 그 후에 甲은 자신과 아무런 관련이 없는 乙이 A의 형상, 모양이 유사한 디자인 B의 '밥 짓는 가마솥의 순환통 '⌐⌐'을 판매하고 있는 것을 발견했다. 한편, 두 물품은 모두 설치된 용기를 가열하는 장치가 각 물품의 하단과 용기 사이의 공간을 차지하고 있는 물 등을 직접 가열함에 따라 그 내부에 차 있는 물 등의 온도가 바깥 부분보다 높은 온도로 상승하면서 생긴 거품 등이 물품 윗 부분의 방출공으로 새어나왔다가, 냉각되면 다시 밑으로 들어가는 등의 방법으로 용기 내부의 물 등을 순환시킴으로써 내부의 빨래 또는 쌀 등을 일정한 온도로 삶거나 익히고, 내부에서 발생하는 거품 또는 밥물이 넘치는 것을 방지하고 열손실을 방지하는 효과를 가져오는 점에서 기능이 실질적으로 동일하여 용기를 바꾸어 양 물품을 사용하는 것도 가능하다.

이와 같은 사실을 토대로 甲이 乙에게 취할 조치에 대하여 설명하시오. [20점]

1 문제의 소재

乙이 출원디자인에 대한 잠재적 침해 행위를 한 것인지가 문제되는데, 乙은 정당권원 없는 자로서 디자인 B를 판매하고 있으므로 업으로서 실시하는 자이다. 따라서 A와 B의 유사 여부가 문제된다. 디자인의 유사 판단은 물품의 유사를 전제로 하는데 디자인 A와 B는 형태는 설문상 유사하나, 물품의 유사 여부가 문제되므로 이에 대해 검토하고, 침해행위라면 甲이 출원 상태에서 취할 조치를 본다.

2 乙의 甲에 대한 잠재적 침해 여부 - A와 B의 물품 유사

(1) 물품의 유사 판단 방법

① 심사기준

동일물품이란 용도와 기능이 동일한 것, 유사물품이란 용도가 동일하고 기능은 다른 것, 비유사물품이더라도 용도상으로 혼용 가능한 것은 유사로 볼 수 있다. 혼용은 용도가 다르고 기능이 동일한 것을 의미한다.

② 대법원

물품의 용도, 기능 등에 비추어 거래통념상 동종류의 물품으로 인정할 수 있는지 여부에 따라 결정해야 한다고 판시했다. 또한 시행규칙 물품류 구분은 이는 사무편의를 위한 것으로서 같은 류더라도 동종류라고 단정할 수 없다고 판시하였다.

(2) 사안의 경우 - 유사

거품 넘침 방지구를 설치하는 용기는 빨래를 삶는 용도로 쓰이고, 순환통을 설치하는 용기는 밥을 짓는 용도로 쓰이는 점에서 차이가 있기는 하지만, 양 디자인은 형상과 모양에서 각 단면도가 서로 유사하며, 설문상 그 기능이 실질적으로 동일하고, 위 거품 넘침 방지구를 빨래 삶는 용기에 사용하지 않고 가마솥에만 그대로 사용하거나, 그 반대로 사용하는 것도 가능하다. 따라서 양 디자인의 물품은 혼용가능성이 인정되므로 유사하다.

(3) 소 결
A와 B가 유사하므로 乙의 행위는 잠재적 침해행위에 해당한다. 이하 출원 상태에서 甲이 취해야 할 조치를 검토한다.

3 甲이 취해야 할 조치

(1) 출원공개신청과 경고를 통한 보상금청구권
① 디자인보호법에는 특허법과는 달리 강제 공개제도가 없기 때문에 신청에 의해 출원이 공개된다(제52조). 출원공개신청은 디자인의 내용을 조기에 공개하여 침해를 예방하고, 보상금청구권을 발생시키기 위해 활용된다.
② 한편, 보상금청구권은 신청에 의해 출원이 공개된 후, 경고를 받거나 출원공개된 디자인임을 알고, 정당한 권원 없이 출원디자인과 동일·유사한 디자인을 업으로서 실시하는 자에게 등록 후에 일정한 보상금을 청구할 수 있는 권리이다(제53조 제2항).
③ 따라서 甲은 출원공개신청을 한 후, 乙에게 잠재적 침해행위에 대한 경고장을 보내야 할 것이다. 이때 보상금청구권의 범위가 경고 또는 안 날로부터 설정등록일까지의 행위에 대한 것이어서 지체 없이 보내야 한다.

(2) 조기 등록을 위한 우선심사신청(제61조)
① 보상금청구권이 있더라도 디자인의 설정등록 후에만 행사할 수 있다(제53조 제3항). 따라서 甲은 조기 등록을 위해 우선심사신청을 해야 한다.
② 신청에 의해 출원공개가 되었다면, 제3자 乙이 유사한 디자인 B를 업으로서 실시하고 있는 바 우선심사대상(제61조 제1항 제1호)에도 해당하여 신청 가능할 것이다.
③ 나아가 출원인 甲은 출원디자인에 대해 실시 준비를 하고 있으므로 A는 우선심사대상(제61조 제1항 제2호, 시행령 제6조 제10호)에 해당하므로 신청 가능할 것이다.

(3) 등록 후 권리 행사
등록 후 甲은 보상금청구권을 행사할 수 있다. 나아가 보상금청구권과 특허권은 상호 독립적인 권리인 바(제53조 제4항) 등록 후 중복적으로 권리행사가 가능하다. 따라서 甲은 향후 등록권리를 바탕으로 각종 민/형사상 조치를 해야 할 것이다.

(4) 실시에 관한 합의
상기 기재한 법적 조치들도 중요하지만, 디자인 침해는 단시간에 조치를 취하는 것이 핵심이므로 실시에 대한 합의를 하는 것으로 종결짓는 방법도 있을 것이다. [끝]

문제 4 甲은 대한민국의 'GUI 디자이너'로 휴대폰 화면에 사용되는 GUI(이하 '디자인 A')를 창작하였다. 디자인 A에 대하여 먼저 가장 상업성이 높다고 평가되는 중국에 2019.1.23. X출원을 하였다. 이후 2019.6.23. 국내에 Y출원을 하면서 제51조에 따른 우선권주장을 수반하였고, 2019.6.25. 출원 X에 대한 증명서류를 제출하였다. 우선권 증명서류에 물품의 명칭은 '휴대전화기의 화면디자인'이라고 적혀 있고, 휴대폰과 화면디자인이 모두 실선으로 도시되어 있다. Y출원을 하면서는 부분디자인으로 출원하면서 물품의 명칭을 '화면디자인이 표시된 휴대전화기'로 출원하였다. 각 물음에 답하시오[단, 화면디자인(모양)은 동일성이 인정된다고 가정한다]. [20점]

제1국 출원 X	우리나라 출원 Y
(휴대폰 이미지)	(휴대폰 이미지)

1 위 우선권주장의 요건과 효력에 대해 설명하시오. [10점]

2 한편, 2019.3.3. 乙이 디자인 A와 유사한 화면디자인 A'를 실시하였다면, 2019.7.28.을 기준으로 甲이 취할 조치를 검토하시오. [10점]

설문 **1** 에 대하여

1 조약우선권주장의 의의 및 취지

파리협약의 3대원칙 중 하나로서, 조약당사국 국민이 제1국의 출원디자인과 동일한 디자인을 국내에 출원하여 우선권주장을 하는 경우, 신규성과 선출원주의를 적용함에 있어서 판단시점을 소급하여 인정하는 제도이다(제51조).
속지주의 원칙에 의한 시간, 절차 등 많은 제약을 극복하고 선출원자를 국제적으로 보호하기 위함이다.

2 요 건

(1) 주체적 요건

대한민국 국민, 조약동맹국 국민, 준동맹국 국민이어야 하고, 제1국 출원인과 동일인 또는 정당한 승계인이어야 한다.

(2) 객체적 요건

① 기초 출원은 최선성과 정규성이 있어야 하고, 우선권주장 출원은 출원 형식이나 디자인을 표현하는 방식과 관계없이 증명서류에 표현된 디자인 중에 국내 출원디자인과 실질적으로 동일한 디자인이 포함되어 있으면 되며, 이는 해당디자인의 분야에서 통상의 지식을 기초로 증명서류의 전체 기재내용과 제1국의 제도 등을 종합적으로 고려하여 판단한다.

② 화면디자인의 경우 보호하는 방식이 국가마다 다르기 때문에 물품명칭, 증명서류의 내용, 제도 등을 종합적으로 고려하여 판단한다. 특히 물품명칭이 다르더라도, 물품의 용도와 기능의 실질적 동일성을 고려한다(심사기준).

③ 시기적 요건
제1국 출원일로부터 6개월 이내에 해야 한다.

④ 절차적 요건
㉠ 출원 시에 출원서에 주장의 취지, 최초 출원한 국가명, 출원일을 기재해야 한다.
㉡ 출원일로부터 3개월 이내에 증명서류를 제출해야 한다.

3 효과

(1) 신규성, 선출원주의 적용에 있어 판단시점이 제1국 출원일로 소급된다.
(2) 제1국과 제2국 출원일 사이에 행해진 제3자의 행위에 의하여 무효되지 않으며, 어떠한 권리도 제3자에게 허여하지 않는다(파리조약 4B).

4 사안의 경우

甲은 제1국 출원의 출원인이고, 최선성, 정규성이 인정되며, 제1국 출원일로부터 6개월 이내에 우선권주장을 하며 출원을 했고, 그로부터 3개월 이내에 증명서류를 제출하였으므로 중국은 부분디자인이 인정되지 않는 국가인 점, 물품명칭과 도면의 표현방법이 상이하지만 실질적으로 용도와 기능 및 등록받고자 하는 대상이 동일한 점을 고려하면 최초 출원 디자인과 우선권주장 디자인 간의 실질적 동일성이 인정되므로 등록디자인 A의 출원일에 대해서는 판단시점이 2019.1.23.이 된다.

설문 2 에 대하여

1 문제점 – 조약우선권주장의 경우

A의 출원일 판단시점이 소급되는 바, 그 이후 유사한 디자인 A'를 실시 중인 乙은 甲에 대한 잠정적 침해를 구성한다. 출원디자인을 보호하는 방안으로는 보상금청구권이 있는데, 파리조약 4B는 제1국 출원일과 국내 출원일 사이에 제3자에게 어떠한 권리도 허여하지 않으므로 제3자는 출원디자인을 자유롭게 실시할 권리도 없는 것이어서 甲에게는 소정의 요건 하에 보상금청구권이 인정될 수 있다.

2 출원공개신청과 경고를 통한 보상금청구권

(1) 디자인보호법에는 특허법과는 달리 강제 공개제도가 없기 때문에 신청에 의해 출원이 공개된다(제52조). 출원공개신청은 디자인의 내용을 조기에 공개하여 침해를 예방하고, 보상금청구권을 발생시키기 위해 활용된다.
(2) 한편, 보상금청구권은 신청에 의해 출원이 공개된 후, 경고를 받거나 출원공개된 디자인임을 알고, 정당한 권원 없이 출원디자인과 동일·유사한 디자인을 업으로서 실시하는 자에게 등록 후에 일정한 보상금을 청구할 수 있는 권리이다(제53조 제2항).
(3) 따라서 甲은 출원공개신청을 한 후, 乙에게 잠정적 침해행위에 대한 경고장을 보내야 할 것이다. 이때 보상금청구권의 범위가 경고 또는 안 날로부터 설정등록일까지의 행위에 대한 것이어서 지체 없이 보내야 한다.

3 조기 등록을 위한 우선심사신청(제61조)

(1) 보상금청구권이 있더라도 디자인의 설정등록 후에만 행사할 수 있다(제53조 제3항). 따라서 甲은 조기 등록을 위해 우선심사신청을 해야 한다.
(2) 신청에 의해 출원공개가 되었다면, 제3자 乙이 유사한 디자인 A'를 업으로서 실시하고 있는 바 우선심사 대상(제61조 제1항 제1호)에도 해당하여 신청 가능할 것이다.

4 등록 후 권리 행사

등록 후 甲은 보상금청구권을 행사할 수 있다. 나아가 보상금청구권과 특허권은 상호 독립적인 권리인 바(제53조 제4항) 등록 후 중복적으로 권리행사가 가능하다. 따라서 甲은 향후 등록권리를 바탕으로 각종 민/형사상 조치를 해야 할 것이다.

5 실시에 관한 합의

상기 기재한 법적 조치들도 중요하지만, 디자인 침해는 단시간에 조치를 취하는 것이 핵심이므로 실시에 대한 합의를 하는 것으로 종결짓는 방법도 있을 것이다. [끝]

문제 5 대한민국 국민 甲은 2018.7.1. 프랑스에서 개최된 자신이 출시할 음악재생 프로그램 설명회에서 프로그램의 GUI 디자인 A를 공개하였고, 이후 이를 다소 변형하여 2019.2.1. EU에 'GUI'에 관한 디자인 C에 대하여 출원(X출원)하였다.

디자인 C에 대하여 국내에서도 보호하고자 '화상디자인이 표시된 디스플레이 패널'에 관한 디자인 B를 2019.7.15. 국내에 출원(Y출원)하였다. 甲은 Y출원을 하면서 甲은 X출원에 대한 우선권주장을 수반하였고 C에 관한 증명서류를 2019.7.20. 제출하였다. 2019.7.28.을 기준으로 등록여부결정 전이라면 Y출원의 등록가능성에 대하여 총체적으로 논의하시오.

[30점]

디자인 A의 도면	디자인 B의 도면	디자인 C의 도면

1 문제의 소재

우선권주장이 적법한지에 따라 판단시점이 소급되는 효과를 받는지, 설문상 공지됨이 명확한 디자인 A에 의해 디자인 B가 창작성 위반의 거절이유가 존재하는지 검토하고, 이를 극복하기 위해 신규성 상실의 예외 주장이 가능한지를 논한다.

2 조약우선권주장의 적법 여부

(1) 조약우선권주장의 의의 및 취지

파리협약의 3대원칙 중 하나로서, 조약당사국 국민이 제1국에 정규의 출원을 한 후, 동일한 디자인을 국내에 출원하여 우선권주장을 하는 경우, 신규성과 선출원주의를 적용함에 있어서 판단시점을 소급하여 인정하는 제도이다(제51조).

속지주의 원칙에 의한 시간, 절차 등 많은 제약을 극복하고 선출원자를 국제적으로 보호하기 위함이다.

(2) 요 건

① 주체적 요건

대한민국 국민, 조약동맹국 국민, 준동맹국 국민이어야 하고, 제1국 출원인과 동일인 또는 정당한 승계인이어야 하며, 승계인은 우선권도 승계해야 한다.

② 객체적 요건
  ㉠ 기초 출원은 최선성과 정규성이 있어야 하고, 우선권주장 출원은 출원 형식이나 디자인을 표현하는 방식과 관계없이 증명서류에 표현된 디자인 중에 국내 출원디자인과 실질적으로 동일한 디자인이 포함되어 있으면 되며, 이는 해당디자인의 분야에서 통상의 지식을 기초로 증명서류의 전체 기재내용과 제1국의 제도 등을 종합적으로 고려하여 판단한다.
  ㉡ 화상디자인의 경우, 보호하는 방식이 국가마다 다르기 때문에 물품의 명칭, 증명서류의 내용 등을 종합적으로 고려하며, 물품의 명칭이 다르더라도 물품의 용도와 기능이 실질적으로 동일한지를 판단한다.

③ 시기적 요건
  제1국 출원일로부터 6개월 이내에 해야 한다.

④ 절차적 요건
  ㉠ 출원 시에 출원서에 주장의 취지, 최초 출원한 국가명, 출원일을 기재해야 한다.
  ㉡ 출원일로부터 3개월 이내에 증명서류를 제출해야 한다.

(3) 효 과
신규성, 선출원주의 적용에 있어 판단시점이 제1국 출원일로 소급되며, 제1국과 제2국 출원일 사이에 행해진 제3자의 행위에 의하여 무효되지 않으며, 어떠한 권리도 제3자에게 허여하지 않는다(파리조약 4b).

(4) 사안의 경우
甲은 제1국 출원의 출원인이고, 제1국 출원일로부터 6개월 이내에 우선권주장을 하며 출원을 했고, 그로부터 3개월 이내에 증명서류를 제출하였고, EU와 제도가 상이한 점, 물품명칭과 도면상 다소 상이하더라도 보호대상인 화상(GUI)은 그 모양과 기능 및 용도가 실질적으로 동일한 점을 고려하면 최초 출원 디자인 C와 우선권주장 디자인 B는 실질적 동일성이 인정되므로 Y출원의 판단시점은 2019.2.1.로 소급된다.

3 디자인 B의 창작성 위반 여부

(1) 의의 및 취지
출원 전 통상의 디자이너가 국내외 공지디자인 또는 주지형태에 따라 쉽게 창작할 수 있는 디자인은 등록받을 수 없다(제33조 제2항). 출원디자인이 신규성이 있더라도 그 형태적 차이가 당 업계에서 인정할 수 있는 창작적 가치를 가진 경우에만 보호의 필요성이 있기 때문이다.

(2) 요 건
① 주체적 요건
  공지 주체는 불문이며, 통상의 디자이너를 기준으로 판단한다. 통상의 디자이너는 그 디자인이 속하는 분야에서 통상의 지식을 가진 자로서, 당업계에서 당해 디자인에 관한 보편적 지식을 가진 자이다.

② 객체적 요건
　㉠ 국내외 공지디자인 또는 주지형태를 기초로 쉽게 창작할 수 있는지 여부를 판단한다.
　㉡ 쉽게 창작할 수 있는 경우에 대해 대법원은 공지디자인을 거의 그대로 모방 또는 전용하거나, 가하여진 변화가 단순한 상업적, 기능적 변형에 불과하거나, 그 디자인의 분야에서 흔한 창작수법이나 표현방법에 의해 이를 변경, 조합, 전용하였음에 불과한 창작수준이 낮은 경우를 의미한다고 판시하였다.
③ 시기적 요건
　출원 시를 기준으로 판단한다.

(3) 흠결 시 취급
이 사건 물품은 일부심사의 대상은 아닌 바, 거절이유, 정보제공사유, 무효사유에 해당하여 등록받을 수 없다.

(4) 사안의 경우
① 신규성은 모양이 다르므로 부정된다고 본다.
② GUI는 정보화기기의 특정 기능과 연계된 인터페이스 기능을 수행하므로 작고 단순하며 직관적인 특징을 가짐을 참작하여 디자인 B에 대해 판단하건대, 2019.2.1. 전에 공지된 디자인 A의 재생목록 모양의 개수를 단순히 증가시킨 것에 해당하는 바, 이는 단순한 상업적, 기능적 변형에 해당하므로 창작성 위반이다.

4 신규성 상실의 예외 주장 가부

(1) 의의 및 취지
디자인등록을 받을 권리를 가진 자의 디자인이 공지 등이 된 경우, 공지일로부터 1년 이내에 그 자가 출원한 디자인에 대하여 동 주장을 적법하게 하면 신규성, 창작성을 적용할 때 공지 등이 되지 않은 것으로 본다.
자기 공지에 의해 등록이 불허되는 것은 가혹하기 때문에 형평의 원칙상 이를 방지하여 출원인을 보호하기 위함이다.

(2) 사안의 경우
디자인 B는 창작자 甲이 출원한 것이고, 디자인 A는 자기의 행위로 공지 등이 된 디자인에 해당하며, 아직 등록여부결정 통지서 발송 전이기는 하나, 제36조의 주장을 받는 출원은 국내 출원을 의미하므로 우선권주장을 한 경우라도 공지일로부터 1년 이내여야 하는 것은 제1국 출원이 아닌 국내 출원인 바, 제36조의 주장을 할 수 없다.

5 설문의 해결

출원디자인 B는 창작성 위반의 거절이유가 있고, 그 인용디자인 A에 대하여 제36조의 주장도 할 수 없으므로 Y출원은 등록받을 수 없을 것이다. [끝]

문제 6	甲사에서는 손잡이부분과 뚜껑부분에 특징이 있는 주전자의 디자인 A를 개발하여 디자인등록출원하였으나 당해 디자인등록출원디자인은 그 출원 전에 반포된 간행물에 게재된 주전자의 디자인 B와 유사하다는 이유로 거절이유통지를 받았다. 이에 대해 甲사에서는 당해 주전자의 디자인등록출원을 분할하여 주전자의 손잡이부분과 주전자의 뚜껑부분에 관한 새로운 디자인등록출원을 하고자 한다. 이하의 물음에 답하시오. [30점]

1 상기 사안과 관련하여 출원 분할제도의 취지, 요건 및 효과에 대해 설명하시오. [20점]

2 상기 사안의 경우 적법한 출원 분할이 가능한지 여부에 대해 논하시오. [10점]

설문 1 에 대하여

1 의의 및 취지

1출원에 2 이상의 디자인이 포함된 경우, 그 일부를 분할하여 새로운 출원을 할 수 있는 제도로 소급효가 인정된다. 제40조 제1항 위반을 극복하거나, 디자인의 효율적인 관리와 보호를 위해 인정된다.

2 요건

(1) 주체적 요건
출원인 또는 정당한 승계인이 가능하다.

(2) 객체적 요건
① 원출원은 계속 중이어야 하며, 2 이상의 디자인을 포함해야 한다. 2 이상의 디자인을 포함하는 경우로는 단순히 2 이상의 디자인이 포함되어 제40조 제1항 위반인 경우, 복수디자인등록출원의 요건을 불만족한 경우, 한 벌의 물품의 디자인으로 출원하였으나 요건을 불만족한 경우가 있다.
② 분할출원은 원출원의 디자인에 포함된 디자인과 동일해야 한다.

(3) 시기적 요건
원칙적으로 보정 가능한 기간에 할 수 있다(제50조 제3항). 보정이 가능한 기간은 등록여부결정의 통지서가 발송되기 전까지, 재심사 청구기간, 거절결정불복심판의 청구일로부터 30일 이내, 거절결정불복심판의 의견서제출기간 내이다(제48조 제4항).

(4) 절차적 요건
① 출원서 등의 제출
  ㉠ 원출원과는 별개의 절차이므로 제36조 또는 제50조의 절차는 다시 밟아야 하며, 출원서 등 기타 서류 모두 제출함이 원칙이다.
  ㉡ 다만, 원출원 시 제출한 증명서류 등을 원용할 수 있다.

② 제40조 제1항 위반 시
  ㉠ 원출원은 하나의 디자인으로 보정한다.
  ㉡ 나머지 중 등록받고자 하는 각각의 디자인에 대해 분할하여 출원한다.
③ 제41조의 경우
  분할에 따른 디자인의 수의 변동이 있는 경우 1개의 디자인이 되면, 원출원서의 복수디자인의 표시를 1디자인으로 보정해야 한다. 1일련번호의 디자인에 2 이상의 디자인이 포함된 경우(제41조 후단 위반) 분할하거나, 각 1일련번호의 디자인으로 보정할 수 있는데, 100개 초과가 되는 경우에는 분할해야 한다.

3 효과

(1) 요건 만족 시

원칙적으로 최초 출원한 때 출원한 것으로 본다. 다만, 제51조 제3, 4항의 적용에 있어서는 분할출원일을 기준으로 한다.

(2) 요건 불만족 시

① 시기적 요건을 만족하지 못한 경우 반려한다(시행규칙 제24조).
② 방식이 부적법한 경우(제47조), 무효처분(제18조)된다.
③ 특허법과 달리 거절이유로 규정되어 있지 않아서 신규출원으로 인정되지만, 분할출원일은 소급되지 않고 출원일이다.
④ 불인정 예고통지를 하여 의견서 제출기회를 부여하며, 제출된 의견에도 불구하고 인정할 수 없다고 판단되면 불인정통지를 해야 한다.

4 결어 - 보정과 비교

보정과 같이 출원인의 등록받기 위한 조치로서 법적 효과가 유사하다. 보정과 달리 각각의 권리화를 도모할 수 있다는 점에 실익이 있다.

설문 2 에 대하여

1 문제의 소재 - 분할출원의 요건 충족 여부

甲은 출원인이고, 현재 거절이유통지만 받은 상태이므로 등록여부결정통지서 발송 전에 해당하지만, 분할출원을 하기 위해서는 2 이상의 디자인이 포함되어야 하는데, 주전자는 거래통념상 뚜껑과 손잡이를 포함하여 1물품으로 거래되고, 1개의 형태에도 해당한다고 보아야 하므로 1디자인으로 봄이 타당하므로 분할출원의 객체적 요건 위반에 해당한다.

2 뚜껑 부분, 손잡이 부분에 대한 디자인으로 분할출원한 경우

1디자인으로 인정되는 디자인에서 구성요소 일부를 분할하여 출원하는 것은 불가능하다. 다만, 분할출원을 하기는 하였으나 동일성이 없어 분할출원의 요건을 불만족하는 경우, 출원일의 소급효가 인정되지는 않지만 통상의 출원으로 심사가 된다. 이 경우, 뚜껑과 손잡이에 대해서는 일반적으로 독립 거래의 대상이 되는 물품이라고 보기는 어려우므로 특별한 사정이 없는 한, 부분디자인으로 출원하기는 해야 할 것이다.

3 뚜껑 및 손잡이 부분에 대한 부분디자인으로 1차 분할출원 후, 다시 뚜껑에 대한 부분디자인 또는 손잡이 부분에 대한 부분디자인으로 2차 분할출원하는 경우

(1) 1차 분할출원의 적법 여부

상기 언급한 것과 같이 분할출원은 불가능하므로 통상의 출원으로서 심사가 될 것이다.

(2) 2차 분할출원의 적법 여부

뚜껑에 대한 부분과 손잡이에 대한 부분은 물리적으로 분리된 2 이상의 부분디자인이 표현된 경우인데, 기능적 일체성은 인정되기 어렵고 하나의 대상이나 창작단위로 인식하게 하는 등 관련성을 가지고 있어 형태적 일체성이 인정되는 경우가 아닌 한 제40조 제1항 위반에 해당하는 바, 적법한 분할출원이 된다.

4 설문 2의 해결

1차 분할출원은 2 이상의 디자인을 포함한 경우라고 보기 어려우므로 부적법하여 통상의 출원으로 심사될 것이고, 여기서 2차 분할출원을 하는 경우에는 적법하기는 하나, 이 역시 1차 분할출원의 출원일을 출원일로 하기 때문에 분할출원의 소급효는 실질적으로 누리기 힘들다. 나아가, 디자인 B가 디자인 A와 유사하다면, 디자인 A의 요지인 손잡이와 뚜껑에 대해서도 유사한 디자인이 디자인 B에 포함되어 있을 것인데, 이러한 디자인 B가 甲의 원출원의 출원일 전에 공지된 바 있으므로 어떠한 방식으로 甲이 분할출원을 하더라도 등록가능성은 낮다고 판단된다. [끝]

문제 7 甲은 2018.6.23. '냉장고'에 대한 디자인 A에 대해 심사등록출원(X)하였다. 甲은 사업화를 준비하는 동안 A가 공개되지 않기를 바란다. 한편 甲과 아무런 관련이 없는 乙은 2018.6.29.에 디자인 A와 유사한 디자인 B를 출원(Y)하였다. 다음 각 물음에 답하시오. [20점]

1 상기 사실관계에 비추어 甲이 이용할 수 있는 방법에 대해 설명하시오. [10점]

2 甲이 A가 2018.7.15. 등록 후 3년 동안 공개되는 것을 방지하고자 상기 **1**의 제도를 이용하였다고 하자. 2018.7.29.을 기준으로 이후 진행될 Y출원의 절차를 시간 순서에 따라 설명하시오. [10점]

설문 **1** 에 대하여

1 문제의 소재

출원디자인이 공개되지 않기를 바란다면 설정등록되기 전에 비밀디자인청구를 하거나 출원을 취하하고 비밀로서 관리하는 방법이 있다.

2 비밀디자인청구(제43조)

(1) 의의 및 취지

출원인은 디자인권의 설정등록일로부터 3년 이내의 기간을 정하여 그 디자인을 비밀로 할 것을 청구할 수 있다. 이는 디자인의 특성상 타인의 모방 및 도용이 용이하고 유행성이 강하기 때문에 침해를 원천적으로 차단하고 제품의 사업화 시기를 확보할 수 있도록 하기 위함이다.

(2) 요 건

① 출원인이 가능하고 출원인 또는 디자인권자는 비밀기간의 단축 또는 연장이 가능하다.
② 전부 심사등록출원은 물론 일부심사등록출원도 가능하다.
③ 청구기간은 출원 시부터 최초의 등록료 납부 시까지 가능하며, 등록료가 면제되면 설정등록 시까지이다. 비밀기간은 설정등록일로부터 3년 이내이며 단축이나 연장이 가능하되 역시 3년은 초과할 수 없다.
④ 출원 시에 취지를 기재하거나 출원 계속 중 청구하는 경우에는 비밀디자인청구서 또는 연장/단축청구서를 제출해야 한다.

(3) 효 과

디자인의 실질적 내용이 비공개되고, 등록공보에는 서지적 사항(시행령 제10조)만이 게재된다. 따라서 신규성, 창작성 판단 시에는 인용디자인으로 취급되지 않는다.

(4) 사안의 경우

甲은 출원인이고, 냉장고는 심사의 대상으로 청구의 대상에 포함되고, 아직 설정등록된 바 없으므로 비밀기간을 3년 이내로 하여, 비밀디자인청구서를 제출하면 동 제도를 이용할 수 있을 것이다.

3 출원을 취하하고 비밀로 관리하는 방법

디자인보호법에는 강제공개제도가 없기 때문에 설정등록 전에 출원을 취하하면 특별한 사정이 없는 한, 공개될 염려가 없다.

4 소 결

비밀디자인을 이용하게 되면 과실추정의 배제, 침해금지청구권 행사 시 사전 경고의 필요 등 민사상 권리를 행사하는데 일정한 제한이 따르고, 이의신청기간이 실질적으로 연장되면서 추후 권리 소멸의 가능성이 증가하며, 별도의 절차가 요구되고 추가 비용이 든다는 단점이 있으므로 자신의 디자인의 성격을 잘 고려하여 무엇을 택할지 면밀하게 검토해야 한다.

설문 2 에 대하여

1 문제의 소재

심사등록출원이므로 제3자 乙이 A와 유사한 디자인 B를 더 늦게 출원한 바, 거절이유로 제46조 제1항 위반이 문제된다.

2 Y출원의 심사 개시 시 - 선출원주의 위반 여부

(1) 의의 및 취지

중복등록을 배제하고 권리의 안정성을 위해 2 이상의 동일·유사한 디자인의 출원은 먼저 출원한 자만 등록 가능하다.

(2) 심사기준의 태도

선출원주의는 공개 여부가 문제가 아니므로 비밀기간에도 선출원의 지위를 가진다. 다만, 거절이유를 통지하지 않고 선출원이 설정등록되더라도 비밀디자인이므로 이를 인용디자인으로 첨부하지 않고, 필요 시 열람 가능하다는 취지와 타인에게 누설 불가하다는 기재를 하여 심사보류를 통지한다.

(3) 사안의 경우

설문상 A와 B가 유사하여 Y출원은 선출원주의 위반이지만, 비밀기간 내이므로 심사보류통지가 예상된다.

3 등록여부결정 시 – 거절이유통지와 거절결정의 시기

(1) 심사기준의 태도

비밀기간이 경과되고, 실질적 사항이 게재된 공보의 발행일 이후에 거절이유통지와 거절결정을 한다.

(2) 사안의 경우

비밀기간은 등록디자인 A의 설정등록일로부터 3년이므로 2021.7.15.까지이므로 디자인권자 甲의 기간 단축청구가 없는 한 Y출원에 대해서는 2021.7.16.에 제46조 제1항 위반을 이유로 거절이유통지가 날 것이다. [끝]

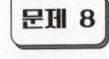

甲은 디자인 A를 창작하여 2018.10.22. 디자인등록출원을 하면서 그 디자인을 비밀로 할 것을 청구하였고, 이후 디자인 A를 기초로 이와 유사한 디자인 B를 2019.4.20. 창작하였다.
[35점]

1 디자인 A와 디자인 B를 활용한 사업을 준비 중인 甲은 디자인 B도 디자인 A를 기본디자인으로 하는 관련디자인으로 출원하면서 비밀로 할 것을 청구하고자 한다. 이 경우 유의하여야 할 사항에 관하여 설명하시오(디자인 A와 디자인 B는 유사한 것으로 전제한다).
[5점]

2 甲의 디자인 B를 비밀디자인으로서 관련디자인등록출원을 한 후, 경쟁사 乙이 디자인 B와 유사한 디자인 C를 국내에서 생산·판매하고 있는 것을 알게 되었다. 甲은 디자인등록출원인 및 디자인권자로서 취할 수 있는 디자인보호법상 조치들을 설명하시오(디자인 B와 디자인 C는 유사한 것으로 전제한다).
[15점]

3 상기 물음 **2** 에서, 乙은 디자인 C를 관련디자인 B의 출원일 이전부터 국내에서 생산하다가 관련디자인 B의 출원일 이후 국내에서 판매를 시작한 것이다.

1) 디자인 C가 관련디자인 B의 출원일 이전에 공지된 경우 甲의 조치에 대응하여 乙이 취할 수 있는 디자인보호법상 조치들을 설명하시오.
[10점]

2) 디자인 C가 관련디자인 B의 출원일 이전에 공지되지 않아 관련디자인 B가 설정등록된 경우 甲의 조치에 대응하여 乙이 취할 수 있는 디자인보호법상 조치들을 설명하시오.
[5점]

설문 1 에 대하여

1. 관련디자인으로 출원함에 있어서 유의할 점

(1) 의의 및 취지

자기의 기본디자인과만 유사한 디자인에 대하여 소정의 요건 하에 신규성 및 선출원주의 규정에도 불구하고, 관련디자인으로 등록받을 수 있는 제도이다(제35조). 변형디자인까지 보호하여 강력한 디자인권 창출에 기여하기 때문이다.

(2) 사안의 경우

기본디자인의 출원일로부터 3년 이내에 출원해야 하므로 2021.10.22. 전에 출원해야 할 것이다.

2. 비밀디자인청구에 있어서 유의할 점

(1) 의의 및 취지

출원인은 디자인권의 설정등록일로부터 3년 이내의 기간을 정하여 그 디자인을 비밀로 할 것을 청구할 수 있다. 이는 디자인의 특성상 타인의 모방 및 도용이 용이하고 유행성이 강하기 때문에 침해를 원천적으로 차단하고 제품의 사업화 시기를 확보할 수 있도록 하기 위함이다.

(2) 사안의 경우

절차적으로는 출원 시에 그 취지를 기재하면 족하고, 이미 출원한 경우라면 신청서를 제출해야 한다. 기본디자인과 비밀기간의 만료일을 동일하게 하지 않아 어느 하나의 디자인이 먼저 공개가 되면 그 이후의 비밀기간은 무의미하게 되므로 디자인 A의 비밀기간 만료일과 일치시켜야 할 것이다.

설문 2 에 대하여

1. 문제의 소재

디자인 B가 등록되는 경우, 甲의 디자인권은 유효하게 존속하고, 이와 유사한 디자인을 정당권원 없는 제3자인 乙이 생산·판매하는 것은 업으로서 실시하는 경우에 해당하여 침해행위에 해당한다. 다만, 등록 전인 경우에는 잠정적인 침해행위에 해당함을 전제로 보상금청구권을 포함하여 가능한 사전적 조치들을 검토한다. 또한 비밀디자인이어서 제한되는 점을 고려한다.

2 출원인으로서 가능한 조치

(1) 보상금청구권 및 출원공개신청과 경고

① 의의와 요건

신청에 의해 출원공개가 있은 후, 경고를 받거나 출원공개된 디자인임을 알고, 정당한 권원 없이, 출원디자인과 동일·유사한 디자인을 업으로서 실시하는 자에게 일정한 보상금을 청구할 수 있다.

② 발생 범위

경고를 받거나 알게 된 때부터 설정등록 시까지의 기간 동안 동일·유사한 디자인의 실시에 대하여 통상 받을 수 있는 금액으로 미등록임을 이유로 저평가되는 것을 방지하기 위함이다.

③ 행 사

㉠ 디자인의 설정등록 후에만 행사할 수 있다(제53조 제3항). 이는 등록 전 권리로서 부당한 권리행사에 의한 제3자의 불측의 피해를 방지하기 위함이다.

㉡ 또한 디자인권의 행사에 영향을 받지 않는 독립적 권리이다(제53조 제4항).

④ 사안의 경우

보상금청구권의 발생을 위해서는 출원공개신청 및 경고가 필요하므로 이하 논한다.

(2) 출원공개신청(제52조) 및 경고

① 의의 및 취지

출원디자인이 디자인공보에 게재되는 경우를 말하고, 특허법과 달리 신청에 의해 출원이 공개된다. 디자인의 내용을 조기에 공개하여 침해를 예방하고, 보상금청구권을 발생시키기 위해 활용된다.

② 비밀디자인의 취급

비밀디자인청구는 철회간주된다(제43조 제6항).

③ 사안의 경우

甲의 출원공개신청 후, 乙의 잠정적 침해행위에 대하여 보상금청구권의 대상이 될 수 있음을 경고해야 할 것이다. 다만, 보상금청구권은 설정등록 이후 행사가 가능하다.

(3) 우선심사신청(제61조)

① 의의 및 취지

일정 요건에 해당하는 출원에 대하여, 출원 순위와 관계 없이 우선하여 심사하는 제도를 말한다. 특허법과 달리 심사청구제도가 없기 때문에, 심사의 지연을 방지하고, 출원인의 권익과 공익을 보호하기 위함이다.

② 사안의 경우

제61조 제1호는 출원공개신청 후 출원인 아닌 자가 업으로서 출원디자인을 실시하고 있다고 인정되는 경우 우선심사사유로 규정하고 있으므로 甲은 권리의 조기 등록 및 행사를 위해서 우선심사신청을 할 수 있다.

3   디자인권자로서 가능한 조치

보상금청구권은 디자인권의 행사에 영향을 받지 않으므로 이후 디자인권에 기한 각종 민·형사상 조치를 할 수 있을 것이다. 민사상 조치로는 침해금지청구(제113조), 손해배상청구(민법 제750조), 신용회복청구(제117조) 등이 가능하며, 형사상 조치로는 침해죄(제220조), 몰수 및 교부(제228조) 등이 가능하다. 나아가 사전적으로 증거보전 및 침해금지 가처분도 가능하다.

설문 3 에 대하여

1   소설문 1)

(1) 디자인 B가 등록 전인 경우

① 문제의 소재

디자인 B와 유사한 디자인 C가 출원일 이전에 공지되어 디자인 B는 신규성(제33조 제1항 각 호)의 거절이유를 가진다.

② 정보제공(제55조)

乙은 디자인 B에 대하여 신규성 위반의 거절이유가 있음을 정보제공할 수 있을 것이다.

③ 디자인 C의 출원 및 등록

만약 디자인 C가 甲의 기본디자인 A와 비유사한 경우, 디자인 C를 권리화할 수 있다. 디자인 B의 거절결정이 확정되는 경우 선출원의 지위는 소멸하므로 선출원주의(제46조)는 문제가 되지 않는다. 다만, 디자인 B의 출원일 이전에 국내에서 생산하다가 공지된 점에 대해서는 신규성 상실의 예외(제36조) 주장이 필요할 것이다.

④ 우선심사신청

디자인 C를 이미 실시하고 있는 乙은 조기등록을 위하여 우선심사신청도 가능하다(제61조 제2호 및 시행령 제6조 제10호).

⑤ 甲의 경고에 대한 대응

대응하지 않거나, 어차피 거절이유가 존재하므로 경고에 이유 없음을 답변하거나, 출원을 취하할 것을 종용할 수 있다.

(2) 디자인 B가 등록된 경우 – 무효심판(제121조)

① 무효심판(제121조)

무효심판은 하자 있는 등록 권리의 소멸을 구하는 심판으로 분쟁의 종국적 해결 수단으로 기능한다. 디자인 B가 등록되기 전인 경우와 비교하여, 정보제공 대신 신규성 위반의 무효사유를 들어 무효심판을 청구하여 디자인 B에 대한 권리의 소멸을 구할 수 있다. 乙은 경쟁업체로 등록디자인 B의 소멸에 직접적인 이해관계가 있는 자이므로 가능하다.

② 甲의 민·형사상 조치에 대한 대응 – 비침해 주장

甲의 조치는 乙의 행위가 침해임을 전제한 것인데, 신규성 위반의 무효사유가 있는 경우, 비침해임을 주장하는 각종 항변이 가능하다. 가능한 항변에는 무효의 항변, 자유실시디자인의 항변 등이 있다. 선사용권도 주장할 수 있으나, 무효사유가 존재하는 바 큰 실익이 없으므로 이하 소설문 2)에서 논한다.

2 설문 2)

(1) 문제의 소재
디자인 B의 출원일 이전에 생산은 하였으나 비밀리에 유지되어 공지되지 않은 것으로 취급되는 경우 설문 1)과는 달리 신규성 위반의 사유가 없다. 다만, B의 출원일 이전에 乙이 실시행위를 한 바, 선사용권을 주장할 수 있을 것이다.

(2) 선사용권(제100조)
① 의의 및 취지

출원 시에 출원디자인의 내용을 알지 못하고 디자인을 창작하거나 창작한 사람으로부터 알게 되어 국내에서 그 등록디자인과 동일·유사한 디자인의 실시사업을 하거나 그 사업의 준비를 하고 있는 자는 그 실시 또는 준비를 하고 있는 디자인 및 사업의 목적 범위에서 그 디자인권에 대하여 통상실시권을 가진다. 이는 선의의 실시자와 기존의 사업시설을 보호하기 위함이다.

② 사안의 경우

乙이 甲의 디자인 B의 출원일 전부터 유사한 디자인 C를 창작하여서 실시하고 있으므로 선의가 인정된다면 그 생산을 하고 있는 범위 내에서 선사용권이 인정될 것이다.

③ 기 타

선사용권은 그 범위에서 제한이 있으므로 더 범위가 넓은 통상실시권을 허락받도록 계약할 수 있다. 또는 B에 관한 디자인권을 양수하는 것도 고려할 수 있을 것이다.

④ 甲의 민·형사상 조치에 대한 대응 - 비침해 주장

甲의 조치는 乙의 행위가 침해임을 전제한 것인데, 선사용권도 주장하는 답변서 등을 통해 이에 대응할 수 있다. [끝]

문제 9 甲은 전기자동차에 관한 신규한 디자인 A를 창작하여 2021.10.1. 이를 기자회견을 통하여 공개한 후 2021.12.1. 제1국에서 디자인등록출원하였다. 그 후 甲은 2021.12.5. 전기자동차에 관한 TV 프로그램 방송에서 자신의 디자인 A를 공개하였다. 甲은 제1국 출원에 기초하여 2022.5.1. 조약우선권을 주장하면서 전기자동차에 관한 디자인 A를 국내에서 디자인등록출원 하였는데 제1국의 출원은 무효로 되었다. 그 후 甲은 2022.6.1. 자신의 전기자동차 디자인을 좀 더 실효적으로 보호하기 위하여 A와 유사한 디자인 A'을 창작하여 디자인등록출원을 하였다. 다음 물음에 답하시오. [30점]

1 甲의 디자인등록출원 A는 등록받을 수 있는지 설명하시오. [10점]
2 甲의 디자인등록출원 A'는 등록받을 수 있는지 설명하시오. [8점]
3 甲이 디자인 A에 대한 자신의 공개행위들에 대하여 신규성 상실 예외 주장을 하면서 디자인등록출원을 한다면 등록받을 수 있는지 설명하시오. [12점]

설문 1 에 대하여

1 조약우선권 주장(제51조)

(1) 의의 및 취지

파리협약의 3대원칙 중 하나로서, 조약당사국 국민이 제1국에 정규 출원 후, 동일한 디자인을 국내에 출원하여 우선권주장을 하는 경우, 신규성과 선출원주의를 적용함에 있어서 판단시점을 소급하여 인정하는 제도이다. 속지주의 원칙에 의한 시간, 절차 등 많은 제약을 극복하고 선출원자를 국제적으로 보호하기 위함이다.

(2) 요건 및 효과

제1국 출원인과 동일인 또는 정당한 승계인이어야 하고, 제1국 출원일로부터 6개월 이내에 해야 하고, 출원일로부터 3개월 이내에 증명서류를 제출해야 한다.

제1국 출원은 제1국에서 출원일이 확정된 정규의 출원이어야 하며, 일단 정규출원으로 인정된 후에는 출원이 무효, 취하, 포기 또는 거절되더라도 이를 기초로 우선권 주장을 할 수 있다. 우선권 주장이 적법한 경우, 신규성 및 선출원주의 적용에 있어 판단시점이 제1국 출원일로 소급된다.

(3) 사안의 경우 – 적법

甲은 제1국에 2021.12.1.에 A를 출원하고, 제1국 출원인과 동일한 甲이 국내에서 2021.12.1로부터 6개월 이내인 2022.5.1.에 제1국에 출원한 A와 동일한 디자인 A에 대해 조약우선권 주장을 한 바, 조약우선권 주장이 적법하고, A 출원의 신규성, 선출원주의 적용의 판단시점은 2021.12.1.이 된다.

2 신규성(제33조 제1항 각 호)

디자인등록 출원 전에 국내 또는 국외에서 공지 등이 된 디자인 또는 이와 유사한 디자인은 신규성이 상실된 디자인으로서 디자인등록을 받을 수 없다.

3 甲의 디자인등록출원 A의 등록가능성 - 소극

甲의 조약우선권 주장이 적법하여, 신규성 판단시 출원일은 2021.12.1.이나, 그 이전에 2021.10.1.에 기자회견을 통하여 A가 공지되었으므로, 신규성 위반의 거절이유에 의해 등록받을 수 없다.

설문 2 에 대하여

1 신규성 적용 여부 - 적극

(1) 의의 및 취지

디자인등록 출원 전에 국내외에서 공지 등이 된 디자인 또는 이와 유사한 디자인은 디자인등록을 받을 수 없다(제33조 제1항 각 호). 공지된 디자인은 공유재산이므로, 이에 독점권을 부여하는 것은 경업자의 실시를 제한하고, 산업 발전을 저해하는 등 법 목적에 반하기 때문이다.

(2) 사안의 경우

2021.10.1.에 기자회견에서 A가 공개되고, 2021.12.5. TV 프로그램 방송에서 디자인 A가 공개되어, A는 甲의 디자인 A'의 출원일인 2022.6.1. 전에 공지된 디자인이다. 따라서, A와 유사한 A'는 신규성 위반의 거절이유를 갖는다.

2 선출원주의 적용 여부 - 적극

(1) 의의 및 취지

동일하거나 유사한 디자인에 대하여 2 이상의 출원이 경합되는 경우에는 먼저 출원한 자만이 디자인등록을 받을 수 있다(제46조 제1항). 독점 배타적 권리인 디자인권의 중복 등록을 방지하기 위함이다.

(2) 사안의 경우

甲의 디자인 A가 2022.5.1.에 출원되었고, 조약우선권 주장에 의해 A의 선출원주의 판단시점은 소급되어 2021.12.1.이고, 甲의 디자인 A'의 출원일은 2022.6.1.이다. 따라서, 甲의 디자인 A'는 유사한 디자인 A가 먼저 출원되었으므로, 선출원주의 위반의 거절이유를 갖는다.

3 A'의 등록가능성 여부 - 소극

디자인 A'는 출원일 2022.6.1. 전에 디자인 A가 공지되었고 출원되었는바, 신규성 및 선출원주의 위반의 거절이유를 가지므로 등록받을 수 없다.

설문 3 에 대하여

1 신규성 상실의 예외 주장 (제36조)

(1) 의 의

디자인등록을 받을 수 있는 자의 디자인이 공지된 경우 공지일로부터 12개월 이내에 출원하면 제33조 제1항 및 제2항을 적용함에 있어 공지되지 않은 것으로 본다.

(2) 판례가 설시한 취지

신규성에 관한 원칙을 너무 엄격하게 적용하면 디자인등록을 받을 수 있는 권리를 가진 자에게 지나치게 가혹하여 형평성을 잃게 되거나 산업 발전을 도모하는 법 취지에 맞지 않는 경우가 생길 수 있으므로, 제3자의 권익을 해치지 않는 범위 내에서 예외적으로 디자인등록을 받을 수 있는 권리를 가진 자가 일정한 요건과 절차를 갖춘 경우에는 디자인이 출원 전에 공개되었다고 하더라도 그 디자인은 신규성을 상실하지 않는 것으로 취급하기 위하여 신규성 상실의 예외 규정을 둔 것이다.

(3) 복수의 공지행위 판례

디자인등록을 받을 수 있는 권리를 가진 자가 제36조 제1항의 12개월의 기간 이내에 여러 번의 공개행위를 하고 그 중 가장 먼저 공지된 디자인에 대해서만 절차에 따라 신규성 상실의 예외 주장을 하였더라도 공지된 나머지 디자인들이 가장 먼저 공지된 디자인과 동일성이 인정되는 범위 내에 있다면 공지된 나머지 디자인들에까지 신규성 상실 예외의 효과가 미친다.

2 디자인등록출원 A의 등록가능성

(1) 신규성 상실의 예외 주장의 시기적 요건 판단

조약우선권 주장을 수반하는 출원이라도, 우선권 주장의 효과가 제1국 출원일 이전까지 미치지 아니한다는 4B조약의 규정상, 공지된 날부터 12개월 이내에 우리나라에 디자인등록출원 되어야 신규성 상실의 예외를 적용받을 수 있다.

(2) 사안의 경우

디자인 A의 최초 공개일은 2021.10.1.에 기자회견을 통하여 공개된 것이고, 디자인 A의 출원일은 2022.5.1.로 최초 공지일로부터 12개월 이내이고, 조약우선권 주장에 의해 신규성의 판단시점은 2021.12.1.의 제1국 출원일로 소급된다. 따라서, 최초 공지일인 기자회견에서 A의 공개행위에 대해 신규성 상실 예외 주장을 하는 경우, 이러한 공지 행위에 의해 신규성이 상실되지 않으므로, 디자인 A는 등록받을 수 있다.

3 디자인등록출원 A'의 등록가능성

(1) 신규성 위반 여부 – 소극

甲은 디자인 A의 최초 공지일인 2021.10.1.로부터 12개월 내인 2022.6.1.에 디자인 A'를 출원하였고, 甲이 12개월 내인 2021.12.5.에 TV 프로그램 방송에서 공개행위를 하고, 가장 먼저 공지된 디자인에 대해서만 신규성 상실 예외 주장을 하였더라도, 기자회견에서 공개된 디자인 A와 TV 프로그램 방송에서 공개된 디자인 A가 동일성이 인정되는 범위 내에 있으므로, TV 프로그램 방송에서의 공지된 디자인 A에까지 신규성 상실의 예외의 효과가 미친다.

따라서, 2021.10.1.의 디자인 A의 공지 및 2021.12.5.의 디자인 A의 공지에 의해, 디자인등록출원 A'는 신규성 및 창작성 위반이 되지 않는다.

(2) 선출원주의 위반 여부 – 적극

甲의 디자인 A' 출원일인 2022.6.1. 전에 甲의 디자인 A 출원이 있으므로, 선출원주의 위반으로 디자인 A'는 등록받을 수 없다.

(3) 관련디자인 및 보정

출원인은 자신의 기본디자인과만 유사한 디자인을 기본디자인의 출원일부터 3년 이내에 출원하여 제33조 제1항 각 호 및 제46조 제1항, 제2항에도 불구하고 관련디자인으로 등록받을 수 있다(제35조).

디자인등록출원인은 단독의 디자인등록출원을 관련디자인등록출원으로 변경하는 보정을 할 수 있다 (제48조 제2항).

(4) 사안의 경우

관련디자인제도를 이용하는 경우 등록받을 수 있다. [끝]

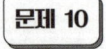

甲은 '휴대용 미니선풍기' 디자인 A를 창작하고 2025.3.5. 중국에 디자인 출원하여 등록을 받았다. 甲의 디자인 A가 2025년 5월호 중국의 디자인공보에 기재되어 공지된 후, 甲은 2025.5.13.부터 중국 인터넷 쇼핑몰에서 휴대용 미니선풍기의 사진을 업로드하여 광고하고 판매하였다. 이후, 甲은 2025.6.27. 중국 등록디자인 A와 동일한 디자인을 대한민국 특허청에 디자인심사등록출원 하였다. 다음 물음에 답하시오(다음 각 설문은 독립적임). [20점]

1 중국 디자인 출원일로부터 대한민국 출원일 사이에 디자인 A와 동일 또는 유사한 타인에 기인한 공지가 없는 상황에서, 甲이 대한민국에 출원한 디자인 A에 대하여 특허청으로부터 신규성 위반을 지적받았다. 甲이 대한민국에서 출원한 디자인 A에 관한 신규성 위반 사유에 대하여 논하시오. [8점]

2 甲이 중국에서 등록받은 디자인 A를 대한민국에서 디자인등록 받기 위한 방안에 대하여 논하시오(단, 디자인 성립요건, 신규성, 창작비용이성, 및 불특허사유에 관한 논의는 제외한다). [12점]

설문 1 에 대하여

1. 신규성(제33조 제1항 각호)

(1) 의의 및 취지

출원 전 국내외 공지디자인과 동일, 유사한 디자인은 신규성 흠결로 등록받을 수 없다. 공지 디자인에 대해 독점배타권을 부여하는 것은 법 목적에 반하기 때문이다.

(2) 요 건

공지주체는 불문이며, 일반 수요자를 기준으로 판단하며, 출원시를 기준으로, 국내 또는 국외에서 공지되었거나 공연히 실시된 디자인, 반포된 간행물에 게재되었거나 전기통신회선을 통하여 공중이 이용할 수 있게 된 디자인은 신규성이 상실된다.

2. 甲이 출원한 디자인 A의 신규성 위반 사유

甲의 디자인 A는 대한민국 출원일 2025.6.27. 전에, 동일한 디자인 A를 (ⅰ) 2025.3.5. 중국에서 디자인 등록을 받았으므로, 비밀유지의무가 없는 불특정다수인이 알 수 있는 상태에 놓였으므로 공지되었다. 또한, (ⅱ) 2025년 5월 호 중국 디자인 공보에 기재되었으므로 반포된 간행물에 게재되어 2025.5.31. 공지로 추정되고, 중국의 디자인공보에 의한 공지는 신규성상실 예외주장을 할 수 없고(제36조 제1항 단서), (ⅲ) 2025.5.13. 부터 중국 인터넷 쇼핑몰에서 휴대용 미니 선풍기 디자인 A의 사진을 업로드하고 광고하여 판매하였는바, 전기통신회선을 통해 공중이 이용할 수 있게 되고, 공연히 실시되었으므로, 신규성 위반 사유에 해당한다.

설문 2 에 대하여

1. 조약우선권 주장(제51조)

(1) 의의 및 취지

파리협약의 3대 원칙 중 하나로, 조약당사국 국민이 제1국에 정규 출원을 한 후 동일한 디자인을 국내에 출원하여 우선권주장하는 경우, 제33조와 제46조를 적용함에 있어서 판단시점을 소급하여 인정하는 제도이다. 속지주의 원칙에 의한 시간, 절차 등 많은 제약을 극복하고 선출원자를 국제적으로 보호하기 위함이다.

(2) 요건 및 효과

(ⅰ) 대한민국 국민, 조약동맹국 국민, 준동맹국 국민이어야 하고, (ⅱ) 기초 출원은 최선성, 정규성이 있어야 하고, 우선권주장 출원은 기초출원과 실질적으로 동일성이 있어야 하고(제51조 제1항), (ⅲ) 제1국 출원일로부터 6개월 이내에 하며(제51조 제2항), (ⅳ) 출원시 우선권 주장하면서, 출원서에 취지, 최초 출원한 국가명, 출원연월일을 기재하고(제3항), 출원일로부터 3개월 이내에 증명서류를 제출해야한다(제51조 제4항). 요건만족시 (ⅰ)파리조약 4B에 따라 제1국과 제2국 출원일 사이에 행해진 제3자의 행위에 의하여 무효되지 않으며, 어떠한 권리도 제3자에게 허여하지 않으며, (ⅱ) 국내법상 제33조, 제46조의 적용에 있어 판단시점이 제1국으로 소급된다.

2 선출원(제46조)

동일하거나 유사한 디자인에 대하여 다른 날에 2 이상의 디자인등록출원이 있는 경우에는 먼저 디자인등록출원한 자(출원인 동일도 해당됨)만이 그 디자인에 관하여 디자인등록을 받을 수 있고(제46조 제1항), 디자인등록출원이 취하·포기되거나 제62조에 따른 디자인등록거절결정 이 확정된 경우 그 디자인등록출원은 선출원의 지위를 소멸한다(제46조 제3항).

3 사안의 경우

甲의 2025.6.27. 디자인 A의 출원은 신규성위반으로 등록받을 수 없다.

다만, 디자인 A에 대해 중국에서 2025.3.5. 출원하고, 그로부터 6개월 내인, 2025.9.5.에 동일한 디자인 A에 대해 한국에서 출원시 우선권 주장하면서, 취지, 중국, 2025.3.5.를 기재하고, 출원일로부터 3개월 내에 증명서류를 제출하면, 제33조 판단시점이 소급되므로, 디자인 A는 등록받을 수 있다.

또한, 甲이 정당한 사유로 우선권 주장의 기간을 지키지 못한 경우에는 그 기간의 만료일로부터 2 개월 이내에 디자인 A를 출원하며 우선권 주장할 수 있다(제51조의3).

아울러, 甲의 2025.6.27. 디자인 A의 출원은 신규성 위반으로 거절결정이 확정되거나, 甲이 취하, 포기하는 경우 선출원의 지위가 소멸되므로, 甲의 2025.6.27. 디자인 A의 출원과 선출원주의(제46조)가 문제되지 않는다.

4 헤이그국제출원

(1) 의의 및 취지

디자인 국제출원 절차에서 일원적으로 출원하여 복수의 협정 가입국가 등에 출원한 것과 동일한 효과를 부여하고 디자인권의 보호를 요청할 수 있는 시스템을 의미하고, 디자인의 국제적 보호와 절차적 편의 및 비용의 절감을 꾀하기 위함이다.

(2) 사안의 경우

헤이그 국제출원은 우선권 주장이 가능하며, 중국도 헤이그협정 가입국에 해당하므로, 국제사무국에 국제출원하면서, 중국에서 2025.3.5 출원에 대해 우선권 주장하면서, 지정국을 대한민국으로 하여 디자인 A를 한국에서 등록받을 수 있다.

CHAPTER 06 등록 후 법률관계

문제 1 특허법은 특허권의 보호범위 내에서 제3자가 업으로서 실시하는 이른바 직접침해 이외에도 특허권자의 실효적인 보호를 위해 제127조에서 침해로 보는 행위를 규정하고 있다. 이를 '간접침해'라고 이르기도 한다. 디자인보호법도 이와 유사한 제도에 대해 제114조에서 규정하고 있다. [30점]

1 디자인보호법상 간접침해 규정에 대해 설명하고, 다음 각 유형의 직접침해 및 간접침해의 성립 여부에 대해 설명하시오. [8점]

1) 완성품 디자인이 등록된 경우, 그 부품 디자인을 실시하는 경우

2) 한 벌 물품의 디자인이 등록된 경우, 그 구성물품의 디자인을 실시하는 경우

2 甲은 귀걸이에 대한 디자인 A의 디자인권자이다. 乙은 귀걸이에서 보석 부분만 제거된 부분(이하 '귀걸이틀')이 유사한 디자인 B를 소규모 잡화상에게 판매하고 있다. 이를 구매한 자들은 디자인 B의 하부에 있는 나사 모양의 작은 돌기에 그에 알맞게 구멍이 나 있는 구슬 형상의 보석을 끼워 디자인 A와 유사하게 제작하여 소비자들에게 판매하고 있다. 변리사로서 乙의 행위가 등록디자인 A에 대한 침해인지 검토하시오(설문 이외의 사정은 고려하지 마시오). [22점]

등록디자인 A	실시디자인 B

설문 1 에 대하여

1 간접침해

(1) 의의 및 취지

등록디자인이나 이와 유사한 디자인에 관한 물품의 생산에만 사용하는 물품을 업으로서 생산 등의 행위는 그 디자인권을 침해한 것으로 본다. 이는 특허권자의 실효적 보호를 위해 침해의 개연성 높은 행위에 대해 규제하는 것이다.

(2) 요 건

정당권원 없는 제3자가 등록디자인 또는 유사한 디자인의 생산에만 사용되는 물건(전용성)을 업으로서 생산, 양도, 대여, 수출 또는 수입하거나 업으로서 그 물품의 양도 또는 대여의 청약을 해야 한다(공용성).

2 소설문 1)의 해결

(1) 직접침해 여부

양자는 전체와 부분 관계에 있어 원칙적으로 비유사물품에 해당하는 바 직접침해에 해당되지 않지만, 부품의 구성이 완성품에 가까운 경우에는 유사물품으로 보아 직접침해에 해당될 수 있다.

(2) 간접침해 여부

부품이 완성품 디자인의 생산에만 사용되는 물건에 해당한다면 이를 생산 등 하는 행위는 간접침해에 해당될 것이다.

3 소설문 2)의 해결

(1) 직접침해 여부

양자는 비유사물품으로 직접침해는 문제되지 않는다.

(2) 간접침해 여부

각 구성물품들은 그 자체로서 독자적인 용도와 기능을 갖는 물품에 해당하기 때문에 전용품에 해당하지 않는 바, 간접침해가 성립되기 어렵다.

설문 2 에 대하여

1. 문제의 소재

(1) 등록디자인은 유효하고 乙이 B를 판매하고 있으므로 업으로서 실시하는 자에 해당한다. 양 디자인이 유사한지와 주지형태인 알파벳 C 또는 숫자 6으로부터 용이하게 창작가능하여 자유실시디자인에 해당하는지 여부를 판단하여 직접침해 여부를 검토한다.

(2) 나아가 A의 부품에 해당하는 귀걸이틀과 유사한 B가 전용성이 인정되어 B의 실시가 간접침해의 인정가능성에 대해서도 이하 검토한다.

2. 직접침해 여부 - 소극

(1) 유사 판단

① 판례의 태도

㉠ 대법원은 물품의 동일·유사를 전제로 하고, 이를 구성하는 각 요소를 분리하여 개별적으로 대비할 것이 아니라 전체적으로 대비 관찰하여 상이한 심미감을 느끼게 하는지의 여부에 따라 판단해야 하므로 그 지배적인 특징이 유사하면 세부적인 점에 다소 차이가 있더라도 유사하다고 보아야 한다고 판시하였다.

㉡ 또한 대법원은 이 경우 관찰자의 주의를 끌기 쉬운 부분을 요부로서 파악하여, 이를 관찰하여 심미감에 차이가 생기는지 여부의 관점에서 유사 판단을 해야 한다고 판시하였다.

② 사안의 경우

㉠ 양 디자인의 귀걸이틀은 모두 알파벳 C 또는 숫자 6의 형태이고, 아랫부분으로 갈수록 점점 굵어지는 형상인 점이 유사하다. 그러나 A는 틀 하단 중앙에 진주 모양의 구슬이 부착되어 있는 반면, B는 상부를 향한 작은 돌기만이 형성되어 있는 점에 차이가 있다.

㉡ 판단하건대, 틀 부분이 상당히 유사하지만 대상물품이 귀걸이라는 점을 고려하면, 중앙의 구슬이 부착된 것은 관찰자의 주의를 끄는 요부라고 보여지고, 이를 중심으로 관찰하여 전체적으로 확연한 심미감의 차이를 나타낼 것이므로 양 디자인은 유사하지 않다고 본다.

(2) 자유실시디자인의 항변 - 소극

① 판례의 태도

대법원은 주지형태로부터 용이하게 창작 가능한 실시디자인의 경우, 등록디자인과 대비할 것도 없이 권리범위에 속하지 않는다고 판시하였다.

② 사안의 경우

전체적으로 주지형태인 알파벳 C 또는 숫자 6의 형상을 하고 있으나, 실시디자인 B는 열려 있는 부분이 상당히 좁아 알파벳 C의 형상과는 차이가 있고, 열려 있는 부분을 기준으로 윗 부분은 가늘게 유지되다가 서서히 두꺼워진다. 또한 윗부분은 오목한데 아랫부분은 다소 평평한 형상으로 전체적으로 달걀 형태에 가깝다. 따라서 주지형상 등에 의한 것이라도 쉽게 창작할 수 없는 경우에 해당하기 때문에 자유실시디자인의 항변은 불가하다.

③ 소 결

A와 유사하지도 않고, 자유실시디자인에도 해당하지 않는 B의 실시는 A에 대한 직접침해를 구성하지는 않는다.

3 간접침해 여부 - 적극

(1) 전용성

① 판례의 태도

대법원은 타용도가 있다는 것은 다른 용도로의 경제적, 상업적, 실용적 사용사실이 있음을 의미하는 것이고, 막연히 다른 용도로의 이론적, 일시적, 실험적 사용가능성이 있다는 것만으로는 타용도가 있다고 볼 수 없다고 판시하였다.

② 사안의 경우

설문상으로는 구슬 형상 이외에 상이한 심미감을 가질 만한 것을 부착하여 판매하는 등의 경제적, 상업적, 실용적인 다른 용도로 사용된 사실을 발견할 수 없으므로 전용성이 인정된다.

(2) 소 결

① 乙이 이를 판매하면 소규모 잡화상들은 구슬 형상의 보석을 끼워 판매하고 있으므로 등록디자인과 유사한 디자인을 양도하는 행위에 해당한다(공용성).
② 상기 검토한대로 전용성이 인정된다.
③ 乙의 정당권원도 인정할 사정이 없으므로 간접침해는 성립된다.

4 설문 2의 해결

직접침해는 아니지만, 간접침해는 성립할 것이다. 한편, 甲이 구슬 형상의 보석 이외의 상이한 심미감을 갖는 보석을 부착하여 판매하는 행위까지 모두 침해를 주장하고 싶다면, 귀걸이틀에 대한 디자인(부품) 또는 부분디자인으로 권리화를 도모하여야 할 것이다. [끝]

문제 2 甲과 丙은 '밸브 하우징'에 대한 등록디자인 A(이하 'A')에 대한 디자인권 공유자이다. 甲이 등록디자인과 대비 가능한 정도로 표현된 乙의 실시디자인 B의 도면을 첨부하면서 이를 확인대상디자인(이하 'B')으로 하여 등록디자인 A의 권리범위에 속한다는 취지의 적극적 권리범위확인심판을 청구하였다. 다음 물음에 답하시오. [20점]

1 이 사건 심판청구에서 甲에 대해 일정한 '조치 1'이 내려졌다면, 그 이유는 무엇이고 甲은 심판을 계속 진행하기 위해서는 어떠한 '조치 2'를 해야 하는지 설명하시오. [8점]

이 사건 등록디자인	비교대상디자인	확인대상디자인

적법한 조치가 이루어졌고, 심판은 계속 진행되어 심판청구는 인용되었다.

2 이에 乙이 불복하자 원심은 다음과 같이 판단하였다.

> ⓐ A와 비교대상디자인 C(이하 'C')를 비교할 때, 본체의 외주면에 만곡진 형상이 있는 점, 배출구 나사산의 외경과 본체의 외경이 거의 같은 크기인 점은 대비하지 않은 채 비유사하다고 판단하였다.
> ⓑ B와 C를 비교할 때, 본체의 외주면의 만곡 여부의 차이, 배출구 나사산과 본체의 외경의 동일 여부의 차이를 디자인의 지배적인 특징이라고 보아 비유사하다고 판단하였다.
> ⓒ 또한 B는 C에 의하여 쉽게 실시할 수 있는 디자인이 아니라고 판단하였다.
> ⓓ 또한 A와 B를 비교할 때에는 본체의 외주면의 만곡 여부의 차이는 세부적인 차이에 불과하지만, 배출구 나사산과 본체의 외경이 동일한 것 같다는 이유 등을 들어 유사하다고 판단하면서, 결국 기각판결을 하였다. 이에 乙이 재차 불복하였다. 다음은 상고심에서 확정한 사실이다.

상기 원심의 판단 중 ⓐ, ⓑ, ⓓ의 비논리성을 지적하고, 판단 ⓒ에 대한 타당성을 검토하여 대법원의 최종 판결을 예상하시오. [12점]

- 본체 : B = [이미지], C = [이미지]
- 배출구 : B = [이미지], C = [이미지]
- 조임볼트 : B = [이미지], C = [이미지]
- 공급관 : B = [이미지], C = [이미지]
- 공통점 : 전체적인 연결구조 [이미지], 본체의 형상, 조임볼트의 위치와 조임면의 형태
- 차이점 : 본체의 외주면의 만곡 여부, 조임볼트와 본체 사이의 단턱 형성의 정도, 본체와 배출구 연결 부분의 각도

설문 1 에 대하여

1 문제의 소재

권리범위확인심판을 청구할 때에는 등록디자인과 대비할 수 있는 확인대상디자인의 도면을 첨부해야 한다(제126조 제3항). 설문상 이는 문제 없고, 乙은 B를 실시하고 있는 자이므로 확인의 이익도 있다고 볼 것이다. 다만, 공유자인 甲이 단독으로 심판청구를 하였으므로 이에 따른 조치 1, 2를 검토한다.

2 공유인 경우, 심판청구방법 - 공동심판청구(제125조 제1항)

공유인 권리에 관하여 심판을 청구할 때에는 공유자 모두가 공동으로 청구해야 한다. 따라서 사안의 경우, 甲의 단독 청구는 위법하고, 이는 각하심결의 대상이다(제128조).

3 조치 1 - 심판장의 보정명령

(1) 법적 근거

심판청구서가 제128조 제1항 각 호에 해당하는 경우에는 보정을 명령해야 한다. 다만, 흠결을 보정할 수 없는 경우에는 심판청구를 심결각하한다(제129조).

(2) 사안의 경우

제126조 제1항 제1호 소정의 청구인의 기재가 잘못된 경우에 해당하고 이는 보정 가능한 경우이므로 제128조 제1항 제1호에 따른 보정명령이 예상된다.

4 조치 2 – 심판청구서의 보정(제126조 제2항)

(1) 법적 근거

심판청구서의 보정은 원칙적으로 요지를 변경할 수 없지만, 동항 각 호에 따른 경우에는 예외로 본다. 특히 제1호에서 디자인권자의 기재를 바로잡기 위해 보정(추가도 포함)하는 경우를 규정하고 있다.

(2) 사안의 경우

甲은 심판청구서의 청구인에 丙을 추가하는 보정을 해야 심결각하되지 않고, 적법한 청구로서 계속 심판을 진행할 수 있을 것이다.

설문 2 에 대하여

1 원심 판단 ⓐ, ⓑ, ⓓ의 비논리성

(1) 문제의 소재

디자인의 유사 판단을 할 때에는 전체적으로 대비 관찰하여 상이한 심미감이 느껴지는지에 의해야 하고, 지배적인 특징이 유사하다면, 세부적인 차이가 있어도 유사하며, 요부를 중심으로 관찰한다는 것이 대법원의 일관적인 태도이다. 그런데 원심은 요부를 파악함에 있어 일관적이지 못한 모습을 보이고 있다.

(2) 사안의 해결

원심은 인용심결을 내리고자 각 디자인의 구성요소 중 본체의 외주면에 있는 만곡진 형상(이하 '구성 X')과 배출구 나사산과 본체의 외경의 동일 여부(이하 '구성 Y')에 대하여 아래와 같이 판단하였다.

① A와 C를 비교할 때는 구성 X, Y는 대비하지도 않고 비유사로 판단하여 무효의 항변을 회피하였다.

② B와 C를 비교할 때는 서로 비유사한 구성 X, Y를 모두 요부로 보아 비유사로 판단하여 자유실시디자인의 항변을 회피하였다.

③ A와 B를 비교할 때에는 비유사한 구성인 X는 요부로 보지 않고, 유사한 구성인 Y는 요부로 보아 유사하여 권리범위에 속한다고 판단하였다.

④ 특히 B의 구성 Y의 판단에 있어서 B와 C를 비교할 때는 외경에 차이가 있다고 보고, B와 A를 비교할 때는 비슷하다고 보았다. 따라서 그 자체로 매우 비논리적인 판단이다.

2 판단 ⓒ의 타당성

(1) 문제의 소재

B가 C에 의해 자유실시디자인에 해당하는지를 검토한다.

(2) 자유실시디자인의 항변

대법원은 확인대상디자인이 통상의 디자이너가 등록디자인의 출원 전 공지디자인 또는 이들의 결합에 따라 쉽게 실시할 수 있는 것인 때에는 등록디자인과 대비할 것도 없이 등록디자인의 권리범위에 속하지 않는다고 보아야 한다고 판시하였다.

(3) 사안의 경우

① 양 디자인은 구성 본체, 배출구, 조임볼트, 공급관의 구성을 갖추어 연결구조가 전체적으로 유사한 형상, 모양을 이루는 점, 본체가 원통형의 관 형상이고, 조임볼트의 위치가 본체의 한쪽 끝 부분에 링 모양으로 그 표면이 일정한 간격으로 평평하게 깎여 6개의 면이 형성되어 있는 점에서 공통되어 주된 창작적 모티브를 같이 한다.

② 다만, 본체의 외주면의 만곡 여부(구성 X)에 있어 B는 일직선인 반면 C는 만곡진 형상인 점, 공급관과 본체의 외경 차이로 인한 단턱이 조임볼트와 본체 사이에 B는 있는 반면 C는 없는 점, 본체와 배출구가 연결되는 'ㄱ' 형상 부분이 B는 직각을 이루지만 C는 완곡하게 이루어져 있는 등의 차이가 있기는 하다. 그러나 이러한 차이는 전체적으로 볼 때 다른 미감적 가치가 인정되지 않는 상업적, 기능적 변형에 불과하다.

③ 따라서 B는 통상의 디자이너가 C에 의하여 쉽게 실시 가능한 자유실시디자인에 해당하는 바, 판단 ⓒ는 부당하다.

3 설문 2 의 해결

원심의 판단은 비논리적이고, 자유실시디자인의 판단에 관한 법리를 오해하여 기각심결을 위한 인용판결을 내렸어야 함에도 기각판결하여 판결에 영향을 미친 잘못이 있는 바, 대법원은 원심판결을 파기하고 환송하는 판결을 해야 한다. [끝]

문제 3 (기출 12)

직물지의 등록디자인 A와 디자인 B는, 디자인의 이면은 모두 아무런 모양이 없는 점에서 동일하다. 그러나 그 표면에 있어서 등록디자인 A는 여러 가닥으로 된 실 형상의 선들이 아래로 내려오면서 서로 꼬이듯이 보이도록 한 'V'자 모양을 상하좌우로 연속적으로 반복하여 이루어져 있는 반면, 디자인 B는 등록디자인 A와 유사한 바탕 모양에 큰 나뭇잎 모양이 위와 아래로 서로 엇갈려 반복하여 이루어져 있고 황색 계통의 색으로 채색되어 있어서, 양 디자인은 전체적으로 볼 때 서로 유사하지 아니하다. 그런데 디자인 B는 위 등록디자인 A의 위 'V'자 모양과 유사한 모양이 일부 반복하여 이루어지다가 그 사이에 큰 나뭇잎 모양이 위와 아래로 서로 엇갈리게 반복하여 이루어진 것이 혼연일체로 결합하여 하나의 디자인을 형성하고 있어서 등록디자인 A의 본질적 특징인 위 'V'자 모양이 상하좌우로 연속적으로 반복된 부분 중 상당한 부분이 손상되어 있다. 디자인 B는 등록디자인 A의 권리범위에 포함되는지 여부에 대하여 논하시오.

[20점]

1 문제의 소재

디자인 A의 본질적 특징을 일부 포함하나, 상당한 부분이 손상되어 있는 디자인 B가 디자인 A를 이용하는 관계인지 여부에 따라 디자인 A의 권리범위에 포함되는지 여부를 검토한다.

2 이용관계가 성립되면 권리범위에 포함되는지 여부 - 적극

(1) 문제의 소재

디자인의 권리범위는 동일·유사한 범위에 미친다(제92조). 그러나, 이용관계는 상호 비유사임을 전제로 성립하는 관계이므로 이용관계가 성립하면 침해를 인정할 수 있는지 문제된다. 이는 이용발명의 법리와 같이 침해로 볼 것인지, 침해와는 달리 디자인보호법상 독자적인 이론으로 보아야 하는지 문제된다.

(2) 판례의 태도

대법원은 부분품과 그 부분품을 포함하는 완성품의 경우, 그 대상 물품이 서로 다르지만, 완성품의 실시를 위해서는 필연적으로 부분품디자인의 실시가 전제될 수밖에 없어서 완성품디자인이 부분품디자인을 이용하는 관계에 있다면 완성품디자인 중 부분품디자인에 대응되는 디자인이 부분품디자인과 동일·유사한 것으로 인정되는 경우, 완성품디자인은 부분품디자인의 권리범위에 속한다고 판시하였다.

(3) 검 토

이용관계에 있는 경우 관련업계에서 침해가 용이할 수 있으므로 선원권리자를 보호하지 않으면 법상 취지에 반하는 점, 디자인의 유사 판단에 요부관찰이 병행되는 점, 부분디자인 제도의 도입으로 부분과 전체의 비교는 예외적인 현상이 아닌 점, 특허체계와 균형을 맞추어야 하는 점으로 보아 이용관계의 본질은 선원디자인의 권리를 침해한 것인지 여부를 판단하는 것과 다르지 않다고 보아야 한다.

3 디자인 A, B 간 이용관계 성립 여부 - 소극

(1) 의의 및 취지

후원디자인권자의 실시는 선원디자인의 실시가 되고, 선원디자인권자의 실시는 후원디자인의 실시가 되지 않는 일방적 충돌관계를 의미한다. 선출원주의 하에서 후원권리자의 실시와 선원권리자의 조화로운 보호를 통해 양자의 이해관계를 조정하기 위함이다.

(2) 성립요건

적법하게 등록된 후등록디자인의 권리범위가 선출원하여 등록된(선발생된) 타인의 권리를 포함해야 한다.

(3) 판단방법

① 학설의 대립

주요부설, 개량확장설, 그대로설, 실시불가피설이 있다.

② 판례의 태도

대법원은 후등록디자인이 전체로서 선등록디자인과 비유사하지만, 선등록디자인의 요지를 전부 포함하고 선등록디자인의 본질적 특징을 손상시키지 않은 채 그대로 자신의 디자인 내에 도입하고 있어 후등록디자인을 실시하면 필연적으로 선등록디자인을 실시하는 관계에 있는 경우를 의미한다고 판시하여, 그대로설의 입장인 것으로 보인다.

③ 검토

디자인은 물품의 외관으로서 주요부의 특정이 어렵고 개량확장의 개념을 적용하기 어렵다. 그대로설은 디자인의 구성요소를 이용하여 추상적인 미감의 이용 여부를 파악하고자 하는 것이므로 이용의 본질적 개념에 가장 부합한다.

(4) 사안의 경우

양 디자인은 설문상 비유사하고, 디자인 B에는 디자인 A의 본질적 특징인 V자 모양과 유사한 모양이 반복되고 있다는 점을 포함하고 있기는 하지만, 디자인 B는 큰 나뭇잎 모양이 추가적으로 반복되어 상당한 부분이 손상되어 있으므로 디자인 A의 본질적 특징을 그대로 도입하고 있다고 보기는 어려우므로 양 디자인은 이용관계가 성립하지 않는다.

4 설문의 해결

양 디자인은 이용관계에 놓여 있지 않으므로, 디자인 B가 디자인 A의 권리범위에 포함된다고 보기는 어렵다.
[끝]

문제 4

디자인 상호간의 권리관계에서, 후출원 등록디자인이 선출원 등록디자인을 그대로 이용하는 이용관계에 있는 경우에는, 후등록디자인의 임의적 실시는 선등록디자인권의 침해가 된다. 디자인의 선후관계와 이용관계에 대한 다음 설문에 답하시오. [35점]

1 이와 같은 디자인보호법 제95조에 의한 이용관계의 법적효과가 귀속되기 위한 광의의 요건을 총체적으로 설명하되, 디자인 상호간의 이용관계의 본질에 관한 학설과 협의의 디자인 이용관계의 성립요건에 관한 판례의 입장에 비중을 두고 설명하시오. [10점]

2 다음 1), 2)의 경우, 후출원이 디자인등록 가능한지를 선원주의 관점에서만 판단하고, 양자가 모두 디자인등록이 된다면 선후 등록디자인 상호간에 이용관계가 성립하는지를 판단하시오. [15점]

1) 선출원 디자인이 양념용기 세트 중 후추통 디자인이고, 후출원이 그 후추통을 포함한 한 벌의 양념용기세트 디자인인 경우 [5점]

2) 선출원 디자인이 형상만의 디자인이고, 후출원이 그 형상에 모양 및 색채를 부가한 결합디자인인 경우 [10점]

3 선등록디자인이 형상·모양이 결합된 벽지 디자인이고, 후등록디자인이 그 형태에 색채를 부가하고 일부 모양을 변형한 벽지 디자인인 경우에도 양자간 이용관계가 성립될 수 있는지를 논하시오. [10점]

설문 1 에 대하여

1. 이용관계의 의의 및 취지

후원디자인권자의 실시는 선원디자인의 실시가 되고, 선원디자인권자의 실시는 후원디자인의 실시가 되지 않는 일방적 충돌관계를 의미한다. 선출원주의 하에서 후원권리자의 실시와 선원권리자의 조화로운 보호를 통해 양자의 이해관계를 조정하기 위함이다.

2. 광의의 요건

적법하게 등록된 후등록디자인의 권리범위가 선출원하여 등록된(선발생된) 타인의 권리를 포함해야 한다.

3. 이용관계의 본질에 대한 논의

(1) 학설의 대립

주요부설, 개량확장설, 그대로설, 실시불가피설이 있다.

(2) 검 토

그대로설을 제외하고는 발명의 이용을 탐구하면서 제기된 견해들이므로 권리의 객체를 달리하는 디자인의 이용관계에 대입하기는 어렵다. 그대로설은 구체적·기술적 구성요소를 이용하여 추상적인 기술적 사상의 이용의 의미를 파악하고 있으므로 구체적 디자인 구성요소를 이용해 추상적인 미감의 이용의 의미를 파악하고자 하는 디자인의 이용과 가장 부합한다.

4. 협의의 이용관계의 성립요건에 대한 논의

(1) 학설상의 협의의 요건 분석

그대로설에 따르면, 비유사하지만 디자인의 요지를 전부 포함하고, 본질적 특징을 손상시키지 않은 채 자신의 디자인에 그대로 도입된 것이어야 하며, 그러한 본질적 특징이 후원디자인의 다른 구성요소와 구별되는 형태로 포함되어 있어야 한다.

(2) 최근 판례의 태도

대법원은 후등록디자인이 전체로서 선등록디자인과 비유사하지만, 선등록디자인의 요지를 전부 포함하고 선등록디자인의 본질적 특징을 손상시키지 않은 채 그대로 자신의 디자인 내에 도입하고 있어 후등록디자인을 실시하면 필연적으로 선등록디자인을 실시하는 관계에 있는 경우를 의미한다고 판시하여, 그대로설의 입장인 것으로 보인다.

(3) 검 토

다만, 최근 판례는 학설상의 협의의 요건에 후등록디자인을 실시하면 필연적으로 선등록디자인을 실시하는 관계일 것을 추가적으로 설시하였는데, 이는 이를 제외한 요건이 갖추어지면 자연적으로 성립이 인정되는 요건이므로 굳이 별도의 성립요건을 구분할 필요는 없다고 판단된다.

설문 2 에 대하여

1 선출원주의의 의의 및 취지

동일·유사한 디자인에 대하여, 먼저 출원한 자만이 등록이 가능하고, 동일자인 경우에는 협의제에 의한다. 중복 등록을 배제하고, 권리의 안정성을 도모하기 위함이다.

2 소설문 1)

(1) 한 벌 물품의 디자인 제도의 의의 및 취지

2 이상의 물품이 한 벌의 물품으로 동시에 사용되는 경우 한 벌 전체로서 통일성이 있으면 1디자인으로 등록받게 하는 제도이다. 산업 사회의 다양화에 따라 다수 물품의 통합적 미감을 보호하고자 함이다.

(2) 후출원디자인의 등록가능성 – 적극

구성물품의 디자인과 이를 포함한 한 벌 물품의 디자인은 물품 및 등록받고자 하는 대상과 방법이 다르므로 비유사하다. 후추통 디자인과 이를 포함하는 한 벌의 양념용기세트 디자인은 비유사하여 후출원디자인은 등록이 가능하다.

(3) 이용관계 성립여부 – 적극

양 디자인은 비유사하고, 한 벌 물품의 디자인은 구성물품의 디자인을 그대로 포함하므로 디자인의 요지를 전부 포함하고 본질적 특징도 손상되지 않는 바 이용관계가 성립된다.

3 소설문 2)

(1) 형상만의 디자인의 내부 여백에 대한 해석

① 학설의 대립
  ㉠ 무색설 : 남겨진 여백은 아무것도 정하지 않는 것으로 보는 견해이므로 형상만의 디자인을 인정한다.
  ㉡ 무모양일색설 : 여백을 무모양 일색으로 정의하는 견해이므로 형상만의 디자인을 부정한다.
  ㉢ 일본의 학설상 견해로 재질설, 용지설이 있다.

② 검 토

무색설은 보호범위가 과도하다는 비판이 있고, 무모양일색설은 출원인의 의사를 무시하고 여백에 대해 임의적인 해석이 들어간다는 점에서 비판이 있다. 그러나, 디자인의 정의규정, 형상의 창작에 창작적 노력이 집중되었다면 그 자체의 창작적 가치도 보호할 필요가 있는 점 등을 고려하면 무색설이 타당하다.

(2) 후출원디자인의 등록가능성 – 적극

모양이 없는 형상만의 디자인에 모양과 색채가 부가되면 형상은 유사하나 모양이 비유사하므로 양 디자인은 비유사하다. 따라서 후출원디자인은 등록이 가능하다.

(3) 이용관계 성립 여부 – 적극

① 문제의 소재

형상만의 디자인의 내부 여백이 적법하게 등록된 후, 제3자가 그 형상을 그대로 포함하는 전체로서 비유사한 디자인을 실시하는 경우 이용관계가 성립하는지 문제된다.

② 학설의 대립

㉠ 긍정설 : 형상을 그대로 포함하는 결합디자인의 실시는 형상만의 디자인을 전부 실시하는 것에 해당한다고 본다.

㉡ 부정설 : 디자인은 형상·모양·색채가 융합한 일체가 되어 성립하는 것이므로 양 디자인은 별개의 디자인인 바 이용관계는 성립하지 않는다고 본다.

㉢ 절충설 : 형상을 먼저 만들고 모양을 부가하는 방법으로 생산되는 경우에 한정하여 이용관계를 인정할 수 있다고 본다.

③ 검 토

부정설은 무모양일색설을 일관한 견해이며, 절충설은 물품의 제조방법에 따라 달리 취급되는 것이므로 타당하지 않다. 형상과 모양은 관념적으로 분리하여 구별할 수 있고, 형상만의 디자인을 창작한 의도를 고려하면 모양과 색채가 부가된 디자인을 그대로 실시하면 필연적으로 그 형상을 실시하게 되는 관계에 해당되므로 상기 설문 **1** 에서 언급한 판례의 태도처럼 형상만의 본질적 특징이 손상되지 않으면서 그대로 도입되고 있다면 이용관계를 긍정함이 타당하다.

설문 **3** 에 대하여

1 문제의 소재

일부를 변형한 정도가 크지 않아서 전체로서 유사하면 이용관계는 성립되지 않는다. 모양이 단일체로 이용되는 설문 **2** 의 소설문 2)와는 달리 선등록디자인의 모양을 후등록디자인의 모양의 일부로 하여 선등록디자인의 일부는 후등록디자인에서는 보이지 않을 것이어서, 이것을 선등록디자인의 본질적 특징이 손상된 것으로 볼 것인지가 문제된다.

2 디자인보호법의 목적에 따른 일부의 이용관계 성립 여부

(1) 학설의 대립
① 창작설의 입장에서는 디자인의 유통·제작·사용 과정도 함께 고려되어야 한다는 입장이므로 선등록디자인을 만든 후 2차적으로 변형이 가해지는 것이면 이용관계를 긍정한다.
② 경업설의 입장에서는 거래자와 수요자가 물품의 유통과정에서 인지할 수 없는 부분은 침해 판단에서 제외되어야 하므로 후등록디자인에서 사라진 부분은 고려대상이 아니라고 본다.
③ 수요설의 입장에서는 후등록디자인에서 사라진 부분은 수요자의 시각을 자극하여 물품의 수요 증대에 이바지한다는 법의 목적을 달성하지 못하므로 고려대상이 아니라고 본다.

(2) 판례의 태도
선등록디자인의 요부를 전부 포함하고 본질적 특징을 손상시키지 않아야 한다는 것은 이 때문에 선등록디자인이 갖는 수요를 자극하는 부분이 훼손되어 그 기능이 차단되는 경우 이용관계가 성립될 수 없다는 논리로 유추해석이 가능하므로 수요설의 입장에 놓인 것으로 판단된다.

(3) 검 토
디자인보호법과 다른 지식재산권법의 가장 큰 차이는 물품의 수요 증대를 통하여 산업발전을 이루려고 한다는 것이므로 수요설이 가장 타당하므로 일부의 이용관계는 이러한 전제 하에서 인정된다고 볼 수 있다.

3 설문 ❸의 해결

색채의 부가로는 선등록디자인의 본질적 특징이 파괴되지 않는다고 봄이 일반적이다. 모양이 꽤 변형되어 전체로서 디자인이 비유사함을 전제로 판단건대, 모양이 일부 변형되어 선등록디자인의 일부 모양이 사라짐으로써 물품의 수요를 자극하는 기능이 훼손되거나 사라진다면 이용관계는 성립되지 않을 것이다. [끝]

문제 5

甲의 특허권과 乙의 디자인권은 상호 저촉관계에 있다. 다음 각 물음에 답하시오(甲의 특허권과 乙의 디자인권은 모두 적법하게 등록된 것으로 가정한다). **[20점]**

1 甲의 특허출원일이 乙의 디자인출원일보다 앞선 경우, 乙이 디자인보호법상 자신의 디자인권을 실시할 수 있는 방안에 대해 설명하시오. **[13점]**

2 乙의 디자인권보다 먼저 출원된 甲의 특허권이 존속기간의 만료로 소멸된 경우 디자인보호법상 甲이 주장할 수 있는 권리는 무엇인가?(제103조) **[3점]**

3 甲의 특허출원일과 乙의 디자인출원일이 같은 날인 경우, 甲은 乙의 허락을 받지 않고 자신의 특허발명을 실시할 수 있는가? 이에 대해 디자인보호법상의 관련 규정들을 중심으로 이유를 들어 설명하시오. **[4점]**

설문 **1** 에 대하여

1 문제의 소재

디자인권자는 등록디자인과 동일·유사한 디자인을 독점적으로 실시할 수 있는 권리가 있다(제92조). 설문과 관련하여, 저촉관계의 경우 이러한 독점적 효력이 제한되는지 검토하고, 이에 따라 디자인권자가 실시할 수 있는 방안을 검토한다.

2 저촉관계(제95조 제1, 2항 후단)

(1) 의의 및 취지

선후 권리 간의 권리범위가 중첩되어, 어느 쪽의 권리를 실시하여도 타방의 권리를 침해하게 되는 쌍방적 충돌관계를 의미한다. 선출원원칙 하에서 후 권리자의 실시와 선 권리자의 보호의 조화를 통해 양자의 이해관계를 조정하기 위함이다.

(2) 성립요건

적법하게 등록된 후등록디자인의 권리범위가 선출원하여 등록된(선발생된) 타인의 권리범위와 중첩되어야 한다.

(3) 유 형

① 선 권리가 타인의 디자인권 내의 권리
  ㉠ 후등록디자인의 동일 범위에서 저촉
    선출원주의 위반으로 무효심판의 대상이므로 저촉이 아니다.
  ㉡ 후등록디자인의 유사 범위에서 저촉
    • 선출원주의 판단 시, 후출원디자인의 유사 범위는 판단하지 않기 때문에 선출원디자인과 후출원디자인이 비유사한 경우에는 적법하게 등록될 수 있다.
    • 따라서 등록 후에 선등록디자인권과 후등록디자인의 유사범위에서 저촉이 발생할 수 있다.
    • 다만 이 경우, 후등록디자인과 동일한 디자인은 저촉관계가 아니므로 실시할 수 있다.

② 선 권리가 타인의 디자인권 외의 권리

　　선 권리로 특허권, 실용신안권, 상표권, 저작권이 있다.

(4) 효력 – 적극적 효력의 제한

선 권리자의 허락 또는 통상실시권허락심판(제123조)에 의해서만 실시가 가능하고, 아닌 경우 침해가 성립한다. 다만, 공평의 견지에서 선 권리자도 크로스라이센스 청구를 인정하여 후등록디자인을 실시할 수 있다.

3 설문 1 의 해결

(1) 선 권리자의 허락

乙은 먼저 선 권리자인 甲에게 특허권의 통상실시권을 허락하여 달라고 요청할 수 있을 것이다.

(2) 통상실시권허락심판(제123조)

甲이 허락을 구하였는데도 정당한 이유 없이 거절하거나, 허락을 받을 수 없는 경우 乙은 자신의 디자인을 실시하기 위해 필요한 범위에서 통상실시권허락심판을 청구할 수 있다. 허락을 받았다면 대가를 지급하여야 하며, 책임질 수 없는 사유로 지급하지 못할 경우 공탁하여야 한다. 대가를 지급하거나 공탁하지 않으면 실시할 수 없다. 한편, 甲은 동 심판에 의하여 허락한 경우, 크로스라이센스 심판청구를 통하여 乙의 디자인에 관한 통상실시권을 허락받을 수 잇다.

(3) 기 타

甲은 단독특허권자이므로 특허법상 특허권의 이전은 자유이다. 乙은 계약에 의해 甲의 특허권의 전부 또는 일부를 양수하는 등의 방안을 생각해볼 수 있다.

설문 2 에 대하여

1 문제의 소재(제103조)

저촉관계에 있는 선 등록권리가 존속기간 만료로 소멸하는 경우, 기존의 사업시설 보호 및 이해관계인 등의 손해를 방지하기 위해 등록디자인의 디자인권에 대한 법정실시권이 발생한다.

2 사안의 경우

저촉관계에 있는 甲의 선특허권이 존속기간 만료로 소멸하였으므로 甲은 제103조에 따른 법정실시권을 주장할 수 있다.

설문 ③ 에 대하여

1 디자인보호법의 목적(제1조)

디자인보호법은 디자인의 보호와 이용을 도모함으로써 디자인의 창작을 장려하여 산업발전에 이바지하는 것을 목적으로 한다. 창작자에게는 디자인에 대한 독점배타적 권리를 부여하고, 공중에게는 디자인을 적절하게 이용하여 물품의 수요 증대에 이바지하고 궁극적으로는 산업발전에 이바지하게 하기 위함이다.

2 설문 ③의 해결

디자인보호법의 목적이 산업발전에 이바지하는 것에 있으므로 출원인이 같다면 양 디자인 모두 산업발전에 이바지한 것으로서 보호할 가치가 있고 모두에게 독점적으로 실시할 권리를 부여하는 것이 이치에 맞다. 또한, 제95조의 명문상 동일자에 대한 내용은 규정하고 있지 않으므로 저촉관계가 성립된다고 보기도 어려워 허락 없이도 甲과 乙 모두 실시 가능한 것으로 봄이 타당하다. 따라서 甲은 자신의 특허발명을 실시할 수 있을 것이다. [끝]

문제 6 (기출수정 11)

甲은 '컴퓨터 마우스 패드'에 대한 디자인 A를 창작하여 2018.6.23.에 디자인심사등록출원(X출원)을 하였다. 그러나 심사관은 디자인 A와 유사한 디자인 B가 그 출원일 전에 '아프리카 스타리그(ASL)'의 협찬 상품으로서 그 광고에서 선전됐다는 이유로 X출원에 대해 거절결정을 하였고, 이 거절결정은 2018.9.15.에 확정되었다.

한편, 乙이 2019.6.23.에 디자인심사등록출원(Y출원)한 디자인 C는 A와 유사하지만 B와는 유사하지 않다. 다음 각 물음에 답하시오(마우스패드는 제14류에 속한다). [20점]

① 상기 주어진 사실관계를 토대로, 2019.7.1. 기준으로 Y출원의 등록가능성을 설명하시오. [5점]

② 만약 디자인 C가 2019.7.1.에 등록되었다고 가정하자. 甲이 2019.6.25.부터 현재(2019.7.29.)까지 디자인 A를 실시 중일 때, 乙이 디자인 C에 대한 침해를 주장한다면 甲의 대응 방안은 무엇이 있을지 검토하시오. [10점]

③ 상기 ②에서 甲이 실시를 시작한 시점이 2019.3.1.이라면 甲의 대응 방안이 달라지는지, 달라진다면 어떻게 달라지는지 검토하시오. [5점]

설문 1 에 대하여

1. 문제의 소재

마우스 패드는 심사등록의 대상이므로 거절이유로 Y출원의 디자인 C가 공지디자인 B와의 관계에서 신규성을 위반하는지, 선출원 X와의 관계에서 선출원주의를 위반하는지 여부를 검토한다.

2. 신규성

C의 출원 전에 B는 공지되었으나 설문상 B와 C는 유사하지 않으므로 신규성 위반이 아니다. 한편, A의 거절결정은 선전, 광고로 인한 신규성 위반 때문이지, 제46조 제2항에 의한 것은 아니므로 공보에 게재된 사정도 없다.

3. 선출원주의

X출원은 상기 검토한 것처럼 신규성 위반에 따라 거절결정된 것이므로 선출원의 지위를 상실하게 된다. 따라서 제46조 제1항 위반이라고 볼 수도 없다.

4. 설문의 해결

거절이유가 없는 바, 특별한 사정이 없다면 Y출원은 등록가능할 것이다.

설문 2 에 대하여

1. 문제의 소재

앞서 검토한 것처럼 乙의 권리는 유효하고, 乙이 C와 유사한 A를 업으로서 실시하고 있으나, 甲의 정당권원으로서, 실시한 시기가 乙의 출원일 후에 시작하여 C의 설정등록 시까지 실시 중이므로 제101조의 법정실시권이 발생하는지, 甲이 실시하는 디자인 A는 공지디자인 B와 유사한 디자인이므로 공중의 영역에 해당하는 디자인이어서 권리의 효력이 제한될 것인지 검토한다.

2 선출원에 의한 통상실시권

(1) 의의 및 취지
먼저 출원하여 신규성 위반으로 거절된 경우, 그 디자인과 동일·유사한 타인의 후출원이 설정등록되는 때에 후출원일 이후부터 그 디자인을 실시 등 하고 있는 자에 대하여 일정 범위가 인정되는 무상의 통상실시권이다. 이는 양자의 이해관계를 조정하고자 법규정의 제도적 한계를 보완한 것이다.

(2) 요 건
타인의 출원일 전에 동일·유사한 디자인을 출원했다가 신규성 위반으로 거절된 경우, 타인의 후출원이 설정등록되는 때에, 후출원일 이후부터 선의로, 국내에서, 그 디자인의 실시사업 또는 사업 준비를 하고 있어야 한다.

(3) 사안의 경우
① 甲이 乙의 Y출원일 전에 디자인 A에 대해 X출원하여 그와 유사한 공지디자인 B에 의해 신규성 위반으로 거절결정이 확정된 바 있고, C가 설정등록되는 때에 실시 중이며, 甲이 Y출원일 후에 국내에서 A에 대한 실시를 시작하였고, A를 먼저 창작한 자이므로 선의도 인정된다고 할 것이어서 동 조의 통상실시권이 발생한다.
② 설정등록 시부터 발생하는 권리인 바, 2019.7.1. 이후의 실시에 대해서 甲은 실시권이 있다고 항변이 가능할 것이다. 한편, 실시 시점인 2019.6.25.부터 설정등록 전인 2019.6.30.까지에 대한 보상금청구는 법정실시권이 발생할 예비적 지위라는 점으로 항변이 가능할 것이다.

3 자유실시디자인의 항변

(1) 판례의 태도
대법원은 등록디자인과 대비되는 디자인이 출원 전 통상의 디자이너가 공지디자인 또는 이들의 결합에 따라 쉽게 실시할 수 있는 경우에는 등록디자인과 대비할 것도 없이 권리범위에 속하지 않는다고 판시하였다.

(2) 검토 및 사안의 경우
① 생각건대, 이러한 실시디자인은 공중의 영역이므로 누구나 자유롭게 실시할 수 있다고 보아야 하고, 이러한 범위까지 권리의 행사가 가능하다고 하면 산업발전을 저해할 수 있으므로 판례는 타당하다.
② 공지디자인 B와 유사한 A는 자유실시디자인에 해당하는 바 동 항변이 가능할 것이다. [끝]

설문 ❸ 에 대하여

1. 문제의 소재

설문 ❷와 다른 점은 甲의 디자인 A 실시 시기가 乙의 C출원일 이전이라는 것이다. 이 경우에는 제101조의 대상이 아니라 제100조의 대상이 되므로 이하 검토한다.

2. 선사용권(제101조)

출원 시에, 선의로, 국내에서, 그 디자인과 동일·유사한 디자인의 실시사업 또는 사업 준비를 하고 있는 자에게 인정되는 무상의 법정실시권으로 선출원주의 하에서 진정한 창작자를 보호하여 공평을 도모하며, 기존의 산업설비 보호를 위해 일정 요건 하에 인정된다.

3. 설문의 해결

甲은 Y출원 시에 이미, C와 유사한 디자인 A를 국내에서 실시하고 있었고, C보다 A를 먼저 창작한 자로서 선의도 인정된다. 따라서 선사용권이 발생하고, 등록 이전의 실시에 대해서는 마찬가지로 선사용권이 인정될 예비적 지위에 해당하므로 보상금청구에 대해서도 항변이 가능할 것이다. [끝]

문제 7 (기출수정 19)

甲은 '볼펜'에 대한 디자인 A를 창작하였고, 2019.6.23.에 디자인 A에 대해 심사등록출원(X출원)을 하였다. 또한 乙은 문구용품 제조사로 A의 외형을 모방한 디자인 B의 샤프를 2019년 1월부터 판매하고 있으며, 이 디자인 B를 2019.3.1.에 일부심사등록출원(Y출원)하였다. 또한 乙은 디자인 B의 샤프를 구성물품으로 하는 한 벌의 필기구 세트 디자인 C를 2019.2.2.에 일부심사등록출원(Z출원)한 바 있고, 2019.7.1. Z출원에 대해 출원공개를 신청하였다(단, 볼펜디자인 A와 샤프디자인 B는 불투명하여 내부가 보이지 않는다). [30점]

❶ X출원이 가지는 거절이유에 대해 설명하고, 등록을 위해 甲이 취해야 할 조치에 대해 설명하시오. [10점]

❷ 상기 ❶의 조치를 통해 디자인 A가 2019.7.20. 등록공고되었다. 현재(2019.7.29.) 甲과 아무런 관련이 없는 丙이 디자인 A에 대한 권리를 소멸시키려고 한다면 어떻게 조치를 취할지 설명하시오. [20점]

설문 1 에 대하여

1. 문제의 소재

X출원의 디자인의 대상이 되는 물품은 문구류(제19류)에 해당하는 볼펜인 바, 일부심사등록의 대상임에도 불구하고 甲은 심사등록출원하였으므로 제37조 제4항 후단 위반이므로 이에 대해 설명하고, 극복을 위한 조치로서 보정을 검토한다. 한편, 정보제공된 사정도 없으므로 다른 거절이유는 검토하지 않는다.

2. 일부심사등록제도(제37조 제4항)

(1) 의의 및 취지

디자인등록은 심사등록과 일부심사등록이 있는데(제2조 제4호), 그중 일부심사등록은 등록요건 중 일부만 심사한다(제2조 제6호). 이는 유행성이 강한 물품에 대해서 신속한 권리화를 도모하기 위함이다.

(2) 요 건

① 로카르노 협정에 따른 물품류 구분의 제1, 2, 3, 5, 9, 11, 19류에 해당하는 물품이어야 한다.
② 위반 시 취급
   거절이유, 정보제공사유에 해당하며, 절차적 요건으로 이의신청사유, 무효사유에는 해당하지 않는다.

(3) 법적 취급

① 원칙적으로 선행디자인이 검색이 요구되는 신규성, 공지디자인에 의한 용이창작 여부, 확대된 선출원, 선출원주의를 심사하지 않는다(제62조 제2항).
② 다만, 정보제공이 있으면 모든 등록요건의 판단이 가능하다(제62조 제4항).

3. 등록을 위해 甲이 취할 조치 - 보정(제48조 제3항)

(1) 의의 및 취지

최초 출원의 동일성을 유지하는 범위 내에서 하자 있는 출원을 보충, 정정하는 제도이다. 이는 선출원주의의 보완책으로 출원인을 보호하기 위함이다.

(2) 보정(제48조 제3항)

심사등록출원을 일부심사등록출원으로, 또는 그 반대로 변경하는 보정이 가능하며, 이는 요지변경으로 보지 않는다.

(3) 사안의 경우

따라서, 甲은 X출원을 일부심사등록출원으로 바꾸는 보정을 해야 할 것이다.

설문 2 에 대하여

1. 문제의 소재

丙은 A의 디자인권자인 甲과 아무런 관련이 없는 자로 무효심판을 청구할 수는 없다. 따라서 등록권리의 소멸을 위해 고려할 수 있는 조치는 이의신청이 유일하다. 이하 이의신청사유로서 B가 판매되고 있는 바, 공지디자인 B와의 관계에서 신규성(제33조 제1항 각 호), 창작성(제33조 제2항), Y출원과의 관계에서 선출원주의(제46조 제1항), Z출원과의 관계에서 선출원주의 확대된 선출원(제33조 제3항)을 차례로 검토한다.

2. 이의신청제도(제68조)

(1) 의의 및 취지

일부심사로 등록된 디자인권에 대해, 누구든지 소정의 요건 하에 이의신청하여 등록을 취소할 수 있다. 이는 일부심사의 경우, 실체적 등록요건에 대한 심사가 이루어지지 않아 하자 있는 디자인이 등록될 가능성이 높기 때문에 이러한 권리를 조기에 소멸시키기 위함이다.

(2) 요건

① 주체적 요건

누구든지 가능하며, 이는 공익적 성격을 가지므로 제한을 두지 않은 것이다.

② 객체적 요건

일부심사로 등록된 디자인이 대상이며, 이의신청이유는 거절이유에서 절차적 요건을 제외한 것이고, 무효사유에서는 후발적 무효사유(권리능력 상실, 조약 위반)를 제외한 것이다.

③ 시기적 요건

설정등록일로부터 등록공고일 후 3개월 이내에 가능하다.

④ 절차적 요건

제68조 제2항 각 호의 사항을 기재한 이의신청서를 제출해야 한다.

(3) 사안의 경우

주체에 제한 없으므로 관련 없는 제3자 丙도 가능하고, X출원은 일부심사등록출원으로 보정되었는 바 이의신청의 대상이 되고, 상기 검토한 신규성, 창작성, 선출원주의, 확대된 선출원은 이의신청의 이유에 해당하고, 아직 등록공고일로부터 3개월이 지나지 않았으므로 이의신청이 가능하다.

3. 이의신청의 이유 검토

(1) 공지디자인 B와의 관계에서 신규성, 창작성 위반 여부

① 의의 및 취지

출원 전 국내외 공지디자인과 동일·유사한 디자인 또는 용이하게 창작할 수 있는 디자인은 등록 불가하다. 이러한 디자인은 독점배타권을 부여할 창작적 가치가 없기 때문이다.

② 사안의 경우
- ㉠ 신규성 위반 여부
    - X출원 전 B가 판매되었으므로 불특정인에게 알 수 있는 상태에 놓인 바 공지되었다.
    - 볼펜과 샤프는 용도는 필기로 동일하나, 기능은 지우개로 지워지는지 여부 등 상이하므로 유사한 물품에 해당한다.
    - A와 B의 외형이 비슷한 정도가 동일·유사한 심미감을 나타내는 정도에 이를 경우에는 신규성 위반을 이유로 이의신청을 할 수 있다.
- ㉡ 창작성 위반 여부
    만약 외형이 유사한 정도는 아니지만 달리 창작성이 인정될만한 사정도 없다면, 하나의 공지디자인을 모방 또는 단순히 상업적, 기능적 변형한 것으로 통상의 디자이너가 쉽게 창작할 수 있는 디자인에 해당할 가능성이 높을 것이다. 한편 내부는 불투명하므로 고려대상이 아니다. 따라서 창작성 위반을 이유로 이의신청을 할 수 있다.

(2) Y출원과의 관계에서 선출원주의

① 의의 및 취지

동일·유사한 디자인에 대한 2 이상의 출원이 있다면, 먼저 출원한 자만이 등록받을 수 있다. 중복등록을 배제하고, 권리의 안정성을 도모하기 위함이다.

② 사안의 경우

상기 검토한 것처럼 물품은 유사하므로, A와 B의 외형이 비슷한 정도가 동일·유사한 심미감을 나타내는 정도에 이를 경우에는 선출원주의 위반을 이유로 이의신청을 할 수 있다.

(3) Z출원과의 관계에서 선출원주의, 확대된 선출원

① 의의 및 취지

선출원주의는 상기 전술하였고, 출원디자인의 출원일 전에 출원된 타 출원이 당해 출원 후 출원공개 또는 등록공고된 경우, 출원디자인이 디자인 공보에 게재된 타 출원디자인의 일부와 동일·유사하면 등록받을 수 없다. 이는 실질적으로 선창작된 디자인을 보호하기 위함이다.

② 사안의 경우
- ㉠ 한 벌의 물품의 디자인과 구성물품의 디자인은 전체와 부분의 관계로 A와 C는 비유사하므로 선출원주의는 문제되지 않는다.
- ㉡ 그러나 X출원일 전에 출원된 Z출원이 X출원 후에 출원공개되었으므로, 디자인 C에 포함된 샤프 디자인 B가 A와 외형이 비슷한 정도가 동일·유사한 심미감을 나타내는 정도에 이를 경우에는 확대된 선출원 위반을 이유로 이의신청을 할 수 있다. [끝]

문제 8
기출 23

甲은 디자인 A'를 창작하여 2018.10.22. 그 디자인 A' 제품 사진을 온라인 판매업체에 이메일로 송부하였다. 甲은 2018.10.25. 디자인 A'와 동일한 디자인 A를 출원하였다. 甲은 2019.5.21. 디자인 A의 디자인 등록을 받았다. 乙은 디자인 A가 디자인 A'에 의하여 신규성이 부정된다고 주장하면서 등록무효심판을 제기하였다. 甲은 디자인 A'에 관하여 디자인보호법 제36조 제1항 신규성 상실의 예외 규정이 적용된다고 주장하면서 이를 증명하는 서류를 제출하였다. 위 주장이 받아들여져 위 등록무효심판청구가 기각되어 그대로 확정되었다. 乙은 디자인 B를 사용하고 있다. 이후 甲은 乙을 상대로 디자인 B가 등록디자인 A의 권리범위에 속한다는 권리범위확인심판을 청구하였다. 다음 물음에 답하시오(다음 각 설문은 독립적임).

[30점]

1 甲이 乙을 상대로 권리범위확인심판을 제기하여 계속 중 등록디자인 A에 대한 무효심결이 확정되면 그 이후 권리범위확인의 이익이 있는지 설명하시오. [5점]

2 등록디자인 A의 등록출원 전에 그 디자인이 속하는 분야에서 통상의 지식을 가진 사람이 공지디자인들의 결합에 의하여 디자인 A를 용이하게 창작할 수 있는 경우 등록디자인 A의 권리범위를 부정할 수 있는지 설명하시오. [5점]

3 등록디자인 A와 대비되는 乙의 디자인 B가, 등록디자인 A의 출원 전에 그 디자인이 속하는 분야에서 통상의 지식을 가진 사람이 주지의 형상과 모양의 결합 또는 공지디자인 또는 이들의 결합에 따라 쉽게 실시할 수 있는 것인 때에 등록디자인 A와 대비할 것도 없이 등록디자인 A의 권리범위에 속하지 않는지 설명하시오. [8점]

4 乙의 디자인 B가 甲의 등록디자인 A의 권리범위에 속하는지를 판단할 때, 신규성 상실의 예외 규정의 적용근거가 된 디자인 A'는 누구나 이용할 수 있는 공공의 영역에 있음을 전제로 한 자유실시디자인이라는 주장이 허용되는지 설명하시오. [12점]

설문  에 대하여

1 확인의 이익 판례

권리범위확인 심판청구는 현존하는 디자인권의 범위를 확정하는 것을 목적으로 하는 것으로, 일단 적법하게 발생한 디자인권이라 할지라도 그 디자인권이 소멸되었을 경우에는 그 소멸 이후에는 그 권리범위확인의 이익이 없다.

2 사안의 경우

甲의 乙의 디자인 B에 대한 적극적 권리범위확인심판은, 甲의 등록디자인 A가 무효심결이 확정되어 등록디자인 A가 소멸되었으므로, 그 권리범위확인의 이익이 없다.

설문 2 에 대하여

1. 권리범위 부정에 관한 판례

(i) 등록디자인이 출원 전 국내외에서 공지된 디자인이나 출원 전에 반포된 간행물에 기재된 디자인과 동일·유사한 경우에는 등록무효의 심결이 없이도 그 권리범위를 인정할 수 없다. (ii) 등록디자인이 출원 전에 그 디자인이 속하는 분야에서 통상의 지식을 가진 사람이 기존의 공지디자인들의 결합에 의하여 용이하게 창작할 수 있다고 하더라도, 이러한 사정만으로는 등록된 디자인의 권리범위가 부정된다고 볼 수 없다.

2. 문제의 해결 - 등록디자인 A의 권리범위 부정 여부(소극)

甲의 등록디자인 A의 등록출원 전에 그 디자인이 속하는 분야에서 통상의 지식을 가진 사람이 공지디자인들의 결합에 의하여 디자인 A를 용이하게 창작할 수 있다고 하더라도, 이러한 사정만으로는 등록된 디자인 A의 권리범위가 부정된다고 볼 수 없다.

설문 3 에 대하여

1. 자유실시디자인의 항변 판례

(i) 디자인권의 범위는 그 출원 당시 공지공용의 부분에 미치지 않고, 확인대상디자인이 등록디자인의 출원 전에 공지된 자유실시디자인에 해당하면 등록디자인과 대비할 필요도 없이 그 권리범위에 속하지 않는다. (ii) 등록디자인과 대비되는 디자인이 등록디자인의 디자인등록출원 전에 그 디자인이 속하는 분야에서 통상의 지식을 가진 자가 국내에서 널리 알려진 형상·모양·색채 또는 이들의 결합에 의하여 용이하게 창작할 수 있는 것인 때에는 등록디자인과 대비할 것도 없이 그 권리범위에 속하지 않는다.

2. 문제의 해결 - 乙의 디자인 B가 甲의 등록디자인 A의 권리범위에 속하지 않는지 여부(적극)

甲의 등록디자인 A의 범위는 그 출원 당시 공지공용의 부분에 미치지 않고, 등록디자인 A와 대비되는 乙의 디자인 B이 등록디자인 A의 디자인등록출원 전에 그 디자인이 속하는 분야에서 통상의 지식을 가진 사람이 주지의 형상과 모양의 결합 또는 공지디자인 또는 이들의 결합에 따라 쉽게 실시할 수 있는 것인 때에는 등록디자인 A와 대비할 것도 없이 등록디자인 A의 권리범위에 속하지 않는다.

설문 4 에 대하여

1. 신규성 상실의 예외 주장

(1) 의의 및 취지

디자인등록 받을 수 있는 자의 디자인이 공지된 경우 공지일로부터 12개월 이내에 출원하면 신규성, 창작비용이성 판단에 있어 공지되지 않은 것으로 본다. 공지를 이유로 등록을 일률적으로 불허하는 것은 창작자에게 가혹하기 때문이다.

(2) 판례가 설시한 취지

신규성에 관한 원칙을 너무 엄격하게 적용하면 디자인등록을 받을 수 있는 권리를 가진 자에게 지나치게 가혹하여 형평성을 잃게 되거나 산업의 발전을 도모하는 디자인보호법의 취지에 맞지 않는 경우가 생길 수 있으므로, 제3자의 권익을 해치치 않는 범위 내에서 예외적으로 디자인등록을 받을 수 있는 권리를 가진 자가 일정한 요건과 절차를 갖춘 경우에는 디자인이 출원 전에 공개되었다고 하더라도 그 디자인은 신규성을 상실하지 않는 것으로 취급하기 위하여 신규성 상실의 예외 규정을 둔 것이다.

(3) 신규성 상실 예외 주장에 따른 디자인권

신규성 상실 예외 규정의 적용을 받아 디자인으로 등록되면 디자인권자는 업으로서 등록디자인 또는 이와 유사한 디자인을 실시할 권리를 독점한다(제92조). 즉, 출원 전 공공의 영역에 있던 디자인이라 하더라도 신규성 상실 예외 규정의 적용을 받아 등록된 디자인과 동일·유사한 디자인이라면 등록디자인의 독점배타권의 범위에 포함되는 것이다.

2. 자유실시디자인

(1) 의 의

등록디자인과 대비되는 확인대상디자인이 등록디자인의 출원 전에 그 디자인이 속하는 분야에서 통상의 지식을 가진 사람이 공지디자인 또는 이들의 결합에 따라 쉽게 실시할 수 있는 것인 때에는 등록디자인과 대비할 것도 없이 그 등록디자인의 권리범위에 속하지 않는다.

(2) 취 지

등록디자인이 공지디자인으로부터 쉽게 창작 가능하여 무효에 해당하는지 여부를 직접 판단하지 않고 확인대상디자인을 공지디자인과 대비하는 방법으로 확인대상디자인이 등록디자인의 권리범위에 속하는지를 결정함으로써 신속하고 합리적인 분쟁해결을 도모하기 위한 것이다.

3 신규성 상실의 예외 규정의 적용근거가 된 디자인 A'가 자유실시디자인이라는 주장이 허용되는지 여부(소극)

(1) 자유실시디자인 법리는 기본적으로 등록디자인의 출원 전에 그 디자인이 속하는 분야에서 통상의 지식을 가진 사람이 공지디자인 또는 이들의 결합에 따라 쉽게 실시할 수 있는 디자인은 공공의 영역에 있는 것으로 누구나 이용할 수 있어야 한다는 생각에 기초하고 있다.

그런데 출원 전 공공의 영역에 있던 디자인이라고 하더라도 신규성 상실 예외 규정의 적용을 받아 등록된 디자인과 동일·유사한 디자인이라면 등록디자인의 독점배타권의 범위에 포함되게 된다. 그렇다면 신규성 상실 예외 규정의 적용 근거가 된 공지디자인 또는 이들의 결합에 따라 쉽게 실시할 수 있는 디자인이 누구나 이용할 수 있는 공공의 영역에 있다고 단정할 수 없으므로, 신규성 상실 예외 규정의 적용 근거가 된 공지디자인을 기초로 한 자유실시디자인 주장은 허용되지 않는다.

(2) 제3자의 보호 관점에서 보더라도 신규성 상실 예외 규정을 받아 등록된 이상 입법자의 결단에 따른 제3자와의 이익균형은 이루어진 것으로 볼 수 있다. 또한, 신규성 상실 예외 규정의 적용 근거가 된 공지디자인을 기초로 한 자유실시디자인 주장을 허용하는 것은 디자인권자와 제3자와의 형평을 도모하기 위하여 선사용에 따른 통상실시권(제100조) 등의 제도를 마련하고 있음에도 공지디자인에 대하여 별다른 창작적 기여를 하지 않은 제3자에게 법정 통상실시권을 넘어서는 무상의 실시 권한을 부여함으로써 제3자에 대한 보호를 법으로 정해진 등록디자인권자의 권리에 우선하는 결과가 된다는 점에서도 자유실시디자인 주장은 허용될 수 없다.

4 문제의 해결 - 신규성 상실의 예외 규정의 적용근거가 된 디자인 A'가 자유실시디자인이라는 주장이 허용되는지 여부(소극)

디자인보호법의 신규성 상실 예외 규정 등 관련 규정의 문언과 내용, 그 입법 취지, 자유실시디자인 법리의 본질 및 기능 등을 종합하면, 乙의 확인대상디자인 B가 甲의 등록디자인 A의 권리범위에 속하는지를 판단할 때 신규성 상실 예외 규정의 적용 근거가 된 공지디자인 A'가 누구나 이용할 수 있는 공공의 영역에 있음을 전제로 한 자유실시디자인 주장은 허용되지 않는다. [끝]

> **문제 9**
> 기출 23
>
> 甲은 乙을 상대로 하여, 乙의 등록디자인 A는 출원서에 진정한 창작자인 丙 대신에 丙의 아들인 출원 당시 19세 미만인 乙이 창작자로 기재되어, 출원서에 창작자가 허위로 기재되어 등록받은 것이므로 등록이 무효로 되어야 한다고 주장하면서 등록무효심판을 청구하였다. 다음 물음에 답하시오(다음 각 설문은 독립적임). [20점]
>
> **1** 乙과 丙의 디자인등록을 받을 수 있는 권리가 공유가 아니고, 丙이 출원서에 창작자로 기재되지 않고 乙이 등록디자인의 창작자인 丙으로부터 디자인 A를 등록받을 수 있는 권리를 승계한 경우, 등록디자인 A에 창작자가 허위로 기재되어 등록무효사유가 있는지 설명하시오. [8점]
>
> **2** 등록디자인 A가 유효하고 乙과 丙이 공동으로 등록디자인 A를 창작한 경우, 乙과 丙 사이에 등록디자인 A에 대하여 공유물분할청구권을 인정할 수 있는 지와 현물분할이 가능한지 설명하시오. [12점]

설문 1 에 대하여

1 디자인등록을 받을 수 있는자(제3조 제1항 본문)

디자인을 창작한 사람 또는 그 승계인은 이 법에서 정하는 바에 따라 디자인등록을 받을 수 있는 권리를 가진다.

2 디자인등록의 무효심판(제121조 제1항 제1호)

이해관계인 또는 심사관은 디자인등록이 다음 각 호의 어느 하나에 해당하는 경우에는 무효심판을 청구할 수 있다.
1. 제3조 제1항 본문에 따른 디자인등록을 받을 수 있는 권리를 가지지 아니하거나 같은 항 단서에 따라 디자인등록을 받을 수 없는 경우

3 창작자 허위기재시 등록무효사유가 있는지 여부 - 소극

(1) 대법원 판례

제3조 제1항 본문은 디자인을 창작한 자 또는 그 승계인은 디자인보호법에서 정하는 바에 의하여 디자인등록을 받을 수 있는 권리를 가진다고 규정하고, 제121조 제1항 제1호는 제3조 제1항 본문의 규정에 의한 디자인등록을 받을 수 있는 권리를 가지지 아니한 자가 출원하여 디자인등록을 받은 경우를 등록무효사유의 하나로 규정하고 있다. 따라서 디자인을 창작한 자가 아니라도 그로부터 디자인등록을 받을 수 있는 권리를 승계한 자가 직접 출원하여 디자인등록을 받은 경우에는 그러한 등록무효사유에 해당한다고 볼 수 없다.

(2) 검 토

디자인보호법에는 창작자를 허위로 기재한 것에 대해서는 등록무효사유로 규정하고 있지 않고, 디자인보호법이 디자인등록을 받을 수 있는 권리의 승계가 출원서에 창작자로 기재된 진정한 창작자로부터 이루어져야만 적법한 승계로 본다고 규정하고 있지 않아서, 그러한 요건을 갖추지 않은 승계라고 하여 부적법하다거나 무효라고 할 수 없다.

(3) 사안의 경우

진정한 창작자인 丙으로부터 디자인 A를 등록받을 수 있는 권리를 승계한 乙이 디자인 A를 출원한 이상, 출원서에 창작자가 乙이라고 기재되어 있다는 사정만으로 디자인 A에 디자인보호법 등록무효사유가 있다고 볼 수 없다.

설문 2 에 대하여

1 디자인권의 공유

(1) 의 의
디자인권의 공유란 하나의 디자인권을 2인 이상이 공동으로 소유하는 것을 말한다.

(2) 법적성질
① 다른 공유자의 동의 없이 실시할 수 있는 공유의 성질을 갖고 있는 동시에, 지분의 양도 및 질권, 실시권의 설정에 있어 타 공유자의 동의를 요하는 합유적 성질을 갖는다. 공유자 1인의 지분변동이 타 공유자 지분의 실질적 경제가치에 영향을 미칠 수 있는 무체재산권으로서의 특수성을 고려한 것이다.
② 판례 – 디자인권의 공유자들이 조합체를 형성하여 디자인권을 소유한다고 볼 수 없을 뿐만 아니라 디자인보호법에 디자인권의 공유를 합유관계로 본다는 명문의 규정도 없는 이상, 디자인권의 공유에도 디자인보호법의 다른 규정이나 그 본질에 반하지 않는 범위 내에서는 민법상의 공유의 규정이 적용될 수 있다.

(3) 공유디자인권의 발생 태양
수인의 공동창작물을 공동으로 출원하여 등록받은 경우, 디자인등록을 받을 수 있는 권리가 일부 이전되거나 공동으로 상속하여 등록받은 경우

(4) 공유디자인권의 효력(제96조 제3항)
무체재산권 특성상 각 공유자는 계약으로 특별히 약정한 경우를 제외하고는 다른 공유자의 동의를 받지 않고도 그 등록디자인 또는 이와 유사한 디자인을 단독으로 실시할 수 있다.

(5) 공유디자인권의 제한(제96조 제2항, 제4항)
디자인권이 공유인 경우에 각 공유자는 다른 공유자의 동의를 받지 아니하면 그 지분을 이전하거나 그 지분을 목적으로 하는 질권을 설정할 수 없고, 그 디자인권에 대하여 전용실시권을 설정하거나 통상실시권을 허락할 수 없다.

2 디자인권에 대해 공유물분할청구권 인정가부 및 현물분할 가부

(1) 판례 – 양도 및 실시권 제한의 규정의 취지는 공유자 외의 제3자가 특허권 지분을 양도받거나 그에 관한 실시권을 설정받을 경우 제3자가 투입하는 자본의 규모, 기술 및 능력 등에 따라 경제적 효과가 현저하게 달라지게 되어 다른 공유자 지분의 경제적 가치에도 상당한 변동을 가져올 수 있는 특허권의 공유관계의 특수성을 고려하여, 다른 공유자의 동의 없는 지분의 양도 및 실시권 설정 등을 금지한다는 데에 있다. 그렇다면 특허권의 공유자 상호 간에 이해관계가 대립되는 경우 등에 공유관계를 해소하기 위한 수단으로서 각 공유자에게 민법상의 공유물분할청구권을 인정하더라도 공유자 이외의 제3자에 의하여 다른 공유자 지분의 경제적 가치에 위와 같은 변동이 발생한다고 보기 어려워서 법규정에 반하지 않고, 달리 분할청구를 금지하는 특허법 규정도 없으므로, 특허권의 공유관계에 민법상 공유물분할청구에 관한 규정이 적용될 수 있다. 다만 특허권은 발명실시에 대한 독점권으로서 그 대상은 형체가 없을 뿐만 아니라 각 공유자에게 특허권을 부여하는 방식의 현물분할을 인정하면 하나의 특허권이 사실상 내용이 동일한 복수의 특허권으로 증가하는 부당한 결과를 초래하므로, 특허권의 성질상 그러한 현물분할은 허용되지 않는다. 그리고 위와 같은 법리는 디자인권의 경우에도 마찬가지로 적용된다.

(2) 특허권 등의 등록령 제28조 제2항 제4호는 공유특허권자 사이에 민법상 공유물분할금지약정을 한 경우 이를 등록할 수 있다고 하므로 공유 디자인권의 분할청구는 인정된다. 다만 디자인권의 무체성에 의해 디자인권의 처분 후 지분 비율에 따른 대금분할만 인정된다.

3 설문의 해결

乙과 丙은 공동으로 디자인을 창작하여 디자인권 A를 공유하는 관계이고, 달리 법 규정이 없는 한 민법상의 공유에 관한 규정이 적용되므로, 민법상 공유물분할청구권이 인정된다. 다만, 디자인권 A의 무체성에 의해 현물분할은 허용되지 않는다. [끝]

문제 10
기출 24

A사의 사내이사인 甲은 A사에 입사 전 B사와 '스마트그립-핸드폰 악세서리' 제품을 공동개발하여 디자인 X를 완성하였다. 甲은 디자인 X를 자신의 명의로 출원하였고, 이후 甲과 C사의 디자인 양도계약에 따라 디자인 X의 출원인을 C사로 변경하고, C사는 디자인 X에 대해서 디자인권을 가지게 되었다. 乙은 C사로부터 등록디자인 X에 대한 권리를 양수하였고, 丙은 B사로부터 스마트그립 사업에 관한 일체의 권리의무를 포괄적으로 양수한 후 스마트그립 디자인 Y 제품을 제조·판매하였다. [30점]

등록디자인 X	디자인 Y 제품
	*상표부분은 제외하였음

1 위 사례에서 乙과 丙이 디자인보호법상 취할 수 있는 조치들을 설명하시오. [15점]

2 만약 甲이 디자인 X에 대해 디자인등록출원을 한 후 B사와의 관계에서 "甲의 명의로 등록되지 않은 지식재산권을 근거로 하여 B사에게 어떠한 이의제기 및 어떠한 민·형사상 소송을 제기할 수 없다."는 내용의 계약을 하였다면, 이를 기초로 乙과 丙이 소송과정에서 각각 어떤 주장을 할 수 있는지에 대해 설명하시오(다툼이 있는 경우 판례에 따름). [5점]

3 丙이 등록디자인 X의 출원 전 공지디자인 P와 공지디자인 Q에 의해 용이하게 창작할 수 있음을 이유로 등록디자인 X가 무효임을 주장하는 경우, 다음 물음에 답하시오(다툼이 있는 경우 판례에 따름). [10점]

1) 등록디자인 X에 기초한 乙의 침해금지 또는 손해배상 등의 청구가 권리남용에 해당하는 경우를 설명하고, 이에 대한 법원의 판단기준 및 입장을 설명하시오.

2) 丙의 권리남용의 항변이 있는 경우 그 당부를 살피기 위한 전제로 등록디자인의 용이창작 여부에 대해 법원이 심리판단할 수 있는지 여부를 설명하시오.

1 문제의 소재

甲과 B사는 디자인 X를 공동개발하여 완성하였으므로, 공동 창작자에 해당하나, 甲은 자신의 명의로 디자인 X를 출원하였고, 乙은 디자인 X 출원을 양수하여 등록받은 C사로부터 양수하였으므로, 등록디자인 X에는 무효사유가 존재한다.

2 乙의 조치

(1) 이전 등록(제98조 제1항)

디자인권의 이전은 등록하지 않으면 효력이 발생하지 않는바, 등록디자인 X에 대한 이전을 등록한다.

(2) 침해 판단(제92조)

乙의 등록디자인 X는 유효하게 존속하며, 丙은 정당 권원 없이 乙의 등록디자인 X와 동일·유사한 디자인 Y 제품을 제조·판매하고 있으므로, 乙의 등록디자인 X의 보호범위에서 업으로서 실시하고 있으므로, 乙의 등록디자인 X의 침해에 해당한다.

(3) 선행적 조치

丙에게 경고장을 송부하고, 디자인 Y 제품에 대해 적극적 권리범위확인심판을 청구하고, 증거보전신청 및 침해금지가처분신청을 할 수 있다.

(4) 민사적 조치

침해금지 및 예방청구(제113조), 손해배상청구(민법 제750조), 신용회복청구(제117조), 부당이득반환청구(민법 제741조)를 할 수 있다.

(5) 형사적 조치

침해죄(제220조), 몰수(제228조), 양벌규정(제227조)에 의할 수 있다.

3 丙의 조치

(1) 무효심판 청구(제121조)

① 甲과 B사는 디자인 X를 공동개발하여 완성하였으므로 공동 창작자에 해당하나, 甲은 자신의 명의로 디자인 X를 출원하였고 乙은 디자인 X 출원을 양수하여 등록받은 C사로부터 양수하였으므로, 등록디자인 X에는 제3조 제1항의 무효사유가 존재한다.

② 丙은 특허권자 乙로부터 권리의 대항을 받을 염려가 있는 직접적·현실적 이해관계를 가진자로, 등록디자인 X에 대해 제3조 제1항의 무효사유를 이유로 무효심판을 청구할 수 있다.

(2) 답변서 송부, 항변, 화해·중재 및 조정

제3조 제1항의 무효사유가 있다고 답변서를 송부하거나, 무효사유가 명백한 디자인권에 기한 권리행사는 권리남용이라는 취지의 항변을 할 수 있다. 화해·중재 및 조정에 의할 수 있다.

(3) 정당권리자 출원(제45조)

등록디자인 X의 무효심결이 확정되고 30일이 지나기 전에 甲과 丙이 공동으로 디자인 X를 출원하는 경우 정당한 권리자로서 디자인 X 출원시에 디자인등록출원한 것으로 볼 수 있다.

설문 2 에 대하여

1 丙의 주장

丙은 B사로부터 스마트그립 사업에 관한 일체의 권리의무를 포괄적으로 양수하였으므로, 부제소합의는 丙에게도 유효하므로, 甲 명의로 등록되지 않은 등록디자인 X를 근거로 어떠한 민·형사상 소송을 제기할 수 없다고 주장할 수 있다.

2 乙의 주장

乙은 등록디자인 X를 적법하게 양수받았으므로 등록디자인 X에 대한 권리행사를 할 수 있고, 甲과 B사의 부제소합의의 당사자가 아니므로, 부제소합의의 효력이 미치지 않는다고 주장할 수 있다.

설문 3 에 대하여

1 소설문 1)

(1) **등록디자인 X에 기초한 Z의 침해금지 등의 청구가 권리남용에 해당하는 경우**
  (i) 부당한 목적으로 형식상 디자인권을 취득하는 경우, (ii) 디자인권이 무효가 될 것이 명백한 경우가 있다.

(2) **법원의 판단기준 및 입장**
  (i) 디자인등록이 대상물품에 미감을 불러일으키는 자신의 디자인의 보호를 위한 것이 아니고, 국내에서 널리 인식되어 사용되고 있는 타인의 상품임을 표시한 표지와 동일 또는 유사한 디자인을 사용하여 일반 수요자로 하여금 타인의 상품과 혼동을 일으키게 하여 이익을 얻을 목적으로 형식상 디자인권을 취득하는 것이라면, 그 디자인등록출원 자체가 부정경쟁행위를 목적으로 하는 것으로서, 가사 권리행사의 외형을 갖추었다 하더라도 디자인보호법을 악용하거나 남용하는 것이 되어 적법한 권리행사라고 인정할 수 없다고 판시하였다.
  (ii) 등록디자인은 그 출원 전에 공지된 선행디자인들과 동일하거나 유사한 디자인에 해당하거나, (iii) 등록디자인에 대한 무효심결이 확정되기 전이라도 등록디자인이 공지디자인 등에 의하여 용이하게 창작될 수 있어 디자인등록이 무효심판에 의하여 무효로 될 것이 명백한 경우, 디자인권에 기초한 침해금지 또는 손해배상 등의 청구는 특별한 사정이 없는 한 권리남용에 해당하여 허용되지 않는다고 판시하였다.

2 소설문 2)

(1) 판례의 태도

등록디자인에 대한 무효심결이 확정되기 전이라도 등록디자인이 공지디자인 등에 의하여 용이하게 창작될 수 있어 디자인등록이 무효심판에 의하여 무효로 될 것이 명백한 경우, 디자인권에 기초한 침해금지 또는 손해배상 등의 청구는 특별한 사정이 없는 한 권리남용에 해당하여 허용되지 아니하고, 침해소송을 담당하는 법원으로서도 디자인권자의 그러한 청구가 권리남용에 해당한다는 항변이 있는 경우 그 당부를 살피기 위한 전제로서 등록디자인의 용이창작 여부에 대하여 심리·판단할 수 있다.

(2) 사안의 경우

丙이 등록디자인 X에 의한 침해금지청구 등이 권리남용에 해당한다는 항변이 있는 경우, 침해소송을 담당하는 법원은 그 당부를 살피기 위한 전제로서 등록디자인 X가 X의 출원 전 공지디자인 P와 공지디자인 Q에 의해 용이하게 창작할 수 있는지 여부를 심리·판단할 수 있다. [끝]

문제 11
기출 24

2016년 8월 31일에 출원되어 2017년 6월 15일에 등록된 등록디자인 A를 소유하고 있는 甲은, 디자인 B를 실시하고 있는 乙을 피청구인으로 하여 2017년 9월 5일자로, 특허심판원에 "확인대상디자인 B는 등록디자인 A의 권리범위에 속한다."라는 청구 취지로 권리범위확인심판을 청구하였다. 다음 물음에 답하시오. [30점]

1 乙은 디자인 B에 대해 디자인보호법 제100조에서 규정하고 있는 선사용에 따른 통상실시권(이하, '선사용권'이라 함)이 인정될 수 있을 것으로 판단하고, 본 권리범위확인심판에서 선사용권이 있음을 주장하였다. 이와 관련해서 권리범위확인심판에서 선사용권의 존부에 대한 심리·판단을 하는 것이 허용되는지 여부를 설명하시오(다툼이 있는 경우 판례에 의함). [5점]

2 특허심판원은 2018년 6월 7일자로 "확인대상디자인 B는 등록디자인 A의 권리범위에 속한다."라는 심결을 하였다. 이에 乙은 특허심판원의 심결에 불복하는 심결취소소송을 진행하기 위해 대응방안을 고심하던 중 甲의 등록디자인 A의 출원 전에 공개된 선행디자인 X를 발견하였다. 여기서 등록디자인 A는 선행디자인 X와 유사한 디자인이고, 디자인 B는 선행디자인 X로부터 통상의 디자이너가 쉽게 실시할 수 있을 정도의 디자인이다. 乙은 심결취소소송 단계에서 선행디자인 X를 이용하여 심결의 위법성을 드러내기 위한 주장을 펼치려고 하고 있다. 이러한 선행디자인 X를 이용한 주장은, 심판 단계에서는 전혀 다루어진 적이 없는 사안이다.
乙이 심결취소소송 단계에서, 기존 심판 단계에서 다루어지지 않았던 새로운 주장을 펼치는 것이 가능한지 설명하고, 만약 가능하다면 乙은 심결취소소송에서 승소하기 위해 선행디자인 X를 이용하여 어떠한 주장들을 펼칠 수 있을지 설명하시오(다툼이 있는 경우 판례에 의함). [15점]

3 본 사건과 관련해서, 乙이 특허법원에 심결취소소송을 제기한 결과, 특허법원은 2018년 11월 30일자로 "특허심판원의 심결을 취소한다. 소송비용은 피고가 부담한다."라는 판결을 선고하였고, 당해 판결은 甲이 상고하지 않아 최종 확정되었다. 이러한 경우에 본 권리범위확인심판의 후속 절차는 어떻게 진행되는지 설명하시오. [10점]

설문 **1** 에 대하여

1 권리범위확인심판의 의의 및 취지

권리범위확인심판은 확인대상디자인이 등록디자인의 권리범위에 속하는가의 여부에 관한 확인을 구하는 심판을 말한다(제122조). 등록디자인의 객관적인 보호범위를 확인하여 간편한 심판절차를 통해 분쟁의 해결을 도모하기 위함이다.

CHAPTER 06 | 등록 후 법률관계

2 심리범위

확인대상디자인이 등록디자인권의 보호범위에 속하는지 여부에 대해서 심리하여야 한다.
등록디자인의 보호범위는 제93조에 의해 정해지며, 보호범위에 속하는지 여부는 디자인의 동일·유사판단에 의하여 결정된다. 권리범위확인심판은 확인대상디자인의 실시가 디자인권을 침해하는지 여부를 직접적으로 판단하는 것이 아니므로, 선사용권과 같은 법정실시권의 존재여부는 판단하지 않는다.

3 사안의 경우

권리범위확인심판에서 乙이 선사용권을 주장하였더라도, 선사용권의 존부에 대한 심리·판단을 하는 것은 허용되지 않는다.

설문 2 에 대하여

1 당사자계 심판에서 심결취소소송에서 새로운 사실 또는 증거 제출 가부

(1) 판례의 태도 – 무제한설

심결취소소송은 항고소송에 해당하여 그 소송물은 심결의 실체적, 절차적 위법성 여부라 할 것이므로, 당사자는 심결에서 판단되지 않은 처분의 위법사유도 심결취소소송단계에서 주장·입증할 수 있고 법원은 특별한 사정이 없는 한 제한 없이 이를 심리·판단하여 판결의 기초로 삼을 수 있다.

(2) 검토

직권탐지주의가 적용되는 심판절차에서 모든 무효사유가 잠재적 심판의 대상이 되고, 특허법원에서 기술심리관 제도를 두고 있어 전문성에 문제가 없으므로, 무효심판 등의 당사자계 심판의 심결취소소송에서는 무제한설이 타당하다.

2 등록디자인 A는 무효라는 항변

디자인은 일단 등록된 이상 무효심판에 의하여 무효로 한다는 심결이 확정되지 않는 한 유효한 것이나, 무효심판 외에 권리범위확인심판 또는 소송절차에서 디자인의 무효를 판단할 수 없다고 하면 불합리한 결과가 발생할 수 있으므로, 무효심결이 확정되기 전이라도 일정한 경우 권리범위확인심판절차 또는 소송절차에서 적정한 결론을 도출하기 위한 전제로서 이를 판단할 수 있다.
등록디자인 A가 선행디자인 X와 유사하여 신규성이 없는 경우 디자인 무효심결이 확정되기 전이라도 등록디자인 A의 권리범위를 인정할 수 없다고 항변할 수 있다.

3 확인대상디자인 B는 자유실시디자인이라는 항변

등록디자인 A의 범위는 그 출원 당시 공지공용의 부분에 미치지 않고, 확인대상디자인 B가 등록디자인 A의 출원전에 공지된 선행디자인 X로부터 통상의 디자이너가 쉽게 실시할 수 있는 것인 경우, 확인대상디자인 B는 자유실시디자인에 해당하므로 등록디자인 A와 대비할 필요도 없이 그 권리범위에 속하지 않는다고 항변할 수 있다.

설문 3 에 대하여

1 권리범위확인심판의 후속 절차

권리범위확인심판에 대한 심결취소소송에서 심결이 취소하는 판결이 확정되면, 특허심판원으로 환송되어 재심리가 이루어진다(제169조 제2항).

2 기속력(제169조 제3항)

심결을 취소하는 판결이 확정된 경우 그 취소의 기본이 된 이유는 그 사건에 대하여 특허심판원을 기속한다. 따라서 심결취소판결 확정 후 심판 절차에서 새로운 사실에 관한 주장이 있거나 새로운 증거가 제출되는 등의 특단의 사정이 없는 한, 특허심판원은 확정판결에 기속된다.

3 심결

확인대상디자인 B는 선행디자인 X로부터 통상의 디자이너가 쉽게 실시할 수 있는 자유실시 디자인이므로, 등록디자인 A와 대비할 필요도 없이 그 권리범위에 속하지 않는바, "확인대상디자인 B는 등록디자인 A의 권리범위에 속하지 않는다."라는 취지의 기각심결을 한다. [끝]

문제 12
기출 25

甲과 乙은 물품 '로봇청소기'에 대하여 디자인 A를 공동으로 창작한 후 2023.4.20. 공동으로 디자인등록출원을 하여 디자인등록결정을 받았고, 2024.1.19. 공동으로 디자인권의 설정등록을 하였다.

丙은 2024.3.20.부터 甲과 乙의 등록디자인 A와 유사한 디자인에 관한 물품의 생산에만 사용하는 물품인 '로봇청소기의 부품'을 대여하는 행위를 하고 있다.

丁은 2023.3.20. 甲과 乙의 디자인 A와 유사한 디자인 A'를 디자인등록출원을 하였으나, 2023.12.20. 특허청 심사관에 의해 신규성 위반으로 거절되었다. 그 후, 丁은 2024.1.10.부터 물품 '로봇청소기'에 대하여 국내에서 디자인 A'의 실시사업을 하고 있다. 다음 물음에 답하시오. (다음 각 설문은 독립적임) [30점]

1 甲은 丙을 상대로 등록디자인 A의 디자인권 침해를 주장하면서 민형사상 법적 조치를 취하려고 한다. 이러한 甲의 조치에 관하여 논하시오. [12점]

2 乙은 2024.8.10. 등록디자인 A에 대하여 X와 전용실시권 설정계약을 체결하였다. 전용실시권자 X는 등록디자인 A를 무단 실시하고 있는 Y를 상대로 디자인권 침해를 주장하였다. 甲과 乙의 등록디자인 A에 등록무효사유가 없다고 가정할 때, 甲 – 乙, 甲 – X 및 X – Y의 법적 관계에 대하여 설명하시오. [10점]

3 甲은 丁이 등록디자인 A에 대한 디자인권을 침해하였다고 주장하였다. 甲과 乙의 등록디자인 A에 등록무효사유가 없다고 가정할 때, 丁의 대응조치에 대하여 논하시오. [8점]

설문 1 에 대하여

1 丙의 행위가 등록디자인 A의 침해 여부 판단

(1) 간접침해(제114조)

등록디자인이나 이와 유사한 디자인에 관한 물품의 생산에만 사용하는 물품을 업으로서 생산·양도·대여·수출 또는 수입하거나 업으로서 그 물품의 양도 또는 대여의 청약을 하는 행위는 그 디자인권 또는 전용실시권을 침해한 것으로 본다.

(2) 사안의 경우

丙은 등록디자인 A의 설정등록일 2024.1.19. 이후인, 2024.3.20.부터 등록디자인 A와 유사한 디자인에 관한 물품의 생산에만 사용하는 물품인 '로봇청소기의 부품'을 대여하고 있으므로, 이러한 丙의 행위는 등록디자인 A의 간접 침해로 본다.

2 甲의 민형사상 법적 조치 가부

등록디자인권 A는 甲과 乙이 공동으로 소유하는 것이며, 공유디자인권에 대한 지분은 별도 정한 바가 없으면 균등한 것으로 추정된다. 따라서, 甲은 지분권에 의해 등록디자인 A에 대한 소극적 효력을 행사할 수 있다.

3 甲의 민형사상 조치

甲은 丙에게 민사상 조치로 침해금지청구(제113조), 손해배상청구(민법 제750조), 손해액 추정(제115조), 과실 추정(제116조), 신용회복청구권(제117조), 부당이득반환청구권(민법 제741조)를 행사할 수 있다.
다만, 간접침해이므로, 형사상 조치인 침해죄(제220조), 양벌 규정(제227조), 몰수, 교부(제228조)는 행사할 수 없다.

설문 2 에 대하여

1 甲 – 乙의 법적 관계

(1) 제96조 제4항

디자인권이 공유인 경우에는 각 공유자는 다른 공유자의 동의를 받지 아니하면 그 디자인권에 대하여 전용실시권을 설정하거나 통상실시권을 허락할 수 없다.

(2) 사안의 경우

甲과 乙은 등록디자인 A를 공유하므로, 乙은 甲의 동의를 받지 아니하면, 등록디자인 A에 대해 전용실시권을 설정할 수 없다.

2 甲 – X의 법적 관계

(1) 디자인권의 효력(제92조)

디자인권자는 업으로서 등록디자인 또는 이와 유사한 디자인을 실시할 권리를 독점한다. 다만, 그 디자인권에 관하여 전용실시권을 설정하였을 때에는 제97조 제2항에 따라 전용실시권자가 그 등록디자인 또는 이와 유사한 디자인을 실시할 권리를 독점하는 범위에서는 그러하지 아니하다.

(2) 제97조 제2항

전용실시권을 설정받은 전용실시권자는 그 설정행위로 정한 범위에서 그 등록디자인 또는 이와 유사한 디자인을 업으로서 실시할 권리를 독점한다.

(3) 사안의 경우

甲은 전용실시권자인 X가 등록디자인 A에 관해 실시할 권리를 독점하는 범위에서, 등록디자인 A를 실시할 권리를 독점하지 않는다. 그러나, 甲의 등록디자인 A에 대한 소극적 효력이 배제되는 것은 아니므로 침해금지 청구권(제113조) 등을 행사할 수 있다.

3 X - Y의 법적 관계

전용실시권의 설정은 등록이 효력 발생요건이며(제98조), X는 등록디자인 A를 무단실시하여 침해한 Y에 대하여 그 침해의 금지 또는 예방을 청구할 수 있다(제113조 제1항). 또한, 이 청구를 할 때에는 침해행위를 조성한 물품의 폐기, 침해행위에 제공된 설비의 제거, 그 밖에 침해의 예방에 필요한 행위를 청구할 수 있다(제113조 제3항). X는 고의나 과실로 전용실시권을 침해한 Y에게 손해 배상을 청구할 수 있다(제115조). X의 청구에 의해 X의 업무상 신용회복을 위하여 필요한 조치를 명할 수 있다(제117조). 전용실시권을 침해한 Y는 침해죄에 해당한다(제220조).

설문 3 에 대하여

1 선출원에 의한 통상실시권(제101조)

(1) 의의 및 취지

타인의 출원일 전에 그 디자인과 동일, 유사한 디자인을 출원했는데 신규성 위반으로 거절된 경우, 후출원이 설정등록되는 때에, 타인의 출원일 이후부터 선의로 국내에서 그 디자인의 실시 사업 또는 사업 준비를 하고 있는 자에게 실시 또는 준비 중인 디자인에 대하여 사업의 목적 범위에서 인정되는 무상의 통상실시권이다.

선출원하여 거절된 자에게 후출원하여 등록된 디자인권에 대한 실시권을 인정하여 법규정의 제도적 한계를 보완하기 위함이다.

(2) 요 건

타인이 디자인권을 설정등록받기 위하여 디자인등록출원을 한 날 전에 그 디자인 또는 이와 유사한 디자인에 대하여 디자인등록출원을 하였을 것, 타인의 디자인권이 설정등록되는 때에 제1호에 따른 디자인등록출원에 관한 디자인의 실시사업을 하거나 그 사업의 준비를 하고 있을 것, 먼저 디자인등록출원한 디자이너이 제33조 제1항 각 호의 어느 하나에 해당하여 디자인등록거절결정이나 거절한다는 취지의 심결이 확정되었을 것이 요구된다.

(3) 사안의 경우

丁은 디자인 A의 출원일 2023.4.20. 전인, 2023.3.20.에 A와 유사한 A'를 출원하였고, 신규성 위반에 의해 거절결정되었고, 甲과 乙의 디자인 A가 설정등록되는 날인 2024.1.19. 때에, 선의로 국내에서 디자인 A'의 실시 사업을 하고 있으므로, 丁은 디자인 A' 및 그 사업 목적 범위에서 디자인 A에 대하여 통상실시권을 가진다.

2   丁의 대응 조치

丁은 디자인 A' 및 그 사업 목적 범위에서 디자인 A에 대하여 통상실시권(제101조)을 가진다는 항변의 답변서를 제출한다. [끝]

문제 13
기출 25

요리사 甲은 '쿠키' 디자인 A에 대하여 과자류(물품류 제1류에 해당함)를 물품으로 기재하여 2023.6.12. 디자인일부심사등록출원을 하였다. 그 후, 甲은 '쿠키' 디자인 A를 제조하는 데에 사용하기 위한 '쿠키 형틀' 디자인 B를 완성하였고, 2023.10.12. '쿠키' 디자인 A를 기본디자인으로 하여 '쿠키 형틀' 디자인 B를 관련디자인으로 디자인등록출원하였다.

한편, 발명자 乙은 '쿠키 형틀' 디자인 B의 형상 중 일부 구조에 관한 발명(특허발명 X)을 완성하고, 또한 '쿠키 형틀' 디자인 B의 형상과 동일한 구조에 관한 발명(특허발명 Y)을 완성하여, 2023.8.13. 동일자로 특허발명 X와 Y를 특허출원하였다. 다음 물음에 답하시오.

[30점]

1 甲의 '쿠키' 디자인 A에서 물품의 성립성 및 공업상 이용가능성에 대하여 논하시오. [6점]

2 甲이 '쿠키 형틀' 디자인 B에 대하여 디자인 등록을 받기 위한 조치에 대하여 논하시오(단, 신규성, 창작비용이성, 선출원주의, 확대된 선출원주의에 관한 논의는 제외한다).
[6점]

3 乙의 특허발명 X 및 특허발명 Y는 우선심사를 통해 각각 2024.2.13. 및 2024.2.15. 설정 등록되었고, 甲의 디자인 B는 2024.5.10. 설정 등록되었다. 다음 물음에 답하시오.
[18점]

1) 甲은 디자인 B를 실시하는 중이며, 乙은 甲의 디자인 B의 실시가 특허발명 X 또는 특허발명 Y의 실시에 해당한다는 취지의 경고장을 甲에게 전달하였다. 甲의 디자인 B와 乙의 특허발명 X는 이용관계에 해당하고, 甲의 디자인 B와 乙의 특허발명 Y는 저촉 관계가 성립될 수 있다고 생각하여 전문가의 판단을 받아보고자 한다. 甲의 디자인 B와 乙의 특허발명 X 및 특허발명 Y와의 이용 및 저촉 관계에 대하여 논하시오(학설 및 판례의 논란이 있는 경우 판례에 근거하여 판단하고, 이용 및 저촉 관계 성립요건 중 중복되는 요건의 검토는 저촉 관계에서 논하지 않음).

2) 디자인보호법상 甲이 디자인 B를 실시하기 위하여 취하여야 하는 조치에 대하여 설명하시오.

설문 1 에 대하여

1. 쿠키 디자인 A의 물품의 성립성

(1) 식품 디자인의 물품성(제2조 제1호)

음식물의 형상과 모양이 일정 범위 내에서 정형으로 고정되고, 독립적인 단위로 판매 가능한 식품이어야 한다.

(2) 사안의 경우

'쿠키'의 형상과 모양이 일정 범위 내에서 정형으로 고정되고, 독립적인 단위로 판매 가능한 식품이므로, 디자인 A의 물품성이 인정된다.

2. 쿠키 디자인 A의 공업상 이용가능성

(1) 식품디자인의 공업상 이용가능성(제33조 제1항 본문)

최종 판매 단계까지 동일한 형상을 유지할 수 있어야 한다. 따라서, 가공식품(2차산업적 생산)은 인정되고, 수공업적 가공 또는 제조가 아닌 주방에서 조리되는 식품(3차산업적 서비스)는 불인정된다.

발효, 가열 등의 가공 과정을 거치며 자연적, 우연적으로 형성된 형상, 모양이 식품의 주된 심미감을 구성하는 경우에는 공업성 흠결이지만, 동일성 범위 내에서 반복 생산할 수 있는 경우는 공업상 이용가능성이 인정된다.

(2) 사안의 경우

쿠키 형틀을 통해 동일한 쿠키 형상이 재현 가능하므로, 동일성 범위 내에서 반복 생산할 수 있고, 최종 판매 단계까지 동일한 형상을 유지할 수 있으므로, 쿠키 디자인 A는 공업상 이용가능성이 인정된다.

설문 2 에 대하여

1. 관련디자인(제35조)

디자인등록출원인은 기본디자인과만 유사한 관련디자인에 대하여 그 기본디자인의 디자인등록출원일부터 3년 이내에 디자인등록출원된 경우에 한하여 제33조 제1항 각 호 및 제46조 제1항·제2항에도 불구하고 관련디자인으로 디자인등록을 받을 수 있다.

2 '쿠키 형틀' 디자인 B에 대하여 디자인 등록을 받기 위한 조치

(1) 제48조 제2항 디자인등록출원인은 관련디자인등록출원을 단독의 디자인등록출원으로, 단독의 디자인등록출원을 관련디자인등록출원으로 변경하는 보정을 할 수 있다.

(2) 사안의 경우
'쿠키' 디자인 A와 '쿠키 형틀' 디자인 B는 비유사하므로, 쿠키 형틀 디자인 B의 출원을 제48조 제4항 각 호의 시기에 관련디자인등록출원을 단독의 디자인등록출원으로 변경하는 보정을 하면, 다른 거절이유가 없는 한 디자인등록 받을 수 있다.

설문 3 에 대하여

1 디자인과 특허발명의 이용저촉관계(제95조 제2항)

디자인권자·전용실시권자 또는 통상실시권자는 그 등록디자인과 유사한 디자인이 그 디자인등록출원일 전에 출원된 타인의 등록디자인 또는 이와 유사한 디자인·특허발명·등록실용신안 또는 등록상표를 이용하거나 그 디자인권의 등록디자인과 유사한 디자인이 디자인등록출원일 전에 출원된 타인의 디자인권·특허권·실용신안권 또는 상표권과 저촉되는 경우에는 그 디자인권자·특허권자·실용신안권자 또는 상표권자의 허락을 받지 아니하거나 제123조에 따르지 아니하고는 자기의 등록디자인과 유사한 디자인을 업으로서 실시할 수 없다.

2 이용관계 의의 및 성립요건

후 디자인권자의 실시는 선 특허의 실시가 되고 선 권리자의 실시는 후 권리의 실시가 되지 않는, 일방적 충돌관계를 의미하고, 적법하게 등록된 후등록디자인의 권리범위가 선출원하여 등록된 타인의 권리를 포함해야 한다.

3 저촉관계 의의 및 성립요건

2 이상의 권리가 중복되어 있는 경우이며, 적법하게 등록된 후등록디자인의 권리범위가 선출원하여 등록된 타인의 권리범위와 중첩되어야 한다.

4 소설문 1)의 해결

(1) 甲의 디자인 B와 乙의 특허발명 X의 관계 – 이용

乙의 특허발명 X는, 甲의 디자인 B의 출원일 2023.10.12. 전인 2023.8.13. 전에 출원되어 디자인 B의 설정등록일인 2024.5.10. 전인 2024.2.13.에 설정등록되었고, 乙의 특허발명 X는 甲의 디자인 B의 형상 중 일부 구조에 관한 것으로, 적법하게 등록된 후등록디자인 B의 권리범위가 선출원하여 등록된 타인의 특허발명 X를 포함한다.

따라서, 甲의 디자인 B의 실시는 특허발명 X의 실시가 되고, 특허발명 X의 실시는 디자인 B의 실시가 되지 않는 일방적 충돌관계에 해당하므로, 甲의 디자인 B와 乙의 특허발명 X의 관계는 이용관계가 성립한다.

(2) 甲의 디자인 B와 乙의 특허발명 Y의 관계 – 저촉

乙의 특허발명 Y는 甲의 디자인 B의 형상과 동일한 구조에 관한 것으로, 적법하게 2024.5.10. 설정등록된 후등록디자인 B의 권리범위가 선출원하여 등록된 특허발명 Y와 중첩되므로, 2 이상의 권리가 중복되어 있어, 甲의 디자인 B와 乙의 특허발명 Y의 관계는 저촉관계가 성립한다.

5 제123조 통상실시권 허락의 심판 (제123조)

(1) 디자인권자·전용실시권자 또는 통상실시권자는 해당 등록디자인 또는 등록디자인과 유사한 디자인이 제95조제1항 또는 제2항에 해당하여 실시의 허락을 받으려는 경우에 그 타인이 정당한 이유 없이 허락하지 아니하거나 그 타인의 허락을 받을 수 없을 때에는 자기의 등록디자인 또는 등록디자인과 유사한 디자인의 실시에 필요한 범위에서 통상실시권 허락의 심판을 청구할 수 있다.

(2) 제1항 및 제2항에 따라 통상실시권을 허락받은 자는 특허권자·실용신안권자·디자인권자 또는 그 전용실시권자에게 대가를 지급하여야 한다. 다만, 자기가 책임질 수 없는 사유로 지급할 수 없는 경우에는 그 대가를 공탁하여야 한다.

6 소설문 2)의 해결

甲은 디자인 B를 실시하기 위해 특허권자 乙의 허락을 받거나(제95조 제1항), 乙이 정당한 이유없이 허락하지 않거나, 허락을 받을 수 없는 경우에 甲은 통상실시권허락의 심판(제123조)를 청구하여, 특허권자 乙에게 대가를 지급하고 디자인 B를 실시할 수 있다. [끝]

CHAPTER 07 헤이그 국제출원

제3편 | 문제편

문제 1
기출 19

甲은 디자인 A에 관하여 우리나라 및 '산업디자인의 국제등록에 관한 헤이그협정'(이하 "헤이그협정"이라 한다)의 가입국인 5개국에서 보호를 받고자 한다. 甲이 우리나라 특허청에 우리나라 및 상기 5개국을 지정국으로 지정하여 헤이그협정에 따른 국제출원을 하는 경우, 다음 물음에 답하시오. [20점]

1 甲의 상기 국제출원의 국제등록의 효력 및 우리나라에서의 국제등록디자인권의 존속기간에 관하여 설명하시오. [10점]

2 甲이 개별국가에 각각 출원하는 것에 비하여 헤이그협정에 따른 국제출원을 이용하면 얻을 수 있는 장점에 관하여 설명하시오. [10점]

설문 1 에 대하여

1 문제의 소재

우리나라에서 국제출원은 국제사무국에 직접 출원서를 제출하는 직접출원과 우리나라 특허청에 하는 간접출원(제174조)이 모두 가능하다. 甲은 우리나라 특허청을 통해 출원하려고 하므로 간접출원을 전제로 설문에 대하여 논한다.

2 국제등록의 효력

(1) 의의 - 국내디자인등록출원으로 취급(제179조)

헤이그협정 제1조(vi)에 따른 국제등록으로서 대한민국을 지정국으로 한 국제등록은 국내법상 디자인등록출원으로 본다.

(2) 국제등록일의 특례

방식심사를 통과하면 국제등록부에 국제출원의 내용을 기록하고[헤이그협정 제10조(1)], 이를 지정관청에 송부하면 개별국에서의 심사가 진행된다. 국제등록일은 국제출원의 제출일이다[헤이그협정 제10조(2)]. 헤이그협정 제10조(2)에 따른 국제등록일은 이 법에 따른 디자인등록출원일로 본다(제179조 제2항).

(3) 디자인등록출원의 특례(제181조)

국제등록공개가 되면 출원서의 제출로 보며, 국제등록부에 등재된 사항은 출원서의 기재사항 및 도면으로 본다.

3 국제등록디자인권의 존속기간

(1) 존속기간의 특례(제199조)

국내 설정등록일로부터 국제등록일 후 5년이 되는 날(국제등록만료일)까지 존속하며, 설정등록일이 국제등록만료일 이후이면 국제등록만료일 후 5년이 되는 날까지 존속한다. 이후 5년씩 갱신할 수 있으나 20년을 초과할 수 없다.

(2) 국제등록일의 확정

국제출원서 및 관련 서류가 특허청장에게 도달한 날이 국제출원일이 되는 것이 원칙이나, 보완이 필요한 경우에는 대체서류를 제출해야 하고 이에 따라 대체서류가 특허청장에게 도달한 날이 국제출원일이 된다. 이는 국제사무국으로 송부되어 국제출원일로 인정되고, 국제사무국의 방식심사 이후 국제출원일이 국제등록일로 기록된다(제176, 177조).

(3) 국제등록공개일

① 원칙적으로 국제등록일로부터 6개월이 되는 날에 국제디자인공보에 의한 공개가 이루어진다.
② 다만, 출원인이 즉시공개 또는 공개연기신청을 하는 경우에는 예외이다[헤이그협정 제10조(3), 헤이그협정 공통규칙17(1)].

4 설문 1 의 해결

국제등록이 되면 국제등록부에 甲의 국제출원의 내용이 기재되고, 지정국인 우리나라 및 5개국에 송달함으로써 각 지정국 관청에서의 심사가 시작된다. 우리나라의 경우, 국제등록일은 국내법상 출원일로 보게 된다. 국제등록일로부터 6개월이 되는 날이 甲의 국제등록공개일이고, 국내 특허청에서 심사결과 설정등록이 되면, 설정등록일로부터 국제등록공개일로부터 5년이 되는 날까지 존속한다.

설문 2 에 대하여

1 문제의 소재

헤이그협정에 따른 국제출원은 일원적으로 출원하여 복수의 협정 가입국가 등에 출원한 것과 동일한 효과를 부여하고, 디자인권의 보호를 요청할 수 있는 시스템을 의미한다. 따라서 절차적인 측면에서 편리한 효과들이 존재하는 바, 이하 논한다.

2 간편한 출원절차

1언어, 1출원서로 국제사무국에 제출하고, 하나의 통화로 수수료를 납부하는 등 간단한 절차를 통해 다수국에 동시 출원이 가능하다.

3 비용 절감의 효과

개별 직접출원 시 복수의 언어, 복수의 출원서, 복수의 수수료, 번역 비용 및 대리인 선임비용 등이 발생하지만, 헤이그 국제출원은 절차의 단일화로 이를 최소화할 수 있다.

4 기초출원 또는 기초등록의 불요구

마드리드 의정서에 의한 출원과 다른 점이다. 또한 우선권주장과 자기지정도 가능하다.

5 권리취득 여부의 파악 용이

개별 직접출원은 권리취득 여부를 지정한 각 국가 또는 지역마다 확인해야 하지만, 헤이그 국제출원은 지정관청이 거절이유를 발견하면 국제등록 공개일로부터 6개월 또는 12개월 이내에 국제사무국을 통해 거절이유가 통지되며, 거절이유가 없다면 자동으로 해당 지정관청에 등록된다.

6 사후 관리의 편의성

지정한 각 국가 또는 지역마다 개별적으로 관리해야 하는 개별 직접출원과는 달리, 헤이그 국제출원은 하나의 국제등록을 통해 일원적으로 관리가 가능하다.

7 보론 - 단점

실무적으로는 중국이 가입되어 있지 않은 점, 등록에 소요되는 기간이 비교적 긴 점, 국가별 도면 실무가 모두 다른 점, 거절이유통지 시 대리인 선임이 필요한 점 등이 있다. [끝]

문제 2
기출수정 16

대한민국 국민인 甲은 숟가락(제7류)에 관한 디자인 A에 대하여 '산업디자인의 국제등록에 관한 헤이그협정'에 의한 국제출원서 및 그 국제출원에 필요한 서류를 한국어로 작성하고 대한민국, 일본, 중국을 지정국으로 지정하여 우리나라 특허청에 2019.2.1. 제출(X출원)하였다. 甲은 특허청의 요구에 따라 2019.2.14. 대체서류를 제출하였으며, 이는 곧바로 당일 국제사무국에 도달하였다. 이후 2019.3.1.에 디자인 A에 대한 사항이 국제등록부에 등재되었다.

한편, 乙은 2019.2.22.에 A와 유사한 숟가락에 관한 디자인 B의 손잡이 부분에 관한 부분디자인 b를 국내에 출원(Y출원)하였고, 이후 곧바로 B를 판매하기 시작하였다. 숟가락 디자인 A와 B는 손잡이 부분도 유사하다.

다음 물음에 답하시오. [20점]

1 대체서류를 제출해야 했던 이유에 대해 설명하시오. [3점]

2 현재(2020.7.29.)를 기준으로 Y출원의 등록가능성에 대해 논하시오. [12점]

3 국내 특허청에서는 X출원에 대해 2020.9.16.에 등록여부결정을 하였고, 국제사무국에 따로 거절이유통지 내지는 보호부여의 통지를 한 적이 없다. 2020.9.15.에도 乙이 B를 판매하고 있다면 침해가 성립하는지 검토하시오. [5점]

설문 **1** 에 대하여

1. 국제출원서 등의 보완이 필요한 경우(제177조 제2항)

특허청장은 국제출원서 및 관련서류들이 영어로 작성되지 않은 경우, 국제출원의 취지가 명확하게 표시되지 않은 경우 등에 해당하는 경우에는 대체서류의 제출을 명해야 한다.

2. 설문 **1**의 해결

국제출원서 및 관련서류들을 한국어로 작성했으므로 영어로 작성되지 않은 경우에 해당하고, 헤이그협정에 가입하지 않은 중국을 지정국으로 지정했으므로 국제출원의 취지가 명확하게 표시되지 않은 경우에 해당하는 바, 대체서류의 제출이 요구되는 경우에 해당하였다.

설문 2 에 대하여

1 문제의 소재

국제출원의 국제등록일을 확정하고, 이에 따른 국제등록공개일과 국제출원일을 산정한 후에, 숟가락(제7류)은 심사대상의 물품이므로 이에 따라 신규성(제33조 제1항 각 호), 확대된 선출원(제33조 제3항)의 거절이유를 갖는지를 검토하여 Y출원의 등록가능성을 논한다.

2 X출원의 국제등록일의 확정(제176, 제177조)

(1) 의 의

국제출원서 및 관련 서류가 특허청장에게 도달한 날이 국제출원일이 되는 것이 원칙이나, 보완이 필요한 경우에는 대체서류를 제출해야 하고 이에 따라 대체서류가 특허청장에게 도달한 날이 국제출원일이 된다. 이는 국제사무국으로 송부되어 국제출원일로 인정되고, 국제사무국의 방식심사 이후 국제출원일이 국제등록일로 기록된다.

(2) 사안의 경우

X출원에 대한 대체서류를 제출한 2019.2.14.이 국제출원일이 되며, 국제사무국의 방식심사에 문제없이 국제등록부에 등재되었으므로 이는 곧 국제등록일로 기록될 것이다.

3 X출원의 국제등록공개일의 산정

(1) 의 의

① 원칙적으로 국제등록일로부터 6개월이 되는 날에 국제디자인공보에 의한 공개가 이루어진다.
② 다만, 출원인이 즉시공개 또는 공개연기신청을 하는 경우에는 예외이다[헤이그협정 제10조(3), 헤이그협정 공통규칙17(1)].

(2) 사안의 경우

출원인이 즉시공개나 공개연기를 신청한 바 없으므로 국제등록일(2019.2.14.)로부터 6개월이 되는 날인 2019.8.14.이 국제등록공개일이다.

4 X출원의 출원일의 확정(제179조)

국제등록공개가 되면 국내에 출원한 것으로 보며, 상기 국제등록일을 출원일로 보므로 2019.2.14.이 X출원의 출원일이다.

5 Y출원의 거절이유의 검토

Y출원은 상기 검토한 X출원의 출원일로 보아 선출원주의가 문제될 수 있으나 전체디자인(A)과 부분디자인(b) 간에는 등록받고자 하는 취지와 대상이 다른 것으로 보아 비유사로 취급하는 바 위반이 아니고, 국제등록공개일로 보아, 신규성은 문제되지 않을 것이지만 확대된 선출원은 문제될 것이다.

6 확대된 선출원의 거절이유 갖는지 여부

(1) **국제디자인등록출원의 특례**(제180조)

확대된 선출원 적용에 있어, 출원공개신청(제52조)에 의한 디자인공보는 국제등록공개에 의한 국제등록공보로 본다.

(2) **사안의 경우**

Y출원일 전에 출원된 X출원이 Y출원 후에 국제등록공개된 경우이므로, 디자인 A의 일부인 손잡이 부분과 b가 설문상 유사하므로 제33조 제3항의 거절이유를 갖는다.

7 설문 ❷의 해결

Y출원은 거절이유가 있으므로 등록받을 수 없을 것이고, 확대된 선출원은 극복할 여지가 없다.

설문 ❸ 에 대하여

1 지정관청의 심사

(1) 우리나라는 일부심사등록제도를 병행하여 운영하고 있으므로, 일부심사등록출원에 대해서는 6개월, 심사등록출원에 대해서는 12개월 이내에 거절이유통지를 해야 한다[헤이그협정 제12조, 헤이그협정 공통규칙 18(1)].
(2) 거절이유통지가 없는 경우에는 국제등록공개일로부터 6개월 또는 12개월이 경과하면 자동으로 지정국에서 보호부여 효과가 발생한다[헤이그협정 제14조(2)].

2 설문 ❸의 해결

(1) A의 확정된 출원일로 보아 설문상 별다른 거절이유가 없으므로 특허청은 별도의 납부절차 없이 2020.9.16.에 등록결정과 함께 바로 설정등록이 가능할 것이다(제198조).

한편, A는 심사등록의 대상이므로 국제등록공개일로부터 12개월이 경과한 2020.8.14.부터는 거절이유통지나 보호부여의 통지를 한 적이 없어도 자동으로 보호될 것이다.

(2) 2020.9.15.은 2020.8.14. 이후 국제등록일로부터 5년 내에 해당(제199조)하므로 유효하게 존속하는 권리이며, 정당권원 없는 乙이, 등록디자인 A와 유사한 디자인 B를, 판매하고 있으므로 업으로서 실시하는 자에 해당하는 바, 특별한 사정이 없다면 침해가 성립할 것이다. [끝]

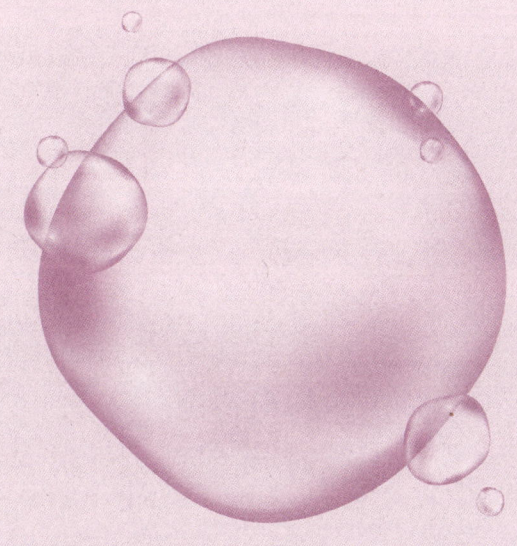

시련은 기회가 될 수 있다.

-류중일-

참고문헌

■ 참고사이트
- 대법원 www.scourt.go.kr
- 법제처 www.moleg.go.kr
- 키프리스 www.kipris.or.kr
- 특허법원 patent.scourt.go.kr
- 특허청 www.kipo.go.kr

■ 사 진

본 도서는 특허청에서 공공누리 제1유형으로 개방한 자료를 토대로 사진을 수록하였으며, 해당 저작물은 특허청 홈페이지(www.kipo.go.kr) 디자인 심사기준 게시판에서 확인하실 수 있습니다.

2026 시대에듀 변리사 2차 디자인보호법 한권으로 끝내기

개정3판1쇄 발행	2025년 10월 20일 (인쇄 2025년 09월 19일)
초 판 발 행	2021년 11월 05일 (인쇄 2021년 09월 28일)
발 행 인	박영일
책 임 편 집	이해욱
편 저	오윤정・유시훈
편 집 진 행	심정은
표지디자인	박종우
편집디자인	윤준하・임창규
발 행 처	(주)시대고시기획
출 판 등 록	제10-1521호
주 소	서울시 마포구 큰우물로 75 [도화동 538 성지 B/D] 9F
전 화	1600-3600
팩 스	02-701-8823
홈 페 이 지	www.sdedu.co.kr
I S B N	979-11-383-97780(13360)
정 가	42,000원

※ 이 책은 저작권법의 보호를 받는 저작물이므로 동영상 제작 및 무단전재와 배포를 금합니다.
※ 잘못된 책은 구입하신 서점에서 바꾸어 드립니다.

실패해도 후회하지 않을 거라는 걸 알았지만,
한 가지 후회할 수 있는 것은 시도하지 않는 것뿐이라는 걸 알고 있었어요.

– 제프 베조스 –